General-Register

zum I. — XII. Bande

der

Sammlung

der

für die Königlich Preußische Rhein-Provinz seit dem Jahre 1813

hinsichtlich der Rechts- und Gerichts-Verfassung

ergangenen

Gesetze, Verordnungen, Ministerial-Rescripte ꝛc.

Herausgegeben

im

Büreau des Justiz-Ministeriums.

Berlin,

Druck und Verlag von Georg Reimer.

1865.

Abkürzungen:

B.	Bekanntmachung, Publikandum.
G.	Gesetz.
I.	Instruktion.
K.	Allerhöchste Kabinetsordre, Allerhöchster Erlaß.
Ko.	Konvention.
P.	Patent.
R.	Reskript, Verfügung.
Reg.	Reglement, Regulativ.
StMB.	Staatsministerialbeschluß.
V.	Verordnung.

GB.	Verordnung des Generalgouvernements Berg.
GN.	" " " Niederrhein.
GNM.	" " " Nieder- und Mittelrhein.
GM.	" " " Mittelrhein.
GK.	" der österreich-bayerischen Landesadministration zu Kreuznach.
GS.	" der Landesadministration zu Saarbrücken.
GF.	" des Generalgouvernements Frankfurt (Wetzlar).

Die nach dem Datum folgenden lateinischen und deutschen Ziffern bezeichnen Band- und Seitenzahl.

CGB.	Civilgesetzbuch.
CPO.	Civilprozeßordnung.
HGB.	Handelsgesetzbuch.
KrPO.	Kriminalprozeßordnung.
StrGB.	Strafgesetzbuch.

dgl.	desgleichen.
f., ff.	folgender, folgende Artikel.
s.	siehe.
vgl.	vergleiche.

Aachen
Anlage einer neuen Straße (R. 12. Okt., 3. 13. Nov. 1827) III. 161. — vgl. Expropriation, Handelsgerichte, Landgerichte, Moresnet, Stempelrevision.

Abfahrtsgeld s. Abschoß.

Abgaben
Exekutionsbefugniß der Regierung bezüglich derselben (StMB. 20. Juli 1818 §. 16) I. 507. — insbesondere bei Schulabgaben (K. 18. R. 31. Juli 1835) V. 171, (R. 15. Okt. 1835) V. 243. — beneficium competentiae bei Exekutionen wegen öffentlicher Abgaben (R. 27. Dez. 1825) II. 627. — Zuziehung des Fiskus bei Prozessen über gewerbliche Abgaben (R. 8. Juni 1846) IX. 94. — Erweiterung des Rechtsweges in Beziehung auf öffentliche Abgaben (G. 24. Mai 1861 §. 9, 10) XII. 248. — vgl. Ablösung, Steuern.

Abgangszeugnisse s. Arrest, Prüfung, Universität.

Abgeordnete s. Landtag.

Abgrenzung s. Grenzen.

Ableben s. Todesanzeige.

Ablehnung s. Immediatgesuche, Rekusation.

Ablösung
der Zehnten, Suspension des Dekrets vom 19. März 1813 (GB. 18. Jan. 1814) I. 9. — der Domanialgefälle (K. 19. Juni, R. 2. 10. Dez. 1837) VI. 354. — der Domainenrenten (G. 2. März 1850 §. 64) X. 180. — der Reallasten (G. 2. März 1850) X. 123. — insbesondere bei Kirchen, Schulen und milden Stiftungen (V. 13. Juni 1853) X. 583, (G. 15. April 1857) XI. 312. — Verfahren auf dem linken Rheinufer (G. 19. Mai 1851) X. 321, (G. 18. April 1855 §. 68) XI. 97. — Kosten des gerichtlichen Verfahrens (G. 21. April 1852) X. 409. — Uebernahme von Regierungskommissorien durch Justizbeamte (R. 28. Mai 1857) XI. 349. — Errichtung von Rentenbanken (G. 2. März 1850) X. 161, (G. 27. Juni 1860) XII. 194. — Ablösung dinglicher Befreiungen von Gemeindelasten (G. 23. Juli 1845 §. 32) IX. 414, (G. 15. Mai 1856 §. 4) XI. 194. — Zuziehung des Nebenvormunds bei Auszahlung abgelöster Renten (K. 18. Dez. 1836) V. 522, (J. 22. Dez. 1836 §. 10) V. 532, (R. 16. Aug. 1838) VI. 572. — vgl. Gemeinheitstheilung, Pfandschaften, Renten.

Abmeldung s. Aufenthalt, Militairpersonen (beurlaubte).

Abschätzung s. Taxatoren, Versteigerung. — vgl. Schaden, Werth.

Abschlagszahlung s. Zahlung.

Abschoß und **Abfahrtsgeld**
Konvention mit Belgien wegen Aufhebung desselben (R. 25. Jan. 1835) V. 54. — dgl. mit Oesterreich (R. 24. Juli 1835) V. 168.

Abschrift
Beweiskraft der vidimirten Abschriften bei Wechselstempelkontraventionen (R. 3. Sept. 1821) II. 173. — Kollationirung der Abschriften von Verhandlungen über Obduktionen und Untersuchungen des Gemüthszustandes (R. 29. Okt. 1847) IX. 244. — Kosten der bei Stempelrevisionen von der Steuerbehörde erforderten Abschriften (R. 13. 25. Jan. 1859) XII. 57. — vgl. Angeklagter, Ausfertigung, Auszüge, Definitivurtheile, Gerichtsschreibergebühren, Gerichtsvollziehergebühren, Gerichtsvollzieherurkunden, Kopialien, Kostenfreiheit, Notariatsgebühren, Notariatsurkunden, Papier, Stempel, Stempelfreiheit, Wechselprotest.

Absonderung s. Angeklagter, Beschuldigter, Untersuchungsgefangene.

Abstimmung s. Appellationskammern, Assessoren, Assisen, Richterzahl.

Abtretung s. Domainen, Expropriation.

Abwesende
Bekanntmachung der Abwesenheitserklärung (R. 27. Juni 1816, R. 20. März 1835) V. 94. — Gebührenfreiheit der betreffenden Urtheilskopie (R. 10. März 1851) X. 263. — Verfahren bei Theilungen, wenn ein Abwesender interessirt ist (G. 18. April 1855 §. 29) XI. 87. — Kosten der Bekanntmachung wegen verschwundener Personen (R. 16. Mai 1839) VII. 55. — vgl. Erkenntnißstempel, Kontumazialverfahren, Ostrhein, Stellvertretung, Todeserklärung, Urlaub, Verschollene.

Accessisten s. Ostrhein.

Achttägiger Arrest s. Strafzeit.

Adel
Wiederherstellung der Adelsrechte (R. 18. Jan. 1826) III. 12. — Legitimationsgesuche von Adeligen (R. 1. Febr. 1828) III. 194. — Uneheliche Kinder erlangen durch Anerkennung des Vaters nicht den Adel (R. 30. Aug. 1836) V. 447. — Strafe des Adelsverlustes (K. 18. Febr., R. 22. März 1837) VI. 123, (R. 2. 14. Febr. 1843) VIII. 147. — Bekanntmachung derselben (R. 26. Juli 1838) VI. 563. — Einreichung der Straferkenntnisse (R. 14. April 1853) X. 561, (R. 13. Juni 1855) XI. 118, (R. 6. Aug. 1855) XI. 138, (R. 12. Dez. 1856) XI. 293. — Verfahren bei Anmaßung des Adels oder höherer Stufen (R. 17. Okt. 1838) VI. 609. — Bearbeitung der Standessachen im Ministerium (K. 16. Aug. 1854) XI. 45. — Errichtung des Heroldsamtes (R. 13. Juni 1855) XI. 118. — vgl. Ehre, Reichsstände, Ritterschaft, Titel.

Administrationskommission, Administrative Justiz s. Generalgouvernement.

Administrative Exekution, Untersuchung s. Exekution, Untersuchung.

Adoption s. Standessachen.

Adresse
Verfahren bei irrig adressirten Requisitionen (R. 10. Dez. 1834) IV. 186, (R. 4. Nov. 1836) VI. 621. — Genaue Bezeichnung der Adressen bei Requisitionen (R. 16. Sept. 1844) VIII. 348.

Adulterini s. Ehebruch, Legitimation.

Advokaten und **Anwalte**
Qualifikation, Zahl und Residenzpflicht derselben (R. 16. April 1820) II. 21. — Führung der Matrikel (R. 31. Aug 1820) II. 60, (R. 27. Nov. 1835) V. 275, (V. 7. Juni 1844 §. 11) VIII. 287. — Qualifikation der Advokaten zu Friedensrichterstellen (R. 15. Nov. 1822) II. 318. — Wegfall der jährlichen Eidesleistung (R 1. März 1833) III. 591. — Verleihung der Anwaltschaft (R. 26. Jan. 1837) VI. 37, (R. 23. Juli 1862) XII. 368. — Beschränkung der Anstellung nach dem Bedürfniß (R. 17. Nov. 1855) XI. 159, aufgehoben (durch R. 12. Dez. 1860) XII. 223. — Stellung der Advokaten in der Prozeßpraxis neben den Anwalten (R. 12. Dez. 1860) XII. 223, (R. 29. Jan. 1861) XII. 230, (R. 23. Juli 1862) XII. 368.

Advokaten und Anwalte bedürfen keinen Heirathskonsens (R. 27. April, 11. Mai 1821) II. 110. — haben keinen Pensionsanspruch (R. 16. Nov. 1821) II. 191. — Berechnung der Dienstzeit bei Pensionirung der zu andern Aemtern Uebergegangenen (K. 14. R. 20. Sept. 1836) V. 452. — Beschlagnahme des Diensteinkommens bei Civilexekutionen (K. 23. Mai 1826) III. 32, (K. 11. Dez. 1831, R. 9. Jan. 1832) III. 425. — Verpflichtung zum Halten des Justizministerialblatts (R. 28. Dez. 1838) VI. 672. — dgl. der Gesetzsammlung (K. 9. Mai 1854) XI. 31. — Beitrag zum Bibliothekfonds (R. 20. Nov. 1835) V. 259.

Funktionen in Armensachen (V. 16. Febr. 1823) II. 347, (R. 16. Mai 1823) II. 510. — Beschränkung des Einreichens schriftlicher Aufsätze in Civilsachen (R. 6. Juni 1823) II. 380, (R. 24. Okt. 1823) II. 429. — Verfahren in Fiskalsachen auf Denkschriften (R. 17. Juli, 1. Aug. 1823) II. 393, (R. 24. Okt. 1823) II. 428. — Anwaltszwang in Fiskalsachen (R. 9. März 1825) II. 569. — Funktionen bei Theilungen und gerichtlichen Immobilarverkäufen (G. 18. April 1855) XI. 78. — dgl. bei Kompetenzkonflikten (G. 8. April 1847 §. 5) IX. 190, (R. 19. Aug. 1848) IX. 324. — dgl. in Rheinzollsachen (V. 30. Juni 1834) IV. 88, (G. 24. April 1854) XI. 27. — dgl. in Disziplinarsachen (R. 5. Aug. 1840) VII. 195, (G. 7. Mai 1851 §. 32) X. 298, (G. 21. Juli 1852 §. 37) X. 463. — Korrespondenz mit auswärtigen Parteien (R. 25. Febr. 1838) VI. 430. — Mitwirkung bei altländischen Insinuationen (R. 15. Febr. 1817) I. 455, (R. 19. Okt. 1827) III. 154, (R. 3. Nov. 1827) III. 157. — dgl. bei Vollstreckung altländischer resp. rheinischer Erkenntnisse (R. 23. Aug. 1834) IV. 141, (R. 24. Nov. 1848) IX. 347. — Obliegenheiten hinsichtlich des Erkenntnißstempels (R. 19. Aug. 1825) II. 607. — insbesondere bezüglich der Werthangabe (R. 18. Dez. 1839, 5. 14. Jan. 1840) VII. 127, (R. 1. Mai 1841) VII. 256, (R. 16. Jan. 1841) VII. 262. — Verfahren behufs Abrechnung der Stempel von Gerichtsvollzieherurkunden (R. 10. Jan. 1845) IX. 5, (R. 8. Juni 1846) IX. 92, (R. 12. Jan. 1847) IX. 149.

Praxis der zu Coblenz angestellten Advokat-Anwalte beim ostrheinischen Justizsenat (R. 27. Juli 1821) II. 153.

Gebühren der Advokaten und Anwalte für Vertagung in Civilsachen (GB. 28. Febr. 1814 §. 4) I. 18. — für Assistenz bei auswärtigem Zeugenverhör (R. 6. Jan. 1838) VI. 385. — bei Theilungen und gerichtlichen Immobilarverkäufen (V. 27. Juli 1855) XI. 129, (G. 3. Mai 1858) XI. 443, XII. 15. — für Stempelverzeichnisse behufs Abrechnung (R. 8. Juni 1846) IX. 92. — für Anheftungen beim Disziplinarrath (R. 10. Okt. 1845) IX. 56. — für Vertretung in Handelssachen (R. 4. Juni 1824) II. 508, (K. 14. R. 18. Nov. 1825) II. 619, (R. 23. Sept. 1839) VII. 87.

Festsetzung der Kosten gegen den unterliegenden Klienten (GB. 6. Aug. 1814) I. 70. — dgl. in summarischen Civilsachen (R. 11. März 1841) VII. 267. — Stempelfreiheit der Kostenexekutorien (R. 20. März 1826) III. 18, (R. 17. Okt. 1834) IV. 166. — Distraktion der Kosten in Armensachen (R. 30. Nov., 19. Dez. 1834) IV. 198. — Bestreitung derselben in Vormundschaftssachen (R. 11. Sept 1835 §. 3, 9) V. 216, (J. 10 Okt. 1835 §. 26) V. 242. — vgl. Dienstvergehen, Disziplinarrath, Fiskalische Untersuchung, Justizbeamte, Kriminalordnung, Mandatar, Ostrhein, Rang, Rechtsanwalt, Rechtsbeistand, Titel, Uniform. — vgl. ferner Armenrecht, Civilkostentarif, Definitivurtheile, Mandatargebühren.

Advokatenschreiber s. Privatsekretair.

Advokatenstage s. Auskultatoren und Referendarien.

Agenten

Verfahren der Agenten bei Vollstreckung der Fallimentsurtheile (R. 10. Mai 1844) VIII. 266. — Ernennung und Befugnisse derselben bei Fallimentseröffnungen (G. 9. Mai 1859 Art. 454 ff.) XII. 82. — Versiegelung des Nachlasses von Privatfeuerversicherungsagenten (R. 23. Febr., 11. März 1847) IX. 185. — Konzession der Auswanderungsagenten (G. 7. Mai 1853) X. 570. — dgl. der Agenten für Versicherungsanstalten (G. 17. Mai 1853) X. 577. — vgl. Kaution, Konsuln, Mäkler.

Aggravation s. Fiskalische Untersuchung.

Aichung s. Eichung.

Akten

Aufbewahrung der Friedensgerichtsakten (R. 28. Dez. 1822) II. 326, (R. 10. Juni 1836) V. 389. — Rückgabe der Akten seitens suspendirter Gerichtsvollzieher (R. 7. März 1823) II. 351. — Inhalt der von Anwalten hinterlegten Civilprozeßakten (R. 6. Juni 1823) II. 380, (R. 24. Okt. 1823) II. 429. — Foliirung der dem Justizministerium einzureichenden Akten (R. 23. Sept. 1825) II. 613. — Maßregeln zur Verhütung von Beschädigungen derselben (R. 10. Nov. 1841) VII. 362. — Versendung der Gerichtsakten in Civilsachen (G. 11. Mai 1855 §. 6, 7) XI. 113. — Verpackung der Zeichnungen und Pläne (R. 21. Jan. 1856) XI. 164. — Heften und Foliiren der Akten bei Einsendungen an den Gerichtshof zur Entscheidung der Kompetenzkonflikte (R. 20. Juli 1861) XII 260. — Versiegelung der Akten verstorbener Beamten (K. 14. Juli 1843) VIII. 180,

(R. 2. Aug. 1845) IX. 50. — dgl. bei Notarien (R. 4. März 1848) IX. 287. — dgl. bei Privatfeuerversicherungsagenten (R. 23. Febr. 11. März 1847) IX. 185. — vgl. Denkschriften, Generalakten, Kompetenzkonflikt, Kur-Cöln, Ostrhein (Prozeßschriften), Papier, Personalakten, Porto, Reichshofrath, Reichskammergericht, Untersuchungsakten, Vormundschaftsakten.

Aktenauszüge
Erwähnung des Geständnisses oder der Ueberführung des Beschuldigten (R. 30. Juli 1821) II. 153. — Form und Inhalt der Aktenauszüge in Untersuchungssachen (R. 23. Nov. 1810, 30. Juli 1821) II. 154, (R. 9. Febr. 1839) VII. 17, (R. 5. Jan. 1848) IX. 259, (R. 24. Mai 1848) IX. 300, (R. 6. Dez. 1851) X. 395. — Angabe des Nationale bei aberkanntem Adel (R. 12. Dez. 1856) XI. 293. — vgl. Begnadigung.

Aktenverkauf
Aufräumung der polizeigerichtlichen Verhandlungen (R. 28. Sept. 1832) III. 515, (R. 24. Okt. 1834) IV. 168, (R. 7. Juni 1842) VIII. 69. — Einsendung der Verkaufsgelder an die Wittwenkasse (R. 8. Juli 1833, 11. Jan. 1837) VI. 14. — Vernichtung des verbrauchten Stempelpapiers (R. 30. März 1843) VIII. 156. — Aufbewahrung und Kassirung der Akten bei den Gerichten (R. 29. Sept. 1858) XII. 37. — vgl. Gemeindearchiv.

Aktenversendung
Rechtsmittel, Deklaration der Deutschen Bundesakte (V. 31. März 1835) V. 97. — vgl. Akten.

Aktien
deren Zeichnung für Eisenbahnen, Verkehr mit solchen und ausländischen Aktien (V. 24. Mai 1844) VIII. 269, aufgehoben (durch G. 1. Juni 1860) XII. 187. — vgl. Anleihen, Prämienscheine, Staatspapiere, Werthpapiere.

Aktiengesellschaften
Geschäftsverkehr der von denselben betriebenen Versicherungsanstalten (G. 17. Mai 1853 §. 9) X. 578. — Revision ihrer Verhandlungen im Stempelinteresse, Bestrafung der Vorstände und Beauftragten wegen Stempelkontravention (G. 25. Mai 1857) XI. 348. — Betheiligung der Justizbeamten als Mitglieder der Verwaltungsvorstände bei Aktien- und ähnlichen Gesellschaften (R. 15. April 1860) XII. 177. — Rechtsverhältnisse der Aktiengesellschaften, bei welchen der Gegenstand des Unternehmens nicht in Handelsgeschäften besteht (G. 15. Febr. 1864) XII. 435.

Alaunhütten s. Bergwerksarbeiter.

Alignement
Bestrafung der Kontraventionen beim Bauen an Staats- und Bezirksstraßen (R. 4. März 1829) III. 275. — vgl. Bauen, Expropriation, Grenzen, Wege.

Alimente
Exekution gegen Beamte und Militairpersonen wegen laufender Alimente (R. 7. Juni 1835, 6. Sept. 1838) VI. 587, (K. 6. Juli 1843, R. 28. Dez. 1844) VIII. 387. — Freilassung von Kleidungsstücken

und Lebensmitteln bei Exekutionen wegen Abgaben und Kosten (R. 27. Dez. 1825) II. 627. — dgl. eines eisernen Ofens bei Mobilarpfändungen (G. 11. Mai 1855 §. 8) XI. 113. — Alimentation unvermögender Festungssträflinge (R. 6. Dez. 1824) II. 536, (R. 12. Nov. 1835) V. 255, (R. 8. Dez. 1835) V. 285, (R. 15. Febr. 1837) VI. 86, (R. 2. Juni 1837) VI. 223, (R. 9. Sept, 1837) VI. 299, (R. 13. Dez. 1847) IX. 253. — dgl. geisteskranker Kondemnaten in Irrenanstalten (R. 7. Aug., 3. Okt. 1825) II. 613. — dgl. verhafteter Falliten (R. 23. Juni 1852) X 448. — vgl. Erkenntnißstempel, Kurkosten, Schwängerung.

Allodifikation s. Lehen.

Alter

Gesetzliches Alter der Forstbeamten (GK. 10. Aug. 1814) I. 280. — Dispensation vom gesetzlichen Alter bei Justizbeamten (K. 3. Sept., R. 30. Sept. 1822) II. 315. — Zulassung zur Notariatsprüfung vor dem 25. Jahre (R. 11. Nov. 1840) VII 228. — Bescheinigung des Alters bei Pensionsvorschlägen (R. 9. Jan. 1826) III. 9. — vgl. Arbeiter, Dienstalter, Minderjährige, Prüfung, Verbrecher (jugendliche).

Amerika

Dispensation der amerikanischen Bürger vom Heimathsattest bei Eheschließungen (R. 31. Aug. 1856) XI. 279. — vgl. Auslieferung, Requisitionen.

Amnestie

deren Bewilligung bei Gelegenheit der Huldigung (K. 15. Sept. 1815, GRM. 15. Febr. 1816) I. 233. — dgl. in Folge einer Theuerung (K. 18. R. 22. Dez. 1817) I. 482. — dgl. wegen Desertion und Konskriptionsvergehen (GK. 25. Aug. 1814) I. 282, (K. 10. R. 20. Nov. 1817) I. 478. — vgl. Begnadigung, Ostrhein (Generalpardon).

Amortisation

der Staatspapiere (V. 16. Juni 1819) I. 566, (R. 25. März 1822) II. 237, (V. 3. Mai 1828) III. 227, (R. 26. Sept. 1831) III. 391. — der Bankobligationen (R. 6. 14. Febr. 1820, 24. Febr. 1834) IV. 32. — der Kautionsempfangscheine (K. 15. April 1837) VI. 167. — der Rentenbriefe (G. 2. März 1850 §. 57) X. 173. — der Wechsel (V. 6. Jan. 1849 §. 2) X. 3, (G. 15. Febr. 1850 §. 2) X. 119. — Form des Aufgebots beim Amortisationsverfahren (R. 26. Sept. 1831) III. 391.

Amt

dessen Annahme begründet schon die Amtspflichten (K. 11. R. 14. Aug. 1832) III. 497. — dgl. bei provisorischer Anstellung (R. 14. April 1836) V. 361. — Resignation zu Gunsten Dritter ist unstatthaft (R. 8. Jan. 1834) IV. 9. — dgl. Vorbehalt des Wiedereintritts (R. 20. Mai 1854) XI. 35. — Erforderniß des Besuchs inländischer Universitäten (K. 30. Juni 1841) VII. 305. — Anstellung der Ausländer (K. 1. R. 26. Okt. 1829) III. 302. — dgl. der im Ausland geweihten Priester (K. 23. Dez. 1845) IX. 63. — Zulassung der Juden (G. 23. Juli 1847 §. 2) IX. 211.

Unvereinbarkeit der Advokatur mit andern Aemtern (R. 16. April 1820 §. 11) II. 21. — insbesondere mit der Stelle des Ergänzungsfriedensrichters (R. 15. Nov. 1822) II. 318. — Unvereinbarkeit des Notariats mit andern Aemtern (V. 25. April 1822 §. 5) II. 245. — insbesondere mit dem Amte des Bürgermeisters (R. 11. Juni 1822) II. 272, (R. 26. Aug. 1822) II. 299, (R. 6. Aug. 1824) II. 520, (R. 24. Sept. 1836) V. 457. — und des Ergänzungsfriedensrichters (R. 15. Nov. 1822) II. 318. — Bürgermeister können nicht Ergänzungsfriedensrichter sein (R. 20. Juni 1837) VI. 238. — Unvereinbarkeit der Handelsrichter- und Konsulatstellen (R. 27. Nov. 1831) III. 409. — Handelsrichter dürfen Gemeinderäthe sein (R. 5. Okt. 1831) III. 392. — ebenso die Gerichtsschreiber (R. 28. Juni, 2. Aug. 1834) IV. 106. — Neuere Bestimmungen über die Verbindung von Staats- und Gemeindeämtern (R. 25. März 1851) X. 266, (G. 15. Mai 1856 §. 16, 29) XI. 199, (G. 23. Juli 1845 §. 43) XI. 418, (G. 15. Mai 1856 §. 13, 14) XI. 226. — Verbindung des Richteramtes mit andern besoldeten Staatsämtern (G. 31. Jan. 1850 §. 88) X. 101, (G. 30. April 1856) XI. 188. — vgl. Anstellung f., Beamte, Bestallung, Dienst ff., Gewerbebetrieb, Kommissorien, Naturalisation, Prüfung, Titel, Uniform.

Amtsalter f. Alter, Dienstalter.

Amtsbeleidigung f. Beleidigung.

Amtsblätter

deren Einrichtung (V. 27. Okt. 1810, 28. März 1811, 9. Juni 1819) I. 559. — Gemeinschaftliche Publikation der Erlasse verschiedener Ministerien (R. 27. Sept. 1841) VII. 344. — Uebersendung der kostenfreien Inserate an die Regierung (R. 18. Juli 1817) I. 471. — Form der unentgeltlichen Bekanntmachungen (R. 8. März 1853) X. 551. — Abkürzung der Subhastationspatente (R. 9. Mai 1823) II. 372, (R. 24. April 1824) II. 486. — Bekanntmachung der gerichtlichen Immobilarverkäufe (G. 18. April 1855 §. 39) XI. 91. — dgl. der Ernennung von Advokaten und Anwalten (R. 16. April 1820) II. 21. — dgl. von Notarien (V. 25. April 1822 §. 11, 55) II. 246. — Bekanntmachung der Abwesenheitserkenntnisse (R. 27. Juni 1816, 20. März 1835) V. 94. — dgl. der Interdiktionserkenntnisse (R. 19. Mai 1862) XII. 367. — dgl. der Eintragung ausländischer Todtenscheine in die Civilstandsregister (R. 3. Jan. 1838) VI. 382. — dgl. der Steckbriefe (StMV. 20. Juli 1818 §. 30) I. 512, (R. 25. Sept., 5. Okt. 1821) II. 179, (R. 19. Jan. 1824) II. 452. — Gebührenfreie Aufnahme derselben (R. 3. Febr., R. 6. März 1843) VIII. 149, (R. 7. Aug. 1848) IX. 310. — Kosten der Bekanntmachung wegen gestohlener Sachen, verschwundener Personen, Bankerutt- und Disziplinarstrafen (R. 10. Sept. 1838, 16. Mai 1839) VII. 55, (R. 13. Juni 1839) VII. 73, (R. 3. Febr., 6. März 1843) VIII. 149. — Unentgeltliche Insertion des Aufgebots von Kautionen (R. 25. Juni, 12. Juli 1848) IX. 309. — dgl. der Ediktalladung gegen ausgetretene Militairpflichtige (R. 14. Jan. 1837) VI. 20. — Bekanntmachung der Ediktalladungen in Polizei- und Zuchtpolizeisachen (G. 11. Mai 1855 §. 10, 12) XI. 114. — dgl. der Straferkenntnisse auf Verlust der Ehrenrechte (R. 31. März 1843) VIII.

155, (R. 8. Aug. 1851) X. 378, (R. 22. Mai 1857 §. 3) XI. 343. — dgl. der Suspension oder Amtsentsetzung von Notarien (V. 25. April 1822 §. 52) II. 253 — dgl. von Gerichtsvollziehern (K. 21. Juli 1826 §. 8) III. 60. — Publikation der Disziplinarerkenntnisse auf Verlust der Advokatur oder Anwaltschaft (V. 7. Juni 1844 §. 11) VIII. 287. — vgl. Bekanntmachung, Generalgouvernementsblätter, Ostrhein (Justizämter, Voluntargerichte).

Amtsdiener s. Ostrhein.

Amtseid

Form der Dienst- und Bürgereide (K. 5. Nov. 1833) V. 24. — bei Mennoniten (V. 11. März 1827) III. 102. — bei Juden (K. 31. Dez. 1845) IX. 63. — Vereidung der Staatseigenthum verwaltenden Nichtbeamten (R. 15. Juli 1835) V. 167. — Vereidung der Staatsbeamten auf die Verfassung (StMB. 12. R. 13. Febr. 1850) X. 116. — dgl. der zugleich in militairischem Dienstverhältniß stehenden Justizbeamten (R. 30. März 1850) X. 218. — Verpflichtungserklärung beim Amtswechsel (R. 4. April 1835) V. 98, (R. 18. Febr. 1840) VII. 138. — wann solche schriftlich abzugeben ist (R. 31. Mai 1844) VIII. 281. — Verweisung auf den Amtseid bei Zeugen (R. 23. Juli 1821) II. 136, (R. 22. Aug 1821) II. 170. — modifizirt durch (R. 8. 22. Okt. 1821) II. 186, (R 26. Jan., 11. Febr. 1822) II. 209. — Ableistung des Diensteides ist nicht wesentlich bei Amtshandlungen und Amtsvergehen (K. 11. R. 14. Aug. 1832) III. 497.

Amtseid der Advokaten (R. 1. März 1833) III. 591. — der Bergwerksbeamten (R. 15. Okt. 1824) II. 526. — der Bürgermeister und Beigeordneten (G. 15. Mai 1856 §. 33) XI. 204. — der Ergänzungsfriedensrichter (R. 15. Nov. 1822) II. 318. — der Forstbeamten (G. 7. Juni 1821 §. 20) II. 120, (R. 20. Okt. 1836) V. 478, (R. 5. Okt. 1845) IX. 54, (G. 2. Juni 1852 §. 32—34) X. 429. — der Hülfssekretaire (R. 5. Juli 1831) III. 378, (Reg. 16. Febr. 1831) III. 431. — der Militairärzte (R. 5. April 1834) IV. 51. — der Notarien (V. 25. April 1822 §. 11) II. 246, (R. 7. Juni 1859) XII. 96. — der Parketgehülfen (R. 14. Mai 1824) II. 497, (R. 31. Dez. 1836) V. 535, (R. 18. Febr. 1840) VII. 138. — der Privatfeldhüter (V. 26. Mai 1837) VI. 217. — der Privatjagdhüter (R. 2. Sept. 1841) VII. 329. — der Eisenbahnwärter (R. 3. Dez. 1858) XII. 43. — der Provinzialfeuerversicherungsbeamten (Reg. K. 1. Sept. 1852 §. 81) X. 500. — der Rheinzollgerichtsbeamten (R. 15. Aug. 1834) IV. 120, (R. 1. Juli 1836) V. 411. — der Vorsteher und der Schiedsrichter der rheinischen Ritterschaft (V. 21. Jan. 1837 §. 15) VI. 34, (R. 28. Febr., P. 13. Mai 1837 §. 46) VI. 207, (K. 13. R. 14. Mai 1837) VI. 212, (R. 31. Juli 1837) VI. 259. — der im Justizdienst probeweise beschäftigten Unteroffiziere (R. 14. Juni 1850) X. 223. — der civilversorgten jüdischen Unteroffiziere (K. 31. Dez. 1845) IX. 63. — der Handelsmäkler (J. 12. Dez. 1861 Th. 3) XII. 331.

Kostenfreie Ausfertigung der Vereidungsprotokolle für die Staatsanwaltschaft (R. 25. Nov. 1836) V. 510, (R. 28. Febr. 1839) VII. 22, (R. 10. März 1851) X. 263. — Gebühren und Stempelansatz bei Vereidung von Forstbeamten (R. 10. Mai, 22. Juni 1838) VI. 536, (R. 21. Juli 1857) XI. 357. — Gebühren der Friedensgerichtsbeamten für Vereidungen (G. 23. Mai 1859 §. 7, 9) XII. 88. — vgl. Eid, Taxatoren.

Amtsentlassung s. Dienstentlassung.

Amtsentsetzung s. Dienstvergehen, Straferkenntnisse. — vgl. Suspension.

Amtsgeheimniß
dessen Wahrung beim Zeugniß der Beamten (R. 8. 22. Okt. 1821) II. 186.

Amtshandlungen
sind unabhängig vom Diensteid (K. 11. R. 14. Aug. 1832) III. 497. — Verhältniß der provisorisch Angestellten (R. 14. April 1836) V. 361. — Civilprozeßverfahren gegen Hypothekenbewahrer wegen verweigerter Amtshandlung (R. 12. Dez. 1834) IV. 194, (K. 19. R. 23. Aug. 1837) VI. 287. — Benachrichtigung der Regierung von Regreß- und Injurienklagen gegen Verwaltungsbeamte (StMB. 20. Juli 1818 §. 38) I. 513, (B. 8. Dez. 1837) VI. 347, (R. 19. Dez. 1841) VII. 374. — Konfliktserhebung bei gerichtlicher Verfolgung wegen Amtshandlungen (R. 7. Juli 1852) X. 452, (G. 13. Febr. 1854) XI. 9, (R. 12. Mai 1854) XI. 440, (R. 5. April 1855) XI. 442, (R. 3. Dez. 1860) XII. 217. — Verfahren bei Untersuchungen gegen Schullehrer (R. 6. April 1822) II. 238, (K. 14. Mai 1825) II. 590. — dgl. gegen Geistliche (K. 29. Jan., R. 15. Mai 1847) IX. 196, (R. 16. Aug. 1854) XI. 46. — vgl. Amtsverbrechen, Beamte, Dienstvergehen, Militairdienst.

Amtskaution s. Kaution

Amtskleidung
der Justizbeamten in öffentlicher Gerichtssitzung (R. 14. Juni 1822) II. 273. — der Polizeianwalte dgl. (B. 13. Juni 1843) VIII. 171. — vgl. Uniform.

Amtspapiere s. Akten, Siegelung.

Amtsschreiber s. Ostrhein.

Amtssiegel s. Siegel.

Amtssitz s. Wohnort. — vgl. Gerichtssitz.

Amtssuspension s. Suspension.

Amtstitel s. Titel.

Amtsüberschreitung s. Amtshandlungen, Beschwerde, Kompetenz f.

Amtsunfähigkeit
Versetzung in den Ruhestand wegen derselben (G. 7. Mai 1851 §. 56 ff.) X. 303, (G. 21. Juli 1852 §. 77, 88 ff.) X. 472. — vgl. Ehre, Straferkenntnisse.

Amtsverbrechen und **Amtsvergehen**
sind nicht durch Ableistung des Diensteides bedingt (K. 11. R. 14. Aug. 1832) III. 497. — ebenso wenig durch definitive Anstellung (R. 14. April 1836) V. 361. — Theilweise Aufhebung der Art. 483, 484 (KrPO. K. 17. R. 27. Juli 1832) III. 489. — vgl. Amtshandlungen, Dienstvergehen, Kriminalordnung, Landrecht.

Amtsverlust s. Dienstentlassung, Dienstvergehen, Straferkenntnisse, Strafvollstreckung.

Amtswohnung s. Dienstgebäude.

Anatomie s. Leichen.

Anciennetät s. Dienstalter, Rang.

Anerkennung
unehelicher Kinder von Verschwägerten (GK. 17. Jan. 1815) I. 311, (GS. 19. Jan. 1816) I. 352. — dgl. von Adeligen (R. 30. Aug. 1836) V. 447. — vgl. Legitimation.

Angeklagter
dessen Interrogatorium (R. 3. Dez. 1816) I. 428. — Beurkundung der Geständnisse (R. 30. Juli 1821) II. 153, (R. 23. Nov. 1810, 30. Juli 1821) II. 154. — dgl. der Abweichung von früheren Erklärungen (R. 15. Febr. 1833) III. 579. — Beweiskraft des Geständnisses (R. 24. Jan. 1835) V. 54. — Konstatirung des Rückfalls (R. 11. März 1832) III. 454, (G. 14. April 1851 §. 26) X. 634, (R. 14. Nov. 1859) XII. 119. — Einfluß der Vermögensverhältnisse auf das Kontumazialverfahren (R. 19. März 1826) III. 28. — Absonderung des Angeklagten in der Gerichtssitzung (R. 6. März 1837) VI. 103. — Abschriftliche Mittheilung der Protokolle über Thatbestand und Zeugenaussagen (R. 22. Mai 1857) XI. 342, (R. 21. Aug. 1857) XI. 375. — Mittheilung der den Kassationsrekurs verwerfenden Entscheidung bei Todesurtheilen (R. 18. Juni 1864) XII. 450. — vgl. Assisen, Beschuldigter, Entlastungszeugen, Entschuldigungsgründe, Erschwerende Umstände, Geständniß, Mildernde Umstände, Unschuld.

Anhalt-Cöthen-Dessau
dortige Gesetzgebung über die Verheirathung militairpflichtiger Personen (R. 18. Dez. 1835) V. 290. — Bestrafung des Spielens an der Spielbank zu Cöthen (B. 22. Dez. 1843) VIII. 222. — Beitritt von Anhalt-Cöthen zum Münzkartel vom 21. Okt. 1845 (B. 31. Aug. 1849) X. 66. — vgl. Deutsche Bundesstaaten.

Anheftung s. Bekanntmachung, Disziplinarrath, Ediktalladung, Expropriation, Versteigerung.

Ankauf s. Kauf.

Anklage s. Rückfall, Strafverfolgung.

Anklageakt
dessen Bedeutung für die Fragestellung (GNM. 9. Febr. 1815) I. 194. — Eventualfragen wegen Fahrlässigkeit (K. 7. R. 13. Febr. 1835) V. 70, (R. 13. März 1838) VI. 442. — dgl. wegen Entschuldigungsgründe (R. 20. Jan. 1838) VI. 400. — dgl. wegen erschwerender oder mildernder Umstände, wegen Versuchs, Theilnahme, Begünstigung, Hehlerei, Fahrlässigkeit (G. 14. April 1851 §. 24, 25) X. 633. — Veröffentlichung der Anklageschrift durch die Presse (G. 12. Mai 1851 §. 48) X. 318. — vgl. Assisen, Rückfall.

Anklagesenat
Verfahren bei demselben (R. 20. Sept. 1833) III. 667. — Einfluß der mildernden Umstände bei Diebstahl und Hehlerei im wiederhol-

ten Rückfalle (G. 4. Mai 1853) X. 568. — Mittheilung des landgerichtlichen Verweisungsbeschlusses an den Beschuldigten (R. 12. April 1824) II. 479. — vgl. Assisen, Prozeßtabellen. — vgl. ferner Kriminalordnung.

Ankündigung
unerlaubter Lotterien ist strafbar (GB. 21. Juni 1814) I. 67, vgl. (R. 18. Nov. 1863) XII. 426. — dgl. von Geheimmitteln (R. 22. Aug. 1837) VI. 280. — vgl. Bekanntmachung.

Anlagen
bauliche s. Bauen, Bergbau, Expropriation.
gewerbliche s. Gewerbebetrieb.
zu Aktenstücken s. Akten, Papier, Requisitionen.

Anleihen
ausländische, Verkehr mit desfallsigen Papieren (K. 27. Juni 1837) VI. 246, (V. 24. Mai 1844) VIII. 269. — Aufhebung verschiedener Bestimmungen über den Verkehr mit Staats- und anderen Papieren (G. 1. Juni 1860) XII. 187. — Aufnahme von Anleihen durch Gemeinden (G. 15. Mai 1856 §. 46) XI. 207, (G. 23. Juli 1845 §. 97) XI. 433. — vgl. Aktien, Prämienscheine, Staatspapiere, Werthpapiere.

Anmeldestuben
Einführung derselben bei den Landgerichten (R. 16. Dez. 1837) VI. 364. — vgl. Armenrecht, Auskultatoren und Referendarien, Beschwerden, Querulanten.

Anmeldung s. Aufenthalt, Militairpersonen (beurlaubte). — vgl. Handelsregister.

Anstalten (öffentliche)
Verwaltung ihrer Waldungen (V. 24. Dez. 1816) I. 439. — Autorisation derselben zu Prozessen und Vermögensdispositionen (StMB. 20. Juli 1818 §. 5, 6) I. 506. — dgl. zur Annahme von Zuwendungen und zu Veräußerungen (K. 29. Sept. 1814, 27. Aug. 1819, V. 9. R. 28. Juli 1820) II. 55. — dgl. zur Hypothekenlöschung (R. 11. Nov. 1829) III. 306, (R. 28. Febr. 1847) IX. 180. — dgl. zur Beitreibung von Gefällen und Zinsen (K. 10. R. 25. Jan. 1830) III. 319. — Verfahren derselben bei Lieferungsverträgen (R. 2. 26. März 1846) IX. 73. — Mittheilung der Todtenscheine von Ausländern, die in inländischen Anstalten sterben (R. 12. Dez. 1836) V. 520, (R. 28. Febr., 6. März 1837) VI. 104. — vgl. Arbeitsanstalten, Armenanstalten, Detentionsanstalten, Geisteskranke, Geistliche Institute, Gemeinden, Hospitäler, Kirchen, Korporationen, Militairlazarethe, Schulen, Stiftungen, Synagogengemeinden, Versicherungsanstalten.

Anstellung
Benachrichtigung der Universitäten von Anstellung der Rechtskandidaten, welchen Kollegienhonorar gestundet worden (R. 20. Jan. 1837) VI. 29. — vgl. Amt, Ascension, Civilversorgung, Dienstverträge, Disposition, Reisekosten, Versetzung.

Anstellungsgesuche
bei wem solche einzureichen sind (GMM. 30. Jan. 1815) I. 194, (R.

5. Okt. 1821) II. 176, (B. 20. Nov. 1834) IV. 178. — Behandlung der Immediatgesuche um Ertheilung der subalternen Anstellungsfähigkeit (K. 4. Mai 1835) V. 123. — Präsentationsrecht in der Herrschaft Homburg (Ko. 16. Juli, R. 24. Sept., 5. Okt. 1821) II. 177. — vgl. Civilversorgung.

Antizipationsstrafen s. Ostrhein (Fornikationsstrafen).

Antrag auf Bestrafung s. Strafantrag, Strafverfolgung.

Anwalte s. Advokaten, Rechtsanwalte.

Anwaltsakte
deren Insinuation ist stempelpflichtig (R. 11. Febr. 1823) II. 346, (R. 21. Mai 1823) II. 379. — und erfolgt durch die Audienzgerichtsvollzieher (K. 9. J. 10. Juni 1833 §. 17) III. 641, (R. 22. Okt. 1833 §. 4) III. 686. — in Armensachen (B. 16. Febr. 1823 §. 5) II. 348. — Form des Zustellungsaktes (R. 11. April 1834) IV. 56.

Anwaltskammern
Aufhebung derselben (B. 7. Juni 1844 §. 17) VIII. 288. — vgl. Disziplinarrath.

Anwärter s. Civilversorgung, Fideikommiß. — vgl. Anstellung f., Gerichtsschreiberkandidaten, Gerichtsvollzieherkandidaten.

Anzeige s. Ankündigung, Aufenthalt, Bekanntmachung, Berichtigung, Civilstand, Denunziation, Erkenntnisse, Prozesse, Todesanzeige, Untersuchung, Verbrechen, Verhaftung, Zeitungen.

Anzeiger (öffentlicher) s. Amtsblätter.

Apotheker
sollen keine geistigen Getränke verzapfen (GB. 20. Nov. 1814) I. 82. — Errichtung, Uebertrag und Beaufsichtigung der Apotheken (GMM. 25. Nov. 1814) I. 191. — Anzeige der Verhaftung eines Apothekers an die Polizeibehörde (R. 10. Mai 1822) II. 267. — Zuziehung der Apotheker bei Untersuchungen (R. 2. Jan. 1826) III. 3. — Gebühren derselben (R. 28. Okt. 1857) XI. 383, (R. 28. April 1862) XII. 364. — vgl. Arznei, Geheimmittel, Gift.

Appellation
Nachweisung der zur Rolle gebrachten Appellationen in Civilsachen (R. 5. Nov. 1836) V. 490. — Berufung des Generalprokurators von korrektionellen Erkenntnissen (B. 24. Sept. 1819 §. 7) I. 606. — Anwendung des Art. 203 KrPO. auf Polizeisachen (K. 1. R. 11. April 1835) V. 107. — Ablauf der Appellationsfrist ist nicht ex officio geltend zu machen (R. 11. Dez. 1835) V. 287. — Kostenniederschlagung bei verworfener Berufung der Staatsanwaltschaft (R. 25. Aug. 1836) V. 444. — Zulässigkeit der Appellation in Prozessen der Staatsbeamten gegen den Fiskus wegen ihrer Diensteinkünfte (G 24. Mai 1861 §. 4) XII. 247. — dgl. in Prozessen gegen den Fiskus wegen Entrichtung von Stempelabgaben (ibid. §. 13) XII. 249. — vgl. Rechtsmittel, Sukkumbenzgelder.

Appellationsfrist s. Ostrhein (Fristen).

Appellationsgerichtshof
rheinischer, wird in Cöln errichtet (J. K. 19. Nov. 1818 §. 14) I. 526, (B. 5. April 1819) I. 554, (B. 21. Juni 1819) I. 573.

Kompetenz desselben bei Rekursen gegen Entscheidungen der Präfektur- und Landesdirektorialräthe (R. 17. Mai 1816) I. 362, (R. 17. Juni 1817) I. 466. — dgl. bei Armenrechtsgesuchen (R. 7. Juli 1824) II. 510, (R. 18. Okt. 1832) III. 521. — dgl. bei Rekursen der Notarien gegen Stempelstrafresolute (R. 3. Juli 1839) VII. 79. — dgl. in Rheinzollsachen (V. 30. Juni 1834 §. 40) IV. 95, (V. 30. Juni 1834) IV. 98, (G. 24. April 1854) XI. 27. — dgl. in Disziplinarsachen gegen Richter (G. 7. Mai 1851 §. 18 ff.) X. 296. — gegen Advokaten und Anwalte (V. 7. Juni 1844 §. 1, 14) VIII. 284, (G. 21. Juli 1852 §. 66 ff.) X. 470. — gegen Notarien (V. 25. April 1822 §. 52) II. 253, (K. 21. Juli 1826 §. 4) III. 60, (G. 21. Juli 1852 §. 66 ff.) X. 470. — gegen Gerichtsschreiber und Gerichtsvollzieher (K. 21. Juli 1826 §. 1, 4) III. 59, (G. 21. Juli 1852 §. 65) X. 470.

Einsendung des Jahresberichts über die Justizverwaltung (R. 14. Mai 1824) II. 496. — Verfahren bei Eröffnung des Justizjahrs (R. 1. März 1833) III. 591. — Wegfall der feierlichen Sitzung der vereinigten Senate nach den Ferien (R. 6. Sept. 1860) XII. 201. — vgl. Anklagesenat, Generalgouvernement, Generalprokurator, Ostrhein, Prozeßtabellen, Stempelrevision.

Appellationsgerichtspräsident

Einsendung der Unterschrift desselben an den Justizminister (R. 19. Okt. 1820) II. 63. — Theilnahme desselben an der Justizverwaltung (R. 27. Okt. 1823) II. 434, (R. 10. Nov. 1837) VI. 324. — Mitwirkung bei Dispensationen betreffend Gewerbebetrieb der Justizbeamten (R. 19. Juli, 7. Dez. 1821) II. 194. — dgl. bei Pensions- und Unterstützungsgesuchen (R. 9. Nov. 1821) II. 190, (R. 26. Okt. 1827) III. 155. — dgl. bei Vorschlägen zu Ordensverleihungen (R. 11. Dez. 1834) IV. 194. — dgl. bei Ernennung der Ergänzungsfriedensrichter (R. 15. Nov. 1822) II. 318. — und der Friedensrichter (R. 10. Nov. 1837) VI. 324. — dgl. bei Anordnung der Stellvertretung von Friedensrichtern (R. 15. Juni 1836) V. 402. — dgl. bei Anweisung der Justizvisitationskosten (R. 5. Jan. 1835) V. 39, (R. 9. Juni 1835) V. 143. — dgl. bei Wiedereinziehung der auf den Kriminalfonds ungebührlich angewiesenen Kosten (R. 30. Nov. 1838) VI. 645. — dgl. bei Einrichtung, Reparaturen und Bauten der Gerichtslokale (R. 20. Sept. 1833) III. 670, (R. 24 Juni 1837) VI. 243. — dgl. bei Berichterstattungen über Gegenstände der Gesetzgebung (R. 26. Okt. 1838) VI. 620. — Einreichung des Generalberichts und der Konduitenlisten (R. 14. Mai 1824) II 493, 496, (R. 29. Dez. 1831) III. 420, (vgl. K. 31. Juli 1848) IX. 310. — Beurlaubung der Justizbeamten (R. 20. Okt. 1824) II. 531, (R. 12. Nov. 1832) III. 545, (R. 21. Mai 1841) VII. 296. — Ertheilung des Heirathskonsenses (R. 29. Okt. 1836) V. 484, (R. 20. Aug. 1861) XII. 263. — Kontrole über das Halten der Gesetzsammlung (R. 3. Jan. 1854) XI. 6. — Benachrichtigung desselben vom Ableben der Landgerichtsmitglieder (R. 27. Febr. 1837) VI. 96. — Verfahren bei Eröffnung des Justizjahrs (R. 1. März 1833) III. 591. — dgl. bei Anordnung der Assisen (R. 22. Febr. 1833) III. 586, (R. 23 Jan. 1836) V. 318. — Kompetenz in Disziplinarsachen (R. 19. Dez 1837) VI. 366, (R. 3. Mai 1839) VII 49, (G.

7. Mai 1851) X. 292, (G. 21. Juli 1852) X. 455. — vgl. Dienstbehörden, Dienstvergehen.

Appellationsgerichtsräthe
erlangen durch Assisenpräsidium keine Rangerhöhung (R. 10. Juli 1820) II. 50. — Reisekosten der mit höherem Range bekleideten Räthe als Assisenpräsidenten (R. 29. Dez. 1825) II. 627. — vgl. Assisenpräsident.

Appellationsgerichtssekretaire s. Gerichtsschreiber.

Appellationskammern
korrektionelle, Bildung derselben bei den Landgerichten (V. 24. Sept. 1819) I. 605. — Zahl der Richter (R. 10. März 1840) VII. 147. — Vorladung der Zeugen (R. 31. Dez. 1825) II. 628. — Vorlegung der Urschrift des ersten Urtheils (R. 22. Febr. 1833) III. 587. — vgl. Landgerichtskammern.

Appellationsrechtfertigung s. Ostrhein (Fristen).

Appellationssumme s. Ostrhein.

Arbeit
Beschäftigung der Strafgefangenen außerhalb der Anstalt (G. 11. April 1854) XI. 25. — vgl. Arbeitsverdienst, Dienstpflichten, Entreprise, Strafarbeit.

Arbeiter
deren Begriff hinsichtlich der Kompetenz der Gewerbeberichte (V. 7 Aug. 1846) IX. 102. — Bestrafung der ländlichen Arbeiter wegen verletzter Dienstpflichten (G. 24. April 1854) XI. 30. — vgl. Bergwerksarbeiter, Fabrikarbeiter, Gesinde, Unterstützungskassen.

Arbeitsanstalten
Aufnahme der Bettler in dieselben (K. 31. Dez. 1828, R. 22. Jan. 1829) III. 272, (K. 20. Juli 1837) VI. 268. — dgl. der Landstreicher und Arbeitsscheuen, Kompetenz der Verwaltungsbehörde (R. 3. Okt. 1856) XI. 283, (R. 2. Juli 1857) XI. 354. — Strafvollstreckung gegen die in solchen detinirten jugendlichen Verbrecher (K. 19. Sept. 1857) XI. 380, (R. 10. Nov. 1857) XI. 389, (R. 11. März 1858) XII. 10. — Anwendung der K. 19. Sept. 1857 auf alle Detinirte der Arbeitsanstalt zu Brauweiler (K. 14. Juni, R. 8. Juli 1859) XII. 107. — vgl. Gefängniß.

Arbeitsbücher
Aufhebung der auf die Arbeitsbücher der Gesellen, Gehülfen und Fabrikarbeiter bezüglichen Bestimmungen (G. 8. Juni 1860) XII. 193.

Arbeitsscheu
deren Bestrafung (G. 6. Jan. 1843) VIII. 142, (R. 7. Nov. 1843) VIII. 191. — Mittheilung des Urtheils an die Verwaltungsbehörde (R. 3 Okt. 1856) XI. 283, (R. 2. Juli 1857) XI. 354. — vgl. Arbeitsanstalt, Strafgesetzbuch (rheinisches).

Arbeitsunfähigkeit
Begriff derselben nach §. 192[a] StrGB. (R. 12. Jan. 1853) X. 535. — vgl. Amtsunfähigkeit, Krankheit.

Arbeitsverdienst
der Gefangenen (K. 15. R. 21. Mai 1824) II. 503, (R. 4. 18. Juni

1824) II. 508. — der Untersuchungsgefangenen (R. 24. Nov., 10. Dez. 1847) IX. 249. — Befreiung desselben von der Exekution (K. 28. Dez. 1840, R. 28. Jan. 1841) VII. 264.

Archiv s. Gemeindearchiv. — vgl. Akten, Kur-Cöln, Reichshofrath, Reichskammergericht.

Armatur s. Militairarmatur, Waffen.

Armee s. Militairpersonen, Mobilmachung.

Armeekorps s. Generalkommando.

Armenanstalten
deren Autorisation zu Verpachtungen und Versteigerungen (GB. 31. Aug. 1814) I. 72. — dgl. zur Annahme von Zuwendungen (K. 29. Sept. 1814, 27. Aug. 1819, B. 9. R. 28. Juli 1820) II. 55. — dgl. zur Beitreibung von Gefällen und Zinsen (K. 10. R. 25. Jan. 1830) III. 319. — Stundung der Enregistrementsgebühren bei Klagen derselben (R. 1. 15. Febr. 1817) I. 456. — Bevormundung der Waisenkinder (R. 29. März 1817) I. 459. — Restitution der verheimlichten Armengüter (K. 23. Mai 1818) I. 499. — Ablösung der den Wohlthätigkeitsanstalten zustehenden Reallasten (G. 15. Apr. 1857) XI. 312. — Privatarmenanstalten genießen keine Kosten- und Stempelfreiheit (R. 9. Jan. 1835) V. 42. — vgl. Anstalten, Landarmenwesen.

Armenrecht
Einführung desselben (B. 16. Febr. 1823) II. 347, (K. 25. Mai 1831) III. 374, (R. 16. Mai 1823) II. 378. — Verfahren in der Appellationsinstanz (R. 7. Juli 1824) II. 510. — Ausschließung des Kassationsrekurses (R. 18. Okt. 1832) III. 521. — Substantiirung der Gesuche (R. 9. Dez. 1831) III. 417, (R. 16. Jan. 1836) V. 312, (R. 16. Dez. 1837) VI. 364. — Motivirung der abweisenden Beschlüsse (R. 16. Jan. 1836) V. 312, (R. 3. März 1838) VI. 432. — Einfluß der Verjährung, Verfahren bei unvollständiger Bescheinigung (R. 20. Febr. 1835) V. 73.

Anwendung desselben auf Kirchen (R. 13. Juli 1829) III. 288. — dgl. auf Militairpersonen (B. 17. Febr. 1838) VI 419. — dgl. bei Gewerbegerichten (R. 19. Febr. 1848) IX. 286. — dgl. bei Exekutorischerklärung altländischer Erkenntnisse (R. 24. Nov. 1848) IX. 347. — dgl. bei Requisitionen inländischer Gerichte (R. 14. März 1837) VI. 112. — dgl. bei ausländischen Requisitionen (R. 16. Sept. 1844) VIII 346. — insbesondere nach Oesterreich (R. 27. Sept. 1844) VIII. 358. — dgl. bei Theilungen und Immobilarverkäufen (B. 27. Juli 1855 §. 20) XI. 137, (G. 3. Mai 1858 §. 20) XI. 448, XII. 24.

Gewährung desselben an Ausländer (R. 3. Sept. 1821) II. 172. — dgl. an preußische Unterthanen in Rheinhessen (R. 3. Sept. 1821) II. 172. — in den Niederlanden (Ko. 21. Aug., R. 9. Sept. 1822) II. 312. — in Belgien (R. 23. Juni 1851) X. 365. — in Bayern (R. 9. Juni 1834) IV. 83. — Bezügliche Grundsätze in Rußland, Hamburg, Mecklenburg, Spanien, Toskana, Sardinien, Schweiz (R. 30. März, 10. April 1835) V. 102. — im Auslande überhaupt (R. 16. Sept. 1844) VIII. 352. 357.

Bestreitung der baaren Auslagen aus dem Kriminalfonds (R. 30. Aug. 1833) III. 666, (R. 4. Sept. 1834) IV. 152, (R. 30. Nov., 19. Dez. 1834) IV. 198, (R. 15. 26. Juli, 16. Aug. 1836) V. 426, (R. 30. Jan. 1837) VI. 41, (R. 4. Febr. 1837) VI. 82, (R. 18. Febr. 1837) VI. 91, (R. 27. Mai 1838) VI. 522, (R. 22. Juni 1838) VI. 535, aufgehoben (durch R. 18. Mai 1839) VII. 61. — Einziehung der gestundeten Kosten (R. 30. Nov., 19. Dez. 1834) IV. 198. — Gerichtsschreibergebühren für die Kostenexekutoren (R. 31. Mai, 18. Juni 1845) IX. 34. — Portofreiheit der Armenprozeßsachen (R. 8. 20. Okt. 1856) XI. 286, (R. 3. Jan. 1860 §. 6) XII. 164. — Anwendung des Armenrechts auf die Friedensgerichtsgebühren (G. 23. Mai 1859 §. 17) XII. 92. — Stundung der Gerichtsschreibereigebühren in Armensachen (J. 22. Aug. 1859 §. 38—49) XII. 139. — vgl. Generalgouvernement, Requisitionen, Stempelstundung, Vormundschaft.

Armuth s. Armenrecht, Postfreipaß, Stundung, Zahlungsunfähigkeit.

Arnsberg s. Ostrhein.

Arrest

Verfahren bei Arrestanlagen auf öffentliche Kassen (GB. 23. Sept. 1814) I. 75. — dgl. auf Amtskautionen (K. 15. April 1837) VI. 167. — dgl. auf die bei der Depositenkasse zu Cöln hinterlegten Gelder (G. 24. Juni 1861 §. 10 ff.) XII. 254. — dgl. aus altländischen Erkenntnissen (R. 19. Aug. 1840) VII. 200. — Arrestschlag inländischer Kassationskläger gegen ausländische Kassationsbeklagte (GNM. 14. Okt. 1814) I. 184. — Bedingungen der Arrestanlage gegen bayerische Unterthanen (K. 29. Dez. 1852) X. 531.

Unzulässigkeit der Arrestanlage auf fremdes Staatseigenthum (R. 5. Okt. 1819) I. 613. — dgl. auf akademische Abgangszeugnisse (R. 5. Juli 1824) II. 510. — dgl. auf westphälische Stiftspensionen (R. 9. Dez. 1831) III. 417. — dgl. auf Wittwenunterstützungsgelder (R. 29. Dez. 1831, 9. Jan. 1832) III. 426. — dgl. auf Leistungen der gewerblichen Unterstützungskassen (G. 3. April 1854 §. 4) XI. 17. — und der Knappschaftskassen (G. 10. April 1854 §. 10) XI. 24. — dgl. auf Arbeitsverdienst der Gefangenen (K. 28. Dez. 1840, R. 28. Jan. 1841) VII. 264. — vgl. Arrestklagen, Beschlagnahme, Diensteinkommen, Exekution, Militairgehalt, Personalarrest, Verhaftung.

Arresthäuser s. Gefängnisse.

Arrestklagen

friedensgerichtliche, Unanwendbarkeit der Art. 548—550 CPO. (R. 30. Dez. 1857) XI. 403. — gegen Studirende, Kompetenz des Universitätsgerichts zu Bonn (R. 22. Sept. 1838) VI. 596, (R. 24. Okt., 10. Nov. 1838) VI. 629. — Stempelfreiheit der protokollarischen Erklärung des Drittarrestaten (R. 11. Jan., 7. 18. März 1861) XII. 241. — vgl. Erkenntnißstempel.

Arrondissement

gilt bezüglich der Zeugentaxe als Landgerichtsbezirk (R. 6. Febr. 1824) II. 455, (R. 13. Dez. 1842) VIII. 135.

Arznei
Debit der Arzneiwaaren (GM. 17. Mai 1814) I. 103, (R. 29. Juli 1857) XI. 359. — Einführung der Arzneitaxe (GRM. 13. Dez. 1815) I. 232. — Verfahren gegen Aerzte wegen Selbstdispensirens (R. 6. Juni 1833) III. 633. — vgl. Apotheker, Geheimmittel, Gift.

Aerzte
deren Studium auf inländischen Universitäten (K. 30. Juni 1841) VII. 305. — Disziplinarbefugniß der Regierung wegen Dispensirens von Arzneien (R. 6. Juni 1833) III. 633. — dgl. rücksichtlich der ausgestellten Atteste (R. 20. Jan., 3. Febr. 1853) X. 543, (R. 11. 21. Febr. 1856) XI. 165. — Verfahren bei Untersuchung von Geisteskranken (R. 9. April, 6. Juli 1838) VI. 550. — Mittheilung der Protokolle und Gutachten an die Regierung (R. 31. März 1840) VII. 156, (vgl. R. 29. Okt. 1847) IX. 244. — Ermittelung des Gesundheitszustandes von Kondemnaten und Transportgefangenen (R. 31. Juli 1838) VI. 565, (R. 30. Nov. 1846) IX. 127, (R. 20. Jan., 3. Febr. 1853) X. 543. — Nothwendigkeit ärztlicher Atteste bei Pensionsgesuchen (R. 7. Okt. 1836) V. 469. — dgl. bei Urlaubsgesuchen (R. 15. April 1843) VIII. 158. — Form der ärztlichen Atteste und Gutachten (R. 20. Jan., 3. Febr. 1853) X. 543, (R. 11. 21. Febr. 1856) XI. 165. — Vertretung der Gerichtsärzte durch praktische Aerzte und Wundärzte (R. 16. Juli 1864) XII. 450. — vgl. Medizinaldeputation, Medizinalgebühren, Militairärzte, Obduktion, Thierärzte, Unzurechnungsfähigkeit.

Ascendenten s. Civilstand (Heirathsurkunden), Heirathskonsens, Notorietätsakte. — vgl. Eltern, Großeltern.

Ascension
der Gerichts- und Parketschreiber, allgemeine Grundsätze (R. 2. Juli 1821) II. 131. — der militairpflichtigen Civilbeamten bei Mobilmachungen (StMB. 19. Juli, R. 25. Aug. 1850) X. 228. — vgl. Civilversorgung.

Asservate
deren Behandlung bei den Landgerichten (J. R. 24. Dez. 1827) III. 167. — sind vor dem Verderben zu schützen (R. 7. Sept. 1838) VI. 589. — Transportirung zur Audienz (R. 27. März 1834) IV. 44. — Veräußerung herrenloser Ueberführungsstücke (R. 23. Juni 1823) II. 388, (R. 15. 24. Okt. 1825) II. 614. — Verfahren bezüglich der entwichenen Untersuchungsgefangenen abgenommenen Geldsummen (R. 23. Sept. 1841) VII. 341. — vgl. Konfiskation, Münzen, Waffen.

Assessoren
altländische, nachträgliche Prüfung derselben zum rheinischen Justizdienst (K. 14. R. 31. März 1840) VII. 157. — Beschäftigung bei der Staatsanwaltschaft (R. 17. Okt. 1846) IX. 118, (R. 2. Sept. 1847) IX. 238.

rheinische, Beschäftigung derselben bei den Verwaltungsbehörden (R. 16. März 1831) III. 371. — Uebernahme von Regierungskommissarien (R. 28. Mai 1857) XI. 349. — Beschäftigung beim Hypothekenamt (R. 24. März 1847) IX. 187. — dgl. bei Militairgerichten (R. 30. Dez. 1837) VI. 377. — Qualifikation zu Auditeurstellen (K. 5 R. 13. Mai 1838) VI. 487, (R. 1. Juni 1838) VI. 532. — Stimmrecht der nicht etatsmäßigen Landgerichts-Assessoren (R. 8. März 1834) IV. 40, (R. 4. April 1834) IV. 50, (R. 19. Jan. 1836) V. 313, (R. 29. Sept. 1846) IX. 115. — Ertheilung des unbeschränkten Stimmrechts (R. 28. April 1848) IX. 297. — Zuziehung derselben zu den Assisensitzungen (R. 26. Jan. 1859) XII. 58. — Beschäftigung der überzähligen Assessoren bei der Staatsanwaltschaft (R. 15. Aug. 1840) VII. 197. — Richterliche Funktion derselben (R. 18. Dez. 1836) V. 521. — Beitritt der unbesoldeten Assessoren zur Wittwenkasse (R. 15. Juli 1838) VI. 556, (R. 10. Sept. 1838) VI. 590, (B. 29. Jan., R. 7. Febr. 1859) XII. 59. — vgl. Justizbeamte, Rang, Richter, Uniform.

Assisen
Verfahren bei Bildung der Geschworenenliste und der Assisenrolle, Dauer der Sessionen (R. 3. Dez. 1816) I. 431, (R. 17. Nov. 1823) II. 434, (R. 29. Okt. 1836) V. 483. — Einhaltung der Fristen für Anfang und Bekanntmachung der Assisen (R. 22. Febr. 1833) III. 536. — Verfahren wenn zur ordentlichen Sitzung keine Sachen vorliegen (R. 23 Jan. 1836) V. 318. — dgl. wenn instruirte Sachen wegen Zeitmangel nicht verhandelt werden können (R. 19. Nov. 1836) V. 503. — Zuziehung der nicht etatsmäßigen Assessoren (R. 4. April 1834) IV. 50, (R. 29. Sept. 1846) IX. 115, (R. 26. Jan. 1859) XII. 58. — Wechsel der Staatsprokuratoren (R. 23. Febr. 1838) VI. 427. — Ueberreichung schriftlicher Anträge seitens der Staatsanwaltschaft (R. 27. Juni 1833) III. 654. — Gestellung von Militairwachen (R. 29. Jan., 21. Febr. 1834) IV. 29. — dgl. von Gensdarmen (R. 1. 6. März 1837) VI. 103, (R. 30. Nov. 1837) VI. 342. — Beschränkung der gerichtlichen Dispensation von Geschworenen, Interrogatorium des Angeklagten (R. 3. Dez. 1816) I. 428. — Anwendung des Kontumazialverfahrens (R. 19. Mai 1826) III. 28, (R. 29. April 1859) XII. 77. — Abweichung der Fragen vom Anklageakt (GRM. 9. Febr. 1815) I. 194. — Stellung von Eventualfragen (K. 7. R. 13. Febr. 1835) V. 70, (R. 13. März 1838) VI. 442, (R. 20. Jan. 1838) VI. 400, (G. 14. April 1851 §. 25) X. 633 — Verfahren bei Abstimmung der Geschworenen und der Richter (B. 31. Dez. 1833) III. 704, (R. 5. Febr. 1834) IV. 16, (R. 17. Mai 1834) IV. 71, (R. 16. März 1854) XI. 14. — Verhütung unvollständiger Antworten der Geschworenen (R. 19. Febr. 1827) III. 100. — vgl. Angeklagter, Anklageakt, Anklagesenat, Begnadigungsanträge, Generalfragen, Geschworene, Geständniß, Kassationsverfahren, Oeffentlichkeit, Strafverfolgung, Zeugenaussagen ff.

Assisenberichte
der Präsidenten und Staatsanwalte (R. 3. Dez. 1816) I. 428, (R. 13. März 1830) III. 327, (R. 25. Aug. 1835) V. 193, (R. 23. Jan. 1836) V. 318, (R. 8. April 1836) V. 359, (R. 16. Jan. 1837) VI. 22, (R. 23. Jan 1855) XI. 73, (R. 5 Jan. 1857) XI. 299, (R. 22. Jan. 1857) XI. 303. — Reinschrift der Berichte durch das Sekretariat (R. 25. März 1837) VI. 125.

Assisenpräsident
Verfahren desselben bei Visitation der Gefängnisse (R. 18. Juni 1821)

II. 126, (R. 2. Jan. 1826) III. 4, (R. 25. Aug. 1835) V. 193, (R. 8. April 1836) V. 359, (R. 16. Jan. 1837) VI. 22, (R. 28. Jan. 1839) VII. 12, (R. 14. März 1840) VII. 147, (R. 3. Okt. 1839) VII. 90 — Reisekosten desselben (R. 11. Mai 1820) II. 32, (R. 10. Juli 1820) II. 50, (R. 29. Dez. 1825) II. 627. — vgl. Assisen, Assisenberichte, Assisenprotokoll.

Assisenprotokoll
dessen Inhalt, Interrogatorium des Angeklagten (R. 3. Dez. 1816) I. 428. — Konstatirung der Geständnisse (R. 30. Juli 1821) II. 153. — dgl. des Rückfalls (R. 11. März 1832) III. 454. — dgl. der abweichenden und neuen Zeugenaussagen, Formular des Protokolls (R. 15 Febr. 1833) III 579, 580, (R. 16 März 1854) XI. 14. — Aufnahme der schriftlichen Anträge des Staatsanwalts (R. 27. Juni 1833) III. 654. — Formalitäten rücksichtlich der Stimmenmehrheit (R. 31. Dez. 1833) III. 704, (R. 5. Febr. 1834) IV. 16, (R. 16. März 1854) XI. 14. — Abfassung des Protokolls in der Sitzung (R. 12. März 1835) V. 90. — Ausschließung der Hülfssekretaire (R. 5. Juli 1831) III. 378, (R. 16. Febr. 1832) III. 431. — vgl. Audienzprotokoll.

Assisentabellen
deren Aufstellung und Einreichung (R. 3. Dez. 1816) I. 432, (R. 13. März 1820) III. 327, (R. 23. Jan. 1855) XI. 73, (R. 5. Jan. 1857) XI. 299, (R. 22. Jan. 1857) XI. 303. — Gebühren der Landgerichtssekretariate (R. 5. Aug. 1856) XI. 240. — vgl. Prozeßtabellen.

Assisenverhandlungen
Veröffentlichung derselben durch Zeitungen (R. 4. Dez. 1835) V 279, (R. 12. 24. Mai 1836) V. 377, (G. 12. Mai 1851 §. 48) X. 318. — vgl. Gerichtssitzung, Oeffentlichkeit.

Attest s. Abgangszeugniß, Aerzte, Beglaubigung, Civilstand, Civilversorgungsschein, Dienstzeugniß, Ehescheidung, Erbeslegitimation, Heirathskonsens, Insinuationsdokument, Kostenfreiheit, Kostenliquidation, Lebensscheine, Legalisation, Postattest, Rechtskraft, Revisionsvermerke, Siegel, Stempelfreiheit.

Attributionskonflikt s. Kompetenzkonflikt.

Atzbach s. Ostrhein (Wetzlar).

Audienz s. Gerichtssitzung.

Audienzgerichtsvollzieher
Dienst derselben (K. 9. J. 10. Juni 1833 §. 1, 17) III. 637, 641. — bei den Landgerichten (R. 22. Okt. 1833 §. 4) III. 686, (R. 13. Dez. 1833) III. 698. — bei den Friedensgerichten (R. 9. Juni 1834) IV. 82. — vgl. Gerichtsvollzieher.

Audienzprotokoll
in Strafsachen, Vermerk der Zeugentaxe (R. 3. Febr. §. 13, R. 22. April 1820) II. 24. — Vollständigkeit betreffs der Zeugenaussagen (R. 31. Dez. 1825) II. 628. — Konstatirung des Rückfalls (R. 11. März 1832) III. 454. — Protokollführung durch Hülfssekretaire (R. 5. Juli

1831) III. 378, (Reg. 16. Febr. 1832 §. 37) III, 444. — vgl. Assisenprotokoll.

Auditeure
deren Beschäftigung bei Civilgerichten (R. 29. Mai 1835) V. 140, (K. 11. R. 13. Febr. 1837) VI. 85, (R. 4. Mai 1838) VI. 471. — Qualifikation der Civiljustizbeamten zu Auditeurstellen (K. 5. R. 13. Mai 1838) VI. 487. — Beurlaubung derselben zur kommissarischen Verwaltung solcher Stellen (R. 1. Juni 1838) VI. 532. — Befugniß der Auditeure zur Aufnahme von Akten der freiwilligen Gerichtsbarkeit (G. 8. Juni 1860) XII. 188. — vgl. Generalauditoriat, Militairgerichte.

Aufbereitungsanstalt s. Bergwerksarbeiter.

Aufenthalt
Verfahren gegen beurlaubte Militairpersonen wegen unterlassener Meldung des veränderten Aufenthalts (K. 21. Dez. 1825, 12. Aug. 1831, R. 2. Sept. 1831) III. 388, (K. 29. Mai 1852) X. 421. — vgl. Wohnort.

Aufgebot s. Amortisation, Civilstand (Heirathverkündigung), Ediktalladung, Fideikommiß, Kaution, Militairkassen, Pfandschaft, Polcher Dingtag.

Aufgeld
dessen Verrechnung bei Versteigerungen (V. 20. Febr. 1834) IV. 27, (R. 4. Juli 1839, 4. Juli 1840) VII. 183, (V. 27. Juli 1855 §. 13) XI. 135, (G. 3. Mai 1858 §. 13) XI. 447.

Auflauf
Verpflichtung der Gemeinden zum Schadenersatz (G. 11. März 1850) X. 200.

Aufruhr
Anzeige beim Justizminister wegen desselben (R. 21. Nov. 1821) II. 192, (R. 11. April 1832) III. 461. — vgl. Meuterei, Politische Verbrechen.

Aufsehen
Anzeige der Aufsehen erregenden Verbrechen an den Justizminister (R. 21. Nov. 1821) II. 192.

Aufsicht s. Bewachung, Polizeiaufsicht, Revision. — vgl. Justizvisitation.

Aufsichtsbehörde s. Dienstbehörde, Disziplinarbehörde.

Auftrag s. Kommissorien, Requisitionen, Vollmacht.

Auktion s. Versteigerung.

Ausbesserung s. Dächer, Dienstgebäude.

Auseinandersetzung s. Ablösung, Gemeinheitstheilung, Theilung.

Ausfertigung
der friedensgerichtlichen Urtheile (R. 17. Aug. 1841) VII. 313. — der Ver- und Entsiegelungsprotokolle (R. 10. Okt. 1842 §. 11) VIII. 121. — der Präsidialordonnanzen (R. 4. Okt. 1841) VII. 348. —

der Verhandlungen in Rheinzollsachen (R. 17. Aug. 1847) IX. 228. — der Erkenntnisse in Polizei- und Zuchtpolizeisachen (R. 22. Febr. 1833) III. 587. — vgl. Abschrift, Amtseid, Civilstandsregister, Exekutorische Klausel, Gerichtsschreibergebühren, Kostenersparniß, Kostenfreiheit, Notariatsurkunden, Requisitionen, Stempel, Stempelfreiheit, Testamente.

Aushebung f. Militairaushebung.

Auskultatoren und **Referendarien**

Beschäftigung derselben im Allgemeinen (Reg. 16. Febr. 1832) III. 431, (R. 31. März 1834) IV. 45, (R. 29. Nov. 1834) IV. 180, (R. 10. Dez. 1834) IV. 187, (Reg. 5. R. 28. Dez. 1834) IV. 208, (R. 16. Dez. 1837) VI. 363, (R. 29. Mai 1838) VI. 523. — Vernehmung der Supplikanten (R. 9. Dez. 1831) III. 417, (R. 16. Jan. 1836) V. 312, (R. 16. Dez. 1837) VI. 364. — Anfertigung schriftlicher Referate vor der Proberelation (R. 2. April 1856) XI. 175. — Beschäftigung beim ostrheinischen Justizsenat (R. 9. Nov. 1832) III. 532. — Verweisung auf den Diensteid bei Beförderung und Amtswechsel (R. 18. Febr. 1840) VII. 138. — Verfahren bei Versetzungsanträgen (R. 18. Okt. 1838) VI. 609, (R. 26. Jan. 1843) VIII. 145. — dgl. bei Entlassungsgesuchen (R. 18. Nov. 1842) VIII. 126, (R. 19. Sept. 1861) XII. 263. — Vorbehalt des Wiedereintritts ist unzulässig (R. 20. Mai 1854) XI. 35. — Ausschließung von der Wittwenkasse (R. 10. Sept. 1838) VI. 590.

Qualifikation der Auskultatoren zu Amtsschreiberposten (R. 5. April 1824) II. 473. — dgl. zu Gerichtsschreiberstellen (Reg. 16. Febr. 1832 §. 34) III. 443. — Auskultatoren können nicht die Advokatenstage absolviren (R. 2. Juni 1840) VII. 170. — dgl. nicht Syndikate und Verwaltung vakanter Nachlassenschaften übernehmen (R. 24. Febr. 1863) XII. 394.

Qualifikation der Referendarien zur Verwaltung von Friedensrichterstellen (R. 15. Nov. 1822) II. 318, (R. 4. Nov. 1840) VII. 226. — dgl. zu Gerichtsschreiberposten bei Schöffengerichten (R. 5. April 1824) II. 473. — inwiefern zu Hypothekenbewahrerstellen (R. 14. 22. Juli, B. 14. Aug. 1845) IX. 45. — Deputirung zur Polizeianwaltschaft (R. 21. März 1835) V. 97, (K. 18. Jan. 1840) VII. 135. — Beschäftigung bei Militairgerichten (R. 29. Mai 1835) V. 140, (R. 30. Dez. 1837) VI. 377, (K. 5. R. 13. Mai 1838) VI. 487. — Studium des römischen Rechts (R. 13. Juli 1835) V. 146. — Uebung im Referiren (R. 12. Mai 1836, 4. Febr. 1837) VI. 47, 81. — dieselben plaidiren nicht vor dem Appellationsgerichtshofe (R. 13. Juni 1839) VII. 72. — brauchen nicht bei auswärtigen Friedensgerichten zu stagiren (R. 17. Aug. 1841) VII. 312. — können für den anwesenden Staatsanwalt in der Sitzung konkludiren (R. 16. Dez. 1837) VI. 363. — Uebernahme von Syndikaten und Verwaltungen vakanter Nachlassenschaften (R. 24. Febr. 1863) XII. 394. — vgl. Ostrhein, Prüfung.

Auslagen

Erstattung der baaren Auslagen im Theilungsverfahren und bei gerichtlichen Immobilarverkäufen (V. 27. Juli 1855 §. 20) XI. 137, (G. 3. Mai 1858 §. 20) XI. 448. — vgl. Amtsblätter, Armenrecht,

Dienstgebäude, Dienstunkosten, Kommunikationsabgaben, Kopialien, Kosten ff., Kriminalfonds, Porto, Postvorschuß, Reisekosten, Requisitionen, Schreibmaterialien, Telegraphen, Transport, Vormundschaft, Zeugengebühren.

Ausland, Ausländer

Anstellung der Ausländer im preußischen Staatsdienste (K. 1. R. 26. Okt. 1829) III. 302, (R. 13. Dez. 1847) IX. 254, (R. 20. März 1862) XII. 358. — Zulassung derselben zur Uebernahme inländischer Vormundschaften (R. 2. 18. Aug. 1837) VI. 278. — Maßregeln gegen die heimliche Verbreitung von Erlassen auswärtiger geistlichen Oberen (K. 9. April 1838) VI. 455. — Nichtanstellung der im Auslande zu Priestern geweihten Inländer (K. 23. Dez. 1845) IX. 63. — Ausübung der bürgerlichen Gerichtsbarkeit über preußische Garnisonen im Auslande (G. 8. Juni 1860 §. 13) XII. 191. — vgl. Aktien, Anleihen, Armenrecht, Arrest, Auslieferung, Auswanderung, Belgien, Civilstand, Civilstandsregister, Deutsche Bundestruppen, Ediktalladung, Ehe, Erkenntnisse, Exekution, Exekutorische Klausel, Gerichte, Heirathskonsens, Inland, Insinuation, Juden, Kaution, Konsuln, Korporationen, Landesverweisung, Landrecht, Landstreicher, Legalisation, Münzverbrechen, Münzwesen, Nachdruck, Naturalisation, Orden, Parteien, Politische Verbrechen, Porto, Rechtshülfe, Requisitionen, Schleichhandel, Seereise, Spielen, Staatsgut, Staatspapiere, Staatsverträge, Steuerbeamte, Steuerdefraudation, Straferkenntnisse, Strafgesetzbuch (rheinisches), Strafvollstreckung, Todesanzeige, Universitäten, Urlaub, Verhaftung, Versicherungsanstalten, Vorladung, Zeitungen, Zeugenvorladung, Zollverein, Zollvergehen.

Auslegung s. Staatsverträge.

Auslieferung

der Verbrecher, inwiefern ministerielle Genehmigung einzuholen ist (R. 13. April 1824) II. 480, (R. 10. März 1826, 24. Juli 1827) III. 136, (R. 15. Nov. 1827) V. 14, (R. 7. Aug. 1835) V. 179, (R. 11. Jan. 1837) VI. 15, (R. 19. Juni 1841) VII. 303, (R. 16. Sept. 1844) VIII. 349, 350. — Anweisung der Kosten auf den Kriminalfonds (R. 31. März 1840) VII. 155. — Auslieferung von Postillonen (R. 30. Aug. 1836) V. 447. — dgl. von desertirten Matrosen, Uebereinkunft mit Oldenburg (R. 25. Nov. 1845) IX. 59. — dgl. wegen Münzverbrechen im Zollvereinsgebiete (Ko. 21. Okt. 1845, K. 26. Sept. 1846) IX. 111, 114, (K. 9. Aug., B. 21. Sept. 1847) IX. 240. — Auslieferungsverfahren gegenüber Luxemburg (Ko. 11. März 1844) VIII. 245, (R. 16. Sept. 1844) VIII. 357, (R. 19 Jan. 1848) IX. 263, (Ko. 9. Febr. 1849 §. 5) X. 47. — dgl. gegenüber den deutschen Bundesstaaten (P. 10. Juni 1854) XI. 36. — Anwendung auf die nicht zum Bunde gehörenden Landestheile von Preußen und Oesterreich (B. 27. Okt. 1854) XI. 68. — Verfahren gegenüber den Niederlanden (R. 14. Dez. 1819) I. 625, (R. 14. Jan. 1820, 7. April, 19. Okt. 1827, 28. Jan. 1833) III. 571, (R. 11. Mai 1834) IV. 68. (R. 25. Mai 1834) IV. 80, (R. 31. März 1840) VII. 155, (R. 16. Sept. 1844) VIII. 350, 352, (R. 28. Dez. 1846) IX. 141, (Ko. 17. Nov. 1850) X. 250, (R. 16. Okt. 1854)

XI. 65, (R. 2. April 1863) XII. 397, (R. 30. Nov. 1863) XII. 428, (R. 20. Mai 1864) XII. 447. — gegenüber Belgien (Ko. 29. Juli 1836) V. 429, (R. 11. Jan. 1837) VI. 15, (R. 23. Febr. 1837) VI. 94, (R. 31. März 1840) VII. 155, (R. 16. Sept. 1844) VIII. 350. — Transport der nach Preußen von anderen Regierungen auszuliefernden Individuen durch das belgische Gebiet (R. 15. Okt. 1844) VIII. 369. — Auslieferungsverfahren gegenüber Frankreich (R. 16. Okt. 1826) III. 70, (R. 10. März 1826, 24. Juli 1827) III. 136, (R. 3. Sept. 1835) V. 201, (R. 13. Juni 1836) V. 396, (R. 2. Jan. 1837) VI. 12, (R. 19. Aug. 1840) VII. 199, (R. 16. Sept. 1844) VIII. 350, (Ko. 21. Juni 1845) IX. 36. — dgl. gegenüber Rußland und Polen (R. 16. Sept. 1844) VIII. 351 — gegenüber New-York (R. 4. Dez. 1835) V. 281, (R. 16. Sept. 1844) VIII. 351. — gegenüber den Vereinigten Staaten von Nordamerika (Ko. 16. Juni, 16. Nov. 1852, B. 12. Aug. 1853) X. 522, (R. 26. April 1856) XI. 187, (R. 26. Nov. 1860) XII. 213. — vgl. Ostrhein, Requisitionen.

Ausrufer
dessen Gebühren bei notariellen Versteigerungen (R. 4. Juli 1839, 4. Juli 1840) VII. 183, (B. 27. Juli 1855 §. 13) XI. 134, (G. 3. Mai 1858 §. 13) XI. 446. — Ueberwachung seines angemessenen Verhaltens (R. 10. Okt. 1853) X. 601.

Ausspielung s. Spielen.

Außerkurssetzung s. Kurs.

Außerordentliche Strafe s. Fiskalische Untersuchung.

Ausstand s. Strafantritt, Zahlungsausstand.

Ausstoßung s. Soldatenstand.

Austrägalsachen s. Deutscher Bund, Kassationshof, Obertribunal.

Auswanderung
Beförderung von Auswanderern durch Agenten (G. 7. Mai 1853) X. 570. — Verfahren gegen ausgewanderte Militairpflichtige und gegen beurlaubte Landwehrmänner, welche ohne Erlaubniß auswandern (G. 10. März 1856) XI. 166, (R. 18. Febr. 1859) XI. 71. — vgl. Fabriken, Militairpersonen (beurlaubte), Militairpflichtige.

Auswärtige Angelegenheiten s. Ministerien, Staatsverträge.

Auswärtige Parteien s. Parteien.

Ausweichen s. Schifffahrt.

Ausweisung s. Landesverweisung. — vgl. Auslieferung.

Auszüge s. Aktenauszüge, Civilstandsregister, Kataster, Urtheilsauszüge. — vgl. Tabellen.

Autonomie s. Ritterschaft.

Autoren s. Kunstwerke, Nachdruck.

Autorisation s. Anstalten, Auslieferung, Ehefrau, Gemeindegüter, Kirchen, Korporationen, Prozeßlegitimation, Schenkung, Strafverfolgung, Vermächtniß.

Baden
Ungültigkeit der von Badischen Unterthanen im Auslande ohne Erlaubniß abgeschlossenen Ehen (R. 18. Dez. 1835) V. 288. — vgl. Deutsche Bundesstaaten, Krieg, Zollverein.

Bagatellsachen
Unanwendbarkeit der Gebührentaxe vom 9. Okt. 1833 bei altländischen Requisitionen in Bagatellsachen (R. 13. 25. Febr., 13. März 1837) VI. 109.

Bank
Errichtung des Bankkomtoirs zu Cöln (K. 21. Mai, B. 19. Juli, R. 16. Okt. 1819) I. 615. — Konsignationsverfahren (R. 19. April 1837) VI. 174. — Ausschließung fremder Goldmünzen (R. 6. 13. Dez. 1837) VI. 361. — dgl. inländischer (K. 11. April 1845) IX. 24. — Portofreiheit der Pupillengelder (R. 20. Dez. 1819, 6. 28. Jan. 1820) II. 6. — Stempel- und Gebührenfreiheit der Atteste und Quittungen in Vormundschaftssachen (G. 23. Dez. 1846 §. 3) IX. 136. — Belegung der bei der Depositenkasse zu Cöln eingehenden Gelder bei der Bank (G. 24. Juni 1861 §. 4, 20) XII. 252. — Verkehr der Depositenkasse mit der Bank (J. 27. Juni 1863) XII. 411.

Bankerutt
Kosten der Bekanntmachung von Straferkenntnissen wegen desselben (R. 16. Mai 1839) VII. 55. — Auslieferung wegen betrügerischen Bankerutts (R. 19. Juni 1841) VII. 303. — vgl. Falliment.

Banknoten s. Münzbehörden, Münzverbrechen, Münzwesen.

Bankobligationen
deren Amortisation (R. 6. 14. Febr. 1820, R. 24. Febr. 1834) IV. 32.

Barmen s. Gewerbegerichte.

Baubeamte
Zuziehung derselben bei Einrichtung, Reparaturen und Bauten der Gerichtslokale und Dienstgebäude (R. 20. Sept. 1833) III. 670, (R. 6. April 1836) V. 358, (R. 24. Juni 1837) VI. 243, (R. 9. März 1843) VIII. 150, (R. 30. Mai 1845) IX. 32, (R. 21. Febr., 2. März 1858) XII. 9. — vgl. Oberbaudeputation.

Bauen
Beschränkung des Bauens in oder bei Waldungen (GK. 21. Jan. 1815) I. 313. — dgl. längs Staats- und Bezirksstraßen (R. 4. März 1829) III. 275. — vgl. Bergbau, Dächer, Dienstgebäude, Expropriation, Flüsse, Grenzen, Kanäle, Wege.

Bäuerliche Verhältnisse
Regulirung derselben (G. 2. März 1850) X. 123. — vgl. Gutsherrliche Verhältnisse, Land.

Baufonds s. Justizbaufonds. — vgl. Dienstgebäude.

Baugefangene s. Festungsstrafe, Gefängnisse, Militairstrafen.

Bauhandwerker
deren Prüfung (K. 25. April 1821, 18. April 1832, R. 10. 18. Mai 1832) III. 470, (R. 23. März 1838) VI. 446, (V. 9. Febr. 1849 §. 24) X. 33. — Zuziehung derselben bei Bauten und Reparatu-

ren an Dienstgebäuden (R. 6. April 1836) V. 358, (J. R. 24. Juni 1837) VI. 243, (R. 30. Mai 1845) IX. 32.

Bauholz
freies, Wegfall desselben bei Staatsbauten (R. 5. Nov. 1846) IX. 121, (R. 6. Sept. 1848) IX. 327.

Baumpflanzungen
Uebereinkunft mit dem Großherzogthum Hessen wegen Verhütung der an Baumpflanzungen vorkommenden Frevel und Polizeiübertretungen (Erkl. B. 7. Dez. 1861) XII. 267. — vgl. Holzdiebstahl, Waldungen.

Bayerisch-Oesterreichische Landesadministration s. Generalgouvernement.

Bayern
Ungültigkeit der von bayerischen Unterthanen im Auslande ohne Erlaubniß abgeschlossenen Ehen (R. 22. Okt. 1821) II. 184, (R. 18. Dez. 1835) V. 288. — Uebereinkunft mit Bayern wegen Verhütung und Bestrafung der Forst-, Jagd-, Feld- und Fischereifrevel in den Grenzgebieten (Erkl. 7. B. 13. Juli 1859) XII. 108, (R. 25. Aug. 1859) XII. 114. — vgl. Armenrecht, Arrest, Deutsche Bundesstaaten.

Beamte
inwiefern Aerzte als solche zu betrachten sind (R. 6. Juni 1833) III. 633. — Hülfsgerichtsschreiber und Commisgreffiers sind keine Beamten (R. 5. Juli 1831) III. 378, (R. 25. März 1837) VI. 126. — Beamtenqualität der provisorisch Angestellten (K. 11. R. 14. Aug. 1832) III. 497, (R. 14. April 1836) V. 361. — dgl. der Privatfeld- und Waldhüter (R. 30. Juni 1838) VI. 548, (R. 6. Juli 1838) VI. 549. — dgl. der Provinzial-Feuerversicherungsbeamten (Reg. 1. Sept. 1852 §. 79) X. 500. — Ausschließung des Rechtsweges bei Streitigkeiten über die Beamtenqualität (R. 30. Juli 1837) VI. 271. — vgl. Bau-, Bergwerks-, Civilstands-, Eisenbahn-, Forst-, Gemeinde-, Hofstaats-, Jagd-, Justiz-, Kassen-, Militair-, Polizei-, Steuer-, Verwaltungs-Beamte. — vgl. ferner Amt ff., Behörden, Bestallung, Civilversorgung, Diäten, Dienstbehörde, Diensteinkommen, Dienstentlassung, Dienstgebäude, Dienstvergehen, Disposition, Exekution, Feldhüter, Fiskalische Untersuchung, Forderungsklagen, Frankreich, Geistliche, Gerichtsordnung, Heirathskonsens, Injurienklagen, Kaution, Kommissorien, Kompetenzkonflikt, Kriminalordnung, Landrecht, Landwehroffiziere, Mobilmachung, Orden, Patent, Pension, Postbehörden, Rang, Regreßklagen, Reichsstände, Reisekosten, Ruhestand, Siegelung, Stellvertretung, Stempelkontraventionen, Straferkenntnisse, Strafvollstreckung, Supernumerarien, Suspension, Telegraphenkorps, Titel, Todesanzeige, Uniform, Untersuchung, Urlaub, Versetzung, Verzicht, Wittwenkasse, Zeugenvorladung.

Beerdigung
wenn dieselbe erfolgen darf (GB. 28. Sept. 1814) I. 77, (R. 15. Juni, 30. Aug. 1822) II. 303. — Ablieferung der Leichen von Gefangenen an die Anatomie (J. 9. Dez. 1819, R. 28. April 1824) II. 483. — vgl. Obduktion, Rettungsversuche.

Beglaubigung
Stempelpflichtigkeit derselben, insbesondere bei Unterschriften der Taxatoren (V. 31. Dez. 1834) V. 35. — dgl. bei Vollmachten (R. 16. Sept. 1841) VII. 354. — Beglaubigung der portofreien amtlichen Korrespondenz der Gerichtsvollzieher (R. 19. April 1847) IX. 193, (R. 8. 22. Mai 1847) IX. 198, (Reg. 3. Jan. 1860 §. 10) XII. 167. — vgl. Abschrift, Legalisation, Portofreiheit, Siegel, Unterschrift.

Begnadigung
Fortdauer der Polizeiaufsicht und sonstiger Folgen der Verurtheilung (R. 30. Aug. 1823) II. 408, (R. 3. Okt. 1835) V. 228, (R. 11. Sept. 1856) XI. 282. — Befugniß der Ministerien zur Strafermäßigung bei Weidfreveln gegen die Forstordonnanz von 1669 (K. 31. März 1826, R. 23. Sept. 1831) III. 389, (R. 5. Sept. 1836) V. 449, (R. 18. April 1857) XI. 316. — dgl. zur Niederschlagung der Strafen wegen Steuervergehen (R. 15. April, 8. 27. Juni 1834, 6. Dez. 1837) VI. 345. — dgl. des General-Postmeisters bezüglich der Geldbußen wegen Postkontraventionen (K. 3. Dez. 1828, 22. Jan. 1829) VI. 3. — vgl. Amnestie, Niederschlagung, Polizeiaufsicht, Strafgesetzbuch (rheinisches).

Begnadigungsanträge
der Geschworenen oder Assisenhöfe, Verfahren (R. 24. März 1823) II. 355, (R. 14. April 1838) VI. 457. — Erwähnung im Assisenbericht (R. 22. Jan. 1857) XI. 303.

Begnadigungsgesuche
Aussetzung der Strafvollstreckung wegen derselben (R. 29. Juni 1822) II. 276, (R. 31. Dez. 1835) V. 299, (R. 26. Sept. 1839) VII. 88, (R. 14. Dez. 1849) X. 81. — insbesondere bei Steuerstrafen (R. 4. 17. Juni 1836) V. 403. — Korrespondenz der Oberprokuratoren mit dem Justizministerium (R. 13. Juli 1832) III. 488. — Immediatgesuche sind von den Bittstellern direkt einzureichen (R. 30. Nov. 1835) V. 277, (R. 11. Jan. 1838) VI. 394. — wann eine Vermittelung der Oberprokuratoren stattfindet (R. 5. Jan. 1848) IX. 259, (R. 8. Jan. 1850) X. 87. — Begnadigungsgesuche der aus dem Soldatenstande ausgestoßenen Individuen ressortiren vom Justizministerium (R. 4. April 1836) V. 357. — Vorläufige Bescheidung der Supplikanten (R. 31. Okt. 1832) III. 529, (R. 9. Mai 1831) V. 18. — Form der abschläglichen Bescheidung (R. 5. Jan. 1838) VI. 384. — Behandlung der blos remittirten Gesuche (R. 11. Jan. 1838) VI. 394, (R. 27. Dez. 1838) VI. 670. — insbesondere in Steueruntersuchungssachen (R. 3. Okt. 1848) IX. 333. — Deklaration des Ausdrucks „Erschwerende Umstände" bei remittirten Begnadigungsgesuchen (R. 20. Sept. 1833) III. 669. — Behandlung der Gesuche von Strafgefangenen (R. 31. Jan. 1843) VIII. 146, (R. 5. Jan. 1848) IX. 259, (R. 8. Jan. 1850) X. 87, (R. 26. Aug. 1854) XI. 56. — Mittheilung der Ministerialverfügungen an die Regierung bei Gesuchen wegen Kosten und Geldbußen (R. 28. Juni 1837) VI. 256. — Beschränkung der Poursuite bei Beleidigungen und verletzenden Ausdrücken in remittirten Gesuchen (R. 26. Aug. 1831) III. 387, (R. 9. Mai 1831) V. 18, (R. 14. Juli 1838) VI. 553, (R. 20. März

1839) VII. 32, (R. 6. Mai 1839) VII. 51, (K. 20. Aug. 1831, 18. Dez. 1841, R. 9. Febr. 1842) VIII. 10. — Bestrafung unbedeutsamer Querulanten (K. 25. Mai, R. 3. Juni 1836) V. 381. — Mittheilung der den Kassationsrekurs verwerfenden Entscheidung an den Kondemnaten bei Todesurtheilen (R. 18. Juni 1864) XII. 450. — vgl. Aktenauszug, Begnadigung, Immediatgesuche, Ostrhein, Rehabilitation.

Begünstigung
Eventualfrage wegen derselben in Assisensachen (G. 14. April 1851 §. 25) X. 633.

Behörden
Verfahren bei Stempelkontraventionen derselben in Verträgen mit Privatpersonen (K. 23. Dez. 1842) VIII. 136. — vgl. Bergbehörden, Centralbehörden, Dienstbehörden, Finanzbehörden, Geistliche Behörden, Justizbehörden, Militairbehörden, Münzbehörden, Polizeibehörden, Postbehörden, Steuerbehörden, Verwaltungsbehörden.
vgl. ferner Korrespondenz, Requisitionen.

Beigeordnete s. Bürgermeister.

Beil s. Ostrhein.

Bekanntmachung s. Amtsblatt, Anheftung, Ankündigung, Aufgebot, Berichtigung, Erkenntnisse, Expropriation, Gerichtsverhandlungen, Gesetze, Handelsregister, Kanzel, Kirchthüren, Polizeiverordnungen, Presse, Staatsanzeiger, Steckbriefe, Straferkenntnisse, Untersuchungskosten, Versteigerung, Warnung, Zeitungen.

Belagerungszustand
Gesetz über denselben (vom 4. Juni 1851) X. 358. — Ernennung der Civilmitglieder des Kriegsgerichts (R. 7. Juni 1849) X. 63, (G. 4. Juni 1851 §. 11) X. 361. — Errichtung privilegirter militairischer Testamente während eines Belagerungszustandes (G. 8. Juni 1860 §. 4 ff.) XII. 189.

Belehrung s. Parteien.

Beleidigung
Feststellung der dienstlichen Funktion bei Beleidigung von Militairpersonen (R. 20. Aug. 1843) VIII. 182. — Bestimmungen über die strafrechtliche Verfolgung von Ehrverletzungen (G. 14. April 1851 §. 16, 17) X. 631. — insbesondere von Beleidigungen gegen das Staatsministerium oder einzelne Staatsminister (R. 14. Aug. 1849) X. 64, (R. 23. Juni 1851) X. 364. — vgl. Amtshandlungen, Amtsverbrechen, Beamte, Berichtigung, Civilklage, Dienstvergehen, Immediatgesuche, Injurienklagen, Landrecht, Militairgerichtsstand, Militairpersonen, Ostrhein (Landrecht), Strafgesetzbuch (rheinisches), Strafverfolgung, Verzicht.

Beleuchtung
deren Beschaffung bei den Landgerichten (R. 21. Mai 1827) III. 134.

Belgien
Bestrafung der von belgischen Unterthanen im Auslande verübten Verbrechen und Frevel (R. 12. Okt. 1838) VI. 605. — vgl. Ab-

schoß, Armenrecht, Auslieferung, Insinuation, Portofreiheit, Requisition.

Beneficiarerbe
Verfahren bei außergerichtlichen Theilungen und bei gerichtlichen Verkäufen von Immobilien, wenn ein solcher betheiligt ist (G. 18. April 1855 Art. 29, 31) XI. 87, 88. — vgl. Inventar, Versteigerung.

Beneficium competentiae s. Arrest, Exekution, Mobilarpfändung.

Berathung
Aussetzung derselben in Civilsachen (R. 24. Okt. 1823) II. 429. — Inhalt der von den Advokaten übergebenen Akten (R. 6. Juni 1823) II. 380, (R. 24. Okt. 1823) II. 429. — vgl. Rathskammerbeschlüsse.

Berg
Generalgouvernement s. Generalgouvernement.
Herzogthum resp. Großherzogthum.
Sequestration der verschenkten Domainen (GB. 28. Nov. 1813) I. 6. — Regulirung der Landesschulden (GB. 25. Jan. 1815) I. 10, (R. 25. Okt., 16. Nov. 1818) I. 521, (K. 19. Juli 1823) II. 390, (K. 4. Febr. 1823) II. 345, (R. 8. März 1824) II. 458. — Rechtsverhältnisse des Grundbesitzes und der Realberechtigungen (G. 21. April 1825) (Cit.) II. 586. — Aufhebung der Dekrete vom 17. Dezember 1811, 21. Februar 1813 betreffend Gemeindesteuer (K. 4. Dez. 1826) III. 81. — Rechtsverhältnisse der Fideikommisse (G. 23. März 1828) III. 228, (R. 16. Juni 1828) III. 231, (K. 28. April 1829) III. 277, (K. 24. Juli 1832) III. 486, (R. 5. Nov. 1831) III. 407, (V. 23. Aug. 1834) IV. 143. — dgl. der vor 1810 entstandenen Pfandschaften (V. 16. Jan. 1842) VIII. 6. — Maßregeln gegen Zersplitterung der Markenwaldungen (K. 13. April 1842) VIII. 33, (vgl. K. 7. Aug. 1846) IX. 103. — Anwendung des Gesetzes vom 8. März 1810 bei Expropriationen (J. 23. Juli 1821, R. 18. Febr. 1822) II. 211. — Bestrafung der Postkontraventionen (R. 19. Jan. 1837) VI. 23. — Befugniß der Mäkler zu Waarenversteigerungen an der Börse (K. 6. Dez. 1837) VI. 345, (R. 11. 24. Juli 1838) VI. 560. — Kompetenz der Polizeigerichte in Fischereisachen (R. 14. Aug. 1838) VI. 568. — Aufhebung des Dekrets vom 3. November 1809 §. 22 betreffend Hypothekengebühren (K. 13. R. 23. Mai 1835) V. 137. — Abänderung des Dekrets vom 17. Dezember 1811 §. 143 betreffend Ausfertigungsgebühren der Land- und Handelsgerichtssekretaire (K. 4 Jan. 1843) VIII. 141. — vgl. Statutarrecht.

Bergbau
dessen Betrieb ist den Notarien gestattet (R. 11. Juni 1822) II. 272. — Abtretung von Domanialeigenthum an die Bergwerksverwaltung (K. 30. Sept., R. 4. Nov. 1836) V. 489. — dgl. des Privateigenthums zu bergbaulichen Zwecken im Bezirk Siegen (K. 14. Nov. 1838) VI. 638. — Bestrafung wegen unbefugter bergbaulicher Anlagen (G. 26. März 1856) XI. 174. — vgl. Mineralien, Ostrhein, (Hüttenzeit).

Bergbehörden
Errichtung der rheinischen Oberbergamtskommission zu Bonn (GNM. 24. Nov. 1815) I. 232. — Verfahren bei Vorladungen und Insinua-

tionen an das Oberbergamt (StMB. 20. Juli 1818 §. 22) I. 511, (StMB. 30. Nov., R. 17. Dez. 1838) VI. 667. — vgl. Bergbau, Bergwerksarbeiter, Bergwerksbeamte, Fiskus.

Bergisch-Märkische Eisenbahn s. Eisenbahnen.

Bergwerke s. Bergbau.

Bergwerksarbeiter
Ertheilung des Heirathskonsenses an Berg-, Hütten- und Salinenarbeiter (K. 29. Mai 1833, 16. Jan. 1834, R. 7. Febr. 1834) IV. 17. — Zulassung von Knaben zur Grubenarbeit (K. 9. R. 30. März 1836) V. 353. — Beschäftigung jugendlicher Arbeiter (Reg. 9. März, K. 6. April 1839) VII. 37, (G. 16. Mai 1853) X. 574. — Errichtung eines Knappschaftsverbandes für die Braunkohlengruben des Brühler Reviers und die Alaunhütte Friesdorf (Reg. 27. Mai, K. 9. April, R. 27. Mai 1842) VIII. 42. — dgl. für die Bleierzgruben, Erzwäschen und Schmelzhütten am Bleiberge im Revier Commern (Reg. 31. Juli, K. 16. Aug., R. 10. Sept. 1842) VIII. 106. — Vereinigung der Berg-, Hütten- und Salinenarbeiter in Knappschaften (G. 10. April 1854) XI. 22.

Bergwerksbeamte
deren Vereidung und Anzeigeprotokoll (R. 15. Okt. 1824) II. 526.

Bergwerkskontraventionen
deren Konstatirung, Verfahren bei Entwendung von Kohlen und Erzen (R. 15. Okt. 1824) II. 526. — vgl. Bergbau, Bergwerksarbeiter, Kohlen, Mineralien.

Bergwerkssteuern
deren Abtragung (V. 21. Jan. 1857) XI. 300. — vgl. Steuer.

Berichte
Citirweise bezüglich der im Justizministerialblatt abgedruckten Verfügungen (R. 28. Dez. 1838) VI. 673. — Aeußere Form und Verpackung der ans Justizministerium zu erstattenden Berichte (R. 10. Nov. 1841) VII. 362. — vgl. Akten ff., Assisenbericht, Begnadigungsgesuche, Bestätigung, Erkenntnisse, Gesetzgebung, Jahresbericht, Immediatgesuche, Justizminister, Korrespondenz, Ministerien, Strafverfolgung, Untersuchung, Verbrechen.

Berichtigung
Verpflichtung der Herausgeber von Zeitungen und Zeitschriften zur Aufnahme derselben (G. 12. Mai 1851 §. 26) X. 313. — vgl. Civilstandsregister, Erkenntnißstempel.

Berlin s. Kammergericht, Kassationshof, Obertribunal, Ostrhein (Revisionshof), Polizeipräsidium, Universität, Wittwenkasse.

Beschlagnahme
der Handelsbücher wegen Verdacht der Steuerdefraudation (R. 17. 29. Jan. 1820) II. 8, (R. 12. 25. Febr. 1820) II. 12, (R. 11. März 1820) II. 14, (R. 4. Sept. 1849) X. 66. — der Druckschriften, Platten und Formen wegen Preßvergehen (G. 12. Mai 1851 §. 29 ff.) X. 314, (R. 24. Dez. 1858) XII. 44. — des Nachdrucks vor eingeleiteter Untersuchung (R. 31. Juli 1851) X. 376. — der Werkzeuge beim Holzdiebstahl (G. 2. Juni 1852 §. 22) X. 427. — der

Loose von verbotenen Lotterien (R. 19. Febr. 1853) X. 547. — des Vermögens bei Defekten der Beamten (V. 24. Jan. 1844 §. 11 ff.) VIII. 233. — dgl. bei Deserteuren, ausgetretenen Militairpflichtigen und ausgewanderten Landwehrmännern (G. 11. März 1850) X. 206, (G. 10. März 1856 §. 4) XI. 167. — Verfahren bei Erwirkung dieser Beschlagnahme (R. 18. Febr. 1859) XII. 71. — vgl. Arrest, Diensteinkommen, Exekution, Konfiskation, Mobilarpfändung, Sequester, Subhastation.

Beschuldigter
dessen Schlußverhör (GRM. 14. Okt. 1814) I. 184. — Mittheilung des kriminellen Verweisungsbeschlusses (R. 12. April 1824) II. 479, (R. 22. Febr. 1833) III. 587. — Konstatirung des Rückfalls (R. 11. März 1832) III. 454, (R. 14. Nov. 1859) XII. 119. — Beweiskraft des Geständnisses (R. 24. Jan. 1835) V. 54. — Absonderung des Beschuldigten in der Gerichtssitzung (R. 6. März 1837) VI. 103. — vgl. Angeklagter, Appellation, Civileinreden, Entlastungszeugen, Militairverhältniß, Rückfall, Unschuld, Vorladung.

Beschwerden
Verfahren gegen unbedeutsame Querulanten (K. 25. Mai, R. 3. Juni 1836) V. 381. — Instanzenzug bei Beschwerden über koordinirte Militairbehörden (R. 7. April 1837) VI. 140. — Verfahren bei Beschwerden gegen Advokaten und Anwälte (V. 7. Juni 1844 §. 8) VIII. 286. — vgl. Anmeldestube, Eingaben, Immediatgesuche, Rechtsmittel.

Besitz
verdächtigen Holzes seitens der wegen Holzdiebstahls Verurtheilten (G. 2. Juni 1852 §. 47) X. 433. — vgl. Fund, Hehlerei, Unterschlagung.

Besitzeinweisung
bei Expropriationen, vorläufige Festsetzung der Entschädigung (R. 17. März, 10. Mai 1855) XI. 107, (G. 25. Mai 1857) XI. 345. — vgl. Expropriation.

Besitzveränderungen s. Kataster.

Besoldung s. Diensteinkommen, Militairgehalt.

Bestallung
in welchen Fällen solche ertheilt wird (K. 17. Sept. 1836) V. 452. — Abschaffung der Bestallungsgebühren (R. 3. April 1837) VI. 133. — vgl. Anstellung, Patent, Titel.

Bestätigung
königliche, wird zu Familienfideikommißstiftungen erfordert (K. 29. Mai 1823) II. 379, (K. 25. Febr. 1826) III. 15. — vgl. Straferkenntnisse.

Bestechung
Verfolgung der Privatfeldhüter wegen Erhebung von Frevelgeld statt der Anzeige (V. 26. Mai 1837) VI. 217.

Bestrafung s. Strafantrag, Strafen, Straferkenntniß, Strafmaß, Strafverfolgung. — vgl. Rückfall.

Betrug
Strafe der Erschleichung des Armenrechts (V. 16. Febr. 1823 §. 10) II. 348. — Verfahren gegen Dienstboten wegen mehrfacher Vermiethung (V. 19. Aug. 1844 §. 12) VIII. 339.

Bettler
Mittheilung der Straferkenntnisse gegen solche an die Verwaltungsbehörde (R. 3. Okt. 1856) XI. 283, (R. 2. Juli 1857) XI. 354. — vgl. Arbeitsanstalt, Strafgesetzbuch (rheinisches).

Bettwerk
ist freizulassen bei Exekution wegen Abgaben und Kosten (R. 27. Dez. 1825) II. 627. — vgl. Alimente.

Beurlaubtenstand s. Militairpersonen (beurlaubte).

Bewachung
aufgefundener Leichen durch die Polizeibehörde (R. 11. 14. 27. Nov. 1816) I. 423. — vgl. Wachen.

Bewässerung s. Wasserleitung.

Beweis
Angabe der Beweismittel in Armenrechtsgesuchen (R. 25. Mai 1831) III. 374, (R. 9. Dez. 1831) III. 417. — Beweiskraft jüdischer Zeugnisse und Handelsbücher (G. 23. Juli 1847 §. 6, 7) IX. 212. — dgl. ärztlicher Atteste (R. 20. Jan., 3. Febr. 1853) X. 543. — Vermuthung des Spielens in verbotenen Lotterien (R. 19. Febr. 1853) X. 547. — vgl. Auslegung, Einreden, Geständniß, Handelsbücher, Protokolle, Thatbestand, Unschuld, Zeugen.

Beyme, von s. Justizorganisation.

Bezirkshebammen s. Hebammen.

Bezirksstraße s. Wege.

Bezirksvorsteher
städtische, Wahl und Funktion derselben (G. 15. Mai 1856 §. 55) XI. 212. — in Landgemeinden (G. 23. Juli 1845 §. 77) XI. 427. — vgl. Gemeindebeamte.

Bibliotheken s. Gerichtsbibliotheken.

Bienen
Maßregeln gegen das Einfangen fremder Bienen (GV. 15. März 1815) I. 84.

Birkenfeld s. Deutsche Bundesstaaten.

Bischöfe s. Geistliche Behörden. — vgl. Erzbischöfe.

Bittschrift
deren Anwendung bei Insinuationen an Altländer (R. 3. Nov. 1827) III. 157. — dgl. bei Vollstreckung altländischer und rheinischer Urtheile (R. 23. Aug. 1834) IV. 141. — Auslieferung der auf Bittschrift erlassenen Präsidial-Ordonnanzen (R. 4. Okt. 1841) VII. 348. — vgl. Eingabe, Gesuch, Rathskammerbeschlüsse.

Bleigruben s. Bergwerksarbeiter.

Bonn
Aufräumung der Akten der kurcölnischen Hofrathsdikasterien (R.

23. Okt. 1821) II. 188. — vgl. Bergbehörden, Landgerichte, Universität.

Boppard s. Münstermaifeld.

Börse s. Mäkler, Petersburg, Versteigerung (Mobilar-). — vgl. Anleihen, Werthpapiere.

Brandholz s. Waldungen (Gemeinde-).

Brandmarkung s. Strafgesetzbuch (rheinisches).

Brandschaden
dessen Ermittelung bei Untersuchungen wegen Brandstiftung (R. 23. Aug. 1822) II. 295. — vgl. Feuerversicherung.

Brandstifter
Verfahren bei Untersuchungen gegen solche (R. 23. Aug. 1822) II. 295. — Beschleunigung (R. 11. Mai 1826) III. 28. — Anzeige bedeutender Brandstiftungen beim Justizminister (R. 11. April 1832) III. 461. — Zurechnungsfähigkeit jugendlicher Brandstifter (R. 30. Nov. 1851) X. 392. — Auslieferung ausländischer Brandstifter (R. 25. Nov. 1827) V. 14.

Branntwein s. Getränke.

Braunfels s. Ostrhein (Solms).

Braunkohlen s. Kohlen.

Braunkohlengruben s. Bergwerksarbeiter.

Braunschweig s. Deutsche Bundesstaaten, Schleichhandel, Zollverein.

Brauweiler s. Arbeitsanstalt, Detentionsanstalt.

Bremen s. Deutsche Bundesstaaten.

Briefe s. Adresse, Korrespondenz, Porto, Postwesen.

Brücken s. Wege. — vgl. Schifffahrt.

Brückengeld s. Kommunikationsabgaben.

Brühl s. Bergwerksarbeiter.

Bund s. Deutscher Bund.

Büreaukostenfonds
Revision der betreffenden Rechnungen beim Justizministerium (R. 21. Aug., 2. Sept. 1822) II. 304. — Gleichzeitige Einreichung der vorjährigen Rechnung (R. 22. Sept. 1838) VI. 600. — Anweisung und Zahlung der Büreaukosten (R. 11. Sept. 1835) V. 218, (R. 12. 15. Juli 1838) VI. 555. — Anschaffung der Kamptz'schen Jahrbücher aus demselben (R. 24. Juni 1825) II. 597. — dgl. der Gesetzsammlung und des Justizministerialblatts bei den Handelsgerichten (R. 10. März 1841) VII. 266, (vgl. StMB. 28. Nov., R. 12. Dez. 1861) XII. 266, (R. 15. April 1862) XII. 362, (R. 8. Mai 1862) XII. 366. — Inventarisationsattest über die angeschafften Bücher und Utensilien (R. 27. Jan., 21. April 1826) III. 24, (R. 2. Okt. 1826) III. 66. — Bestreitung der Einbandskosten bei den Friedensgerichten (R. 20. Jan. 1837) VI. 28. — dgl. der Heizungs- und Beleuchtungskosten bei den Landgerichten (R. 21. Mai 1827) III.

134. — dgl. der Reparaturen an Gerichtslokalen (R. 20. Sept. 1833) III. 670, (R. 5. März 1835) V. 86, (R. 24. Juni 1837) VI. 243, (R. 11. Jan. 1838) VI. 396. — dgl. der Gerichtsschreibergebühren für Reinschrift der Assisenberichte (R. 25. März 1837) VI. 125. — vgl. Heizung, Ostrhein, Schreibmaterialien.

Bürger
Rechte und Pflichten derselben (G. 15. Mai 1856 §. 5 ff.) XI. 196. — vgl. Gemeindemitglieder.

Bürgereid
Form desselben (K. 5. Nov. 1833) V. 24. — vgl. Amtseid.

Bürgerliche Ehe s. Ehe. — vgl. Civilstand.

Bürgerliche Ehre s. Ehre.

Bürgerlicher Tod s. Strafgesetzbuch (rheinisches).

Bürgermeister
deren Befugniß zu Strafresoluten bei Kontraventionen gegen das Gesetz vom 23. Juni 1806 in Betreff des Landfuhrwesens (R. 7. Mai 1821) II. 109. — Inkompetenz bei Chausseekontraventionen (R. 17. April, 6. Mai, 5. Juni 1826) III. 63. — dgl. zur Beglaubigung von Vollmachten (R. 16. Sept., 5. Nov. 1841) VII. 355. — Wirkung der von denselben aufgenommenen Verpachtungsprotokolle in Gemeinde- und Kirchensachen (R. 9. Febr., 13. März 1842) VIII. 25. — sind als Civilstandsbeamte für Justizbeamte anzusehen (R. 5. Mai 1837) VI. 186. — Unvereinbarkeit des Bürgermeisteramtes mit dem Notariat (R. 10. Juni 1822) II. 272, (V. 25. April 1822 §. 5) II. 245, (R. 26. Aug. 1822) II. 299, (R. 6. Aug. 1824) II. 520, (R. 15. 27. März 1828) III. 225, (R. 24. Sept. 1836) V. 457. — dgl. mit der Stelle eines Ergänzungsfriedensrichters (R. 20. Juni 1837) VI. 238. — Zahl der Beigeordneten (K. 26. März 1839) VII. 35. — Neuere Bestimmungen über Wahl, Besoldung, Rechte, und Pflichten der Bürgermeister (G. 15. Mai 1856 §. 5, 6, 9, 13, 18, 19 ff., 28–33, 34 ff., 53—59, 68 ff., 87, 90 ff.) XI. 196, (G. 15. Mai 1856 §. 9, 15, 20, 24–26, 30) XI. 224, (G. 23. Juli 1845 §. 7, 44, 63, 67, 73, 84, 85, 90, 91, 94, 101, 102, 103–113) XI. 408. — vgl. Civilstandsbeamte, Gemeindebeamte, Ostrhein, Polizeianwalt, Polizeibeamte, Verwaltungsbeamte.

Bürgerrecht
Erwerb, Ausübung und Verlust desselben (G. 15. Mai 1856 §. 5 ff.) XI. 196, (G. 23. Juli 1845 §. 16 ff.) XI. 411. — Städtisches Bürgerrechtsgeld (G. 14. Mai 1860) XII. 182 (Citat). — vgl. Gemeinderecht.

Burscheid s. Gewerbegerichte.

Burschenschaft s. Politische Verbrechen, Universität.

Candidaten s. K.

Canterbury s. Großbritannien.

Canton — Caution s. K.

Censur
Anwendung derselben auf die dem königlichen lithographischen Institut übersandten außerdienstlichen Schriften (R. 31. Aug. 1837) VI. 294. — Abschaffung der Censur (V. 5. Dez. 1848 §. 24) IX. 353, (G. 31. Jan. 1850 §. 27) X. 91.

Centralbehörden
Bekanntmachung der von verschiedenen Centralbehörden an ihre Unterbehörden gerichteten Erlasse durch die Amtsblätter (R. 27. Sept. 1844) VIII. 344. — vgl. Behörden, Ministerien.

Central-Polizei-Blatt
dessen Anschaffung seitens der Justizbehörden (R. 13. März 1863) XII. 396. — vgl. Steckbriefe.

Cessio bonorum s. Güterabtretung.

Cession
Stempelansatz bei derselben (R. 19. Nov. 1829) III. 309. — Cession der Kaufgelder an den versteigernden Notar (R. 17. Nov. 1836) V. 496, (R. 4. Juli 1840 §. 7) VII. 188. — Unwirksamkeit der Cession von Ansprüchen an gewerbliche Unterstützungskassen (G. 3. April 1854 §. 4) XI. 17. — dgl. an Knappschaftskassen (G. 10. April 1854 §. 10) XI. 24. — Strafverbot gegen die Cession von Forderungen aus unerlaubtem Kreditgeben an Minderjährige (G. 2. März 1857 §. 2) XI. 308.

Charfreitag s. Festtage.

Chaussee s. Wege.

Chausseegeld s. Kommunikationsabgaben.

Chausseekontraventionen s. Wege.

Chemiker
deren Gebühr für Untersuchung von Vergiftungen (R. 28. Okt. 1857) XI. 383. — dgl. in Untersuchungssachen überhaupt (R. 28. April 1862) XII. 364. — vgl. Apotheker.

Chirurgen s. Aerzte, Militairärzte.

Cholera
Beschränkung des öffentlichen Gerichtsverfahrens bei Verbreitung derselben (K. 1. R. 6. Okt. 1832) III. 516.

Chur- s. K.

Citate
Form der Bezugnahme auf Verfügungen aus dem Justizministerialblatt (R. 28. Dez. 1838) VI. 672. — vgl. Gesetze.

Civilanwärter s. Civilversorgung.

Civilbeamte s. Beamte, Landwehroffiziere, Mobilmachung.

Civildienst s. Amt, Anstellung, Civilversorgung, Dienstalter, Militairdienstzeit, Mobilmachung.

Civilehe s. Ehe. — vgl. Civilstand.

Civileinreden
Verfahren, wenn solche in Wald-, Feld- und Jagdfrevelsachen vor-

gebracht werden (G. 31. Jan. 1845) IX. 8. — Anwendung in Holzdiebstahlssachen (G. 2. Juni 1852 §. 49) X. 433. — vgl. Rechtsweg.

Civilgehalt s. Diensteinkommen. — vgl. Militairgehalt, Mobilmachung.

Civilgemeinde s. Gemeinde. — vgl. Kirchen.

Civilgerichte s. Gerichte.

Civilgerichtsstand s. Gerichtsstand.

Civilgesetzbuch

rheinisches, Anwendung resp. Abänderung einzelner Artikel: §. 14 (G. 2. Mai 1823) II. 366, (R. 17. Okt. 1823) II. 411, (R. 5. März 1837) VI. 97. — §. 23, 24 (R. 14. Juni 1836) V. 400. — §. 25 (R. 3. Okt. 1835) V. 228. — §. 43 (R. 13. Mai 1836) V. 373. — §. 55 (GB. 17. Febr. 1814) I. 15, (B. 9. Nov. 1843) VIII. 194. — §. 63 ff. (GB. 6. 30. Sept., 28. Okt. 1814) I. 72, 77, 80, (GB. 3. Nov. 1814) I. 80, (K. 23. Juni, R. 5. Aug. 1833) III. 661, (B. 20. Febr., 10. März 1840) VII. 144, (B. 15. April 1848) IX. 296. — §. 70—72, 151, 155 (GB. 15. April 1815) I. 84. — §. 73, 76 (R. 9. Febr. 1850) X. 109. — §. 74 (GK. 8. Okt. 1814) I. 298, (K. 28. Aug., R. 11. Sept. 1820) II. 61, (R. 22. April 1836) V. 367. — §. 77 (R. 15. Juni, 30. Aug. 1822) II. 303. — §. 80 (K. 11. Juli 1833) III. 656. — §. 118 (R. 27. Juni 1816, 20. März 1835) V. 94. — §. 155 (R. 16. Juni 1837) VI. 236. — §. 161—164 (K. 18. Mai, R. 6. Juni 1817) I. 462. — §. 162 (GK. 1. Nov. 1814) I. 303, (GK. 17. Jan. 1815) I. 311, (GS. 19. Jan. 1816) I. 352. — §. 162, 228 (GNM. 14. Okt. 1814) I. 184. — §. 228 (GK. 8. Sept. 1814) I. 283. — §. 264 (R. 25. Juni 1821) II. 129. — §. 340 (R. 11. April, 17. Mai, 10. Juli 1851) X. 283. — §. 376, 377 (R. 13. Dez. 1827) III. 165, (R. 25. März 1828) III. 224. — §. 402, 470 (R. 16. Aug. 1838) VI. 572. — §. 413, 451, 470 (K. 5. R. 10. April 1835) V. 99. — §. 420, 421, 424, 440, 446, 450—453, 457, 459, 463—465, 467, 469, 471, 472, 1429, 1430, 1596, 1718, 2121, 2136, 2137, 2162 (J. 22. Dez. 1836) V. 525. — §. 438, 2136, 2138 (R. 17. Febr. 1838) VI. 88. — §. 450, 451, 470 (R. 8. Sept. 1835) V. 212. — §. 451, 793, 795 (R. 25. Nov. 1836) V. 507. — §. 452 ff., 470 (J. 16. Aug. 1834) IV. 135, (R. 10. April 1835) V. 100. — §. 457, 466, 467, 823, 824, 838—840, 1558, 2109, 2183, 2185, 2187 (G. 18. April 1855) XI. 78. — §. 470 (R. 15. Jan. 1824) II. 449, (J. 10. Okt. 1835) V. 234. — §. 477, 480 (R. 6. Febr. 1835) V. 62. — §. 491 (K. 6. Nov. 1831) III. 407. — §. 813 (Reg. R. 29. Mai 1841) VII. 300. — §. 981—984, 988—997 (G. 8 Juni 1860 §. 14) XII. 192. — §. 1007 (R. 29. Juli 1840) VII. 190, (R. 24. Aug. 1841) VII. 324, (R. 31. Aug. 1843) VIII. 183. — §. 1244 (GM. 18. Mai 1814) I. 132. — §. 1244, 1253—1256 (R. 23. Jan. 1859) XII. 66. — §. 1257 ff. (B. 19. April 1837) VI. 174. — §. 1325 (R. 2. Mai 1840) VII. 164. — §. 1384 (R. 7. April 1838) VI. 454, (R. 19. Mai 1838) VI. 518. — §. 2074 (R. 27. Nov. 1861) XII. 347. — §. 2103, 2108 (R. 27. Febr. 1835) V. 81. — §. 2136—2138, 2155 (R. 17. Febr. 1837) VI. 88. — §. 2187 (K. 11. R. 17. März 1837) VI. 114.

Modifikation des Art. 14 des im Hessen-Homburgischen Oberamte Meisenheim geltenden französischen Civilgesetzbuchs (V. 21. Aug. 1840) VII. 202.

Civilhaftbarkeit s. Haftbarkeit.

Civilklage
Verweisung auf den Civilweg bei gewissen Bestrafungsanträgen (R. 31. Dez. 1825) II. 632. — vgl. Civilpartei, Klagen, Strafverfolgung, Verjährung.

Civilkostentarif
Gleichstellung der Landgerichte Düsseldorf, Trier mit Coblenz, Cleve (R. 5. Febr. 1821) II. 86. — Anwendung der höheren Taxe in Düsseldorf (R. 10. Dez. 1835) V. 287. — dgl. der Taxe für Friedensgerichte an Orten, wo früher ein Instanzgericht war (R. 12. Juni 1836) V. 396. — Gebühren der Friedensgerichte für kommissarische Aufträge (K. 28. April, R. 3. Mai 1832) III. 466. — Anwendung des Tarifs bei Theilungen und Immobilarverkäufen (V. 27. Juli 1855) XI. 129, (G. 3. Mai 1858) XI. 443.

Erläuterung und Anwendung einzelner Positionen betreffend Friedensgerichtsgebühren, §. 3 (R. 11. Sept. 1837) VI. 301. — § 1, 16 (R. 4. März 1848) IX. 287. — § 4, 16 (R. 21. Sept. 1841) VII. 340. — §. 1, 2, 4, 6, 8, 10, 16, 17 (R. 10. Okt. 1842) VIII. 119. — §. 25 (R. 1. Febr. 1848) IX. 273. — insbesondere bei Vormundschaften (R. 6. Febr. 1835) V. 62, (R. 10. April 1835 §. 4) V. 101, (R. 4. Sept. 1835 §. 11) V. 208, (R. 10. Okt. 1835 §. 22, 25, 27) V. 241, (R. 26. Jan. 1837) VI. 38 (vgl. Friedensgerichtsgebühren).

dgl. Anwaltsgebühren, §. 92, 144 (R. 6. Jan. 1838) VI. 385, (R. 10. Okt. 1845) IX. 56. — §. 28, 72 (K. 19. April 1844) VIII. 262, (R. 21. Dez. 1857) XI. 398. — insbesondere bei Handelssachen (R. 4. Juni 1824) II. 508, (K. 14. R. 18. Nov. 1825) II. 619.

dgl. Gerichtsvollziehergebühren, §. 66 (R. 30. März 1824) II. 471.

dgl. Reisekosten der Parteien in Handelssachen, §. 146 (R. 16. Juli 1856) XI. 238.

Bergische Gerichtssporteltaxe (GV. 13. März 1814) I. 36.

Civilpartei
im Strafprozeß, hat einen Kostenvorschuß zu hinterlegen (R. 3. Febr. §. 22, R. 22. April 1820) II. 24. — trägt keine Kosten, wenn sie nicht unterliegt (K. 13. Febr. 1834) IV. 26. — Verfahren derselben bei Ediktalladungen zum Polizei- und Zuchtpolizeigericht (G. 11. Mai 1855 §. 10 ff.) XI. 114. — Befugnisse der Steuerbehörde als Civilpartei bei Steuerdefraudationen (R. 27. Juni, 10. Juli 1820) II. 50, (G. 22. Mai 1852 §. 6) X. 636. — vgl. Civilklage, Parteien.

Civilpersonen
deren Bestrafung wegen Ankaufs von Militairarmatur- und Montirungsstücken (R. 18. Juni 1817) I. 469. — dgl. wegen Spioniren in Festungswerken (R. 30. Nov., 7. Dez. 1821) II. 193. — dgl. wegen Eindringen und Uebernachten in solchen (R. 24. April, 5. Juni 1821, R. 17. Okt. 1823) II. 426. — dgl. wegen Theilnahme an militairischen Futterdiebstählen (R. 25. Febr. 1837) VI. 95. — dgl. wegen Beleidigung von Militairpersonen (K. 1. März 1844) VIII.

241. — judicium mixtum bei gemeinschaftlichen Vergehen von Civil- und Militairpersonen (R. 17. Jan. 1825) II. 549, (K. 6. R. 29. Juli 1833) III. 660. — vgl. Militairpersonen, Wachen.

Civilprozeß
Anwendung des gemeinen deutschen Prozesses bei Austrägalsachen (K. 19. R. 23. Aug. 1834) IV. 140.

Civilprozeßordnung
rheinische, Anwendung resp. Abänderung einzelner Artikel: §. 28, 31 (R. 17. Aug. 1841) VII. 313. — §. 48, 69, 72, 592, 1033, 1035 (G. 11. Mai 1855) XI. 111. — §. 59 (G. 2. Mai 1853) X. 567. — §. 69 (R. 25. Febr. 1827) III. 100. — §. 73, 456, 832, 833, 836, 837, 838, 904, 953—965, 975—977, 982, 984, 987, 988, 1001, 1033 (G. 18. April 1855 §. 11, 30, 68, 86) XI. 82. — §. 73, 1033 (G. 11. Mai 1855 §. 2, 4) XI. 111. — §. 83 (V. 16. Febr. 1823 §. 13) II. 349. — §. 96, 111, 462 (R. 6. Juni 1823) II. 380, (R. 24. Okt. 1823) II. 429. — §. 110 (K. 16. Mai 1845) IX. 27. — §. 156, 895 (R. 11. Okt. 1842) VIII. 122. — §. 283 (G. 3. Mai 1859 §. 8) XII. 79. — § 378 (K. 25. Mai 1831) III. 374. — §. 414 (R. 23. Sept. 1839) VII. 87. — §. 420 (R. 28. Sept. 1819) I. 607, (R. 9. Mai 1823, 30. Aug. 1827) III. 142, (R. 19. Okt. 1827) III. 154, (R. 3. Nov. 1827) III. 157, (G. 2. Mai 1853) X. 567. — §. 545, 810, 1040 (R. 4. Okt. 1847) VII. 348. — §. 548—550 (R. 30. Dez. 1857) XI. 403. — §. 557 (R. 19. Aug. 1840) VII. 200. — §. 558 (K. 24. Sept., R. 11. Okt. 1832) III. 517. — §. 567, 570 (R. 22. Sept. 1838) VI. 596, (R. 24. Okt., 10. Nov. 1838) VI. 629. — §. 569 (GV. 23. Sept. 1814) I. 75, (R. 16. Juni 1848) IX. 305. — §. 600 (K. 11. Dez. 1833) III. 697. — §. 658, 751 (R. 22. Nov. 1842) VIII. 127. — §. 673—748 (V. 1. Aug. 1822 §. 41) II. 280. — §. 780 ff. (K. 17. April 1833) III. 627. — §. 837, 838 (K. 11. R. 17 März 1837) VI. 114. — §. 908 (R. 9. März 1844) VIII. 244. — §. 911 (K. 14. Juli 1843) VIII. 180, (R. 2. Aug. 1845) IX. 50. — §. 913 (R. 25. Nov. 1836) V. 509. — §. 916 ff. (R. 29. Juli 1840) VII. 190, (R. 24. Aug. 1841) VII. 324, (R. 31. Aug. 1843) VIII. 183. — §. 925 (R. 10. Okt. 1842) VIII. 121. — §. 935 (R. 26. Jan. 1837) VI. 39. — §. 943 (R. 28. Okt. 1834) IV. 170. — §. 954 (K. 4. Juli 1834) IV. 131. — §. 959—965 (K. 4. Juli 1834) IV. 134, (R. 18. Nov. 1834) IV. 177, (K. 29. Sept. 1835) V. 231. — §. 977 (R. 21. Mai 1834) IV. 72, (G. 18. April 1855 §. 8) XI. 78. — vgl. Armenrecht, Denkschriften, Erkenntnisse, Exekution, Kollokation, Oeffentlichkeit, Parteien, Rechtsmittel, Subhastation, Sühneversuch, Vorladung.

Civilprozeßtabellen s. Prozeßtabellen.

Civilstand
Geburtsurkunden
Verlängerung der Anzeigefrist, Verfahren bei Verspätungen (GV. 17. Febr. 1814) I. 15. — Aufnahme der Deklaration an Sonntagen (GV. 23. März 1814) I. 45. — Verfahren bezüglich der Gebäranstalt zu Cöln, insbesondere der geheimen Abtheilung derselben (R. 25. Juli 1825) II. 599. — Abschaffung des Vorzeigens der Kinder (V. 9. Nov. 1843) VIII. 194. — Bestrafung der unterlas-

senen Geburtsanzeige (G. 14. April 1851 §. 12) X. 631. — Verfahren für evangelische preußische Unterthanen in außereuropäischen Ländern (G. 3. April 1854 §. 11) XI. 20, (J. 24. Aug. 1854 §. 14—17) XI. 51. — vgl. Civilstandsregister, Geistliche.

Heirathsverkündigung

Erwerb und Nachweis des Ehedomizils seitens der Militairpersonen (K. 28. Aug., R. 11. Sept. 1820) II. 61, (R. 22. April 1836) V. 367. — Verwarnung derselben rücksichtlich des Heirathskonsenses (R 8. Juli 1832) III. 481. — Aufgebot der in ausländischer Garnison stehenden Truppen (R. 9. Aug. 1856) XI. 277. — dgl. der evangelischen preußischen Unterthanen in außereuropäischen Ländern (G. 3. April 1854 §. 3 ff.) XI. 18, (R. 24. Aug. 1854 §. 8 ff.) XI. 49.

Portopflichtigkeit der Beförderung von Verkündigungsakten (R. 16. Nov. 1852) X. 521. — vgl. Heirathskonsens, Notorietätsakte, Ostrhein (Heirath).

Heirathsurkunden

Abänderung des CGB. betreffend die Förmlichkeiten der Eheschließung (GB. 6. Sept. 1814) I. 72. — Herstellung des CGB. (B. 15. April 1848) IX. 296. — Verfahren, wenn die als Beläge des Heirathsaktes dienenden Urkunden in den Civilstandsregistern des Ortes der Eheschließung enthalten sind (B. 3. Sept. 1836) V. 448. — Eheschließung und Beurkundung derselben für evangelische preußische Unterthanen in außereuropäischen Ländern (G. 3. April 1854 §. 3 ff.) XI. 18, (R. 24. Aug. 1854 §. 8 ff.) XI. 49. — vgl. Civilstandsregister, Ehe ff., Geistliche, Heirathskonsens, Ostrhein (Heirath).

Sterbeurkunden

Eintragung der außerhalb des Lazareths verstorbenen Militairpersonen (GR. 4. Mai 1814) I. 127, (GRM. 16. Juli 1814) I. 148, (GRM. 24. Dez. 1814) I 193. — Glaubwürdigkeit der von Lazarethadministrationen und Militairgeistlichen ausgestellten Todtenscheine (K. 11. Juli 1833) III. 656. — Verfahren bei gewaltsamen Todesfällen von Militairpersonen (R. 2. 20. 30. Mai 1825) II. 592. — Eintragung der Todtenscheine von den im Auslande verstorbenen Inländern (R. 3. Jan. 1838) VI. 382. — Legalisation dieser Todtenscheine (R. 21. Nov. 1837) VI. 322. — dgl. der dem auswärtigen Ministerium einzureichenden Sterbeurkunden von Ausländern (R. 28. Febr., 6. März 1837) VI. 104. — Verfahren bei Ausfertigung und Einsendung der Todtenscheine der in Preußen verstorbenen schwedischen, norwegischen und dänischen Unterthanen (R. 8. Febr. 1848) IX. 275. — Beurkundung des Sterbefalls für evangelische preußische Unterthanen in außereuropäischen Ländern (G. 3. April 1854 §. 12) XI. 20, (R. 24. Aug. 1854 §. 18—29) XI. 51. — vgl. Beerdigung, Civilstandsregister, Todesanzeige, Todeserklärung.

Civilstandsbeamte

Autorisation zur Verfolgung derselben wegen Amtskontraventionen (R. 23. Jan. 1826) III. 13, (R. 13. Mai 1836) V. 373, (R. 10. Juni 1836) V. 392, (G. 21. Juli 1852 §. 98) X. 477. — Strafverbot rücksichtlich der Führung der Register und bezüglich der Eheschließung (G. 14. April 1851 §. 12) X. 630. — insbesondere der Eheschließung von Ausländern (G. 13. März 1854 §. 3) XI. 13. — welche Gemeindebeamte als Civilstandsbeamte fungiren (G. 15. Mai 1856 §. 57) XI 212, (G. 23. Juli 1845 §. 108) XI. 436, (G. 15. Mai 1856 §. 26) XI. 229. — dieselben sind in dieser Eigenschaft Justizbeamte (R. 5. Mai 1837) VI. 186. — Dienstvergehen derselben (G. 21. Juli 1852 §. 78, 98) X. 472. — Gerichtliche Verfolgung derselben wegen Amtshandlungen (G. 13. Febr. 1854 §. 7) XI. 10. — vgl. Civilstand, Civilstandsregister, Geistliche, Konsuln, Ordnungsstrafen, Ostrhein (Pfarrer), Todesanzeige.

Civilstandsregister

deren Rektifikation bei verspäteter Geburtsanzeige (GB. 17 Febr. 1814) I. 15. — dgl. wenn einem anerkannten unehelichen Kinde der Adel beigelegt ist (R. 30. Aug. 1836) V. 447. — Stempelansatz zu Rektifikationsurtheilen (R. 14. Febr., 30. April, 10. Mai 1838) VI. 475. — Eintragung der Namensveränderungen seitens der Juden (R. 20. Jan. 1848) IX. 264. — Beurkundung des Personenstandes derselben (G. 23. Juli 1845 §. 5, 8 ff., 22) IX. 212.

Revision der Civilstandsregister, transitorische Bestimmung (GRM. 14. Okt. 1814) I. 184. — Verfahren bei der Revision durch die Staatsanwaltschaft (R. 17. Mai 1817) I. 460, (R. 14. Mai 1824) II. 497.

Anwendung eines Paraphenstempels bei den Civilstandsregistern (R. 4. Aug. 1832) III. 495. — Ertheilung von Auszügen für ausgetretene Militairpflichtige und Deserteure (R. 21. Juni 1833) III. 652, (R. 15. Sept. 1857) XI. 379. — Gebühren- und Stempelfreiheit der durch gesandtschaftliche Vermittelung nachgesuchten Auszüge (K. 5. Aug. 1836, R. 27. Jan. 1837) VI. 40. — Stempelfreiheit ausländischer Civilstandsurkunden (R. 20. Okt., 8. 12. Nov. 1837) VI. 327. — Gebühren- und Stempelfreiheit resp. Stundung für Auszüge in armen Vormundschaftssachen (R. 22. April 1838) VI. 466. — Stempelfreiheit der Atteste behufs Aufnahme von Notorietätsakten nach Art. 70 CGB. (R. 21. Nov. 1838) VI. 642. — Kostenfreiheit der Todtenscheine zur Berichtigung der Aushebungslisten (R. 25. Juni, 29. Juli 1839) VII. 81. — Stempelpflichtigkeit der Auszüge für Militairpersonen behufs deren Verehelichung (R. 22. Mai, 4. Juni 1842, 30. Dez. 1843, 4. Jan. 1844) VIII. 227. — Stempelfreiheit der von den Civilstandsbeamten aufgenommenen Heirathskonsensprotokolle und der als Beläge dienenden Abschriften von Naturalisationsurkunden (R. 12. 18. April 1845) IX. 25. — Stempelfreiheit der Auszüge für Eisenbahnbeamte behufs Theilnahme an Pensions- und Unterstützungskassen der unter Staatsverwaltung stehenden Eisenbahnen (K. 14. Febr., R. 29. Sept. 1859) XII. 70. — dgl. der an die Wittwenkasse einzusendenden Todtenscheine (R. 17. Aug. 1861) XII. 262.

Beurkundung des Personenstandes evangelischer preußischer Unterthanen in außereuropäischen Ländern (G. 3. April 1854) XI. 18, (R. 24. Aug. 1854) XI. 47. — vgl. Civilstand f., Legalisation, Ostrhein (Vormundschaft), Standessachen.

Civilstandstabellen

Anfertigung der Dezennaltabellen durch die Landgerichtssekretariate (R. 6. Aug. 1818) I. 515. — Bestreitung der Kosten (R. 10. 26. April

1822) II. 266. — Vergütung für das verwendete Freipapier (K. 15. Sept., R. 8. Okt. 1845) IX. 54.

Civilstandsurkunden s. Civilstandsregister.

Civilstrafen s. Militairstrafen, Strafen, Strafvollstreckung.

Civilsupernumerarien s. Supernumerarien.

Civilverantwortlichkeit s. Haftbarkeit.

Civilvergehen
beurlaubter Militairpersonen begründen den Militairgerichtsstand, wenn sie mit Militairvergehen konnex sind (R. 5. Okt. 1821) II. 179. — vgl. Civilpersonen, judicium mixtum, Militairpersonen.

Civilversorgung
Anstellung gedienter Militairpersonen im Justiz- und Verwaltungsfach (R. 11. Aug. 1820) II. 58, (K. 31. Okt. 1827, 19. Okt. 1828, R. 23. Okt. 1828) III. 252, (R. 11. April 1844) VIII. 255. — insbesondere beim Telegraphenkorps (K. 28. Okt., R. 8. Dez. 1837) VI 350. — welche Dienstzeit erfordert wird (R. 24. Aug. 1832) III. 498, (K. 7. Nov. 1835, 22. Mai 1836, R. 20. Aug. 1836) V. 438, (K. 10. Jan., R. 31. März 1837) VI. 128, (R. 28. Sept. 1838) VI. 601. — Ansprüche der jüdischen Militairpersonen (K. 31. Dez. 1845) IX. 63. — dgl. der Telegraphenbeamten (R. 13. Jan. 1847) IX. 150. — Verfahren bei Gesuchen um Ertheilung der Anstellungsfähigkeit (K. 4. Mai 1835) V. 123. — Alternirende Anstellung der Civil- und Militairanwärter (R. 13. Mai 1836) V. 373. — Gleichmäßige Beförderung beider Kategorien (R. 7. Nov. 1847) IX. 245. — wann ein Probedienst zu erfordern ist (R. 29. Nov. 1836) V. 512. — Vereidung der probeweise angenommenen Militairpersonen (R. 14. Juni 1850) X. 223. — Praktische Vorbereitung der Militairpersonen zum Gerichtsvollzieheramte (R. 4. Sept. 1834) IV. 151. — dgl. zum Gerichtsschreiberamte (R. 19. Dez. 1834) IV. 198. — Vorübergehende Beschäftigung derselben in Gerichtskanzleien (R. 3. April 1854) XI. 21. — Nachweisung der im Justizdienste versorgten Militairpersonen (R. 11. Aug. 1820) II. 58, (R. 21. Dez. 1835) V. 293, (K. 24. Juli, R. 20. Okt. 1838) VI. 612, (R. 14. Aug. 1844) VIII. 331, (R. 14. Sept. 1857) XI. 378. — insbesondere der pensionirten Gensdarmen (R. 5. 28. Dez. 1848) IX. 372. — Ermittelung und Ueberweisung der versorgungsberechtigten Militairpersonen (J. R. 30. März, R. 16. Juni 1855) XI. 123, (R. 14. Sept. 1857) XI. 378. — Benachrichtigung der Militairintendanturen von der diätarischen Beschäftigung resp. Anstellung versorgungsberechtigter Militairanwärter (R. 14. Febr. 1859) XII 69. — vgl. Amtseid, Diensteinkommen, Militairinvaliden, Pension, Supernumerarien.

Civilversorgungsschein
dessen Abnahme und Einreichung ans Kriegsministerium bei verschuldeter Entlassung der Invaliden aus dem Civildienste (R. 22. Mai 1832) III. 473, (K. 17. März 1829) V. 15. — Allgemeine Grundsätze über die Ertheilung desselben (K. 28. April 1849 §. 4, 6, 18, 19, 30) X. 54, (G. 4. Juni 1851 §. 4, 5, 22, 25) X. 352. — vgl. Civilversorgung, Militairinvaliden.

Cleve
Oberlandesgericht, Rechtsverhältnisse der Beamten desselben (R. 29. Aug. 1817) I. 476. — Kompetenz desselben zur Präklusion unbekannter Militairkassengläubiger (R. 27. Jan. 1818) I. 487. — vgl. Handelsgerichte, Landgerichte.

Cleve=Berg s. Postkontraventionen. — vgl. Berg.

Coblenz
Kompetenzkonflikt mit der dortigen Regierung wegen einer Stipendienstiftung (R. 28. Nov. 1842) VIII. 128. — vgl. Generalgouvernement, Handelsgerichte, Justizorganisation, Landgerichte, Ostrhein (Advokaten, Auskultatoren, Justizsenat), Stempelrevision.

Coburg s. Sachsen. — vgl. Lichtenberg.

Coll. s. K.

Cöln
Verfahren bei Geburtsanzeigen betreffend die in der geheimen Abtheilung der dortigen Gebäranstalt geborenen Kinder (R. 25. Juli 1825) II. 599. — Rechtsverhältnisse des dortigen Leihhauses (Reg. 15. März, K. 14. Juli 1842) VIII. 75. — Uebereinkunft unter den Rheinuferstaaten betreffend den Bau der stehenden Rheinbrücke (Ko. 7. Mai 1858) XII. 25. — vgl. Appellationsgerichtshof, Bank, Depositalwesen, Erzbischof, Festungen, Gewerbegerichte, Handelsgerichte, Justizorganisation, Landgerichte, Stempelrevision.

Cöln=Mindener Eisenbahn s. Eisenbahn.

Command. s. K.

Commern s. Bergwerksarbeiter.

Commisgreffier
wird nicht als Staatsbeamter angesehen (R. 25. März 1837) VI. 126. — vgl. Gerichtsschreiber, Hülfsgerichtsschreiber.

Commissar — Consignation s. K.

Consistorien — Corpsjäger s. K.

Corpus juris s. Römisches Recht.

Corr. s. K.

Cöthen
Bestrafung des Spielens an der dortigen Spielbank (V. 22. Dez. 1843) VIII. 222. — vgl. Anhalt.

Courant — Credit s. K.

Crefeld s. Gewerbegerichte, Handelsgerichte, Landgerichte.

Creuznach — Curs s. K.

Dächer
deren Bau und Ausbesserung in Stroh, Holz und Rohr (K. 2. Juli 1836) V. 413.

Dampfkessel
Polizeiliche Vorschrift über den Betrieb derselben (G. 7. Mai 1856) XI. 191. — vgl. Maschinenwärter.

Dampfschiffe s. Schifffahrt. — vgl. Reisekosten.

Dänemark
Ausfertigung und Einsendung der Todtenscheine der in Preußen verstorbenen dänischen Unterthanen (R. 8. Febr. 1848) IX. 275. — vgl. Deutsche Bundesstaaten, Mobilmachung.

Darlehn s. Kredit. — vgl. Erkenntnißstempel.

Darlehnskassenscheine s. Münzbehörden, Münzverbrechen.

Defekt s. Kassendefekt, Stempeldefekt.

Definitivurtheile
deren Begriff rücksichtlich der Civilprozeßtabellen (R. 2. Sept. 1841) VII. 331. — Die Fertigung der Abschriften von den an die Parteien zu insinuirenden kontradiktorischen Definitivurtheilen steht den Gerichtsvollziehern zu (R. 19. April 1844) VIII. 262, (R. 21. Dez. 1857) XI. 398. — vgl. Erkenntnißstempel.

Degradation
der Personen des Soldatenstandes als Folge der erkannten Zuchthausstrafe oder zeitweisen Verlustigung der bürgerlichen Ehrenrechte (G. 15. April 1852 §. 6) X. 407, (V. 18. Mai, R. 13. Juni 1852 Nr. 10) X. 418. — vgl. Militairstrafen.

Deichwesen
Gesetz über dasselbe (vom 28. Jan. 1848) IX. 266. — Allgemeine Normen für künftige Deichstatute (R. 14. Nov. 1853) X. 603. — Riehl-Worringer Deichverband (St. 29. Nov. 1852) X. 526. — Revision der Verfassung der Deichschau Friemersheim (V. 16. Mai 1853) X. 577. — Hammer Deichverband (St. 24. Dez. 1855) XI. 160.

Demagogen s. Politische Verbrechen.

Denkschriften
deren Einreichung bei Eigenthumsansprüchen gegen den Fiskus (StMV. 20. Juli 1818 §. 7) I. 506. — Verfahren bei fiskalischen Civilsachen, die auf Denkschriften verhandelt werden (R. 17. Juli, 1. Aug. 1823) II. 393, (R. 24. Okt. 1823) II. 428. — Erstattung der Anwaltsgebühren durch den unterliegenden Theil (R. 15. Juli 1829) III. 292. — Verfahren bei Klagen gegen Hypothekenbewahrer aus deren Amtsführung (R. 12. Dez. 1834) IV. 194, (R. 19. R. 23. Aug. 1837) VI. 287. — Beschränkung der schriftlichen Aufsätze in Civilsachen (R. 6 Juni 1823) II. 380, (R. 24. Okt. 1823) II. 429.

Denunziantenantheil
bei Stempelkontraventionen für die Gerichtsschreiber (J. R. 23. Juni 1828) III. 232. — bei Wegepolizeikontraventionen im Bergischen (R. 21. Febr. 1835) V. 77. — fällt weg bei Zollvergehen (G. 23. Jan. 1838 §. 61) VI. 417. — Einfluß desselben auf die Beweiskraft bei Forstschutzbeamten (G. 2. Juni 1852 §. 34) X. 430. — Unzulässigkeit desselben bei Gewerbepolizei-Uebertretungen rücksichtlich der Gensdarmen (R. 20. Dez. 1859) XII. 120.

Denunziation
der Stempelkontraventionen durch die Notarien (R. 1. Sept. 1823)

II. 406. — Verfahren gegen Privatfeldhüter, die ohne Denunziation Frevelgeld erheben (B. 26. Mai 1837) VI. 217. — vgl. Strafverfolgung.

Depositalwesen

Verfahren bei gerichtlichen Depositionen (GMR. 16. Juni 1814) I. 146. — Geschäftskreis der Generaldepositenkommission zu Düsseldorf (R. 1. Juni, B. 14. Juli) I. 502, (R. 6. Febr. 1826) III. 14. — Auflösung derselben (K. 17. Febr. 1834) IV. 26. — Konsignationsverfahren bei dem Bankkomtoir zu Cöln (R. 19. April 1837) VI. 174. — Ausschließung fremder Goldmünzen (R. 6. 13. Dez. 1837) VI. 361. — dgl. inländischer (R. 11. April 1845) IX. 24. — Hinterlegung der Gelder aus vakanten Erbschaften bei den Regierungshauptkassen (Reg. R. 29. Mai 1841) VII. 300, (vgl. Reg. 8. Juni 1864) XII. 447. — dgl. der vorläufigen Entschädigung bei Expropriationen (G. 25. Mai 1857) XI. 345, (R. 29. Dez. 1857) XI. 400. — Aufgebot der Kautionen von Depositalkassenrendanten (R. 25. Juni, 12. Juli 1848) IX. 309. — Form der Vollmacht zur Erhebung von Geld und Sachen bei altländischen Depositorien (R. 18. April 1823) II. 365. — Verfahren der Gerichte bei Auszahlung von Depositalgeldern an Interessenten im Bezirk des Appellationsgerichtshofes zu Cöln (R. 23. Juni 1859) XII. 106. — Errichtung der Depositenkasse zu Cöln (G. 21. Juli 1861) XII. 251. — Zinsfuß für die eingehenden Gelder (B. 28. Okt. 1861) XII. 265. — Geschäftsanweisung für die Depositenkasse (J. 20. Dez. 1861) XII. 381. — Nachtrag über den Verkehr derselben mit der Bank (J. 27. Juni 1863) XII. 411. — Hinterlegung der Gelder aus vakanten Nachlassenschaften bei der Depositenkasse (Reg. 8. Juni 1864) XII. 447. — vgl. Asservate, Bank, Kaution, Ostrhein, Sukkumbenzgelder.

Deserteure

Vollstreckung der Kontumazialurtheile gegen dieselben, Anheftung der Namen an den Schandpfahl (R. 7. Dez. 1819) I. 625, (K. 14. Febr., R. 4. April 1820) II. 15. — Einrückung der Steckbriefe in die Amtsblätter (R. 25. Sept., 5. Okt. 1821) II. 179. — Verfahren bei der Vermögenskonfiskation (R. 24. Mai 1822) II. 271, (R. 30. Mai 1823) II. 380, (K. 2. April 1826) III. 23, (R. 15. Sept. 1826) III. 65. — Forum in Desertionsprozessen (R. 1. Juli 1833) III. 655. — Konfiskation des Vermögens eines vor der Ediktalcitation verstorbenen Deserteurs (R. 3. Dez. 1836) V. 563. — Vernehmung der nächsten Angehörigen und der Vormünder von Deserteuren durch die Civilgerichte (R. 6. Febr. 1846) IX. 68. — an Stelle der Vermögenskonfiskation tritt Geldbuße resp. Beschlagnahme (G. 11. März 1850) X. 206. — Strafmaß bei desfallsigen Erkenntnissen (R. 29. April 1853) X. 565.

Verweigerung der Civilstandsatteste für Deserteure (R. 21. Juni 1833) III. 652, aufgehoben (durch R. 15. Sept. 1857) XI. 379. — — Bestrafung der Desertion beurlaubter Militairpersonen und der Verleitung dazu (R. 14. März 1835) V. 92. — Straferkenntnisse wegen Durchhelfung der Deserteure bedürfen nicht der Ministerialbestätigung (R. 2. Juni 1839) VII. 66. — Ungültigkeit der von österreichischen Deserteuren im Auslande geschlossenen Ehen (R. 18. Dez. 1835) V. 289. — Uebereinkunft mit Oldenburg wegen Verhaftung und Auslieferung desertirter Matrosen (B. 25. Nov. 1845) IX. 59. — vgl. Militairpflichtige, Ostrhein (Generalpardon).

Deserviten s. Ostrhein (Advokaten).

Detention s. Polizeiaufsicht. — vgl. Verhaftung.

Detentionsanstalten
Vollstreckung geringer Gefängnißstrafen gegen die zu Brauweiler und Steinfeld detinirten jugendlichen Verbrecher (K. 19. Sept. 1857) XI. 380, (R. 10. Nov. 1857) XI. 389. — dgl. zu St. Martin bei Boppard und im Landarmenhause zu Trier (R. 11. März 1858) XII. 10. — Anwendung der K. 19. Sept. 1857 auf alle Detinirte der Arbeitsanstalt zu Brauweiler (K. 14. Juni, R. 8. Juli 1859) XII. 107. — vgl. Arbeitsanstalt, Gefängniß, Verbrecher (jugendliche).

Deutscher Bund
Verfahren in Austrägalsachen (K. 19. R. 23. Aug. 1834) IV. 140. — Sportel- und Stempelfreiheit (Beschl. 23. Juni, R. 27. Juli, 6. Aug. 1836) V. 433. — Deklaration des Art. 12 der Bundesakte (B. 31. März 1835) V. 97.

Deutsche Bundesfestungen s. Luxemburg, Mainz, Rastatt. — vgl. Deutsche Bundestruppen.

Deutsche Bundesfürsten
souveraine, Eidesleistung derselben in Prozessen (K. 15. Sept. 1836) V. 451. — vgl. Fürsten, Reichsstände.

Deutsche Bundesstaaten
Beschränkung des Art. 14 CGB. gegenüber den Bewohnern derselben (G. 2. Mai 1823) II. 366. — Nachweisung der bezüglichen Grundsätze in einzelnen Bundesstaaten (R. 17. Okt. 1823) II. 411. — Inkompetenzerklärung ex officio bei Kontumazialfällen (R. 15. Februar 1827) III. 101. — vgl. Auslieferung, Heirathskonsens, Insinuationen, Nachdruck, Postverein, Rechtshülfe, Requisitionen, Zollverein.

Deutsche Bundestruppen
deren Kriminalgerichtsstand im Falle einer Zusammenziehung bei Friedenszeiten (Beschl. 24. Juni, R. 16. Aug. 1852) X. 449. — Bürgerliche Gerichtsbarkeit über preußische Garnisonen im Auslande (G. 8. Juni 1860 §. 13) XII. 191. — insbesondere zu Rastatt (B. 1. Okt. 1860) XII. 207. — vgl. Luxemburg, Mainz, Militairpersonen, Rastatt.

Deutsche Sprache s. Sprache. — vgl. Dolmetscher, Uebersetzung.

Dezennaltabellen s. Civilstandstabellen.

Diätarien
Gleichstellung derselben mit Beamten hinsichtlich der exekutiven Beschlagnahme von Diäten und des Personalarrests (R. 30. Juli 1837) VI. 271, (R. 20. Okt. 1838) VI. 611. — Ausschließung subalterner Diätarien von der Wittwenkasse (R. 10. Sept. 1838) VI. 590. —

Fortzahlung der Diäten an die zur Landwehr einberufenen Diätarien (K. 24. Juli, R. 2. Sept. 1837) VI. 297. — Zahlung des Diensteinkommens an suspendirte Diätarien (R. 24. März 1855) XI. 75. — vgl. Civilversorgung, Diäten, Mobilmachung.

Diäten

Entschädigung der Assisenpräsidenten (R. 11. Mai 1820) II. 32. — Allgemeine Grundsätze über Gewährung von Diäten an Beamte, die vor Gericht erscheinen (R. 12. April, 2. Mai 1821) II. 105. — Diäten für kommissarische Amtsverwaltung (R. 16. Juli 1821) II. 134. — insbesondere bei Friedensrichterstellen (R. 15. Nov. 1822 §. 9) II. 320, (R. 30. Sept. 1857) XI. 382. — dgl. bei Friedensgerichtsschreiberstellen (R. 23. Sept. 1840) VII. 207. — dgl. bei Justizvisitationen (R. 14. Mai 1824) II. 497, (R. 5. Jan. 1835) V. 39, (R. 9. Juni 1835) V. 143. — Diäten der Gensdarmen (R. 24. Mai 1824) II. 504.

Anwendung des Diätenregulativs vom 28. Febr. 1816 auf Justizbeamte (R. 3. Jan. 1825) II. 541. — dgl. des Regulativs vom 28 Juni 1825 (R. 1. Aug. 1825) II. 603, (R. 9. Mai 1825, 13. Jan. 1826) III. 9. — insbesondere bei kommissarischen Aufträgen der Verwaltungsbehörden an Justizbeamte (R. 5. Juli 1835) V. 158. — dgl. bei Stellvertretung der Rheinzollrichter (R. 28. April 1838) VI. 469. — Diäten der Friedensgerichtsbeamten für Erledigung auswärtiger Geschäfte (G. 23. Mai 1859 §. 13) XII. 91. — Diäten der Forstschutzbeamten bei Wahrnehmung der Forstgerichtstage (R. 30. Jan. 1861) XII. 232. — Verfahren bei Liquidation der Diäten (R. 7. März 1839) VII. 29, (K. 31. März, R. 7. April 1840) VII. 297. — Erhöhung der Tagegelder bei Dienstreisen (K. 10. Juni 1848 §. 5) IX. 302, (R. 30. Sept. 1857) XI. 382.

Diäten bei Versetzungen (R. 11. März 1838) VI. 439, (K. 26. März 1855 §. 7) XI. 77. — Stempelverwendung zu Quittungen über fixirte Diäten (R. 18. Okt., 11. Nov. 1839) VII. 108. — vgl. Diätarien, Diensteinkommen, Kommissorien, Medizinalgebühren, Ostrhein (Reisekosten), Reisekosten, Versetzung, Zeugengebühren.

Diebstahl

Kosten der Bekanntmachung wegen präsumtiv gestohlener Sachen (R. 10. Sept. 1838, 16. Mai 1839) VII. 55, (K. 3. Febr., 6. März 1843) VIII. 149. — Anwendung des §. 217 StrGB. auf Militairpersonen (G. 15. April 1852 §. 14) X. 408. — Verfahren wegen einfachen Diebstahls, im wiederholten Rückfalle (G. 4. Mai 1853) X. 568. — vgl. Bergwerkskontraventionen, Eßwaaren, Feldfrevel, Fischerei, Früchte, Fund, Futterdiebstahl, Holzdiebstahl, Strafgesetzbuch (rheinisches).

Diener

Liquidation für solche bei Dienstreisen (K. 10. Juni 1848 §. 1) IX. 302. — vgl. Gesinde, Kanzleidiener.

Dienstalter

Bescheinigung desselben bei Pensionsvorschlägen (R. 9. Jan. 1826) III. 9. — Berechnung der Dienstzeit bei Pensionirung von Beamten, welche früher Advokaten oder Notarien gewesen (K. 14. R. 20. Sept. 1836) V. 452. — dgl. welche im Militairdienst gestanden

(StMB. 31. Mai 1842) VIII. 55. — Einfluß der Mobilmachung (StMB. 19. Juli, R. 25. Aug. 1850) X. 228. — Verleihung der Gehaltszulagen an richterliche Beamte nach Maßgabe der Anciennetät (K. 12. Nov. 1860) XII. 212. — vgl. Ascension, Militairdienstzeit, Rang.

Dienstauszeichnung s. Militairdienstauszeichnung.

Dienstbehörde

deren Benachrichtigung bei Vorladung von Beamten als Zeugen (R. 23. Juli 1821) II. 136, (R. 22. Aug. 1821) II. 170. — Autorisation derselben zur Aussage über Amtssachen (R. 8. 22. Okt. 1821) II. 186. — Genehmigung des Gewerbebetriebs von Justizbeamten (R. 19. Juli, 7. Dez. 1821) II. 194, (R. 10. Juni 1822) II. 272. — dgl. der Uebernahme eines Gemeindeamtes oder der Funktion als Gemeindeverordneter (R. 25. März 1851) X. 266, (vgl. G. 15. Mai 1856 §. 16, 29) XI. 199, (G. 23. Juli 1845 §. 43) XI. 418, (G. 15. Mai 1856 §. 13, 14) XI. 226. — Abfassung von Strafresoluten gegen Justizbeamte wegen Stempelkontraventionen (R. 3. Okt. 1834) IV. 154, (R. 28. April 1835) V. 113, (R. 3. Juli 1839) VII. 79. — Kompetenz der Dienstbehörde zur Untersuchung der von Beamten verübten Ehrenkränkungen (V. 25. April 1835) V. 110. — Befugniß zur eidlichen Zeugenvernehmung in diesem Falle (R. 30. Dez. 1836) V. 460. — Zuziehung derselben beim Arrestschlag auf Amtskautionen und bei Rückzahlung solcher (K. 15. April 1837) VI. 167, (R. 19. 29. Jan. 1839) VII. 14, (R. 9. Nov. 1839) VII. 106, (R. 6. 14. Juni 1842) VIII. 70. — Befugniß zur Versiegelung der von Beamten hinterlassenen Akten und öffentlichen Gelder (K. 14. Juli 1843) VIII. 180, (R. 2. Aug. 1845) IX. 50. — Benachrichtigung der Civildienstbehörde von militairischem Disziplinarverfahren und von militairgerichtlichen oder ehrengerichtlichen Untersuchungen gegen Landwehroffiziere oder verabschiedete Offiziere (R. 14. 24. April 1840) VII. 162, (K. 11. Juni, R. 14. Aug. 1846) IX. 104. — Benachrichtigung der Dienstbehörden von Untersuchungen, worin Militairpersonen oder Beamte als Beleidigte oder als Beleidiger verwickelt sind (K. 20. Dez. 1834) (vgl. Verzicht). — dgl. von allen Untersuchungen und Straferkenntnissen gegen Beamte (R. 8. Okt. 1853) X. 600, (R. 6. Febr. 1857) XI. 305, (R. 22. Mai 1857 §. 5) XI. 343. — Anwendung dieser Vorschriften auf Eisenbahnpolizeibeamte (R. 12. Juli 1852) X. 454, (R. 18. Aug. 1852) X. 478. — dgl. auf alle Angestellten der Eisenbahnverwaltungen (R. 27. Nov. 1860) XII. 214. — Kommunikation mit der Dienstbehörde vor strafgerichtlicher Verfolgung der Beamten wegen Amtshandlungen (R. 12. Mai 1854) XI. 440, (R. 5. April 1855) XI. 442) (vgl. Konflikt).

Vorgesetzte Dienstbehörde der Rheinzollgerichte (R. 20. Nov. 1835) V. 259. — der Advokaten und Anwalte (R. 31. März 1840) VII. 157. — der Friedensrichter (R. 16. Mai 1840) VII. 170. — der Notarien (R. 28. Juli 1840) VII. 190. — der Mitglieder der Landgerichte, des Appellationsgerichtshofes und der Staatsanwaltschaft (R. 29. April 1841) VII. 284. — der Eisenbahnbeamten (R. 12. Juli 1852) X. 454, (R. 18. Aug. 1852) X. 478, (R. 27. Nov.

1860) XII. 214. — vgl. Behörden, Dienstvergehen, Disziplinarbehörden, Fiskalische Untersuchung, Konflikt, Militairbehörden, Verzicht.

Dienstboten f. Gesinde.

Dienste

Suspension der Prozesse über aufgehobene Dienste (GV. 28. Febr. 1814) I. 17. — vgl. Ablösung, Gemeindedienste.

Diensteid f. Amtseid.

Diensteinkommen

Regulirung der Gehaltsentschädigungsansprüche aus der Fremdherrschaft (K. 1. Aug. 1817) I. 471, (R. 14. Mai, 16. Nov. 1821) II. 191, (R. 4. Febr., 23. Juni 1828) III. 239. — Aufhebung des Dekrets vom 30. Jan. 1811 §. 27—32 wegen des Bezugs vakanter Gehälter (R. 16. Juli 1821) II. 134. — Verfahren bei Ansprüchen wegen entzogener Diensteinkünfte (K. 7. Juli, R. 12. Nov. 1830) III. 362. — insbesondere aus militairischen Dienstverhältnissen (K. 28. Okt., R. 2. Nov. 1836) V. 486. — Verfahren gegenüber den Festsetzungen der Oberrechnungskammer (K. 12. April, R. 21. Juni 1835) V. 151. — Erweiterung des Rechtsweges in Beziehung auf die Ansprüche der Staatsbeamten wegen ihrer Diensteinkünfte (G. 24. Mai 1861 §. 1—8) XII 247. — Beschlagnahme des Diensteinkommens wegen rückständiger Wittwenkassenbeitrage (R. 9. Aug. 1819, 12. März 1821) II 97, (B. 27. April, R. 11. Mai 1821) II. 110, (R. 30. Jan. 1830) III. 320, (R. 2. Dez. 1832) III. 553. — dgl. wegen Defekts (B. 24. Jan. 1844) VIII. 231. — Verhaftung desselben für Untersuchungskosten (K. 11. Juni, R. 12. Nov. 1829) III. 308. — Gehaltsabzug zur Beitreibung von Geldbußen (R. 27. Juli 1838) VI. 563. — Disposition über die Diensteinkünfte der suspendirten Beamten (K. 20. April, R. 31. Okt. 1831) III. 404, (K. 20. Nov., R. 3. Dez. 1838) VI. 648, (G. 7. Mai 1851 §. 48—50) X. 292, (G. 21. Juli 1852 §. 51—53) X. 455, (StMB. 9. Aug., R. 8. Okt. 1855) XI. 153. — Sistirung der Gehaltszahlung an kassirte Beamte (R. 23. Aug. 1838) VI. 575. — Mittheilung der Straferkenntnisse, welche den Verlust von Gnadengehältern und Pensionen zur Folge haben, an die Regierung (R. 29. Dez. 1851) X. 397, (R. 8. Okt. 1853) X. 600. — dgl. bei Verlustigung von Aemtern, Kosten des Urtheilsauszuges (R. 22. Mai 1857 §. 5) XI. 343. — Verleihung der Gehaltszulagen an richterliche Beamte nach Maßgabe der Anciennetät (K. 12. Nov. 1860) XII. 212. — Anzeige der Gehaltsansprüche von Angehörigen der Beamten in Bezug auf Sterbemonat und Gnadenquartal (R. 15. Nov. 1836) V. 495. — Berechnung dieser Ansprüche im Falle einer gegen Abzug stattgehabten Stellvertretung (R. 5. Aug. 1843) VIII. 181.

Wegfall der Goldkolonne im Besoldungsetat (K. 19. Juni, R. 6. Juli 1836) V. 418. — Erhebung des Goldantheils bei den Besoldungen in Friedrichsd'ors (R. 12. Nov. 1840) VII. 229. — Stempelansatz zu Quittungen über Gehaltszahlung aus verschiedenen Kassen (R. 23. Mai 1835) V. 138. — dgl. zu Gehaltsquittungen in Bezug auf Pensionsabzüge und zu Quittungen der Hinterbliebenen von Beamten (R. 11. 29. Sept. 1841) VII. 345. — vgl. Civilversorgung, Diäten, Dienstgebäude, Dienstunkosten, Disposition,

Emolumente, Exekution, Kaution, Kommissorien, Militairgehalt, Mobilmachung, Notariatspraxis, Pension ff., Reisekosten, Stellvertretung, Suspension, Urlaub, Versetzung.

Dienstentlassung
der Beamten wegen unterbliebener Ergänzung der Amtskaution (R. 6. 14. Juni 1842) VIII. 70.

Ertheilung des Dimissoriale an die vor dem 10. Juni 1833 angestellten Gerichtsvollzieher (R. 19. Jan. 1841) VII. 264. — dgl. an Auskultatoren und Referendarien (R. 18. Nov. 1842) VIII. 126, (R. 19. Sept. 1861) XII. 263. — Unzulässigkeit der bedingten Amtsniederlegung (R. 8. Juni 1834) IV. 9. — dgl. des Vorbehalts in den Justizdienst wieder einzutreten (R. 20. Mai 1854) XI. 35. — Befugniß der entlassenen Civilbeamten zum Tragen der Uniform (R. 8. Sept. 1859) XII. 115. — vgl. **Disposition, Disziplinarstrafen, Pension, Ruhestand.**

Dienstentsetzung s. Amtsentsetzung, Disziplinarstrafen.

Dienstgebäude
Bestreitung der Unterhaltungskosten in den Dienstwohnungen der Staatsbeamten (Reg. 18. Okt. 1822, R. 15. Jan. 1823) II. 336. — Modifikation des §. 2b dieses Regulativs (R. 19. Okt., 8. Nov. 1853) X. 602. — dgl. des §. 1, Uebergabe der Dienstwohnungen durch einen Kommissarius (StMB. 22. Aug., R. 26. Sept. 1864) XII. 451. — Befreiung der Kanzleidiener und Kastellane des Appellationsgerichtshofes zu Cöln, sowie der Landgerichte und Untersuchungsämter von Reparaturkosten an der Dienstwohnung (R. 31. Mai 1836) V. 379. — Wegen Abnahme von zeitweise gewährten Wohnungen in öffentlichen Gebäuden haben die Beamten keinen Entschädigungsanspruch (K. 16. April 1841) VII. 281. — Direkte Korrespondenz der Oberprokuratoren mit dem Justizministerium bei Anträgen wegen baulicher Einrichtungen (R. 27. Juli 1832) III. 488.

Inventarisation der aus Staatsfonds angeschafften Utensilien, Bücher u. s. w. (R. 27. Jan., 21. April 1826) III. 24, (R. 2. Okt. 1826) III. 66, (R. 18. Nov. 1825) V. 13. — Miethweise Beschaffung von Friedensgerichtslokalien, Bestreitung der Reparaturen und Einrichtung in denselben (R. 30. Okt. 1826) III. 72, (R. 18. Dez. 1826) III. 86. — Verfahren bei Reparaturen der Gerichtslokalien (R. 20 Sept. 1833) III. 670, (R. 5. März 1835) V. 86, (R. 15. Mai 1835) V. 131. — dgl. bei Veranschlagung und Revision der für kgl. Rechnung auszuführenden Bauten und Reparaturen (R. 6. April 1836) V. 358. — Verfahren bei Einrichtung, Reparaturen und Bauten der Gerichtslokalien (J. R. 24. Juni 1837) VI. 243. — Deklaration des §. 3 dieser Instruktion (R. 11. Jan. 1838) VI. 396. — dgl. des §. 4 (R. 20. April 1838) VI. 458. — Behandlung der Neubauten über 500 Thlr. und der Reparaturen über 1000 Thlr. (K. 28. Aug. 1836) V. 446. — inwiefern Abweichungen von den Allerhöchst genehmigten Kostenanschlägen statthaft sind (R. 10. Febr. 1837) VI. 83, (R 10. Nov. 1837) VI. 324. — Konkurrenz der Regierungsbaubeamten bei Bauten, Reparaturen und Utensilienherstellung (R. 9. März 1843) VIII. 150, (R. 21 Febr., 2. März 1858) XII. 9. — Sorgfältige Erwägung des Bedürfnisses und

Vermeidung von Nachforderungen bei Anträgen auf Genehmigung von Bauten (R. 7. Juli 1843) VIII. 180. — Bestreitung der Kosten für Utensilien in den gerichtlichen Gefängnissen sowie für Reparaturen in diesen und den Gerichtslokalien (R. 30. Mai 1845) IX. 31. — Verfahren bei Veräußerung entbehrlicher und Anschaffung neuer Dienstgebäude, Nachweisung der letzteren (R. 14. Aug. 1838) VI. 569, (R. 25. März, 10. Juni 1854, 29. Okt. 1857) XI. 385. — Führung von Gebäudeinventarien bei den Gerichtsbehörden (R. 7. Jan. 1852) X. 402, (R. 17. Dez. 1861) XII. 339.

Versicherung der Justizgebäude gegen Feuersgefahr (R. 6. Jan. 1837) VI. 13. — Vereinigung der rheinischen Justizbaufonds (R. 22. April 1837) VI. 178. — Verrechnung der Ersparnisse an den darauf angewiesenen Beträgen (R. 26. März 1847) IX. 199. — Wegfall des freien Bauholzes aus Staatswaldungen bei Staatsbauten (R. 5. Nov. 1846) IX. 121, (R. 6. Sept. 1848) IX. 327. — vgl. Ostrhein (Gerichtsutensilien, Reparaturen). — vgl. ferner Kasernen.

Dienstherrschaft
deren Verhältniß zum Gesinde (V. 19. Aug. 1844) VIII. 337, (G. 24. April 1854) XI. 30. — vgl. Haftbarkeit.

Dienstjahre s. Dienstalter.

Dienstleute
deren Bestrafung wegen Verletzung der Dienstpflichten (G. 24. April 1854) XI. 30. — vgl. Gesinde.

Dienstreglement
der Landgerichte, bleibt ohne jährliche Bestätigung in Kraft bis sich Mängel zeigen (R. 2 Okt. 1837) VI. 309. — Dienstwechsel der Staatsprokuratoren (R. 23. Febr. 1838) VI. 427. — Einreichung der Vorschläge wegen jährlicher Bildung der Kammern an das Justizministerium (R. 15. Nov. 1833) III. 692.

Dienstsiegel s. Siegel.

Dienstunfähigkeit s. Amtsunfähigkeit.

Dienstunkosten
deren Bestreitung aus den Emolumenten (R. 2. Jan. 1826) III. 5. — insbesondere seitens der Gerichtsschreiber (K. 15. R. 19. April 1836) V. 366. — dgl. bei kommissarischer Verwaltung (R. 23. Sept. 1840) VII. 207. — vgl. Auslagen, Beleuchtung, Heizung, Reisekosten, Schreibmaterialien.

Dienstvergehen
der Verwaltungsbeamten sind nur auf Verlangen der Dienstbehörde gerichtlich zu untersuchen (StMB. 20. Juli 1818 §. 37) I. 513. — und mit Autorisation der Ministerien (K. 3. Aug., R. 14. Dez. 1824, 10. Jan. 1825) II. 543, (R. 16. Juni 1833) III. 651. — Disziplinarbefugnisse der Regierung gegen Verwaltungsbeamte (StMB. 20. Juli 1818 §. 35, 36) I. 513, (R. 19. Jan. 1824) II. 452. — insbesondere bezüglich der Verhaftung (R. 28. Nov. 1825) II. 623.

Anwendung des Landrechts und der Kriminalordnung resp. des Tit. 35 der Gerichtsordnung bei Dienstvergehen der Beamten (K.

6. März 1821) II. 95, (R. 7. Aug. 1821) II. 166, (K. 2. R. 29. Aug. 1834) IV. 149. — dgl. bei Amtsverbrechen (K. 18. R. 26. April 1837) VI. 179, (R. 22. Aug. 1837) VI. 284. — Anwendbarkeit dieser Vorschriften auf Geistliche und Religionsdiener (R. 27. März 1824) II. 470. — dgl. auf mittelbare Beamte (K. 24. Dez. 1837) VI. 375. — Verfahren in den nach altländischem Gesetz zu führenden Untersuchungen, Kompetenz der Gerichte, Einwirkung der Staatsanwaltschaft (R. 16. April 1821) II 103, (R. 7. Mai 1821) II. 108, (B. 23. Mai 1821) II. 112, (R. 7. Aug. 1821) II. 165. Kompetenz des Anklagesenats (R. 4. Aug. 1823) II. 391. — Bedeutung der Strafschärfung (R. 11. April 1834) IV. 58. — Form der Aktenreposition (R. 21. März 1837) VI. 122. — Beibehaltung der rheinischen Gesetze rücksichtlich der Mitschuldigen, welche nicht Beamte sind (K. 14. R. 22. Okt. 1821) II. 185. — dgl. bezüglich der Disziplinarsachen gegen Justizbeamte (R. 16. April 1821) II. 104, (R. 7. Aug. 1821) II. 167, (R. 14. Aug. 1821) II. 169, (R. 27. Dez. 1834) IV. 207, (R. 28. Juni 1839) VII. 77. — Grenzlinien zwischen dem Disziplinar- und Untersuchungsverfahren (R. 10. Sept. 1835) V. 213. — Trennung der Untersuchungen nach rheinischem und altländischem Recht (R. 1. Nov. 1833) III. 689. — Verfahren bei Zweifeln über die Anwendbarkeit dieser beiden Gesetzgebungen (R. 9. Juni 1836) V. 387. — Pensionirung der Beamten wegen mangelhafter Dienstführung und moralischer Gebrechen; inwiefern nach der gerichtlichen Untersuchung noch ein administratives Verfahren auf Dienstentlassung stattfindet (K. 16. Aug. 1826, 4. Sept. 1827, R. 15. Okt. 1827) III. 150. — Mitwirkung der Gerichte bei Disziplinaruntersuchungen gegen Verwaltungsbeamte (R. 21. Juni 1837) VI. 239. — vgl. Fiskalische Untersuchung, Kriminalordnung, Landrecht, Untersuchung (administrative).

Abänderung der Vorschriften der K. 6. März 1821 und 2. Aug. 1834, Anwendung der rheinischen Kriminalprozeßordnung (B. 18 Febr. 1842) VIII. 14. — Amtsentsetzung in Folge der Verurtheilung wegen gemeiner Verbrechen (R. 13. April 1842) VIII. 34, (K. 5. Nov. 1843) VIII. 190, (K. 26. Sept. 1845) IX. 52. — Wiederherstellung des rheinischen Strafrechts bei Amtsverbrechen und Dienstvergehen (V. 15. April 1848) IX. 293.

Neuere Bestimmungen über die Dienstvergehen der Richter (G. 7. Mai 1851) X. 292. — Abänderungen dieses Gesetzes (G. 26. März 1856) XI. 172. — Dienstvergehen der nicht richterlichen Beamten (R. 22. Okt. 1849) X. 219, (G. 21. Juli 1852) X. 455. — Ausführung des §. 45 dieses Gesetzes (R. 1. Okt. 1852) X. 519. — Modifikation des §. 72 (G. 26. März 1856 §. 4) XI. 173. — Kassationsrekurs in Disziplinarsachen gegen Advokaten und Anwalte, Notarien, Gerichtsschreiber und Gerichtsvollzieher (G. 11. Mai 1855 §. 9) XI. 113.

Anwendung des Disziplinarverfahrens gegen Advokaten und Anwalte (R. 27. Dez. 1822) II. 326, (R. 18. Aug. 1823) II. 400, (R. 11. Febr. 1837) VI. 83, (V. 7. Juni 1844) VIII. 284, (G. 21. Juli 1852 §. 66 ff.) X. 470, (G. 11. Mai 1855 §. 9) XI. 113, (G. 26. März 1856) XI. 172.

dgl. gegen Gerichtsschreiber (R. 23. Juni 1823) II 387,

(K. 21. Juli 1826) III. 59, (R. 13. Jan. 1835) V. 46, (R. 28. Juni 1836) V. 410, (R. 26. April 1839) VII. 44, (R. 16. Mai 1839) VII. 57. (R. 13. Juni 1839) VII. 73, (G. 21. Juli 1852 §. 55—65) X. 467, (G. 11. Mai 1855 §. 9) XI. 113.

bgl. gegen Gerichtsvollzieher (R. 14. Aug. 1821) II. 169, (R. 7. März 1823) II. 351, (R. 30. März 1824) II. 471, (K. 21. Juli 1826) III. 59, (R. 16. Mai 1837) VII. 57, (G. 11. Mai 1855 §. 9) XI. 113.

bgl. gegen Notarien (V. 25. April 1822 §. 50 ff.) II. 253, (R. 29. Nov. 1822) II. 324, (K. 21. Juli 1826 §. 4 ff.) III. 60, (R. 3. Jan. 1838) VI. 383, (K. 23. R. 26. Juli 1838) VI. 561, (R. 30. März 1838) VI. 450, (R. 16. Mai 1837) VII. 57, (G. 21. Juli 1852 §. 67) X. 470.

bgl. gegen Richter (R. 19. Dez. 1837) VI. 366, (R. 3. Mai 1839) VII. 49, (G. 7. Mai 1851) X. 292, (G. 26. März 1856) XI. 172. — während der Ferien (R. 31. Aug. 1855) XI. 146. — vgl. Amtshandlungen, Dienstbehörden, Diensteinkommen, Disziplin ff. — vgl. ferner Aerzte, Civilstandsbeamte, Geistliche, Geistliche Behörden, Gemeindebeamte, Kassendefekte, Landwehroffiziere, Polizeibeamte (gerichtliche), Ruhestand, Schullehrer, Schulzucht, Stempelkontraventionen, Suspension, Untersuchung.

Dienstverhältniß s. Generalfragen. — vgl. Amtshandlungen, Militairdienst.

Dienstverträge
der Privatfeldhüter sind vor der Abnahme des Diensteides zu prüfen (V. 26. Mai 1837) VI. 217. — der Privatforstbeamten dgl. (R. 5. Okt. 1845) IX. 54. — vgl. Gesinde, Seeleute.

Dienstwohnung s. Dienstgebäude, Kasernen.

Dienstzeit s. Dienstalter.

Dienstzeugniß
dessen Ausstellung für das Gesinde (V. 19. Aug. 1844 §. 43 ff.) VIII. 344. — vgl. Gewerbegerichte.

Dimissoriale s. Dienstentlassung, Versetzung.

Dingtag s. Polcher Dingtag.

Dispensation
der Justizbeamten vom Verbot des Gewerbebetriebs (R. 19. Juli, 7. Dez. 1821) II. 194, (R. 10. Juni 1822) II. 272, (R. 15. April 1860) XII. 177. — dgl. vom gesetzlichen Alter (K. 3. R. 30. Sept. 1822) II. 315. — der Studirenden vom obligatorischen Besuch inländischer Universitäten (K. 30. Juni 1841) VII. 305. — der Rechtskandidaten vom triennium (R. 2. Juli 1851) X. 367, (R. 2. Febr. 1858) XII. 6. — der Doktoren der Rechte von der ersten juristischen Prüfung (R. 6. Jan. 1840) VII. 125. — vgl. Ehedispensation.

Dispensationsgesuche
Direkte Korrespondenz der Oberprokuratoren mit dem Justizministerium (R. 27. Juli 1832) III. 488. — vgl. Dispensation, Ehedispensation.

Disposition
Verhältnisse der mit Pension zur Disposition gestellten Offiziere (K. 4. Mai 1837) VI. 183. — Wartegeld der zur Disposition gestellten Beamten (K. 14. Juni 1848) IX. 303, (K. 24. Okt. 1848) IX. 335. — Zahlungsmodus (R. 20. Juni 1849) X. 63. — Umzugs- und Reisekosten der wieder angestellten Wartegeldempfänger (StMB. 30. Nov., R. 20. Dez. 1848) IX. 371. — welche Beamten jederzeit zur Disposition gestellt werden können (G. 21. Juli 1852 §. 87) X. 475.

Distanztabellen
deren Anschaffung für die Gerichtsbehörden und seitens der Gerichtsvollzieher (R. 8. Dez. 1823) II. 436. — Anwendung derselben bei Anweisung von Zeugengebühren (R. 18. Aug. 1823) II. 404, (R. 30. Jan. 1837) VI. 41. — Berechnung der Zusatzfristen nach Meilen statt nach Myriametern (G. 11. Mai 1855 §. 4) XI. 112. — vgl. Längenmaß, Postattest, Reisekosten.

Distribution s. Kollokation.

Disziplin s. Dienstvergehen. — vgl. Aerzte, Gefangene, Schulzucht, Untersuchungsgefangene.

Disziplinarbehörden
der Richter (G. 7. Mai 1851 §. 13, 17 ff., 81) X. 294. — der nicht richterlichen Beamten (G. 21. Juli 1852 §. 18 ff., 55 ff., 100) X. 458.
Requisitionen der Verwaltungsbehörden an die Friedensrichter (R. 22. Okt. 1849) X. 219. — vgl. Dienstbehörden, Dienstvergehen, Disziplinarrath, Disziplinarstrafen, Ehrenrath.

Disziplinarbeschlüsse, Disziplinarerkenntnisse
Bestätigung der gegen ministerielle Beamte ergangenen durch das Justizministerium (R. 19. Juli 1822) II. 279. — insbesondere gegen Advokaten und Anwalte (R. 11. Febr. 1837) VI. 83. — Einreichung der Erkenntnisse gegen Notarien (R. 29. Nov. 1822) II. 324. — dgl. gegen Justizbeamte überhaupt (R. 2. Jan. 1834) IV. 3, (R. 15. Nov. 1832, 8. Jan. 1834) IV. 8, (R. 3. Mai 1839) VII. 49. — insbesondere gegen Advokaten und Anwalte (V. 7. Juni 1844 §. 17) VIII. 288.
Kosten der Bekanntmachung derselben (R. 16. Mai 1839) VII. 55, (R. 13. Juni 1839) VII. 73. — Unzulässigkeit des Kontumazialverfahrens (R. 15. Aug. 1838) VI. 570, aufgehoben (durch R. 18. April 1839) VII. 43. — dgl. der Vertretung des Beschuldigten und der Opposition (R. 5. Aug. 1840) VII. 195.
Neuere Vorschriften über die Abfassung von Disziplinarbeschlüssen und Erkenntnissen gegen Richter (G. 7. Mai 1851) X. 292. — dgl. gegen nicht richterliche Beamte (G. 21. Juli 1852) X. 455. — Einsendung der Akten gemäß §. 45 dieses Gesetzes (R. 1. Okt. 1852) X. 519. — vgl. Dienstvergehen, Disziplinarstrafen, Erkenntnißstempel, Landwehroffiziere, Oeffentlichkeit, Straferkenntnisse, Suspension.

Disziplinarrath
der Advokaten und Anwalte, Kompetenz und Verfahren desselben (V. 7. Juni 1844) VIII. 284, (G. 21. Juli 1852 §. 66) X. 470,

(G. 11. Mai 1855 §. 9) XI. 113. — Gebühren für Anheftung von Eheverträgen und Gütertrennungsurtheilen (R. 10. Okt. 1845) IX. 56. — Portofreiheit in Angelegenheiten des Disziplinarraths (Reg. 3. Jan. 1860 §. 4) XII. 164. — vgl. Dienstvergehen, Disziplinarbeschlüsse, Disziplinarstrafen, Ehrenrath.

Disziplinarstrafen

Vollstreckung der von ausländischen Universitäten gegen Studirende verhängten Disziplinarstrafen (R. 23. März 1825) II. 581. — dgl. der von Verwaltungsbehörden festgesetzten disziplinarischen Gefängnißstrafen (R. 25. Juli, 21. Aug. 1830) III. 357. — Disziplinarbestrafung der beurlaubten Militairpersonen wegen unterlassener Meldung von Aufenthaltsveränderungen (K. 21. Dez. 1825, 12. Aug. 1831, R. 2. Sept. 1831) III. 388, (K. 29. Mai 1852) X. 421. — Beitreibung der gegen Advokaten und sonstige Justizbeamte festgesetzten Geldbußen (R. 5. Mai 1837) VI. 184, (R. 27. Juli 1838) VI. 563. — Ueberweisung solcher Geldstrafen an die Justizoffiziantenwittwenkasse (K. 24. R. 28. Juni 1837) VI. 255, (R. 26. Aug. 1862) XII. 371. — Kontrole wegen Nachholung der mit Geldbuße belegten Versäumnisse (R. 20. Juli 1838) VI. 559. — Einziehung und Verwendung der gegen Gerichtsvollzieher erkannten Disziplinargeldstrafen (J. 10. Juni 1833 §. 14) III. 640, (R. 22. Okt. 1833) III. 683, (K. 24. Juni 1837) VI. 257, (R. 27. März 1862) XII. 361, (R. 19. Okt. 1864) XII. 453. — Disziplinargeldbußen werden wegen Insolvenz nicht in Gefängnißstrafe umgewandelt (StMB. 2. R. 31. März 1850) X. 191. — Dienstentlassung der Beamten wegen Trunkenheit (R. 28. Juni 1839) VII. 77.

Neuere Bestimmungen über die Disziplinarstrafen gegen Richter (G. 7. Mai 1851 §. 15, 16) X. 295, (G. 26. März 1856 §. 1) XI. 172. — dgl. gegen nicht richterliche Beamte (G. 21. Juli 1852 §. 14 ff., 18 ff.) X. 457. — vgl. Dienstvergehen, Disziplinarbeschlüsse, Gefangene, Ordnungsstrafen, Postbehörden, Untersuchungsgefangene, Versetzung.

Disziplinarsachen, Disziplinaruntersuchung, Disziplinarverfahren
s. Dienstvergehen, Disziplin ff., Untersuchung (gegen Beamte).

Doktoren

der Rechte, Entbindung derselben von der ersten juristischen Prüfung (R. 6. Jan. 1840) VII. 125.

Dolmetscher

dessen Zuziehung bei Aufnahme von Notariatsurkunden (R. 17. Juni 1836) V. 404. — vgl. Uebersetzung.

Domainen

Sequestration der verschenkten französischen und bergischen Domainen (GB. 28. Nov. 1813) I. 6. — Anzeige der Domainenschulden (GM. 2. März 1814) I. 94. — Herstellung der Domainenverwaltung (GM. 26. März 1814) I. 116. — Nichtigkeit der nach der Okkupation geschehenen Domainenverkäufe (GM. 8. Juni 1814) I. 142. — Rechtliche Natur der Domainen (K. 9. März 1819) I. 536. — Rechtsverhältnisse der Domainenpächter und Domainenkäufer (StMB. 20. Juli 1818 §. 16, 20) I. 507. — Beitreibung der Domainengefälle durch Gerichtsvollzieher (R. 18. Jan. 1822) II. 205. — Abtretung von Domanialeigenthum an die Post- und Bergwerksverwaltung (K. 30. Sept., R. 4. Nov. 1836) V. 489. — Ablösung der Domanialgefälle und Leistungen (K. 19. Juni, R. 2. 10. Dez. 1837) VI. 354. — dgl. der Domainenrenten (G. 2. März 1850) X. 161. — Feststellung der Grenzen in Domanialsachen (R. 5. Mai 1839) VII. 51. — vgl. Reichsstände, Staatsgut, Waldungen.

Domainenbeamte
Befugniß derselben zu Mobilarversteigerungen (R. 24. März 1838) VI. 447. — dgl. zu Verpachtungen (R. 9. Febr., 13. März 1842) VIII. 25. — vgl. Domainenempfänger, Reichsstände.

Domainenempfänger
die denselben mitzutheilenden Urtheilsauszüge geben an die Regierung (R. 25. Febr. 1818) I. 492. — Hinterlegung der Sukkumbenzgelder bei derselben (R. 10. Jan. 1820) II. 4. — Einziehung der gegen Justizbeamte verhängten Disziplinar-Geldbußen (R. 5. Mai 1837) VI. 184. — vgl. Domainenbeamte, Steuereinnehmer.

Domizil s. Ehedomizil, Wohnort, Wohnsitz. — vgl. Aufenthalt.

Dorfordnungen
Erlaß und Bestätigung derselben (G. 23. Juli 1845 §. 11) XI. 409, (G. 15. Mai 1856 §. 4) XI. 222.

Dotalgut
Verfahren beim freiwilligen Verkauf desselben (G. 18. April 1855 §. 31) XI. 88.

Dramatische Werke
Schutz der Autoren gegen unbefugte Aufführung derselben (G. 2. Febr. 1854 §. 2 f.) XI. 11. — Publikation des Bundesbeschlusses vom 12. März 1857 (P. 4. Mai 1857) XI. 318. — vgl. Nachdruck.

Drehbrett s. Spielen.

Dreikönigstag s. Festtage.

Druck s. Beschlagnahme, Censur, Formulare, Nachdruck, Presse.

Duell s. Zweikampf.

Durchlaucht s. Titel.

Düsseldorf
wird Sitz des Schiedsgerichts und des Stiftungsausschusses der rheinischen Ritterschaft (V. 21. Jan. 1837) VI. 31, (R. 4. Febr. 1837) VI. 44, (Stat. 28. Febr., P. 13. Mai 1837) VI. 192. — vgl. Depositalwesen, Generalgouvernement, Gewerbegerichte, Handelsgerichte, Handelskammern, Justizorganisation, Landgerichte, Liquidationskommission.

Ediktalladung
der Deserteure (R. 7. Dez. 1819) I. 625, (K. 14. Febr., R. 4. April 1820) II. 15. — der ausgetretenen Militairpflichtigen (R. 14. Jan. 1837) VI. 20. — dgl. ausgewanderter Landwehrmänner (G. 10. März 1856 §. 6) XI. 167. — der ausländischen Steuer- und Zollkontra-

venienten (R. 23. Juni 1821, 27. Aug., 4. Sept. 1825) II. 608. — der unbekannten Zolldefraudanten (G. 23. Jan. 1838 §. 60) VI. 416. — der Personen, welche im Inlande keinen bekannten Wohnsitz oder Aufenthaltsort haben, zum Polizei- oder Zuchtpolizeigericht (G. 11. Mai 1855 §. 10) XI. 114. — vgl. Amortisation, Aufgebot, Vorladung.

Effekten s. Kautionen, Militaireffekten, Werthpapiere.

Ehe
Nothwendigkeit der Civilehe bei Trauungen von Militairpersonen (R. 12. März 1818) I. 494, (R. 18. März, 17. April 1824) II. 480, (R. 10. April 1826) III. 23, (R. 9. Aug. 1856) XI 277. — dgl. bei Eheschließungen durch englische Konsuln (R. 18. Aug. 1855) XI. 145. — Nichtigkeit der von Militairpersonen ohne dienstlichen Konsens abgeschlossenen Ehen (R. 12. Okt. 1821) II. 182. — Gültigkeit der blos kirchlich abgeschlossenen Ehen derselben (R. 19. Dez. 1825) II. 626. — Ungültigkeit der von Bayern im Auslande eingegangenen Ehen (B. R. 22. Okt. 1821) II. 184. — Unzulässigkeit der Verheirathung des Friedensgerichtsschreibers mit der Tochter des Friedensrichters (R. 25. März 1837) VI. 126. — vgl. Civilgesetzbuch, Civilstand f., Ehedispensation f, Gemischte Ehe, Heirathskonsens, Juden, Neger, Ostrhein (Heirath).

Eheaufgebot s. Civilstand ff.

Ehebruch
adulterini können nicht legitimirt werden (R. 21. Okt. 1831) III. 403, (K. 23. R. 26. April 1832) III. 466.

Ehedispensation
für Verschwägerte nach der Scheidung (GNM. 14. Okt. 1814) I. 184. — dgl. außer dem Scheidungsfalle (GK. 1. Nov. 1814) I. 303, (GS. 19 Jan. 1816) I 352, (B. 24. Aug. 1816) I. 416. — für Wittwen und geschiedene Ehefrauen bezüglich der Trauerzeit (GNM. 14. Okt. 1814) I. 184. — dgl. findet nicht statt (GK. 8. Sept. 1814) I. 283, (B. 24. Aug. 1816) I. 416. — Anwendung der preußischen Gesetze auf die Eheverbote des rheinischen Rechts, Verfahren bei Dispensationsgesuchen (K. 18. Mai, R. 6. Juni 1817) I. 462, (R. 12. Aug. 1833) III. 665. — Kompetenz des Justizministeriums (R. 2. Sept. 1819) I. 590. — dgl. der Konsistorien bei Verheirathung eines Neffen mit seiner älteren Tante (R. 22. Febr., 15. Mai 1846) IX. 83. — Absolutes Verbot der Ehe mit unehelichen Stiefkindern (K. 17. Jan., R. 7. März 1838) VI. 436 — Dispensation der Ausländer von der Beibringung des Heimathscheins (G. 13. März 1854 §. 2) XI. 13, (R. 31. Aug. 1856) XI. 279, (R. 2. April 1858) XII. 13.

Ehedomizil
dessen Begründung durch zweimonatlichen Aufenthalt (GK. 8. Okt. 1814) I. 298. — dgl. für Militairpersonen durch sechsmonatlichen Dienst (K. 28. Aug., R. 11. Sept. 1820) II. 61, (R. 22. April 1836) V. 367.

Ehefrauen
der Gerichtsvollzieher, sollen gewisse Gewerbe nicht betreiben (R.

6. Juli 1821) II. 132. — der Notarien dgl. (R. 10. Juni 1822) II. 272. — Erkenntnißstempel bei Klagen der Ehefrau wegen Autorisation (R. 11. Dez. 1860 Nr. 1) XII. 220. — dgl. bei Forderungsansprüchen der getrennten Ehefrau an die Masse (R. 18. Jan. 1862 Nr. 3) XII. 345. — vgl. Ehedispensation, Wittwen.

Ehegüterrecht s. Dotalgut, Gütergemeinschaft, Gütertrennung, Statutarrecht.

Ehemänner s. Haftbarkeit.

Ehescheidung
Verfahren bei Vollstreckung des Scheidungsurtheils (R. 25. Juni 1821) II. 129. — dgl. bei Ehescheidungsprozessen der Offiziere und Militairbeamten bezüglich der Militairwittwenkasse (R. 22. Febr. 1834) IV. 30. — Stempelansatz bei Ehescheidungs- und Alimentationserkenntnissen (R. 4. 24. April 1843) VIII. 163, (R. 9. Sept. 1860 Nr. 22) XII. 206. — vgl. Ehedispensation, Gütertrennung, Prozeßtabellen.

Eheverträge
Gebühren für deren Anheftung beim Disziplinarrath der Advokaten und Anwalte (R. 10. Okt. 1845) IX. 56. — Stempel zu dem Hinterlegungsprotokoll (R. 18. Dez. 1839, 5. 14. Jan. 1840) VII. 128, (R. 16. Sept., 5. Nov. 1841) VII. 353. — vgl. Ostrhein (Solms-Braunfels).

Ehre, Ehrenrechte
bürgerliche, Bekanntmachung der dieselben aberkennenden Strafurtheile (R. 31. März 1843) VIII. 155, (R. 8. Aug. 1851) X. 378, (R. 22. Mai 1857 §. 3) XI. 343. — Fortdauer des Verlustes derselben bei Strafumwandlungen durch Begnadigung (R. 11. Sept. 1856) XI. 282. — Folgen der Verlustigung bezüglich des Bürger- und Gemeinderechts (G. 15. Mai 1856 §. 7) XI. 197, (G. 23. Juli 1845 § 38—40) XI. 417, (G. 15. Mai 1856 §. 12) XI. 226. — Benachrichtigung der Dienstbehörde von Straferkenntnissen gegen Beamte (R. 22. Mai 1857 §. 5) XI. 343. — Wirkungen des Verlustes der Ehre und Ehrenrechte bei Militairpersonen (G. 15. April 1852 §. 3—6) X. 407, (V. 18. Mai, R. 13. Juni 1852 §. 3—10) X. 417, (K. 4. R. 27. Dez. 1856) XI. 291, (R. 6. Jan. 1863) XII. 393, (K. 23. Okt., R. 9. Nov. 1863) XII. 424. — dgl. bei Militairinvaliden (R. 8. Aug. 1854) XI. 43. — vgl. Adel, Kammerherren, Nationalkokarde, Orden, Rehabilitation, Titel.

Ehrengerichte
Benachrichtigung der Civildienstbehörde bei ehrengerichtlichen Untersuchungen gegen Civil- oder Militairbeamte als Landwehroffiziere (R. 14. 24. April 1840) VII. 162. — dgl. in Betreff der ehrengerichtlichen Erkenntnisse gegen die im Staatsdienst angestellten Landwehroffiziere und verabschiedeten Offiziere (K. 11. Juni, R. 14. Aug. 1846) IX. 104. — vgl. Militairgerichte.

Ehrenkränkung s. Beleidigung.

Ehrenrath
dessen Errichtung für die Rechtsanwalte beim Obertribunal (G.

26. März 1856 §. 4) XI. 173. — vgl. Dienstvergehen, Disziplinarrath.

Ehrenrechte s. Ehre.

Ehrenzeichen s. Orden.

Ehrlicher Erwerb s. Erwerb, Polizeiaufsicht. — vgl. Besitz.

Eichung
der Brückenwaagen (G. 24. Mai 1853 §. 6) X. 581. — dgl. der Gewichtsstücke (G. 17. Mai 1856 §. 13) XI. 234. — vgl. Gewicht, Schifffahrt.

Eid
dessen Ableistung in religiöser Form (GB. 16. Nov. 1814) I. 81, (R. 22. Dez. 1817) I. 480, (R. 15. März 1818) I. 496, (R. 26. Juli 1833) III. 658, (R. 22. Sept. 1836) V. 455. — Eidesstattliche Versicherung der Mennoniten (K. 11. März 1827) III. 102. — Eidesleistung souverainer Bundesfürsten durch Bevollmächtigte (K. 15. Sept. 1836) V. 451. — dgl. vormaliger Reichsstände in Prozessen über Domainen, Lehen und Patrimonialrechte (K. 3. Jan. 1845) IX. 3, (K 9. Okt. 1854) XI. 61.

Gebühren der Friedensgerichtsbeamten für Eidesabnahme (G. 23. Mai 1859 §. 1 Nr. 12 §. 2 Nr. 3, 4 §. 7, 9) XII. 86. — vgl. Amtseid, Bürgereid, Judeneid, Kredit, Manifestationseid, Ostrhein, Requisitionen, Taxatoren, Zeugeneid.

Eigenthum s. Expropriation, Immobilien, Schadensersatz, Staatsgut. — vgl. Besitz, Diebstahl, Nachdruck.

Eigenthümer s. Waldeigenthümer. — vgl. Haftbarkeit, Pächter.

Eigenthumsklagen
Verfahren, wenn solche wider den Staat erhoben werden (StMB. 20. Juli 1818 §. 7) I. 506.

Eingaben s. Adresse, Beschwerden, Gesuche, Porto.

Einreden s. Civileinreden, Kompetenzkonflikte, Rechtsmittel, Rechtsweg, Verjährung. — vgl. Erkenntnißstempel.

Einregistrirung
der Privaturkunden (G. 23. April 1824) II. 481, (R. 22. Nov. 1824) II. 534. — Stempelfreiheit der Register (R. 17. Dez. 1824, R. 6. Jan. 1825) II. 541. — Stempelkontrole bezüglich der Urkunden (R. 7. März 1831) III. 371, (R. 12. April 1837) VI. 144, (R. 5. Mai 1840) VII. 165. — Gebühren der Friedensgerichtsbeamten (G. 23. Mai 1859 §. 8 Nr. 2 §. 9) XII. 89. — Einregistrirung der Kautionsverschreibungen (R. 27. Nov. 1861 §. 3) XII. 348. — vgl. Enregistrement.

Einschließung
Vollstreckung dieser Strafe in Festungen (R. 8. 20. Jan. 1853) X. 542. — dazu genügt ein Urtheilsauszug (R. 22. Mai 1857 §. 7) XI. 344. — Umwandlung derselben in militairische Freiheitsstrafe (G. 15. April 1852 §. 7 ff.) X. 407, (K. 18. Mai, R. 13. Juni 1852) X. 418. — vgl. Festungsstrafe.

Einspruch s. Opposition.

Einstandsverträge s. Remplaçants.

Einzugsgeld
dessen Erhebung seitens der Gemeinden (G. 15. Mai 1856 §. 48, 62) XI. 208, (G. 15. Mai 1856 §. 6) XI. 223, (G. 23. Juli 1845 §. 14, 25) XI. 410. — Städtisches Einzugs- und Einkaufsgeld (G. 14. Mai 1860) XII. 182 (Citat).

Eisenbahnen
Umfang der den Eisenbahnunternehmungen bei Expropriationen zustehenden Stempel- und Sportelfreiheit (R. 21. April, 2. Mai 1839) VII 46, (R. 7. Nov. 1843) VIII. 192, (R. 6. Dez. 1842) VIII. 130, (R. 13. Juli 1845) IX. 44, (J. 22. Aug. 1859 §. 6) XII. 123, (R. 7. Mai 1860) XII. 180, (R. 9. Sept. 1860) XII. 204. — Gerichtsstand der Eisenbahngesellschaften bei Entschädigungsansprüchen der Grundbesitzer (K. 1. März 1847) IX. 185. — Verfahren bei Unfällen auf Eisenbahnen (R. 25. April 1851) X. 290. — Uebereinkunft mit dem Großherzogthum Hessen wegen Verhütung von Freveln an Eisenbahnen (Erkl. B. 7. Dez. 1861) XII. 267.
Konzession und Statuten der Köln-Mindener Eisenbahngesellschaft (K. 18. Dez. 1843) VIII. 200. — dgl. der Bergisch-Märkischen (K. 12. Juli 1844) VIII. 304. — vgl. Postwesen, Reisekosten.

Eisenbahnaktien
Zeichnung derselben und Verkehr mit desfallsigen Papieren (B. 24. Mai 1844) VIII. 269, aufgehoben (durch G. 1. Juni 1860) XII. 187. — vgl. Werthpapiere.

Eisenbahnbeamte
deren Ressortverhältniß und Dienstbehörde (R. 12. Juli 1852) X. 454, (R. 18. Aug 1852) X. 478. — Stempelfreiheit der Tauf-, Trau- und Todtenscheine behufs Theilnahme an Pensions- und Unterstützungskassen der unter Staatsverwaltung stehenden Eisenbahnen (K. 14. Febr., R. 29. Sept. 1859) XII. 70. — Mittheilungen in Untersuchungssachen gegen Angestellte der Eisenbahnverwaltungen (R. 27. Nov 1860) XII. 214. vgl. Disziplinarbehörden, Eisenbahnpolizeibeamte.

Eisenbahndirektion
Verfahren derselben bei Unglücksfällen auf der Eisenbahn (R. 25. April 1851) X. 290. — königliche, ist Dienstbehörde der Beamten von Staatsbahnen und von unter Staatsverwaltung stehenden Privatbahnen (R. 18. Aug 1852) X. 478, (R. 27. Nov. 1860) XII. 214.

Eisenbahnkommissariat
Verfahren desselben bei Unglücksfällen auf der Eisenbahn (R. 25. April 1851) X. 290. — ist Dienstbehörde der Beamten von Privateisenbahnen (R. 12. Juli 1852) X. 454, (R. 18. Aug. 1852) X. 478, (R. 27. Nov. 1860) XII. 214. — vgl. Disziplinarbehörden.

Eisenbahnpolizeibeamte
Mittheilung an die Dienstbehörde bei Untersuchungen gegen solche (R. 12. Juli 1852) X. 454, (R. 18. Aug. 1852) X. 478, (R. 27. Nov. 1860) XII. 214. — Vereidigung derselben durch die Friedensrichter (R. 3. Dez. 1858) XII. 43. — vgl. Eisenbahnbeamte.

Eisenbahntelegraphen
deren Benutzung seitens der Behörden (R. 4. Sept. 1858) XII. 32. — vgl. Telegraphen.

Eisenwaaren s. Fabrikzeichen, Waarenbezeichnung.

Elberfeld s. Gewerbegerichte, Handelsgerichte, Landgerichte, Stempelrevision.

Eltern s. Haftbarbeit, Vormundschaft. — vgl. Gemischte Ehe, Vaterschaft.

Emanzipation
Handelsbetrieb der emanzipirten Minderjährigen (B. 23. Jan. 1835) V. 52, (B. 20. Febr. 1836) V. 335. — Verfahren bei der Emanzipation (R. 6. Febr. 1835) V. 62. — Belehrung der Parteien bei desfallsigen Anträgen (R. 4. Sept. 1835 §. 12) V. 208. — Gebühren der Friedensgerichtsbeamten bei elterlichen Emanzipationen (ibid. §. 11) V. 208, (vgl. J. 10. Okt. 1835 §. 27) V. 242, (G 23. Mai 1859 §. 1 Nr. 6e) XII. 86. — Unbedingte Gebühren- und Stempelpflichtigkeit der Emanzipationsakte (R. 14. Okt. 1838) VI. 608, (G. 5. Juni 1863 §. 15) XII. 409. — Kreditgeben an emanzipirte Minderjährige (G. 2. März 1857 §. 4) XI. 308. — vgl. Minderjährige, Vormundschaft. — vgl. ferner Ostrhein (Großjährigkeit).

Emolumente
werden von den Ergänzungsrichtern und Stellvertretern bei Friedensgerichten bezogen (R. 15. Nov. 1822) II. 318, (vgl. R. 5. Juni 1862) XII. 368. — Behandlung der während der Abwesenheit eines Friedensrichters aufkommenden Emolumente (R. 5. Juni 1862) XII. 368. — inwiefern solche zur Erhebung gelangen bei Requisitionen in Strafsachen zwischen rheinischen und altländischen Gerichten (K. 24. R. 29. Nov. 1839) VII. 116. — Wiederabnahme von zeitweise genossenen Emolumenten begründet keinen Entschädigungsanspruch (K. 16. April 1841) VII. 281. — vgl. Diensteinkommen, Kosten ff., Stellvertretung.

Emolumentenregister und -tabellen
deren Führung bei den rheinischen Gerichten (R. 2. Jan. 1826) III. 5, (K. 16. R. 19. April 1836) V. 366, (R. 23. Nov. 1832, 2. Jan. 1837) VI. 9. — Abzug für Dienstunkosten (K. 16. R. 19. April 1836) V. 366, (R. 23. Sept. 1840) VII. 207. — Einsendung der jährlichen Nachweise an die Regierungen (R 10. Juni 1837) VI. 232. — Veränderte Einrichtung der Emolumententabellen (R. 26. Juni 1851) X. 366.

Emonitur s. Empfangsgebühren.

Empfangsgebühren
stehen dem Gerichtsvollzieher nicht zu bei Exekutionen (R. 4. Nov. 1833) III. 690. — Erläuterung der Rubrik „Emonitur" in der Notariatstaxe (R. 21. Mai 1826) III. 30. — Berechnung der Empfangsgebühren bei Terminzahlung (R. 4. Juli 1839, 4. Juli 1840) VII. 183.

England s. Großbritannien.

Enregistrement
Stundung der betreffenden Gebühren bei Klagen der Kirchenvorstände (R. 15. 29. Okt. 1816) I. 417, (R. 11. Febr. 1817) I. 454. — dgl. der Schulverwaltungen (R. 9. 21. Dez. 1816) I. 435, (R. 11. Febr. 1817) I. 454. — und der Wohlthätigkeitsanstalten (R. 1. 15. Febr. 1817) I. 456. — Beibehaltung der Enregistrementsabgaben bei Untersuchung der Steuervergehen (R. 23. April 1819) I. 555. — Unzulässigkeit der Rückzahlung von Erbschaftsgebühren (R. 14. Nov. 1817, K. 9. Sept., R. 17. Sept. 1822) II. 321. — Aufhebung des Enregistrements (G. 23. April 1824) II. 481. — vgl. Einregistrirung, Stempel.

Entfernung
aus dem Amte und Dienste s. Disziplinarstrafen, örtliche, s. Bauen, Distanztabellen, Postattest.

Entlassungszeugniß s. Gewerbegerichte.

Entlastungszeugen
deren Vorladung in Strafsachen (R. 22. April 1820) II. 26, (R. 31. Dez. 1825) II. 628, (R. 4. Juni 1836) V. 383. — in Holzdiebstahlssachen (G. 2. Juni 1852 §. 30) X. 429. — in Zolldefraudationssachen auf Requisition der nicht zum Zollverein gehörenden Regierungen (R. 1. Mai 1839) VII. 45. — Verfahren, wenn durch Vorladung von Richtern als Schutzzeugen die Besetzung des Gerichts gehindert ist (R. 2. Sept. 1847) IX. 239. — vgl. Beweis, Unschuld, Zeugen.

Entreprisen
Exekutionsbefugniß der Regierungen wegen Erfüllung derselben (StMB. 20. Juli 1818 §. 16 Nr. 5) I. 508. — Schadensklagen gegen Unternehmer öffentlicher Arbeiten gehören zur Kompetenz der Gerichte (ibid. §. 20 Nr. 7) I. 510. — vgl. Lieferung.

Entschädigung s. Diäten, Diensteinkommen, Dienstunkosten, Emolumente, Expropriation, Reisekosten, Schadensersatz, Zeugengebühren. — vgl. Kosten.

Entscheidungsgründe
sind den abweisenden Beschlüssen über Armenrechtsgesuche beizufügen (R. 3. März 1838) VI. 432. — vgl. Ostrhein (Urtheile).

Entschuldigungsgründe
deren Feststellung in Kriminalsachen (R. 20. Jan. 1838) VI. 400. — vgl. Mildernde Umstände.

Entwässerung s. Wasserleitung.

Entweichung s. Auswanderung, Deserteure, Seeleute, Steckbriefe, Transport, Verhaftung, Waffengebrauch.

Entwendung s. Diebstahl, Eßwaaren, Früchte.

Erbeslegitimation
behufs Erlangung einer Testamentsausfertigung (R. 20. Mai 1837) VI. 215. — bei Rückzahlung von Amtskautionen (R. 19. Nov. 1839) VII. 106. — bei Nachlaßsachen der im niederländischen Seedienst Verstorbenen (R. 17. Juni 1842) VIII. 72. — vor alt-

ländischen Gerichten durch rheinische Notorietätsakte (R. 14. Juli 1837) VI. 260. — Erbeslegitimation zur Empfangnahme der bei der Depositenkasse in Cöln hinterlegten Gelder (G. 24. Juni 1861 §. 15) XII. 255. — Stempelpflichtigkeit der Legitimationsurkunden für Staatsgläubiger (R. 30. Dez. 1824, 11. Jan. 1825) II. 545. — vgl. Requisitionen (ausländische).

Erbfolge s. Fideikommisse, Ritterschaft.

Erbpacht
bei derselben findet kein Abzug wegen Grundsteuer statt (GB. 10. Aug. 1814) I. 71. — Aufhebung derselben (G. 2. März 1850 §. 2) X. 126. — Stempelansatz bei Veräußerung ehemaliger Erbpachts- oder Erbzinsgrundstücke (R. 5. Mai 1855) XI. 106. — vgl. Pächter, Reallasten.

Erbschaft
Verfahren bei Reklamationen wegen der im niederländischen Seedienst Verstorbenen (R. 17. Juni 1842) VIII. 72. — Uebereinkunft mit Rußland wegen Nachlaßregulirung (R. 26. Febr. 1857) XI. 294. — Berichtigung von Untersuchungskosten aus dem Nachlaß verstorbener Personen (R. 30. Dez. 1835) V. 296.
vakante, deren Verwaltung (Reg. R. 29. Mai 1841) VII. 300, (R. 8. Juli, 6. Aug. 1842) VIII. 84, (Reg. 8. Juni 1864) XII. 447. — Verfahren bei den solche betreffenden Theilungen und gerichtlichen Immobilarverkäufen (G. 18. April 1855 §. 29, 31) XI. 87. — Stempelansatz zu Rathskammerbeschlüssen wegen vakanter Erbschaften (R. 18. Dez. 1839) VII. 127. — Uebernahme der Verwaltung vakanter Nachlassenschaften durch Referendarien (R. 24. Febr. 1863) XII. 394. — vgl. Benefiziarerbe, Erbeslegitimation, Fideikommiß, Inventar, Ritterschaft, Siegelung, Testament, Theilung, Vermächtniß.

Erbschaftsgebühren, Erbschaftsstempel
Retorsionsmaßregeln bezüglich der niederländischen Erbschaftssteuer (GB. 30. Dez. 1814) I. 82. — vgl. Enregistrement, Kaufstempel.

Erbunterthänigkeit
Aufhebung der daraus herrührenden Verpflichtungen (G. 14. April 1856 §. 2) XI. 186.

Ergänzungsrichter
bei den Friedensgerichten, Ernennung, Befugnisse und Emolumente derselben (R. 15 Nov. 1822) II. 318. — Verfahren bei Anstellungsvorschlägen (R. 10. Nov. 1837) VI. 324. — dieselben sind nicht befugt zur Einregistrirung von Privaturkunden (R. 22. Nov. 1824) II. 534. — Kumulation des Amtes mit Bürgermeisterstellen (R. 20. Juni 1837) VI. 238, (G. 15. Mai 1856 §. 29) XI. 203, (V. 23. Juli 1845 §. 43) XI. 418, (G. 15. Mai 1856 §. 13) XI. 226. — Befugniß derselben in Prozessen wegen Gewährleistung für verborgene Mängel verkaufter oder vertauschter Hausthiere (G. 3. Mai 1859 §. 6) XII. 78. — vgl. Friedensgerichte.

Ergreifung s. Verhaftung, Wachen.

Erhängte
Verpflichtung zu schleuniger Hülfeleistung vor der Anzeige bei Behörden (R. 24. Aug. 1830) III. 359. — vgl. Selbstmord.

Erkenntnisse
Vollstreckung der vor der preußischen Besitznahme auf beiden Rheinufern ergangenen Urtheile (GRM. 2. Aug. 1815) I. 219, (GRM. 15. Sept. 1815) I. 229. — dgl. der von Ausländern gegen Inländer erwirkten Erkenntnisse bei eingelegtem Kassationsrekurs (GRM. 14. Okt. 1814) I. 186. — dgl. der rheinischen Urtheile durch altländische Gerichte (R. 23. Aug. 1834) IV. 141. — dgl. durch rheinhessische Gerichte (B. 6. R. 24. Juli 1841) VII. 307. — dgl. durch österreichische Gerichte (R. 4. Nov. 1840) VII. 227. —

Mittheilung der Mortifikationsurtheile an die Kontrole der Staatspapiere (R. 25. März 1822) II. 237. — dgl. der Erkenntnisse wegen Kassendefekt an die Oberrechnungskammer (R. 30. Juni 1847) IX. 207. — Anzeige der gerichtlichen Ehescheidung von Offizieren und Militairbeamten beim Kriegsministerium (R. 22. Febr. 1834) IV. 30. — Bekanntmachung der Abwesenheitserkenntnisse (R. 27. Juni 1816, 20. März 1835) V. 94, (R. 10. März 1851) X. 263. — dgl. der Interdiktionserkenntnisse (R. 19. Mai 1862) XII. 367. — Vollstreckung der Fallimentsurtheile (R. 10. Mai 1844) VIII. 266, (R. 23. Juni 1852) X. 448. — dgl. der Expropriationserkenntnisse (G. 25. Mai 1857) XI. 345, (R. 29. Dez. 1857) XI. 400. — Unanwendbarkeit der Art. 548—550 CPO. bei friedensrichterlichen Urtheilen (R. 30. Dez. 1857) XI. 403.

Aussetzung der Entscheidung ist zu beschränken (R. 24 Okt. 1823) II. 431. — Berichterstattung an das Justizministerium über interessante Erkenntnisse (R. 5. Juni 1832) III. 473. — Erhaltung der Einheit der Rechtsgrundsätze in den richterlichen Entscheidungen des Obertribunals (G. 7. Mai 1856) XI. 189. — vgl. Aktenversendung, Ausfertigung, Definitivurtheile, Disziplinarerkenntnisse, Entscheidungsgründe, Erkenntnißstempel, Exekution, Insinuation, Kontumazialerkenntnisse, Militairgerichte, Ostrhein (Urtheile), Prozesse, Requisitionen, Straferkenntnisse, Urtheilsauszüge.

altländische
deren Vollstreckung im rheinischen Rechtsbezirk (R. 21. Febr. 1815, 7. Juni 1817) I. 463, (R. 30. Juni 1817) I. 469, (R. 23. Aug. 1834) IV. 141, (R. 19. Aug. 1840) VII. 200, (R. 24. Nov. 1848) IX. 347.

Vollstreckung derselben in Oesterreich (R. 4. Nov. 1840) VII. 227. — vgl. Exekutorische Klausel, Requisitionen.

ausländische
bedürfen der Exekutorischerklärung (GRM. 24. April 1815) I. 196. — dieselben sollen nicht vollstreckt werden (GK. 4. April 1815) I. 319. — Allgemeine Grundsätze über Vollstreckung und Wirksamkeit ausländischer Erkenntnisse (R. 5. März 1837) VI. 97. — Verfahren bezüglich der niederländischen Erkenntnisse (R. 19. Juni 1828) III. 232, (R. 6. Okt. 1828) III. 249, (R. 9. Dez. 1836) V. 515. — dgl. der österreichischen (R. 4. Nov. 1840) VII 227. — dgl. der rheinhessischen (B. 6. R 24. Juli 1841) VII. 307. — vgl. Exekutorische Klausel, Requisitionen.

Erkenntnißstempel
dessen Beitreibung in Civilsachen (R. 19. Aug. 1825) II. 607. -- insbesondere bei kontradiktorischen Prozessen (R. 23. Mai 1836) V. 376, (R. 16. Jan. 1841) VII. 263. — dgl. bei Kontumazialurtheilen (R. 26. Nov., 2. Jan. 1839) VII. 3, (R. 16. Sept. 1841) VII. 361, (R. 11. April 1863 Nr. 41) XII. 399. — Verfahren der Gerichtsschreiber bei Verwendung des Stempels (R. 17. Jan. 1840) VII. 133, (R. 4. Juli 1855) XI. 128. — vgl. Stempelpapier, Stempelrückstände.

Anrechnung der zum Sühneversuch verwendeten Stempel bei Festsetzung des Erkenntnißstempels (R. 21. Febr., 5. März 1832) III. 453. — dgl. der zu Gerichtsvollzieherurkunden verwendeten Prozeßstempel (R. 4. Nov. 1844) VIII. 371, (R. 10. Jan. 1845) IX. 5, (R. 8. Juni 1846) IX. 92, (R. 12. Jan. 1847) IX. 149. — Ermittelung des Werthes der Streitobjekte (R. 18. Dez. 1839) VII. 131, (R. 16. Jan. 1841) VII. 262, (R. 1. Mai 1841) VII. 286. — die gerichtliche Stempelbestimmung wird nicht rechtskräftig und verbindlich für die Steuerbehörde (R. 21. März 1834) IV. 41, (R. 21. Febr. 1837) VI. 92. - vgl. Stempelrevision.

Berechnung des Erkenntnißstempels bei Abwesenheitserklärungen (R. 10. Mai 1838) VI. 479, (R. 19. Febr. 1842) VIII. 98, (R. 9. Sept. 1860 Nr. 6) XII. 203. — dgl. bei Alimentenforderungen der Ehefrau in oder außer der Ehescheidungsprozedur (R. 4. 24. April 1843) VIII. 163, (R. 9. Sept. 1860 Nr. 22) XII. 206. — dgl. bei Alimentenklagen der Enkel gegen Großeltern (R. 11. Dez. 1860 Nr. 7) XII. 221. — dgl. bei Alimentenforderungen für ein uneheliches Kind (R. 11. April 1863 Nr. 15) XII. 399. — dgl. bei Arrestklagen (R. 19. April 1837) VI. 229, (R. 16. Sept. 1841) VII. 358, (R. 19. Febr. 1842) VIII. 103, (R. 9. Sept. 1860 Nr. 11) XII. 204, (R. 11. Dez. 1860 Nr. 10) XII. 222, (R. 18. März 1861) XII. 241. — dgl. bei Autorisationsklagen der Ehefrau (R. 11. Dez. 1860 Nr. 1) XII. 220. — dgl. bei Expropriationen (R. 7. Mai 1860) XII. 180, (R. 9. Sept. 1860) XII. 204. — dgl. bei Fallitsachen (R. 6. März 1830) III. 327, (R. 28. Nov. 1844) VIII. 379. — dgl. bei Urtheilen auf Löschung von Hypotheken (R. 18. Aug. 1855) XI. 143, (R. 9. Sept. 1860) XII. 205. 206, (R. 11. Dez. 1860 Nr. 3, 11) XII. 220, (R. 22. April 1864) XII. 445. — insbesondere auf Reduktion der vormundschaftlichen Hypothek (R. 14. Febr. 1838) VI. 476. — dgl. bei Interventionen resp. Adzitationen und Litisdenunziationen (R. 20. April 1839) VII. 259, (R. 11. April 1841, 6. Aug. 1842) VIII. 89. 95. — dgl. bei Klagen und Kaufverträgen (R. 18. Dez. 1839) VII. 130, (R. 16. Sept. 1841) VII. 356, (R. 26. Juli 1850) X. 233, (R. 9. Sept. 1850) X. 245, (R. 23. März 1859 Nr. 2, 3, 6—11, 14) XII. 74, (R. 19. Juli 1859 Nr. 2) XII. 111, (R. 30. Sept. 1859) XII. 117, (R. 9. Sept. 1860 Nr. 4) XII. 202, (R. 11. Dez. 1860 Nr. 9) XII. 222, (R. 18. Jan. 1862 Nr 5) XII. 345, (R. 11. April 1863) XII. 398. — dgl. bei Urtheilen über Realanerbieten (R. 11. Dez. 1860 Nr. 3, 6) XII. 220. — dgl. bei Prozessen über Realservituten (R. 26. Okt. 1863) XII. 425. — dgl. bei Rechnungsprozessen (R. 18. Dez. 1839) VII. 128, (R. 16. Jan. 1841) VII. 263, (R. 11. April 1841, 6. Aug.

1842) VIII. 91. 94, (R. 19. Febr. 1842) VIII. 104, (R. 14. Dez. 1844) VIII. 382, (R. 16. Sept. 1848) IX. 329, (R. 27. Dez. 1849) X. 82, (R. 18. Aug. 1855) XI. 142. 144, (R. 30. Sept. 1859) XII. 118, (R. 9. Sept. 1860 Nr. 2) XII. 202. — dgl. bei Rektifikationen (R. 14. Febr. 1838) VI. 475. — dgl. bei Schadensliquidationen (R. 30. Sept. 1859) XII. 118. — dgl. bei Subhastationen (R. 27. Dez. 1849) X. 82, (R. 26. April 1853) X. 564, (R. 19. Mai 1854) XI. 34, (R. 18. Aug. 1855) XI. 140, (R. 23. März 1859 Nr. 12, 13) XII. 75, (R. 30. Sept. 1859 Nr. 21) XII. 117. — dgl. bei Theilungen (R. 19. April 1837) VI. 228, (R. 18. Dez. 1839) VII. 129, (R. 16. Sept. 1841) VII. 356, (R. 11. April 1841, 6. Aug. 1842) VIII. 89. 93, (R. 19. Febr. 1842) VIII. 101, (R. 27. Dez. 1849) X. 83, (R. 18. Aug. 1855) XI. 139, (R. 28. Sept. 1855) XI. 149, (R. 9. Sept. 1860 Nr. 3, 15) XII. 202, (R. 9. Sept. 1860 Nr. 23) XII. 206, (R. 11. Dez. 1860 Nr. 2, 5, 8, R. 22. März 1862 Nr. 1, 3) XII. 360, (R. 22. April 1864) XII. 445. — insbesondere bei Auseinandersetzung der ehelichen Gütergemeinschaft (R. 18. Aug. 1855) XI. 139, (R. 23. März 1859) XII. 73, (R. 18. Jan. 1862) XII. 345. — dgl. bei theilweisem Vergleich (R. 19. April 1837) VI. 230. — dgl. bei Verifikationen (R. 18. Dez. 1839) VII. 130, (R. 16. Sept. 1848) IX. 328. — dgl. bei Vindikationen (R. 11. Dez. 1860 Nr. 13) XII. 222.

Berechnung des Erkenntnißstempels bei Pluspetitionen (R. 14. Febr. 1838) VI. 474. — dgl. bei theilweise definitiven Urtheilen ibid. 477, (R. 16. Sept. 1841) VII. 357, (R. 6. Aug. 1842) VIII. 92, (R. 11. März 1843) VIII. 151, (R. 23. März 1859 Nr. 4) XII. 74, (R. 9. Sept. 1860 Nr. 4) XII. 203. — dgl. bei Kumulation verschiedener Ansprüche gegen verschiedene Beklagte und bei resolutorischen Schadensklagen (R. 23. Juli 1857) XI. 358. — dgl. bei Subsidiarforderungen (R. 9. Sept. 1860 Nr. 1) XII. 202, (R. 11. April 1863 Nr. 17) XII. 399. — dgl. bei illiquiden Forderungen (R. 18. Jan. 1862 Nr. 1) XII. 344. — dgl. bei Prozessen über jährliche Leistungen auf unbestimmte Zeit (R. 22. März 1862 Nr. 1) XII. 360. — dgl. bei Oppositionen gegen Exekution aus Urtheilen oder Notarialakten und gegen Exekutionsarreste (R. 18. Dez. 1839) VII. 131, (R. 16. Jan. 1841) VII. 262, (R. 16. Sept. 1841) VII. 360, (R. 19. Febr. 1842) VIII. 102, (R. 23. März 1859 Nr. 5) XII. 74, (R. 18. Jan. 1862 Nr. 4) XII. 345. — dgl. bei Einsprüchen gegen administrativen Zahlungsbefehl (R. 19. Febr. 1842) VIII. 99. — dgl. bei Abweisung der Klage wegen Voreiligkeit (R. 10. Mai 1838) VI. 480, (R. 18. Dez. 1839) VII. 130, (R. 10. Dez. 1838) VII. 257, (vgl. R. 16. Jan. 1841) VII. 262, (R. 28. Nov. 1844) VIII. 380. — oder wegen Litispendenz (R. 11. April 1841) VIII. 93, (R. 28. Nov. 1844) VIII. 380. — oder wegen fehlender Prozeßkaution (R. 11. April 1841) VIII. 92. — oder wegen Ungültigkeit von Zustellungen, wegen unterlassenen Sühneversuchs (R. 19. Febr. 1842) VIII. 102. — oder wegen Inkompetenz (R. 28. Nov. 1844) VIII. 380, (R. 27. Dez. 1849) X. 82, (R. 9. Sept. 1850) X. 245, (R. 19. Mai 1854) XI. 34, (R. 23. März 1859 Nr. 4) XII. 74, (R. 11. Dez. 1860 Nr. 10, 12) XII. 222. — oder wegen res judicata und wegen formeller Gründe überhaupt ibid. —

bgl. bei Peremtionen (R. 19. Febr. 1842) VIII. 104. — bgl. bei verweigerter Zahlung unbestrittener Schulden (R. 14. Dez. 1844) VIII. 381. — bgl. bei Klagen auf Bestellung eines Titels (R. 9. Sept. 1850) X. 245, (R. 23. März 1859 Nr. 6) XII. 74. — bgl. bei Klagen auf Retrocession einer Forderung (R. 19. Juli 1859) XII. 111. — bgl. bei Klagen auf Gewährung eines Darlehns (R. 9. Sept. 1860 Nr. 5) XII. 203. — bgl. bei Klagen auf Herausgabe von Urkunden (R. 11. April 1863 Nr. 17) XII. 399. — bgl. bei den behufs Legitimation des Klägers geführten Prozessen (R. 18. Jan. 1862 Nr. 2) XII. 344. — bgl. bei Klagen gegen Notarien wegen verweigerter Abschrift von Urkunden (R. 14. März 1863) XII. 397. — bgl. bei Civilklagen wegen Injurien (R. 4. Mai 1836) V. 369.

Stempelverwendung zu schiedsrichterlichen Urtheilen (R. 19. Febr. 1842) VIII. 101. — bgl. zur Exekutorischerklärung derselben (R. 10. Mai 1838) VI. 480. — vgl. Rathskammerbeschlüsse. — Stempelansatz zu den Erkenntnissen der Gewerbegerichte über Klagen auf Ausstellung von Entlassungszeugnissen für Gewerbegehülfen, Gesellen und Lehrlinge (R. 1. Juni 1858) XII. 30.

Anwendung, Einziehung und Verrechnung des Erkenntnißstempels in Strafsachen (R. 15. Juli, 6. Aug. 1823) II. 396. — inwiefern Strafresolute der Finanz- und Polizeibehörden sowie Urtheile der Polizeigerichte stempelfrei bleiben (R. 4. April 1823, 4. Juni 1824) V. 11, (R. 12. Juli 1824) II. 512, (R. 4. Juli 1840) VII. 181, (R. 30. Jan., 21. Febr. 1850) X. 122.

Stempelfreiheit der Erkenntnisse in einfachen Holzdiebstahlssachen (R. 30. Nov. 1827) III. 165. — Stempelpflichtigkeit der Erkenntnisse in Injuriensachen (R. 4. Mai 1836) V. 370. — Stempelansatz zu Straferkenntnissen, welche 4 Wochen oder 50 Thlr. übersteigen (R. 2. Nov. 1844) VIII. 370.

Stempelverwendung zu Strafurtheilen in Disziplinarsachen gegen Notarien, Gerichtsschreiber, Gerichtsvollzieher (R. 10. Mai 1838) VI. 479. — bgl. und gegen Civilstandsbeamte (R. 18. Dez. 1839) VII. 129, (R. 11. April, 6. Aug. 1842) VIII. 89. 94, (R. 29. Jan. 1848) IX. 272. — vgl. Stempel ff. — vgl. ferner Ostrhein (Stempel).

Erscheinungsfrist

Abänderung der dieselbe betreffenden Vorschriften der Civilprozeßordnung (G. 11. Mai 1855) XI. 111. — vgl. Kontumazialverfahren, Termin, Vorladung.

Erschwerende Umstände

deren Behandlung bei der Poursuite (R. 21. Dez. 1825) II. 628. — Verhütung unvollständiger Antworten der Geschworenen (R. 19. Febr. 1827) III. 100. — Verfahren bei einfacher Stimmenmehrheit der Geschworenen (B. 31. Dez. 1833) III. 704, (R. 5. Febr. 1834) IV. 16. — Vorlegung der betreffenden Frage (G. 14. April 1851 §. 24) X. 633.

Erwägungsgründe f. Entscheidungsgründe.

Erwerb (ehrlicher)

Nachweis desselben in Holzdiebstahlssachen (G. 2. Juni 1852 §. 45 ff.)

X. 432. — vgl. Polizeiaufsicht. — vgl. ferner Arbeitsverdienst Korporationen.

Erz s. Mineralien.

Erzbischöfe
von Cöln, sowie von Gnesen und Posen erhalten das Prädikat: Erzbischöfliche Gnaden (K. 9. Jan., R. 10. Febr. 1846) IX. 67.

Erziehungsberichte
deren Einführung bei Vormundschaften (R. 15. Okt. 1836) V. 475, (J. 22. Dez. 1836) V. 526.

Estafetten s. Extrapost.

Eßwaaren
deren Begriff im §. 349 Nr. 3 StrGB. (R. 8. Sept. 1856) XI. 281. — Ausspielung derselben mittelst Würfel oder Drehbretts (R. 31. Juli, 26. Okt. 1857) XI. 382.

Eupen s. Handelskammern.

Evangelische
Eheschließung und Beurkundung des Personenstandes evangelischer Preußischer Unterthanen in außereuropäischen Ländern (G. 3. April 1854) XI. 18, (J. 24. Aug. 1854) XI. 47. — vgl. Festtage, Geistliche, Kirchen.

Eventualfragen
deren Stellung in Assisensachen (G. 14. April 1851 §. 25) X. 633. — vgl. Anklageakt, Assisen.

Examinationsgebühren s. Prüfungsgebühren.

Examinationskommission s. Prüfung.

Exekution
administrative
Befugniß der Regierungen zu exekutiven Maßregeln (StMB. 20. Juli 1818 §. 16 ff.) I. 507. — Ausschließung des Rechtsweges gegen desfallsige Strafbefehle, insbesondere Ordnungsstrafen (R. 17. Febr. 1835) V. 72. — Einspruchsrecht dritter Personen (R. 6. Febr., 2. April 1838) VI. 451. — Zulässigkeit des Rechtsweges bei Exekutionen wegen Forststrafen (R. 4. 24. Febr., 28. März 1827) III. 106. — dgl. wegen gerichtlich erkannter Geldbußen (R. 6. Febr., 2. April 1838) VI. 451. — inwiefern wegen Steuern (R. 17. März 1841) VII. 269. — Anwendung des administrativen Exekutionsverfahrens auf Wittwenkassenbeiträge (R. 9. Aug. 1819, 12. März 1821) II 97, (R. 30. Jan. 1830) III. 320, (R. 2. Dez. 1832) III. 553 — dgl. bei gewerblichen Unterstützungskassen (V. 9. Febr. 1849 §. 59) X. 41. — dgl. bei Knappschaftskassen (G. 10. April 1854) XI. 22. — dgl. bei den von Beamten verschuldeten Untersuchungskosten (K. 11. Juni, R. 12. Nov. 1829) III. 308. — dgl. bei den gegen Justizbeamte festgesetzten Geldbußen (R. 5. Mai 1837) VI. 184, (R. 27. Juli 1838) VI. 563. — dgl. bei Kassendefekten (V. 24. Jan. 1844) VIII. 231. — dgl. bei Schulabgaben und Schulgeldern (K. 18. R. 31. Juli 1835) V. 171, (R. 15. Okt. 1835) V. 243. — dgl. bei Verwaltungsangelegenheiten der Institute, Kirchen

und Schulen (R. 2. 26. März 1846) IX. 73. — dgl. bei Gemeindeabgaben und Diensten (R. 12. Dez. 1838) VI. 655, (G. 15. Mai 1856 §. 53, 62) XI. 210, (G. 23. Juli 1845 §. 25) XI. 412, (G. 15. Mai 1856 §. 9) XI. 224. — dgl. bei Kaufgeldern für Waldprodukte (K. 30. Mai, R. 12. Sept. 1843) VIII. 185. — dgl. beim Deichwesen (G. 28. Jan. 1848 §. 7, 19) IX. 266, (K. 14. Nov. 1853 §. 6) X. 605. — dgl. bei Portobeträgen und sonstigen Postgebühren (G. 5. Juni 1852 §. 30) X. 442.

Verpachtungsprotokolle der Verwaltungsbehörden in Gemeinde- und Kirchensachen bilden keinen exekutorischen Titel (R. 9. Febr., 13. März 1842) VIII. 25.

Exekutionsbefugnisse der Polizeibehörden (G. 11. Mai 1842) VIII. 41, (G. 11. März 1850 §. 20) X. 205. — vgl. Beschlagnahme, Kompetenzkonflikt, Rechtsweg, Strafresolut, Strafvollstreckung.

gerichtliche

beneficium competentiae bei Exekutionen wegen Abgaben und Kosten (R. 27. Dez. 1825) II. 627. — Freilassung eines eisernen Ofens bei Mobilarpfändungen (G. 11. Mai 1855 §. 8) XI. 113. — Quittung der Gerichtsvollzieher über Abschlagszahlungen (R. 20. Aug. 1841) VII. 314, (R. 30. Aug. 1841) VII. 328. — Unanwendbarkeit der Art. 548—550 CPO. bei friedensrichterlichen Urtheilen (R. 30. Dez. 1857) XI. 403. — Verbindung der Real- und Personalexekution in Wechselsachen (G. 27. Mai 1863 §. 1 Nr. 1) XII. 402. — Exekutionsverfahren gegen kurhessische Unterthanen (R. 14. Aug. 1837) VI. 275. — dgl. gegen altländische Parteien s. Exekutorische Klausel. — vgl. Arrest, Arrestklagen, Erkenntnisse, Exekutorische Klausel, Geldbußen, Gerichtskosten, Kaution, Kosten ff., Mandate, Mobilarpfändung, Personalarrest, Rechtsweg, Requisitionen, Steuern, Strafvollstreckung, Vergleiche.

gegen Beamte

Verfahren beim Arrestschlag auf öffentliche Kassen (GV. 23. Sept. 1814) I. 75. — Anwendung der Gerichtsordnung hinsichtlich der exekutionsfähigen Gehaltsabzüge (R. 29. Nov. 1818) I. 531, (R. 5. März 1819) I. 535, (R. 17. Nov. 1820, 6. Jan. 1821) II. 71, (R. 9. Mai 1825) II. 589. — Geltung dieser Vorschriften für Advokaten, Anwalte und Notarien (K. 23. Mai 1826) III. 31. — dgl. für Hofstaatsbeamte (R. 14. Juli 1831) III. 379. — dgl. für Geistliche (R. 24. Jan. 1835) V. 53. — dgl. für Diätarien (R. 30. Juli 1837) VI. 271, (R. 20. Okt. 1838) VI. 611. — Verfahren gegenüber den in die Rheinprovinz versetzten Beamten (R. 30. März, 20. Mai 1827) III. 130. — Berücksichtigung der Pensionsabzüge (R. 29. Juli 1825) II. 601. — Unmittelbare Zahlung der Gehaltsabzüge aus den Kassen (R. 11. Mai, 28. Juni 1830) III. 352. — Pfändung der bei Beamten vorgefundenen Baarschaft (K. 11. Dez. 1831, R. 9. Jan. 1832) III. 452. — Exekution wegen laufender Alimente (R. 7. Juni 1835, 6. Sept. 1838) VI. 587. — Gehaltsabzug zur Bestreitung von Untersuchungskosten (K. 11. Juni, R. 12. Nov. 1829) III. 308.

gegen Militairpersonen

Verfahren bei der Exekution gegen solche aus Civilerkenntnissen (R. 25. Jan. 1822) II. 207, (K. 4. Juni, 8. Sept. 1822) II. 310,

(R. 25. Febr. 1836) V. 338. — Exekutionsattest der Militairbehörde, Vernehmung des Schuldners, Manifestationseid (R. 24. Jan. 1823) II. 341. — Ressortverhältnisse der Militairbehörden bei Requisitionen wegen Beschlagnahme von Gehalts- und Pensionsabzügen (R. 25. März 1826) III. 19, (K. 29. Jan., R. 24. Febr. 1829) III. 274, (R. 9. Aug. 1853) X. 587, (R. 8. Jan. 1864) XII. 433. — Verfahren bei der letzteren (R. 25. März 1826) III. 19, (K. 29. Jan., R. 24. Febr. 1829) III. 274, (K. 24. Sept., R. 11. Okt. 1832) III. 517, (R. 10. Jan. 1834) IV. 11, (K. 6. Juli 1843, R. 28. Dez. 1844) VIII. 387, (R. 16. Juni 1848) IX. 305, (K. 24. Febr. 1853) X. 549. — Exekution gegen Militairpersonen in Kasernen und ähnlichen Dienstgebäuden (K. 8. Nov. 1831, K. 4. Jan., R. 29. Nov. 1833) III. 694, (R. 21. März, 5. April 1834) IV. 53. — Anwendung dieser Vorschriften auf Militairbeamte und pensionirte Offiziere (R. 29. Aug. 1834) IV. 150, (R. 17. Sept. 1853) X. 599. — Unzulässigkeit der Pfändung von Uniformstücken der Offiziere außer Dienst (K. 9. März 1839) VII. 30. — dgl. der Vollstreckung des Personalarrestes gegen aktive Offiziere (R. 19. Febr. 1846) IX. 70. — dgl. des Wechselarrestes gegen aktive Militairpersonen (G. 15. Febr. 1850 §. 5) X. 120. — Exekutionsverfahren gegen Militairpersonen wegen der an die Gegenpartei zu erstattenden Kosten in Civilsachen (B. 17. Febr. 1838) VI. 419. — dgl. wegen laufender Alimente (R. 7. Juni 1835, 6. Sept. 1838) VI. 587, (K. 6. Juli 1843, R. 28. Dez. 1844) VIII. 387.

Exekutionsgesuche
deren Form behufs Vollstreckung rheinischer Urtheile durch altländische Gerichte (R. 23. Aug. 1834) IV. 141. — Verfahren bei Exekutionsgesuchen gegen fremdes Staatseigenthum (R. 5. Okt. 1819) I. 613. — vgl. Exekution, Exekutorische Klausel, Personalarrest.

Exekutionskosten s. Gerichtskosten, Gerichtsvollziehergebühren, Hütergebühren, Steuerexekutoren.

Exekutor s. Steuerexekutor, Testamentsexekutor. — vgl. Gerichtsvollzieher.

Exekutorien s. Kostenexekutorien.

Exekutorische Klausel
Form derselben (GR. 16. Mai 1814) I. 132, (GRM. 15. April 1815) I. 197, (GRM. 8. Aug. 1815) I. 220. — Beifügung zu altländischen Erkenntnissen (R. 21. Febr. 1815, R. 7. Juni 1817) I. 463, (R. 30. Juni 1817) I. 469. — und gerichtlichen Vergleichen (R. 25. Juli 1831) III. 383. — Verfahren (R. 23. Aug. 1834) IV. 141, (R. 16. Sept. 1837) VI. 304, (R. 19. Aug. 1840) VII. 200. — Ertheilung derselben zu Kostenrequisitionen altländischer Gerichte (R. 5. Dez. 1832) III. 555, (R. 23. Aug. 1834) IV. 141. — dgl. zu schiedsrichterlichen Urtheilen (R. 14. Febr., 30. April, 10. Mai 1838) VI. 474. — dgl. zu Erkenntnissen des Schiedsgerichts der rheinischen Ritterschaft (B. 21. Jan. 1837) VI. 31, (R. 4. Febr. 1837) VI. 44. — dgl. zu kriegsrechtlichen Urtheilen gegen Deserteure (R. 30. Mai 1823) II. 380, (K. 2. April 1826) III. 23, (R. 15. Sept. 1826) III. 65. — dgl. zu Beitragslisten der Gerichts-

vollzieherunterstützungsvereine (K. 9. J. 10. Juni 1833 §. 14) III. 641. — dgl. zu Requisitionen der Immediatjustizexaminationskommission wegen gestundeter Prüfungsgebühren (R. 25. Aug. 1837) VI. 288. — dgl. zu ausländischen Akten (GRM. 24. April 1815) I. 196. — dgl. zu Erkenntnissen ausländischer Rheinzollgerichte (V. 30. Juni 1834 §. 56) IV. 97. — dgl. zu niederländischen Urtheilen (R. 6. Okt. 1828) III. 249, (R. 9. Dez. 1836) V. 515. — dgl. zu österreichischen (R. 4. Nov. 1840) VII. 227. — Wechselseitige Vollstreckbarkeitserklärung der rheinhessischen und rheinpreußischen Erkenntnisse (R. 24. Juli 1841) VII. 307. — inwiefern die exekutorische Klausel erfordert wird zu altländischen Urkunden in Hypothekensachen (R. 18. 26. Dez. 1834) IV. 204. — Wegfall derselben bei Stempelstrafresoluten (J. R. 23. Juni 1823) III. 232. — dgl. bei Exekutionsverfügungen des Stiftungsausschusses der rheinischen Ritterschaft (V. 13. Juni 1837) VI. 233.

Form der exekutorischen Klausel während der Regentschaft (R. 18. Okt. 1858) XII. 41. — vgl. Exekution (administrative), Kostenexekutorien.

Exekutorischer Titel s. Exekution f., Verpachtung. — vgl. Erkenntnißstempel, Opposition.

Exmission
der Domainenpächter durch die Regierung (StMV. 20. Juli 1818 §. 16) I. 508. — Gebühren der Gerichtsvollzieher bei Expulsionen (R. 9. Juni 1836) V. 386, (G. 29. März 1851 §. 13) X. 267. — vgl. Expropriation.

Expedition s. Ausfertigung, Gerichtsschreibergebühren, Korrespondenz.

Expropriation
zu öffentlichen Zwecken. Kompetenz der Regierungen beim Straßen- und Brückenbau, Anlage von Kanälen und Festungswerken (StMV. 20. Juli 1818 §. 12, 13) I. 506. — Verfahren bei Anwendung des Gesetzes vom 8. März 1810 (J. 23. Juli 1821, R. 18. Febr. 1822) II. 210, (R. 24. März 1823) II. 356, (R. 14. Mai 1823) II. 377. — Besitzeinweisung (R. 12. Okt., 3. 13. Nov. 1827) III. 161. — Festsetzung der vorläufigen Entschädigung (R. 17. März, 10. Mai 1855) XI. 107. — Abänderung und Ergänzung des Gesetzes vom 8. März 1810 (G. 25. Mai 1857) XI. 345, (R. 29. Dez. 1857) XI. 400.

Anwendung des Expropriationsverfahrens zur Erbreiterung der Staatsstraßen (K. 5. April 1836) V. 424. — Abtretung des Grundeigenthums zu bergbaulichen Zwecken im Bezirk Siegen (K. 14. Nov. 1838) VI. 638. — Verkaufsrecht bezüglich der expropriirten Grundstücke (G. 2. März 1850 §. 4) X. 123.

Stempelverwendung in Expropriationsprozessen (R. 7. Mai 1860) XII. 180, (R. 9. Sept. 1860) XII. 204. — Gebühren der Friedensgerichtsbeamten (G. 23. Mai 1859 §. 5, 9) XII. 88. — Erhebung der Gerichtsschreibergebühren (J. 22. Aug. 1859 §. 6) XII. 123. — vgl. Eisenbahnen.

Extrapost
Festsetzung der Nebenausgaben bei derselben (R. 27. Dez. 1836) VI.

4. — Kostenerhebung für Extrapost-, Estafetten- und Kourierpferde (K. 21. April, R. 15. Juni 1855) XI. 105. — vgl. Postwesen, Reisekosten.

Fabrikarbeiter
Kompetenz der Gewerbegerichte rücksichtlich derselben (V. 7. Aug. 1846) IX. 102. — Errichtung von Unterstützungskassen für dieselben (G. 3. April 1854) XI. 17. — Beschäftigung jugendlicher Arbeiter in Fabriken (Reg. 9. März, K. 6. April 1839) VII. 37, (G. 16. Mai 1853) X. 574. — Aufhebung der Bestimmungen über die Arbeitsbücher der Fabrikarbeiter (G. 8. Juni 1860) XII. 193. — vgl. Arbeiter, Maschinenwärter.

Fabriken
Strafbestimmungen gegen Verleitung der Fabrikarbeiter zum Auswandern, Verrath der Geheimnisse und Ausfuhr der Maschinen (GNM. 20. Sept. 1814) I. 172. — aufgehoben (durch R. 2. Febr. 1833) III. 574. — vgl. Dampfkessel, Fabrikarbeiter, Gasanstalten, Geruch, Gewerbebetrieb, Maschinenwärter, Werkstätten.

Fabrikengerichte s. Gewerbegerichte.

Fabrikinspektoren
deren Amtsbefugnisse (G. 16. Mai 1853) X. 574. — vgl. Polizeibeamte.

Fabrikzeichen
Schutz gegen Nachahmung derselben (GV. 18. März 1816) I. 86, (G. 4. Juli 1840, K. 28. Mai 1842) VIII. 53. — Anderweitige Vorschriften (V. 18. Aug. 1847) IX. 230, (V. R. 10. Febr. 1848) IX. 276. — Abänderungen und Zusätze zur Verordnung vom 18. August 1847 (G. 24. April 1854) XI. 28.

Fährgeld s. Kommunikationsabgaben.

Fahrlässigkeit
Eventualfrage wegen derselben bei Assisenverhandlungen (GNM. 9. Febr. 1815) I. 194, (K. 7. R. 13. Febr. 1835) V. 70, (R. 13. März 1838) VI. 442, (G. 14. April 1851 §. 25) X. 633. — Bekanntmachung der Straffälle wegen fahrlässiger Verletzung durch Schießgewehr (R. 13. Juni 1845) IX. 34. — Verfahren bei Unglücksfällen auf Eisenbahnen (R. 25. April 1851) X. 290. — Bestrafung der fahrlässigen Grenzüberschreitung beim Bergbau (G. 26. März 1856) XI. 174.

Fährpächter
Anwendung des Gesetzes vom 6. Frimaire VII. auf dieselben (R. 13. Dez. 1833) III. 700, (vgl. G. 20. März 1837 §. 9) VI. 119. — vgl. Kommunikationsabgaben.

Fakultät s. Aktenversendung, Doktoren, Universität.

Falliment
Berechnung und Einziehung des Werthstempels in Fallitsachen (R. 6. März 1830) III. 327. — Gebühren für Bewachung des Falliten (R. 4. Nov. 1833) III. 690. — dgl. für Verhaftung desselben (R.

9. Juni 1836) V. 386. — Verfahren bei Vollstreckung der erkannten Haft (R. 10. Mai 1844) VIII. 266. — dgl. und Bestreitung der Alimentationskosten (R. 23. Juni 1852) X. 448. — Befugniß der Richterkommissare zu Verhandlungen außerhalb des Gerichtslokals (R. 23. Jan. 1836) V. 322. — Verfahren bei Theilungen und gerichtlichen Immobilarverkäufen, wenn eine Fallitmasse betheiligt ist (G. 18. April 1855 §. 29, 31) XI. 87. — Suspension der Ausübung des Bürger- und Gemeinderechts während des Fallimentszustandes (G. 15. Mai 1856 §. 7) XI. 197, (G. 23. Juli 1845 §. 40) XI. 417, (G. 15. Mai 1856 §. 12) XI. 225. — Eröffnung des Falliments, Wirkungen derselben (G. 9. Mai 1859 §. 441 ff.) XII. 79. — Uebernahme von Syndikaten durch Referendarien (R. 24. Febr. 1863) XII. 394. — Auszahlung der bei der Depositenkasse in Cöln hinterlegten Fallimentsgelder (G. 24. Juni 1861 §. 11 Nr. 2) XII. 254. — Stundung der Gerichtsschreibereigebühren im Fallimentsverfahren (J. 22. Aug. 1859 §. 37, 46) XII. 139. — vgl. Bankerutt, Erkenntnißstempel, Kaufleute, Ostrhein (Konkurs), Rehabilitation.

Falsche Münzen s. Münzen, Münzverbrechen.

Fälschung s. Fabrikzeichen, Münzverbrechen, Urkundenfälschung. — vgl. Strafgesetzbuch (rheinisches).

Familienrath

als solcher fungirt die Verwaltungskommission der Hospitäler bezüglich der darin aufgenommenen Kinder (R. 29. März 1817) I. 459. — Berufung des Familienrathes bei Einleitung der Vormundschaft (J. 16. Aug. 1834 §. 2 ff.) IV. 134, (R. 10. Juni 1836) V. 389, (J. 10. Okt. 1835 §. 4 ff.) V. 235. — Gutachten desselben über die Stempelfreiheit der Vormundschaft (R. 9. Mai 1823) II. 370. — Stempelfreiheit der Beschlüsse wegen Ernennung des Vormunds (R. 10. Nov. 1847) IX. 247. — Anordnung von Verwaltungsübersichten (R. 15. Jan. 1824) II. 449. — Prüfung derselben (R. 4. Sept. 1835 §. 5) V. 206. — dgl. des Inventars (ibid. §. 13) V. 208, (R 8. Sept. 1835) V. 213, (R. 2. Okt. 1835) V. 226. — Bezeichnung des inventarisirenden Notars (R. 15. Juli 1837) VI. 262. — Abschätzung durch Familienrathsmitglieder (R. 5. Febr., 8. März 1836) V. 327. — Entschädigung derselben (R. 11. Sept. 1835 §. 4) V. 216. — Belehrung derselben wegen der Legalinskription gegen den Vormund (R. 15. Okt. 1836 §. 6) V. 475. — Beschluß über Abgabe der Vormundschaft bei verändertem Domizil (J. 10. Okt. 1835 §. 15) V. 238. — Zusammenberufung des Familienraths bei Emanzipationen (R. 6. Febr. 1835) V. 64. — Mitwirkung desselben bei Theilungen und gerichtlichen Immobilarverkäufen (G. 18. April 1855 §. 13, 16 ff., 32, 39, 50) XI. 82.

Bestreitung der Kosten bei Interdiktionen (R. 21. Sept. 1841) VII. 340. — Niederschlagung derselben, wenn Familienrathsbeschlüsse gegen den Antrag des Friedensrichters bestätigt werden (R. 24. Sept. 1836) V. 533. — Gebühren der Friedensgerichtsbeamten für Abhaltung eines Familienraths (G. 23. Mai 1859 §. 1 Nr. 4, 6, §. 4, 9) XII. 85. — Berechnung der Gebühren bei mehreren

Verhandlungen in derselben Angelegenheit (R. 26. April 1862) XII. 362. — vgl. Vormundschaft.

Färber
im Großen sind als Kaufleute anzusehen (R. 22. März 1832) III. 458.

Feiertage s. Festtage.

Feldfrevel
Verfahren gegen Privatfeldhüter, welche Frevelgeld erheben ohne zu denunziren (V. 26. Mai 1837) VI. 217. — Uebereinkunft mit Nassau wegen Verhütung und Bestrafung der Feldfrevel in den Grenzgebieten (Erkl. 20. Febr., V. 12. März 1856) XI. 169. — dgl. mit Bayern (Erkl. 7. V. 13. Juli 1859) XII. 108. — dgl. mit dem Großherzogthum Hessen (Erkl. V. 7. Dez. 1861) XII. 267. — vgl. Civileinreden, Feldhüter, Haftbarkeit, Ostrhein (Bürgermeister).

Feldgerichte s. Ostrhein.

Feldhüter
deren Befugnisse in Forstfrevelsachen (GC. 17. Nov. 1814) I. 304. — Verfahren bei Anstellung der Privatfeldhüter (V. 26. Mai 1837) VI. 217, (R. 2. Sept. 1841) VII. 329. — Amtliche Eigenschaft derselben (R. 30. Juni 1838) VI. 548. — insbesondere bei Haussuchungen außerhalb ihres Bezirks (R. 6. Juli 1838) VI. 549. — vgl. Amtseid, Feldfrevel, Polizeibeamte, Protokolle, Zeugengebühren.

Feldmesser
deren Zuziehung bei gerichtlichen Vermessungen (R. 2. Sept. 1822) II. 306.

Ferien
Bestimmung derselben für die Immediatjustizexaminationskommission (R. 13. Juli 1851) X. 375. — vgl. Gerichtsferien.

Ferienkammer s. Gerichtsferien.

Festlichkeiten
Bestrafung des Maienhiebs (GN. 11. Juni 1814) I. 142. — Maßregeln zur Verhütung von Schlägereien auf dem Lande (GNM. 1. Aug. 1814) I. 153. — Abstellung der Gebehochzeiten und ähnlicher Festlichkeiten (V. 3. Mai 1829, R. 14. Jan. 1835) V. 47, (R. 19. Aug. 1844) VIII. 335. — Gestattung des Ausspielens bei Volksfesten (R. 31. Juli, 26. Okt. 1857) XI. 382.

Festsetzung s. Kostenexekutorien, Kostenliquidation, Stempel ff.

Festtage
evangelische, Bestimmung derselben (V. 21. Sept. 1835) V. 220, (R. 16. Juni 1837) VI. 235.

katholische, Ordnung derselben (R. 24. März, R. 2. Juli 1829) III. 284, (R. 5. Juli, R. 23. 25. Sept. 1832) III. 513, (R. 7. Febr., R. 31. März 1837) VI. 127.

Aufnahme der Geburtsurkunden am Sonntag (GV. 17. Febr. 1814) I. 15, (GV. 23. März 1814) I. 45. — Einstellung der Gerichtssitzungen an blos kirchlichen Festtagen (R. 30. Jan. 1835)

V. 57, (R. 5. Febr. 1836) V. 324, (R. 25. März 1836) V. 349, (R. 31. März 1837) VI. 127. — dgl. am Charfreitag (R. 16. Juni 1837) VI. 235, (K. 22. Juli 1839) VII. 80. — Polizeiverordnungen wegen Heilighaltung der Sonn- und Festtage (K. 7. Febr., R. 31. März 1837) VI. 127, (P. 24. Dez. 1839) VI. 668. — Berücksichtigung der Sonn- und Festtage beim Transport der Verbrecher und Vagabunden (R. 25. Juni 1846) IX. 96, (R. 14. Okt. 1856) XI. 286).

Festungen
Verfahren gegen die auf Spioniren in denselben betroffenen Civilpersonen (R. 30. Nov., 7. Dez. 1821) II. 193. — Bestrafung des unbefugten Eindringens und Uebernachtens in denselben (R. 24. April, 5. Juni 1821, R. 17. Okt. 1823) II. 426. — Ausübung der Jagd bei Festungswerken (K. 21. Jan. 1812, 9. Juni 1821, V. 17. April 1830) III. 330, (G. 31. Okt. 1848 §. 5) IX. 343, (G. 7. März 1850 §. 8) X. 195. — vgl. Einschließung, Festungsstrafe, Luxemburg, Mainz.

Festungsstrafe
Bestreitung der Verpflegungskosten für unvermögende Kondemnaten (R. 6. Dez. 1824) II. 536, (R. 15. Febr. 1837) VI. 86, (R. 2. Juni 1837) VI. 223, (R. 9. Sept. 1837) VI. 299, (R. 13. Dez. 1847) IX. 253. — dgl. der Bekleidungskosten für die in Strafsektionen eingestellten Landwehrmänner (R. 31. Dez. 1834) V. 35, (R. 15. Okt. 1837) VI. 310. — Zuziehung der Staatsanwaltschaft bei Revision der Festungsbaugefangenanstalten (R. 18. Jan. 1838) III. 187. — Ressortbestimmung bei Begnadigungsgesuchen von Festungsbaugefangenen (R. 4. April 1836) V. 357. — Unterschied zwischen Festungsarbeit und Festungsarrest (R. 21. Okt. 1836) V. 479, (K. 28. Nov., R. 13. Dez. 1837) VI. 357, (R. 20. März 1838) VI. 445. — welche Festungen zur Verbüßung von Festungsstrafen bestimmt sind (R. 25. Mai 1837) VI. 216, (K. 28. Nov., R. 13. Dez. 1837) VI. 357, (R. 20. März 1838) VI. 445, (K. 22. Dez. 1842, R. 25. Jan. 1843) VIII. 144. — Untersuchung des Gesundheitszustandes der Transportaten (R. 30. Nov. 1846) IX. 127. — Verhältniß der Baugefangenschaft, des Festungsarrestes und der Festungsstrafe zu den bürgerlichen Freiheitsstrafen (G. 15. April 1852 §. 8) X. 407. — vgl. Einschließung, Militairstrafen.

Feuerversicherung
von Justizgebäuden, wann solche unterbleibt (R. 6. Jan. 1837) VI. 13. — Ergänzung und Abänderung des Feuersozietätsreglements für die Rheinprovinz vom 5. Jan. 1836 (V. 23. Juli 1844) VIII. 324. — Revidirtes Reglement (K. 1. Sept. 1852) X. 480. — Modifikation der §. 6, 9, 72, 73 dieses Reglements (K. 12. März 1860) XII. 173. — dgl. der §. 6, 35 (K. 28. Okt. 1861) XII. 264. — dgl. des §. 12 (K. 10. Jan. 1863) XII. 394. — Ausdehnung des Geschäftskreises auf Mobiliarversicherungen (K. 2. Juli 1863) XII. 412. — Siegelung des Geschäftsnachlasses der Agenten von Privatfeuerversicherungsanstalten (R. 23. Febr., 11. März 1847) IX. 185. — Verkehr der Versicherungsanstalten (G. 17. Mai 1853) X. 577.

Feuerwerker
Jurisdiktionsverhältnisse der Feuerwerksabtheilung (K. 25. April 1837) VI. 178. — vgl. Civilversorgung, Militairinvaliden, Militairpersonen.

Fideikommisse
deren Errichtung (K. 29. Mai 1823) II. 379, (K. 25. Febr. 1826) III. 15. — Rechtsverhältnisse der bergischen Fideikommisse (G. 23. März 1828) III. 223, (R. 16. Juni 1828) III. 231, (K. 28 April 1829) III. 277, (R. 5. Nov. 1831) III. 407, (K. 24. Juli 1832) III. 486, (V. 23. Aug. 1834) IV. 143. — vgl. Ritterschaft.

Finanzbehörden
inwiefern gegen Verfügungen derselben der Rechtsweg zulässig ist (StMB. 20. Juli 1818 §. 15 ff.) I. 507. — vgl. Münzbehörden, Steuerbehörden, Strafresolute, Zollbehörden.

Finanzminister
dessen Befugniß zur Strafermäßigung in Betreff der Forstordonnanz von 1669 (K. 31. März 1826, R. 23. Sept. 1831) III. 389, (R. 18. April 1857) XI. 316. — dgl. zur Niederschlagung von Steuerstrafen (R. 15. April, 8. 27. Juni 1834, 6. Dez. 1837) VI. 345. — Kompetenz desselben beim Rekurs gegen Stempeldefektsordonnanzen (R. 19. Nov. 1839) VII. 112. — vgl. Ministerien.

Findelkinder
Bevormundung der in Armenanstalten aufgenommenen Kinder (R. 29. März 1817) I. 459. — Bestrafung wegen unterlassener Geburtsanzeige von aufgefundenen Neugeborenen (G. 14. April 1851 §. 12) X. 631.

Finden s. Fund.

Fischereifrevel
Ausübung der Fischerei (GNM. 18. Aug. 1814) I. 156. — Aufhebung dieser Verordnung, anderweitige Strafbestimmungen (K. 23. Juni 1833) III. 653, (R. 7. Okt. 1840) VII. 209. — Kompetenz der Polizeigerichte über Fischereifrevel in Staats- und Gemarkenwaldungen (GB. 19. Febr. 1815) I. 83. — dgl. der Friedensgerichte bei Fischereikontraventionen (V. 7. Juni 1821 §. 11) II. 116. — insbesondere im Herzogthum Berg (R. 14. Aug. 1838) VI. 568. — Uebereinkunft mit Luxemburg wegen Verhütung und Bestrafung der Fischereifrevel (Ko. 9. Febr. 1849) X. 46. — dgl. mit Nassau (Erk. 20. Febr., B. 12. März 1856) XI. 169. — dgl. mit Bayern (Erkl. 7. B. 13. Juli 1859) XII. 108. — dgl. mit dem Großherzogthum Hessen (Erkl. B. 7. Dez. 1861) XII. 267.

Fiskalische Untersuchung
Anwendung des bezüglichen Verfahrens bei den rheinischen Gerichten (K. 24. Aug., R. 1. Sept. 1837) VI. 295, (R. 30. Juni 1838) VI. 541, (vgl. V. 18. Febr. 1842 §. 3, 5) VIII. 15, (V. 15. April 1848 §. 15) IX. 295.

Kostenansatz, Aufhebung der Sporteltaxe für die fiskalischen Bedienten (K. 19. R. 23. Dez. 1830) III. 365. — Einlegung des Rechtsmittels der Aggravation durch die Dienstbehörde bei Untersuchungen wegen Widersetzlichkeit gegen Beamte (K. 10. April, 28. Sept. 1833) III. 676, (R. 25. Aug. 1836) V. 443. — dgl. bei Untersuchungen wegen Beleidigung öffentlicher Behörden oder Beamten (K. 28. Aug. 1833, R. 31. Okt. 1834) IV. 172. — dgl. bei fiskalischen und Kriminaluntersuchungen gegen Beamte (K. 25. März 1834) IV. 43, (R. 27. Dez. 1834) IV. 206, (R. 31. Juli 1835) V. 172, (K. 29. April 1838) VI. 470. — insbesondere bei fiskalischen Untersuchungen gegen Beamte der gerichtlichen Polizei und gegen Gensdarmen (R. 9. April 1837) VI. 143, (R. 23. Juni 1837) VI. 242, (R. 22. Dez. 1837) VI. 366, (K. 30. Juli, R. 4. Okt. 1842) VIII. 118. — dgl. gegen Advokaten und Anwalte (R. 31. März 1840) VII. 157. — dgl. gegen Friedensrichter sowie bei Untersuchung der gegen solche verübten Widersetzlichkeiten und Beleidigungen (R. 16. Mai 1840) VII. 170. — Zulässigkeit der Aggravation gegen die im Restitutionsverfahren ergangenen freisprechenden Urtheile erster Instanz (R. 20. Jan. 1837) VI. 30. — Einsendung der Akten und der Erkenntnisse an das Justizministerium (R. 30. Jan. 1835) V. 57. — insbesondere bei Untersuchungen gegen Gerichtsvollzieher (R. 6. Mai 1836) V. 371. — Verfahren bei Einlegung und Instruktion des Rechtsmittels der Aggravation (R. 28. Juli 1837) VI. 270. — Zulässigkeit der Revision und Nichtigkeitsbeschwerde (R. 6. Aug. 1834) IV. 119. — Kompetenz des Obertribunals (R. 12. Dez. 1834) IV. 195, (R. 16. Jan. 1835) V. 51. — Deklaration der Gerichtsordnung bezüglich der außerordentlichen und willkürlichen Leibesstrafen (K. 11. Nov. 1838) VI. 631. — Befugniß des Instruktionsrichters zu Verhaftungen (R. 7. Mai 1839) VII. 54. — Entlassung freigesprochener Inkulpaten aus der Haft während der Verhandlungen über die Aggravation (R. 9. Juni 1836) V. 389. — Mittheilung der Straferkenntnisse gegen Beamte an die vorgesetzte Dienstbehörde (R. 17. Sept. 1835) V. 219, (R. 12. Dez. 1843) VII. 199, (R. 23. April 1841) VII. 282, (R. 17. Jan. 1844) VIII. 230. — vgl. Ostrhein.

Fiskus

Verfahren bei Eigenthumsklagen gegen denselben (StMB. 20. Juli 1818 §. 7) I. 506. — Zulässigkeit des Rechtsweges bei der Vermögensverwaltung desselben (ibid. §. 15 ff.) I. 507. — Verfahren bei Klagen der Staatsbeamten wegen ihrer Diensteinkünfte und bei Klagen wegen Entrichtung von Stempelabgaben (G. 24. Mai 1861 §. 3—8, 12—14) XII. 249. — Vorladung und Insinuation in den das Interesse des Staates betreffenden Prozessen (StMB. 20. Juli 1818 §. 22—24) I. 511, (StMB. 30. Nov., R. 17. Dez. 1838) VI. 667, (vgl. R. 28. Aug. 1835) V. 198, (R. 21. Sept. 1836) V. 453. — Erneuerung der fiskalischen Hypothekarinskriptionen durch die Verwaltungsbehörde (R. 2. Aug 1820) II. 58. — Unzulässigkeit der Hypothekeneintragung gegen den Fiskus (R. 23. Nov. 1825) II. 623. — Verfahren in fiskalischen Civilsachen auf Denkschriften (R. 17. Juli, 1. Aug. 1823) II. 393, (R. 24. Okt. 1823) II. 428. — Befreiung des Fiskus von Sukkumbenzgeldern (R. 29. Dez. 1824, 7. Jan. 1825) II. 542. — wann derselbe einen Anwalt zu bestellen und Mandatargebühren zu liquidiren resp. zu erstatten hat (R. 9. März 1825) II. 569, (R. 15. Juli 1829) III. 292. — inwiefern Sportelfreiheit bei fiskalischen Prozessen stattfindet (R. 16. Aug. 1831) III. 385. — Erhebung der Gerichtsschreiber- und Gerichtsvollziehergebühren (ibid., R. 7. Febr. 1835) V. 67. — Stundung der Gerichtsschreibereigebühren in Fiskalsachen (J. 22. Aug. 1859 §. 50—53) XII. 144. — Anwendung der fiskalischen Sportelfreiheit auf die Universitäten Berlin, Bonn, Breslau und Königsberg (R. 21. Sept. 1838) VI. 596. — Festsetzung der Mandatargebühren und Notariatskosten gegenüber dem Fiskus (R. 1. Nov. 1836) V. 485, aufgehoben (durch R. 31. Juli 1854) XI. 42. — Einziehung des Stempels in fiskalischen Prozessen (R. 25. Aug. 1841) VII. 325, (R. 19. Okt. 1834, R. 31. Jan., 12. März 1842) VIII. 23. — Aufhebung der Vertretung des Fiskus durch die Staatsanwaltschaft bei Civilprozessen (K. 26. Sept. 1845) IX. 53. — Zuziehung desselben bei Prozessen wegen gewerblicher Abgaben zufolge §. 3 der Gewerbeordnung vom 17. Januar 1845 (R. 8. Juni 1846) IX. 94. — Verpflichtung des Fiskus zur Zahlung von Zögerungszinsen (G. 7. März 1845) IX. 13. — Festsetzung des Normaljahrs 1815 gegen ältere Ansprüche des Fiskus (G. 18. Dez. 1831) III. 418. — vgl. Berg, Domainen, Erbschaft (vakante), Exekution (administrative), Frankreich, Rechtsweg, Regierung, Staatsgut, Staatsschulden.

Flucht s. Deserteure, Seeleute, Steckbriefe, Transport, Verhaftung, Waffengebrauch.

Flüsse
Ausschließung des Rechtsweges bei Schutzbauten an nicht schiffbaren Flüssen und Bestreitung der desfallsigen Kosten (R. 26. Dez. 1835) V. 295. — Breite des Freiufers und Leinpfades an schiffbaren Flüssen (K. 6. Sept. 1840) VII. 203. — Einführung des Gesetzes vom 28. Februar 1843 über die Benutzung der Privatflüsse in dem Appellationsgerichtsbezirk Cöln (V. 9. Jan. 1845) IX. 4. — Einführung des 3. Abschnitts des nämlichen Gesetzes in den Hohenzollernschen Landen, Bildung von Genossenschaften zu Entwässerungsanlagen, Anwendung der Vorflutsgesetze auf unterirdische Wasserableitungen (G. 11. Mai 1853) X. 572. — Bestimmungen über die Beschaffung der Vorflut (G. 14. Juni 1859) XII. 97. — Statut der Genossenschaft für die Melioration der Niersniederung und der Niederung am Nordkanal (vom 16. Juni 1856) XI. 238 (Citat). — vgl. Deichwesen, Schifffahrt, Wasserleitung f., Wiesen.

Folium
die Akten, welche dem Justizminister eingereicht werden, müssen foliirt sein (R. 23. Sept. 1825) II. 613. — dgl. die an den Gerichtshof zur Entscheidung der Kompetenzkonflikte einzusendenden Akten (R. 20. Juli 1861) XII. 260.

Forderungsklagen
wegen Kassenbeamte sind der Verwaltungsbehörde anzuzeigen (StMB. 20. Juli 1818 §. 38) I. 513, (B. 8. Dez. 1837) VI. 347, (R. 19. Dez. 1841) VII. 374. — insbesondere der Oberpostdirektion (R. 12. Juni 1858) XII. 31. — dgl. der Militairintendantur (R. 5. Mai 1828)

III. 229. — Benachrichtigung der Militairbehörde von Klagen gegen aktive Offiziere (R. 12. Sept. 1857) XI. 377. — vgl. Prozesse.

Formen

Bestrafung der unbefugten Anfertigung von Formen für Geld und öffentliche Urkunden (G. 6. Juni 1835) V. 141. — Beschlagnahme der Druckformen wegen Preßvergehen (G. 12. Mai 1851 §. 29—31, 50) X. 314.

Formulare

zur Einreichung der Unterschriften der Gerichtspräsidenten (R. 24. Okt. 1821) II. 188. — zu Konduitenlisten (R. 14. Mai 1824) II. 493. 496. — zur Nachweisung der im Civildienst angestellten versorgungsberechtigten Militairpersonen (R. 20. Okt. 1838) VI. 612. 618, (K. 5. Juli, R. 14. Aug. 1844) VIII. 326, (J. 9. Sept., R. 9. Okt. 1844) VIII. 361. — zu Asservatenbüchern (J. R. 24. Dez. 1827) III. 167. 171. — zur Inventarisation der Gerichtsbibliotheken und Utensilien (R. 27. Jan., 21. April 1826) III. 24, (R. 2. Okt. 1826) III. 66. — zur Nachweisung der Dienstgebäude (R. 25. März, 10. Juni 1854, R. 29. Okt. 1857) XI. 385, (R. 17. Dez. 1861) XII. 339. 340. — zur vorläufigen Bescheidung auf Immediatgesuche (R. 31. Okt. 1832) III. 529, (R. 9. Mai 1831) V. 18. — zur abschläglichen Bescheidung auf solche (R. 5. Jan. 1838) VI. 384. — zu Dienstbüchern der Gerichtsvollzieher (R. 22. Okt. 1833) III. 678. 687. — zu Hypothekenbordereaux (R. 20. Dez. 1834) IV. 28. — zur Nachweisung der im Kataster fortzuschreibenden Besitzveränderungen (J. R. 20. April 1838) VI. 460, (R. 10. Mai 1838) VI. 472. — zu der Mittheilung von Strafurtheilsauszügen und Kostenverzeichnissen an die Regierungen (R. 24. Mai 1822) II. 269. 271. — zu Kostenliquidationen auf den Kriminalfonds (R. 14. April 1837) VI. 146, (R. 21. Mai 1838) VI. 519, (R. 26. Febr. 1841) VII. 265. — zur Erhebung der Gerichtsschreibereigebühren (J. 22. Aug., R. 24. Dez. 1859) XII. 121. 148. — zu Stempelstrafresoluten und Stempelstraflisten (J. R. 23. Juni 1828) III. 232. 236. 238. — zur Berechnung der Stempelvertheiler (R. 14. 28. Juni 1846) IX. 97. — zu Rheinschifffahrtspatenten (V. 5. Aug. 1834) IV. 108. 118, (R. 6. Nov. 1838) VI. 622. — zu Rentenbriefen (G. 2. März 1850) X. 161. 190. — zu Kautionsempfangscheinen (R. 3. Aug. 1860) XII. 195. 199, (vgl. R. 27. Nov. 1861 §. 3) XII. 348. — zum Heirathskonsens für niederländische Unterthanen (R. 8. Aug., 7. Nov., 13. Dez. 1848) IX. 366. — zur Beurkundung des Personenstandes evangelischer Preußen in außereuropäischen Ländern (G. 3. April 1854) XI. 18, (J. 24. Aug. 1854) XI. 47. 53. — zu den in Frankreich zu bewirkenden Insinuationen (R. 29. Jan. 1844) VIII. 236. — Beifügung eines Formulars zu ausländischen Requisitionen wegen Aufnahme von Erklärungen oder Vollmachten (R. 16. Sept. 1844) VIII. 348. — Bestrafung des unerlaubten Abdrucks von Formularen (G. 6. Juni 1835) V. 141. — Anwendung kleinern Papierformats zu den bei den Akten bleibenden Formularen (R. 23. Mai 1839 §. 5) VII. 66. — vgl. Handelsregister, Tabellen, Vormundschaft, Vormundschaftsregister.

Fornikationsstrafen s. Ostrhein.

Forstarbeit s. Strafarbeit.

Forstbeamte
deren Verfahren gegen ausländische auf der That betroffene Forstfrevler (GNM. 18. Aug. 1815) I. 226. — Amtsqualität der Waldhüter bei Haussuchungen außerhalb ihres Bezirks (R. 6. Juli 1838) VI. 549. — Verfahren der Forstbeamten in Holzdiebstahlssachen (G. 2. Juni 1852 §. 21 ff.) X. 426. — Ernennung derselben zu Polizeianwalten (G. 2. Juni 1852 §. 26) X. 427, (R. 12. 20. Okt. 1854) XI. 66. — vgl. Amtseid, Diäten, Dienstvertrag, Jagdbeamte, Polizeibeamte, Protokolle, Reisekosten, Waffengebrauch, Zeugengebühren.

Forstfrevel s. Holzdiebstahl.

Forstfrevelregister
deren Form (GK. 30. Juli 1814) I. 279, (R. 20. Sept. 1820) II. 61, (G. 2. Juni 1852 §. 28) X. 428. — vgl. Polizeikontraventionsregister, Protokolle.

Forsthüter s. Forstbeamte.

Forstordonnanz
von 1669, Einschärfung des §. 13 Tit. 32 betreffend Maienhieb (GR. 11. Juni 1814) I. 142. — Modifikation der Bestimmungen über die Abgrenzung zwischen Staats- und Privatwaldungen (K. 6. Febr., R. 3 März 1826) III. 16. — Befugniß der Ministerien zur Strafermäßigung bei Weidefreveln (K. 31. März 1826, R. 23. Sept. 1831) III. 389, (R. 5. Sept. 1836) V. 449, (R. 18. April 1857) XI. 316.

Ergänzung der Vorschriften über die Breite des Freiufers und Leinpfades am Rheine (K. 6. Sept. 1840) VII. 203.

Forstorganisationsdekret
bergisches, vom 22. Juni 1811, Modifikation des §. 63 betreffend Kompetenz der Polizeigerichte (GB. 19. Sept. 1814) I. 74, (GB. 19. Febr. 1815) I. 83. — Anwendung des §. 14 auf alle bergischen Markenwaldungen (K. 13. April 1842) VIII. 33. — Ausdehnung dieser Vorschriften auf die ganze Rheinprovinz mit Ausschluß der Kreise Rees und Duisburg (K. 7. Aug. 1846) IX. 103.

Forstrichter s. Polizeigerichte. — vgl. Holzdiebstahl.

Forststrafgelder
deren Beitreibung durch Immobilarexekution (GR. 14. Juni 1814) I. 143. — dgl. durch Leibverhaft (GK. 20. April 1816 §. 9) I. 347. — Einziehung der den Gemeinden zuerkannten Entschädigungsgelder (GNM. 27. Juli 1814) I. 150. — Anspruch des Waldeigenthümers auf die von allen Theilnehmern am Holzdiebstahl verwirkten Geldbußen (V. 6. März 1827) III. 102. — Beitreibung und Verjährung der Forststrafgefälle (R. 4. 24. Febr., 28. März 1827) III. 106. — Einziehung derselben zum Polizeistrafgelderkommunalfonds (K. 27. R. 31. Dez. 1822, R. 30. Sept., 22. Okt. 1839) VII. 96. — dgl. der wegen Forstfrevel in benachbarten fremdherrlichen Waldungen erkannten Geldbußen (R. 13. Okt. 1844) VIII. 368.

Neuere Bestimmungen über die Beitreibung der Forststrafgelder

(G. 2. Juni 1852 §. 42, 43) X. 432. — Maßstab für die Umwandlung der Geldbußen in Freiheitsstrafen (R. 2. Jan. 1854) XI. 3. — vgl. Forstordonnanz, Geldbußen, Holzdiebstahl, Ostrhein (Standesherren), Strafarbeit.

Forum s. Gerichtsstand.

Frank s. Münzwesen.

Frankfurt

Großherzogthum s. Ostrhein.

Freie Stadt, Ebeaufgebot der dort stationirten preußischen Truppen (R. 9. Aug. 1856) XI. 277. — vgl. Deutsche Bundesstaaten, Zollverein.

Frankreich

Beschlagnahme des französischen Staatseigenthums, Sequestration des Privateigenthums entflohener französischer Beamten (GR. 14. März 1814) I. 113. — Aufhebung dieser Sequestration (GR. 20. Mai 1814) I. 134. — dgl. des von der französischen Regierung verfügten Sequesters (GRM. 19. Aug. 1814) I. 155. — Sistirung der zufolge Konvention vom 20. November 1815 anzumeldenden Forderungsklagen (R. 27. Dez. 1819) I. 629. — Fortsetzung der Klagen wegen französischer Holzwechsel (R. 8. März, 12. April 1820) II. 16. — Verfahren bei Nachforschung der in Frankreich Verschollenen (R. 10. 13. Sept. 1822) II. 314. — dgl. bei Eheschließung von Ausländern in Frankreich (R. 4. Aug. 1835) V. 176. — Untersuchung und Bestrafung der von preußischen Unterthanen in Frankreich verübten Vergehen (R. 2. Okt. 1841) VII. 347. — Dispensation der französischen Unterthanen von dem Heimathsattest behufs Verehelichung in Preußen (R. 2. April 1858) XII. 13. — vgl. Auslieferung, Diensteinkommen, Domainen, Gemeindegüter, Insinuation, Kaution, Legalisation, Requisition, Staatsgut.

Französische Gesetzgebung s. Meisenheim, Moresnet. — vgl. Rheinische Gesetzbücher, Rheinisches Recht.

Französische Sprache s. Sprache.

Freiheit

persönliche, Schutz derselben (G. 24. Sept. 1848) IX. 330, (G. 12. Febr. 1850) X. 110. — Ausübung des Versammlungs- und Vereinigungsrechtes (G. 11. März 1850) X. 207, (R. 1. Aug., 5. Sept. 1850) X. 241.

Sklaven werden in Preußen frei (G. 9. März 1857) XI. 310. — vgl. Freilassung, Haussuchung, Verhaftung.

Freiheitsstrafen

deren Vollstreckung an jugendlichen Verbrechern (R. 10. 14. Febr. 1832) III. 429, (R. 19. Sept. 1857) XI. 380, (R. 10. Nov. 1857) XI. 389, (R. 11. März 1858) XII. 10. — Bestrafung der zu lebenswieriger Freiheitsstrafe Verurtheilten bei ferneren Vergehen (K. 20. Juni 1835) V. 149, (R. 8. Aug. 1835) V. 196. — Verhältniß der bürgerlichen und militairischen Freiheitsstrafen (G. 15. April 1852 §. 8 ff.) X. 407, (V. 18. Mai 1852 §. 11) X. 418. — vgl. Einschließung, Festungsstrafe, Gefängnißstrafe, Strafantritt, Strafarbeit, Strafvollstreckung, Strafzeit, Zuchthausstrafe.

Freilassung
Temporäre Entlassung von Strafgefangenen (R. 27. Dez. 1838) VI. 670, (R. 7. Juni 1839) VII. 70, (R. 26. Aug. 1854) XI. 56. — Bestreitung der Kurkosten für die wegen Krankheit oder Schwangerschaft entlassenen Untersuchungsgefangenen (R. 15. März 1848) IX. 289. — Anzeige der Entlassung verhafteter Beamten an die Dienstbehörde (R. 6. Febr. 1857) XI. 305. — vgl. Freiheit, Gefangene, Strafantritt, Strafvollstreckung, Verhaftung.

Freipapier s. Papier.

Freiufer
Ergänzung der Bestimmungen wegen dessen Breite auf dem linken Rheinufer (K. 6. Sept. 1840) VII. 203. — vgl. Schifffahrt.

Freiwillige Gerichtsbarkeit s. Gerichtsbarkeit. — vgl. Gerichte (altländische), Notarien, Ostrhein (Feldgerichte, Schöffengerichte, Voluntargerichte).

Fremde Sprachen s. Sprache. — vgl. Dolmetscher, Uebersetzung.

Fremdherrschaft s. Diensteinkommen, Fiskus, Kaution, Staatsschulden.

Freusburg s. Ostrhein (Seelbach).

Friedensgerichte, Friedensrichter
Qualifikation der Friedensrichter (Reg. 16. Febr. 1832 §. 25) III. 439, (R. 10. Dez. 1834) IV. 193. — Kommissarische Verwaltung von Friedensrichterstellen (R. 15. Nov. 1822) II. 318, (R. 4. Nov. 1840) VII. 226, (R. 30. Sept. 1857) XI. 382. — Meldung der Kommissare bei dem Landgerichtspräsidenten und dem Oberprokurator (R. 4. Sept. 1860) XII. 200. — Unzulässigkeit der Verheirathung des Gerichtsschreibers mit der Tochter des Friedensrichters an demselben Gerichte (R. 25. März 1837) VI. 126. — Friedensrichter müssen die Gesetzsammlung halten (R. 30. Juli 1821) II. 154, (vgl. R. 8. Mai 1862) XII. 366. — dieselben vereidigen die Ergänzungsrichter (R. 15. Nov. 1822 §. 5) II. 319. — dgl. Bergwerksbeamte (R. 15. Juli 1824) II. 526. — dgl. Forstbeamte (R. 20. Okt. 1836) V. 478. — Verfahren bei Vereidung der Privatfeldhüter (V. 26. Mai 1837) VI. 217. — dgl. der Privatjagdhüter (R. 2. Sept. 1841) VII. 329. — dgl. der Forstschutzbeamten (G. 2. Juni 1852 §. 32) X. 429, (R. 21. Juli 1857) XI. 357. — dgl. der Eisenbahnwärter (R. 3. Dez. 1858) XII. 43. — Vereidung der Taxatoren in Vormundschaftssachen (R. 5. Febr., 8. März 1836) V. 325. — dgl. der Sachverständigen bei Theilungen und Immobilarverkäufen (G. 18. April 1855 §. 27, 34) XI. 78, (V. 27. Juli 1855 §. 17) XI. 136, (G. 3. Mai 1858 §. 17) XI. 447. — dgl. der Taxatoren bei Expropriationen (R. 17. März, 10. Mai 1855) XI. 107, (G. 25. Mai 1857 §. 1) XI. 346.

Kompetenz der Friedensgerichte (G. 7. Juni 1821) II. 115, (R. 4. Aug. 1840) VII. 193, (V. 11. Mai 1843) VIII. 166. — Verfahren derselben bei Theilungen und gerichtlichen Immobilarverkäufen (G. 18. April 1855) XI. 78. — dgl. bei Expropriationen (G. 25. Mai 1857) XI. 345. — Benachrichtigung der Verwaltungsbehörde von Forderungsklagen gegen Kassenbeamte (V. 8 Dez. 1837) VI. 347, (R. 12. Juni 1858) XII. 31. — dgl. von Injurien- und

Regreßklagen gegen Beamte (R. 19. Dez. 1841) VII. 374. — Anzeige der Klagen gegen aktive Offiziere (R. 12. Sept. 1857) XI. 377. — Ausfertigung der friedensgerichtlichen Urtheile (R. 17. Aug. 1841) VII. 313. — Unanwendbarkeit der Art. 548—550 CPO. auf die Erkenntnisse über Arrestklagen (R. 30. Dez. 1857) XI. 403.

Mitwirkung der Friedensrichter bei Revision der Civilstandsregister (R. 17. Mai 1817) I. 460, (R. 14. Mai 1824) II. 497. — Abschluß der Notariatsrepertorien und Revision der Notariatsurkunden (R. 20. Dez. 1822) II. 325, (R. 10. Jan. 1823) II. 333, (R. 15. Aug. 1825) II. 604, (R. 1. Mai 1829) III. 278, (R. 15. Jan. 1830) III. 318. — Obliegenheiten bezüglich der Verwaltung der geistlichen Güter (R. 8. April 1839) VII. 39.

Annahme von Gerichtsvollziehern (R. 9. Juni 1834) IV. 82. — dgl. von Hülfsgerichtsschreibern (R. 12. Aug. 1839) VII. 83. — Mitwirkung bei den Gerichtsvollzieherunterstützungsvereinen (J. 10. Juni 1833 §. 14) III. 641, (R. 22. Okt. 1833 §. 3) III. 682. — Zulassung der Parteien zum Armenrecht (V. 16. Febr. 1823) II. 347, (R. 16. Mai 1823) II. 378, (K. 25. Mai 1831) III. 374, (R. 18. Okt. 1832) III. 521. — Mitwirkung zur Substantiirung von Armenrechtsgesuchen (R. 9. Dez. 1831) III. 417, (R. 16. Jan. 1836) V. 312. — Belehrung auswärtiger Parteien (R. 25. Febr. 1838) VI. 430. — Berichterstattung über Fragen der Gesetzgebung (R. 26. Okt. 1838) VI. 620. — Friedensrichter können nicht mit Feststellung der Grenzen in Domanialsachen beauftragt werden (R. 5. Mai 1839) VII. 51. — überhaupt nicht mit Akten der freiwilligen Gerichtsbarkeit (R. 24. Mai 1845) IX. 30. — Verfahren bei Außer- und Inkurssetzung öffentlicher Papiere auf Inhaber (G. 4. Mai 1843) VIII. 164. — Veranlassung der Remission erledigter Orden und Ehrenzeichen (B. 17. Aug. 1837) VI. 277. — Führung einer Stempelkontrole (R. 12. April 1837) VI. 144. — Kontrolirung der Stempeltantieme des Gerichtsschreibers (R. 4. Juli 1855) XI. 128, (R. 6. Juni 1861) XII. 250.

Verfahren in Untersuchungssachen (R. 22. April 1820) II. 24. — Abhaltung von Lokalterminen (R. 20. Mai 1824) II. 500. — Delegation zur Führung von Untersuchungen (R. 31. Dez. 1825) II. 634. — Informatorische Zeugenvernehmung (R. 31. Dez 1825) II. 630. — Friedensrichter sollen nicht mit Obduktionen beauftragt werden (R. 13. Nov. 1833) III. 691. — Zuziehung derselben bei summarischen Untersuchungen gegen Steuerbeamte (R. 21. Jan. 1825) II. 551. — dgl. bei administrativen Untersuchungen (R. 28. Dez. 1829) III. 311, (R. 23. Juli 1830) III. 356, (R. 17. 30. Mai 1843) VIII. 168. — Befugniß der Regierungen den Friedensrichtern Aufträge zu ertheilen (R. 17. 30. Mai 1843) VIII. 168. — Gegenseitiges Verhältniß derselben, insbesondere bei Disziplinaruntersuchungen gegen Beamte (R. 22 Okt. 1849, 2. April 1850) X. 219. — Mitwirkung der Friedensrichter beim Disziplinarstrafverfahren gegen Gefangene (R. 31. Okt. 1828) III. 257. — Anzeige derselben über gesetzwidrige administrative Verhaftungen (R. 25. Juli, 31. Aug. 1830) III. 357. — vgl. Friedensgerichtsakten ff. — vgl. ferner Amt, Anstellungsgesuche, Auskultatoren und Referendarien, Bureaukostenfonds, Diäten, Dienstbehörde, Diensteinkommen, Dienstvergehen,

Einregistrirung, Emanzipation, Ergänzungsrichter, Erkenntnißstempel, Familienrath, Gewährsmängel, Heirathskonsens, Justizbeamte, Kommissorien, Mandatar, Medizinalgebühren, Notorietätsakte, Polizeigerichte, Prozeßtabellen, Reisekosten, Requisitionen, Rheinzollgerichte, Richter, Sachverständige, Siegel, Siegelung, Stellvertretung, Stempelkontravention, Stempelrevision, Subhastation, Sühneversuch, Testamente, Untersuchung ff., Urlaub, Vormundschaft, Winkelkonsulenten.

Friedensgerichtsakten s. Akten, Aktenverkauf, Vormundschaftsakten.

Friedensgerichtsbeamte s. Friedensgerichte, Gerichtsschreiber. — vgl. Anstellungsgesuche, Justizbeamte.

Friedensgerichtsbezirke
Organisation der Friedensgerichte (J. 19. Nov. 1818 §. 29) I. 528, (B. 25. Juli 1821) II. 136. — Anordnung periodischer Sitzungen in den Landgerichtsbezirken Cöln, Aachen, Trier (B. 16. April 1822) II. 243. — dgl. im Landgerichtsbezirk Coblenz (B. 5. Juni 1822) II. 272. — Veränderungen in der Abgrenzung einzelner Friedensgerichtsbezirke (K. 22. April 1826) III. 27, (R. 13. Jan. 1833) III. 561, (R. 30. Okt. 1835) V. 250, (R. 31. März 1837) VI. 129, (R. 23. Okt. 1837) VI. 316, (K. 19. Nov. 1837) VI. 382, (R. 19. Febr. 1838) VI. 421, (K. 3. April 1850) X. 221. — Neue Uebersicht der Territorialeintheilung (B. 28. Sept. 1852) X. 507. — Vereinigung der Sammtgemeinde Menden mit dem Friedensgerichtsbezirk Siegburg (R. 13. Okt. 1856) XI. 285.
Zahl der in jedem Friedensgerichtsbezirk anzustellenden Notarien (B. 25. April 1822 §. 2) II. 245, (R. 7. Mai 1824) II. 491, (R. 7. Febr. 1825) II. 566. — vgl. Sprache (französische), Stellvertretung.

Friedensgerichtsbibliothek s. Gerichtsbibliotheken.

Friedensgerichtsgebühren
Reduktion derselben bei Notorietätsakten behufs Eheschließung (GK. 11. Aug. 1814) I. 260. — Anwendung des Civilkostentarifs auf das Friedensgericht zu Düsseldorf (R. 10. Dez. 1835) V. 287. — dgl. an den Orten, wo früher ein Gericht erster Instanz bestanden hat (K. 12. Juni 1836) V. 396. — Taxe für Erledigung kommissarischer Aufträge nach Art. 255, 1035 CPO. (K. 28. April, R. 3. Mai 1832) III. 466. — Anwendung derselben bei altländischen Requisitionen in Bagatellsachen (R. 13. 25. Febr., 13. März 1837) VI. 109. — Gebühren in Interdiktionssachen (R. 21. Sept. 1840) VII. 340. — dgl. in Theilungssachen und bei gerichtlichen Immobilarverkäufen (B. 27. Juli 1855) XI. 129, (G. 3. Mai 1858) XI. 443. XII. 15. — dgl. bei Expropriationen (G. 25. Mai 1857) XI. 345. — Unzulässigkeit der Vakationsgebühr bei freiwilligen Urtheilen, Beachtung der Zeilen- und Silbenzahl bei Ausfertigungen (B. 31. Jan. 1840) VII. 137. — Grundsätze über die Berechnung der Friedensgerichtsgebühren, betreffend Vakation, Inventar, Siegelanlage, Lokaltermin, Sühneversuch, Subhastation, Vormundschaft (R. 10. Okt. 1842) VIII. 119. — Bestreitung der Kosten für Versiegelung der Amtspapiere von Notarien (R. 4. März 1848) IX. 287. —

Festsetzung der Friedensgerichtsgebühren und Auslagen durch Exekutorium des Landgerichtspräsidenten (K. 24. April 1841) VII. 283. — insbesondere bei Versiegelungen (R. 6. März 1850) X. 192. — Kostenexekutorium bei Kommissorien und Requisitionen in Civilsachen (G. 11. Mai 1855 §. 6, 7) XI. 113. — Formular zur Kostenliquidation über Lokaltermine in Untersuchungssachen (R. 14. April 1837) VI. 146. 161.

Gebührentaxe für die Friedensgerichte (G. 23. Mai 1859) XII. 85. — Anwendung derselben bei mehreren Verhandlungen in derselben Angelegenheit (R. 26. April 1862) XII. 362. — vgl. Diäten, Einregistrirung, Emolumente, Friedensgerichte, Gerichtsschreibergebühren, Kosten ff., Mandatargebühren, Reisekosten, Subhastationsgebühren, Untersuchungskosten, Vormundschaft.

Friedensgerichtslokalien
Abschließung von Miethverträgen über dieselben (R. 30. Okt. 1826) III. 72. — vgl. Dienstgebäude.

Friedensgerichtsschreiber s. Gerichtsschreiber.

Friedensgerichtssitzungen
periodische, Einrichtung derselben (V. 16. April 1822) II. 243, (V. 5. Juni 1822) II. 272. — Abhaltung der Subhastationen am Hauptsitze des Gerichts (R. 25. Febr. 1836) V. 336. — Erledigung von Vormundschaftssachen bei den periodischen Sitzungen (R. 10. Juni 1836) V. 390. — vgl. Friedensgerichtsbezirke, Gerichtssitzungen.

Friedensgerichtsutensilien s. Dienstgebäude.

Friesdorf s. Bergwerksarbeiter.

Fristen s. Erscheinungsfrist, Ostrhein, Rechtsmittel, Verjährung, Vorladung.

Früchte
deren Begriff im §. 349 Nr. 3 StrGB. (R. 8. Sept. 1856) XI. 281. — vgl. Hütergebühren, Mobilarpfändung, Versteigerung.

Fund
Bestrafung des Funddiebstahls an Bienen (GV. 15. März 1815) I. 84. — Verfahren bei Auffindung von Leichen (R. 11. 14. 27. Nov. 1816) I. 423. — Kosten der Bekanntmachung wegen präsumtiv gestohlener Sachen (R. 10. Sept. 1838) VII. 55. — Konfiskation des bei bestraften Forstfrevlern ohne Nachweis der redlichen Erwerbung vorgefundenen gefällten Holzes (G. 2. Juni 1852 §. 47) X. 433. — vgl. Findelkinder, Herrenloses Gut.

Fürsten s. Deutsche Bundesfürsten, Eid, Orden (ausländische), Ostrhein (Eid, Kammeranwalt, Standesherren), Personalarrest, Reichsstände, Titel.

Futterdiebstahl
von Militairpersonen, Bestrafung der Civiltheilnehmer (R. 25. Febr. 1837) VI. 95.

Gallen, St.
Paternitätswesen und Stand der unehelichen Kinder im Kanton St. Gallen (R. 4. Okt. 1836) V. 465. — vgl. Schweiz.

Garantie
für den Eingang der Steiggelder seitens der Notarien (R. 4. Juli 1839, 4. Juli 1840) VII. 183. — vgl. Haftbarkeit, Regreßklagen.

Garnison s. Ausland, Deutsche Bundestruppen.

Garnisongerichte
deren Kompetenz und Verfahren gegen die in Festungen spionirenden Civilisten (R. 30. Nov., 7. Dez. 1821) II. 193. — vgl. Militairgerichte.

Garnisonkompagnien
deren Auflösung, Bildung kombinirter Reservebataillone (R. 1. Juni 1838) VI. 533, (R. 21. Aug. 1838) VI. 574.

Gasanstalten
deren Errichtung ist von der Erlaubniß der Verwaltungsbehörden abhängig (K. 6. Febr. 1839) VII. 16. — vgl. Fabrikarbeiter.

Gebäranstalt
zu Cöln, Personenstand der in der geheimen Abtheilung geborenen Kinder (R. 25. Juli 1825) II. 599.

Gebäude
deren Beschreibung bei Expropriationen (G. 25. Mai 1857 §. 4) XI. 346. — vgl. Bauen, Dächer, Dienstgebäude.

Gebehochzeiten s. Festlichkeiten.

Gebühren s. Kosten ff.

Geburtsanzeige s. Civilstand.

Gefälle
Suspension der Prozesse über aufgehobene Gefälle (GB. 28. Febr. 1814) I. 17. — Prozeßlegitimation der öffentlichen Anstalten zur Beitreibung von Gefällen (K. 10. R. 25. Jan. 1830) III. 319. — vgl. Abgaben, Ablösung, Domainen, Reallasten, Renten, Zinsen.

Gefangenaufseher s. Waffengebrauch. — vgl. Gefängnisse.

Gefangene, Gefängnisse
Konkurrenz der Justizbehörden bei Beaufsichtigung der Gefängnisse (R. 30. Juni 1817) I. 470, (R. 22. Nov. 1819) I. 621, (R. 8. April 1835) V. 193, (R. 28. Jan. 1839) VII. 12. — insbesondere der Staatsanwaltschaft bei Revision der Festungsbaugefangenanstalten (R. 18. Jan. 1828) III. 187. — dgl. bei Dispositionen über Strafgefangene (R. 20. März 1835) V. 95. — Verfahren bei temporärer Entlassung der letztern (R. 27. Dez. 1838) VI. 670, (R. 7. Juni 1839) VII. 70, (R. 26. Aug. 1854) XI. 56. — Verfahren der Assisenpräsidenten bei Visitation der Gefängnisse (R. 18. Juni 1821) II. 126, (R. 2. Jan. 1826) III. 4, (R. 8. April 1835) V. 193, (R. 8. April 1836) V. 359, (R. 16. Jan. 1837) VI. 22, (R. 28. Jan. 1839) VII. 12.

Abführung der Verurtheilten zur Strafanstalt (R. 14. Juni 1834) IV. 86, (R. 22. Mai 1840) VII. 171, (R. 4. Nov. 1840) VII. 225. — Mittheilung von Personalnotizen bei der Ablieferung nach Werden (R. 28. Juni 1837) VI. 254. — Aufnahme von weiblichen Gefangenen mit Säuglingen (R. 28. Nov. 1835) V. 276, (R. 11. März

1843) VIII. 152. — dgl. der mit disziplinarischer Arreststrafe belegten Beamten (R. 25. Juli, 21. Aug. 1830) III. 357, (G. 21. Juli 1852 §. 15) X. 457. — Strafvollstreckung an geisteskranken Kondemnaten (R. 2. Jan. 1824) II. 445, (R. 7. Aug., 3. Okt. 1825) II. 613. — Vollziehung der civilgerichtlichen Gefängnißstrafen gegen Landwehroffiziere in Militairarrestlokalen (K. 8. R. 29. Jan. 1842) VIII. 4. — Translokation der korrektionellen Kondemnaten bei Ueberfüllung der Gefängnisse (K. 26. Juni, R. 18. Aug. 1828) III. 247. — Vollstreckung kürzerer Zuchtpolizeistrafen in den Kantonalgefängnissen und im Arresthause zu Saarbrücken (R. 27. Sept., 5. Okt. 1838) VI. 603.

Anwendung von Straf- und Züchtigungsmitteln gegen Gefangene (K. 23. Febr., R. 5. März, 12. April 1824) II. 476, (R. 14. Juli 1824) II. 512. — dgl. der Hausordnung (R. 31. Okt. 1828) III. 257, (R. 3. Okt. 1839) VII. 90, (R. 14. März 1840) VII. 147. — Fesselung der Gefangenen (R. 18. 30. Jan. 1832) III. 428, (R. 8. Sept. 1858) XII. 33. — Verhängung von Disziplinarstrafen durch die Gefängnißbeamten (R. 8. April 1836) V. 359. — Behandlung der Strafgefangenen, welche während der Strafzeit von Neuem zur Untersuchung gezogen werden (R. 8. Sept. 1858) XII. 33. — Arbeitsverdienst der Gefangenen (K. 15. R. 21. Mai 1824) II. 503, (R. 4. 18. Juni 1824) II. 508. — Befreiung desselben von der Beschlagnahme durch Arrest oder Exekution (K. 28. Dez. 1840, R. 28. Jan. 1841) VII. 264. — Beschäftigung der Strafgefangenen außerhalb der Anstalt (G. 11. April 1854) XI. 25. — Behandlung der Immediatbegnadigungsgesuche von Strafgefangenen (R. 31. Jan. 1843) VIII. 146, (R. 5. Jan. 1848) IX. 259.

Verfahren, wenn Ausländer in einer Strafanstalt sterben (R. 12. Dez. 1836) V. 520. — Ablieferung der Leichen von Sträflingen an die Anatomie zu Bonn (J. 9. Dez. 1819, R. 23. April 1824) II. 483. — vgl. Arbeitsanstalt, Detentionsanstalt, Dienstgebäude, Steckbrief, Strafantritt, Strafarbeit, Strafvollstreckung, Strafzeit, Transport, Untersuchungsgefangene, Waffengebrauch.

Gefängnißstrafe
ist vom Civilgerichte zu erkennen wegen frivoler Prozeßführung im Armenrecht (V. 16. Febr. 1823 §. 8) II. 348.

subsidiäre s. Geldbußen. — vgl. Disziplinarstrafen, Freiheitsstrafen, Gefängnisse, Geldbußen, Militairstrafen, Strafantritt, Strafarbeit, Strafmaß, Strafvollstreckung, Strafzeit, Untersuchungshaft.

Gehalt s. Diensteinkommen, Exekution, Militairgehalt, Münzwesen, Quittung, Stellvertretung, Urlaub.

Geheimmittel
Strafbarkeit der Ankündigung und des Verkaufs derselben (R. 22. Aug. 1837) VI. 280. — vgl. Arznei.

Gehülfen
Errichtung von Unterstützungskassen für Gewerbegehülfen (G. 3. April 1854) XI. 17. — Aufhebung der Bestimmungen über die Arbeitsbücher (G. 8. Juni 1860) XII. 193. — Annahme ausländischer Juden als Gewerksgehülfen (G. 23. Juli 1847 §. 71) IX. 227, (R. 16. Febr. 1851) X. 261. — vgl. Gewerbebetrieb.

Geisteskranke

Berechnung der Strafzeit bei geisteskranken Kondemnaten (R. 2. Jan. 1824) II. 445. — dgl. und Bestreitung der Alimentationskosten (R. 7. Aug., 3. Okt. 1825) II. 613. — Einwirkung der Staatsanwaltschaft bei der Aufnahme von Geisteskranken in Irrenanstalten (K. 5. April 1804, R. 25. Nov. 1825, 26. März 1827) III. 104, (R. 25. März 1828) III. 224, (R. 16. Febr., 4. März 1839) VII. 25. — insbesondere von Minderjährigen (R. 5. Jan. 1826, 13. Dez. 1827) III. 165, (R. 20. Okt. 1855) XI. 154. — Mittheilung der ärztlichen Protokolle und Gutachten an die Regierungen (R. 31. März 1840) VII. 156. — Kollationirung der betreffenden Abschriften (R. 29. Okt. 1847) IX. 244. — Verfahren bei der Untersuchung und Feststellung des Gemüthszustandes russischer Unterthanen (R. 11. Dez. 1860) XII. 219. — vgl. Interdiktion.

Geistige Getränke s. Getränke.

Geistliche

sind Verwaltungsbeamte (R. 27. März 1824) II. 470. — Bestrafung der Anmaßung geistlicher Funktionen und Amtskleidungen (K. 23. April 1833) III 629. — Vollstreckung der gegen Geistliche erkannten Geldbußen und Subsidiargefängnißstrafen (R. 24. Jan. 1835) V. 53. — Benachrichtigung der Regierung bei Untersuchungen gegen Predigtamtskandidaten (R. 27. Nov. 1838) VI. 644. — Antrag des Kultusministeriums bei Untersuchungen gegen Geistliche (K. 29. Jan., R. 15. Mai 1847) IX. 196, (R. 16. Aug. 1854) XI. 46 — Bestrafung derselben wegen unbefugter Trauung (G. 14. April 1851 §. 12 Nr. 5) X. 630. — insbesondere von Ausländern (G. 13. März 1854 §. 3) XI. 13, (R. 18. Aug. 1855) XI. 145. — Befreiung der Geistlichen und ihrer Dienstgrundstücke von den Gemeindeabgaben sowie von dem Einzugs- und Hausstandsgeld (G. 15. Mai 1856 §. 4, 48) XI. 194, (G. 23. Juli 1845 §. 29, 31) XI. 413, (G. 15. Mai 1856 §. 6, 10) XI. 223. — dieselben können nicht Stadtverordnete, Magistratspersonen, Gemeindeverordnete oder Gemeindevorsteher sein (G. 15. Mai 1856 §. 16, 29) XI. 199, (G. 23. Juli 1845 §. 43) XI. 418, (G. 15. Mai 1856 §. 13, 14) XI. 226.

Verpflichtung der Pfarrer zur Nachweisung der Getauften (GB. 17. Febr. 1814) I. 15, (GB. 23. März 1814) I. 45. — und der Beerdigten (GB. 28. Sept. 1814) I. 77. — dgl. zur Anzeige der Sterbefälle von Personen, welche minderjährige Kinder hinterlassen (K. 4. Juli, J. 16. Aug. 1834) IV. 129. 130. 134, (R. 11. Nov. 1837) VI. 327. — Verfahren gegen Pfarrer wegen Unterlassung solcher Anzeigen (R. 8. Mai 1835) V. 124, (R. 12. Nov. 1855) XI. 156. — Ausschließung der im Auslande geweihten Priester von inländischer Anstellung (K. 23. Dez. 1845) IX. 63. — vgl. Militairgeistliche, Ostrhein (Pfarrer). — vgl. ferner Civilstand, Gemischte Ehen, Heirathskonsens, Kirchen ff., Kriminalordnung, Landrecht, Todesstrafe.

Geistliche Behörden und Gerichte

Zeugenvernehmung auf Requisition derselben (R. 23. Juli 1830) III. 356, (R. 20. Jan. 1834) IV. 13, (R. 21. März 1834) V. 25. —

Führung von Disziplinaruntersuchungen durch Requisition an die Friedensrichter (R. 13. Juli 1832) III. 485. — Mitwirkung derselben bei Vollstreckung von Geldbußen und subsidiären Gefängnißstrafen gegen Geistliche (R. 24. Jan. 1835) V. 53. — Benachrichtigung derselben bei unterlassenen Todesanzeigen seitens der Pfarrer (R. 12. Nov. 1855) XI. 156. — Verfahren gegen heimliche Verbreiter von Erlassen auswärtiger geistlicher Oberen (K. 9. April 1838) VI. 455, (vgl. G. 31. Jan. 1850 §. 16) X. 90. — vgl. Erzbischöfe, Konsistorien.

Geistliche Güter s. Kirchen.

Geistliche Institute und Korporationen
Restitution der verheimlichten Korporationsgüter (K. 23. Mai 1818) I. 499. — Ablösung der den geistlichen Instituten zustehenden Reallasten (V. 13. Juni 1853) X. 583, (G. 15. April 1857) XI. 312. — vgl. Anstalten, Stiftungen.

Geld
Pfändung der Baarschaft bei Civilexekutionen gegen Beamte und Militairpersonen (K. 11. Dez 1831, R. 9. Jan. 1832) III. 425. — Versiegelung der öffentlichen Gelder im Nachlasse von Beamten (K. 14. Juli 1843) VIII. 180. — vgl. Asservate, Depositalwesen, Münzen, Münzwesen.

Geldbeutel s. Strafgesetzbuch (rheinisches).

Geldbußen
Berichtigung der Gebühren der Steuerexekutoren für Beitreibung derselben (R. 25. Juni 1832) III 479. — dgl. der Gerichtsvollziehergebühren (R. 19. Sept. 1838) VI. 593. — Exekutionsverfahren gegen Geistliche (R. 24. Jan. 1835) V. 53. — dgl. gegen Justizbeamte (R. 5. Mai 1837) VI. 184, (R. 27. Juli 1838) VI. 563. — insbesondere gegen unvermögende Advokat-Anwalte (R. 31. Aug. 1838) VI. 585. — Ueberweisung der gegen Justizbeamte festgesetzten Geldstrafen an die Wittwenkasse (K. 24. R. 28. Juni 1837) VI. 255, (R. 20. Juli 1838) VI. 559, (vgl. R. 29. Aug. 1837) VI. 292. — Einziehung der Geldbußen bei Rheinzolldefraudationen auf gemeinschaftlichen Stromstrecken (R. 10. Okt. 1840) VII. 211. — dgl. für altländische Gerichtskassen (R. 18. Juni 1853) X. 584. — Zulässigkeit des Rechtsweges bei Exekutionen wegen gerichtlich erkannter Geldbußen (R. 6. Febr., 2. April 1838) VI. 451.

Niederschlagung der Geldbußen wegen Insolvenz (R. 19. Jan., 16. Febr. 1827) III. 96. — Mittheilung der bezüglichen Ministerialreskripte an die Regierungen (R. 24. Dez. 1836) V. 534. — dgl. der Bescheide auf Gesuche um Erlaß oder Milderung von Geldstrafen (R. 28. Juni 1837) VI. 256.

Verwandlung der Geldbußen in Gefängnißstrafe wegen Insolvenz des Kondemnaten (K. 10. März, R. 7. Juni 1821) II. 124, (R. 24. Mai, 17. Juni 1822) II. 274, (R. 15. Aug. 1823) II. 399, (K. 18. R. 30. Sept. 1824) II. 526, (R. 10. Mai 1833) III. 631. — Anwendung des im Landrecht angegebenen Maßstabs (K. 18. R. 30. Sept. 1824) II. 526, (R. 28. Jan. 1825) II. 551, (R. 13. Juni 1834) IV. 85, (K. 5. R. 8. April 1831) V. 16, (R. 19. Sept. 1838)

VI. 593. — Schadensersatz und Kosten bleiben außer Betracht (R. 3. Jan. 1838) VI. 381. — Nachträgliche Zahlung hebt die subsidiäre Gefängnißstrafe auf (R. 12. Jan. 1827) III. 92, (R. 8. Juli 1836) V. 420. — Vollstreckung derselben gegen Geistliche (R. 24. Jan. 1835) V. 53. — Erlaß derselben in einem speziellen Fall (R. 27. Nov. 1835) V. 276. — Verwandlung der Geldbuße in Gefängnißstrafe bei Polizeikontraventionen (G. 11. März 1850 §. 18) X. 205. — dgl. beim Holzdiebstahl (G. 2. Juni 1852 §. 12) X. 425, (R. 2. Jan. 1854) XI. 3. — Interpretation der §. 17, 335 StrGB. (R. 2. Jan. 1854) XI. 3. — Unzulässigkeit der subsidiären Gefängnißstrafe bei Disziplinargeldbußen gegen Advokaten (R. 31. Aug. 1838) VI. 585. — dgl. bei Ordnungsstrafen gegen Beamte (StMB. 2. R. 31. März 1850) X. 191. — Umwandlung der von Verwaltungsbehörden festgesetzten Geldbußen in Gefängnißstrafen (R. 13. April 1860) XII. 176. — vgl. Begnadigung, Deserteur, Disziplinarstrafen, Forststrafgelder, Haftbarkeit, Kaution, Kriminalprozeßordnung, Militairpflichtige, Militairstrafen, Münzwesen, Ordnungsstrafen, Ostrhein, Polizeistrafgelder, Stempelstrafen, Steuerstrafen, Strafen, Strafgesetzbuch (rheinisches), Strafmaß, Strafvollstreckung, Sukkumbenzgelder, Urtheilsauszüge, Zahlung.

Geldrenten s. Renten.

Gemälde

Schutz derselben gegen Nachdruck und Nachbildung (G. 20. Febr. 1854 §. 1) XI. 11.

Gemeinde

Bildung eines Kommunalfonds aus den polizeilichen und zuchtpolizeilichen Strafgeldern (GK. 30. Dez. 1815) I. 341, (K. 27. R. 31. Dez. 1822, R. 30. Sept., 22. Okt. 1839) VII. 96. — Schadensersatzpflicht der Gemeinden bei öffentlichen Aufläufen (K. 7. Dez. 1824) II. 536, (G. 11. März 1850) X. 200. — Ueberlassung der bei Aufnahme des Katasters als herrenlos entdeckten Parzellen an die Ortsgemeinden (K. 14. März 1825, B. 13. Aug. 1835) V. 180. — Verpflichtung der Civilgemeinden zur Aufbringung der Kosten für kirchliche Bedürfnisse der Pfarrgemeinden (G. 14. März 1845) IX. 14. — Bestreitung der Kosten für die von den Gemeinden bewirkte Transportirung der Civilgefangenen (R. 24. Aug. 1846) IX. 107. — Ausübung des Jagdrechts seitens der Gemeinden (G. 7. März 1850 §. 3 ff.) X. 194. — Führung der örtlichen Polizeiverwaltung (G. 11. März 1850) X. 202. — Beitrag zu den Kosten der Polizeianwaltschaft (R. 17. April 1851) X. 287, (G. 15. Mai 1856 §. 57) XI. 212, (G. 23. Juli 1845 §. 108) XI. 436, (G. 15. Mai 1856 §. 26) XI. 229. — Gemeinden gelten in Kompetenzkonfliktssachen als Privatparteien (R. 5. Dez. 1851) X. 394, (R. 13. Dez. 1853) X. 623. — vgl. Anstalten, Gemeindeämter ff.

Gemeindeabgaben s. Gemeindelasten, Gemeindesteuern.

Gemeindeämter

deren Annahme seitens der Staatsbeamten, Genehmigung der Dienstbehörde (R. 25. März 1851) X. 266. — Verpflichtung der Bürger und Gemeindemitglieder zur Annahme unbesoldeter Gemeindeämter

(G. 15. Mai 1856 §. 79, 80) XI. 218, (G. 15. Mai 1856 §. 27) XI. 230. — Kumulation der Gemeinde- und Staatsämter s. Amt. — vgl. Gemeindebeamte, Gemeinderath.

Gemeindeanstalten
Theilnahme städtischer Einwohner an denselben (G. 15. Mai 1856 §. 4) XI. 194. — Verwaltung und Beaufsichtigung derselben (ibid. §. 53) XI. 211.

Gemeindearchiv
Aufbewahrung der Friedensgerichtsakten in demselben (R. 23. Dez. 1822) II. 326, (R. 10. Juni 1836) V. 389. — Disposition über Gemeindearchive (G. 23. Juli 1845 §. 96) XI. 433, (G. 15. Mai 1856 §. 46) XI. 207.

Gemeindebeamte
Waffengebrauch der Kommunalforstbeamten (G. 31. März 1837) VI. 130, (J. 21. Nov. 1837) VI. 334. — Vereidung derselben (G. 2. Juni 1852 §. 32) X. 429. — Ernennung der Kommunaljagdbeamten (G. 7. März 1850 §. 3, 14) X. 194. — dgl. der Kommunalpolizeibeamten (G. 11. März 1850 §. 4) X. 202. — Konkurrenz der Gemeindebeamten bei Haussuchungen (R. 26. Aug. 1838) VI. 579, (G. 12. Febr. 1850 §. 11) X. 112. — Befugniß derselben zur Abhaltung von Mobilarversteigerungen (R. 24. März 1838) VI. 447. — dgl. von Verpachtungen (R. 9. Febr., 13. März 1842) VIII. 25. — Neuere Bestimmungen über Anstellung, Besoldung und Dienstverhältnisse, Amtssuspension und Amtsentsetzung der Gemeindebeamten (G. 15. Mai 1856 §. 53 Nr. 6, §. 16 Nr. 2, §. 29 Nr. 2, §. 59, 79, 80, 87, 90—93) XI. 211, (G. 23. Juli 1845 §. 78, 83, 104) XI. 427, (G. 15. Mai 1856 §. 14, 22, 30) XI. 228. — Disziplinarverfahren gegen solche (G. 21. Juli 1852 §. 78) X. 472, (G. 15. Mai 1856 §. 87) XI. 220, (G. 23. Juli §. 82—84, 104, 105) XI. 428, (G. 15. Mai 1856 §. 22) XI. 228. — vgl. Bezirksvorsteher, Bürgermeister, Civilstandsbeamte, Gemeindeamt, Gemeindeeinnehmer, Gemeindevorsteher, Polizeianwalt, Polizeibeamte.

Gemeindebehörden s. Gemeinde, Gemeindebeamte. — vgl. Gemeinderath.

Gemeindedienste
Anordnungen über deren Leistung (G. 15. Mai 1856 §. 4, 50, 53, 60, 62) XI. 194, (G. 23. Juli 1845 §. 21—24) XI. 411, (G. 15. Mai 1856 §. 10) XI. 224.

Gemeindeeinnehmer
Kompetenz der Gerichte bei Streitigkeiten über die Zahlungsverbindlichkeit derselben (R. 26. Sept. 1823) II. 408. — Wahl und Beaufsichtigung derselben (G. 15. Mai 1856 §. 52, 53, 63) XI. 210, (G. 23. Juli 1845 §. 79, 80) XI. 428. — vgl. Gemeindebeamte, Kassenbeamte, Kassendefekt, Kaution.

Gemeindefeldhüter s. Feldhüter, Gemeindebeamte.

Gemeindeforderungen s. Gemeindegüter, Ostrhein.

Gemeindeforstbeamte s. Forstbeamte, Gemeindebeamte.

Gemeindegüter
Sistirung des Verkaufes derselben (GM. 13. Febr. 1814) I. 90. — Regulirung der bezüglichen Rechtsverhältnisse (GM. 10. März 1814) I. 96, (GM. 15. April 1814) I. 99, (K. 27. Jan., GNM. 18. Febr. 1816) I. 234, (GK. 28. März 1816) I. 343, (GS. 27. Jan. 1816) I. 356, (K. 27. Jan. 1816) I. 409. — Kompetenz der Gerichte bei Anfechtung der betreffenden Veräußerungen (StMB. 20. Juli 1818 §. 20 Nr. 9) I. 511. — Autorisation der Gemeinden zu Prozessen, Vergleichen und Vermögensdispensationen (StMB. 20. Juli 1818 §. 5, 6) I. 506. — dgl. zur Annahme von Zuwendungen und zu Veräußerungen (K. 29. Sept. 1814, 27. Aug. 1819, R. 9. 28. Juli 1820) II. 55. — dgl. zur Löschung von Hypotheken (R. 11. Nov. 1829) III. 306, (R. 28. Febr. 1847) IX. 180. — dgl. zur Beitreibung von Zinsen und Gefällen (K. 10. R. 25. Jan. 1830) III. 319. — Verfahren bei Veräußerung und Verpachtung der Gemeindegüter (GB. 31. Aug. 1814) I. 72, (R. 24. März 1838) VI. 447, (R. 9. Febr., 13. März 1842) VIII. 25. — Neuere Bestimmungen über die Verwaltung des Gemeindevermögens (G. 15. Mai 1856 §. 45, 47, 53) XI. 206, (G. 23. Juli 1845 §. 88, 94—100) XI. 430, (B. 1. März 1858) XII. 8.

Rechtsverhältnisse des auf niederländischem Gebiete liegenden Gemeindevermögens (R. 28. Juli 1826) III. 62. — Verhütung des Handels mit Gemeindebedarfskohlen im Bezirk Saarbrücken (K. 14. Juli, R. 8. Aug. 1835) V. 174. — dgl. im Kreise St. Wendel (K. 6. R. 13. März 1841) VII. 268. — vgl. Gemeinde f., Gemeindenutzungen, Waldungen, Wege.

Gemeindehaushalt
dessen Führung in den Städten (G. 15. Mai 1856 §. 60—65, 84) XI. 214. — dgl. in den Gemeinden (G. 23. Juli 1845 §. 81, 89, 90, 93) XI. 428.

Gemeindekassen
deren Verwaltung (G. 15. Mai 1856 §. 53) XI. 210, (G. 23. Juli 1845 §. 76, 79, 81) XI. 427. — vgl. Gemeindeeinnehmer.

Gemeindelasten
Ablösung dinglicher Befreiungen von denselben (G. 23. Juli 1845 §. 32) XI. 415.

Gemeindemitglieder
deren Rechte und Pflichten (G. 23. Juli 1845 §. 12 ff.) XI. 410, (G. 15. Mai 1856 §. 5 ff.) XI. 223. — vgl. Bürger.

Gemeindenutzungen
Kompetenz der Regierungen bei den dieselben betreffenden Gemeinderathsbeschlüssen und Streitigkeiten (StMB. 20. Juli 1818 §. 4) I. 505. — Neuere Bestimmungen über die Theilnahme an denselben (G. 15. Mai 1856 §. 4, 45, 46, 48) XI. 194, (G. 23. Juli 1845 §. 17—19, 25) XI. 411. — vgl. Gemeindegüter, Waldungen.

Gemeindeordnung
vom 23. Juli 1845) XI. 407. — abgeändert (durch G. 15. Mai 1856) XI. 222, (B. 1. März 1858) XII. 8.

vom 11. März 1850, Aufhebung derselben (G. 15. Mai 1856 §. 90) XI. 221, (G. 15. Mai 1856 §. 29) XI. 231. — vgl. Städteordnung.

Gemeinderath
Versammlung, Beschlüsse und Auflösung desselben (G. 15. Mai 1856 §. 16 ff., 28) XI. 227, (G. 23. Juli 1845 §. 44—46, 60, 61—71, 86—90) XI. 418. — dessen Mitglieder können Handelsrichter sein (R. 5. Okt. 1831) III. 392. — dgl. Gerichtsschreiber, inwiefern sonstige Justizbeamte (R. 28. Juni, 2. Aug. 1834) IV. 106. — Neuere Bestimmungen über die Kumulation von Aemtern mit der Funktion als Gemeindeverordnete (R. 25. März 1851) X. 266, (G. 15. Mai 1856 §. 16, 29) XI. 199, (G. 23. Juli 1845 §. 43) XI. 226, (G. 15. Mai 1856 §. 13, 14) XI. 418.

Gemeinderecht
dessen Erwerb, Ausübung und Verlust (G. 15. Mai 1856 §. 11, 12, 27) XI. 225, (G. 23. Juli 1845 §. 16, 33—36, 37—42) XI. 411. — vgl. Bürgerrecht.

Gemeindeschulden
alte, Regulirung derselben auf dem linken Rheinufer und in der Stadt Wesel (G. 7. März 1822) II. 224, (R. 31. Mai, 30. Juli, 15. 27. Aug. 1829) III. 296. — Aufhebung der V. 19. Jan. 1836 betreffend den Verkehr mit Kommunalschuldpapieren (G. 1. Juni 1860) XII. 187. — vgl. Anleihen, Kriegslasten, Ostrhein.

Gemeindesteuern
Aufhebung der bergischen Dekrete vom 17. Dez. 1811 und 21. Febr. 1813 (K. 4. Dez. 1826) III. 81. — Ausschließung des Rechtsweges bei Oppositionen gegen Ausschreibung einer Gemeindesteuer (R. 12. Dez. 1838) VI. 655, (R. 12. Dez. 1840, 17. März 1841) VII. 269. — dgl. hinsichtlich der auf den Steuerfuß ausgeschriebenen Beiträge zu Vizinalwegebauten (R. 4. Aug. 1840) VII. 194. — Aufbringung und Vertheilung der Gemeindeabgaben (G. 15. Mai 1856 §. 4, 49, 50, 53, 62, 79) XI. 194, (G. 23. Juli 1845 §. 21—30, 86—90, 98) XI. 411, (G. 15. Mai 1856 §. 7, 8, 10, 27) XI. 223. — vgl. Gemeindelasten, Oktroi.

Gemeindevermögen s. Gemeindegüter.

Gemeindeverordnete s. Gemeinderath.

Gemeindevorsteher
deren Ernennung und Funktionen (G. 15. Mai 1856 §. 20, 21, 30) XI. 228, (G. 23. Juli 1845 §. 72—76, 83, 84) XI. 426. — vgl. Gemeindebeamte.

Gemeindewaldungen s. Waldungen.

Gemeindewege s. Wege.

Gemeinheitstheilung
Maßregeln gegen Zersplitterung der bergischen Markenwaldungen (K. 13. April 1842) VIII. 33. — ausgedehnt auf die ganze Rheinprovinz (K. 14. Aug. 1846) IX. 103. — Ablösung der Reallasten, Regulirung der gutsherrlichen und bäuerlichen Verhältnisse (G.

2. März 1850) X. 123. — ergänzt und abgeändert bezüglich der Kirchen, Schulen und Stiftungen (G. 15. April 1857) XI. 312. — Errichtung von Rentenbanken (G. 2. März 1850) X. 161. — Gemeinheitstheilungsordnung (G. 19. Mai 1851) X. 321. — Verfahren bei den betreffenden Theilungen und Ablösungen (G. 19. Mai 1851) X. 332. — insbesondere beim Verkauf von Immobilien (G. 18. April 1855 §. 68) XI. 97. — Kosten des gerichtlichen Verfahrens (G. 21. April 1852) X. 409. — Uebernahme von Kommissorien seitens der Justizbeamten (R. 28. Mai 1857) XI. 349.

Gemischte Ehen
Religiöse Erziehung der Kinder aus solchen (K. 21. Nov. 1803, 17. Aug. 1825) II. 606.

Gemischte Untersuchungskommission s. judicium mixtum.

Gemüthskranke s. Geisteskranke.

Generalakten
Kostenfreie Ausfertigung der bezüglichen Verhandlungen für die Staatsanwaltschaft (R. 25. Nov. 1836) V. 510, (R. 16. Dez. 1836) V. 520, (R. 28. Febr. 1839) VII. 22, (R. 10. März 1851) X. 263. — vgl. Akten.

Generalauditoriat
Beschäftigung der Civilrichter und Referendarien bei denselben (R. 30. Dez. 1837) VI. 377. — Einreichung von Straferkenntnissen gegen Landwehroffiziere (V. 18. Mai 1852 §. 5) X. 417, (R. 6. Jan. 1863) XII. 393, (K. 23. Okt., R. 9. Nov. 1863) XII. 424. — vgl. Auditeure, Militairstrafen.

Generalfragen
wie Zeugen in öffentlicher Sitzung über ihr Dienstverhältniß zum Beschuldigten zu befragen sind (R. 26. Juli 1833) III. 658, (R. 22. Febr. 1834) IV. 31, (R. 27. Juli 1838) VI. 564, (R. 11. Febr. 1839) VII. 18.

Generalgouvernement
Historische Uebersicht der provisorischen Generalgouvernements in der Rheinprovinz I. 1.

Berg

Errichtung des Generalgouvernements des Großherzogthums Berg (V. 23. Okt., V. 25. Nov. 1813) I. 5. — Verwaltungsorganisation (V. 27. Jan. 1814) I. 11. — Kompetenz der Verwaltungsdeputation (V. 13. Aug. 1814) I. 71. — Sequestration der verschenkten Domainen (V. 28. Nov. 1813) I. 6. — Aufhebung des Tabakmonopols, der Salzregie und des Zolltarifs (V. 1. Jan. 1814) I. 8. — Regulirung der Staatsschulden (V. 25. Jan. 1814) I. 10. —

Sprengel des Gerichts zu Mühlheim (V. 5. Febr. 1814) I. 14. — Errichtung des Kassationshofes zu Düsseldorf (V. 11. 22. Febr. 1814) I. 16. — Kompetenz desselben (V. 7. Juni 1814) I. 66. — Verfahren (V. 3. Juli 1814) I. 67, (vgl. GR. 28. April 1814) I. 124. — Kompetenz des Appellationshofes zu Düsseldorf (V. 20. 31. März 1814) I. 65, (V. 15. Juni 1814) I. 66. — Verfahren in Civil- und Strafsachen, Abschaffung des Geschworeneninstituts,

Errichtung eines Kriminalgerichtshofes (V. 28. Febr. 1814) I. 17. — Bildung einer Kriminaldeputation (V. 31. März 1814) I. 65. — Amtstracht der Richter (V. 29. Juli 1814) I. 68. — Wiederherstellung des Armenrechts (V. 17. Dez. 1831) I. 7. — Aufhebung des Enregistrements (V. 1. Jan. 1814) I. 8. — Einführung von Stempelabgaben und Gerichtsiporteln (V. 28. Febr. 1814) I. 18, (V. 13. März 1814) I. 36, (V. 1. April 1814) I. 59, (V. 13. April 1814) I. 61, (V. 30. April 1814) I. 62. — Notarialstaxe (V. 28. März 1814) I. 46. — vgl. Berg (Herzogthum resp. Großherzogthum), Generalgouvernementsblätter, Generalgouvernementsverordnungen.

Mittelrhein

Errichtung des Generalgouvernements vom Mittelrhein (V. 2. Febr. 1814) I. 87. — Vereinigung des Wälderdepartements mit demselben (V. 9. März 1814) I. 95. — Verwaltungsorganisation (V. 4. Febr. 1814) I. 88, (V. 25. Febr. 1814) I. 92, (V. 9. März 1814) I. 95. — Anzeige der Schulden an den Staat und die Domainen (V. 2. März 1814) I. 94. — Sistirung des Verkaufs der Gemeindegüter (V. 2. Okt. 1814) I. 96, (V. 15. April 1814) I. 99. — Regulirung des Forstwesens (V. 28. Mai 1814) I. 107. — Beschränkung der Enregistrementsgebühren (V. 26. Febr. 1814) I. 93

Kompetenz des Appellationshofes zu Trier (V. 27. März 1814) I. 98, (vgl. GNM. 27. Juni 1815) I. 216, (GK. 24. Sept. 1814) I. 288, (GS. 12. März 1816) I. 356, (GK. 20. Okt. 1814) I. 298. — Errichtung des Revisionshofes zu Coblenz (V. 6. Mai 1814) I. 100, (vgl. GNM. 12. Sept. 1814) I. 171, (GNM 27. Juni 1815) I. 217, (GNM. 8. Aug. 1815) I. 223, (GNM. 9. Sept. 1815) I. 228, (GK. 24. Sept. 1814) I. 288. — Einsendung der Akten an denselben (V. 31. Mai 1814) I. 109. — Zahl der Appellationsrichter in Civilsachen, Bildung und Verfahren der Spezialgerichtshöfe (V. 7. Mai 1814) I. 101. — vgl. Generalgouvernementsblätter, Generalgouvernementsverordnungen.

Niederrhein

Errichtung des Generalgouvernements vom Niederrhein (V. 11. März 1814) I. 111. — Domainen- und Enregistrementsverwaltung (V. 26. März 1814) I. 116. — Richtigkeit der nach der Okkupation bewirkten Domainenverkäufe (V. 26. März 1814) I. 142. — Stempelwesen (V. 9. Mai 1814) I. 128. — Ressort der Landesdirektorialräthe und der Landesdeputation (V. 12. April 1814) I. 120, (vgl. R. 17. Mai 1816) I. 362. — Polizeiverwaltung (V. 1. Juni 1814) I. 136.

Bildung der Appellations- und Kassationsinstanz zu Lüttich und Düsseldorf (V. 28. April 1814) I. 122, (vgl. GNM. 22. Juni 1814) I. 147. — Ueberweisung der Pariser Kassationssachen (V. 13. Mai 1814) I. 130. — Lauf der Fristen (V. 26. Mai 1814) I. 135. — Verlängerung der Frist zur Hypothekenrenovation (V. 9. Mai 1814) I. 127, (V. 7. Juni 1814) I. 141. — vgl. Generalgouvernementsblätter, Generalgouvernementsverordnungen.

Nieder- und Mittelrhein

Errichtung des Generalgouvernements vom Nieder- und Mittelrhein (V. 14. Juni 1814) I. 145. — Verwaltungsorganisation (V. 6. Juni

1815) I. 207, (V. 3. Juli 1815) I. 218. — Ableistung des Amtseides (V. 26. Juli 1814) I. 149. — Verlängerung der Enregistrementsfrist (V. 7. Sept. 1814) I. 167, (V. 6. Nov. 1814) I. 187. — Einführung des Salzzolles (V. 21. Nov. 1814) I. 188. — Sistirung des Verkaufs der Gemeindegüter (V. 18. Febr. 1816) I. 234.

Modifikationen in der Justizverwaltung (V. 12. Sept. 1814) I. 169, (V. 1. Okt. 1814) I. 181, (V. 17. Nov. 1814) I. 187, (V. 6. Juni 1815) I. 207, (V. 27. Juni 1815) I. 213. — Einführung des Armenrechts (V. 28. Sept. 1814) I. 178. — Besitznahme des Großherzogthums Niederrhein, der Herzogthümer Cleve, Berg, Geldern, des Fürstenthums Mörs sowie der Grafschaften Essen und Werden seitens der Krone Preußen (K. P. 5. April 1815, V. 5. April 1815) I. 197. — Aufhebung des Generalgouvernements (V. 23. März 1816) I. 360. — vgl. Generalgouvernementsblätter, Generalgouvernementsverordnungen.

Oesterreich-Bayerisches Gouvernement

Errichtung der gemeinschaftlichen Landesadministrationskommission zu Kreuznach (V. 16. Juni 1814) I. 241. — Einsetzung der administrativen Justizkommission (V. 29. Sept. 1814) I. 296. — Verfahren derselben (V. 15. Nov. 1814) I. 303, (V. 3. Jan. 1815) I. 311. — Kompetenz bei Salzkontraventionen (V. 31. Jan. 1815) I. 315. — Einführung des Salzzolles (V. 10. Sept. 1814) I. 284.

Kompetenz des Appellationshofes zu Trier (V. 24. Sept. 1814) I. 288. — Bildung einer Revisionskammer bei demselben (V. 20. Okt. 1814) I. 298. — Errichtung des Appellationshofes zu Kaiserslautern (V. 27. Juli 1815) I. 322. — Verfahren desselben in Kassations- und Assisensachen (V. 22. Aug. 1815) I. 326. — Bildung der Spezialgerichtshöfe (V. 14. Sept. 1815) I. 328. — Einführung des Armenrechts (V. 19. Nov. 1814) I. 305. — Aufhebung der Trennung zwischen Advokaten und Anwalten (V. 3. Aug. 1815) I. 325.

Uebertragung eines Landestheils auf dem rechten Moselufer an das Großherzogthum Niederrhein (V. 28. Mai 1815) I. 320. — Grenzregulirung (V. 28. Mai 1815) I. 321. — vgl. Generalgouvernementsblätter, Generalgouvernementsverordnungen.

Landesadministration zu Saarbrücken

Besitzergreifungspatent (vom 27. Nov. 1815) I. 348. — Beschränkung der Enregistrementsgebühren (V. 16. Dez. 1815) I. 348. — Verlängerung der Eintragungsfrist (V. 21. Dez. 1815) I. 349. — Errichtung der Landesdeputation (V. 26. Jan. 1816) I. 355. — Sistirung des Verkaufs der Gemeindegüter (V. 18. Febr. 1816) I. 356.

Justizorganisation (V. 20. Jan. 1816) I. 353, (V. 12. März 1816) I. 356. — Hypothekenwesen (V. 12. März 1816) I. 356, (V. 20. März 1816) I. 358. — Aufhebung der Landesadministration (V. 22. April 1816) I. 358. — vgl. Generalgouvernementsblätter.

Generalgouvernement des Großherzogthums Frankfurt und des Fürstenthums Isenburg s. Ostrhein (Frankfurt).

Generalgouvernementsblätter

deren Einrichtung (GV. 5. April 1814) I. 61, (GV. 4. Aug. 1814)

I. 69, (GM. 11. Mai 1814) I. 101, (GR. 20. März 1814) I. 114, (GR. 1. Juni 1814) I. 139, (GRM. 14. Juni 1814) I. 145, (GRM. 14. Okt. 1814) I. 184, (GK. 18. Juni 1814) I. 242, (GS. 16. Jan. 1816) I. 351.

Generalgouvernementsverordnungen
Befugniß der Ministerien zur Aufhebung derselben (K. 9. Sept. 1822, R. 10. Nov. 1832) III. 533, (K. 3. Juni 1814, R. 7. Nov. 1832) III. 548, (R. 13. Nov. 1838) VI. 632.
Aufgehoben resp. modifizirt sind: (Berg)
V. 17. Dez. 1813, Reisekosten der Gerichtsvollzieher (durch K. 5. R. 8. April 1825) II. 584. — V. 28. Febr. 1814, Geschworene (durch J. K. 19. Nov. 1818 §. 32) I. 528, (V. 30. Sept. 1819) I. 603. — V. 1. April 1814, Wegekontraventionen (durch K. 21. Febr. 1836) V. 77. — V. 10. Mai 1814, Zeugengebühren (durch R. 3. Juni 1836) V. 380. — V. 31. Aug. 1814, Mobilarverkauf und Verpachtung (durch R. 7. Juli 1826) III. 56. — V. 6. Sept. 1814, Eheschließung (durch K. 23. Juni, R 5. Aug. 1833) III. 661, (V. 15. April 1848) IX. 296. — V. 9. Febr. 1815, Landstreicher und Bettler (durch R. 16. 27. Juni 1816) I. 410, (V. 1. Dez. 1819) I. 622.
(Mittelrhein)
V. 26. Febr. 1814, Erbschaftsgebühren (durch R. 14. Nov. 1817, K. 9. Sept., R. 17. Sept., 18. Nov. 1822) II. 321. — V. 6. Mai 1814, Kassationsverfahren (durch K. 8. Juli, R. 16. Aug. 1834) IV. 126. — V. 4. Sept. 1815, Jagdkontraventionen (durch R. 24. Jan., 14. März 1824) II. 464.
(Niederrhein und Nieder- und Mittelrhein)
V. 28. April 1814, 20. Juli 1814, Kassationsverfahren (durch K. 8. Juli, R. 16. Aug. 1834) IV. 126. — V. 18. Aug. 1814, Fischerei (durch G. 23. Juni 1833) III. 653. — V. 20. Sept. 1814, Fabriken (durch R. 2. Febr. 1833) III. 573. — V. 14. Okt. 1814, Verlesung der Zeugenaussagen (durch R. 15. März 1822) II. 232.
(Oesterreich-Bayerisches Gouvernement)
V. 21. Febr. 1815, Immobilarversteigerung (durch R. 27. Jan. 1823) II. 345. — V. 4. Aug. 1814, Notorietätsakte (durch R. 19. Jan. 1829) III. 270. — V. 30. Juli 1814, Forstregulativ §. 98 (durch R. 2. April 1836) V. 354, (vgl. G. 2. Juni 1852 §. 10) X. 424. — ibid. §. 115 (durch R. 21. April 1837) VI. 176, (vgl. G. 2. Juni 1852 §. 51) X. 433. — ibid. §. 135 (durch R. 5. Aug. 1831) III. 384, (vgl. G. 2. Juni 1852 §. 21) X. 426. — ibid. §. 147 (durch R. 7. April 1832) III. 460, (vgl. G. 2. Juni 1852 §. 26) X. 427. — ibid. §. 163 (durch R. 10. Mai 1833) III. 631, (vgl. G. 2. Juni 1852 §. 12) X. 425. — V. 5. April 1815 bis 1. Juli 1816 sind aufgehoben im Kreise St. Wendel (durch P. 30. Juli 1835) V. 170, (R. 31. Aug. 1835) V. 199.

Generalkommando
Aufgebot der unbekannten Gläubiger der zum rheinischen Generalkommando gehörenden Militairkassen (R. 27. Jan. 1818) I. 487. — Kompetenz desselben zur Anordnung gemischter Untersuchungskommissionen (K. 6. R. 29. Juli 1833) III. 660. — Beschwerden über koordinirte Militairbehörden sind bei demselben anzubringen (R.

7. April 1837) VI. 140. — Konkurrenz der Generalkommandos bei Ermittelung und Ueberweisung der versorgungsberechtigten Militairpersonen (J. R. 30. März, R. 16. Juni 1855) XI. 123, (R. 14. Sept. 1857) XI. 378.

Generalpardon s. Ostrhein. — vgl. Amnestie.

Generalpostamt s. Postbehörden.

Generalprokurator

beim Revisions- und Kassationshofe s. Generalstaatsanwalt.

beim Appellationsgerichtshofe zu Köln

Geschäftskreis desselben in Justizverwaltungssachen (R. 27. Okt. 1823) II. 434, (R. 10. Nov. 1837) VI. 324, (vgl. R. 27. Juli 1832) III. 488.

Mitwirkung desselben bei Ehedispensationsgesuchen (R. 6. Juni 1817) I. 462. — dgl. bei Dispensationsgesuchen der Justizbeamten wegen Gewerbebetriebs (R. 19. Juli, 7. Dez. 1821) II. 194. — dgl. bei Pensions- und Unterstützungsgesuchen (R. 9. Nov. 1821) II. 190, (R. 26. Okt. 1827) III. 155. — dgl. bei Vorschlägen zu Ordensverleihungen (R. 11. Dez. 1834) IV. 194. — dgl. bei Ernennung der Ergänzungsfriedensrichter (R. 15. Nov. 1822) II. 318. — und der Friedensrichter (R. 10. Nov. 1837) VI. 324. — dgl. bei Anordnung der Stellvertretung von Friedensrichtern (R. 15. Juni 1836) V. 402. — dgl. bei Ernennung der Polizeianwalte (R. 17. April 1851) X. 287, (R. 12. 20. Okt. 1854) XI. 66. — dgl. bei Regulirung der Strafarbeit in Holzdiebstahlssachen (G. 2. Juni 1852 §. 14) X. 425. — dgl. bei Anweisung der Justizvisitationskosten (R. 5. Jan. 1835) V. 39, (R. 9. Juni 1835) V. 143. — dgl. bei Wiedereinziehung der von Justizbeamten auf den Kriminalfonds ungebührlich angewiesenen Kosten (R. 30. Nov. 1838) VI. 645. — dgl. bei der Rechnungslage über die Kanzleikostenfonds (R. 21. Aug., 2. Sept. 1822) II. 304. — dgl. bei Einrichtung, Reparaturen und Bauten der Gerichtslokale (R. 30. Okt. 1826) III. 72, (R. 18. Dez. 1826) III. 86, (R. 20. Sept. 1833) III. 670, (R. 5. März 1835) V. 86, (R. 24. Juni 1837) VI. 243. — Befugniß zum Abschluß von Miethverträgen über Friedensgerichtslokale (R. 30. Okt. 1826) III. 72.

Einsendung der Signaturen der Gerichtspräsidenten (R. 19. Okt. 1820) II. 63. — dgl. der Jahresberichte und der Konduitenlisten (R. 14. Mai 1824) II. 493, (R. 29. Dez. 1831) III. 420, (vgl. R. 31. Juli 1848) IX. 310. — Beurlaubung der Justizbeamten (R. 30. Okt. 1824) II. 531, (R. 12. Nov. 1832) III. 545. — Ertheilung des Heirathskonsenses (R. 11. Mai 1821) II. 110, (R. 25. Juni 1821) II. 131, (R. 30. Okt. 1824) II. 531, (R. 29. Okt. 1836) V. 484, (R. 20. Aug. 1861) XII. 263, (R. 11. Juli 1836) V. 421. — Kontrole über das Halten der Gesetzsammlung seitens der dazu Verpflichteten (R. 3. Jan. 1854) XI. 6. — Ernennung und Versetzung der Gerichtsvollzieher (J. 10. Juni 1833 §. 1) III. 637. — Ertheilung des Dimissoriale an die vor der Instruktion vom 10. Juni 1833 angestellten Gerichtsvollzieher (R. 19. Jan. 1841) VII. 264. — Todesfälle von Landgerichtsmitgliedern sind dem Generalprokurator anzuzeigen (R. 27. Febr. 1837) VI. 96.

Demselben wird das Berufungsrecht der Kriminalprokuratoren übertragen (V. 24. Sept. 1819 §. 7) I. 606. — dgl. die Niederschlagung der inexigibeln Reste von Kriminalkosten (R. 19. Mai 1826) III. 30, aufgehoben (durch R. 16. Febr. 1827) III. 96. — dgl. die Autorisation zur Verfolgung der Civilstandsbeamten (R. 23. Jan. 1826) III. 13, (R. 13. Mai 1836) V. 373, (R. 10. Juni 1836) V. 392. — Führung der Advokatenmatrikel (R. 16. April 1820 §. 8) II. 23. — Anzeige grober Verbrechen beim Justizministerium (R. 21. Nov. 1821) II. 192. — Berichterstattung über Gegenstände der Gesetzgebung (R. 26. Okt. 1838) VI. 620. — dgl. über die gegen das Staatsministerium oder gegen einzelne Staatsminister verübten Beleidigungen (R. 14. Aug. 1849) X. 64, (R. 23. Juni 1851) X. 364. — Verfahren bei Eröffnung des Justizjahrs (R. 1. März 1833) III. 591, (R. 6. Sept. 1860) XII. 201. — dgl. bei Publikation der Erlasse verschiedener Centralbehörden durch die Amtsblätter (R. 27. Sept. 1841) VII. 344.

Mittheilung der Protokolle über Gefängnißrevision seitens der Assisenpräsidenten (R. 21. Juni 1821) II. 126, (vgl. R. 28. Jan. 1839) VII. 12. — Bewilligung außerordentlicher Kosten bei Hinrichtungen (R. 26. Aug. 1822) II. 299.

Kompetenz in Disziplinarsachen (R. 19. Dez. 1837) VI. 366, (R. 3. Mai 1839) VII. 49, (G. 7. Mai 1851) X. 292, (G. 21. Juli 1852) X. 455. — vgl. Staatsanwaltschaft. — vgl. ferner Anstellung, Assisenbericht, Auslieferung, Civilversorgung, Dienstbehörden, Dienstgebäude, Dispensation, Disziplinarbehörden, Disziplinarrath, Kriminalfonds, Prüfungen, Requisitionen, Tabellen.

Generalstaatsanwalt (Generalprokurator beim Revisions- und Kassationshofe)

Remission der demselben durch das Justizministerium zugefertigten Untersuchungsakten (R. 17. Dez. 1819) I. 630. — Direkte Einsendung der Kassationsgesuche und Untersuchungsakten seitens der Oberprokuratoren (R. 10. März 1821) II. 96, (R. 15. April 1839) VII. 43. — Verfahren bei Rücksendung der Akten und der Erkenntnisse (R. 27. Dez. 1838) VI. 669, (R. 24. Febr. 1853) X. 549. — Stellvertretung des Generalprokurators (R. 12. Juli 1837) VI. 258. — derselbe ertheilt den Heirathskonsens an Friedensrichter, Unterrichter und Unterbeamte (R. 12. März 1821) II. 96, aufgehoben (durch B. 27. April, R. 11. Mai 1821) II. 110, (R. 25. Juni 1821) II. 131.

Funktionen des Generalstaatsanwalts beim Obertribunal (G. 17. März 1852) X. 404. — insbesondere bei Plenarentscheidungen (G. 7. Mai 1856) XI. 189. — dgl. beim Ehrenrath der Rechtsanwalte (G. 26. März 1856 §. 4) XI. 173. — vgl. Obertribunal, Rang, Staatsanwaltschaft.

Generalstab

die Chefs desselben werden rücksichtlich der exekutionsfähigen Gehaltsabzüge einem Regimentskommandeur gleich gestellt (R. 10. Jan. 1834) IV. 11. — vgl. Exekution, Militairgehalt.

Genossenschaften s. Deichwesen, Meliorationen, Wasserleitung, Wiesen. — vgl. Korporationen.

Gensdarmen
Bildung der Gouvernementsmiliz (GR. 24. März 1814) I. 116. — dgl. der Landesgensdarmerie (GC. 5. Okt. 1814) I. 289, (GC. 24. Okt. 1814) I. 300. — Ressortverhältnisse der Gensdarmerie (R. 31. Aug. 1816) I. 363, (vgl. R. 19. Juli 1836) V. 436. — Gehalts- und Pensionsangelegenheiten derselben (K. 22. Sept., R. 5. 28. Dez. 1843) IX. 372. — Ertheilung des Heirathskonsenses (R. 5. Dez. 1817) I. 479. — Beweiskraft ihrer Protokolle (R. 23. Jan. 1818) I. 485. — Verwendung derselben bei Verhaftungen (R. 28. Mai, 8. Juni, 18. Aug. 1823) II. 403. — Gebühren für letztere, Wegfall der droits de capture (R. 24. Mai 1824) II. 504. — Aeußeres Erscheinen der Gensdarmen in Gerichtssitzungen (R. 15. Dez. 1823) II. 437, (R. 2. Mai 1835) V. 123. — Gestellung derselben zu Strafgerichtssitzungen (R. 1. 6. März 1837) VI. 103. — Dienstleistung bei den Untersuchungsämtern und Strafgerichten (R. 30. Nov. 1837) VI. 342. — Verfahren bei Vorladung der Gensdarmen als Zeugen (R. 21. Dez. 1850) X. 258. — Unzulässigkeit eines Denunziantenantheils bei Gewerbepolizei-Uebertretungen (R. 20. Dez. 1859) XII. 120. — vgl. Beleidigung, Militairpersonen, Polizeibeamte, Zeugengebühren.

Geometer s. Feldmesser.

Gerichte s. Gerichtsbarkeit ff. und die einzelnen Gerichte. — vgl. Assessoren, Auditeure, Auskultatoren und Referendarien, Civilversorgung, Dienstbehörden, Erkenntnisse, Exekution, Insinuation, Justizbehörden, Justizorganisation, Kommissorien, Kompetenz f., Prüfungen, Rechtsweg, Requisitionen, Ressortreglement, Richter ff., Staatsanwaltschaft, Stempel ff., Tabellen, Untersuchung, Vorladung.

altländische

Form der Vollmacht zur Erhebung von Geld und Sachen aus dem Depositorium derselben (R. 18. April 1823) II. 365. — Erbeslegitimation durch Notorietätsakte (R. 14. Juli 1837) VI. 260. — Mitwirkung derselben bei Verehelichung altländischer Minorennen im rheinischen Rechtsgebiete (R. 15. Jan. 1834) IV. 12. — inwiefern Urkunden derselben einer exekutorischen Klausel bedürfen in rheinischen Hypothekensachen (R. 18. 26. Dez. 1834) IV. 204. — Verfahren bei Exekutionen und Arrestanlagen im rheinischen Rechtsgebiet (R. 19. Aug. 1840) VII. 200. — für Gutachten derselben in rheinischen Untersuchungssachen werden keine Gebühren bewilligt (R. 23. Nov. 1835) V. 269. — vgl. Erkenntnisse, Gerichtskosten, Insinuation, Mandate, Requisition, Vergleiche, Vorladung, Zeugenvorladung.

ausländische

Befugniß des Court of the prerogative in Canterbury zur Bestallung von Testamentsexekutoren (R. 13. Juni 1837) VI. 234. — vgl. Erkenntnisse, Insinuation, Requisition, Vorladung, Zeugenvorladung.

Gerichtsakten s. Akten, Aktenverkauf.

Gerichtsärzte s. Aerzte.

Gerichtsbarkeit
deren Ausübung durch Gutsherren (G. 8. Mai 1837) VI. 187, (G. 14. April 1856 §. 2) XI. 186. — Ausübung der bürgerlichen Gerichtsbarkeit über preußische Garnisonen im Auslande (G. 8. Juni 1860 §. 13) XII. 191.

(freiwillige) Verwaltung derselben durch die Gouvernementsgerichte in Luxemburg und Mainz (R. 26. Juni, 25. Sept. 1816, 30. Okt. 1820) II. 63, (K. 19. Juli 1834) IV. 102, (R. 14. Nov. 1836) V. 493, (vgl. G. 8. Juni 1860 §. 13) XII. 191. — dgl. durch die Auditeure (G. 8. Juni 1860) XII. 188. — Form der Requisitionen in Civiljustizsachen der preußischen Besatzung zu Mainz, Luxemburg und Rastatt (R. 31. Okt. 1860) XII. 211. — Aufnahme von Akten der freiwilligen Gerichtsbarkeit steht den Friedensrichtern nicht zu (R. 5. Mai 1839) VII. 51, (R. 24. Mai 1845) IX. 30, (vgl. R. 6. März 1850) X. 192. — vgl. Gerichte, Gerichtsstand, Kompetenz, Ritterschaft.

Gerichtsbibliotheken
Anschaffung der preußischen Gesetzbücher und der Gesetzsammlung (R. 5. Okt. 1821) II. 181. — dgl. der Distanztabellen (R. 8. Dez. 1823) II. 436. — dgl. der von Kamptz'schen Jahrbücher (R. 24. Juni 1825) II. 597, (R. 13. Juli 1830) III. 355. — dgl. des Justizministerialblatts (R. 28. Dez. 1838) VI. 672. — dgl. der Mittheilungen des Berliner Polizeipräsidiums zur Beförderung der Sicherheitspflege (R. 4. Juni 1852) X. 434. — dgl. des Central-Polizei-Blatts (R. 13. März 1863) XII. 396. — Verfahren bei angeordneter oder empfohlener Anschaffung von Büchern (R. 21. März 1840) VII. 148. — Empfehlung literarischer Werke findet nicht mehr statt (B. 24. März 1851) X. 265.

Inventarisirung der angeschafften Bücher (R. 27. Jan., 21. April 1826) III. 24, (R. 2. Okt. 1826) III. 66. — Bestreitung der Einbandskosten bei den Friedensgerichten (R. 20. Jan. 1837) VI. 28. — Anschaffung der Gesetzsammlung und des Justizministerialblatts für die Handelsgerichte (R. 10. März 1841) VII. 266. — Beitrag zum Bibliothekfonds seitens der Advokaten und Anwalte (R. 20. Nov. 1835) V. 259. — Abschaffung der für den Bibliothekfonds erhobenen Introduktionsgebühren (R. 14. Jan. 1861) XII. 227. — Unentgeltliche Lieferung der Gesetzsammlung an die Staatsbehörden (StMB. 28. Nov., R. 12. Dez. 1861) XII. 266, (R. 15. Jan. 1862) XII. 343. — insbesondere an die Beamten der Staatsanwaltschaft (R. 15. April 1862) XII. 362. — dgl. an die Friedensrichter (R. 8. Mai 1862) XII. 366.

Gerichtsferien
inwiefern zu Reisen während derselben Urlaub erfordert wird (R. 21. Dez 1832) III. 557, (R 31. Aug. 1838) VI. 586, (R. 2. Juni 1839) VII. 67. — Anzeige der Oberprokuratoren von ihrer Abwesenheit während der Ferien (R. 23. Okt 1834) IV. 167. — Anordnung des Feriendienstes durch die Gerichtspräsidenten (R. 31. Aug. 1836) V. 442. — Verlegung der Gerichtsferien (K. 24. Juni 1848) IX. 306. — dieselben hindern nicht die Einleitung und Fortsetzung einer Disziplinaruntersuchung, insbesondere gegen Richter (R. 31. Aug. 1855) XI. 146.

Verfahren bei Wiedereröffnung der Sitzungen des Appellationsgerichtshofes (R. 1. März 1833) III. 591. — Wegfall der feierlichen Sitzung der vereinigten Senate nach den Ferien (R. 6. Sept. 1860) XII. 201.

Gerichtskosten
altländische, Einziehung der Insinuationsgebühren von den Interessenten (R. 15. Febr. 1817) I. 455. — Exekutorischerklärung der Kostenrequisitionen und Einziehung der Beträge (R. 21. Febr. 1815, R. 7. Juni 1817) I. 463, (R. 30. Juni 1817) I. 469, (R. 5. Dez. 1832) III. 555, (R. 23. Aug. 1834) IV. 141, (R. 7. Febr. 1835) V. 66, (R. 27. Sept. 1841) VII. 342, (R. 24. Nov. 1848) IX. 347. — Einziehung von Kriminalkosten (K. 24. R. 29. Nov. 1839) VII. 116, (R. 24. Nov. 1840) VII. 242, (R. 18. Juni 1853) X. 584. — vgl. Bagatellsachen, Kosten ff., Requisitionen.

Gerichtslokale
Befugniß der Handelsrichter zu Verhandlungen außerhalb des Gerichtslokals (R. 23. Jan. 1836) V. 322. — vgl. Dienstgebäude, Friedensgerichtslokal, Ostrhein (Reparaturen).

Gerichtsordnung
allgemeine preußische, Anwendung derselben bei Verhaftung von Regierungsoffizianten (StMB. 20. Juli 1818 §. 37) I. 513. — dgl. bei Exekutionen gegen Beamte (R. 29. Nov. 1818) I. 531, (R. 5. März 1819) I. 535, (R. 17. Nov. 1820, 6. Jan. 1821) II. 71, (R. 9. Mai 1825) II. 589, (K. 23. Mai 1826) III. 31, (K. 11. Juni, R. 12. Nov. 1829) III. 308, (R. 14. Juli 1831) III. 379, (R. 30. Juli 1837) VI. 271, (R. 7. Juni 1835, 6. Sept. 1838) VI. 587. — dgl. bei Exekutionen gegen Militairpersonen (R. 25. Jan. 1822) II. 207, (K. 4. Juni, 8. Sept. 1822) II. 310, (K. 23. Mai 1826) III. 31, (K. 8. Nov. 1831, 4. Jan. 1833, R. 29. Nov. 1833) III. 694, (K. 6. Juli 1843, R. 28. Dez. 1844) VIII. 387, (K. 24. Febr. 1853) X. 549. — dgl. bei Amortisation von Staatspapieren (V. 16. Juni 1819) I. 566, (R. 6. 10. Febr. 1820, 24. Febr. 1834) IV. 32. — dgl. bei Vorladung altländischer Parteien vor rheinische Gerichte (R. 28. Sept. 1819) I. 607. — dgl. bei Vorladung und Vernehmung von Beamten als Zeugen (R. 23. Juli 1821) II. 136, (R. 22. Aug. 1821) II. 170, (R. 8. 22. Okt. 1821) II. 186, (R. 26. Jan., 11. Febr. 1822) II. 209. — dgl. bei Vorladungen und Insinuationen an Militairpersonen (K. 22. März 1827) III. 103. — dgl. beim Verfahren gegen ausgetretene Militairpflichtige (R. 30. Okt. 1834) IV. 171, (R. 30. April 1836) V. 369, (K. 18. R. 25. Febr. 1839) VII. 21. — dgl. in Civilsachen der zu Luxemburg, Mainz und Rastatt garnisonirenden Militairpersonen (R. 26. Juni, 25. Sept. 1816, 30. Okt. 1820) II. 63, (K. 19. Juli 1834) IV. 102, (R. 14. Nov. 1836) V. 493, (G. 8. Juni 1860 §. 13) XII. 191, (V. 1. Okt. 1860) XII. 207. — dgl. gegen unbedeutsame Querulanten (K. 25. Mai, R. 3. Juni 1836) V. 381. — dgl. in Austrägalsachen (K. 19. R. 23. Aug. 1834) IV. 140. — dgl. bei vormundschaftlichen Inventarien (R. 28. Okt. 1834) IV. 170. — dgl. des §. 34 des Anhangs gegenüber kurhessischen Unterthanen (K. 14. Aug. 1837) VI. 275.

Gerichtsschreiber
Ascension der Gerichts- und Parketschreiber (R. 2. Juli 1821) II. 131. — Qualifikation der Gerichtsschreiber zu Amtsschreiberstellen (R. 5. April 1824) II. 473. — Commisgreffiers sind nicht als Staatsdiener zu betrachten (R. 25. März 1837) VI. 126. — Gerichtsschreiber sollen durch Mobilarauktionen nicht den Dienst vernachlässigen (R. 9. Dez. 1831) III. 416. — entrichten davon keine Gewerbesteuer, dürfen Kommissionsgeschäfte nicht gewerbmäßig betreiben (R 3. 10. Juni 1835) V. 144. — führen Verzeichnisse über die Prozeßpraxis der Anwalte (R. 16. April 1820 §. 3) II. 21. — dgl. über die Appellationen behufs Kontrolirung der Sukkumbenzgelder (R. 5. Nov. 1836) V. 490. —

Friedensgerichtsschreiber
Unzulässigkeit der Verheirathung desselben mit der Tochter des Friedensrichters am nämlichen Gerichte (R. 25. März 1837) VI. 126.
Zuziehung derselben bei Lokalterminen und Obduktionen (R. 22. April 1820) II. 30. — Verfahren behufs Zustellung der Kontumazialerkenntnisse in Forst- und Polizeisachen (R. 23. Nov. 1832) III. 530, (R. 23. Febr. 1838) VI. 424. — dgl. in Holzdiebstahlssachen (G. 2. Juni 1852 §. 37 ff.) X. 430. — Ausfertigung der Erkenntnisse in Civilsachen (R. 17. Aug. 1841) VII. 313. — Führung der Repertorien über Einregistrirung von Privaturkunden (G. 23. April 1824) II. 481, (R. 22. Nov. 1824) II. 534. — dieselben werden nicht zugezogen bei Präsentation der Testamente (R. 29. Juli 1840) VII. 190, (R. 24. Aug. 1841) VII. 324. — Ertheilung des Urlaubs an Friedensgerichtsschreiber (R. 9. Nov. 1858) XII. 42.

Landgerichtssekretaire
deren Obliegenheiten bezüglich der Asservate (J. R. 24. Dez. 1827) III. 167, (R. 7. Sept. 1838) VI. 589. — insbesondere beim Transport zur Audienz (R. 27. März 1834) IV. 44. — Annahme und Beschäftigung der Hülfsgerichtsschreiber (R. 5. Juli 1831) III. 378, (Reg. 16. Febr. 1832 §. 37) III. 444. — den Gerichts- und Obergerichtsschreibern der Landgerichte wird der Charakter als Sekretaire und Obersekretaire beigelegt (R. 17. Dez. 1835) V. 288. — Amtsverhältniß des Obersekretairs zu den Sekretairen (R. 16. Aug. 1849) X. 65. — Beurlaubung der Landgerichtssekretaire (R. 2. Juli 1836) V. 418. — insbesondere zu Reisen ins Ausland (R. 21. Mai 1841) VII. 296. — Mundiren und Expediren der Präsidialarbeiten und Korrespondenzen durch die Landgerichtssekretaire (R. 14. Juli 1837) VI. 260. — Assistenz derselben bei Präsentation von Testamenten seitens der Friedensrichter (R. 29. Juli 1840) VII. 190, (R. 24. Aug. 1841) VII. 324. — Verfahren behufs Hinterlegung der Testamente beim Notar (R. 31. Aug. 1841) VIII. 183. — inwiefern Präsidialordonnanzen auszufertigen sind (R. 4. Okt. 1847) VII. 348.

Appellationsgerichtssekretaire
Anstellung des Obersekretairs (V. 21. Juni 1819 §. 3) I. 573. — Besorgung der Reinschrift der Assisenberichte (R. 25. März 1837) VI. 125.

Handelsgerichtssekretaire
Aufnahme von Reiseakten durch dieselben (R. 16. Juli 1856) XI. 238. — vgl. Handelsregister.

Gewerbegerichtssekretaire
Qualifikation, Anstellung und Entlassung derselben (K. 25. Nov. 1837) VI. 341, (R. 22. 27. April 1842) VIII. 39, (V. 7. Aug. 1846 §. 2) IX. 102, vgl. die Regulative in der Rubrik: Gewerbegerichte. — Funktionen derselben (V. 7. Aug. 1846 §. 3, 4) IX. 102. — sind nicht befugt Mobilarversteigerungen abzuhalten (R. 19. Febr. 1848) IX. 286. — vgl. Akten, Dienstvergehen, Emolumente, Erkenntnißstempel, Hülfsgerichtsschreiber, Justizbeamte, Kostenliquidation, Prozeßstempel, Prozeßtabellen, Prüfungen, Repertorien, Stempelkontraventionen, Stempeltantieme, Urtheilsauszüge, Versteigerung.

Gerichtsschreiberaspiranten s. Prüfungen. — vgl. Gerichtsschreiberkandidaten.

Gerichtsschreiberei
Veräußerung der darin befindlichen herrenlosen Sachen und Asservate (R. 23. Juni 1823) II. 388, (R. 15. 24. Okt. 1825) II. 614. — Aufbewahrung der friedensgerichtlichen Akten (R. 23. Dez. 1822) II. 326, (R. 10. Juni 1836) V. 390. — Hinterlegung des Kontestationsprotokolls in Theilungssachen (R. 21. Mai 1834) IV. 72, (G. 18. April 1855 §. 8) XI. 81. — Anheftung der tabellarischen Bekanntmachungen über Verlust der bürgerlichen Ehrenrechte (R. 31. März 1843) VIII. 155, (R. 8. Aug. 1851) X. 378. — Aktenversendung in Civilsachen (G. 11. Mai 1855 §. 6, 7) XI 113. — vgl. Beleuchtung, Dienstgebäude, Heizung, Kanzlei, Schreibmaterialien.

Gerichtsschreibergebühren
zu welchen Fonds dieselben verrechnet werden (R. 22. Jan. 1823) II 340. — Gebühren für Mobilarauktionen (R. 27. Jan. 1823) II. 345. — dgl. für Liquidation der [Gerichtsschreiber-] Gerichtsvolziehergebühren in Strafsachen (R. 4. Juni 1826) III. 50. — dgl. für Nachweisung der zur Rolle gebrachten Appellationen (R. 5. Nov. 1836) V. 490. — Ausfertigungsgebühren bei Kompetenzkonflikten (R. 9. Dez. 1847) IX. 248, (R. 19. Aug. 1848) IX. 324. — Vergütung für Freipapier (K. 24. R. 28. Febr. 1839) VII. 22. — Erhebung der Gebühren bei altländischen Requisitionen wegen Gerichtskosten und in Fiskalsachen (R. 7. Febr. 1835) V. 66, (R. 27. Sept. 1841) VII. 342.

Instruktion für die Erhebung der Gerichtsschreiberei-Gebühren vom 22. Aug. 1859 (R. 24. Dez. 1859) XII. 121.

bei Friedensgerichten
Verzeichnung der Gebühren auf den Ausfertigungen (R. 14. Dez. 1821) II. 196. — Beachtung der Zeilen- und Silbenzahl bei denselben (R. 31. Jan. 1840) VII 138. — Ausfertigung polizeigerichtlicher Erkenntnisse (R. 23. Nov. 1832) III 550. — dgl. der Urtheile in Civilsachen (R. 17. Aug. 1841) VII. 313. — dgl. der Vereidungsprotokolle der Forstschutzbeamten (R. 10. Mai, 22. Juni 1838) VI. 536, (R. 21. Juli 1857) XI. 357.

Diäten- und Emolumentenberechnung der kommissarischen Gerichtsschreiber (R. 23. Sept. 1840) VII. 207. — vgl. Friedensgerichtsgebühren.

bei Landgerichten
Expeditionsgebühren für Anfertigung der Civilstandstabellen (R.

6. Aug. 1818) I. 515. — Anweisung derselben auf die Regierungskassen (R. 10. 26. April 1822) II. 266. — Vergütung des verwendeten Freipapiers (K. 15. Sept., R. 8. Okt. 1845) IX. 54. — Gebühren für Anfertigung der tabellarischen Uebersichten der Assisenverhandlungen (R. 5. Aug. 1856) XI. 240. — Gebührenerhebung bei altländischen Requisitionen wegen Einziehung von Gerichtskosten (R. 7. Febr. 1835) V. 66, (R. 27. Sept. 1841 §. 3) VII. 342. — dgl. bei Hinterlegung von Unterschrift und Siegel der Notarien (R. 16. Sept., 5. Nov. 1841) VII. 355. — Kostenberechnung im Herzogthum Berg (K. 4. Jan. 1843) VIII. 141. — Gebührenansatz in korrektionellen Holzdiebstahlssachen (R. 18. Sept. 1837) VI. 305. — dgl. für Abschriften und Auszüge in Strafsachen (R. 22. Mai 1857) XI. 342.

beim Appellationsgerichtshofe

Gebühren für die Reinschrift der Assisenberichte sind aus dem Büreaufonds zu entnehmen (R. 25. März 1837) VI. 125.

bei Handelsgerichten

Taxordnung für die Handelsgerichtsschreiber (R. 17. Nov. 1826) III. 73. — Anwendung derselben auf das Landgericht zu Düsseldorf als Handelsgericht (R. 14. Okt. 1831) III. 395. — Kostenberechnung im Herzogthum Berg (K. 4. Jan. 1843) VIII. 141. — vgl. Handelsregister.

bei Gewerbegerichten s. die Regulative in der Rubrik: Gewerbegerichte. — vgl. Armenrecht, Emolumente, Holzdiebstahl, Kostenexekutorien, Kostenfreiheit, Kostenliquidation, Rheinzollgerichte, Urtheilsauszüge, Vormundschaft.

Gerichtsschreiberkandidaten

deren Qualifikation zu Gerichtsvollzieherstellen (R. 31. Dez. 1829) III. 312, (R. 19. Febr. 1830) III. 326, (R. 15. Aug. 1831) III. 384, (R. 26. Juni 1832) III. 479, (R. 11. Mai 1841) VII. 289. — Beschäftigung derselben (R. 5. Juli 1831) III 378, (Reg. 16. Febr. 1832 §. 37) III. 444, (R. 1. März 1833) III. 589, (R. 16. Jan. 1845) IX. 6. — Anstellung als Gewerbegerichtssekretair (R. 22. 27. April 1842) VIII. 39. — vgl. Anstellungsgesuche, Civilversorgung, Hülfsgerichtsschreiber, Prüfungen.

Gerichtssitz

Verpflichtung der Anwalte an demselben zu wohnen (R. 16. April 1820) II. 21. — dgl. der Richter (R. 13. Juni 1831) III. 376. — vgl. Friedensgerichtssitzungen (periodische), Gerichtslokal, Wohnsitz.

Gerichtssitzungen

Aeußeres Erscheinen der Gensdarmen und niederen Militairpersonen in denselben (R. 15. Dez. 1823) II. 437, (R. 2. Mai 1835) V. 123. — Gestellung von Gensdarmen zu Strafgerichtssitzungen (R. 1. 6. März 1837) VI. 103, (R. 30. Nov. 1837) VI. 342. — Verhütung der Kommunikation zwischen dem Angeklagten und dem Publikum (R. 6. März 1837) VI. 103. — Verfahren bezüglich der Asservate (J. R. 24. Dez. 1827) III. 167. — Transport derselben durch Kanzleidiener (R. 27. März 1834) IV. 44. — Legitimation der Advokaten bei fremden Gerichten (R. 16. April 1820) II 23. — Verfahren bei Disziplinarvergehen der Advokaten und Anwalte in den Sitzungen des Appellationsgerichtshofes oder der Landgerichte (V. 7. Juni 1844 §. 1) VIII. 284, (G. 21. Juli 1852 §. 75, 76) X. 472. — Befugniß der Richterkommissare zu Verhandlungen außerhalb des Gerichtslokals (R. 23. Jan. 1836) V. 322. — vgl. Amtskleidung, Assisen, Audienzgerichtsvollzieher, Audienzprotokoll, Festtage, Friedensgerichtssitzungen, Gerichtstag, Lokaltermin, Oeffentlichkeit, Termin, Vorladung.

Gerichtsstand

Beschränkung des Art. 420 CPO. gegenüber den Bewohnern der alten Provinzen (R. 28. Sept. 1819) I. 607, (R. 9. Mai 1823, 30. Aug. 1827) III. 142, (R. 19. Okt. 1827) III. 154, (R. 3. Nov. 1827) III. 157, (V. 9. Jan. 1835) V. 43, (G. 2. Mai 1853 §. 4) X. 568. — dgl. des Art. 59 Nr. 2 (ibid. §. 3) X. 567.

Beschränkung des Art. 14 CGB. in Bezug auf die Deutschen Bundesstaaten (G. 2. Mai 1823) II. 366. — Nachweisung der in anderen Bundesstaaten dieserhalb geltenden Grundsätze (R. 17. Okt. 1823) II. 411, (R. 21. Aug. 1840) VII. 202.

Abänderung der Art. 483, 484 KPO. in Betreff der Bürgermeister, Beigeordneten, Polizeikommissarien, Förster, Feld- und Waldschützen als Hülfsbeamten der gerichtlichen Polizei (K. 17. R. 27. Juli 1832) III. 490.

Gerichtsstand der im Auslande stationirten Steuerbeamten (V. 26. April 1844) VIII. 265. — Gerichtsstand der Eisenbahngesellschaften bei Entschädigungsansprüchen der Grundbesitzer (K. 1. März 1847) IX. 185.

Gerichtsstand rheinischer Parteien in altländischen Schwängerungs- und Alimentationssachen (R. 24. Aug. 1836) V. 440, (R. 11. April, 17. Mai, 10. Juli 1851) X. 283. — vgl. Militairgerichtsstand, Ostrhein. — vgl. ferner Arrest, Erkenntnisse, Exekution, Exekutorische Klausel, Hessen-Kassel, Insinuationen, Kompetenz, Kompetenzkonflikt, Politische Verbrechen, Preßverbrechen, Requisitionen, Ritterschaft, Straferkenntnisse, Universitäten, Vorladung.

Gerichtstag

Zeugen und Sachverständige, die in verschiedenen Untersuchungssachen auf denselben Tag geladen sind, erhalten nur einmal Gebühren (R. 4. Aug. 1823) II. 395. — vgl. Termin.

Gerichtsutensilien s. Dienstgebäude, Ostrhein. — vgl. Beleuchtung, Gerichtsbibliotheken, Heizung, Schreibmaterialien, Siegel.

Gerichtsverhandlungen

inwiefern eine Veröffentlichung derselben bei Kriminalprozessen gestattet ist (G. 12. Mai 1851 §. 48) X. 318. — vgl. Assisenverhandlungen, Gerichtssitzungen, Oeffentlichkeit, Zeitungen.

Gerichtsvollzieher

deren Befugniß zu Amtshandlungen auf beiden Rheinufern (V. 31. Jan. 1821) II. 85. — Instruktion für das Amt der Gerichtsvollzieher (K. 9. R. 10. Juni 1833) III. 637. — Anweisung zur Ausführung derselben (R. 22. Okt. 1833) III. 678, (vgl. R. 12. Febr. 1862) XII. 356. — Befugniß des Justizministers zur Modifikation derselben (R. 1. Okt. 1838) VI. 602.

Gerichtsvollzieher bedürfen keines Heirathskonsenses (V. 27. April §. 3) II. 111. — sollen gewisse Gewerbe nicht betreiben (R. 6. Juli 1821) II. 132, (R. 19. Juli, 7. Dez. 1821) II. 194. — haben keinen Pensionsanspruch (K. 1. Mai, R. 9. Juni 1823) II. 382. — Entschädigung der unter der Fremdherrschaft angestellten Huissiers (R. 14. Mai 1821) II. 191, (K. 1. R. 9. Mai 1823) II. 382. — Ertheilung des Dimissoriale an die vor der Instruktion vom 10. Juni 1833 angestellten Gerichtsvollzieher (R. 19. Jan. 1841) VII. 264. — Gerichtsvollzieher führen kein Dienstsiegel (R. 24. Sept. 1831) III. 390. — Beglaubigung der portofreien Dienstkorrespondenz (R. 19. April 1847) IX. 193, (R. 8. 22. Mai 1847) IX. 198. — Amtssiegel für Wechselproteste (R. 20. Jan. 1849) X. 26.

Dienstwechsel der Audienzgerichtsvollzieher (R. 13. Dez. 1833) III. 698. — dieselben brauchen den Transport von Asservaten nicht zu besorgen (R. 27. März 1834) IV. 44. — können von dem Friedensrichter nicht wieder abgesetzt werden (R. 9. Juni 1834) IV. 82. — Befugniß des Justizministers zur Abänderung der gerichtlichen Beschlüsse wegen Annahme von Gerichtsvollziehern (R. 1. Okt. 1838) VI. 602.

Einziehung altländischer Gerichtskosten durch die Gerichtsvollzieher (R. 21. Febr. 1815, R. 7. Juni 1817) I. 463, (V. 30. Juni 1817) I. 469, (R. 23. Aug. 1834) IV. 141. — Beitreibung der Domanialgefälle (R. 18. Jan. 1822) II. 205. — Funktionen der Gerichtsvollzieher in Armensachen (V. 16. Febr. 1823) II. 347, (R. 16. Mai 1823) II. 378. — dgl. in Vormundschaftssachen (R. 4. Sept. 1835 §. 2) V. 205. — dgl. in Exekutionssachen der rheinischen Ritterschaft (V. 13. Juni 1837) VI. 234. — dgl. in Gewerbegerichtssachen (V. 7. Aug. 1846 §. 4) IX. 102. — dgl. in Expropriationssachen (G. 25. Mai 1857) XI. 345, (R. 29. Dez. 1857) XI. 400. — Ersetzung kommittirter Gerichtsvollzieher in Civilsachen (G. 11. Mai 1855 §. 5) XI. 112.

Ertheilung besonderer Quittungen über Abschlagszahlungen bei Exekutionen (R. 20. Aug. 1841) VII. 314, (R. 30. Okt. 1841) VII. 328. — Abnahme der Akten von suspendirten Gerichtsvollziehern (R. 7. März 1823) II. 351.

Vorführung der Untersuchungsgefangenen durch Gerichtsvollzieher (R. 30. Nov. 1837) VI. 342. — Anheftung der tabellarischen Bekanntmachungen über Verlust der bürgerlichen Ehrenrechte (R. 31. März 1843) VIII. 155, (R. 8. Aug. 1851) X. 378. — vgl. Gerichtsvollziehergebühren ff. — vgl. ferner Audienzgerichtsvollzieher, Dienstbehörde, Dienstvergehen, Exekution, Justizbeamte, Kaution, Repertorien, Stempelkontraventionen, Stempelrevision, Versteigerung.

Gerichtsvollzieheraspiranten s. Prüfungen. — vgl. Gerichtsvollzieherkandidaten.

Gerichtsvollziehergebühren

Wegfall der Reisekosten innerhalb des Kantons (GV. 17. Dez. 1813), aufgehoben (durch K. 5. R. 8. April 1825) II. 584. — Vertheilung der Reisekosten, Revision und Festsetzung der Gerichtsvollziehergebühren (GRM. 24. April 1815) I. 196. — Kontrolirung derselben in Strafsachen, insbesondere bei Polizeigerichten (R. 3. Febr., 22. April 1820) II. 29. — Allgemeine Bestimmungen über Gebühren und Reisekosten in Untersuchungssachen (K. 5. R. 8. April 1825) II. 584, (R. 21. Juni 1825) II. 594, (R. 4. Juni 1826) III. 50, (R. 25. Juni 1832) III. 477, (R. 31. Dez. 1825) II. 635, (R. 29. Jan. 1831) III. 369. — Für Einziehung der eventuellen Gebühren wird keine Tantieme erhoben (R. 24. Juli, 11. Aug. 1826) III. 63.

Instruktion und Gebührentaxe für die Gerichtsvollzieher (K. 9. J. 10. Juni 1833) III. 637. 641, (R. 22. Okt. 1833) III. 678. — Auslegung des §. 11 der Instruktion (R. 26. April 1834) IV. 62. — Anwendung desselben auf die Beitreibung von Geldbußen und Kosten (R. 19. Sept. 1838) VI. 593. — Auslegung der Nr. 9, 17, 73 des Tarifs (R. 7. April 1841) VII. 272. — Abänderung der Nr. 19, 37, 38 (K. 4. R. 7. Dez. 1838) VI. 653. — Interpretation der Nr. 44 (R. 12. Sept. 1841) VII. 339. — Anwendung der Nr. 74, 76 auf den Landgerichtsbezirk Elberfeld (R. 28. Mai 1835) V. 139. — dgl. Saarbrücken (R. 14. Nov. 1835) V. 257. — Wegfall der Reisekosten bei friedensgerichtlichen Civilsachen, Gebühren für Zustellung der Anwaltsakte und für Aufrufung (R. 20. Okt. 1833) III. 677. — dgl. für Bewachung von Falliten (R. 4. Nov. 1833) III. 690. — dgl. für Wechselproteste (R. 4. Nov. 1833) III. 690, (R. 14. Sept. 1836) V. 450, (R. 3. Juni 1837) VI. 224, (R. 13. April 1842) VIII. 36. — dgl. für Verhaftung von Falliten (R. 9. Juni 1836) V. 386, (R. 10. Mai 1844) VIII. 266. — dgl. für freiwillige Mobilarversteigerungen, frustrirte Pfändungen und für Exmissionen (R. 9. Juni 1836) V. 386. — Für Empfang der beizutreibenden Gelder findet keine Gebühr statt (R. 4. Nov. 1833) III. 690. — Theilung der Gebühren der Audienzgerichtsvollzieher (J. 10. Juni 1833 §. 17) III. 641, (R. 22. Okt. 1833 §. 4) III. 686, (R. 13. Dez. 1833) III. 698. — Gerichtsvollziehergebühren in Folge der veränderten friedensgerichtlichen Kompetenz (R. 5. Sept. 1843) VIII. 184. — Gebühren für verwendetes Freipapier (R. 25. Nov. 1837) VI. 340, (K. 24. R. 28. Febr. 1839) VII. 22, (vgl. G. 29. März 1851 Nr. 76) X. 278.

Bestrafung der unterlassenen Kostenspezifikation in Gerichtsvollzieherakten (R. 30. März 1824) II. 471. — Verbot der Gebührentheilung mit dritten Personen (R. 21. Febr. 1834) IV. 28. — Gebührenliquidation in administrativen Untersuchungen (R. 23. Juli 1830) III. 356. — dgl in Fiskalsachen und bei Einziehung altländischer Gerichtskosten (R. 7. Febr. 1835) V. 66, (R. 27. Sept. 1841) VII. 342. — dgl. bei altländischen Requisitionen in Civil- resp. Bagatellsachen (R. 13. 25. Febr., 13. März 1837) VI. 109. — dgl. in Rheinzollsachen (R. 16. Sept. 1835) V. 219. — dgl. bei Kompetenzkonflikten (R. 19. Aug. 1848) IX. 324, (vgl. R. 3. Dez. 1853) X. 622. — dgl. für Anfertigung der Abschriften von Definitivurtheilen in Civilsachen (R. 19. April 1844) VIII. 262, (R. 21. Dez. 1857) XI. 398. — dgl. für Anheftungen in Polizei- und Zuchtpolizeisachen (G. 11. Mai 1855 §. 12) XI. 115. — Formular zur Kostenliquidation auf den Kriminalfonds (R. 14. April 1837) VI. 146. 153. — Zulässigkeit einer Nachliquidation (R. 24. April 1824) II. 486.

Neue Gebührentaxe für die Gerichtsvollzieher (G. 29. März 1851) X. 267. — Anwendung derselben auf Kompetenzkonfliktssachen (R. 3. Dez. 1853) X. 622. — vgl. Armenrecht, Civilkostentarif, Emolumente, Holzdiebstahl, Hütergebühren, Insinuationen, Kostenfreiheit, Requisitionen, Vormundschaft.

Gerichtsvollzieherkandidaten
Beschäftigung derselben im Parketdienst (R. 1. März 1833) III. 589. — dgl. bei dem Landgerichtssekretariat (R. 7. Juli 1836) V. 420. — vgl. Anstellungsgesuche, Civilversorgung, Prüfungen.

Gerichtsvollzieherunterstützungsvereine
deren Einrichtung (K. 9. J. 10. Juni 1833 §. 13—16) III. 640, (R. 22. Okt. 1833 §. 3) III. 682. — Beschränkte Portofreiheit derselben (R. 26. Juni, 12. Juli 1834) IV. 100. — Anfang der Beitragspflicht, Einfluß der Versetzung (R. 13 März 1835) V. 91. — Einziehung der disziplinarischen Geldbußen gegen Gerichtsvollzieher zur Vereinskasse (K. 24. R. 28. Juni 1837) VI. 255. — Verrechnung der wegen Stempelkontravention festgesetzten Ordnungsstrafen als Stempelstrafen (R. 27. März 1862) XII. 361, (R. 19. Okt. 1864) XII. 453.

Gerichtsvollzieherurkunden
Stempelpflichtigkeit derselben in Prozessen und bei Anwaltsakten (R. 11. Febr. 1823) II. 346, (R. 21. Mai 1823) II. 379. — Anrechnung des zu denselben verwendeten Stempels auf den Erkenntnißstempel (K. 4. Nov. 1844) VIII. 371, (R. 10. Jan. 1845) IX. 5, (R. 8. Juni 1846) IX. 92, (R. 12. Jan. 1847) IX. 149. — Verwendung des Stempels zu Gerichtsvollzieherurkunden (K. 17. Juli 1846) IX. 100, (R. 20. Juli 1853) X. 585, (R. 2. März 1865) XII. 395. — Folgen des unterlassenen Kostenvermerks (R. 30. März 1824) II. 471. — Angabe der Nummern des Journals und Repertoriums (R. 9. Juni 1836) V. 386. — Aeußere Form bei ausländischen Insinuationen (R. 31. Dez. 1830, 21. 28. Febr., 6. April 1832) III. 449, (R. 20. März 1835) V. 96. — Abschaffung der Pluralformel (R. 11. Juni 1834) IV. 84. — vgl. Insinuation, Vorladung, Wechselprotest.

Geruch
Kompetenz der Regierung bei Einsprüchen gegen Anlegung von Manufakturen und Werkstätten, die einen ungesunden oder unangenehmen Geruch verbreiten (StMB. 20. Juli 1818 §. 2) I. 505. — vgl. Gasanstalten.

Gesandtschaften
Kosten- und Stempelfreiheit der von denselben requirirten Civilstandsurkunden und Atteste (K. 5. Aug. 1836, R. 27. Jan. 1837) VI. 40. — vgl. Legalisation, Requisitionen.

Geschworene
Abschaffung des Geschworeneninstituts (GB. 28. Febr. 1814 §. 2) I. 18. — Wiederherstellung desselben, Funktionen der Regierungspräsidenten bei Anfertigung der Geschworenenliste (J. K. 19. Nov. 1818 §. 32, 33) I. 528. — Beschränkung der gerichtlichen Dispensationen (R. 3. Dez. 1816) I. 431. — inwiefern Mennoniten als solche

heranzuziehen sind (K. 9. R. 18. Juli 1825) II. 598, (R. 23. Mai, 6. 26. Dez. 1846) IX. 137. — Gewerbegerichtsmitglieder sind nicht befreit (R. 3. Juni 1842) VIII. 55. — Betheiligung der Mitglieder des Landtags an den Funktionen der Geschworenen (R. 20. Mai 1860) XII. 182. — Entbindung des Fürsten und Altgrafen zu Salm-Reifferscheid-Dyck von der Uebernahme des Geschworenenamtes (K. 17. R. 25. April 1832) III. 465. — vgl. Assisen, Begnadigungsanträge.

Gesellen
Errichtung von Unterstützungskassen für dieselben (G. 3. April 1854 §. 2) XI. 17. — Aufhebung der Bestimmungen über die Arbeitsbücher (G. 8. Juni 1860) XII. 193. — Annahme ausländischer Juden als Gesellen (G. 23. Juli 1847 §. 71) IX. 227, (R. 16. Febr. 1851) X. 261. — vgl. Gewerbebetrieb, Gewerbegerichte.

Gesetze
die in einem publizirten Gesetze bezogenen Vorschriften gelten für mitpublizirt (R. 11. April 1834) IV. 58, (K. 2. R. 29. Aug. 1834) IV. 149, (K. 24. Aug., R. 1. Sept. 1837) VI. 295. — Publikation der Gesetze (G. 3. April 1846) IX. 75.

Gesetzgebung
Verfahren bei Berichten über Abänderung bestehender oder Erlaß neuer Gesetze und Ministerialverfügungen (R. 26. Okt. 1838) VI. 620. — vgl. Justizorganisation.

Gesetzsammlung
deren Einrichtung (V. 27. Okt. 1810, 28. März 1811, 9. Juni 1819) I. 559. — angewendet auf die Rheinprovinz (R. 28. Aug. 1819) I. 589. — Publikation der Gesetze durch dieselbe (G. 3. April 1846) IX. 75. — Anschaffung derselben für die Gerichtsbibliotheken (R. 5. Okt. 1821) II. 181. — Versendung an die Landgerichte (R. 29. Febr. 1836) V. 339. — ist zu halten seitens der Friedensrichter (R. 30. Juli 1821) II. 154. — dgl. der Notarien (R. 11. Aug. 1823) II. 398, (R. 29. Jan. 1841) VII. 265, (K. 9. Mai 1854) XI. 31. — dgl. der Advokaten und Rechtsanwalte (K. 9. Mai 1854) XI. 31. — dgl. der Handelsgerichte (R. 10. März 1841) VII. 266. — nicht seitens der Notariatskandidaten (R. 20. Juni 1855) XI. 127. — Kontrole über das Halten derselben (R. 3. Jan. 1854) XI. 6, (R. 15. Jan. 1862) XII. 343. — Unentgeltliche Lieferung der für die Staatsbehörden erforderlichen Exemplare (StMB. 28. Nov., R. 12. Dez. 1861) XII. 266, (R. 15. Jan. 1862) XII. 343. — insbesondere für die Beamten der Staatsanwaltschaft (R. 15. April 1862) XII. 362. — dgl. für die Friedensrichter (R. 8. Mai 1862) XII. 366. — vgl. Amtsblätter, Generalgouvernementsblätter, Ostrhein (Voluntargerichte).

Gesinde
Gesindeordnung für die Rheinprovinz (V. 19. Aug. 1844) VIII. 337. — Annahme ausländischer Juden als Dienstboten (G. 23. Juli 1847 §. 71) IX. 227, (R. 16. Febr. 1851) X. 261. — Bestrafung des Gesindes wegen Verletzung der Dienstpflichten (G. 24. April 1854) XI. 30. — vgl. Arbeiter, Diener, Generalfragen, Haftbarkeit, Sklaven.

Gesindemäkler
deren Gewerbebetrieb (V. 19. Aug. 1844) VIII. 337.

Geständniß
dessen Registrirung in Kriminalsachen und Erwähnung im Aktenauszug (R. 30. Juli 1821) II. 153, (R. 23. Nov. 1810, R. 30. Juli 1821) II. 154, (R. 12. März 1835) V. 90. — dasselbe bildet allein keinen vollen Beweis des Verbrechens (R. 24. Jan. 1835) V. 54. — vgl. Angeklagter, Beschuldigter, Kriminalordnung.

Gesuche s. Anstellungs-, Armenrechts-, Begnadigungs-, Dispensations-, Immediat-, Pensionsgesuche. — vgl. Adresse, Anmeldestube, Beschwerde, Bittschrift, Legitimation, Naturalisation, Porto, Querulanten, Rehabilitation, Urlaub.

Gesundheit
deren Konstatirung behufs Strafvollstreckung (R. 31. Juli 1838) VI. 565. — insbesondere an Festungsarrestaten (R. 30. Nov. 1846) IX. 127. — vgl. Aerzte, Geisteskranke, Krankheit, Medizinalgebühren, Unzurechnungsfähigkeit.

Getränke
geistige, sollen von Apothekern nicht verzapft werden (GV. 20. Nov. 1814) I. 82. — Verabreichung derselben bei Versteigerungen (R. 10. April 1817) I. 459, (R. 17. Mai 1819) I. 556. — vgl. Trunkenheit.

Gewährsmängel
Verfahren bei Prozessen wegen Gewährleistung für verborgene Mängel beim Verkauf und Tausch von Hausthieren (G. 3. Mai 1859) XII. 77.

Gewehre
Bekanntmachung der Straferkenntnisse wegen fahrlässiger Verletzung durch Schießgewehr (R. 13. Juni 1845) IX. 34. — vgl. Asservate, Jagdgeräthschaften, Waffen.

Gewerbebetrieb
ist den Gerichtsvollziehern untersagt (R. 6. Juni 1821) II. 132. — inwiefern den Justizbeamten überhaupt (R. 19. Juli, 7. Dez. 1821) II. 194, (R. 3. Juni 1835) V. 144, (R. 12. April 1860) XII. 177. — und den Notaren insbesondere (R. 10. Juni 1822) II. 272. — Gewerbebetrieb der emanzipirten Minderjährigen (V. 23. Jan. 1835) V. 52, (V. 20. Febr. 1836) V. 335. — dgl. der Juden (G. 23. Juli 1847 §. 4) IX. 212. — Annahme ausländischer Juden als Gewerksgehülfen, Gesellen oder Lehrlinge (G. 23. Juli 1847 §. 71) IX. 227, (R. 16. Febr. 1851) X. 261. — Gewerbebetrieb der Handwerker (V. 9. Febr. 1849 §. 23) X. 33. — Konzessionirung der gewerbmäßigen Vertreter von Parteien (R. 24. Nov., 10. Dez. 1846) IX. 130, (R. 14. Dez. 1852) X. 527. — Zurücknahme der Konzessionen zum Gewerbebetrieb (R. 3. Sept. 1851) X. 382. — Untersagung des Gewerbebetriebs gegen wiederholt bestrafte Holzhändler (G. 2. Juni 1852 §. 46) X. 433. — Verlust der Befugniß zum Gewerbebetrieb der Antiquare, Buchdrucker, Buchhändler ꝛc. (G. 21. April 1860) XII. 178. — vgl. Agenten, Arbeiter, Arbeitsbücher,

Bauhandwerker, Dampfkessel, Fabriken, Gasanstalten, Geruch, Gesindemäkler, Gewerbegerichte ff., Handel. Hausirregulativ, Kaufleute, Mäkler, Manufakturen, Presse, Quittungsbücher, Schifffahrt, Schleichhandel, Unterstützungskassen, Werkstätten, Winkelkonsulenten.

Gewerbegerichte

Zusammensetzung des Rathes der Gewerbverständigen zu Cöln (K. 27. April, R. 27. Mai 1830) III. 346. — derselbe erhält den Namen Gewerbegericht, Einrichtung (R. 29. März 1844) VIII. 249. — Richterzahl (R. 11. Sept. 1857) XI. 377. — Errichtung des Fabrikengerichts zu Gladbach (Reg. K. 14. R. 20. Nov. 1835) V. 260, (K. 15. Juni 1839, Reg. 23. Aug. 1841) VII. 314, (R. 31. Dez. 1841) VII. 375. — dgl. zu Barmen (Reg. K. 31. Okt. 1840) VII. 212. — dgl. zu Elberfeld (Reg. K. 31. Okt. 1840) VII. 216. — dgl. zu Solingen (Reg. K. 31. Okt. 1840) VII. 220. — Verminderung der beschlußfähigen Mitgliederzahl (R. 16. Febr. 1861) XII. 233. — Errichtung des Fabrikengerichts zu Lennep (Reg. K. 18. Nov. 1840) VII. 231. — Zahl und Wahl der Stellvertreter (K. 18. März 1854) XI. 15. — Erhöhung der Zahl der Mitglieder und Stellvertreter (K. 2. Mai 1864) XII. 446. — Errichtung des Fabrikengerichts zu Remscheid (Reg. K. 18. Nov. 1840) VII. 237. — Zahl und Wahl der Stellvertreter (K. 10. Juni 1854) XI. 40. — Einrichtung des Fabrikengerichts zu Crefeld (Reg. B. 29. Nov. 1841) VII. 365. — Zahl und Wahl der Stellvertreter (K. 9. Febr. 1857) XI. 306. — Errichtung des Fabrikengerichts zu Burscheid (Reg. K. 4. Juli 1843) VIII. 175. — dgl. des Gewerbegerichts zu Düsseldorf (Reg. B. 15. Nov. 1844) VIII. 371. — dgl. zu Mühlheim (Reg. B. 21. Dez. 1857) XI. 393. — die Fabrikengerichte und der Rath der Gewerbverständigen zu Aachen erhalten die Benennung Gewerbegericht (B. 7. Aug. 1846) IX. 102. — Bestreitung der Kosten für die Fabrikengerichte (R. 25. Nov. 1837) VI. 341, vgl. die cit. Regulative.

Verpflichtung der Gewerbegerichtsmitglieder zum Geschworenendienst (R. 3. Juni 1842) VIII. 55. — Uebernahme von Gemeindeämtern und Gemeinderathsfunktionen seitens derselben (G. 15. Mai 1856) XI. 218.

Kompetenz der Gewerbegerichte in Polizeisachen (R. 21. Jan. 1846) IX. 68. — dgl. in Bezug auf Fabrikarbeiter (B. 7. Aug. 1846 §. 1) IX. 102. — Führung der Fabrikzeichenrolle (B. 18. Aug. 1847 §. 3 ff.) IX. 230, (B. R. 10. Febr. 1848) IX. 276.

Unzulässigkeit der Assistenz von Rechtsverständigen bei Gewerbegerichtsverhandlungen (R. 25. April 1844) VIII. 263. — Anwendung des Armenrechts (R. 19. Febr. 1848) IX. 286. — Verfahren der Gewerbegerichte (B. 7. Aug. 1846 §. 2—4) IX. 102. — Erkenntnißstempel bei Klagen auf Ausstellung von Entlassungszeugnissen für Gewerbegehülfen, Gesellen und Lehrlinge (R. 1. Juni 1858) XII. 30.

Gewerbegerichtssekretair s. Gerichtsschreiber.

Gewerbeordnung

vom 17. Jan. 1845, Zuziehung des Fiskus bei Prozessen über gewerbliche Abgaben (§. 3) (R. 8. Juni 1846) IX. 94. — Anwendung des §. 49, 71, 177 auf Winkelkonsulenten (R. 24. Nov., 10. Dez. 1846) IX. 130, (R. 14. Dez. 1852) X. 527, (R. 26. April 1858) XII. 15. — Verschiedene Abänderungen der Gewerbeordnung (V. 9. Febr. 1849) X. 27. — Anwendung derselben auf die Presse (G. 12. Mai 1852) X 308, (R. 3. Sept. 1851) X. 382, (G. 21. April 1860) XII. 178. — dgl. auf die Beförderung der Auswanderer (G. 7. Mai 1853) X. 570. — Bildung gewerblicher Unterstützungskassen (G. 3. April 1854) XI. 17. — Unzulässigkeit eines Denunziantenantheils der Gensdarmen im Falle des §. 177 der Gewerbeordnung (R. 20. Dez. 1859) XII. 120.

Gewerbepolizei-Uebertretungen
Unzulässigkeit eines Denunziantenantheils der Gensdarmen (R. 20. Dez. 1859) XII. 120. — vgl. Gewerbebetrieb ff., Hausirregulativ, Schleichhandel.

Gewerberäthe
deren Errichtung (V. 9. Febr. 1849) X. 27.

Gewerbesteuer
inwiefern Gewerbtreibende für die betreffenden Kontraventionen ihrer Angehörigen aufkommen müssen (R. 25. Febr. 1835) V. 79, (G. 23. Jan. 1838 §. 19) VI. 408. — Gewerbesteuer wird für Versteigerungen von Justizbeamten nicht erhoben (R. 3. 10. Juni 1835) V. 144, (R. 27. Okt., 4. Nov. 1836) V. 487. — Vorzeigung des Gewerbscheins bei Waarenversteigerung außerhalb des Wohnorts (R. 31. Mai 1837) VI. 222. — Höhe der Steuerquote, welche zur Wahl der Handelskammer berechtigt (K. 23. Mai, 26. Juni 1831) V. 19, (K. 21. Febr., R. 5. März 1836) V. 341. — Strafe des Rückfalls bei Gewerbesteuerdefraudationen (R. 20. Nov. 1839) VII. 114. — Unzulässigkeit eines Denunziantenantheils der Gensdarmen bei Gewerbepolizei-Uebertretungen (R. 20. Dez 1859) XII. 120. — vgl. Bergwerkssteuer, Gewerbebetrieb, Hausirregulativ, Steuer, Steuerdefraudation, Steuerstrafen.

Gewerbliche Abgaben s. Gewerbeordnung.

Gewerbliche Unterstützungskassen s. Unterstützungskassen.

Gewicht
Kontrolirung der Waagen bei Gewerbtreibenden (R. 12. Febr. 1836) V. 329. — dgl. der Maaße (R. 11. März 1836) V. 342. — Stempelung und Beaufsichtigung der Waagen (G. 24. Mai 1853) X. 580. — Einführung eines allgemeinen Landesgewichts (G. 17. Mai 1856) XI. 232. — Bestrafung für den Besitz oder Gebrauch unrichtiger oder ungestempelter Gewichte (G. 17. Mai 1856 §. 7) XI. 232. — Bestimmung des Münzgewichts (G. 17. Mai 1856 §. 6) XI. 232, (G. 5. Mai 1857) XI. 340. — vgl. Portofreiheit.

Gift
Anwendung des Gesetzes vom 21. Germinal XI. beim Verkauf desselben (R. 9. März 1837) VI. 106. — Vorsichtsmaßregeln bei Verschiffung von Giftstoffen auf dem Rhein (K. 5. Jan. 1840) VII. 123. — Verfahren und Gebühren bei chemischen Untersuchungen wegen Vergiftung (R. 28. Okt. 1857) XI. 383. — vgl. Arznei.

Gladbach s. Gewerbegerichte, Handelsgerichte, Handelskammern.

Glaubensbekenntniß s. Gemischte Ehe. — vgl. Juden, Mennoniten, Religiöse Angelegenheiten.

Gläubiger s. Falliment. — vgl. Aufgebot.

Gnadengehalt s. Civilversorgung, Diensteinkommen, Militairgehalt, Militairinvaliden, Pension.

Gnadengesuch s. Begnadigungsgesuch.

Gnesen s. Erzbischöfe.

Goldantheil, Goldkolonne s. Diensteinkommen, Münzwesen.

Goldmünzen s. Bank, Depositalwesen, Münzwesen.

Gouvernementsgerichte
deren Kompetenz in Civil- und Strafsachen (R. 26. Juni, 25. Sept. 1816, 20. Okt. 1820) II. 63, (K. 19. Juni 1834) IV. 102. — Ausübung der freiwilligen Gerichtsbarkeit (R. 19. Nov. 1836) V. 493, (vgl. G. 8. Juni 1860) XII. 188, (B. 1. Okt. 1860) XII. 207, (R. 31. Okt. 1860) XII. 211. — vgl. Luxemburg, Mainz, Militairgerichte, Rastatt.

Graubünden
Kanton, Eheschließung der dortigen Angehörigen im Auslande (R. 9. Okt. 1836) V. 469. — vgl. Schweiz.

Grenzaufsichtsbeamte
deren Waffengebrauch (J. 6. Juli 1835) V. 159. — Befugnisse derselben in Betreff des Schleichhandels (R. 12. Jan. 1835, 18. Mai 1836, 29. Aug. 1837) VI. 289, (Reg. 12. Jan. 1839) VII. 6, (R. 16. Dez. 1839) VII. 117. — Bestrafung der Widersetzlichkeit gegen solche (R. 18. Mai, 7. 15. Juni 1844) VIII. 289. — vgl. Steuerbeamte, Steuerbehörden.

Grenzbewohner s. Schleichhandel. — vgl. Rechtshülfe.

Grenzen
Abgrenzung zwischen Staats- und Privatwaldungen (K. 6. Febr. 1826) III. 16. — Feststellung der Grenzen in Domanialsachen (StMB. 20. Juli 1818 §. 20) I. 510, (R. 5. Mai 1839) VII. 51. — Bestrafung der fahrlässigen Grenzüberschreitung beim Bergbau (G. 26. März 1856) XI. 174. — vgl. Bauen, Rechtshülfe.

Grenznachbarn
Angabe derselben in Katasterauszügen (R. 13. Jan. 1840) VII. 126.

Großbritannien
Bestallung von Testamentsexekutoren durch den Court of the prerogative zu Canterbury (R. 10. 13. Juni 1837) VI. 234. — Vertrag mit Großbritannien wegen Schutzes gegen Nachdruck und Nachbildung (Ko. 14. Juni 1855) XI. 119. — Nothwendigkeit der Civilehe bei Eheschließungen durch englische Konsuln (R. 18. Aug. 1855) XI. 145. — Dispensation der englischen Unterthanen vom Heimathsattest behufs Verheirathung in Preußen (R. 31. Aug. 1856) XI. 279. — vgl. Insinuation, Requisition.

Großeltern
Zuziehung des Nebenvormunds, wenn der Großvater Vormund ist (R. 16. Aug. 1838) VI. 572. — vgl. Civilstand (Heirathsurkunden), Heirathskonsens, Notorietätsakte.

Grubenarbeit s. Bergwerksarbeiter.

Grundrenten s. Renten.

Grundsteuer s. Steuer. — vgl. Kataster.

Grundstücke s. Immobilien.

Guillotine s. Todesstrafe.

Gutachten
Einholung eines solchen bei Kultusstreitigkeiten in Synagogengemeinden (G. 23. Juli 1847 §. 53 ff.) IX. 223. — dgl. bei Untersuchungen wegen falscher Fabrikzeichen (V. 18. Aug. 1847 §. 15 ff.) IX. 235. — dgl. bei Untersuchungen gegen jugendliche Brandstifter (R. 30. Nov. 1851) X. 392. — dgl. bei Untersuchungen gegen aus dem Lande gewiesene Landstreicher (K. 10. März 1839) VII. 31. — vgl. Aerzte, Geisteskranke, Gerichte (altländische), Medizinaldeputation, Medizinalgebühren, Nachdruck, Obduktion, Sachverständige, Sachverständigenvereine, Taxatoren, Thierärzte.

Güterabtretung
Verfahren bei den dieselbe betreffenden Theilungen und Immobilarverkäufen (K. 29. Sept., R. 6. Okt. 1835) V. 231, (G. 18. April 1855 §. 29, 31, 68) XI. 87.

Gütergemeinschaft s. Erkenntnißstempel, Kaufstempel, Vormundschaft (Inventar). — vgl. Dotalgut, Statutarrecht.

Gütertrennung
Gebühren für die bezügliche Anheftung beim Disziplinarrath der Advokaten und Anwalte (R. 10. Okt. 1845) IX. 56. — Stempelansatz bei Forderungsklagen der getrennten Ehefrau gegen die Masse (R. 18. Jan. 1862 Nr. 3) XII. 345. — vgl. Ehescheidung.

Gutsbesitzer s. Dienstleute, Jagd, Immobilien.

Gutsherrliche Verhältnisse
Suspension der Edikte vom 14. Sept. 1811 und der betreffenden Prozesse (K. 5. Mai, GNM. 3. Juli 1815) I. 218. — Administrative Beitreibung der grundherrlichen Abgaben (StMB. 20. Juli 1818 §. 16) I. 507. — Ausübung der Standschaft, der Gerichtsbarkeit und des Patronats (G. 8. Mai 1837) VI. 187, (G. 14. April 1856) XI. 186. — Regulirung der gutsherrlichen Verhältnisse (G. 2. März 1850) X. 123, (G. 15. April 1857 §. 12) XI. 315.

Haftbarkeit
der Gemeinden bei Aufläufen (K. 7. Dez. 1824) II. 536, (G. 11. März 1850) X. 200. — der Gewerbtreibenden bei Steuer- und Zollvergehen (R. 25. Febr. 1835) V. 79, (G. 23. Jan. 1838 §. 19) VI. 408. — der Ehegatten und Eltern in demselben Falle (G. 23. Jan. 1838 §. 19) VI. 408. — dgl. bei Forst- und Feldfreveln (R. 2. April 1836) V. 354, (R. 7. April 1838) VI. 454, (R. 19. Mai 1838)

VI. 518, (R. 13. Nov., 25. Dez. 1838) VI. 632. — dritter Personen bei Holzdiebstählen (G. 2. Juni 1852 §. 10, 11) X. 424. — dgl. bei Jagdpolizeikontraventionen (G. 7. März 1850 §. 14, 19) X. 196. — der Eltern und Dienstherren bei Weidfreveln (G. 5. Juni 1844 §. 7) VIII. 302. — der Dampfschiffseigenthümer bei Kontraventionen der Führer und Maschinisten (K. 15. Sept. 1845) IX. 51. — der Schiffseigenthümer bei Strompolizeikontraventionen (V. 14. Aug. 1846) IX. 105. — der Dampfkesselbesitzer bei Kontraventionen der Kesselwärter (G. 7. Mai 1856 §. 3) XI. 191. — der Bergwerkseigenthümer hinsichtlich der Knappschaftsbeiträge (G. 10. April 1854 §. 11) XI. 24. — der Mandanten bei Stempelkontraventionen (R. 30. April, 11. Juni 1830) III. 350. — der Beamten in gleichem Falle (K. 28. Okt. 1836) V. 480. — der Mäkler dgl. (R. 30. April 1847) IX. 195. — vgl. **Garantie, Kassendefekte, Kaution, Regreßklagen, Schadensersatz, Solidarverbindlichkeit, Theilnahme.**

Haftsachen
Mittheilung der Akten an die Steuerbehörde bei Zoll- und Steuervergehen (R. 12. Juni 1826) III. 55, (R. 27. Nov. 1827) III. 164. — Anwendung der Rubrik: „Verhaftet" bei Verfügungen und Korrespondenzen (R. 30. Okt. 1835) V. 247.

Halmfrüchte s. Versteigerung. — vgl. **Früchte.**

Hamburg s. Armenrecht, Deutsche Bundesstaaten.

Hamm
Kompetenz des dortigen Oberlandesgerichts über die in Luxemburg und Mainz stehenden Militairpersonen (K. 19. Juli 1834) IV. 102.

Handarbeiter s. Dienstleute. — vgl. **Arbeiter.**

Handel
dessen Betrieb durch emanzipirte Minderjährige (B. 23. Jan. 1835) V. 52, (B. 20. Febr. 1836) V. 335. — Vernichtung der Asservate, mit welchen kein Handel getrieben werden darf (R. 22. Dez. 1852) X. 530. — vgl. **Aktien, Anleihen, Arznei, Gewerbebetrieb, Gift, Kauf, Kaufleute, Kohlen, Prämienscheine, Schießpulver, Schleichhandel, Staatspapiere.**

Handelsbücher
deren Beschlagnahme wegen Verdacht der Steuerdefraudation (R. 17. 29. Jan. 1820) II. 8, (R. 12. 25. Febr. 1820) II. 12, (R. 11. März 1820) II. 14, (R. 23. Juli 1833) III. 657, (R. 4. Sept. 1849) X. 66. — Einsicht derselben bei Prüfung vormundschaftlicher Inventarien (R. 2. Okt. 1835) V. 226. — Führung der Handelsbücher seitens der Juden (G. 23. Juli 1847 §. 6) IX. 212. — vgl. **Mäkler.**

Handelsgerichte
deren territoriale Abgrenzung (B. 7. Juli 1821) II. 133, (K. 10. Juli, R. 4. Aug. 1834) IV. 107 (Krefeld), (K. 22. Okt. 1834) IV. 167 (Elberfeld), (K. 11. Dez. 1845) IX. 62, (K. 4. Dez. 1848) IX. 349 (Gladbach). — vgl. Landgerichte. — Errichtung eines Handelsgerichts in Düsseldorf (K. 16. Dez. 1861) XII. 339. — Wählbarkeit der Mennoniten zu Handelsrichtern (R. 26. Jan. 1827) III. 92. — Aufstellung der Liste der Notabeln (R. 31. Okt. 1846) IX. 119,

(R. 2. Sept. 1863) XII. 416. — Rangverhältniß der wiedergewählten Mitglieder der Handelsgerichte (K. 10. R. 18. Mai 1858) XII. 29. — Handelsrichter können als Gemeinderäthe fungiren (R. 5. Okt. 1831) III. 392, (G. 15. Mai 1856 §. 16) XI. 200, (G. 23. Juli 1845 §. 43) XI. 418, (G. 15. Mai 1856 §. 13, 14) XI. 226. — nicht als Konsuln auswärtiger Regierungen (R. 27. Nov. 1831) III. 409.

Beschränkung des forum contractus gegenüber altländischen Parteien (R. 28. Sept. 1819) I. 607, (R. 9. Mai 1823, 30. Aug. 1827) III. 142, (R. 19. Okt. 1827) III. 154, (G. 2. Mai 1853 §. 4) X. 568. — Inkompetenzerklärung ex officio beim Kontumazialverfahren gegen letztere (R. 30. Aug. 1827) III. 142, (R. 3. Nov. 1827) III. 157. — Anwendung des Personalarrestes auf dem rechten Rheinufer (K. 17. April 1833) III. 627. — Kompetenz in Wechselsachen (V. 6. Jan. 1849) X. 3, (G. 15. Febr. 1850) X. 119. — Abhaltung von Terminen außerhalb des Gerichtslokals (R. 23. Jan. 1836) V. 322. — Verfahren gegen Winkelkonsulenten (R. 24. Nov., 10. Dez. 1846) IX. 130. — Konzessionirung gewerbmäßiger Vertreter von Parteien (R. 14. Dez. 1852) X. 527. — Anwendung der summarischen Taxe seitens der Advokaten (R. 4. Juni 1824) II. 508, (K. 14. R. 18. Nov. 1825) II. 619, (R. 23. Sept. 1839) VII. 87. — Mandatargebühren werden der obsiegenden Partei nicht erstattet (R. 23. Sept. 1839) VII. 87. — Erstattung von Reisekosten der Parteien (R. 16. Juli 1856) XI. 238. — Festsetzung der Gebühren für Bewachung von Falliten (R. 4. Nov. 1833) III. 690.

Verfahren der Handelsgerichte bei Stempelkontraventionen (J. R. 23. Juni 1828) III. 232, (R. 1. Okt. 1829) III. 300. — vgl. Bureaukostenfonds, Dienstgebäude, Erkenntnißstempel, Falliment, Gerichtsbibliotheken, Prozeßtabellen, Requisitionen, Stempelrevision.

Handelsgerichtspräsident
dessen Jahresbericht über die Justizverwaltung (R. 14. Mai 1824) II. 496. — Kontrolirung und Einsendung von Nachweisen über die Emolumente der Handelsgerichtssekretaire (R. 2. Jan. 1826) III. 5.

Handelsgerichtssekretair s. Gerichtsschreiber, Handelsregister.

Handelsgeschäfte s. Aktiengesellschaft, Handel, Kaufleute.

Handelsgesetzbuch, allgemeines deutsches
Ausführung des Gesetzes vom 24. Juni 1861 über die Einführung desselben (J. R. 12. Dez. 1861) XII 269. — insbesondere rücksichtlich der Gebühren und Kosten bei Führung des Handels- und Schiffsregisters (V. 27. Jan. 1862) XII. 349. — Anwendung der Vorschriften des Handelsgesetzbuchs und des Einführungsgesetzes auf Aktiengesellschaften, bei welchen der Gegenstand des Unternehmens nicht in Handelsgeschäften besteht (G. 15. Febr. 1864) XII. 435.

Handelsgesetzbuch, rheinisches
Anwendung des Art. 2 (B. 23. Jan. 1835) V. 52, (B. 20. Febr. 1836) V. 335. — Auslegung der Art. 14 ff. (R. 17. 29. Jan. 1820) II. 8, (R. 12. 25. Febr. 1820) II. 12. — Abänderung des

Art. 115 (K. 31. Okt. 1832) III. 528. — dgl. der Art. 110 bis 189 (V. 6. Jan. 1849) X. 3, (G. 15. Febr. 1850) X. 119. — Auslegung des Art. 176 (R. 31. Aug. 1841) VII. 328. — dgl. des Art. 455 (R. 4. Nov. 1833) III. 690. — dgl. der Art. 455, 466, 589 (R. 10. Mai 1844) VIII. 266. — dgl. der Art. 478, 515 (R. 23. Jan. 1836) V. 322. — Erweiterung des Art. 492 (K. 6. Dez. 1837) VI. 345. — Modifikation der Art. 564, 565 (G. 18. April 1855 §. 68) XI. 97. — Auslegung der Art. 618, 619 (R. 31. Okt. 1846) IX. 119, (R. 2. Sept. 1863) XII. 416. — Anwendung der Art. 632, 437 auf Färber im Großen (R. 22. März 1832) III. 458. — Modifikation der Art. 636, 637 (V. 6. Jan. 1849 §. 6) X. 4, (G. 15. Febr. 1850 §. 8) X. 121. — dgl. des Art. 623 (K. 10. Mai 1858) XII. 29. — dgl. der Art. 441—447, 454, 456, 480, 483—485, 497, 498, 527 (G. 9. Mai 1859) XII. 79.

Handelsgewicht
Bestimmung desselben (G. 17. Mai 1856 §. 4, 5) XI. 232.

Handelskammern
deren Errichtung, insbesondere zu Düsseldorf (V. 23. Mai, K. 16. Juni 1831) V. 19. — modifizirt (durch K. 21. Febr., R. 5. März 1836) V. 341. — Statut der Handelskammer zu Gladbach (V. 27. Juni 1837) VI. 247. — Normen für die Ereichtung von Handelskammern (V. 11. Febr. 1848) IX. 278. — Errichtung einer Handelskammer für den Kreis Eupen (K. 12. Sept. 1858) XII. 36. — dgl. für den Kreis Saarbrücken (K. 2. Nov. 1863) XII. 426.

Handelsmäkler s. Mäkler.

Handelsregister
Führung desselben (J. 12. Dez. 1861 Th. 1) XII. 270. — Gebühren und Kosten für die bezüglichen Geschäfte (V. 27. Jan. 1862 §. 14) XII. 354. — Veröffentlichung der Eintragungen durch den Staatsanzeiger (R. 9. Okt. 1863) XII. 423. — Stempelverwendung zu den Eintragungen in das Handelsregister und zu den betreffenden Attesten, Auszügen, Abschriften, Ausfertigungen und Straferkenntnissen (V. 27. Jan. 1862 §. 14) XII. 354.

Handelsschiffe s. Schifffahrt, Seeleute.

Handelsvermögen
dessen Inventarisirung bei Vormundschaften (R. 2. Okt. 1835) V. 226, (R. 24. Sept. 1836) V. 458.

Handelsverträge s. Zollvergehen. — vgl. Staatsverträge.

Hannover s. Deutsche Bundesstaaten, Schleichhandel, Zollverein.

Harz
Anlage von Harzöfen bei Waldungen (GK. 21. Jan. 1815) I. 313. — vgl. Waldprodukte.

Hausirregulativ
vom 28. April 1824, Anwendung des §. 2 bei Waarenversteigerungen (R. 31. Mai 1837) VI. 222. — dgl. des §. 26 auf Transportmittel (R. 21. Juni, 21. Juli 1826) III. 61. — dgl. des §. 30 auf Gewerbepolizeikontraventionen der Musiker (R. 12. Juni 1840)

VII. 180. — dgl. des §. 31 bei Strafumwandlungen (R. 9. Juli, 20. Aug. 1827) III. 138, (R. 25. März 1836) V. 350. — Gewerbtreibende haften nicht für Kontraventionen ihrer Angehörigen (R. 25. Febr. 1835) V. 79. — vgl. Gewerbetrieb ff.

Hausstandsgeld
Erhebung desselben in Stadtgemeinden (G. 15. Mai 1856 §. 48) XI. 208.

Haussuchung
Amtsqualität der Feld- und Waldhüter bei Haussuchungen außerhalb ihres Bezirks (R. 6. Juli 1838) VI. 549. — Assistenz der Gemeindebeamten als administrative Polizeibeamte (R. 26. Aug. 1838) VI. 579. — Abhaltung von Haussuchungen durch Grenzaufsichtsbeamte wegen Schleichhandels (Reg. 12. Jan. 1839 §. 9) VII. 9, (R. 16. Dez. 1839) VII. 117. — Neuere Bestimmungen über die Zulässigkeit der Haussuchungen und das Verfahren (G. 12. Febr. 1850 §. 7 ff.) X. 111. — insbesondere rücksichtlich der unter Polizeiaufsicht Stehenden (G. 12. Febr. 1850 §. 8) X. 115. — dgl. in Holzdiebstahlssachen (G. 2. Juni 1852 §. 21, 47) X. 427. — dgl. in Fabriken seitens der Fabrikinspektoren (G. 16. Mai 1853 §. 11) X. 573.

Hausthiere
Gewährleistung wegen verborgener Mängel beim Verkauf und Tausch von solchen (G. 3. Mai 1859) XII. 77.

Hebammen
Verhaftung der Bezirkshebammen ist der Polizeibehörde anzuzeigen (R. 10. Mai 1822) II. 267. — Gebühren derselben auf dem Lande (R. 29. Mai 1834) IV. 80. — vgl. Gebäranstalt.

Heddesdorf s. Ostrhein.

Hehlerei
Bestrafung des Erwerbs von muthmaßlich gestohlenem Holz oder Harz (G. 2. Juni 1852 §. 45) X. 432. — Verfahren wegen einfacher Hehlerei im wiederholten Rückfalle (G. 4. Mai 1853) X. 568. — Eventuelle Fragestellung wegen Hehlerei bei Assisensachen (G. 14. April 1851 §. 25) X. 633.

Heirath s. Civilstand, Ehe, Ostrhein.

Heirathsanzeige s. Wittwen.

Heirathskonsens
der Ascendenten, allgemeine Grundsätze über die Ertheilung desselben (R. 17. Dez. 1838) VI. 660. — Beurkundung des Konsenses durch die Civilstandsbeamten (R. 9. Febr. 1850) X. 109. — Stempelfreiheit der bezüglichen Protokolle (R. 12. 18. April 1845) IX. 25. — Konstatirung des Todes der Ascendenten (R. 17. Dez. 1838) VI. 660, (R. 18. Juni 1855) XI. 126, (R. 29. Sept. 1857) XI. 380. — Verfahren gegenüber altländischen Parteien (R. 15. Jan. 1834) IV. 12, (R. 2. Mai 1834) IV. 65. — Gebührenstundung für konsentirende Familienrathsbeschlüsse (R. 10. Okt. 1842 §. 9) VIII. 121.
der Dienstbehörden wird erfordert bei Gensdarmen (R. 5. Dez.

1817) I. 479. — dgl. bei Militairpersonen (R. 12. Okt. 1821) II. 182, (K. 13. April 1824) II. 479, (R. 8. Juli 1832) III. 481. — dgl. bei Justizbeamten (K. 18. Okt. 1800, K. 17. Juli, R. 7. Dez. 1816) I. 433, (R. 9. Aug. 1819, 12. März 1821) II. 97, (B. 27. April, R. 11. Mai 1821) II. 110, (R. 25. Juni 1821) II. 131, (R. 30. Okt. 1824) II. 531, (R. 29. Okt 1836) V. 484, (R. 20. Aug. 1861) XII. 263, (R. 11. Juli 1836) V. 421. — dgl. bei Civilbeamten überhaupt mit Einschluß der Prediger und Lehrer (R. 24. Juli, 10. Okt. 1831) III. 382. — dgl. bei Berg-, Hütten- und Salinenarbeitern (K. 29. Mai 1833, K. 16. Jan., R. 7. Febr. 1834) IV. 17.

der Heimathsbehörden, wann solcher von Ausländern beizubringen ist (R. 18. Dez. 1835) V. 288. — desfallsige Bestimmung im Kanton Graubünden (R. 9. Okt. 1836) V. 469. — Allgemeines Erforderniß von Attesten der heimathlichen Ortsobrigkeit (B. 28. April 1841) VII. 283, (G. 13. März 1854) XI. 13. — Verzeichniß der zur Ertheilung der Ehekonsense befugten Behörden in den Deutschen Bundesstaaten (R. 26. Febr. 1861) XII. 236. — Beibringung des oberamtlichen Konsenses durch die Einwohner der Hohenzollernschen Lande (R. 21. Okt., 6. Nov. 1862) XII. 378. — Dispensation der englischen Unterthanen und der Bürger der vereinigten Staaten von Nordamerika (R. 31. Aug. 1856) XI. 279. — dgl. der französischen Unterthanen (R. 2. April 1858) XII. 13. — Verfahren wenn ein in Frankreich nicht naturalisirter Ausländer sich dort verheirathen will (R. 4. Aug. 1835) V. 176. — vgl. Civilstand, Notorietätsakte, Ostrhein.

Heizung
Bestreitung der Heizungskosten bei dem Landgerichtssekretariat (R. 21. Mai 1827) III. 134. — vgl. Ofen.

Hengstkörordnung s. Körordnung.

Heroldsamt
dessen Errichtung für Standessachen (R. 13. Juni 1855) XI. 118. — vgl. Adel, Standessachen.

Herrenhaus s. Landtag.

Herrenloses Gut
Veräußerung der auf Gerichtsschreibereien vorfindlichen herrenlosen Sachen (R. 23. Juni 1823) II. 388, (R. 15. 24. Okt. 1825) II. 614. — dgl. herrenloser Asservate (J. R. 24. Dez. 1827) III. 167. — Verfahren bezüglich der entwichenen Untersuchungsgefangenen abgenommenen Geldsummen (R. 23. Sept. 1841) VII. 341. — Ueberlassung der herrenlosen Katasterparzellen an die Ortsgemeinden (K. 14. März, B. 13. Aug. 1835) V. 180. — vgl. Erbschaft (vakante), Fund, Staatsgut (verheimlichtes).

Herrschaft s. Dienstherrschaft, Gutsherrliche Verhältnisse.

Hessen
Großherzogthum
Titel des Großherzogs von Hessen und der Mitglieder des Großherzoglichen Hauses (R. 19. 22. März 1836) V. 345. — Maßregeln gegen den Holzdiebstahl in den hessischen Grenzwaldungen (R. 5. Febr. 1838) VI. 418. — Uebereinkunft wegen Verhütung der Forst-,

Feld-, Jagd- und Fischereifrevel sowie der an Weiden- und sonstigen Baumpflanzungen, an Staatsstraßen, Eisenbahnen, Vicinalwegen und an Wasserbauanlagen vorkommenden Frevel und Polizeiübertretungen (Erkl. B. 7. Dez. 1861) XII. 267. — Vollstreckung der in Rheinhessen und im Appellationsgerichtsbezirk Cöln ergehenden Civilurtheile (B. 6. N. 24. Juli 1841) VII. 307. — vgl. Armenrecht, Deutsche Bundesstaaten.

Kurfürstenthum

Ungültigkeit der von dortigen Unterthanen außer Landes ohne Erlaubniß geschlossenen Ehen (R. 18. Dez. 1835) V. 288. — Gerichts- und Exekutionsverfahren gegen kurhessische Unterthanen in Preußen (K. 14. Aug. 1837) VI. 275. — vgl. Deutsche Bundesstaaten, Mobilmachung.

Hessen-Homburg

Modifikation des Art. 14 des im Oberamte Meisenheim geltenden französischen Civilgesetzbuchs (B. 21. Aug. 1840) VII. 202. — vgl. Deutsche Bundesstaaten.

Hinterlegung s. Eheverträge, Testamente, Unterschriften. — vgl. Depositalwesen, Notariatsgebühren.

Hochverrath s. Politische Verbrechen.

Hofstaatsbeamte

Verfahren bei Civilexekutionen gegen dieselben (R. 14. Juli 1831) III. 379. — Anzeige von Untersuchungen gegen solche (R. 12. Nov. 1832) III. 546. — vgl. Kammerherren.

Hohensolms s. Ostrhein (Kontraktenwesen).

Hohenzollern

Beilegung des Prädikats: „Hoheit" an die Herren Fürsten von Hohenzollern-Hechingen und Hohenzollern-Sigmaringen (K. 20. März 1850) X. 217. — Amtliche Bezeichnung der Fürstenthümer Hohenzollern-Hechingen und Hohenzollern-Sigmaringen (K. 30. April 1851) X. 291. — Stempelfreiheit der Mitglieder der Fürstlich Hohenzollernschen Häuser bei Rechtsangelegenheiten (R. 28. Febr. 1853) X. 550. — Einführung des Gesetzes vom 28. Februar 1843 über die Benutzung der Privatflüsse (G. 11. Mai 1853) X. 572. — Bestimmungen über die Verschaffung der Vorflut (G. 14. Juni 1859) XII. 97. — Beibringung des oberamtlichen Konsenses bei Eheschließungen (R. 21. Okt., 6. Nov. 1862) XII. 378. — Aufhebung des Verbots der Zahlungsleistung mittelst ausländischer Banknoten und ähnlicher Werthzeichen (B. 18. Mai 1864) XII. 446. — vgl. Münzwesen.

Holland s. Niederlande.

Holstein s. Krieg. — vgl. Deutsche Bundesstaaten.

Holz s. Bauholz, Dächer.

Holzberechtigte s. Holzverkauf. — vgl. Holzdiebstahl, Waldeigenthümer, Waldungen.

Holzdiebstahl

Transitorische Maßregeln bezüglich der Forstfrevel (GM. 6. Febr. 1814) I. 89, (GM. 23. Febr. 1814) I. 91, (GM. 21. März 1814)

I. 114, (GR. 30. April 1814) I. 125, (GR. 13. Mai 1814) I. 131, (GR. 11. Juni 1814) I. 142, (GRM. 22. Sept. 1814) I. 177, (GRM. 18. Aug. 1815) I. 226, (GK. 22. Juli 1814) I. 243, (GK. 15. Aug. 1814) I. 281. — Verfahren bei Untersuchung und Bestrafung der Forstfrevel (GB. 19. Sept. 1814) I. 74, (GB. 19. Febr. 1815) I. 83, (GK. 30. Juli 1814) I. 247, ergänzt (durch GK. 10. Aug. 1814) I. 280, (GK. 26. Aug. 1814) I. 282, (GK. 17. Nov. 1814) I. 304, (GK. 22. Nov. 1814) I. 308, (GK. 24. Nov. 1814) I. 308, (GK. 15. Dez. 1814) I. 309, (GK. 19. Jan. 1815) I. 313, (GK. 21. Sept. 1815) I. 329, (GK. 2. Dez. 1815) I. 339, (GK. 20. April 1816) I. 345, (GS. 11. Jan. 1816) I. 350.

Untersuchung und Bestrafung des Holzdiebstahls (V. 7. Juni 1821) II. 117. — Anwendung resp. Abänderung einzelner Artikel dieser Verordnung: §. 1—4, 32, Begriff des Holzdiebstahls (K. 28. Juni 1844) VIII. 298. — §. 1, Ansprüche des Waldeigenthümers (K. 6. März 1827) III. 102. — §. 4, Subsidiargefängnißstrafe (R. 22. April, 2. Mai 1823) II. 367, (R. 12. Mai, 12. Juni 1826) III. 55. — §. 5, Strafarbeit (R. 12. April 1822) II. 240, (K. 6. März 1827) III. 102, (K. 28. April 1834) IV. 63, (R. 17. Jan. 1835) V. 72, (R. 9. Mai 1835) V. 125, (R. 13. Okt. 1836) V. 474, (R. 30. Nov., 14. Dez. 1838) VI. 658, (R. 27. Aug. 1841) VII. 327. — §. 19, Glaubwürdigkeit der Forstbeamten (R. 25. Febr. 1833) III. 588, (R. 1. Sept. 1835) V. 200. — §. 22, 24, Rechtsmittel (R. 12. April 1822) II. 240, (R. 29. April 1824) II. 489. — §. 28, Pfandgelder (R. 21. April 1837) VI. 176, (R. 13. Nov. 1838) VI. 632. — §. 29, Einziehung der Geldbußen und Entschädigungen (K. 14. Sept. 1831) III. 393, (R. 30. Dez. 1832) III. 558, (R. 17. Jan., 13. Febr. 1835) V. 71. — §. 31, 33, Konkurrenz mit andern Vergehen (R. 11. Nov. 1831) V. 22, (R. 30. Okt. 1835) V. 248, (R. 8. Jan. 1836) V. 308. — §. 34, Kostenansatz, insbesondere Gerichtsschreiber- und Gerichtsvollziehergebühren (R. 12. April 1824) II. 475, (R. 29. Jan. 1831) III. 369, (R. 5. März 1824) V. 10, (R. 28. Mai 1824) V. 10, (R. 11. Juli 1836) V. 393, (R. 9. Dez. 1835) V. 286, (R. 7. April 1837) VI. 141, (R. 12. April 1837) VI. 144, (R. 14. April 1837) VI. 146, (R. 21. Mai 1838) VI. 519, (R. 26. Febr. 1841) VII. 265, (K. 10. Dez. 1840) VII. 244, (R. 14. Okt. 1841) VII. 350, (R. 8. Jan. 1847) IX. 148, (R. 22. Mai 1847) IX. 197, (R. 22. Juli 1847) IX. 209, (vgl. G. 29. März 1851) X. 280, (R. 24. Mai 1853) X. 582.

Remuneration des Forstrichters für abgeurtheilte Sachen (K. 15. Aug., R. 12. Nov. 1829) III. 307, (R. 19. April 1830) III. 337, (R. 20. 26. April 1833) III. 629, (R. 17. Mai 1833) III. 632, (R. 1. Mai 1835) V. 116, (R. 24. Aug. 1835) V. 192, (R. 23. Mai 1836) V. 377, (R. 3. März 1838) VI. 433, aufgehoben (durch R. 30. Juni 1848) IX. 307, (R. 11. Okt. 1851) X. 388.

Bestrafung der Militairpersonen wegen Holzdiebstahls (R. 7. Febr., 17. Juli 1824) III. 57, (R. 30. Juni 1838) VI. 540, (vgl. G. 2. Juni 1852 §. 15) X. 425.

Gebührenerhebung in korrektionellen Holzdiebstahlssachen (R. 18. Sept. 1837) VI. 305. — Verurtheilung zum Werthersatz bei

Entwendung gefällten Holzes aus Staatswaldungen (K. 26. Sept. 1845) IX. 53.

Aufhebung des Gesetzes vom 7. Juni 1821, neue Bestimmungen über den Diebstahl an Holz und andern Waldprodukten (G. 2. Juni 1852) X. 422. — Anwendung des §. 12 dieses Gesetzes (R. 2. Jan. 1854) XI. 3. — dgl. des §. 26 (R. 12. 20. Okt. 1854) XI. 66. — des §. 30 (R. 30. Jan. 1861) XII. 232. — dgl. des §. 33 (R. 21. Juli 1857) XI. 357. — dgl. des §. 42 (R. 24. Mai 1853) X. 582.

Maßregeln gegen den Holzdiebstahl in den großherzoglich hessischen Grenzwaldungen (R. 5. Febr. 1838) VI. 418. — Uebereinkunft mit dem Großherzogthum Hessen wegen Verhütung der Forstfrevel in den Grenzgebieten (Erkl. B. 7. Dez. 1861) XII. 267. — dgl. mit Luxemburg (Ko. 9. Febr. 1849) X. 46. — dgl. mit Nassau (B. 12. März 1856) XI. 169. — dgl. mit Bayern (Erkl. 7. B. 13. Juli 1859) XII. 108. — Kündigung der bezüglichen Uebereinkunft mit den Niederlanden vom 16. Aug. 1828 (B. 27. Nov. 1863) XII. 428. — Einziehung der Strafgelder wegen Forstfrevels in benachbarten fremdherrlichen Waldungen (R. 13. Okt. 1844) VIII. 368. — vgl. Civileinreden, Erkenntnißstempel, Forstbeamte ff., Haftbarkeit, Haussuchung, Ostrhein, Polizeigerichte, Schadensersatz, Strafarbeit, Verjährung, Waldeigenthümer, Waldprodukte, Waldungen, Weidefrevel, Werth.

Holzhändler
deren Bestrafung wegen Holzdiebstahls und Ankaufs von verdächtigem Holz, Untersagung des Gewerbebetriebs im Rückfall (G. 2. Juni 1852 §. 45 ff.) X. 432.

Holzkäufer
Verpflichtung derselben, die für das französische Gouvernement ausgestellten Wechsel an den preußischen Fiskus zu bezahlen (R. 8. März, 12. April 1820) II. 16.

Holzverkauf
inwiefern das einzelnen Gemeindemitgliedern angewiesene Brandholz verkauft werden darf (R. 10. Sept., 24. Nov. 1835) V. 270, (R. 12. 29. Mai 1837) VI. 220. — Exekutionsbefugniß der Regierung wegen rückständiger Kaufgelder für Holz und andere Waldprodukte (K. 30. Mai, R. 12. Sept. 1843) VIII. 185. — vgl. Versteigerung (Mobilar-), Waldungen.

Homburg s. Hessen.

Homburg an der Mark s. Wittgenstein-Berleburg.

Honorar s. Stundung, Universität.

Hospitäler
deren Verwaltung führt die Vormundschaft über die darin aufgenommenen Kinder (R. 29. März 1817) I. 459. — vgl. Anstalten, Armenanstalten, Irrenanstalten, Militairlazareth.

Hülfsgerichtsschreiber
deren Annahme und Beschäftigung bei den Landgerichten (R. 5. Juli 1831) III. 378, (R. 16. Febr. 1832) III. 431. — dgl. bei Frie-

densgerichten (R. 5. Dez. 1831) III. 416, (R. 12. Aug. 1839) VII. 83. — Commisgreffiers stehen nicht im Staatsdienste (R. 25. März 1837) VI. 126. — vgl. Gerichtsschreiber.

Hülfsschreiber s. Parketgehülfen. — vgl. Kanzlei.

Hütergebühren
für Bewachung der Falliten (R. 4. Nov. 1833) III. 690. — bei Mobilar- und Früchtepfändung (K. 4. R. 7. Dez. 1838) VI. 653, (G. 29. März 1851 §. 16, 34) X. 270. — für Siegelhüter (R. 15. Aug. 1840) VII. 198.

Hüttenarbeiter s. Bergwerksarbeiter.

Hüttenzeit s. Ostrhein.

Hypotheken
Transitorische Verlängerung der Renovationsfrist (GR. 9. Mai 1814) I. 127, (GR. 7. Juni 1814) I. 141, (GG. 12. März 1816) I. 356. — Erinnerung an die Renovation (R. 1. Juli 1829) III. 283. — Erneuerung der fiskalischen Inskriptionen durch die Behörden (R. 2. Aug. 1820) II. 58. — Unzulässigkeit der Eintragung gegen den Fiskus (R. 23. Nov. 1825) II. 623. — Form der Eintragungsgesuche (R. 20. Dez. 1834) V. 28. — Verfahren bei Eintragungen für mehrere Gläubiger oder gegen mehrere Schuldner aus demselben Titel (R. 30. Sept., 15. Okt. 1846) IX. 116. — Verzicht des Verkäufers auf Inskription seines Privilegiums (R. 27. Febr. 1835) V. 81. — Einwirkung der Friedensrichter bezüglich der vormundschaftlichen Legalinskription (R. 15. Okt. 1836 §. 6) V. 475, (vgl. R. 13. Mai 1836) V. 372. — Eintragung auf Grund altländischer Erkenntnisse und Urkunden, sowie ausländischer Urkunden (R. 18. 26. Dez. 1834) IV. 204. — dgl. rheinhessischer Urtheile (V. 6. R. 24. Juli 1841) VII. 307.

Autorisation der Gemeinden, Stiftungen, Spitäler und anderen öffentlichen Anstalten zur Hypothekenlöschung (StMB. 20. Juli 1818 §. 6) I. 506. — Verfahren bei dieser Autorisation (R. 11. Nov. 1829) III. 306. — Form des Löschungskonsenses (R. 28. Febr. 1847) IX. 180. — Löschung auf Grund altländischer Erkenntnisse und Urkunden, sowie ausländischer Urkunden (R. 18. 26. Dez. 1834) IV. 204. — Zuziehung des Nebenvormunds beim Löschungskonsens des Vormundes (K. 18. Dez. 1836) V. 522, (R. 16. Aug. 1838) VI. 572. — Kostenersparniß bei Löschung der Hypotheken, welche auf versteigerten Immobilien haften (R. 4. Juli 1839, 4. Juli 1840) VII. 183.

Verwendung des Werthstempels zu Kontumazialerkenntnissen auf Löschung von Hypotheken (R. 18. Aug. 1855 §. 5) XI. 143. — Stempelansatz zum Urtheil auf Löschung einer arbiträren Kaution (R. 9. Sept. 1860) XII. 205. — dgl. zu Urtheilen auf Hypothekenlöschung (R. 9. Sept. 1860) XII. 205. 206, (R. 11. Dez. 1860 Nr. 3, 11) XII. 220, (R. 22. April 1864) XII. 445, (vgl. R. 23. März 1859 Nr. 10) XII. 74. — dgl. zum Erkenntniß auf Reduktion der vormundschaftlichen Hypothek (R. 14. Febr. 1838) VI. 476. — vgl. Obligation, Ostrhein (Feldgerichte, Hypothekenwesen).

Hypothekenämter
Feststellung der Bezirke Trier, Saarbrücken und Prüm (B. 3. Nov.

1821) II. 189, (V. 30. Okt. 1832) III. 527. — Neue Eintheilung der rheinischen Hypothekenamtsbezirke (G. 11. März 1850) X. 213.

Hypothekenauszüge
welche Angaben bei Nachsuchung derselben zu machen sind (R. 20. Dez. 1834) V. 29. — vgl. Hypothekengebühren.

Hypothekenbewahrer
Prüfung ihrer Amtskaution (R. 11 Juni 1829) III. 281, (R. 27. Juli 1829) III. 295. — Stellvertretung derselben (R. 30. Juni 1835) V. 154. — Qualifikation von Referendarien zu diesem Amte (R. 14. 22. Juli, V. 14. Aug. 1845) IX. 45. — Beschäftigung der Notariatskandidaten und Landgerichtsassessoren auf dem Hypothekenamte (R. 24. März 1847) IX. 187. — Schriftliches Verfahren bei Civilklagen gegen Hypothekenbewahrer wegen verweigerter Amtshandlungen (R. 12. Dez. 1834) IV. 194, (K. 19. R. 23. Aug. 1837) VI. 287. — Gerichtliche Verfolgung derselben wegen Amtshandlungen (G. 13. Febr. 1854 §. 7) XI. 10.
dieselben sind zur Gebührenstundung nicht verpflichtet (R. 17. Febr. 1837) VI. 88. — vgl. Hypothekengebühren.

Hypothekengebühren
Gleichmäßigkeit der Erneuerungs- und Eintragungsgebühren (R. 2. Aug. 1820) II. 58. — Herabsetzung der Transkriptionsgebühren (K. 15. Juli, R. 10. Sept. 1829) III. 299. — Weitere Ermäßigung der letzteren und Honorarientarif der Hypothekenbewahrer (K. 15. Mai 1846) IX. 84. — Gleichmäßiger Gebührensatz für Eintragung hypothekarischer Schuldforderungen (K. 13. R. 23. Mai 1835) V. 137. — welche Gebühren für Anfertigung der Bordereaux dem Schuldner zur Last fallen (R. 28. Sept. 1835) V. 224. — Friedensgerichtsbeamte erhalten keine Gebühr für Besorgung der Inskription von Vormundschaftshypotheken (R. 13. Mai 1836) V. 372. — Stundung der fiskalischen Inskriptionsgebühren in armen Vormundschaftssachen (R. 17. Febr. 1837) VI. 88.
Hypothekengebühren werden nicht zum Justizfonds verrechnet (R. 22. Jan. 1823) II. 340. — vgl. Hypotheken, Hypothekenbewahrer.

Jagd
deren Ausübung (GNM. 18. Aug. 1814) I. 156, (GNM. 20. Aug. 1814) I. 165, (GNM. 22. Sept. 1814) I. 175, (GK. 23. Juli 1814) I. 244, (GK. 21. Sept. 1815) I. 329, (GS. 10. Jan. 1816) I. 349. — dgl. auf dem linken Rheinufer (V. 17. April 1830) III. 330, (K. 14. Juli 1835) V. 166, (R. 13. Nov. 1839) VII. 109. — Aufhebung des Jagdrechts auf fremdem Grund und Boden, Ausübung der Jagd (G. 31. Okt. 1848) IX. 343. — Jagdpolizei (G. 7. März 1850) X. 193.

Jagdbeamte
Annahme und Vereidung von Privatjagdhütern (R. 2. Sept. 1841) VII. 829, (vgl. G. 7. März 1850) X. 193. — vgl. Forstbeamte, Protokolle, Waffengebrauch.

Jagdfrevel
Kompetenz der Polizeigerichte bei Jagdfreveln in Staats- und Ge-

markenwaldungen (GB. 19. Febr. 1815) I. 83. — dgl. bei Jagdkontraventionen überhaupt (B. 7. Juni 1821 §. 11) II. 116. — Verfahren bei Jagdkontraventionen der Militairpersonen (GNM. 4. Sept. 1815) I. 226. — Unwirksamkeit dieser Verordnung, Kompetenz der Civilgerichte (R. 24. Jan., 14. März 1824) II. 464, (R. 16. Aug. 1838) VI. 573. — Verfahren bei Civileinreden in Jagdfrevelsachen (G. 31. Jan. 1845) IX. 8. — Bestrafung der Jagdpolizeikontraventionen (G. 7. März 1850) X. 193.

Uebereinkunft mit Luxemburg wegen Verhütung und Bestrafung der Jagdfrevel (Ko. 9. Febr. 1849) X. 46. — dgl. mit Nassau (Erkl. 20. Febr., B. 12. März 1856) XI. 169. — dgl. mit Bayern (Erkl. 7. B. 13. Juli 1859) XII. 108. — dgl. mit dem Großherzogthum Hessen (Erkl. B. 7. Dez. 1861) XII. 267. — vgl. Jagd f.

Jagdgeräthschaften
Behandlung der in Untersuchungen wegen Jagdvergehen konfiszirten Gewehre und Jagdgeräthschaften (R. 6. Juli 1854) XI. 41, (R. 28. Nov. 1860) XII. 215.

Jagdhüter s. Jagdbeamte.

Jagdpächter
deren Rechtsverhältnisse (G. 7. März 1850) X. 193.

Jagdscheine
Ertheilung und Gebrauch derselben (G. 7. März 1850) X. 193.

Jagdzeit
Festsetzung der Termine für Eröffnung und Schluß der niedern Jagd (K. 18. Nov. 1841, R. 21. Febr. 1842) VIII. 3. — Ermäßigung der Strafen wegen Verletzung der Schonzeit (B. 9. Dez. 1842) VIII. 132, (B. 7. März 1843) VIII. 150. — Aufhebung der jagdpolizeilichen Vorschriften über die Hege- und Schonzeit (G. 31. Okt. 1848 §. 8) IX. 344. — Wiedereinführung derselben (G. 7. März 1850 §. 18) X. 198. — vgl. Jagd.

Jäger s. Jagdbeamte. — vgl. Forstbeamte, Protokolle, Waffengebrauch.

Jahrbücher
von Kamptz'sche, sind von den Gerichten anzuschaffen (R. 24. Juni 1825) II. 597, (vgl. R. 28. Dez. 1838) VI. 674. — Anwendung der darin enthaltenen administrativen Verordnungen (R. 13. Juli 1830) III. 355.

Jahresbericht
des Generalprokurators, gleichzeitige Anzeige der Disziplinarrügen und Untersuchungen gegen Justizbeamte (R. 8. Jan. 1821) II. 75. — des Appellationsgerichtshofes und des Ersten Präsidenten resp. der Land- und Handelsgerichtspräsidenten (R. 14. Mai 1824) II. 496. — vgl. Konduitenlisten.

Immediatgesuche
Verfahren bei verletzenden Ausdrücken in remittirten Immediatgesuchen (R. 26. Aug. 1831) III. 387, (R. 9. Mai 1831) V. 18, (R. 14. Juli 1838) VI. 553, (R. 20. März 1839) VII. 32, (R. 6. Mai 1839) VII. 51, (K. 20. Aug. 1831, 18. Dez. 1841, R. 9. Febr. 1842), VIII. 10. — Vorläufige Bescheidung der Supplikanten bei erfor-

dertem Bericht (R. 31. Okt. 1832) III. 529, (R. 9. Mai 1831) V. 18. — Form der abschläglichen Bescheidung (R. 5. Jan. 1838) VI. 384. — Verfahren gegen unbedeutsame Querulanten (K. 25. Mai, R. 3. Juni 1836) V. 381. — Prüfung der einfach remittirten Immediatgesuche (R. 11. Jan. 1838) VI. 394. — vgl. Begnadigungsgesuche.

Immediatjustizexaminationskommission s. Prüfung. — vgl. Ferien.

Immediatjustizkommission s. Justizorganisation.

Immediatkommission s. Justizorganisation.

Immobilarversteigerung s. Versteigerungen.

Immobilien
Erwerb von Grundeigenthum seitens ausländischer Korporationen (G. 4. Mai 1846) IX. 82. — dgl. seitens der Synagogengemeinden und der Juden (G. 23. Juli 1847) IX. 210. — vgl. Grenzen, Gutsherrliche Verhältnisse, Herrenloses Gut, Kataster, Pfandschaften, Reallasten, Theilung, Veräußerung, Verpachtung, Versteigerung.

Imputation s. Erkenntnißstempel, Stempelpapier, Strafzeit, Zahlung.

Informatorische Vernehmung
deren Anwendung in Untersuchungssachen behufs Kostenersparniß (R. 3. Febr., 22. April 1820) II. 26. 30, (R. 31. Dez. 1825) II. 629.

Injurien s. Beleidigung.

Injurienklagen
gegen Verwaltungsbeamte sind der Regierung anzuzeigen (StMB. 20. Juli 1818 §. 38) I. 513. — Verfahren der Friedensrichter (B. 8. Dez. 1837) VI. 347, (R. 19. Dez. 1841) VII. 374. — vgl. Beleidigung, Civilklage, Erkenntnißstempel.

Inkompetenz
ist ex officio auszusprechen bei Anwendung der Verordnung vom 2. Mai 1823 gegenüber den Bewohnern Deutscher Bundesstaaten (R. 25. Febr. 1827) III. 100. — dgl. beim Kontumazialverfahren gegen altländische Parteien (R. 30. Aug. 1827) III. 142, (R. 3. Nov. 1827) III. 157.

Verfahren bei irrig adressirten auswärtigen Requisitionen (R. 10. Dez. 1834) IV. 186, (R. 4. Nov. 1838) VI. 621. — vgl. Civileinreden, Erkenntnißstempel, Kompetenz, Kompetenzkonflikt, Rechtsweg.

Inkurssetzung s. Kurs.

Inland, Inländer s. Ausland, Auslieferung, Ehe, Heirathskonsens, Requisitionen, Strafgesetzbuch (rheinisches), Universitäten.

Inquirent s. Ostrhein. — vgl. Untersuchungsrichter.

Insertion, Insertionskosten s. Amtsblätter, Bekanntmachung, Berichtigung, Staatsanzeiger.

Insinuationen
Verfahren bei Zustellungen an den Fiskus (StMB. 20. Juli 1818

§. 22—24) I. 511, (StMB. 30. Nov., R. 17. Dez 1838) VI. 667. — dgl. an Militairintendanturen (R. 12. Jan. 1827) III. 91. — dgl. an Militairpersonen (K. 22. März 1827) III. 103. — dgl. an die Universität Bonn (R. 7. Okt. 1831) III. 393. — dgl. an die Depositenkasse in Cöln (G. 24. Juni 1861 §. 19) XII. 256. — dgl. an altländische Parteien (GRM. 14. März 1816) I. 239, (R. 15. Febr. 1817) I. 455, (R. 28 Sept. 1819) I. 607, (R. 9. Mai 1823, 30. Aug. 1827) III. 142, (R. 19. Okt. 1827) III. 154, (R. 3. Nov. 1827) III. 157, (B. 9. Jan. 1835) V. 43, (G. 11. Mai 1855 §. 1) XI. 111. — dgl. an Ausländer und Personen ohne bekannten inländischen Aufenthalt in Polizei- und Zuchtpolizeisachen (G. 11. Mai 1855 §. 10—14) XI. 114. — dgl. an ausgewanderte Militairpflichtige und Landwehrmänner (G. 10. März 1856 §. 6) XI. 167. — vgl. Porto, Portofreiheit, Requisitionen, Vorladung. — vgl. ferner Definitivurtheile, Kontumazialerkenntnisse.

altländische

Zustellung der Verfügungen altländischer Gerichte durch die Post (R. 9. Aug. 1842) VIII. 96, (R. 16. Sept. 1844) VIII. 352. 357. — vgl. Insinuationsdokument.

ausländische

Zusammenstellung der Vorschriften über das Verfahren bei Insinuationen nach dem Auslande (R. 16. Sept. 1844) VIII. 346.

Genaue Bezeichnung der Adresse der Requisiten (R. 24. Mai 1817) I. 462, (R. 10. Okt. 1836) V. 474. — Diplomatische Beförderung der Insinuationen, Erstattung der Kosten (R. 27. März, 19. Mai 1828, 19. Okt. 1832) III. 524. — Maßregeln zur Verminderung der Portoauslagen (R. 31. Dez. 1830, 21. 28. Febr., 6. April 1832) III. 449, (R. 20. März 1835) V. 96. — Ablehnung der Insinuationen in Strafsachen gegen Inländer (R. 28. Febr. 1855) XI. 74. — insbesondere bezüglich des Großherzogthums Luxemburg (R. 4. Juni 1855) XI. 117.

Verfahren bei Insinuationen nach den Niederlanden (R. 30. Juli, 6. Aug. 1819) I. 585, (R. 21. Mai 1836) V. 374, (R. 27. Sept. 1851) X. 388. — dgl. nach Belgien (R. 31. Jan. 1834) IV. 14, (R. 27. Febr. 1835) V. 83. — dgl. nach Frankreich (R. 27. Sept. 1851) X. 388. — dgl. nach England (R. 19. Okt. 1832) III. 524. — dgl. nach Polen (R. 5. Jan. 1847) IX. 147. — dgl. nach Rußland (R. 27. Sept. 1854) XI. 60, (R. 11. Jan. 1864) XII. 434. — dgl. nach der Schweiz (R. 1. Sept. 1860) XII. 199.

dgl. nach Bayern und Baden (B. 4. 27. Okt., R. 19. Dez. 1819) I. 626, (R. 17. Jan. 1820) II. 5. — dgl. nach Hessen-Darmstadt (B. 24. Juni, R. 14. Sept. 1819) I. 597. — dgl. nach Oldenburg und Birkenfeld (B. 29. April, R. 9. Juni 1820) II. 33. — dgl. nach Nassau (B. 25. März, R. 19. Juni 1820) II. 41. — dgl. nach dem Fürstenthum Lichtenberg (Sachsen-Coburg) (B. 12. Juni, R. 7. Juli 1820) II. 48. — dgl. nach Hessen-Homburg und Frankfurt (R. 31. Jan. 1821) II. 83, (R. 9. 15. Febr. 1821) II. 89. — dgl. nach Waldeck (R. 25. Febr. 1827) III. 100. — Korrespondenz mit den Gerichtsbehörden der Deutschen Bundesstaaten (R. 10. Dez. 1834) IV. 186. — Verkehr mit Würtemberg (R. 20. Jan. 1838) VI. 399, (R. 4. Nov. 1838) VI. 621. — dgl. mit Oesterreich,

Insinuation an Personen, welche im dortigen Militairdienste stehen (R. 5. März 1857) XI. 309. — vgl. Adresse, Porto, Requisitionen.

Insinuationsdokument
altländisches, Zufertigung desselben an die Interessenten (R. 15. Febr. 1817) I. 455, (R. 19. Okt. 1827) III. 154, (R. 3. Nov. 1827) III. 157, (vgl. R. 9. Aug. 1842) VIII. 96, (R. 16. Sept. 1844) VIII. 352. 357.

ausländisches, Verfahren, wenn die Empfangsbescheinigung seitens der Interessenten oder der ausländischen Behörden verweigert wird (K. 4. Juni 1828) V. 14, (K. 21. Juni 1836) V. 407. — insbesondere bezüglich Frankreichs (R. 29. Jan. 1844) VIII. 236, (R. 25. Juni 1850) X. 226. — Insinuationsbescheinigung gegenüber Hannover (R. 23. Aug. 1856) XI. 279. — dgl. gegenüber Frankreich bezüglich der in Preußen auszuhändigenden Urkunden (R. 28. Jan. 1860) XII. 171.

Insinuationsurkunden
Form der nach dem Auslande bestimmten (R. 31. Dez. 1830, 21. 28. Febr., 6. April 1832) III. 449, (R. 20. März 1835) V. 96, (R. 16. Sept. 1844) VIII. 346.

Inskription s. Hypotheken.

Insolvenz s. Zahlungsunfähigkeit.

Institute s. Anstalten, Geistliche Institute, Stiftungen.

Instruktionsämter s. Untersuchungsämter.

Instruktionsrichter s. Untersuchungsrichter.

Interdiktion
Einleitung des Interdiktionsverfahrens gegen die in Irrenanstalten befindlichen Geisteskranken (K. 5. April 1804, R. 25. Nov. 1825, 26. März 1827) III. 104, (R. 5. Jan. 1826, 13. Dez. 1827) III. 165, (R. 25. März 1828) III. 224. — Ausdehnung der Befugnisse der Staatsanwaltschaft, Abänderung des Art. 491 CGB. (K. 6. Nov. 1831) III. 407. — Verfahren bei Untersuchung des Gemüthszustandes (R. 9. April, 6. Juli 1838) VI. 550. — Mittheilung der ärztlichen Protokolle und Gutachten an die Regierungen (R. 31. März 1840) VII. 156. — Kollationirung der betreffenden Abschriften (R. 29. Okt. 1847) IX. 244. — Vollstreckung der Kontumazialurtheile (R. 11. Okt. 1842) VIII. 122. — Publikation der Interdiktionserkenntnisse (R. 19. Mai 1862) XII. 367. — Gebührenfreiheit der der Staatsanwaltschaft zu ertheilenden Urtheilsabschriften (R. 10. März 1851) X. 263. — Friedensgerichtsgebühren in Interdiktionssachen (R. 21. Sept. 1841) VII. 340. — Verfahren bei Theilungen und gerichtlichen Immobilarverkäufen, wenn ein Interdizirter betheiligt ist (G. 18. April 1855 §. 29, 31) XI. 87.

Verfahren bei der Untersuchung und Feststellung des Gemüthszustandes russischer Unterthanen (R. 11. Dez. 1860) XII. 219. — vgl. Geisteskranke, Minderjährige.

Interlokute
friedensgerichtliche, Ausfertigung derselben (R. 17. Aug. 1841) VII. 313. — vgl. Definitivurtheil, Erkenntnißstempel.

Interpretation s. Staatsverträge.

Interrogatorium s. Angeklagter, Beschuldigter, Informatorische Vernehmung, Interdiktion.

Intervention s. Erkenntnißstempel, Wechselproteste.

Introduktionsgebühren s. Gerichtsbibliotheken.

Invaliden s. Militairinvaliden.

Inventar

Inventarisation der Gerichtsbibliotheken und Utensilien (R. 27. Jan., 21. April 1826) III. 24, (R. 2. Okt. 1826) III. 66, (R. 18. Nov. 1825) V. 13. — dgl. der Dienstgebäude (R. 14. Aug. 1838) VI. 569, (R. 7. Jan. 1852) X. 402, (R. 25. März, 10. Juni 1854, 29. Okt. 1857) XI. 385, (R. 17. Dez. 1861) XII. 339. — dgl. der Pfarrgüter beim Ableben der Pfarrer (R. 8. April 1839) VII. 39. — Aufnahme eines Inventars bei entgegenstehender Testamentsverfügung (R. 25. Nov. 1836) V. 507. — Stempel zu fortgesetzten Inventarisationsprotokollen (R. 22. Juni 1841) VII. 304.

in Vormundschaftssachen s. Vormundschaft. — vgl. Ostrhein (Gerichtsutensilien), Siegelung.

Journal

der Gerichtsvollzieher, Formular zu demselben (R. 22. Okt. 1833) III. 678. — dasselbe ist nur für Aufträge der Parteien, nicht der Staatsanwaltschaft, bestimmt (R. 4. Juli 1834) IV. 99. — Angabe der Nummer des Journals bei Gerichtsvollzieherurkunden (R. 9. Juni 1836) V. 386. — vgl. Mäkler.

Irlich s. Ostrhein.

Irrenanstalten s. Geisteskranke, Interdiktion.

Isenburg s. Ostrhein (Frankfurt).

Italien s. Armenrecht, Requisitionen.

Juden

deren Ehe mit Christen wird verboten (GK. 22. Aug. 1814) I. 281. — Einschärfung des Dekrets vom 17. März 1808 (GK. 24. Jan. 1815) I. 314. — Ausdehnung des letztern auf schiedsrichterliche Urtheile und notarielle Ratifikationsakte (GK. 1. Aug. 1815) I. 325, (GK. 13. Jan. 1816) I. 342. — Fortdauernde Gültigkeit der Judenordnung vom 17. März 1808 (K. 3. R. 12. März 1818) I. 493. — Verpflichtung der Juden zur Führung fester und erblicher Familiennamen (K. 31. Okt. 1845) IX. 97. — dgl. und Eintragung der angenommenen Namen in die Civilstandsregister (R. 20. Jan. 1848) IX. 264, (vgl. G. 23. Juli 1847 §. 5, 22) IX. 22. — Bürgerliche Verhältnisse, Kultus- und Schulangelegenheiten der Juden (G. 23. Juli 1847) IX. 210. — Annahme ausländischer Juden als Gehülfen, Gesellen oder Lehrlinge (R. 16. Febr. 1851) X. 261. — Civilversorgungsansprüche jüdischer Unteroffiziere (K. 31. Dez. 1845) IX. 63. — Zulassung jüdischer Rechtskandidaten zur Auskultatorprüfung (R. 10. Juli 1857) IX. 355, (R. 21. Mai 1861) XII. 246. — vgl. Ostrhein (Heirath), Rabbiner, Synagoge f.

Judeneid
dessen Form und Ableistung (R. 22. Dez. 1817) I. 480. — Gebühren der Rabbiner und der Schwurzeugen (R. 15. März 1818) I. 496, (R. 28. Nov. 1840) VII. 243. — Gebrauch der Ortssynagoge (K. 30. April 1837) VI. 182. — Amtseid der im Civildienst angestellten jüdischen Unteroffiziere (K. 31. Dez. 1845) IX. 63. — Glaubwürdigkeit der eidlichen Zeugnisse der Juden (G. 23. Juli 1847 §. 7) IX. 212.
Beibehaltung des bürgerlichen Eides vor dem Untersuchungsrichter (R. 15. März 1818) I. 496.

Judicium mixtum
dessen Anordnung bei gemeinschaftlichen Vergehen von Militair- und Civilpersonen (R. 17. Jan. 1825) II. 549, (K. 6. R. 29. Juli 1833) III. 660. — vgl. Belagerungszustand, Kriegsgerichte, Militairgerichte.

Jugendliche Arbeiter s. Arbeiter.

Jugendliche Brandstifter s. Brandstifter.

Jugendliche Verbrecher s. Verbrecher.

Jülich-Berg s. Berg, Statutarrecht.

Jurisdiktionskonflikt s. Kompetenzkonflikt.

Juristenfakultät s. Aktenversendung, Doktoren, Universität.

Juristische Personen s. Anstalten, Korporationen.

Juristische Prüfungen s. Prüfung.

Juristisches Studium s. Rechtsstudium.

Justiz
Verzicht des Fürsten von Wittgenstein-Berleburg auf die Ausübung derselben in der Herrschaft Homburg an der Mark (Ko. 16. Juli, R. 24. Sept., 5. Okt. 1821) II. 177.

Justizämter s. Ostrhein.

Justizbaufonds
Bestreitung von Reparaturen der Gerichtslokale aus demselben (R. 20. Sept. 1833) III. 670, (R. 30. Mai 1845) IX. 32. — Vereinigung der rheinischen Justizbaufonds (R. 22. April 1837) VI. 178. — Verrechnung der Ersparnisse an den auf den Justizbaufonds angewiesenen Beträgen (R. 26. Mai 1847) IX. 199. — vgl. Dienstgebäude.

Justizbeamte
deren Zuziehung bei Kriegsgerichten (R. 13. Okt. 1820, 26. Febr. 1821) II. 94, (R. 7. Juni 1849) X. 63, (G. 4. Juni 1851 §. 11) X. 358. — Qualifikation derselben zu Auditeurstellen (K. 5. R. 13. Mai 1838) VI. 487, (R. 1. Juni 1838) VI. 532. — Verhältniß der Verwaltungsbehörden zu denselben (R. 22. Okt. 1849, 2. April 1850) X. 219. — Untersagung des Gewerbebetriebs (R. 19. Juli, 7. Dez. 1821) II. 194, (R. 10. Juni 1822) II. 272. — Dispensation vom gesetzlichen Alter (K. 3. R. 30. Sept. 1822) II. 315. — Führung von Konduitenlisten (R. 14. Mai 1824) II. 493, (vgl.

K. 31. Juli 1848) IX. 310. — Zeugengebühren derselben (R. 18. März 1822) II. 236. — Verfahren bei Wiedereinziehung der ungehörig angewiesenen Kriminalkosten (R. 30. Nov. 1838) VI. 645, (R. 13. Mai 1840) VII. 167, (K. 9. R. 13. Dez. 1842) VIII. 134. — Ertheilung von Postfreipässen an unbemittelte Justizbeamte (R. 18. Mai 1844) VIII. 268. — die Bürgermeister sind bezüglich der Civilstandsregister Justizbeamte (R. 5. Mai 1837) VI. 186, (vgl. G. 21. Juli 1852 §. 98) X. 477. — vgl. Amt ff., Anstellungsgesuche, Beamte, Diäten, Dienstbehörden, Diensteinkommen, Dienstvergehen, Gesetzsammlung, Heirathskonsens, Justizorganisation, Kanzleistil, Kommissorien, Orden, Ostrhein, Rang, Reisekosten, Richter, Schreibmaterialien, Stempelkontraventionen, Straferkenntnisse, Strafvollstreckung, Titel, Uniform, Untersuchung, Urlaub, Wittwenkasse.

Justizbehörden s. Civilversorgung, Dienstbehörden, Dienstgebäude, Gefängnisse, Gerichte, Polizeibeamte (gerichtliche), Requisitionen.

Justizdienst s. Amt ff., Civilversorgung, Dienstentlassung, Prüfung, Supernumerarien.

Justizfonds

Verrechnung der aus dem Kriminalfonds vorgelegten und wieder eingezogenen Gerichtskosten zu demselben (R. 22. Jan. 1823) II. 340. — vgl. Büreaukostenfonds, Justizbaufonds, Kriminalfonds.

Justizgebäude s. Dienstgebäude, Gerichtslokal.

Justizjahr

Eröffnung desselben beim Appellationsgerichtshofe (R. 1. März 1833) III. 591. — Wegfall der feierlichen Sitzung der vereinigten Senate (R. 6. Sept. 1860) XII. 201. — vgl. Jahresbericht.

Justizkommissionsrath

Umänderung dieses Titels in Justizrath (K. 1. Nov. 1835) V. 251. — vgl. Rang, Titel, Uniform.

Justizminister

Foliirung der dem Justizministerium einzureichenden Akten (R. 23. Sept. 1825) II. 613. — Citirweise bezüglich der im Ministerialblatt abgedruckten Verfügungen (R. 28. Dez. 1838) VI. 672. — Aeußere Form der Berichte (R. 10. Nov. 1841) VII. 362. — Verpackung von Zeichnungen und Plänen (R. 21. Jan. 1856) XI. 164.

Berichterstattung bei Arrestgesuchen gegen fremdes Staatseigenthum (R. 5. Okt. 1819) I. 613. — dgl. bei Anträgen auf Personalarrest gegen Reichsstände (K. 2. R. 18. Aug. 1826) III. 64, (R. 6. Mai 1836) V. 371. — Wegfall des Berichts bei Abwesenheitserkenntnissen (R. 27. Juni 1816, 20. März 1835) V. 94. — Anzeige von Schwängerungsklagen aus dem Kanton St. Gallen (R. 4. Okt. 1836) V. 465. — dgl. von groben Verbrechen (R. 21. Nov. 1821) II. 192, (R. 11. April 1832) III. 461. — Berichterstattung über interessante Erkenntnisse (R. 5. Juni 1832) III. 473. — dgl. über Gegenstände der Gesetzgebung (R. 26. Okt. 1838) VI. 620.

Anzeige vom Ableben der Landgerichtsmitglieder (R. 27. Febr. 1837) VI. 96. — Verleihung des unbeschränkten Stimmrechts an Assessoren (R. 28. April 1848) IX. 297. — Befugniß zur Abänderung der Gerichtsvollzieherinstruktion vom 10. Juni 1833 (R. 1. Okt. 1838) VI. 602. — Genehmigung der Uebernahme von Vormundschaften durch Ausländer (R. 2. 18. Aug. 1837) VI. 277. — Entscheidung der Differenzen bei Wiedereinziehung von ungebührlich angewiesenen Kriminalkosten (R. 30. Nov. 1838) VI. 646. — vgl. Ministerien. — vgl. ferner Anstellung, Assisenbericht, Auslieferung, Begnadigung, Dienstbehörden, Dienstgebäude, Dienstreglement, Dienstvergehen, Dispensation, Disziplinarrath, Ergänzungsrichter, Friedensrichter, Generalprokurator, Generalstaatsanwalt, Heirathskonsens, Jahresbericht, Immediatgesuche, Justizbeamte, Justizfonds, Justizorganisation, Justizvisitation, Kommissorien, Kompetenzkonflikt, Konduitenlisten, Legitimation, Niederschlagung, Oberprokurator, Orden, Pensionsgesuche, Prüfungen, Rehabilitation, Requisitionen, Staatsanwaltschaft, Staatsverträge, Standessachen, Straferkenntnisse, Strafgesetzbuch (rheinisches), Strafverfolgung, Tabellen, Unterschriften, Untersuchung, Untersuchungsämter, Urlaub, Wittwenkasse.

Justizministerialblatt
dessen Herausgabe, Anschaffung für die Gerichtsbehörden und Justizbeamten (R. 28. Dez. 1838) VI. 672. — insbesondere für die Handelsgerichte (R. 10. März 1841) VII. 266.

Justizministerialreskripte
Mittheilung der die Niederschlagung von Geldbußen betreffenden Verfügungen an die Regierung (R. 24. Dez. 1836) V. 534. — dgl. aller Bescheide auf Gesuche um Erlaß von Geldbußen oder Kosten (R. 28. Juni 1837) VI. 256. — vgl. Begnadigungsgesuche, Immediatgesuche.

Justizoffiziantenwittwenkasse s. Wittwenkasse.

Justizorganisation
Errichtung der Immediatjustizkommission in Cöln (K. 20. Juni, B. 13. Sept. 1816) I. 412. — Aufforderung derselben zu Beiträgen über die Gesetzrevision (B. 4. Nov. 1816) I. 418. — Uebertragung der Funktionen des Präsidenten Sethe an den Geh. Oberrevisionsrath Bölling (B. 7. Juni 1819) I. 558. — Auflösung der Immediatjustizkommission (K. 21. Juni, B. 24. Aug. 1819) I. 587. — Plan der definitiven Organisation (J. K. 19. Nov. 1818) I. 523. — Leitung der rheinischen Justizangelegenheiten durch den Minister von Beyme (R. 13. Jan. 1819) I. 535. — Uebergang derselben an das Justizministerium, Errichtung der Immediatkommission in Berlin (R. 3. Jan. 1820) II. 3.

Rechtsverhältnisse der Beamten des Oberlandesgerichts zu Cleve (R. 29. Aug. 1817) I. 476. — Verzicht des Fürsten von Wittgenstein-Berleburg auf die Ausübung der Justiz in der Herrschaft Homburg an der Mark (R. 24. Sept., 5. Okt. 1821) II. 177. — Staatsrechtliches Verhältniß des an den Regierungsbezirk Aachen angrenzenden sogenannten neutralen Gebiets (R. 31. Dez. 1852) X. 532, (vgl. B. 28. Sept. 1852) X. 509 (Moresnet). — vgl. Generalgouvernement, Lichtenberg, Moresnet. — vgl. ferner die einzelnen Gerichte und Justizbeamten.

Justizrath s. Rang, Titel, Uniform. — vgl. Justizkommissionsrath.

Justizsenat s. Ostrhein. — vgl. Auskultatoren und Referendarien.

Justizverwaltung
Anzeige grober Verbrechen beim Justizministerium (R. 21. Nov. 1821) II. 192, (R. 11. April 1832) III. 461. — Einsendung interessanter Erkenntnisse (R. 5. Juni 1832) III. 473. — Berichterstattung über Gegenstände der Gesetzgebung (R. 26. Okt. 1838) VI. 620. — vgl. Dienstgebäude, Jahresbericht, Justizjahr, Konduitenlisten, Portofreiheit, Tabellen.

Justizvisitation
Verbindung derselben mit Revisionen der Civilstandsregister, Diäten und Kosten, Verfahren der Landgerichtspräsidenten und Oberprokuratoren (R. 14. Mai 1824) II. 497. — dgl. mit Revision der Notariatsurkunden (R. 15. Aug. 1825) II. 604. — Kontrolirung der Tabellen über aberkannte Ehrenrechte (R. 31. März 1843) VIII. 155, (R. 8. Aug. 1851) X. 378. — Anweisung der Visitationskosten (R. 5. Jan. 1835) V. 39, (R. 9. Juni 1835) V. 143. — Beaufsichtigung der Rheinzollgerichte (R. 20. Nov. 1835) V. 259. — vgl. Gefängnisse, Revision.

Jütland s. Krieg.

Juwelengewicht
dessen Bestimmung (G. 17. Mai 1856 §. 5) XI. 232.

Kammer s. Landtag. — vgl. Landgerichtskammern.

Kammeranwalt s. Ostrhein.

Kammergericht
dasselbe ist das ordentliche persönliche Forum der im Auslande stationirten Steuerbeamten (V. 26. April 1844) VIII. 265.
Kompetenz desselben zur Untersuchung und Entscheidung wegen Staatsverbrechen, Verfahren (G. 25. April 1853) X. 561. — vgl. Fiskalische Untersuchung, Politische Verbrechen.

Kammerherren
Verlustigung dieser Würde kann von den Gerichten nicht erkannt werden; Anzeige von Untersuchungen gegen solche (R. 12. Nov. 1832) III. 546. — vgl. Hofstaatsbeamte.

Kammerpräsidenten s. Rang, Unterschrift.

Kamptz, von s. Jahrbücher.

Kanäle
Ausschließung des Rechtsweges bei Schutzbauten an nicht schiffbaren Kanälen und bei Aufbringung der betreffenden Kosten (R. 26. Dez. 1835) V. 295. — vgl. Wasserleitung.

Kandidaten s. Geistliche, Gerichtsschreiberkandidaten, Gerichtsvollzieherkandidaten, Notariatskandidaten, Rechtskandidaten.

Kantonsgefängniß s. Gefängnisse, Zuchtpolizeistrafen.

Kanzel
deren Benutzung zu Bekanntmachungen (GNM. 21. Aug. 1814) I. 166. — vgl. Kirchthüren.

Kanzlei
Vorübergehende Beschäftigung versorgungsberechtigter Militairpersonen in den Kanzleien der Gerichte (R. 3. April 1854) XI. 21. — vgl. Gerichtsschreiberei, Parketgehülfen.

Kanzleidiener
besorgen den Transport der Asservate zur Audienz (R. 27. März 1834) IV. 44. — haben keine Reparaturkosten bezüglich der Dienstwohnung zu tragen (R. 31. Mai 1836) V. 379.

Kanzleikostenfonds s. Büreaukostenfonds.

Kanzleistil
Abschaffung der Pluralformel, Weglassung der Taufnamen des fungirenden Gerichtsbeamten (R. 11. Juni 1834) IV. 84. — vgl. Korrespondenz, Telegraphen, Titel.

Kapitalien
Zuziehung des Nebenvormunds bei Auszahlung von Aktivkapitalien der Minderjährigen an den Vormund (K. 18. Dez. 1836) V. 522, (J. 22. Dez. 1836 §. 4, 10) V. 529, (R. 16. Aug. 1838) VI. 572. — vgl. Kirchen, Pupillengelder, Stiftungsgelder.

Karten
Erweiterung der Bestimmungen über deren Herausgabe (K. 25. Juni 1836) V. 391. — vgl. Akten, Zeichnungen.

Karzerstrafe
Vollstreckung der von auswärtigen Universitäten erkannten Karzerstrafen gegen inländische Studirende (R. 23. März 1825) II. 581.

Kasernen
Verfahren bei Civilexekutionen gegen die in solchen wohnenden Militairpersonen (K. 8. Nov. 1831, 4. Jan. 1833, R. 29. Nov. 1833) III. 694, (R. 21. März, 5. April 1834) IV. 53, (R. 29. Aug. 1834) IV. 150, (R. 17. Sept. 1853) X. 599.

Kassation s. Amtsentsetzung.

Kassation
Rechtsmittel, findet nicht statt gegen Abweisung von Armenrechtsgesuchen (R. 18. Okt. 1832) III. 521. — Kassirung eines Urtheils wegen Machtüberschreitung befreit den Verurtheilten von Strafe und Kosten (R. 1. Okt. 1835) V. 225. — Kassation des Erkenntnisses beseitigt auch die nicht angefochtenen Festsetzungen (R. 13. Nov. 1838) VI. 632. — Ausschließung des Kassationsrekurses in Disziplinarsachen gegen Richter (G. 7. Mai 1851 §. 42) X. 300. — Zulässigkeit desselben in Prozessen der Staatsbeamten gegen den Fiskus wegen ihrer Diensteinkünfte (G. 24. Mai 1861 §. 4) XII. 247. — dgl. in Prozessen gegen den Fiskus wegen Errichtung von Stempelabgaben (G. 24. Mai 1861 §. 13) XII. 249.

Kassationsgesuche
Einlegung des Rekurses durch Polizeianwalte (R. 31. Jan. 1834) IV. 15, (R. 12. Juni 1837) VI. 232, (R. 13. Nov., 25. Dez. 1838) VI. 632, (R. 15. April 1839) VII. 43, (R. 9. Febr. 1854) XI. 8. — Prüfung der von Staatsprokuratoren eingelegten Rekurse (R.

6. Juni 1834) IV. 82. — Kassation soll nicht wegen Kleinigkeiten nachgesucht werden (R. 13. Nov., 25. Dez. 1838) VI. 632. — Verfahren, wenn es sich um eine Polizeiverordnung der Regierung oder Ortspolizeibehörde handelt (R. 9. Febr. 1854) XI. 8. — Berechnung der Strafzeit, wenn Kassation nachgesucht ist (R. 7. Juni 1833) III. 635, (R. 14. Juni 1834) IV. 86.

Kassationshof

Auflösung der Revisions- und Kassationshöfe zu Coblenz und Düsseldorf, Errichtung des Revisions- und Kassationshofes zu Berlin (V. 21. Juni 1819) I. 572. — Personenwechsel in der Rendantur (R. 28. Nov. 1838) VI. 645. — Vereinigung desselben mit dem Obertribunal (G. 17. März 1852) X. 404, (R. 20. Dez. 1852) X. 529.

Berichterstattung des Kassationshofes in Kriminalsachen (R. 30. Juli 1819) I. 584, (R. 4. Nov. 1831) III. 405, aufgehoben (durch R. 24. Febr. 1853) X. 549. — Verfahren in Austrägalsachen (K. 19. R. 23. Aug. 1834) IV. 140, (R. 27. Juli, 6. Aug. 1836) V. 433. — Inkompetenz bei Jurisdiktionskonflikten mit der akademischen Gerichtsbarkeit (R. 23. Nov. 1834) IV. 178. — Verfahren zur Beseitigung von Kompetenzstreitigkeiten zwischen verschiedenen Gerichten (G. 2. Mai 1853 §. 2,3) X. 567. — Erhaltung der Einheit der Rechtsgrundsätze in den richterlichen Entscheidungen (G. 7. Mai 1856) XI. 189. — vgl. Generalgouvernement, Generalstaatsanwalt, Justizorganisation, Obertribunal, Ostrhein (Revisionshof).

Kassationsverfahren

Allgemeine Bestimmungen (GV. 11. 22. Febr. 1814) I. 16, (GV. 3. Juli 1814) I. 67, (GM. 6. Mai 1814) I. 100, (GN. 28. April 1814) I. 124, (GNM. 22. Juni 1814) I. 147, (GNM. 20. Juli 1814) I. 149, (GK. 20. Okt. 1814) I. 298, (V. 21. Juni 1819 §. 6) I. 572. — Verweisung der nicht spruchreifen Sachen an die Instanzgerichte (K. 8. Juli 1834) IV. 126. — Verfahren in Civilsachen (G. 13. Okt. 1843) VIII. 187, (G. 11. Mai 1855 §. 3) XI. 112. — dgl. in Strafsachen, Einsendung der Untersuchungsakten an die Staatsanwaltschaft des Kassationshofes (R. 10. März 1821) II. 96, (R. 15. April 1839) VII. 43. — Zurückreichung derselben an das Justizministerium (R. 27. Dez. 1819) I. 630. — Zufertigung derselben an den Generalprokurator und die Oberprokuratoren (R. 27. Juli 1832) III. 488, (R. 27. Dez. 1838) VI. 669, (R. 24. Febr. 1853) X. 549. — Mittheilung der den Kassationsrekurs verwerfenden Entscheidung an den Kondemnaten bei Todesurtheilen (R. 18. Juni 1864) XII. 450. — Verfahren in Disziplinarsachen gegen Advokaten und Anwalte (V. 7. Juni 1844 §. 16) VIII. 288, (G. 11. Mai 1855 §. 9) XI. 113. — dgl. gegen Notarien, Gerichtsschreiber und Gerichtsvollzieher (G. 11. Mai 1855 §. 9) XI. 113. — vgl. Sukkumbenzgelder.

Kassen

Verfahren bei Arrestanlagen auf öffentliche Kassen (GV. 23. Sept. 1814) I. 75. — dgl. bei Gehaltsabzügen gegen versetzte altländische Beamte (R. 30. März, 20. Mai 1827) III. 130. — Unmittelbare Zahlung der Gehaltsabzüge an einzelne Gläubiger (R. 11. Mai,

28. Juni 1830) III. 352. — Stempel zu Gehaltsquittungen, wobei verschiedene Kassen betheiligt sind (R. 23. Mai 1835) V. 138. — vgl. Exekution, Gemeindekassen, Kaution, Militairkassen, Münzwesen, Unterstützungskassen.

Kassenanweisungen s. Münzbehörden, Münzverbrechen, Münzwesen.

Kassenbeamte
Anzeige der Forderungsklagen gegen solche bei den Regierungen (StMB. 20. Juli 1818 §. 38) I. 513. — Verfahren der Friedensrichter (B. 8. Dez. 1837) VI. 347, (R. 19. Dez. 1841) VII. 374. — Anzeige der Forderungsklagen gegen Militairkassenbeamte bei den Militairintendanturen (R. 5. Mai 1828) III. 229, (B. 8. Dez. 1837) VI. 347, (R. 19. Dez. 1841) VII. 374. — dgl. der Klagen gegen Postkassenbeamte bei den Oberpostdirektionen (R. 12. Juni 1858) XII. 31. — Versiegelung der im Nachlasse von Beamten befindlichen öffentlichen Gelder durch die Dienstbehörde (K. 14. Juli 1843) VIII. 180. — vgl. Domainenempfänger, Gemeindeeinnehmer, Steuereinnehmer.

Kassendefekte
Anwendung der Körperhaft auf Gemeindeeinnehmer (GK. 17. Jan. 1815) I. 312. — Zulässigkeit des Rechtsweges bei Streitigkeiten über die Zahlungspflicht derselben (R. 26. Sept. 1823) II. 408, (R. 1. 29. April 1820, 30. April, 31. Mai 1838) VI. 526. — Feststellung und Ersatz der bei öffentlichen Kassen und Verwaltungen vorkommenden Defekte (B. 24. Jan. 1844) VIII. 231. — Festsetzung der durch die Ermittelung von Defekten entstandenen Kosten (StMB. 31. Aug., R. 18. Sept. 1863) XII. 415. — Benachrichtigung der Oberrechnungskammer (R. 30. Juni 1847) IX. 207. — Deckung der Defekte bei Steuer- und Gemeindekassen (G. 23. Juli 1845 §. 80) XI. 428.

Kassenverbrechen s. Landrecht. — vgl. Kassendefekte.

Kassirung s. Aktenverkauf, Stempelpapier. — vgl. Kassation.

Kastellane
haben keine Reparaturkosten bezüglich der Dienstwohnung zu tragen (R. 31. Mai 1836) V. 379. — sollen mit Beglaubigung der Portofreiheitsvermerke auf Dienstbriefen nicht beauftragt werden (R. 12. Juli 1861) XII. 257. — vgl. Kanzleidiener.

Kataster
Bezeichnung der Grundstücke nach demselben in öffentlichen Urkunden (R. 29. Mai 1820) II. 33, (B. 21. Mai 1828) III. 230, (B. 24. Okt. 1834) V. 27, (B. 11. Juli 1835) V. 165. — Verfahren bei Notariatsurkunden, wenn der Katasterauszug nicht zur Hand ist (R. 26. Mai 1837) VI. 218. — Verfahren behufs Fortschreibung der Besitzveränderungen (J. R. 20. April 1838) VI. 640, (R. 10. Mai 1838) VI. 472, (K. 7. R. 30. Aug. 1839) VII. 84, (R. 13. Jan. 1840) VII. 126, (R. 18. Nov. 1850) X. 256. — Stempelfreiheit der Katasterauszüge (J. R. 20. April 1838 §. 2) VI. 461, (K. 23. Febr., R. 27. März 1839) VII. 35. — Benutzung des Katasters zur Abschätzung in Vormundschaftssachen (R. 6. Nov. 1835) V. 253. — dgl.

bei Theilungen und gerichtlichen Immobilarverkäufen (G. 18. April 1855 §. 2, 33) XI. 78. — Ueberlassung der bei Aufnahme des Katastèrs als herrenlos entdeckten Parzellen an die Ortsgemeinden (K. 14. März 1825, B. 13. Aug. 1835) V. 180. — vgl. Ostrhein (Grundsteuermutterrolle).

Kauf
Verbot des Ankaufs von Militairarmatur- und Montirungsstücken (R. 18. Juni 1817) I. 469. — dgl. von gestohlenem Holz (G. 2. Juni 1852 §. 45—48) X. 432. — Gewährleistung wegen verborgener Mängel beim Verkauf von Hausthieren (G. 3. Mai 1859) XII. 77. — vgl. Handel, Privilegium, Verkauf. — vgl. ferner Erkenntnißstempel.

Kaufbedingungen
Feststellung derselben bei Subhastationen (R. 28. Sept. 1835) V. 224, (K. 9. R. 12. April 1836) V. 360, (K. 11. Dez. 1841) VII. 373.
Heft der Verkaufbedingungen im Theilungsverfahren (G. 18. April 1855 §. 4, 5, 36, 56, 79, 80, 89, 94) XI. 79. — Kosten desselben (B. 27. Juli 1855 §. 2, 13) XI. 130, (G. 3. Mai 1858 §. 2, 13) XI. 445.

Kaufgelder
Verzicht des Verkäufers auf Eintragung des Privilegiums (R. 27. Febr. 1835) V. 81. — Auszahlung von Immobilarkaufgeldern an Minderjährige (K. 18. Dez. 1836) V. 522, (R. 16. Aug. 1838) VI. 572. — dgl. bei außergerichtlichen Theilungen (G. 18. April 1855 §. 26) XI. 86. — Uebernahme der Garantie für den Kaufpreis seitens der Notarien (R. 4. Juli 1839, 4. Juli 1840) VII. 183. — Festsetzung der Zahlungstermine bei Subhastationen (K. 11. Dez. 1841) VII. 373. — vgl. Aufgeld, Empfangsgebühren, Expropriation, Holzverkauf.

Kaufleute
als solche gelten Färber im Großen (R. 22. März 1832) III. 458. — Wahlrecht der Notabeln in Betreff der Handelsgerichte (R. 31. Okt. 1846) IX. 119, (R. 2. Sept. 1863) XII. 416. — Gebühren für Anheftung der Eheverträge (R. 10. Okt. 1845) IX. 56. — vgl. Agenten, Bankerutt, Falliment, Handel ff., Holzhändler, Konsuln, Mäkler.

Kaufstempel
Retorsionsmaßregeln bezüglich der niederländischen Alienationssteuer (GB. 30. Dez. 1814) I. 82. — Stempelpflichtigkeit der notariellen Lizitationsverhandlungen (R. 13. Nov. 1830) III. 365. — dgl. der Immobilarversteigerungen in armen Vormundschaftssachen (R. 12. Jan. 1841) VII. 248, (vgl. G. 23. Dez. 1846) IX. 135, (R. 24. Sept. 1855) XI. 148. — Stempelansatz zu Zwangsverkäufen nach Art. 2181—2192 CGB. (K. 5. R. 30. April 1840) VII. 159. — dgl. bei Kaufverhandlungen über eine Superfizies (R. 14. Febr. 1838) VI. 477. — dgl. bei Kauf- und Lieferungsverträgen im Handelsverkehr (K. 30. April 1847) IX. 195. — dgl. bei Veräußerung von früheren Erbpachts- oder Erbzinsgrundstücken (R. 5. Mai 1855) XI. 106.
Anwendung des Kaufwerthstempels bei Auseinandersetzungen zwischen Erben für Uebernahme von Nachlaßobjekten (K. 24. Dez. 1834) V. 34, (R. 6. Okt. 1835, 11. Mai, 10. Okt. 1836) V. 470. — Auf-

hebung dieser Vorschriften, Stempelfreiheit der Kauf- und Tauschverhandlungen zum Zweck der Erbtheilung (K. 21. Juni 1844) VIII. 292. — Anwendung dieser Bestimmung auf den überlebenden Ehegatten bei Theilung der Gütergemeinschaft (R. 10. Nov. 1845) IX. 57. — Stempelpflichtigkeit der Verhandlungen über Ankauf von Erbschaftsgrundstücken im Wege der freiwilligen Subhastation (R. 5. Juni 1846) IX. 91. — vgl. Subhastation. — vgl. ferner Erkenntnißstempel, Stempel ff.

Kaution

Rückzahlung der französischen Amtskautionen (V. 2. Dez. 1816) I. 426, (V. 18. Dez. 1816) I. 436, (V. 18. Juni 1817) I. 468. — dgl. der von den Notarien des Fürstenthums Lichtenberg erlegten Kautionen (R. 24. Dez. 1835) V. 294. — Prüfung der Amtskautionen durch die Verwaltungsbehörde (StMV. 20. Juli 1818 §. 14) I. 507. — Unanwendbarkeit dieser Vorschrift auf Hypothekenbewahrer (R. 11. Juni 1829) III. 281, (R. 27. Juli 1829) III. 295. — Kautionsbestellung der Kassen- und Magazinbeamten, sowie der Gerichtsvollzieher (K. 11. Febr., R. 12. Juli 1832) III. 482, (K. 15. April 1837) VI. 167, (StMV. 30. Sept., R. 13. Okt. 1856) XI. 284. — insbesondere der Gerichtsvollzieher aus dem Kreise St. Wendel (R. 25. Dez. 1835) V. 294. — Kautionspflicht der Kassirer von Gerichtsvollzieherunterstützungsvereinen (R. 22. Okt. 1833) III. 683. — dgl. der Gemeindebeamten (G. 15. Mai 1856 §. 52) XI. 210, (G. 23. Juli 1845 §. 80) XI. 428.

Erhöhung der Kaution wegen Vermehrung des Diensteinkommens ohne Beförderung (K. 5. Aug., R. 6. Sept. 1836) V. 449. — Rückzahlung der erledigten Amtskautionen (R. 19. 29. Jan. 1839) VII. 14, (R. 9. Nov. 1839) VII. 106. — Theilweise Auszahlung derselben an Gläubiger und Ergänzung (R. 6. 14. Juni 1842) VIII. 70. — Rückzahlung der in Effekten bestellten Kautionen (R. 30. Nov., 13. Dez. 1848) IX. 369. — Unentgeltliche Insertion des Aufgebots in die Amtsblätter (R. 25. Juni, 12. Juli 1848) IX. 309.

Kautionsleistung der Führer und Maschinisten von Rhein- und Moseldampfschiffen (V. 24. Mai 1844 §. 14) VIII. 275, (K. 15. Sept. 1845) IX. 51. — dgl. der Herausgeber von Zeitungen und Zeitschriften (G. 12. Mai 1851 §. 11) X. 311. — dgl. der Auswanderungsagenten (G. 7. Mai 1853 §. 5) X. 570.

Anderweitige Einrichtung des Amts- und Zeitungskautionswesens, Hinterlegung von Staatspapieren (G. 21. Mai 1860) XII. 184, (V. 21. Mai 1860) XII. 186. — Verfahren hinsichtlich der von Justizbeamten zu bestellenden Kautionen (R. 3. Aug. 1860) XII. 195. — Ausstellung von Kautionsverschreibungen (R. 8. 26. April 1861) XII. 244, (R. 5. 17. Juli 1861) XII. 258, (R. 27. Nov. 1861, 22. Jan. 1862) XII. 346.

Kautionsbestellung seitens ausländischer Forstfrevler (GNM. 18. Aug. 1815) I. 226. — vgl. Kassendefekte. — vgl. ferner Hypotheken.

Kesselwärter

deren Bestrafung wegen Kontraventionen beim Betrieb der Dampfkessel (G. 7. Mai 1856) XI. 191. — vgl. Maschinenwärter.

Kinder
Rechtsverhältnisse der von Verschwägerten erzeugten Kinder (GK. 17. Jan. 1815) I. 311, (GS. 19. Jan. 1816) I. 352. — Stand der unehelichen Kinder im Kanton St. Gallen (R. 4. Okt. 1836) V. 465. — Verbot der Ehe mit unehelichen Stiefkindern (K. 17. Jan., R. 7. März 1838) VI. 436. — vgl. Civilstand (Geburtsurkunden), Findelkinder, Gemischte Ehe, Haftbarkeit, Minderjährige, Säuglinge, Vormundschaft, Waisen. — vgl. ferner Adel, Anerkennung, Legitimation, Schwängerung.

Kirchen
Autorisation derselben zu Prozessen und Vergleichen (StMB. 20. Juli 1818 §. 5) I. 506. — dgl. zur Annahme von Schenkungen und Vermächtnissen (K. 29. Sept. 1814, 27. Aug. 1819, R. 9. 28. Juli 1820) II. 55. — dgl. zur Hypothekenlöschung (R. 11. Nov. 1829) III. 306, (R. 28. Febr. 1847) IX. 180. — dgl. zur Veräußerung von Grundstücken (K. 24. Jan., R. 26. Febr. 1838) VI. 431. — inwiefern zur Beitreibung von Zinsen und Gefällen (K. 10. R. 25. Jan. 1830) III. 319. — dgl. zum Ausleihen von Kapitalien (K. 21. Jan. 1840) VII. 136. — wann Kirchen das Armenrecht beanspruchen können (R. 13. Juli 1829) III. 288. — Ueberweisung des verheimlichten Staatsgutes an die Ortskirchen (K. 23. Mai 1818) I. 499, (G. 18. Dez. 1831 §. 5) III. 419. — Gesetzeskraft des Dekrets vom 6. November 1813 über die Verwaltung der geistlichen Güter (R. 8. April 1839) VII. 39. — Verpachtungsprotokolle der Verwaltungsbehörde über Kirchengüter bilden keinen exekutorischen Titel (R. 9. Febr., 13. März 1842) VIII. 25. — Bestreitung der kirchlichen Bedürfnisse in den Pfarrgemeinden des linken Rheinufers (G. 14. März 1845) IX. 14. — Ablösung der den Kirchen zustehenden Reallasten (G. 2. März 1850 §. 65) X. 144, (V. 13. Juni 1853) X. 583, (G. 15. April 1857) XI. 312. — Zulassung des Rechtsweges in Beziehung auf Kirchenabgaben (G. 24. Mai 1861 §. 15, 16) XII. 250. — vgl. Enregistrement, Kanzel, Kirchendiener, Kirchthüren, Religionsgesellschaften, Stiftungsgelder, Synagogen.

Kirchendiener
Verfahren bei Entlassung der zugleich im Schuldienst angestellten Glöckner, Organisten und Küster (K. 8. Nov. 1835) V. 254. — Befreiung der Kirchendiener von den Gemeindeabgaben (G. 15. Mai 1856 §. 4) XI. 194, (G. 15. Mai 1856 §. 10) XI. 224. — dieselben können nicht Gemeindeämter bekleiden (G. 15. Mai 1856 §. 16, 29) XI. 199, (G. 15. Mai 1856 §. 14) XI. 226. — Ablösung der den Küstereien zustehenden Reallasten (V. 13. Juni 1853) X. 583, (G. 15. April 1857) XI. 312.

Kirchenfabriken, Kirchengüter, Kirchenkapitalien s. Kirchen.

Kirchliche Angelegenheiten
Ausschließung der Oeffentlichkeit bei Verhandlungen über solche (K. 25. Febr., R. 10. März 1837) VI. 107. — vgl. Ministerien, Religiöse Angelegenheiten.

Kirchliche Zeugnisse s. Civilstandsregister, Militairgeistliche, Ostrhein (Vormundschaftswesen).

Kirchthüren
Verbot des Anschlagens von Bekanntmachungen an dieselben (R. 2. 29. Dez. 1846) IX. 142. — vgl. Kanzel.

Klagen s. Civilklagen, Eigenthumsklagen, Forderungsklagen, Injurienklagen, Possessorienklagen, Prozesse, Regreßklagen. — vgl. Denkschriften, Erkenntnißstempel, Schwängerung, Vorladung.

Kleve s. C.

Knappschaft s. Bergwerksarbeiter.

Koblenz s. C.

Kohlen
Verfahren bei Entwendung derselben aus Bergwerken (R. 15. Okt. 1824) II. 526. — Verhütung des Handels mit Gemeindebedarfskohlen im Bergamtsbezirk Saarbrücken (K. 14. Juli, R. 3. Aug. 1835) V. 174. — Anwendung dieser Vorschriften im Kreise St. Wendel (K. 6. R. 13. März 1841) VII. 268. — Strafermäßigung betreffend Art. 96 des Dekrets vom 21. April 1810 (K. 8. Nov. 1843) VIII. 193. — vgl. Bergwerkskontraventionen, Mineralien.

Kollegien s. Prüfung, Stundung, Universität.

Kollekte
zur Aufbringung der Geldbußen wegen Preßvergehen ist verboten (G. 12. Mai 1851 §. 23, 45) X. 313.

Kollision s. Kompetenzkonflikt, Konflikt, Konservatorische Maßregeln.

Kollokation und **Distribution**
Führung und Revision der betreffenden Register (R. 11. April 1834) IV. 57, (R. 22. Nov. 1842) VIII. 127. — Uebergang der Kollokationssachen an das neu errichtete Landgericht zu Elberfeld, allgemeine Grundsätze über das Verfahren (R. 30. Dez. 1835) V. 297. — Ernennung der nicht etatsmäßigen Assessoren zu Richterkommissarien (R. 19. Jan. 1836) V. 313. — Stempelfestsetzung in Kollokationssachen (R. 19. April, 24. Mai, 6. Juni 1837) VI. 226, (R. 16. Sept., 5. Okt. 1847) VII. 353, (R. 9. Sept. 1860 Nr. 7) XII. 203, (R. 18. Jan. 1862 Nr. 6) XII. 346. — dgl. bei Distribution einer Benefiziarerbschaftsmasse (R. 9. Sept. 1860 Nr. 23) XII. 206. — Ertheilung der Hypothekenauszüge an arme Parteien (R. 4 Febr. 1837) VI. 82, (R. 18. Mai 1839) VII. 61. — Versendung der Gerichtsakten bei Erledigung von Rechtsmitteln (G. 11. Mai 1855 §. 7) XI. 113. — Zulässigkeit des Kollokationsverfahrens über die vorläufig festgestellte Entschädigung bei Expropriationen (R. 29. Dez. 1859 §. 5) XI. 401. — Kollokations- und Distributionsverfahren über die bei der Depositenkasse in Cöln hinterlegten Gelder (G. 24. Juni 1861 §. 17, 18) XII. 256.

Köln s. C.

Kommandanturgerichte
deren Civiljurisdiktion über Militairpersonen und Militairbeamte in Luxemburg und Mainz (R. 26. Juni, 25. Sept. 1816, 30. Okt. 1820) II. 63. — vgl. Luxemburg, Mainz, Militairgerichte.

Kommern s. C.

Kommissar s. Kommissorien, Richterkommissar, Substitution.

Kommissionäre
deren Konzessionirung und Auftreten vor Friedens- und Handelsgerichten (R. 24. Nov., 10. Dez. 1846) IX. 130, (R. 14. Dez. 1852) X. 527. — vgl. Agenten, Mandatar, Winkelkonsulenten.

Kommissionsgeschäfte
dürfen von Justizbeamten nicht gewerbmäßig betrieben werden (R. 3. 10. Juni 1835) V 144. — vgl. Gewerbebetrieb.

Kommissorien
Anordnung der kommissarischen Vertretung und der Remuneration durch das Justizministerium (R. 16. Juli 1821) II. 134. — Kommissarische Verwaltung von Friedensrichterstellen (R. 15. Nov. 1822) II. 318, (R. 4. Nov. 1840) VII. 226, (R. 30. Sept. 1857) XI. 382. — dgl. von Friedensgerichtsschreiberstellen (R. 23. Sept. 1840) VII 207. — Meldung kommissarischer Friedensrichter bei dem Landgerichts-Präsidenten und dem Oberprokurator (R. 4. Sept. 1860) XII. 200. — Kommissarische Vertretung begründet an sich keine Gehaltsvermehrung (R. 16. Juli 1821) II. 134. — dgl. keine Rangerhöhung (R. 3. Okt. 1835) V. 230. — Versendung der im Auftrage eines andern Gerichts aufgenommenen Prozeßverhandlungen in Civilsachen (G. 11. Mai 1855 § 6) XI. 113. — Uebernahme von Kommissorien in Verwaltungssachen seitens der Justizbeamten erfordert ministerielle Genehmigung (R. 28. Mai 1857) XI. 349. — Uebergabe der Dienstwohnungen durch einen Kommissarius (StMB. 22. Aug., R. 26. Sept. 1864) XII. 451. — vgl. Assessoren, Auditeure, Diäten, Reisekosten, Richter, Richterkommissar. — vgl. ferner Requisitionen.

Kommunal- s. Gemeinde-

Kommunikationsabgaben
Herstellung der bergischen Wegegelder (GB. 1. April 1814) I. 55. — Justizbeamte müssen Kommunikationsabgaben entrichten (R. 11. 14. Mai 1824) II. 493. — Liquidation solcher Auslagen, Anweisung auf den Kriminalfonds (R. 24. Mai 1829) III. 281. — Verfahren bei Chausseegeldkontraventionen (R. 17. April, 6. Mai, 5. Juni 1826) III. 51. — Bestrafung der Tarifüberschreitungen (G. 20. März 1837) VI. 118. — Anwendung des Landesgewichts (G. 17. Mai 1856 §. 10) XI. 233. — vgl. Fährpächter, Wege.

Kompetenz
administrative s. Exekution (administrative), Kompetenzkonflikte, Rechtsweg, Ressortreglement, Untersuchung (administrative), Verwaltungsbehörden.
gerichtliche s. Gerichtsstand, Justizorganisation, Kompetenzkonflikte, Rechtsweg, Ressortreglement. — vgl die einzelnen Gerichte. — vgl. ferner Adresse, Civileinreden, Erkenntnißstempel, Inkompetenz.

Kompetenzkonflikte
zwischen den Gerichten und Verwaltungsbehörden, Verfahren zur Regulirung derselben (R. 17. Mai 1816) I. 362, (R. 30. Juni 1828) III. 240, (R. 16. Juli, 4. Aug. 1828) III. 244, (J. 30. März, R.

15. April 1836) V. 362. — Verhältniß des Kompetenzkonflikts zur Inkompetenzeinrede (R. 6. Febr., 2. April 1838) VI 451. — Einwirkung der Staatsanwaltschaft in den noch nicht zur Rolle beförderten Prozeßsachen (R. 19. Sept. 1838) VI. 494. — Sistirung des gerichtlichen Verfahrens (R. 8. Jan. 1842) VIII. 5.

Neuere Bestimmungen über das Verfahren bei Kompetenzkonflikten zwischen den Gerichten und Verwaltungsbehörden (G. 8. April 1847) IX. 189. — Anwendung der §. 6, 8, 13 dieses Gesetzes (R. 15. Nov. 1847) IX. 247, (R. 24. Febr. 1851) X. 262. — dgl. der §. 5, 6, 8, 13 (R. 10. Mai 1848) IX. 299. — dgl. der §. 5, 8, 17, 18 (R. 19. Aug. 1848) IX. 324. — dgl. der §. 5, 8 bei den als Partei betheiligten Gemeindebehörden (R. 5. Dez. 1851) X. 394, (R. 13. Dez. 1853) X. 623. — Vorlegung der Prozeßakten von Seiten der Regierung (R. 25. März 1858) XII. 11. — Beschleunigung des Verfahrens (R. 24. Febr. 1851) X. 262. — Anweisung der Expeditionsgebühren auf den Kriminalfonds (R. 9. Dez. 1847) IX. 248. — dgl. und Erstattung der Gerichtskosten bei Ausschließung des Rechtsweges (R. 19. Aug. 1848) IX. 324. — Gerichtsvollziehergebühren für die von der Staatsanwaltschaft aufgetragenen Akte (R. 3. Dez. 1853) X. 622. — Heften und Foliiren der an den Gerichtshof zur Entscheidung der Kompetenzkonflikte einzusendenden Akten (R. 20 Juli 1861) XII. 260.

Verfahren bei negativen Kompetenzkonflikten (R. 18. Aug. 1848) IX 312. — Anwendung des Gesetzes vom 8. April 1847 auf Konflikte bei gerichtlicher Verfolgung wegen Amts- und Diensthandlungen (G. 13. Febr. 1854 §. 1, 2) XI. 9, (R. 12. Mai 1854) XI. 440, (R. 5. April 1855) XI. 442, (R. 3. Dez. 1860) XII. 217.

Verhütung von Kollisionen zwischen altländischen und rheinischen Gerichten bei der Exekution gegen versetzte Beamte (R. 30. März, 20. Mai 1827) III. 130. — dgl. zwischen Gerichts- und Verwaltungsbehörden (StMB. 20. Juli 1818 §. 40, 41) I. 514. — insbesondere bei Verhaftungen (R. 26. Jan. 1833) III. 568. — und bei Versiegelung des Nachlasses von Beamten (R. 2. Aug. 1845) IX, 50.

Entscheidung der Jurisdiktionskonflikte zwischen dem Universitätsgerichte und dem Untersuchungsamte zu Bonn (R. 23. Nov. 1834) IV. 178. — Bestimmungen zur Beseitigung von Kompetenzstreitigkeiten unter verschiedenen Gerichten (G. 2. Mai 1853) X. 567. — vgl. Ostrhein, Rechtsweg, Ressortreglement.

Konduitenlisten

deren Führung über Justizbeamte (R. 14. Mai 1824) II. 493, (R. 29. Dez. 1831) III. 420. — Abschaffung der geheimen Konduitenlisten (R. 31. Juli 1848) IX. 310.

Konfession s. Gemischte Ehe, Religiöse Angelegenheiten.

Konfirmationsgelder s. Ostrhein (Gebühren).

Konfiskation

findet nicht statt rücksichtlich der Transportmittel bei Hausirkontraventionen (R. 21. Juni, 21. Juli 1826) III. 61. — Anwendung derselben bei Zollvergehen (G. 23. Jan. 1838) VI. 402. — dgl. beim Mißbrauch von Fabrikzeichen (V. 18. Aug. 1847 §. 13) IX. 234. —

dgl. beim Holzdiebstahl (G. 2. Juni 1852 §. 17, 23, 47) X. 426. — Behandlung der konfiszirten verbotenen Waffen und anderer Sachen, womit kein Handel getrieben werden darf (R. 15. März 1837) VI. 113, (R. 22. Dez. 1852) X. 530. — Vollstreckung der Straferkenntnisse hinsichtlich der Konfiskate bei Jagdvergehen (R. 6. Juli 1854) XI. 41, (R. 28. Nov. 1860) XII. 215. — Vernichtung der Loose verbotener auswärtiger Lotterien (R. 19. Febr. 1853) X. 547. — vgl. Beschlagnahme, Presse, Preßverbrechen, Zeitungen.

Konfiskationsprozeß s. Deserteure, Militairpersonen (beurlaubte), Militairpflichtige.

Konflikt
dessen Erhebung bei gerichtlicher Verfolgung von Beamten wegen Amts- und Diensthandlungen, Verfahren (R. 7. Juli 1852) X. 452, (G. 13. Febr. 1854) XI. 9, (R. 12. Mai 1854) XI. 440. — Anwendung auf Polizeiübertretungen (R. 5. April 1855) XI. 442. — Befugniß zur Erhebung des Konflikts nach Maßgabe des Gesetzes vom 13. Febr. 1854 (R. 3. Dez. 1860) XII. 217. — vgl. Beschwerden, Kompetenzkonflikt, Konservatorische Maßregeln.

Konkurrenz
ideale, von Polizei- und Zuchtpolizeisachen, Subsidiarantrag auf Verweisung zum Polizeigericht (R. 18. Juni 1836) V. 405. — vgl. Konnexität, Solidarverbindlichkeit, Theilnahme.

Konkurs s. Falliment, Ostrhein.

Konnexität
Militairgerichtsstand der beurlaubten Militairpersonen bei konnexen Militair- und Civilvergehen (R. 5. Okt. 1821) II. 179. — Gleichzeitiges Strafverfahren gegen verschiedene ausgewanderte Militairpflichtige und beurlaubte Militairpersonen (G. 10. März 1856 §. 5) XI. 167. — Verfahren beim Zusammentreffen des Holzdiebstahls mit anderen Vergehen (R. 11. Nov. 1831) V. 22, (R. 30. Okt. 1835) V. 248, (R. 8. Jan. 1836) V. 308. — Allgemeine Grundsätze über Verbindung und Trennung konnexer Untersuchungssachen (R. 9. April 1827) III. 111, (R. 27. Juli 1832) III. 490, (R. 7. Nov. 1839) VII. 100, (R. 9. März 1844) VIII. 242, (vgl. G. 14. April 1851 §. 21—23) X. 633, (G. 22. Mai 1852 §. 4) X. 636. — vgl. judicium mixtum, Theilnahme.

Konservatorische Maßregeln
deren Ergreifung bei Kollisionen zwischen Justiz- und Verwaltungsbehörden (StMB. 20. Juli 1818 §. 40) I. 514. — vgl. Rettungsversuche.

Konsignation s. Depositalwesen.

Konsistorien
deren Aufsicht über Familienstipendien (R. 8. Aug. 1823) II. 398. — Kompetenz derselben bei Ehedispensationen (R. 22. Febr., 15. Mai 1846) IX. 83. — vgl. Ostrhein.

Konskription s. Amnestie. — vgl. Militairaushebung.

Konsuln
auswärtiger Regierungen können nicht Handelsrichter sein (R. 27. Nov.

1831) III. 409. — Befugniß der Konsuln zur Verhaftung und zum Antrag auf Auslieferung desertirter Matrosen gegenüber Oldenburg (R. 25. Nov. 1845) IX. 59. — Kompetenz und Verfahren der preußischen Konsuln bei der Eheschließung und Beurkundung des Personenstandes evangelischer preußischer Unterthanen in außereuropäischen Ländern (G. 3. April 1854) XI. 18, (J. 24. Aug. 1854) XI. 47. — Uebereinkunft mit Rußland wegen Mitwirkung der Konsularbeamten bei Nachlaßregulirungen (Ko. 27. Dez. 1856, R. 26. Febr. 1857) XI. 294. — Verfahren der englischen Konsuln bei Eheschließungen zwischen englischen und preußischen Unterthanen in der Rheinprovinz (R. 18. Aug. 1855) XI. 145. — vgl. Gesandtschaften, Insinuationen, Requisitionen.

Kontestationen
Hinterlegung des betreffenden notariellen Protokolls in Theilungssachen (R. 21. Mai 1834) IV. 72, (G. 18. April 1855 §. 8) XI. 81. — Berichterstattung des Richterkommissars (R. 4. Aug. 1857) XI. 374. — vgl. Erkenntnißstempel (Theilungssachen).

Kontrakte s. Verträge. — vgl. Ostrhein.

Kontroversen
Erhaltung der Einheit der Rechtsgrundsätze in den Erkenntnissen des Obertribunals (G. 7. Mai 1856) XI. 189. — vgl. Stempelkontroversen.

Kontumazialerkenntnisse
in Polizeisachen, Verfahren bei deren Zustellung und Vollstreckung (R. 23. Nov. 1832) III. 550, (R. 22. Febr. 1833) III. 587, (R. 23. Febr. 1838) VI. 424, (vgl. G. 2. Juni 1852 §. 37) X. 430.
in Zuchtpolizeisachen dgl. (R. 11. März 1836) V. 342, (R. 11. Juni 1836) V. 394, (R. 11. Juni 1839) VII. 72. — Insinuation der auf Opposition gegen ein Kontumazialurtheil ergangenen Kontumazialerkenntnisse (R. 17. Febr. 1857) XI. 307. — vgl. Erkenntnißstempel, Kontumazialverfahren, Strafresolute.

Kontumazialverfahren
Beachtung der Verordnung vom 2. Mai 1823 gegenüber den Bewohnern Deutscher Bundesstaaten (R. 25. Febr. 1827) III. 100. — Prüfung der Kompetenz gegenüber altländischen Parteien (R. 30. Aug. 1827) III. 142, (R. 3. Nov. 1827) III. 157. — Erscheinungsfrist des Fiskus (R. 28. Aug. 1835) V. 198, (vgl. StMB. 30. Nov., R. 17. Dez. 1838) VI. 667. — Anwendung des Kontumazialverfahrens bei Interdiktionen (R. 11. Okt. 1842) VIII. 122. — dgl. in der Kassationsinstanz (G. 13. Okt. 1843 §. 7—11) VIII. 188. — dgl. bei Assisensachen (R. 19. Mai 1826) III. 28, (R. 29. April 1859) XII. 77, (R. 4. Mai 1860) XII. 179. — dgl. bei Disziplinarsachen (R. 15. Aug. 1838) VI. 570, (R. 18. April 1839) VII. 43, (vgl. G. 7. Mai 1851 §. 27, 32) X. 297, (G. 21. Juli 1852 §. 32, 37) X. 462. — Verjährung der Untersuchung gegen flüchtige Verbrecher nach Art. 637 KrPO. (R. 4. Mai 1860) XII. 179. — vgl. Deserteur, Ediktalladung, Kontumazialerkenntnisse, Opposition, Zeugenvorladung.

Konzession s. Agenten, Auswanderung, Bauen, Gasanstalten, Gesindemäkler, Gewerbebetrieb, Presse, Schifffahrt, Versicherung, Winkelkonsulenten.

Kopialien
deren Erstattung bei Theilungssachen und gerichtlichen Immobilarverkäufen (V. 27. Juli 1855 §. 20) XI. 137, (G. 3. Mai 1858 §. 20) XI. 448, XII. 24. — vgl. Abschrift, Auslagen, Gerichtsschreibergebühren, Gerichtsvollziehergebühren, Korrespondenz, Kostenfreiheit, Papier, Vormundschaft.

Körordnung
für Hengste (R. 19. Okt. 1836) V. 476. — dgl. für Zuchtstiere (R. 28. Mai, K. 28. Juni 1839) VII. 74.

Korporationen
als solche gelten die von der Behörde genehmigten Unterstützungskassen der Gewerbtreibenden (G. 3. April 1854 §. 4) XI. 17. — dgl. die Knappschaftsvereine (G. 10. April 1854 §. 10) XI. 24. — dgl. die Stadtgemeinden (G. 15. Mai 1856 §. 8) XI. 197. — Erwerbung von Grundeigenthum für ausländische Korporationen und andere juristische Personen des Auslandes (G. 4. Mai 1846) IX. 82. — vgl. Anstalten.

Korpsjäger s. Forstbeamte, Jagdbeamte, Protokolle, Waffengebrauch.

Korrespondenz
der altländischen Gerichte mit der rheinischen Staatsanwaltschaft (R. 4. Juni 1824) II. 507, (R. 31. Okt. 1832) III. 551, (R. 13. Aug. 1850) X. 240. — der Stempelfiskale dgl. (R. 25. März 1836) V. 347. — der Gerichtsbehörden mit der preußischen Militairbehörde in Mainz (R. 23. Nov. 1839) VII. 115. — der Advokaten und Friedensrichter mit auswärtigen Parteien (R. 25. Febr. 1838) VI. 430. — Besorgung der Korrespondenz in Vormundschaftssachen durch die Friedensgerichtsschreiber (R. 4. Sept. 1835) V. 206. — dgl. der Präsidialkorrespondenz durch das Landgerichtssekretariat (R. 14. Juli 1837) VI. 260.

Gebrauch der Rubrik „Verhaftet“ (R. 30. Okt. 1835) V. 247. — Anwendung der Kurialien (StMB. 28. Jan. 1849) X. 25, (R. 10. Juni 1856) XI. 237. — vgl. Assisenbericht, Berichte, Generalprokurator, Kanzleistil, Legalisation, Ministerien, Oberprokurator, Ostrhein (Requisitionen), Papier, Porto, Portofreiheit, Requisitionen, Siegel, Staatsanwaltschaft, Telegraphen, Titel.

Korrespondenzgebühren
werden den Notarien in Theilungssachen nicht bewilligt (R. 25. Aug. 1841) VII. 326. — vgl. Ostrhein (Advokaten).

Kosten s. Advokaten, Alimente, Amtsblätter, Auslagen, Auslieferung, Bauen, Beneficium competentiae, Bestallungsgebühren, Büreaukostenfonds, Chemiker, Civilkostentarif, Civilpartei, Civilstand ff., Dienstgebäude, Disziplinarrath, Expropriation, Friedensgerichtsgebühren, Gefangene, Geisteskranke, Gerichtskosten, Gerichtsschreibergebühren, Gerichtsvollziehergebühren, Handelsregister, Hebeammen, Holzdiebstahl, Hütergebühren, Hypothekengebühren, Insinuation, Justizfonds, Justizvisitation, Kassendefekte, Kirchen, Kompetenzkonflikt, Kopialien, Korrespondenzgebühren, Kostendistraktion ff., Kriminalfonds, Kriminalkostentarif, Mandatargebühren, Medizinalgebühren, Notariatsgebühren, Ostrhein (Gebühren), Personalarrest, Polizeianwalt, Porto f., Prüfungsgebühren, Rabbiner, Requisitionen, Revision, Sachverständige, Scharfrichter, Steuerexekutoren, Synagogen, Telegraphen, Theilnahme, Theilung, Untersuchungskosten, Urtheilsauszüge, Verhaftungsgebühren, Versteigerung, Verwahrungsbefehl, Vormundschaft, Zahlung, Zeugengebühren.

Kostendistraktion
in Armensachen (R. 30. Nov., 19. Dez. 1834) IV. 198.

Kostenersparniß
ist zu berücksichtigen in Strafsachen, insbesondere hinsichtlich der Vernehmung von Inquisiten und Zeugen, sowie der Lokaltermine und der Reisekosten (GV. 10. Mai 1814) I. 64, (GMM. 14. Okt. 1814) I. 184, (R. 22. April 1820) II. 24, (R. 4. Aug. 1823) II. 395, (R. 18. Aug. 1823) II. 404, (R. 10. Okt. 1823) II. 410, (R. 17. Nov. 1823) II. 434, (R. 31. Dez. 1825) II. 628, (R. 11. Dez. 1836) V. 519, (R. 20. Mai 1824) II. 500, (R. 16. Jan. 1826) III. 11, (R. 31. Juli 1838) VI. 566, (R. 21. Sept. 1846) IX. 108. — dgl. beim Kontumazialverfahren in Assisensachen (R. 19. Mai 1826) III. 28. — dgl. bei Zustellung der polizeigerichtlichen Urtheile (R. 23. Nov. 1832) III. 550, (R. 22. Febr. 1833) III. 587. — dgl. bei den Urtheilsauszügen zur Strafvollstreckung (R. 22. Mai 1857) XI. 342. — dgl. bei Einlegung des Kassationsrekurses (R. 13. Nov., 25. Dez. 1838) VI. 632. — dgl. bei Steckbriefen (R. 22. Febr. 1864) XII. 439. — dgl. bei der Ausfertigung notarieller Theilungsverhandlungen und beim Konsens zur Hypothekenlöschung (R. 4. Juli 1839, 4. Juli 1840) VII. 183. — dgl. bei Revisions- und Visitationsreisen (R. 14. Mai 1824) II. 417. — dgl. bei der Verpflichtung versetzter Beamten (R. 10. Mai 1844) VIII. 281, (vgl. R. 13. Febr. 1850) X. 118. — dgl. bei Stempelrevisionen bezüglich der Abschriften von Urkunden (R. 13. 25. Jan. 1859) XII. 57. — Vertagungsgebühren in Civilsachen sind nur einmal zu bewilligen (GV. 28. Febr. 1814) I. 17. — Maßregeln zur Verminderung der Portokosten bei auswärtigen Insinuationen und Requisitionen (R. 28. Febr. 1832) III. 449, (R. 20. März 1835) V. 96, (vgl. R. 16. Sept. 1844) VIII. 346. — dgl. der Ausgaben der Gerichte für Schreibmaterialien (R. 23. Mai 1839) VII. 65. — Berechnung der Friedensgerichtsgebühren bei mehreren Verhandlungen in derselben Angelegenheit (R. 26. April 1862) XII. 362. — vgl. Amtsblätter, Subhastationsgebühren, Subhastationspatent.

Kostenexekutorien
Ertheilung derselben bei Eröffnung mystischer Testamente (V. 5. Nov. 1843) VIII. 190. — dgl. bei Erledigung von Kommissorien und Requisitionen in Civilsachen (G. 11. Mai 1855 §. 6, 7) XI. 113. — dgl. bei Postkontraventionen rücksichtlich der Kosten der administrativen Voruntersuchung (R. 25. März 1858) XII. 12. — vgl. Advokaten, Armenrecht, Friedensgerichtsgebühren, Kostenliquidation, Kriminalfonds, Notariatsgebühren.

Kostenfreiheit
der Austrägalsachen (R. 27. Juli, 6. Aug. 1836) V. 433. — der Militairpersonen (V. 17. Febr. 1838) VI. 419, (R. 19. Sept. 1839) VII. 85, (J. 22. Aug. 1859 §. 4) XII. 122. — der Universität Bonn (R. 21. Sept. 1838) VI. 595. — der Eisenbahnunternehmungen (R. 21. April, 2. Mai 1839) VII. 46, (R. 6. Dez. 1842) VIII. 130, (R. 7. Nov. 1843) VIII. 192, (J. 22. Aug. 1859 §. 6) XII. 123. — der Provinzialfeuersozietät (Reg. K. 1. Sept. 1852 §. 2) X. 481, (K. 2. Juli 1863 §. 2) XII. 413. — Privatarmenanstalten haben keinen Anspruch auf Sportelfreiheit (R. 9. Jan. 1835) V. 42. der Todeserklärung der von 1806—1815 verschollenen Krieger (R. 24. Aug. 1835) V. 191, (J. 22. Aug. 1859 §. 3) XII. 122. — der aus auswärtige Ministerium gelangenden Todtenscheine von Ausländern (R. 12. Dez. 1836) V. 520. — der von Gesandtschaften requirirten Civilstandsurkunden und Atteste (K. 5. Aug. 1836, R. 27. Jan. 1837) VI. 40. — der Todtenscheine für die Militairaushebungslisten (R. 25. Juni, 29. Juli 1839) VII. 81. — der Requisitionen zwischen Civil- und Militairgerichten in Strafsachen (R. 9. Juli 1833) III. 656, (R. 17. Jan. 1839) VII. 9. — der im Interesse des Gesetzes an die Staatsanwaltschaft ertheilten Abschriften und Ausfertigungen (R. 25. Nov. 1836) V. 510, (R. 16. Dez. 1836) V. 520, (R. 28. Febr. 1839) VII. 22, (R. 10. März 1861) X. 263, (J. 22. Aug. 1859 §. 2) XII. 122. — der tabellarischen Bekanntmachungen über Verlust der Ehrenrechte (R. 22. Mai 1857 §. 3) XI. 343. — der Vereidungsprotokolle der Forstbeamten (R. 10. Mai, 22. Juni 1838) VI. 536, (R. 21. Juli 1857) XI. 357. — der Nachweisungen über Erkenntnißstempelrückstände (R. 20. Okt. 1838) VI. 610. — der telegraphischen Depeschen in Dienstsachen (R. 24. Okt., 17. Nov. 1856) XI. 290, (vgl. R. 10. Juli 1851, 14. Sept. 1854) XI. 58, (R. 15. Nov. 1855) XI. 157. — vgl. Amtsblätter, Gerichtsschreibergebühren, Insinuationen, Kostenstundung, Ostrhein (Fiskus), Requisitionen, Staatsanzeiger, Stempelfreiheit, Vormundschaft.

Kostenliquidation
Allgemeine Grundsätze über dieselbe in Strafsachen (R. 22. April 1820) II. 87. — Verfahren bei nachträglichen Liquidationen (R. 24. April 1824) II. 486, (R. 5. Dez. 1838) VI. 651. — dgl. bei Mittheilung der Kostenverzeichnisse an die Regierung (R. 25. Febr. 1818) I. 492, (R. 24. Mai 1822) II. 269, (R. 15. Juli, 6. Aug. 1823) II. 396, (R. 28. Okt., 11. Nov. 1837) VI. 325, (R. 16. Mai 1839) VII. 55, (R. 13. Juni 1839) VII. 73, (R. 14. Okt. 1841) VII. 350, (R. 22. Mai 1857) XI. 342. — Kontrole bezüglich der Ueberweisung von Kriminalkosten (R. 13. Mai 1840) VII. 167, aufgehoben (durch K. 9. R. 13. Dez. 1842) VIII. 134. — vgl. Advokaten, Friedensgerichtsgebühren, Gerichtsschreibergebühren, Gerichtsvollziehergebühren, Holzdiebstahl, Justizvisitation, Kostenersparniß ff., Kriminalfonds, Münzwesen, Notariatsgebühren, Reisekosten, Telegraphen, Urtheilsauszüge, Zeugengebühren.

Kostenrequisition s. Gerichtskosten. — vgl. Requisitionen.

Kostenstundung s. Armenrecht, Enregistrement, Gerichtsschreibergebühren, Stempelstundung, Vormundschaft.

Kostentaxe s. Civilkostentarif, Kriminalkostentarif. — vgl. Friedensgerichtsgebühren, Gerichtsschreibergebühren, Gerichtsvollziehergebühren, Mandatargebühren, Notariatsgebühren.

Kostentheilung
zwischen Gerichtsvollziehern und Dritten ist untersagt (R. 21. Febr. 1834) IV. 28.

Kostenvorschuß
ist von der Civilpartei in Strafsachen zu hinterlegen (R. 22. April 1822) II. 32. — Erstattung desselben im Falle des Nichtunterliegens (K. 13. Febr. 1834) IV. 26. — Hinterlegung eines Kostenvorschusses bei Eintragungen in das Handelsregister (V. 27. Jan. 1862 §. 14 Nr. 3) XII. 355. — dgl. bei auswärtigen Requisitionen (R. 25. Febr. 1827) III. 101, (vgl. R. 16. Sept. 1844) VIII. 346. — Einziehung von Kostenvorschüssen für altländische Gerichte (R. 5. Dez. 1832) III. 555. — vgl. Büreaukostenfonds, Gerichtskosten, Kostendistraktion, Kriminalfonds, Postvorschuß.

Köthen s. C.

Kourierpferde
Kosten derselben bei den Postanstalten (K. 21. April, R. 15. Juni 1855) XI. 105.

Krankheit
deren Begriff im §. 192a StrGB. (R. 12. Jan. 1853) X. 535. — vgl. Arbeitsunfähigkeit, Cholera, Gesundheit, Kurkosten, Stellvertretung, Unterstützungskassen, Urlaub.

Kredit
Unerlaubtes Kreditgeben an Minderjährige, Strafbestimmungen (G. 2. März 1857) XI. 307.

Krefeld s. C.

Kreisgerichte s. Gerichte (altländische), Landgerichte.

Kreisphysiker s. Aerzte.

Kreistage
deren Kompetenz in Gemeindesachen (G. 15. Mai 1856 §. 23) XI. 228.

Kreuznach s. Generalgouvernement.

Krieg
Anrechnung des Kampfes in Schleswig-Holstein bei Pensionirungen (K. 20. Nov., R. 11. Dez. 1848) IX. 345. — dgl. in Posen (K. 13. Febr., R. 8. März 1848) X. 50. — dgl. in Schleswig, Jütland, Baden und in der Pfalz (K. 6. Nov., R. 29. Nov. 1849) X. 71. — dgl. im Königreich Sachsen (K. 6. Mai, R. 26. Juni 1858) XII. 25. — dgl. gegen Dänemark (K. 18. Dez. 1864) XII. 461. — Verhältnisse der zur Wittwenkasse berechtigten Beamten bei ausbrechendem Kriege (G. 29. März 1851) X. 281. — vgl. Belagerungszustand, Civilstand (Sterbeurkunden), Militairdienst, Militairlazareth, Mobilmachung, Todeserklärung, Verschollene.

Kriegsartikel
deren Anwendung in Bezug auf den Heirathskonsens der Militairpersonen (R. 12. Okt. 1821) II. 182. — vgl. Militairstrafen ff.

Kriegsbereitschaft s. Mobilmachung.

Kriegsdenkmünze s. Ehre, Ehrenrechte, Militairstrafen, Orden, Rehabilitation.

Kriegsgefangene
deren Befugniß zur Errichtung privilegirter militairischer Testamente (G. 8. Juni 1860 §. 5, 9) XII. 189. — vgl. Oesterreich.

Kriegsgerichte
deren Kompetenz in Kriminal- und Injuriensachen der Generaldivisionsärzte (K. 7. R. 11. Jan. 1822) II. 203. — dgl. in Duellsachen beurlaubter Landwehroffiziere (R. 2. Aug. 1824) II. 513. — Zuziehung von Civilrichtern bei den Kriegsgerichtstagen der Landwehr (R. 13. Okt. 1820, 26. Febr. 1821) II. 94. — dgl. bei den Kriegsgerichten während des Belagerungszustandes (R. 7. Juni 1849) X. 63, (G. 4. Juni 1851 §. 11) X. 358. — Bestätigung und Vollstreckung der kriegsgerichtlichen Straferkenntnisse gegen Militairpersonen (V. 18. Mai, R. 13. Juni 1852) X. 417, (K. 4. Dez. 1856) XI. 291. — Aufnahme letztwilliger Verordnungen von Militairpersonen durch die Kriegsgerichte (G. 8. Juni 1860 §. 1) XII. 188. — vgl. Belagerungszustand, Deserteure, Militairgerichte.

Kriegsjahre s. Krieg, Pension.

Kriegslasten
deren Vertheilung zwischen Eigenthümer und Pächter (GV. 3. Febr. 1814) I. 13. — Verwendung der französischen Kriegssteuer (GM. 13. Febr. 1814) I. 90. — Verfahren bei Liquidation der Kriegsschulden (GK. 10. Sept. 1814) I. 283, (GK. 5. Okt. 1814) I. 297. — vgl. Gemeindeschulden.

Kriegslieferungen
Zulässigkeit des administrativen Exekutionsverfahrens wegen Erfüllung der bezüglichen Verträge (StMV. 20. Juli 1818 §. 16) I. 508. — vgl. Entreprisen, Lieferungen.

Kriegsminister
dessen Bestätigungsrecht bei Straferkenntnissen der Kriegsgerichte (V. 18. Mai, R. 13. Juni 1852) X. 417. — vgl. Civilversorgungsschein, Ministerien, Offizierspatent.

Kriegsreservisten s. Militairpersonen (beurlaubte).

Kriminalerkenntnisse s. Straferkenntnisse.

Kriminalfonds
Allgemeine Grundsätze über die Anweisung von Untersuchungskosten auf denselben (R. 22. April 1820) II. 24. — Formular zur Kostenliquidation (R. 14. April 1837) VI. 146, (R. 21. Mai 1838) VI. 519. — Verfahren bei Wiedereinziehung der von Justizbeamten ungesetzlich angewiesenen Kosten (R. 30. Nov. 1838) VI. 645. — Kontrolirung der zur Wiedereinziehung überwiesenen Kosten (R. 13. Mai 1840) VII. 167, (K. 9. R. 13. Dez. 1842) VIII. 134. — Verrechnung der aus dem Kriminalfonds vorgeschossenen und wieder eingezogenen Kosten zum Justizfonds (R. 22. Jan. 1823) II. 340. — dgl. des Erlöses aus verkauften Asservaten und herrenlosen Sachen (R. 23. Juni 1823) II. 388. — Niederschlagung der inexi-

gibeln Kosten (R. 19. Mai 1826) III. 30, (R. 19. Jan., 16. Febr. 1827) III. 96, (vgl. R. 18. März 1836) V. 344. — Nachweisung der aus dem Kriminalfonds fließenden Gebühren der Justizbeamten in den Emolumententabellen (R. 26. Juni 1851) X. 366.

Anweisung der Gebühren der Medizinalbeamten (R. 5. März, 30. Sept. 1824) II. 522. — insbesondere für Untersuchung von Transportgefangenen (R. 17. Mai 1854) XI. 32. — Anwendung der niedrigsten Gebührensätze (R. 18. Febr. 1859) XII. 72. — Anweisung der Kosten bei Zoll- und Steuerdefraudationssachen (R. 27. Okt. 1826) III. 72, (R. 14. Mai 1827) III. 130. — dgl. bei Requisitionen der Militairgerichte (R. 9. Juli 1833) III. 656. — dgl. der Kommunikationsabgaben bei Reisen der Justizbeamten (R. 24. Mai 1829) III. 281. — dgl. der Reisekosten der Friedensgerichtsbeamten in armen Vormundschaftssachen (R. 20. Nov. 1835) V. 258, (R. 18. März 1836) V. 344, (G. 5. Juni 1863 §. 6, 11, 16) XII. 407. — dgl. der Reisekosten für gerichtliche Polizeibeamte (R. 21. Sept. 1846) IX. 108. — dgl. der Gebühren der Steuerexekutoren für Beitreibung von Geldbußen und Untersuchungskosten (R. 25. Juni 1832) III. 479. — dgl. der Gerichtsschreiber- und Gerichtsvollziehergebühren in Rheinzollsachen (R. 16. Sept. 1835) V. 219. — dgl. der Kosten in Holzdiebstahlssachen sowie bei Forst-, Jagd- und Fischereikontraventionen (R. 24. Mai 1853) X. 582. — dgl. der Kosten bei Strafresoluten gegen Vormünder (R. 10. Juni 1837) VI. 231. — dgl. der Kosten für die Bekanntmachung wegen ausländischer Todtenscheine (R. 3. Jan. 1838) VI. 382. — dgl. der Diäten und Reisekosten für Stellvertreter der Rheinzollrichter (R. 28. April 1838) VI. 469. — dgl. der Auslagen bei altländischen Requisitionen in Strafsachen (K. 24. R. 29. Nov. 1839) VII. 116, (R. 24. Nov. 1840) VII. 242. — dgl. der Auslieferungskosten (R. 31. März 1840) VII. 155. — dgl. der Interdiktionskosten (R. 21. Sept. 1841) VII. 340. — dgl. der Kosten bei Eröffnung mystischer Testamente (V. 5. Nov. 1843 §. 3) VIII. 191. — dgl. der Ausfertigungs- und Zustellungsgebühren bei Kompetenzkonflikten (R. 9. Dez. 1847) IX. 248, (R. 19. Aug. 1848) IX. 324, (R. 3. Dez. 1853) X. 622. — dgl. der Telegraphengebühren (R. 15. Nov. 1855) XI. 157, (R. 24. Okt., 17. Nov. 1856) XI. 288. — dgl. der Untersuchungskosten, welche von Angehörigen der bei Invalidenkompagnien stehenden Soldaten zu tragen sind (R. 8. Jan. 1844) VIII. 230. — dgl. der Kurkosten für die wegen Krankheit oder Schwangerschaft einstweilen entlassenen Untersuchungsgefangenen (R. 15. März 1848) IX. 289.

inwiefern der Kriminalfonds bestimmt ist für Verhaftungs- und Alimentationskosten in Fallitsachen (R. 10. Mai 1844) VIII. 266, (R. 23. Juni 1852) X. 448. — dgl. für Kosten des Kommunaltransports von Civilgefangenen (R. 24. Aug. 1846) IX. 107. — dgl. für Kosten der Versiegelung von Amtspapieren der Notarien (R. 4. März 1848) IX. 287. — dgl. für Ersatzleistung wegen verdorbener Asservate (R. 7. Sept. 1838) VI. 589. — dgl. für Auslagen der Vormundschaftsrichter (R. 24. Sept. 1836) V. 534. — dgl. für Kosten der Utensilien und Reparaturen bei Gefängnissen (R. 31. Mai 1845) IX. 32.

der Kriminalfonds hat nicht zu tragen die Gebühren altländischer Gerichte für Gutachten in rheinischen Untersuchungen (R. 23. Nov. 1835) V. 269. — dgl. nicht die Kosten für Abschriften und Ausfertigungen, welche der Staatsanwaltschaft im Interesse des Gesetzes ertheilt werden (R. 25. Nov. 1836) V. 510, (R. 10. März 1851) X. 263. — dgl. nicht die Kosten gewisser Bekanntmachungen durch die Amtsblätter (R. 10. Sept. 1838, 16. Mai 1839) VII. 55. (R. 13. Juni 1839) VII. 73. — dgl. nicht die Kosten der durch Friedensrichter geführten administrativen Untersuchungen (R. 17. 30. Mai 1840) VIII. 168. — vgl. Armenrecht, Gerichtsschreibergebühren, Gerichtsvollziehergebühren, Holzdiebstahl, Kostenliquidation, Kriminalkostentarif, Reisekosten, Zeugengebühren.

Kriminalkosten f. Gerichtskosten, Kosten ff., Untersuchungskosten.

Kriminalkostentarif

Anwendung einzelner Artikel des Dekrets vom 18. Juni 1811: §. 2 Nr. 1 (R. 17. Mai 1854) XI. 32. — §. 2. Nr. 2 (R. 31. März 1840) VII. 155. — §. 27, 28, 31, 32, 91, 96 (R. 30. Juli 1840) VII. 192, (R. 9. Sept. 1840) VII. 204. — §. 32 (R. 4. Aug. 1823) II. 395, (R. 28. Sept. 1836) V. 459. — §. 42, 43, 120—122 (R. 10. März 1851) X. 263. — § 50 (R. 5. Aug. 1856) XI. 240. — §. 54, 162 (R. 22. Mai 1857) XI. 342. — §. 70 (R. 23. Nov. 1832) III. 550. — §. 74 (R. 10. Okt. 1823) II. 410. — §. 77 (R. 24. Mai 1824) II. 504. — §. 83 (R. 22. April 1820) II. 24, (R. 31. Dez. 1825) II. 628. — §. 88, 89 (R. 9. Mai 1825, 13. Jan. 1826) III. 9, (R. 22. März 1831) III. 373, (R. 11. Dez. 1836) V. 519, (R. 21. Sept. 1846) IX. 108. — §. 92 (R. 18. Aug. 1823) II. 404. — §. 93 (R. 8. Dez. 1823) II. 436, (R. 30. Jan. 1837) VI. 41. — §. 118, 119 (R. 21. Sept. 1841) VII. 340. — §. 122 (R. 9 Dez. 1847) IX. 248. — §. 141 (R. 20. Mai 1824) II. 500. — §. 149 (R. 24. April 1824) II. 486. — §. 156 (R. 4. Juli 1840) VII. 181. — §. 157, 160 (K. 13. Febr. 1834) IV. 26. — §. 163, 164 (R. 30. Jan., 9. Febr. 1821) II. 87, (R. 18. März 1836) V. 344. §. 173 (R. 30. Nov. 1838) VI. 645.

Anwendung desselben auf die Auszüge der Beschlagnahmeverfügungen gegen ausgetretene Militairpflichtige und ausgewanderte Landwehrmänner (R. 18. Febr. 1859) XII. 71.

Anwendung einzelner Artikel des Dekrets vom 7. April 1813: §. 2 (R. 6. Febr. 1824) II. 455, (R. 13. Dez. 1842) VIII. 135. — §. 7 (R. 10. Juni 1837) VI. 231. — vgl. Kriminalfonds.

Kriminalordnung

allgemeine preußische, Anwendung derselben bei Verhaftung von Regierungsoffizianten (StMB. 20. Juli 1818 §. 37) I. 513. — dgl. bei Verbrechen der Ausländer und der Inländer im Auslande (B. 30. Juni 1820) II. 42, (R. 28. Juli 1820) II. 54. — dgl. bei Vorladung und Vernehmung von Beamten als Zeugen (R. 23. Juli 1821) II. 136, (R. 22. Aug. 1821) II. 170, (R. 8. 22. Okt. 1821) II. 186, (R. 26. Jan., 11. Febr. 1821) II. 209. — dgl. bei Vernehmung von Militairzeugen (K. 2. Aug. 1822) II. 291. — dgl. bei Vorladung altländischer Zeugen (R. 21. Sept. 1832) III. 511, (R. 30. Sept. 1855) XI. 152. — dgl. bei Requisitionen altländischer

Gerichte wegen Zeugenvernehmung (R. 26. Juli 1833) III. 658. — dgl. bei Untersuchungen wegen Brandstiftung (R. 23. Aug. 1822) II. 295. — dgl. bei Vollstreckung der Todesurtheile (R. 28. April 1824) II. 487. — dgl. bei Beschäftigung der Gefangenen (K. 15. R. 21. Mai 1824) II. 503, (R. 4. 18. Juni 1824) II. 508. — dgl. bei Einziehung von Untersuchungskosten (K. 20. Okt., R. 19. Nov. 1825) II. 621. — dgl. bei Kontraventionen gegen §. 88 der Steuerordnung vom 8. Februar 1819 (R. 30. Okt. 1835) V. 250. — dgl. bei Alimentirung der Festungssträflinge (R. 15. Febr. 1837) VI. 86, (R. 2. Juni 1837) VI. 223. — dgl. bezüglich der Militairgarnison in Luxemburg und Mainz (R. 26. Juni, 25. Sept. 1816, 30. Okt. 1820) II. 63, (K. 19. Juli 1834) IV. 102. — dgl. bei Untersuchungen gegen Studirende der Universität Bonn (K. 31. Dez. 1836, R. 13. Jan. 1837) VI. 16, aufgehoben (durch K. 4. Okt. 1847) IX. 241. — dgl. bei Verbrechen gegen den Staat und dessen Oberhaupt sowie bei Dienstvergehen der Beamten (K. 6. März 1821) II. 95, (K. 2. R. 29. Aug. 1834) IV. 149. — insbesondere bei Beleidigungen der Beamten im Dienste (K. 3. R. 4. Febr. 1833) III. 574, (R. 18. März 1833) III. 599. — dgl. bei Beleidigungen und Widersetzlichkeiten gegen Gensdarmen und Wachen (R. 10. Juni, 26. Aug. 1835) V. 194, (K. 25. Okt. 1835) V. 246, (R. 16. April 1836) V. 364. — sowie gegen Abgeordnete der Obrigkeit (R. 4. April 1837) VI. 138, (R. 30. Juni 1838) VI. 548, (R. 6. Juli 1838) VI. 549. — Verjährung der Amtsbeleidigungen (R. 24. Febr. 1838) VI. 428.

Verfahren in den nach der Kriminalordnung zu führenden Untersuchungen (R. 16. April 1821) II. 103, (R. 7. Mai 1821) II. 108, (R. 27. Dez. 1834) IV. 206, (R. 30. Juni 1838) VI. 541. 545. — Einfluß des freiwilligen Geständnisses (K. 9. R. 15. Nov. 1833) III. 693, (R. 21. Aug. 1834) IV. 138. — Einwirkung der Staatsanwaltschaft (R. 21. April 1834) IV. 61, (R. 21. Okt. 1837) VI. 313, (R. 13. Jan. 1838) VI. 397, (R. 19. Juli 1838) VI. 557, (R. 16. Mai 1839) VII. 55. — Abfassung und Bestätigung des Urtheils (R. 22. Dez. 1833) III. 700. — Behandlung der Separatvota (R. 16. Aug. 1834) IV. 128. — Vorlegung der Akten zum Spruch (R. 14. Nov. 1834) IV. 176. — Reposition der Akten (R. 21. März 1837) VI. 122. — Vorläufig freisprechende Erkenntnisse bedürfen keiner Bestätigung (R. 23. Juni 1837) VI. 242. — Ressortverhältniß der rheinischen Gerichte bei Abfassung der Urtheile (R. 5. März 1839) VII. 27. — Richterzahl (R. 15. Juli 1838) VI. 556. — Verpflichtung der Advokaten und Anwalte zur Defension der Inkulpaten (R. 1. Sept. 1824) II. 521, (R. 26. Juni 1837) VI. 237. — Verfahren gegen säumige Vertheidiger (R. 31. Aug. 1838) VI. 585. — Einziehung der gegen Justizbeamte vom Inquirenten festgesetzten Ordnungsstrafen (R. 29. Aug. 1837) VI. 292. — Entziehung der bessern Kost bei verstocktem Leugnen oder Schweigen des Beschuldigten (R. 4. Nov. 1837) VI. 322. — Rekurs gegen die Verfügungen des Inquirenten (R. 12. April 1838) VI. 456. — Kostenberechnung (R. 14. Febr. 1825) II. 566, (R. 12. Nov. 1835) V. 255. — Beschlagnahme des Vermögens des Beschuldigten im Laufe der Untersuchung (K. 13. 16. Okt. 1827) III. 153. — Rechtsmittel der Aggravation bei Untersuchungen gegen Beamte

(K. 25. März 1834) IV. 43, (R. 31. Juli 1835) V. 172, (K. 29. April 1838) VI. 470. — Trennung der Untersuchungen nach altländischem und rheinischem Verfahren (R. 1. Nov. 1833) III. 689. — Vermeidung und Erledigung der Konflikte zwischen den verschiedenen Gesetzgebungen (R. 10. Sept. 1835) V. 213, (R. 9. Juni 1836) V. 387, (R. 4. April 1837) VI. 138, (R. 26. April 1837) VI. 179, (R. 22. Febr. 1838) VI. 422, (R. 3. Mai 1839) VII. 48. — Aufhebung der Kontrole des Landgerichtspräsidenten über die nach der Kriminalordnung geführten Untersuchungen (R. 3. Juli 1839) VII. 78. — Wiederherstellung des rheinischen Strafverfahrens (V. 18. Febr. 1842) VIII. 14, (V. 15. April 1848) IX. 293. — vgl. Gerichtsbibliotheken, Ostrhein. — vgl. ferner Dienstvergehen, Fiskalische Untersuchung, Landrecht, Politische Verbrechen.

Kriminalpolizei s. Polizei, Sicherheitspflege.

Kriminalprozeßordnung
rheinische, Anwendung resp. Abänderung einzelner Artikel: §. 5—7 (V. 30. Juni 1820) II. 42, (R. 28. Juli 1820) II. 54, (R. 31. März 1824) II. 471. — §. 10 (StMB. 20. Juli 1818 §. 31) I. 504. — §. 32, 33 (R. 16. Jan. 1826) III. 11. — §. 36 (R. 6. Nov. 1835) V. 253. — §. 43, 44, 66, 169, 170, 321 (R. 3. Febr., 22. April 1820) II. 24. — §. 61, 62, 182, 321 (R. 31. Dez. 1825) II. 628. — §. 71, 83, 84 (R. 20. Mai 1824) II. 500. — §. 80 (R. 21. Sept. 1832) III. 511, (R. 30. Sept. 1855) XI. 152. — §. 144 (R. 17. April 1851) X. 287, (R. 12. 20. Okt. 1854) XI. 66, (R. 5. April 1859) XII. 76. — §. 153, 154 (R. 4. Juni 1836) V. 383, (R. 3. Dez. 1858) XII. 43. — §. 154, 189, 315 (GRM. 14. Okt. 1814) I. 184, (R. 20. Jan. 1859) XII. 56. — §. 162 (R. 19. Mai 1838) VI. 518. — §. 165, 197, 203, 373—376 (R. 22. Mai 1840) VII. 171. — §. 174, 203 (K. 1. R. 11. April 1835) V. 107. — §. 179 (GV. 19. Sept. 1814) I. 74, (GV. 19. Febr. 1815) I. 83. — §. 186, 187 (R. 11. März 1836) V. 342, (R. 11. Juni 1836) V. 394, (R. 11. Juni 1839) VII. 72. — §. 187, 188 (R. 17. Febr. 1857) XI. 307. — §. 194, 211 (R. 25. Aug. 1836) V. 444. — §. 203, 373—375 (R. 4. März 1839) VII. 24. — §. 202, 205 (V. 24. Sept. 1819 §. 7) I. 606. — §. 217 (R. 12. April 1824) II. 479. — §. 253 (R. 26. Jan. 1859) XII. 58. — §. 259 (R. 23. Jan. 1836) V. 318. — §. 260 (R. 3. Dez. 1816) I. 428, (R. 17. Nov. 1823) II. 434, (R. 29. Okt. 1836) V. 483. — §. 267, 336, 345 (R. 19. Febr. 1827) III. 100. — §. 280 ff. (R. 19. Jan. 1824 §. 33) II. 452, (G. 21. Juli 1852 §. 63) X. 455. — §. 305, 601 (R. 22. Mai 1857) XI. 342, (R. 21. Aug. 1857) XI. 375. — §. 308, 365 (R. 9. April 1827) III. 111, (R. 27. Juli 1832) III. 490. — §. 317 (R. 11. Febr. 1839) VII. 18. — §. 339, 340 (R. 17. Mai 1834) IV. 71, (R. 20. Jan. 1838) VI. 400. — §. 351 (V. 31. Dez. 1833) III. 704, (R. 5. Febr. 1834) IV. 16, (R. 16. März 1854) XI. 14. — §. 365, 379 (R. 7. Nov. 1839) VII. 100, (R. 9. März 1844) VIII. 242. — §. 381 (R. 23. Mai, 6. 26. Dez. 1846) IX. 137. — §. 386 (J. K. 19. Nov. 1818) I. 528. — §. 387 (R. 20. Mai 1860) XII. 182. — §. 423 (R. 10. März 1821) II. 96. — §. 424 (R. 27. Dez. 1819) I. 630. — §. 465 ff. (R. 19. Mai 1826) III.

28. — §. 483, 484 (K. 17. R. 27. Juli 1832) III. 489. — §. 542 (R. 2. Sept. 1847) IX. 239. — §. 556 ff. (GM. 7. Mai 1814) I. 101. — §. 595 (R. 24. März 1823) II. 355. — §. 600, 601 (R. 30. Okt. 1824) II. 531. — §. 611—614 (R. 28. Jan. 1839) VII. 12, (R. 3. Okt. 1839) VII. 90, (R. 14. März 1840) VII. 147. — §. 613, 614 (R. 30. Juni 1817) I. 470, (R. 22. Nov. 1819) I. 621, (R. 18. Juni 1821) II. 126, (K. 23. Febr., R. 5. März, 12. April 1824) II. 476, (R. 14. Juli 1824) II. 512. — §. 615 ff. (R. 25. Juli, 21. Aug. 1830) III. 357, (R. 3. Okt. 1839) VII. 90. — §. 636, 642 (R. 20. Dez. 1824) II. 536. — §. 637 (R. 4. Mai 1860) XII. 179. — vgl. Appellation, Assisen, Civileinreden, Civilklage, Fiskalische Untersuchung, Gerichtssitzungen, Kassation, Kriminalordnung, Oeffentlichkeit, Strafantrag ff., Untersuchung ff., Vorladung.

Kriminalprozeßtabellen s. Prozeßtabellen. — vgl. Assisentabellen.

Kultus s. Geistliche Angelegenheiten, Kirchen, Ministerien, Religion ff.

Kumulation s. Amt, Strafen. — vgl. Konnexität, Kostenersparniß.

Kunststraßen s. Wege.

Kunstwerke
Schutz derselben gegen Nachdruck, Nachbildung und unbefugte Aufführung (G. 20. Febr. 1854) XI. 11, (P. 26. Jan. 1857) XI. 304.

Kurator
dessen Bestellung bei Emanzipationen (R. 6. Febr. 1835) V. 62. — Verfahren bei Theilungen und Immobilarverkäufen, welche eine unter Kuratel gestellte Vermögensmasse betreffen (G. 18. April 1855 §. 29, 31) XI. 87. — Stempel- und Gerichtskosten in Kuratelsachen (G. 23. Dez. 1846) IX. 135. — vgl. Erbschaft (vakante), Universitätskurator, Vormundschaft.

Kur-Cöln
Aufräumung der Akten der kurcölnischen Hofrathsdikasterien zu Bonn (B. 23. Okt. 1821) II. 188.

Kur-Hessen s. Hessen.

Kurialien s. Korrespondenz, Titel. — vgl. Kanzleistil.

Kurkosten
deren Bestreitung für die wegen Krankheit oder Schwangerschaft entlassenen Untersuchungsgefangenen (R. 15. März 1848) IX. 289. — vgl. Alimente, Schwängerung.

Kurs
Verfahren beim Außer- und Wiederinkurssetzen der öffentlichen Papiere auf Inhaber (G. 16. Juni 1835) V. 146, (G. 4. Mai 1843) VIII. 164, (R. 24. Okt., 18. Dez. 1846) IX. 133, (R. 11. April, 12. Mai 1863) XII. 400. — Gebühren der Friedensrichter für das Wiederinkurssetzen (G. 23. Mai 1859 §. 8 Nr. 1) XII. 89. — Anwendung des Außerkurssetzens auf Inhaberpapiere der Minderjährigen (K. 18. Dez. 1836) V. 522, (R. 16. Aug. 1838) VI. 572, (J. 22. Dez. 1836 §. 4, 10) V. 529. — vgl. Münzwesen, Scheidemünze.

Küster s. Kirchendiener.

Ladung s. Vorladung. — vgl. Schifffahrt, Schiffslast.

Land
Aufnahme von Geburtsurkunden am Sonntag (GB. 17. Febr. 1814) I. 15, (GB. 23. März 1814) I. 45. — vgl. Bäuerliche Verhältnisse, Festlichkeiten.

Landarmenhaus s. Arbeitsanstalten, Armenanstalten, Detentionsanstalten.

Landarmenwesen
Einrichtung und Verwaltung desselben in der Rheinprovinz (V. 14. Juni 1859) XII. 101. — vgl. Armenanstalten.

Landesherr s. Autorisation, Begnadigung, Bestätigung, Politische Verbrechen.

Landesverrath s. Politische Verbrechen.

Landesverweisung
Verfahren bei Zweifeln, ob ausgewiesene Landstreicher als Inländer zu betrachten (K. 10. März 1839) VII. 31. — vgl. Auslieferung.

Landfuhrwesen s. Wege.

Landgemeinde s. Gemeinde, Gemeindeordnung.

Landgerichte
Kompetenz des Kreisgerichts zu Saarbrücken (R. 28. Jan., V. 3. Febr. 1817) I. 451. — Veränderte Organisation der Gerichte erster Instanz (J. K. 19. Nov. 1818 §. 22 ff.) I. 527. — Aufhebung des Kreisgerichts zu Bonn (R. 30. Juni 1819) I. 579. — dgl. zu Mühlheim und Saarbrücken (V. 14. Sept. 1819) I. 592, (V. 31. Jan. 1821) II. 85. — dgl. zu Prüm (V. 20. Sept. 1819) I. 599. — dgl. zu Malmedy (V. 30. Sept. 1819) I. 608. — dgl. zu Crefeld (V. 4. Juli 1820) II. 45. — Herstellung der Assisengerichte zu Cöln und Düsseldorf (V. 23. Sept. 1819) I. 603. — Bildung der korrektionellen Appellationskammern (V. 24. Sept. 1819) I. 605, (R. 10. März 1840) VII. 147. — Organisation der Landgerichte zu Cöln, Düsseldorf, Cleve, Coblenz, Aachen, Trier (V. 17. Juni 1820) II. 35. — Gleichstellung der Landgerichte Düsseldorf, Trier mit Coblenz, Cleve bezüglich des Civilkostentarifs (R. 5. Febr. 1821) II. 86. — Aufhebung des Untersuchungsamtes zu Mühlheim (V. 4. Juni 1821) II. 113. — Praxis der Anwalte zu Coblenz beim Justizsenat (R. 27. Juli 1821) II. 153. — dgl. beim Obergericht in Neuwied (R. 11. Sept. 1826) III. 65. — Sprengel der Untersuchungsämter zu Simmern, Aachen, Malmedy, Bonn (K. 12. R. 18. Jan. 1833) III. 564. — Errichtung des Landgerichts zu Elberfeld (V. 15. Mai 1834) IV. 69, (Reg. 15. Okt. 1834) IV. 158. — Uebergang der Kollokationssachen von Düsseldorf (R. 30. Sept. 1835) V. 297. — Errichtung des Zuchtpolizeigerichts zu Saarbrücken (K. 28. Sept. 1834) IV. 152, (Reg. 3. Nov. 1834) IV. 173. — dgl. des Landgerichts zu Saarbrücken (Reg. 25. Sept. 1835) V. 222. — Aufhebung des Untersuchungsamtes zu Prüm (R. 31. Jan. 1837) VI. 43. — Geschäftskreis der beiden Untersuchungsämter zu Trier (R. 7. März 1837) VI. 106. — Errichtung des Landgerichts zu Bonn (K. 2. Febr. 1850) X. 106, (Reg. 15. Juni 1850) X. 224. — vgl. Advokaten, Amortisation, Amtseid, Anmeldestuben, Armenrecht,

Asservate, Assisen, Auskultatoren und Referendarien, Büreaukostenfonds, Dienstbehörde, Dienstgebäude, Erkenntnisse, Exekutorische Klausel, Gerichtsvollzieher, Prüfungen, Rathskammerbeschlüsse, Richter ff., Siegel, Staatsanwaltschaft, Stempelkontraventionen, Stempelrevision, Stempelrückstände, Stempelstrafresolute, Strafumwandlung, Tabellen, Vormundschaft.

Landgerichtsassessoren s. Assessoren.

Landgerichtsbezirke s. Arrondissement, Landgerichte.

Landgerichtsbibliothek s. Gerichtsbibliotheken.

Landgerichtskammern
Einreichung der Vorschläge zur Bildung derselben (R. 27. Juli 1832) III. 488, (R. 15. Nov. 1833) III. 692. — Dienstwechsel der Beamten der Staatsanwaltschaft (R. 23. Febr. 1838) VI. 427. — vgl. Appellationskammern, Dienstreglement, Gerichtsferien, Rathskammerbeschlüsse.

Landgerichtskammerpräsident s. Rang, Unterschrift. — vgl. Landgerichtspräsident.

Landgerichtsmitglieder s. Todesanzeige. — vgl. Assessoren, Justizbeamte, Landgerichtspräsident f., Richter ff.

Landgerichtspräsident
Einsendung der Unterschrift desselben und seiner Stellvertreter an das Justizministerium (R. 24. Dez. 1816) I. 438, (R. 19. Okt. 1820) II. 63, (R. 24. Okt. 1821) II. 188. — Einreichung der Konduitenlisten und des Jahresberichtes über die Justizverwaltung (R. 14. Mai 1824) II. 493. 496, (vgl. K. 31. Juli 1848) IX. 310. — Berichterstattung über Gesetzgebungsfragen (R. 26. Okt. 1838) VI. 620. — Mitwirkung bei Pensionsgesuchen (R. 9. Nov. 1821) II. 190. — dgl. bei Vorschlägen zur Ordensverleihung (R. 11. Dez. 1834) IV. 194. — dgl. bei Dispensation der Justizbeamten rücksichtlich des Gewerbebetriebs (R. 19. Juli, 7. Dez. 1821) II. 194. — dgl. bei Ernennung der Ergänzungsfriedensrichter (R. 15. Nov. 1822) II. 318. — dgl. bei Revision der Civilstandsregister und bei Justizvisitationen (R. 14. Mai 1824) II. 497, (R. 5. Jan. 1835) V. 39, (R. 9. Juni 1835) V. 143. — dgl. bei Anstellung und Versetzung der Gerichtsvollzieher (J. 10. Juni 1833 §. 1) III. 637. — dgl. bei Beurlaubung der Friedensrichter (R. 14. Jan. 1835) V. 47, (R. 10. Juni 1839) VII. 71, (R. 20. März 1850) X. 217. — dgl. bei Kontrolirung der Justizbeamten bezüglich des Heirathskonsenses (R. 11. Juli 1836) VI. 421. — und bezüglich des Haltens der Gesetzsammlung (R. 3. Febr. 1854) XI. 6. — Meldung kommissarischer Friedensrichter (R. 4. Sept. 1860) XII. 200. — Anzeige vom Ableben der Landgerichtsmitglieder (R. 27. Febr. 1837) VI. 96. — Mitwirkung bei Bauten, Reparaturen und Einrichtungen an Gerichtslokalen (R. 20. Sept. 1833) III. 670, (R. 5. März 1835) V. 86, (R. 24. Juni 1837) VI. 243. — dgl. bei Erhebung der Büreaukosten (R. 11. Sept. 1835) V. 218.

Verfahren desselben behufs Vollstreckung der Ehescheidungserkenntnisse (R. 25. Juni 1821) II. 219. — Revision der Kollokations-

und Distributionsregister (R. 11. April 1834) IV. 57. — Urlaubsertheilung an das Landgerichtssekretariat (R. 2. Juli 1836) V. 418. — Expediren und Mundiren der Präsidialarbeiten sowie der Korrespondenz durch das letztere (R. 14. Juli 1837) VI. 260. — Anordnung der Ferienkammer (R. 25. Aug. 1836) V. 442, (R. 31. Aug. 1838) VI. 586.

Festsetzung der Notariatskosten und Mandatargebühren gegenüber dem Fiskus (R. 1. Nov. 1836) V. 485, aufgehoben (durch R. 31. Juli 1854) XI. 42. — dgl. der Hütergebühren bei Pfändungen (K. 4. R. 7. Dez. 1838) VI. 653, (vgl. G. 29. März 1851 §. 16, 34, 35) X. 270. — dgl. der Friedensgerichtsgebühren (K. 24. April 1841) VII. 283, (R. 6. März 1850) X. 192, (G. 23. Mai 1859 §. 19, 20) XII. 92. — Anweisung von Kosten auf den Kriminalfonds (R. 14. April 1837) VI. 146. — Niederschlagung der Reisekosten in Vormundschaftssachen (R. 18. März 1836) V. 344. — Festsetzung der Gebührenpflichtigkeit und Anweisung von Reisekosten in Vormundschaftssachen (G. 5. Juni 1863 §. 5, 6, 11, 16) XII. 407. — Ermäßigung der Notariatsgebühren bei Theilungen (V. 27. Juli 1855 §. 5) XI. 132, (G. 3. Mai 1858 §. 5, 8) XI. 444, XII. 18.

Kompetenz und Verfahren desselben in Disziplinarsachen (R. 28. Juni 1836) V. 410, (G. 7. Mai 1851 §. 13, 58, 81) X. 294, (G. 21. Juli 1852 §. 59, 100) X. 467. — vgl. Assessoren, Auskultatoren und Referendarien, Dienstbehörde, Dienstreglement, Landgerichtskammern, Legalisation, Ordonnanz, Prüfungen, Rang, Tabellen, Testamente.

Landgerichtsräthe

deren Rang und Uniform (K. 12. R. 19. Febr. 1832) III. 448, (R. 12. April 1832) VI. 264. — Anciennetät der gewesenen Staatsprokuratoren (R. 25. Juni 1832) III. 478.

Landgerichtssekretaire s. Gerichtsschreiber, Gerichtsschreiberei.

Landkarten s. Karten.

Landrath

ertheilt das Exekutorium wegen rückständiger Schulabgaben (R. 15. Okt. 1835) V. 243. — Zuziehung desselben bei Untersuchungen wegen Waffenmißbrauchs der Kommunal- und Privatforstbeamten (G. 31. März 1837) VI. 130, (J. 21. Nov. 1837) VI. 334. — Kompetenz in Jagdpolizeisachen (G. 7. März 1850) X. 193. — Einsendung konfiszirter Jagdgeräthschaften an denselben (R. 6. Juli 1854) XI. 41. — Strafvollstreckung gegen beurlaubte Militairpersonen wegen unterlassener Meldung (K. 29. Mai 1852) X. 421. — Kompetenz des Landraths zur Bestrafung der Dienstvergehen des Gesindes, der Taglöhner und Arbeiter (G. 24. April 1854) XI. 30. — dgl. in Gemeindesachen (G. 15. Mai 1856 §. 81 ff.) XI. 219, (G. 23. Juli 1845 §. 19, 23, 25, 58, 64, 72, 78, 79, 84, 91, 92, 103, 104, 105, 110, 114—117) XI. 411, (G. 15. Mai 1856 §. 20) XI. 228. — vgl. Militairverhältniß, Polizeibehörden, Straferkenntnisse, Untersuchung (gegen Militairpflichtige), Verwaltungsbehörden.

Landrecht

allgemeines preußisches, Anwendung desselben bei Ehedispensationen

(K. 18. Mai, R. 6. Juni 1817) I. 462, (K. 12. Aug. 1833) III. 665, (K. 17. Jan., R. 7. März 1838) VI. 436. — dgl. bei der akademischen Gerichtsbarkeit (Reg. 1. Febr., R. 29. März 1819) I. 538, (K. 31. Dez. 1836, R. 13. Jan. 1837) VI. 16, (K. 4. Okt. 1847) IX. 241, (V. 15. April 1848 §. 1, 15) IX. 293. — dgl. bei Amortisation von Staatspapieren (V. 16. Juni 1819) I. 566. — dgl. beim Verfahren gegen Vagabunden oder Landstreicher (R. 26. V. 27. Juni 1816) I. 410, (K. 28. Febr. 1817) V. 3, (R. 17. Mai 1817, 6. Dez. 1822) V. 7, (R. 26. Juni 1835) V. 153. — dgl. bei Verbrechen der Ausländer sowie der Inländer im Auslande (V. 30. Juni 1820) II. 42, (R. 28. Juli 1820) II. 54. — dgl. gegen ausgetretene Militairpflichtige (R. 14. Febr. 1820) II. 11, (R. 3. Dez. 1836) V. 513, (R. 14. Jan. 1837) VI. 20. — Einführung des Tit. 20 Th. II. als Singularrecht für den Militairstand (K. 14. Sept. 1820) II. 59, (vgl. R. 19. Okt. 1821) II. 183. — Anwendung des Landrechts auf die Militairgarnison in Luxemburg, Mainz und Rastatt (R. 26. Juni, 25. Sept. 1816, 30. Okt. 1820) II. 63, (K. 19. Juli 1834) IV. 102, (R. 14. Nov. 1836) V. 493, (G. 8. Juni 1860 §. 13) XII. 192. — dgl. bei Umwandlung von Geldbußen in Gefängnißstrafe (K. 18. R. 30. Sept. 1824) II. 526, (R. 28. Jan. 1825) II. 551, (R. 13. Juni 1834) IV. 85. — dgl. bei Kassenverbrechen (R. 15. Dez. 1826) III. 83. — dgl. bei dem Begriff der erschwerenden Umstände (R. 20. Sept. 1833) III. 669. — dgl. bei Münzverbrechen (R. 2. Mai 1835) V. 117. — Abänderung der Bestimmungen wegen Anfertigung öffentlicher Siegel, Stempel ꝛc. (G. 6. Juni 1835) V. 141. — dgl. der Vorschriften über Außer- und Inkurssetzen der Inhaberpapiere (G. 16. Juni 1835) V. 146. — Unterschied zwischen Festungsarbeit und Festungsarrest (R. 21. Okt. 1836) V. 479. — Anwendung des Landrechts bei Verbrechen gegen den Staat und dessen Oberhaupt sowie bei Dienstvergehen der Beamten (K. 6. März 1821) II. 95, (R. 11. April 1834) IV. 58, (K. 2. R. 29. Aug. 1834) IV. 149, (R. 4. April 1837) VI. 138, (R. 26. April 1837) VI. 179, (R. 22. Aug. 1837) VI. 285, (K. 24. Dez. 1837) VI. 375, (R. 22. Febr. 1838) VI. 422, (V. 18. Febr. 1842) VIII. 14, (V. 15. April 1848) IX. 293. — Interpretation der Bestimmungen über die Majestätsbeleidigung (R. 4. Dez. 1832) III. 553. — Bestrafung der Unternehmungen gegen die Deutsche Bundesverfassung (K. 6. R. 10. April 1834) IV. 54. — Bestellung des Kammergerichts zum ausschließlichen Forum bei Staatsverbrechen (K. 25. April 1835) V. 112. — Verordnung zur Aufrechthaltung der öffentlichen Ordnung und der dem Gesetze schuldigen Achtung (V. 17. Aug. 1835) V. 181. — Bestrafung der Absicht, Mißvergnügen zu erregen (R. 19. Aug. 1835) V. 189. — dgl. der unehrerbietigen Aeußerungen gegen den Staat (R. 18. Aug. 1838) V. 573. — dgl. der Beleidigungen und Widersetzlichkeiten gegen Gensdarmen und Wachen (R. 26. Aug. 1835) V. 194, (K. 25. Okt. 1835) V. 246, (R. 16. April 1836) V. 364. — dgl. der Beleidigung gegen Feld- und Waldhüter (R. 30. Juni 1838) VI. 548, (R. 6. Juli 1838) VI. 549. — Verjährung der Amtsbeleidigungen (R. 24. Febr. 1838) VI. 428. — Wiederherstellung des rheinischen Strafrechts bei politischen und Amtsverbrechen (V. 15. April

1848) IX. 293. — Auslegung des §. 6 Tit. 13 Th. II. betreffend Erlaß von Polizeiverordnungen (R. 25. Febr. 1845) IX. 11. — Aufhebung des Tit. 20 Th. II. (G. 14. April 1851 §. 2) X. 627. — Abänderung der Bestimmungen über Sklaven (G. 9. März 1857) XI. 310. — dgl. über militairische Testamente (G. 8. Juni 1860 §. 14) XII. 192. — vgl. Fiskalische Untersuchung, Gerichtsordnung, Kriminalordnung, Strafgesetzbuch (rheinisches). — vgl. ferner Gerichtsbibliotheken, Prüfung.

Landrecht, jülich-bergisches s. Statutarrecht.

Landstraßen s. Wege.

Landstreicher
Mittheilung der Straferkenntnisse gegen solche an die Verwaltungsbehörde (R. 3. Okt. 1856) XI. 283, (R. 2. Juli 1857) XI. 354. — Verfahren bei Zweifeln, ob ausgewiesene Landstreicher als Inländer zu betrachten (K. 10. März 1839) VII. 31. — vgl. Bettler, Strafgesetzbuch (rheinisches).

Landtag
Beurlaubung der zu Mitgliedern desselben gewählten Beamten (R. 2. Okt. 1835) V. 228. — Bildung der Ersten Kammer (G. 7. Mai 1853) X. 569, (B. 12. Okt. 1854) XI. 62. — Benennung der Kammern, Beschlußfähigkeit des Herrenhauses (G. 30. Mai 1855) XI. 117. — Einberufung des Landtages (G. 18. Mai 1857) XI. 341. — Betheiligung der Mitglieder desselben an den Funktionen der Geschworenen (R. 20. Mai 1860) XII. 182. — Kosten der Stellvertretung für die als Abgeordnete einberufenen unmittelbaren Staatsbeamten (StMB. 22. Sept., R. 5. Okt. 1863) XII. 421, (vgl. R. 5. Juni 1862) XII. 368.

Landwehr s. Militairpersonen (beurlaubte). — vgl. Landwehrübung.

Landwehrauszeichnung s. Militairstrafen, Orden und Ehrenzeichen, Rehabilitation.

Landwehrbataillonskommandeur
dessen Disziplinarstrafrecht gegen beurlaubte Militairpersonen wegen unterlassener Meldung des veränderten Aufenthalts (K. 29. Mai 1852) X. 421. — vgl. Straferkenntnisse, Untersuchung (gegen beurlaubte Militairpersonen).

Landwehrkreuz s. Nationalmilitairabzeichen.

Landwehroffiziere
beurlaubte, Gerichtsstand derselben, insbesondere in Duellsachen, Vollstreckung der gegen solche erkannten Geld- und Gefängnißstrafen (R. 6. Mai 1817) V. 4, (R. 2. Aug. 1824) II. 513, (R. 8. Jan. 1842) VIII. 4. — Kompetenz der Militairgerichte bei Vergehen von Landwehroffizieren in Uniform gegen uniformirte Militairpersonen (K. 1. Juni 1834) IV. 81. — Benachrichtigung der Militairbehörde von civilgerichtlichen Untersuchungen gegen Landwehroffiziere (R. 24. Juni 1830) III. 352. — dgl. von Straferkenntnissen (R. 6. Mai 1817) V. 4, (R. 21. Juni 1836) V. 406, (R. 29. Juni 1851 §. 3, 5) X. 480. 600 (Note), (R. 24. Aug. 1852) X. 479. — dgl. von Disziplinaruntersuchungen (R. 12. Dez. 1838) VI. 655. —

Benachrichtigung der Civil- oder Militairdienstbehörden von den durch Militairgerichte eingeleiteten disziplinarischen, gerichtlichen und ehrengerichtlichen Untersuchungen gegen Landwehroffiziere, welche zugleich Civil- oder Militairbeamte sind (R. 14. 24. April 1840) VII. 162. — Mittheilung der ehrengerichtlichen Erkenntnisse an die Dienstbehörde solcher Beamten (K. 11. Juni, R. 14. Aug. 1846) IX. 104. — Bestätigung der Erkenntnisse auf Verlust der Offiziercharge (K. 15. R. 21. Mai 1836) V. 375, (K. 9. Nov., R. 16. Dez. 1844) VIII. 383, (R. 21. Dez. 1846) IX. 134, (vgl. V. 18. Mai 1852 §. 3, 5) X. 417. — dgl. der Erkenntnisse auf zeitige Unfähigkeit zur Bekleidung öffentlicher Aemter (K. 23. Okt., R. 9. Nov. 1863) XII. 424. — Mittheilung solcher Erkenntnisse an das Generalauditoriat (R. 6. Jan. 1863) XII. 393, (R. 9. Nov. 1863) XII. 424.

Fortzahlung der Diäten an die zur Landwehr einberufenen Diätarien (K. 24. Juli, R. 2. Sept. 1837) VI. 297. — dgl. des Civilgehalts bei Einberufung der Landwehroffiziere zum Militairdienst (K. 19. Dez. 1844, StMB. 23. Jan., R. 7. Febr. 1850) X. 107. — Behandlung derselben bei Mobilmachungen (StMB. 19. Juli, R. 25. Aug. 1850) X. 228. — Berechnung des Pensionsabzuges bei der ersten Anstellung derselben im Civildienste (R. 8. Jan. 1856) XI. 163. — vgl. Militairgerichte f., Militairpersonen (beurlaubte), Militairstrafen, Militairuniform, Offiziere.

Landwehrübung
Fortzahlung der Diäten an Civildiätarien während derselben (K. 24. Juli, R. 2. Sept. 1837) VI. 297. — vgl. Landwehroffiziere, Militairpersonen (beurlaubte), Mobilmachung.

Landwirthschaft
die mit derselben gewöhnlich verbundenen Gewerbe dürfen von Justizbeamten betrieben werden (R. 19. Juli, 7. Dez. 1821) II. 194. — vgl. Poppelsdorf.

Längenmaß
Anwendung des preußisches Maßes bei Distanzberechnungen (R. 16. Mai 1834) IV. 70. — vgl. Distanztabellen.

Lattenstrafe f. Militairstrafen.

Lazareth
Verfahren, wenn Ausländer in einem solchen versterben (R. 12. Dez. 1836) V. 520, (R. 28. Febr., 6. März 1837) VI. 104. — vgl. Hospital, Militairlazareth.

Lebensscheine
Legalisation derselben für die Besitzer französischer Leibrenten (R. 25. Juli 1818) I. 514. — vgl. Quittung.

Lebenswierige Freiheitsstrafe f. Freiheitsstrafen, Straferkenntnisse.

Legalisation
der nach Frankreich bestimmten Urkunden (GMM. 16. Sept. 1814) I. 171, (R. 24. Dez. 1816) I. 438, (R. 24. April, 1. Mai 1818) I. 497, (R. 19. 31. März 1821) II. 99. — dieselbe erfolgt durch die Immediatjustizkommission (R. 9. Juni 1818) I. 500. — Legalisation der Lebensscheine von französischen Leibrentenbesitzern (R. 25. Juli

1818) I. 514. — Allgemeine Grundsätze über die Legalisation in- und ausländischer Urkunden (R. 16. Dez. 1825) II. 625, (R. 22. März 1833) III. 602. — Anwendung auf Hypothekensachen (R. 18. 26. Dez. 1834) IV. 206. — Legalisation der dem auswärtigen Ministerium einzureichenden Todtenscheine von Ausländern (R. 28. Febr., 6. März 1837) VI. 104. — dgl. der Todtenscheine der im Auslande verstorbenen Rheinpreußen (R. 21. Nov. 1837) VI. 332. — dgl. der russischen Dokumente (R. 7. 9. Jan. 1839) VII. 5. — dgl. der von Börsennotarien in St. Petersburg aufgenommenen Urkunden (R. 9. Juli 1841) VII. 306.

Legalisation der bei altländischen Gerichten zu produzirenden Notarialvollmacht (R. 18. April 1823) II. 365. — Erläuterung des Wortes „Legalisation" im Stempeltarif (R. 16. Juli 1826) III. 242, (R. 16. Sept., 5. Nov. 1841 §. 3) VII. 354. — vgl. Beglaubigung, Ministerium (auswärtiges), Ostrhein (Prozeßvollmacht).

Legitimation

unehelicher Kinder von verschwägerten Personen (GK. 17. Jan. 1815) I. 311, (GS. 19. Jan. 1814) I. 352. — Ertheilung von Legitimationsscheinen quoad delendam maculam durch die Regierungen (R. 1. Dez. 1820) II. 66. — Legitimation unehelicher Kinder durch das Justizministerium (K. 29. Mai, R. 6. Juni 1822) II. 381, (R. 6. Nov. 1827) III. 160, (R. 1. Febr. 1828) III. 189. — Verfahren (R. 1. Febr. 1828) III. 189. — Form der notariellen Anerkennung (R. 23. Sept. 1839) VII. 87. — Vermittelung der Generalprokuratur (R. 24. April 1828) III. 227. — Legitimation der adulterini findet nicht statt (R. 21. Okt. 1831) III. 403, (K. 23. R. 26. April 1832) III. 466. — vgl. Adel, Standessachen. — vgl. ferner Erbeslegitimation, Prozeßlegitimation.

Legitimationspunkt s. Ostrhein.

Legitimationsscheine s. Legitimation.

Lehen

deren Allodifikation (R. 10. Juni, 10. Aug. 1818) I. 516, (G. 2. März 1850 §. 2) X. 126. — vgl. Ostrhein (Justizsenat), Verfassung.

Lehranstalten s. Schulen, Universitäten.

Lehrlinge

deren Betheiligung an gewerblichen Unterstützungskassen (G. 3. April 1854) XI. 17. — Annahme ausländischer Juden als Lehrlinge (G. 23. Juli 1847 §. 71) IX. 227, (R. 16. Febr. 1851) X. 261. — vgl. Gesellen, Gewerbebetrieb, Gewerbegerichte.

Leibrenten s. Lebensscheine, Renten.

Leibverhaftsbefehl

Mittheilung der kriminellen Verweisungsordonnanz an den Beschuldigten (R. 12. April 1824) II. 479, (R. 22. Febr. 1833) III. 587. — vgl. Verhaftsbefehl.

Leichen

Grenzen des polizeilichen und gerichtlichen Verfahrens bei aufgefundenen Leichen (R. 11. 14. 27. Nov. 1816) I. 423. — Ablieferung von Leichen an die Anatomie zu Bonn (J. 9. Dez. 1819, R. 23. April 1824) II. 483. — vgl. Beerdigung, Obduktion, Rettungsversuche.

Leihhaus f. Cöln.

Leinpfad
dessen Breite am Rheinufer (K. 6. Sept. 1840) VII. 203. — vgl. Schifffahrt.

Leistungen
Suspension der Prozesse über aufgehobene Leistungen (GB. 28. Febr. 1814) I. 17. — Erkenntnißstempel in Prozessen über jährliche Leistungen für unbestimmte Zeit (R. 22. März 1862 Nr. 2) XII. 360. — vgl. Abgaben, Dienste, Reallasten.

Lennep f. Gewerbegerichte.

Leugnen f. Kriminalordnung. — vgl. Geständniß.

Lichtenberg
Fürstenthum, Besitznahme desselben durch die Krone Preußen (Ko. 31. Mai, P. 15. Aug. 1835) IV. 121. — Bestimmung der Appellations- und Kassationsinstanz (R. 4. Dez. 1834) IV. 182, (K. 14. Reg. 30. Dez. 1834) IV. 213, (R. 13. Jan. 1835) V. 45, (R. 3. Febr. 1835) V. 60. — Anwendung der rheinpreußischen Gesetze (R. 22. Febr. 1835) V. 78, (P. 30. Juli 1835) V. 170, (R. 31. Aug. 1835) V. 199. — Regulirung des Vormundschaftswesens (R. 2. Okt. 1835) V. 227. — Rückzahlung der von Notarien erlegten Amtskautionen (R. 24. Dez. 1835) V. 294. — Kautionsleistung der Gerichtsvollzieher (R. 25. Dez. 1835) V. 294. — Pensionsverhältnisse der Wittwen und Waisen der von der Sachsen-Coburg'schen Regierung angestellten Beamten (R. 23. März 1836) V. 346. — vgl. Wendel (St.).

Liechtenstein f. Deutsche Bundesstaaten.

Lieferung
Verfahren bei öffentlichen Submissionen (GM. 5. April 1814) I. 119. — Exekutionsbefugnisse der Verwaltungsbehörde bei Lieferungsverträgen (StMB. 20. Juli 1818 §. 16, 20) I. 508. — insbesondere für Institute, Kirchen und Schulen (R. 2. 26. März 1846) IX. 73. — vgl. Entreprise, Kaufstempel, Kriegslieferung.

Lippe f. Deutsche Bundesstaaten.

Liquidation f. Kostenliquidation. — vgl. Justizfonds.

Liquidationskommission
zur Regulirung der Verwaltungsansprüche aus der Zeit der Fremdherrschaft wird in Düsseldorf und Magdeburg niedergesetzt (K. 30. Juli 1822, R. 14. Febr., 8. März 1824) II. 458, (K. 19. Juli 1823) II. 458. — vgl. Staatsschulden.

Lithographisches Institut f. Censur.

Lizitation
deren Anwendung bei Submissionen für Lieferungen an die Verwaltungsbehörde (GM. 5. April 1814) I. 119.
Stempelpflichtigkeit der notariellen Lizitationsverhandlungen (R. 13. Nov. 1830) III. 365. — vgl. Kaufstempel, Subhastation, Versteigerung.

Lokaltermine
deren Abhaltung in Untersuchungssachen (R. 3. Febr., 22. April 1820)

II. 31, (R. 20. Mai 1824) II. 500, (R. 31. Dez. 1825) II. 634. — inwiefern gleichzeitig der subjektive Thatbestand festzustellen ist (R. 16. Jan. 1826) III. 11. — Formular zur Kostenliquidation (R. 14. April 1837) VI. 146. 161.

Lokalbesichtigung bei Expropriationen (G. 25. Mai 1857 §. 4) XI. 346. — Berechnung der Gebühren bei mehreren Verhandlungen in derselben Angelegenheit (R. 26. April 1862) XII. 362. — vgl. Friedensgerichtsgebühren, Haussuchung, Justizvisitation, Obduktion, Reisekosten.

Loosholz s. Holzverkauf.

Lootsen s. Schifffahrt, Seeleute.

Löschung s. Hypotheken.

Lotterie s. Spielen.

Lübeck s. Deutsche Bundesstaaten.

Luxemburg
Civilgerichtsstand der dort stationirten Militairpersonen und Militairbeamten (R. 26. Juni, 25. Sept. 1816, 30. Okt. 1820) II. 63, (K. 19. Juli 1834) IV. 102, (G. 8. Juni 1860 §. 13) XII. 191. — Ausübung der freiwilligen Gerichtsbarkeit (R. 14. Nov. 1836) V. 493, (vgl. G. 8. Juni 1860) XII. 188. — Nothwendigkeit der Civilehe bei Trauungen durch Militairgeistliche (R. 10. April 1826) III. 23. — Eheaufgebot (R. 9. Aug. 1856) XI. 277. — Form der Requisitionen in Civiljustizsachen der preußischen Besatzung (R. 31. Okt. 1860) XII. 211. — vgl. Auslieferung, Deutsche Bundesstaaten, Deutsche Bundestruppen, Insinuationen, Niederlande, Rechtshülfe, Requisitionen.

Maaß s. Eichung, Längenmaaß. — vgl. Gewicht.

Magdeburg s. Liquidationskommission.

Magistrat
Wahl, Bestätigung, Besoldung und Funktionen desselben (G. 15. Mai 1856 §. 28—33, 66—78) XI. 203.

Maienhieb
dessen Bestrafung (GR. 11. Juni 1814) I. 142, (GNM. 22. Sept. 1814) I. 177. — vgl. Holzdiebstahl.

Majestätsbeleidigung s. Politische Verbrechen.

Mainz
Civilgerichtsstand der dort stationirten Militairpersonen und Militairbeamten (R. 26. Juni, 25. Sept. 1816, 30. Okt. 1820) II. 63, (K. 19. Juli 1834) IV. 102, (G. 8. Juni 1860 §. 13) XII. 191. — Ausübung der freiwilligen Gerichtsbarkeit (R. 14. Nov. 1836) V. 493, (vgl. G. 8. Juni 1860) XII. 188. — Nothwendigkeit der Civilehe bei Trauungen durch Militairgeistliche (R. 10. April 1826) III. 23. — Eheaufgebot (R. 9. Aug. 1856) XI. 277. — Dienstliche Korrespondenz mit der dortigen Militairbehörde (R. 15. Nov. 1824) II. 533, (R. 23. Nov. 1839) VII. 115. — Form der Re-

quisitionen in Civiljustizsachen der preußischen Besatzung (R. 31. Okt. 1860) XII. 211. — vgl. Deutsche Bundestruppen, Hessen.

Maischeid s. Ostrhein.

Mäkler
deren Befugniß zu Waarenversteigerungen an der Börse (K. 6. Dez. 1837) VI. 345, (R. 11. 24. Juli 1838) VI. 560. — Verfahren bei Geschäften über Eisenbahnaktien und Antheile an ausländischen Anleihen oder Aktienunternehmen (V. 24. Mai 1844) VIII. 269. — Stempelverwendung und Strafe der Stempelkontraventionen (K. 30. April 1847) IX. 195. — Beeidigung der Handelsmäkler, Beglaubigung und Aufbewahrung der Tagebücher derselben (J. 12. Dez. 1861 Th. 3) XII. 331. — vgl. Gesindemäkler. — vgl. ferner Agenten, Kaution.

Malmedy
Anwendung der französischen Sprache bei Notariatsurkunden im dortigen Friedensgerichtsbezirk (R. 18. Aug. 1823) II. 401. — dgl. bei gerichtlichen Verhandlungen (R. 7. Aug. 1833) III. 663. — vgl. Landgerichte.

Mandatar
haftet nicht für Stempelkontraventionen des Mandanten (R. 30. April, 11. Juni 1830) III. 350. — Konzessionirung gewerbmäßiger Vertreter der Parteien bei Friedens- und Handelsgerichten (R. 24. Nov., 10. Dez. 1846) IX. 130, (R. 14. Dez. 1852) X. 327. — vgl. Vertretung, Vollmacht, Winkelkonsulenten.

Mandatargebühren
in Handelssachen (R. 4. Juni 1824) II. 508, (K. 14. R. 18. Nov. 1825) II. 619, (R. 23. Sept. 1839) VII. 87. — in Fiskalsachen (R. 9. März 1825) II. 569, (R. 15. Juli 1829) III. 292, (R. 1. Nov. 1836) V. 485, (R. 31. Juli 1854) XI. 42. — bei Subhastationen (G. 8. April 1857) XI. 311. — Unzulässigkeit polizeilicher Taxen für die Vertreter der Parteien bei den Friedensgerichten (R. 26. April 1858) XII. 15. — vgl. Ostrhein (Advokaten, Fiskus).

Mandate
altländische, Vollstreckung derselben im rheinischen Rechtsgebiete (R. 23. Aug. 1834) IV. 141. — vgl. Erkenntnisse, Straferkenntnisse, Strafresolute, Verhafts-, Verwahrungs-, Vorführungsbefehl.

Mandatsprozeß s. Ostrhein.

Manifestationseid
dessen Anwendung bei Civilexekutionen gegen Militairpersonen (K. 4. Juni, 8. Sept. 1822) II. 310, (R. 24. Jan. 1823) II. 341, (K. 8. Nov. 1831, K. 4. Jan., 29. Nov. 1833) III. 694, (K. 21. März, 5. April 1834) IV. 53. — dgl. bei vormundschaftlichen Privatinventarien (K. 4. Juli 1834 §. 3) IV. 131, (R. 28. Okt. 1834) IV. 170, (J. 10. Okt. 1835 §. 5) V. 235, (J. 22. Dez. 1836 §. 6) V. 527. — Requisitionen altländischer Gerichte um Abnahme von Manifestationseiden (R. 7. Juni 1859) XII. 97.

Manufakturen s. Fabriken, Geruch.

Manutenenzgelder s. Ostrhein (Gebühren).

Mappen
sind bei Versendung von Zeichnungen und Plänen anzuwenden (R. 21. Jan. 1856) XI. 164.

Marine
Ressortverhältnisse der Militairbehörden bei gerichtlicher Beschlagnahme von Gehältern oder Pensionen der zur Marine gehörenden Offiziere und Militairbeamten (R. 8. Jan. 1864) XII. 433. — vgl. Seeleute.

Markenwaldungen
bergische, Maßregeln gegen Zersplitterung derselben (K. 13. April 1842) VIII. 33. — ausgedehnt auf die ganze Rheinprovinz (K. 7. Aug. 1846) IX. 103. — vgl. Gemeinheitstheilung, Waldungen.

Martin (St.) bei Boppard s. Detentionsanstalten.

Maschinenwärter
bei Dampfschiffen, Kaution derselben (V. 24. Mai 1844) VIII. 271, (K. 15. Sept. 1845) IX. 51. — vgl. Kesselwärter.

Matrikel s. Advokaten, Ritterschaft.

Matrosen
desertirte, Uebereinkunft mit Oldenburg wegen Auslieferung derselben (R. 25. Nov. 1845) IX. 59. — vgl. Schiffsknechte, Seeleute.

Mecklenburg s. Armenrecht, Deutsche Bundesstaaten.

Medizinalbeamte s. Aerzte, Chemiker.

Medizinaldeputation
Verfahren bei Einholung von Gutachten der wissenschaftlichen Deputation für das Medizinalwesen (R. 13. Dez. 1852) X. 526. — Superarbitrium derselben über den Begriff der Krankheit und Arbeitsunfähigkeit (R. 12. Jan. 1853) X. 535. — dgl. über den Brandstiftungstrieb (R. 30. Nov. 1851) X. 392. — vgl. Obduktion.

Medizinalgebühren
Anwendung der Medizinaltaxe vom 21. Juni 1815 in Untersuchungssachen (R. 5. März 1817) I. 458, (R. 22. Dez. 1823) II. 439, (R. 5. März, 30. Sept. 1824) II. 522, (R. 1. Febr. 1848) IX. 273, (R. 11. Juli 1850) X. 558. — insbesondere bei chemischen Analysen wegen Vergiftung (R. 28. Okt. 1857) XI. 383. — überhaupt bei gerichtlich-chemischen Untersuchungen (R. 28. April 1862) XII. 364.

Diäten und Reisekosten der gerichtlichen Aerzte und Wundärzte in Untersuchungssachen (R. 18. März 1825) II. 581, (R. 2. Jan. 1826) III. 3, (K. 20. R. 27. Aug. 1827) III. 141, (R. 1. Nov. 1832) III. 530, (R. 11. Dez. 1836) V. 519, (R. 11. Juli 1850) X. 227, (R. 11. 31. März 1853) X. 558, (R. 17. Juli 1857) XI. 356. — dgl. in gerichtlichen Parteisachen (R. 1. Febr. 1848) IX. 273, (R. 11. 31. März 1853) X. 558. — Gebühren für die Untersuchung der auf dem Transport befindlichen Untersuchungsgefangenen (R. 17. Mai 1854) XI. 32. — Formular zu Kostenliquidationen auf den Kriminalfonds (R. 14. April 1837) VI. 146. 163.

165. — Anwendung der niedrigsten Sätze bei den aus dem Kriminalfonds zu bewilligenden Gebühren für gerichtlich-medizinische Verrichtungen (R. 15. März 1859) XII. 72. — Gebühren der praktischen Aerzte und Wundärzte für Geschäfte bei den Gerichten (R. 16. Juli 1864) XII. 450.

Gebühren der Bezirkshebammen auf dem Lande (R. 29. Mai 1834) IV. 80. — vgl. Aerzte, Diäten, Ostrhein (Medizinalbeamte), Reisekosten.

Medizinalgewicht
wird nach dem Handelsgewicht bestimmt (G. 17. Mai 1856 §. 4) XI. 232.

Medizinalkontraventionen s. Arznei, Geheimmittel.

Medizinalordnung
bergische von 1773, Erneuerung des §. 29 betreffend Apotheker (GB. 20. Nov. 1814) I. 82.

Meilen
Berechnung der Zusatzfristen nach solchen statt nach Myriametern (G. 11. Mai 1855 §. 4) XI. 112. — vgl. Distanztabellen, Reisekosten.

Meineid
dessen Bestrafung bei Mennoniten (K. 11. März 1827 §. 4) III. 102. — vgl. Eid.

Meisenheim
Hessen-Homburgisches Oberamt, Modifikation des Art. 14 des dort geltenden französischen Civilgesetzgebuchs (R. 21. Aug. 1840) VII. 202.

Meistbeerbte (Meistbesteuerte)
Verhältnisse derselben (G. 23. Juli 1845 §. 16, 33—37, 50, 69) XI. 411, (G. 15. Mai 1856 §. 11, 12) XI. 225.

Meldung s. Anzeige, Aufenthalt, Kommissorien, Todesanzeige.

Melioration s. Deichwesen, Flüsse, Wiesen.

Mennoniten
deren Heranziehung zum Geschworenendienste (K. 9. R. 18. Juli 1825) II. 598, (R. 23. Mai, 6. 26. Dez. 1846) IX. 347. — Wählbarkeit zu Handelsrichterstellen (R. 26. Jan. 1827) III. 92. — Eidesstattliche Versicherung derselben (V. 11. März 1827) III. 102. — Rechtsverhältnisse bezüglich der Militairpflicht (K. 16. Mai 1830) III. 344.

Messer s. Mißhandlung. — vgl. Werkzeuge.

Meurs s. Mörs.

Meuterei
der außerhalb der Anstalt beschäftigten Strafgefangenen wird nach §. 96 StrGB. bestraft (G. 11. April 1854 §. 5) XI. 25.

Miethvertrag
dessen Abschließung bei Friedensgerichtslokalen (R. 30. Okt. 1826) III. 72. — vgl. Dienstvertrag, Exmission, Verpachtung.

Mildernde Umstände
Eventualfrage wegen derselben bei Assisensachen (R. 20. Jan. 1838) VI. 400, (G. 14. April 1851 §. 24) X. 633. — Verfahren bei Verneinung derselben durch einfache Stimmenmehrheit der Geschworenen (R. 16. März 1854) XI. 14. — Feststellung derselben bei Diebstahl und Hehlerei im wiederholten Rückfalle (G. 4. Mai 1853) X. 568.

Milderungsgesuche s. Begnadigungsgesuche, Holzdiebstahl, Strafmilderung.

Militairanwärter s. Civilversorgung.

Militairarmatur
Einschärfung des Strafverbots wegen Ankaufs derselben (R. 18. Juni 1817) I. 469. — vgl. Militaireffekten.

Militairarrestlokal
Vollstreckung der Civilgefängnißstrafen gegen Landwehroffiziere in demselben (K. 8. R. 29. Jan. 1842) VIII. 4. — vgl. Gefängnisse.

Militairärzte
Form des Diensteides derselben (R. 5. April 1834) IV. 51. — Gerichtsstand der Generaldivisionsärzte in Kriminal- und Injurienfällen (K. 7. R. 11. Jan. 1822) II. 203. — Bestrafung der Vergehen der im Reserve- oder Landwehrverhältniß stehenden beurlaubten Militairchirurgen (K. 5. R. 19. Dez. 1834) IV. 202. — Zuziehung der Militairärzte als Zeugen bei privilegirten Testamenten von Militairpersonen (G. 8. Juni 1860 §. 6) XII. 190. — vgl. Aerzte.

Militairaushebung
Kostenfreie Ausfertigung der Todtenscheine zur Berichtigung der Aushebungslisten (R. 29. Juli 1839) VII. 81. — vgl. Konskription, Militairpflichtige.

Militairbeamte
Anzeige der Forderungsklagen gegen Militairkassenbeamte (R. 5. Mai 1828) III. 229. — Verfahren bei Exekutionen gegen Militairbeamte (K. 8. Nov. 1831) III. 696, (R. 21. März, 5. April 1834) IV. 53, (R. 29. Aug. 1834) IV. 150, (R. 16. Juni 1848) IX. 305, (R. 10. Aug. 1853) X. 587, (R. 8. Jan. 1864) XII. 433, (R. 17. Sept. 1853) X. 599. — Vollstreckung des Wechselarrestes (G. 15. Febr. 1850 §. 5) X. 120. — Verfolgung derselben wegen Amtshandlungen, Erhebung des Konflikts (G. 13. Febr. 1854 §. 1 ff.) XI. 9. — Verfahren bei Ehescheidungsprozessen, Berücksichtigung der Wittwenkasse (R. 22. Febr. 1834) IV. 30. — Ausschließung der Militairbedienten von der Wittwenkasse in Kriegszeiten (G. 29. März 1851) X. 281. — Belassung von Pensionen der im Civildienst angestellten oder beschäftigten versorgungsberechtigten Militairbeamten (K. 5. Dez 1857, R. 19. Febr. 1858) XII. 3. — vgl. Landwehroffiziere, Militairintendanturen, Militairkassen, Mobilmachung, Telegraphenbeamte.

Militairbehörden
deren Mitwirkung resp. Benachrichtigung bei Vorladung von Militairpersonen (K. 22. März 1827) III. 103. — dgl. in Untersuchungssachen (R. 24. Dez. 1835, R. 15. Febr. 1836) V. 331, (R. 27. März

1836) V. 351. — Verfahren bei Gestellung von Militairwachen zur Assisensitzung (R. 29. Jan., 21. Febr. 1834) IV. 29. — Benachrichtigung derselben von Injuriensachen, worin Militairpersonen als Beleidigte oder Beleidiger verwickelt sind (K. 20. Dez. 1834) IV. 204. — Befugniß zu Verhaftungen (R. 28. April 1835) V. 115, (R. 9. Dez. 1836) V. 517, (J. 14. Jan., K. 3. Febr., R. 19. April 1844) VIII. 256, (J. 27. Juli, K. 8. Aug., R. 24. Sept. 1850) X. 234. — Ressortverhältniß bei Entlassung der zur Detention Verurtheilten und bei Begnadigung von Festungsbaugefangenen (R. 4. April 1836) V. 357. — dgl. bei Gesuchen um Rehabilitation (R. 28. Mai, 7. Juni 1839) VII. 69. — Zuziehung derselben bei Zweifeln, ob eine Militairperson im Dienste begriffen gewesen (R. 20. Aug. 1843) VIII. 182. — Benachrichtigung von Klagen gegen aktive Offiziere (R. 12. Sept. 1857) XI. 377. — Konfliktserhebung bei gerichtlicher Verfolgung von Militairpersonen wegen Dienstverrichtungen (G. 13. Febr. 1854 §. 6) XI. 10.

Benachrichtigung derselben vom Ausfall der an die Civilgerichte abgegebenen Untersuchungen; Verfahren bei Beschwerden über koordinirte Militairbehörden (R. 7. April 1837) VI. 140. — Genehmigung derselben ist erforderlich zur Beschäftigung der Auditeure bei Civilgerichten (R. 4. Mai 1838) VI. 471. — dgl. zur vorübergehenden Beschäftigung versorgungsberechtigter Militairpersonen in Gerichtskanzleien (R. 3. April 1854) XI. 21. — Requisition der Militairbehörden an Civilgerichte behufs Feststellung der Invalidenversorgungsansprüche (R. 23. Febr. 1853) X. 548. — vgl. Exekution (gegen Militairpersonen), Generalkommando, Landwehrbataillonskommandeur, Landwehroffiziere, Militairbeamte, Militairgerichte, Militairintendanturen, Offiziere, Strafvollstreckung, Untersuchung, Verzicht.

Militairdienst
Verfahren bei Zweifeln, ob eine Militairperson im Dienste begriffen gewesen (R. 20. Aug. 1843) VIII. 182. — dgl. bei gerichtlicher Verfolgung derselben wegen Dienstverrichtungen (G. 13. Febr. 1854 §. 6) XI. 10. — vgl. Krieg, Landwehrübung, Militairgehalt, Militairpersonen, Militairpflicht, Mobilmachung.

Militairdienstauszeichnung
Aberkennung derselben wegen Verbrechen (B. 16. Mai 1829) III. 280. — vgl. Ehre, Orden, Rehabilitation.

Militairdienstzeit
deren Anrechnung bei der Pensionirung von Beamten (StMB. 31. Mai 1842) VIII. 55, (R. 12. Nov. 1846) IX. 123. — vgl. Dienstalter, Krieg, Mobilmachung, Pension.

Militaireffekten
Bestrafung des Ankaufs von Armatur- und Montirungsstücken (R. 18. Juni 1817) I. 469, (vgl. G. 14. April 1856 §. 1) XI. 185, (§. 349 Nr. 4), (G. 30. Mai 1859) XII. 95. — vgl. Militairuniform.

Militairfeuerwerker s. Feuerwerker.

Militairgehalt
Verfahren bei exekutiver Beschlagnahme desselben (R. 25. Jan. 1822)

II. 207, (K. 4. Juni, 8. Sept. 1822) II. 310, (R. 24. Jan. 1823) II. 341, (R. 25. März 1826) III. 19, (K. 11. Dez. 1831, R. 9. Jan. 1832) III. 425, (K. 29. Jan., R. 24. Febr. 1829) III. 274, (K. 24. Sept., R. 11. Okt. 1832) III. 517, (R. 10. Jan. 1834) IV. 11, (K. 16. Juni 1848) IX. 305, (K. 24. Febr. 1853) X. 549, (R. 9. Aug. 1853) X. 587, (R. 8. Jan. 1864) XII. 433.

Ausschließung des Rechtsweges bei Ansprüchen wegen entzogener Diensteinkünfte (K. 28. Okt., R. 2. Nov. 1836) V. 486. — Ueberweisung der Gehaltsangelegenheiten der Gensdarmerieoffiziere an das Ministerium des Innern (K. 22. Sept., R. 5. 28. Dez. 1848) IX. 372. — vgl. Civilversorgung, Diensteinkommen, Mobilmachung, Pension.

Militairgeistliche
Nothwendigkeit der Civilehe bei Trauungen durch dieselben (R. 12. März 1818) I. 494, (R. 18. März, 17. April 1824) II. 480. — insbesondere zu Mainz und Luxemburg (R. 10. April 1826) III. 23. — Verfahren beim Eheaufgebot der in ausländischer Garnison stehenden Truppen (R. 9. Aug. 1856) XI. 277. — Glaubwürdigkeit der von Militairgeistlichen ausgestellten Todtenscheine (K. 11. Juli 1833) III. 656. — Zuziehung derselben als Zeugen bei privilegirten militairischen Testamenten (G. 8. Juni 1860 §. 6) XII. 190. — vgl. Geistliche.

Militairgerichte
deren Kompetenz und Verfahren bei gewaltsamen Todesfällen von Militairpersonen (R. 2. 20. 30. Mai 1825) II. 592. — Kostenbestreitung bei Requisitionen in Strafsachen zwischen Militair- und Civilgerichten (R. 9. Juli 1833) III. 656, (R. 17. Jan. 1839) VII. 9. — Beschäftigung der Referendarien bei Militairgerichten (R. 29. Mai 1835) V. 140, (R. 30. Dez. 1837) VI. 377. — dgl. der Mitglieder von Civilgerichten (R. 30. Dez. 1837) VI. 377. — vgl. Auditeure, Ehrengerichte, Garnisongerichte, Generalauditoriat, Gouvernementsgerichte, judicium mixtum, Kommandanturgerichte, Kriegsgerichte, Militairbehörden, Militairgerichtsstand. — vgl. ferner Exekution, Exekutorische Klausel, Strafvollstreckung, Untersuchung.

Militairgerichtsstand
der beurlaubten Militairpersonen wegen konnexer Militair- und Civilvergehen (R. 5. Okt. 1821) II. 179. — dgl. nach erfolgter Einstellung zum Militairdienst (K. 1. Juni, R. 1. Juli 1831) III. 377. — inwiefern während der Landwehrübung (R. 12. Nov. 1829, 28. Febr. 1835) V. 84. — Militairgerichtsstand derjenigen Militairpersonen, welche nicht Offiziere, Unteroffiziere und Soldaten sind, in Kriminal- und Injuriensachen (R. 28. Jan. 1825) II. 552, (R. 14. März 1825) II. 579. — derselbe besteht nicht für die mit Urlaubspässen in der Heimath verbleibenden Ersatzmannschaften (K. 13. R. 21. April 1821) II. 104. — dgl. für die zur Ergänzung der Kriegsreserve ausgehobenen Rekruten (R. 12. Juli 1822) II. 277, (R. 11. Nov. 1822) II. 317. — dgl. für die auf unbestimmte Zeit vom Heere beurlaubten Unteroffiziere und Soldaten (K. 9. Dez. 1834) IV. 185.

Gerichtsstand der Militairpersonen in Holzdiebstahlssachen (R.

30. Juni 1838) VI. 540, (G. 2. Juni 1852 §. 15) X. 425. — dgl. bei Jagdkontraventionen (R. 16. Aug. 1838) VI. 573. — dgl. bei politischen und Preßvergehen (G. 6. März 1854 §. 1) XI. 12.

Andeutung der Vorschriften des Militairstrafgesetzbuchs über die Kompetenz der Militair- und Civilgerichte (R. 12. Febr. 1847) IX. 152. — vgl. Ausland, Deserteure, Deutsche Bundesfestungen, Deutsche Bundestruppen, Feuerwerker, judicium mixtum, Landwehroffiziere, Militairärzte, Militairbeamte, Militairgerichte, Militairintendanturen, Militairpflichtige, Militairstrafen, Offiziere, Telegraphenkorps.

Militairgnadengehalt s. Civilversorgung, Militairgehalt, Militairinvaliden, Pension.

Militairintendanturen

Verfahren bei Vorladungen und Insinuationen an dieselben (R. 12. Jan. 1827) III. 91, (StMB. 30. Nov., R. 17. Dez. 1838) VI. 667. — Befugniß derselben zur Prozeßführung (R. 4. Juli 1828) III. 241. — Benachrichtigung derselben von Forderungsklagen gegen Militairkassen- und Magazinbeamte (R. 5. Mai 1828) III. 229. — dgl. von Anstellung oder Beschäftigung beurlaubter Militairinvaliden im Civildienst (StMB. 30. Mai, K. 5. Juli, R. 14. Aug. 1844) VIII. 332. — Ausdehnung dieser Vorschrift auf alle Militairanwärter (R. 14. Febr. 1859) XII. 69. — Mittheilung der Straferkenntnisse gegen Militairbeamte (R. 1. Febr. 1842) VIII. 9. — Vorladung der unbekannten Militairkassengläubiger durch die Intendanturen (R. 28. Jan. 1841) VII. 339. — Gerichtsstand der Mitglieder und Beamten derselben in Kriminal- und Injuriensachen (R. 17. Nov. 1842) VIII. 125. — vgl. Militairbeamte, Militairbehörden.

Militairinvaliden

Fortgenuß von Gnadengehältern und Wartegeldern seitens der im Civildienst angestellten Invaliden (R. 28. Mai 1825) II. 591. — Verwirkung des Gnadengehalts und des Civilversorgungsscheins bei Amtsentsetzungen wegen Verbrechen (K. 17. März 1829) V. 15, (K. 25. April 1835) V. 109, (K. 6. R. 20. Okt. 1837) VI. 311, (K. 24. Okt. 1838) VI. 619. — Feststellung der aus Civilfonds zu gewährenden Kompetenz beim Ausscheiden aus widerruflichen Civilämtern (R. 12. Febr. 1835) V. 68, (R. 12. Febr. 1838) VI. 419, (R. 18. 25. Aug. 1838) VI. 576. — Grundsätze der Invalidenversorgung (StMB. 12. Okt., K. 22. Dez. 1837) VI. 638, (R. 7. Nov. 1847) IX. 245. — Gnadengehalt der auf Kündigung oder Widerruf angestellten Invaliden (R. 29. Sept. 1838) VI. 602. — Verfahren bei Wiedereinziehung der vorschriftswidrig erhobenen Gnadengehälter und Wartegelder (StMB. 30. April, K. 24. Juli, R. 20. Okt. 1838) VI. 612, eingeschärft (durch R. 3. April 1856) XI. 176. — Uebertragung der für Militairinvaliden reservirten Stellen an Beamte, welche anderweitig dienstunfähig geworden, jedoch wegen geleisteter Militairdienste die Anstellung erlangt haben (K. 11. Aug. 1843) VIII. 186. — Gnadengehaltsansprüche der außer der Amtsentsetzung degradirten Militairinvaliden (R. 25. Okt. 1843) VIII. 189. — Fassung der die Belassung solchen Gnadengehalts aussprechenden Straferkenntnisse (R. 17. Dez. 1846) IX. 132. — Belassung, Einziehung und Wiedergewährung des Gnadengehalts der im Civildienst angestellten oder beschäftigten Militairinvaliden (StMB. 30. Mai, K. 5. Juli, R. 14. Aug. 1844) VIII. 326, (J. 9. Sept., R. 9. Okt. 1844) VIII. 361, (R. 8. 15. Aug. 1851) X. 380, (R. 3. April 1856) XI. 176, (R. 12. März, 15. April 1864) XII. 442, (R. 20. Okt., 9. Nov. 1864) XII. 454. — Gnadengehalt der auf Kündigung angestellten Invaliden beim Ausscheiden aus dem Civildienste (K. 9. Okt., R. 5. Nov. 1848) IX. 334. — Grundsätze und Bestimmungen über das Pensions- und Versorgungswesen der Militairinvaliden (K. 28. April 1849) X. 54, (G. 4. Juni 1851) X. 352. — Mittheilungen der Staatsanwaltschaft in Untersuchungssachen gegen die im Civildienst angestellten Militairinvaliden (R. 29. Dez. 1851) X. 397. — Feststellung der Versorgungsansprüche durch eidliche Zeugenvernehmung (R. 23. Febr. 1853) X. 548. — Einziehung der Invalidenpensionen in Folge strafbarer Handlungen (R. 1. Febr. 1853, 8. Aug. 1854) XI. 43, (R. 15. April 1864) XII. 442. — Verfahren zur Vermeidung der Ueberhebungen von Gnadengehältern und Wartegeldern der Militairinvaliden (R. 3. April 1856) XI. 176. — vgl. Civilversorgung f., Pension ff.

Militairkassen
Aufgebot unbekannter Gläubiger durch das Oberlandesgericht zu Cleve (R. 27. Jan. 1818) I. 487. — dgl. durch die Militairintendanturen (Reg. 28. Jan. 1841 §. 30, 35) VII. 337. — Kassenwesen bei den Truppen (Reg. R. 28. Jan., R. 11. Sept. 1841) VII. 332. — Gültigkeit der in Feldkriegskassen deponirten militairischen Testamente (K. 11. Juli 1833) III. 656. — vgl. Kassen ff., Militairbeamte, Militairgehalt, Militairintendanturen, Militairwittwenkasse.

Militairkirchenordnung
vom 12. Februar 1832, Anwendung des §. 79 (K. 11. Juli 1833) III. 656.

Militarlazareth
Eintragung der außerhalb desselben gestorbenen Militairpersonen in die Civilstandsregister (GR. 4. Mai 1814) I. 127, (GRM. 16. Juli 1814) I. 148, (GRM. 24. Dez. 1814) I. 193. — Glaubwürdigkeit der von der Lazarethadministration ausgestellten Todtenscheine (K. 11. Juli 1833) III. 656. — Einsendung der Todtenscheine von Ausländern, die im Lazareth verstorben (R. 12. Dez. 1836) V. 520. — Bestrafung der in Militairlazarethen verübten Diebstähle und Betrügereien (K. 13. Okt. 1813, GRM. 25. Juni 1815) I. 211, (GRM. 4. Aug. 1815) I. 219, (vgl. G. 15. April 1852 §. 14. Nr. 3) X. 408. — Zuziehung der Lazarethbeamten bei privilegirten militairischen Testamenten (G. 8. Juni 1860 §. 6) XII. 190.

Militairpension s. Pension. — vgl. Civilversorgung, Militairgehalt, Militairinvaliden.

Militairpersonen
aktive
deren äußeres Erscheinen in Gerichtssitzungen (R. 15. Dez. 1823) II. 437, (R. 2. Mai 1835) V. 123. — dieselben sind dem Wechsel-

arrest nicht unterworfen (G. 15. Febr. 1850 §. 5) X. 120. — inwiefern denselben Kostenfreiheit zusteht (V. 17. Febr. 1838) VI. 419, (R. 19. Sept. 1839) VII. 85, (J. 22. Aug. 1859 §. 4) XII. 122. — Stempelpflichtigkeit der zum Eheaufgebot erforderlichen Civilstandsatteste (R. 22. Mai, 4. Juni 1842, 30. Dez. 1843, 4. Jan. 1844) VIII. 227. — Militairpersonen gehören nicht zur Gemeinde (G. 15. Mai 1856 §. 3) XI. 193, (G. 15. Mai 1856 §. 5) XI. 223, (vgl. G. 15. Mai 1856 §. 4) XI. 194, (G. 23. Juli 1845 §. 28) XI. 413.

Verzicht derselben auf die Bestrafung dienstlicher Beleidigung, Verfahren, wenn Militairpersonen als Beleidiger oder Beleidigte denunzirt sind (K. 20. Dez. 1834) IV. 204. — Feststellung des dienstlichen Berufes bei Beleidigungen und Widersetzlichkeiten gegen solche (R. 20. Aug. 1843) VIII. 182. — Strafmaß bei Beleidigungen zwischen Militair- und Civilpersonen (K. 1. März 1844) VIII. 241. — Verfahren, wenn Personen des Soldatenstandes wegen ihrer Dienstverrichtungen bei Civilgerichten belangt werden (G. 13. Febr. 1854 §. 6) XI. 10. — Ausübung der bürgerlichen Gerichtsbarkeit über preußische Garnisonen im Auslande (G. 8. Juni 1860 §. 13) XII. 191. — vgl. Auditeur, Civilpersonen, Civilstand, Civilversorgung, Deserteur, Deutsche Bundestruppen, Ehe, Ehre, Exekution, Gensdarmen, Heirathskonsens, Insinuation, Landrecht, Luxemburg, Mainz, Militairbeamte, Militairbehörde, Militairdienst, Militaireffekten, Militairgehalt, Militairgerichte, Militairstrafen, Nationalmilitairabzeichen, Obduktion, Offiziere, Orden, Pension, Rastatt, Rehabilitation, Requisitionen, Straferkenntnisse, Telegraphenkorps, Testament, Todeserklärung, Untersuchung, Vorladung, Wachen, Waffengebrauch, Zeugengebühren, Zeugenvorladung.

beurlaubte

Bestrafung der Hehler von Landwehrmännern und der Begünstigung des Entweichens (GNM. 10. Okt. 1815) I. 230. — dgl. der unterlassenen An- und Abmeldung bei Aufenthaltsveränderungen (K. 21. Dez. 1825, 12. Aug 1831, R. 2. Sept. 1831) III. 388, (R. 14. Nov. 1843) VIII. 195, (K. 29. Mai 1852) X. 421. — dgl. der unbefugten Auswanderung (G. 10. März 1856) XI. 166. — Verfahren bei der Beschlagnahme des Vermögens (R. 18. Febr. 1859) XII. 71. — Nothwendigkeit der Civiltrauung (R. 12. März 1818) I. 494. — Aufgebot zur Eheschließung (R. 22. April 1836) V. 367. — Tragen der Uniform und Verhalten gegen Offiziere (R. 2. April 1825) II. 583. — Verpflichtung zur Tragung der Untersuchungskosten (K. 16. R. 19. April 1834) IV. 60, (R. 23. Jan. 1836) V. 321. — Fortzahlung von Diäten an einberufene Diätarien (K. 24. Juli, R. 2. Sept. 1837) VI. 297. — Verfassungseid der zugleich in militairischem Dienstverhältniß stehenden Justizbeamten (R. 30. März 1850) X. 218. — vgl. Militairstrafen. — vgl. ferner Ehre, Korpsjäger, Landwehroffiziere, Mobilmachung, Nationalkokarde, Orden, Rehabilitation, Straferkenntnisse, Untersuchung.

Militairpflicht

Rechtsverhältnisse der Remplaçants (GV. 23. Sept. 1814) I. 76, (GNM. 29. Juli 1814) I. 151, (GNM. 19. Sept. 1815) I. 229, (GK. 21. Febr. 1815) I. 316, (K. 31. Jan. 1817) I. 453.

Militairpflicht der Mennoniten (K. 16. Mai 1830) III. 344. — Vorzug wegen erfüllter Militairpflicht bei Gerichtsvollzieherprüfungen (R. 14. Aug. 1832) III. 496, aufgehoben (durch R. 7. Juli 1836) V. 419.

Militairpflichtige

Strafbestimmungen und Verfahren gegen ausgetretene Militairpflichtige (R. 14. Febr. 1820) II. 11. — Vollstreckung der Vermögenskonfiskation (R. 24. Mai 1822) II. 271. — Forum in Konfiskationsprozessen (R. 30. Okt. 1834) IV. 171, (K. 18. R. 25. Febr. 1839) VII. 21, (vgl. G. 10. März 1856 §. 12) XI. 169. — Sicherstellung des Vermögens bei der Citation (R. 30. April 1835) V. 369. — Bekanntmachung der Ediktalladungen (R. 14. Jan. 1837) VI. 20. — Gebühren der Fiskalanwälte (R. 12. März 1837) VI. 108. — an die Stelle der Vermögenskonfiskation tritt Geldbuße resp. Beschlagnahme (G. 11. März 1850) X. 206. — Strafmaß bei Anwendung des §. 110 StrGB. (R. 29. April 1853) X. 565. — Neuere Bestimmungen über das Verfahren gegen ausgetretene Militairpflichtige (G. 10. März 1856) XI. 166. — Beschlagnahme des Vermögens derselben (R. 18. Febr. 1859) XII. 71.

Verweigerung der Auszüge aus Civilstandsregistern in Bezug auf ausgetretene Militairpflichtige (R. 21. Juni 1833) III. 652, aufgehoben (durch R. 15. Sept. 1857) XI. 379. — vgl. Amnestie, Deserteure, Heirathskonsens, Militairaushebung, Militairpersonen, Militairstrafen, Mobilmachung, Straferkenntnisse, Strafvollstreckung, Untersuchung.

Militairstrafen

Verfahren der Civilgerichte bei Anwendung derselben gegen beurlaubte Militairpersonen (GRM. 29. Febr. 1816) I. 236, (R. 6. Mai 1817) V. 4, (R. 14. März 1835) V. 92, (R. 1. Nov. 1819, 10. Jan. 1821) II. 82, (J. R. 23. Febr. 1821) II. 92, (K. 22 Febr., R. 21. März 1823) II. 352, (J. 28. April, R. 9. Mai 1823) II. 373, (R. 19. Dez. 1823) II. 438, (R. 7. Jan. 1824) II. 445, (R. 2. Aug. 1824) II. 513, (R. 12. Febr. 1847) IX. 157. — Aberkennung des Nationalmilitairabzeichens (K. 27. Dez. 1824, R. 17. Jan. 1825) II. 548, (R. 29. März 1836) V. 352. — dgl. der Nationalkokarde (R. 23. Aug. 1827) III. 140, (R. 11. Juni 1830) III. 348, (K. 27. April, R. 4. Juni 1844) VIII. 283. — dgl. der Orden und Ehrenzeichen, insbesondere des Dienstauszeichnungskreuzes (R. 16. Mai 1829) III. 280. — dgl. der Dienstauszeichnung für die Landwehr (K. 9. Nov., R. 16. Dez. 1844) VIII. 383. — dgl. der Offiziercharge (K. 31. März, R. 5. April 1839) VII. 36. — dgl. des Titels oder Dienstprädikats (K. 21. Nov. 1829, 23. April 1842) VIII. 36. — Einreichung der Erkenntnisse auf lebenswierige Freiheitsstrafe (R. 4. Nov. 1825) II. 616. — Folgen der Ausstoßung aus dem Soldatenstande (R. 15. Juli 1825) II. 597, (R. 25. Sept. 1835) V. 221, (K. 31. Mai 1838) VI. 531. — Angabe des Truppentheils der Kondemnaten (R. 28. Nov. 1832) III. 552. — Bekanntmachung der Ausstoßung (R. 27. Mai 1838) VI. 520. — Vollstreckung der gleichzeitig erkannten Freiheitsstrafen (R. 10. Jan. 1834) IV. 11. — Versetzung in die zweite Klasse des Soldatenstandes bei Diebstählen (R. 4. April 1823)

II. 362. — dgl. bei Holzdiebstählen (R. 7. Febr. 1824, 17. Juli 1826) III. 57. — Bildung kombinirter Reservebataillone zur Aufnahme der in die zweite Klasse versetzten Individuen (R. 1. Juni 1838) VI. 533, (R. 21. Aug. 1838) VI. 574. — Degradation der Bombardiere (R. 5. März 1829) III. 275. — dgl. der aus dem landwehrpflichtigen Alter getretenen Unteroffiziere (R. 13. Nov. 1841) VII. 362. — dgl. der Militairpersonen vom Feldwebels- und Unteroffiziersrange (R. 23. April 1842) VIII. 38, (R. 13. März 1846) IX. 72. — Fälle der Degradation (R. 22. Juni 1843) VIII. 174. — Bestreitung der Bekleidungskosten für die zur Einstellung in Strafsektionen verurtheilten Landwehrmänner (R. 8. Nov. 1824) II. 532, (R. 18. März 1825) II. 580, (R. 24. Nov. 1826) III. 80, (R. 31. Dez. 1834) IV. 216, V. 35, (R. 15. Okt. 1837) VI. 310. — Unzulässigkeit der Entfernung derselben aus der Landwehr (R. 19. Mai 1837) VI. 213. — Aufschub der Strafvollstreckung wegen Krankheit (R. 8. Febr. 1834) IV. 18. — Ressortbestimmungen wegen Entlassung der zur Detention bis zum Nachweis ehrlichen Erwerbes oder bis zur Besserung Verurtheilten und wegen Begnadigung der aus dem Soldatenstande ausgestoßenen, zur Festungsbaugefangenschaft kondemnirten Individuen (R. 4. April 1836) V. 357. — Aufhebung der Strafe der Einstellung in Festungsstrafsektionen (K. 11. April 1839) VII. 40, (R. 1. Okt. 1839) VII. 89. — Einschärfung dieser Bestimmungen (R. 1. Juni 1844) VIII. 282. — dgl. und Deklaration der Kriegsartikel sowie des Militairstrafgesetzbuchs (K. 28. Mai 1846) IX. 91. — Zusammenstellung der von den Civilgerichten in Untersuchungssachen mit Bezug auf die Militairverhältnisse zu beachtenden Bestimmungen (R. 12. Febr. 1847) IX. 151. — dieselben haben gegen beurlaubte Militairpersonen nicht mehr auf Militairstrafen zu erkennen (G. 15. April 1852 §. 16) X. 409.

Disziplinarbestrafung der beurlaubten Militairpersonen wegen unterlassener Meldung von Aufenthaltsveränderungen (K. 21. Dez. 1825, 12. Aug. 1831) III. 388, (K. 29. Mai 1852) X. 421. — Abschaffung der Lattenstrafe (K. 1. R. 13. Nov. 1832) III. 547. — Bestrafung der während der Landwehrübung begangenen Verbrechen (R. 12. Nov 1829, 28. Febr. 1835) V. 84.

Abänderung mehrerer Bestimmungen in den Militairstrafgesetzen (G. 15. April 1852) X. 406. — Ausführung dieses Gesetzes (V. 18. Mai 1852) X. 417, (K. 1. Dez. 1856) XI. 291, (K. 23. Okt., R. 9. Nov. 1863) XII. 424. — welche Mittheilungen die Staatsanwaltschaft in Untersuchungssachen mit Rücksicht auf die Militairverhältnisse zu machen hat (R. 24. Aug. 1852) X. 479, (R. 22. Mai 1857 §. 6) XI. 344. — Vollstreckung der von den Civilgerichten erkannten Strafen an Militairpersonen (R. 27. März 1830) III. 329, (K. 1. Juni, R. 1. Juli 1831) III. 377, (K. 20. Aug. 1836) V. 437, (K. 17. Juli 1837) VI. 263, (G. 15. April 1852 §. 8) X. 407, (V. 18. Mai 1852 §. 11) X. 418, (R. 22. Mai 1856) XI. 235. — vgl. Deserteure, Ehre, Ehrenrechte, Festungsstrafe, Landwehroffiziere, Militairarrestlokal, Militairgerichtsstand, Militairinvaliden, Militairpersonen, Militairpflichtige, Offiziere, Orden und Ehrenzeichen, Rehabilitation, Soldatenstand.

Militairstrafgesetzbuch
vom 3. April 1845, Anwendung des §. 245 Th. II. (R. 6. Febr. 1846) IX. 68. — dgl. des §. 5 Th. I. (K. 28. Mai 1846) IX. 91. — dgl. der §. 9—12 Th. II. (R. 22. Mai 1856) XI. 235. — Andeutung der von den Civilgerichten zu beachtenden Vorschriften (R. 12. Febr. 1847) IX. 151. — vgl. Militairstrafgesetze.

Militairstrafgesetze
Abänderung mehrerer Bestimmungen in denselben (G. 15. April 1852) X. 406. — Ausführung dieses Gesetzes (B. 18. Mai 1852) X. 417, (K. 1. Dez. 1856) XI. 291, (K. 23. Okt. 1863) XII. 424. — vgl. Militairstrafen, Militairstrafgesetzbuch.

Militairtestament s. Testament.

Militairuniform
Verpflichtung der beurlaubten Militairpersonen zum vorschriftsmäßigen Tragen derselben (R. 2. April 1825) II. 583. — Anlegung der durch K. 17. März 1809 verliehenen Säbeltrobbel bei Civiluniformen (K. 14 Febr. 1836) V. 330. — Unzulässigkeit der Pfändung von Uniformstücken der Offiziere außer Dienst (K. 9. März 1839) VII. 30. — vgl. Militaireffekten.

Militairvergehen
Konnexität derselben mit Civilvergehen begründet den Militairgerichtsstand für beurlaubte Militairpersonen (R. 5. Okt. 1821) II. 179. — vgl. Civilvergehen, Militairgerichtsstand.

Militairverhältniß
dessen Feststellung in den Untersuchungsakten (R. 2. Aug. 1824 §. 19) II. 519, (R. 18. Aug. 1834) IV. 138, (R. 12. Mai 1838) VI. 483, (R. 12. Febr. 1847) IX. 155.

Mittheilungen der Staatsanwaltschaft in Untersuchungssachen mit Rücksicht auf die Militairverhältnisse (R. 24. Aug. 1852) X. 479, (R. 22. Mai 1857 §. 6) XI. 344. — vgl. Militairdienst, Militairpflicht, Militairstrafen.

Militairversorgungsberechtigte s. Civilversorgung, Militairinvaliden.

Militairvorspann
Gestellung von Reitpferden seitens der zu demselben Verpflichteten (B. 10. Mai 1844) VIII. 268.

Militairwachen s. Wachen.

Militairwittwenkasse
deren Berücksichtigung bei Ehescheidungsprozessen der Offiziere und Militairbeamten (R. 22. Febr. 1834) IV. 30. — vgl. Wittwenkasse.

Minderjährige
deren Aufnahme und Bewahrung in Irrenanstalten (K. 5. April 1804, R. 25. Nov. 1825, 26. März 1827) III. 104, (R. 5. Jan. 1826, 13. Dez. 1827) III. 165, (R. 25. März 1828) III. 224, (R. 20. Okt. 1855) XI. 154. — Strafbestimmungen über das unerlaubte Kreditgeben an dieselben (G. 2. März 1857) XI. 307. — vgl. Arbeiter (jugendliche), Emanzipation, Heirathskonsens, Kinder, Ostrhein (Großjährigkeit), Pupillengelder, Todesanzeige, Verbrecher (jugendliche), Vormundschaft, Wohnort.

Mineralien
Verfahren beim Diebstahl von Erzen und Kohlen aus Bergwerken (R. 15. Okt. 1824) II. 526. — Verhütung des Handels mit Gemeindebedarfskohlen im Bergamtsbezirk Saarbrücken (K. 14. Juli, R. 3. Aug. 1835) V. 174. — angewendet auf den Kreis St. Wendel (K. 6. R. 13. März 1841) VII. 268. — Strafermäßigung betreffend Art. 96 des Dekrets vom 21. April 1810 bei Entwendung von Stein- und Braunkohlen (K. 8. Nov. 1843) VIII. 193. — Bestrafung der unbefugten Gewinnung oder Aneignung von Mineralien (G. 26. März 1856) XI. 174. — vgl. Bergbau, Bergwerksarbeiter.

Minister
Kompetenz und Verfahren derselben bei Ansprüchen der Beamten wegen entzogener Diensteinkünfte (K. 7. Juli, R. 12. Nov. 1830) III. 362. — Befugniß derselben zur Aufhebung von Generalgouvernementsverordnungen (K. 9. Sept. 1822, R. 10. Nov. 1832) III. 533, (K. 3. Juni 1814, R. 17. Nov. 1832) III. 548. — Publikation der von verschiedenen Ministerien an ihre Unterbehörden gerichteten Erlasse durch die Amtsblätter (R. 27. Sept. 1841) VII. 344. — Verfahren bei Untersuchungen wegen Beleidigung des Staatsministeriums oder einzelner Minister (R. 14. Aug. 1849) X. 64, (R. 23. Juni 1851) X. 364.

der auswärtigen Angelegenheiten
Aeußerung desselben bei Interpretation von Staatsverträgen (V. 25. Jan. 1823) II. 343, (R. 20. Juni 1823) II. 386, (V. 24. Nov. 1843 §. 2) VIII. 198. — Mittheilung der Todtenscheine von Ausländern (R. 12. Dez. 1836) V. 520, (R. 28. Febr., 6. März 1836) VI. 104. — dgl. von den im Auslande verstorbenen Inländern (R. 3. Jan. 1838) VI. 382. — Unmittelbare Korrespondenz mit den Justizbehörden bei Legalisationen und Requisitionen (R. 16. Dez. 1825) II. 625, (R. 10. Sept. 1830, 9. Febr. 1833) III. 576, (R. 16. Sept. 1844) VIII. 346. — vgl. Requisitionen.

der geistlichen, Unterrichts- und Medizinalangelegenheiten
Vermittelung desselben bei Gutachten über Nachdruck und Nachbildung (R. 25. Febr. 1842) VIII. 19. — vgl. Medizinaldeputation.

des Innern
Befugniß desselben zur Strafermäßigung in Bezug auf die Forstordnung von 1669 (R. 5. Sept. 1836) V. 449, (R. 18. April 1857) XI. 316. — Einsendung der Untersuchungsakten bei Münzverbrechen (R. 13. Aug. 1821) II. 169, (R. 21. Nov. 1845) IX. 58, aufgehoben (durch R. 18. Juni 1859) XII. 105, (R. 22. Sept. 1859) XII. 115. — dgl. bei erkannter Vernichtung von ausländischen Zeitungen und Zeitschriften (R. 11. Aug. 1851) X. 379. — Verfahren bei Rehabilitationsgesuchen (K. 30. Dez. 1852, R. 18. Jan., 8. März 1853) X. 552. — Ressortverhältniß bei Gehalts- und Pensionsangelegenheiten der Gensdarmerie (K. 22. Sept., R. 5. 28. Dez. 1848) IX. 372. — Kompetenz bezüglich der Polizeiverwaltung (G. 11. März 1850) X. 202. — Konkurrenz in Standessachen (K. 16. Aug. 1854) XI. 45.

des königlichen Hauses
Kompetenz desselben bei Legitimationsgesuchen von Adeligen (R.

1. Febr. 1828) III. 189. — dgl. bei Untersuchungen wegen Anmaßung des Adels (R. 17. Okt. 1838) VI. 609. — dgl. bei Bearbeitung der Standessachen (K. 16. Aug. 1854) XI. 45. — Errichtung des Heroldsamtes (R. 13. Juni 1855) XI. 118.

der landwirthschaftlichen Angelegenheiten

Befugniß desselben zur Strafermäßigung rücksichtlich der Forstordnung von 1669 (R. 18. April 1857) XI. 316. — vgl. Finanz-, Justiz-, Kriegsminister.

Ministerium, öffentliches s. Staatsanwaltschaft.

Mißbrauch

des Armenrechts, Bestrafung dieserhalb (V. 16. Febr. 1823 §. 8—10) II. 348. — der Stempelfreiheit, Verhütung desselben (R. 19. Okt. 1839) VII. 95. — vgl. Adel, Fabrikzeichen, Geistliche, Namen.

Mißhandlung

deren strengere Ahndung beim Gebrauch des Messers (R. 8. Febr. 1835) V. 67, (R. 15. Nov. 1837) VI. 329. — Begriff der erheblichen Mißhandlung (R. 12. Jan. 1853) X. 535. — vgl. Arbeitsunfähigkeit, Civilklage, Fahrlässigkeit, Festlichkeiten, Obduktion, Schulzucht, Strafverfolgung.

Mitbeschuldigte s. Theilnahme.

Mittelrhein s. Generalgouvernement.

Mobilarpfändung

beneficium competentiae bei Exekutionen wegen öffentlicher Abgaben und Gerichtskosten (R. 27. Dez. 1825) II. 627. — Pfändung der Baarschaft bei Exekutionen gegen Beamte, Militairpersonen und Pensionäre (K. 11. Dez. 1831, R. 9. Jan. 1832) III. 425. — Unzulässigkeit der Beschlagnahme von Uniformstücken der Offiziere außer Dienst (K. 9. März 1839) VII. 30. — dgl. des Arbeitsverdienstes von Gefangenen (K. 28. Dez. 1840, R. 28. Jan. 1841) VII. 264. — Freilassung eines eisernen Ofens bei Mobilarexekutionen (G. 11. Mai 1855 §. 8) XI. 113. — vgl. Beschlagnahme, Exekution, Gerichtsvollziehergebühren, Hütergebühren, Strafgesetzbuch (rheinisches).

Mobilarversteigerung s. Versteigerungen.

Mobilmachung

Fortzahlung des Civilgehalts an die als Landwehroffiziere einberufenen Beamten (StMB. 23. Jan., R. 7. Febr. 1850) X. 107. — Behandlung der militairpflichtigen Civilbeamten im Falle einer Mobilmachung (StMB. 19. Juli, R. 25. Aug. 1850) X. 228, modifizirt durch (StMB. 25. Febr., R. 26. März 1860) XII. 172, (StMB. 9. März, R. 26. April 1864) XII. 440. — Anwendung dieser Bestimmungen auf die im April 1859 angeordnete Kriegsbereitschaft (StMB. 18. Juni, R. 5. Juli 1859) XII. 105. — dgl. auf die fortdauernde Kriegsbereitschaft (StMB. 31. Dez. 1859, R. 8. Febr. 1860) XII. 158. — dgl. auf die außerordentliche Einberufung in den Jahren 1862 und 1863 (StMB. 29. Mai, R. 18. Juni 1863) XII. 404. — dgl. auf die Maßregeln gegen Dänemark (StMB. 3. R. 15. Febr. 1864) XII. 434. — Berechnung des Gehaltsabzugs zum Pensionsfonds bei den zur Mobilmachung einberufenen und später im Civildienst angestellten Landwehroffizieren (R. 8. Jan. 1856) XI. 163. — vgl. Krieg, Landwehrübung.

Monitorien
Belassung einer angemessenen Frist bei Requisitionen an ausländische Gesandtschaften (R. 16. Dez. 1825) II. 626. — vgl. Termin.

Montirung s. Militaireffekten, Uniform.

Moratorien s. Zahlungsausstand.

Mord
Anzeige von Mordthaten beim Justizminister (R. 21. Nov. 1821) II. 192, (R. 11. April 1832) III. 461. — vgl. Eventualfragen.

Moresnet
neutrales Gebiet, fortdauernde Geltung des code pénal in demselben (R. 31. Dez. 1852) X. 532, (vgl. B. 28. Sept. 1852) X. 509 (Note).

Mörs
die Gemeinden des Friedensgerichtsbezirks Mörs stehen unter dem Rheinzollgerichte zu Rheinberg (R. 7. Nov. 1834) IV. 175.

Mosel s. Schifffahrt.

Mühlheim s. Gewerbegerichte. — vgl. Landgerichte.

Mündelgüter s. Versteigerung, Vormundschaft.

Mündlichkeit
Beschränkung des Einreichens schriftlicher Aufsätze in Civilsachen (R. 6. Juni 1823) II. 380, (R. 24. Okt. 1823) II. 429. — vgl. Denkschriften, Prozeßschriften.

Münstermaifeld
Kompetenz des dortigen Friedensgerichts bei den im Kanton Boppard verübten Kontraventionen gegen das Regulativ über die Moselschifffahrt (R. 28. Okt. 1836) V. 481.

Münzbehörden
deren Zuziehung bei Untersuchungen wegen Münzverbrechen und Münzvergehen (R. 2. Jan. 1826) III. 4, (R. 12. Febr. 1827) III. 96, (R. 24. Okt. 1831) III. 404, (R. 4. März 1832) III. 452, (R. 29. April 1850) X. 221, (R. 15. Nov. 1850) X. 249, (R. 22. Sept. 1855) XI. 147, (R. 13. Okt. 1858) XII. 40. — vgl. Münzen ff.

Münzen
falsche, sind an die Regierung einzusenden (R. 15. 24. Okt. 1825) II. 614, (R. 2. Jan. 1826) III. 4, (R. 17. Juni 1836) V. 403, (R. 21. Febr. 1844) VIII. 240, (R. 25. Nov. 1846) IX. 126, (R. 22. Sept. 1855) XI. 147, (R. 1. Mai 1861) XII. 245. — vgl. Asservate, Geld, Münzverbrechen f., Scheidemünzen.

Münzgewicht
dessen Bestimmung (G. 17. Mai 1856 §. 6) XI. 232, (G. 5. Mai 1857) XI. 340. — vgl. Münzwesen.

Münzkartel
vom 21. Okt. 1845, Ausführung desselben (K. 26. Sept. 1846) IX.

111, (K. 9. Aug., B. 21. Sept. 1847) IX. 240, (Ko. 24. Jan. 1857 §. 25) XI. 338. — Beitritt von Anhalt-Cöthen (B. 31. Aug. 1849) X. 66. — vgl. Münzwesen.

Münzverbrechen und **Münzvergehen**
Einsendung der solche betreffenden Untersuchungsakten an das Justizministerium (R. 13. Aug. 1821) II. 169. — an das Ministerium des Innern (R. 21. Nov. 1845) IX. 58. — an das Finanzministerium (R. 18. Juni 1859) XII. 105. — Aufhebung dieser Verpflichtung (R. 22. Sept. 1859) XII. 115. — Anzeige von Münzverbrechen beim Justizministerium (R. 11. April 1832) III. 461. — Verfahren bei Untersuchungen wegen derselben (R. 2. Jan. 1826) III. 4. — insbesondere rücksichtlich des Papiergeldes (R. 12. Febr. 1827) III. 96, (R. 24. Okt. 1831) III. 404, (R. 4. März 1832) III. 452. — dgl. der Darlehnskassenscheine und Banknoten (R. 29. April 1850) X. 221. — dgl. des ausländischen Papiergeldes (R. 15. Nov. 1850) X. 249. — Aufhebung des strafrechtlichen Unterschiedes zwischen in- und ausländischen Münzverbrechen und Münzvergehen gegenüber den am Münzkartel vom 21. Okt. 1845 betheiligten Staaten (K. 26. Sept. 1846) IX. 111, (K. 9. Aug., B. 21. Sept. 1847) IX. 245, (vgl. G. 4. Mai 1857) XI. 319.

Ausschließung der Oeffentlichkeit bei gerichtlichen Verhandlungen wegen derselben (R. 14. April 1830) III. 330. — Verfahren, wenn eine Untersuchung nicht eingeleitet werden kann (R. 17. Juni 1836) V. 403. — Bestrafung der unbefugten Anfertigung von Stempeln, Formen, Platten und Stichen für Metall- oder Papiergeld (G. 6. Juni 1835) V. 141. — vgl. Münzen, Münzwesen. — vgl. ferner Landrecht.

Münzwesen
Anwendung des preußischen Münztarifs vom 28. Februar 1816 neben den französischen Taxen (R. 4. März 1817) I. 457. — dgl. der neuen Münzeintheilung von Thaler, Silbergroschen und Pfennige (B. 27. Dez. 1821) II. 197. — insbesondere bei Geldstrafen und Kosten (R. 16. Mai 1834) IV. 70. — Zwangszahlung in Kassenanweisungen bei Strafsachen (R. 8. Aug., 5. Sept. 1825) II. 610. — Berechnung der Franken zu acht Silbergroschen (K. 13. Sept. 1837) VI. 302, (R. 10. Nov. 1837) VI. 323, (R. 4. Jan. 1838) VI. 384. — Ausschließung fremder Goldmünzen von der Belegung bei der kgl. Bank (R. 6. 13. Dez. 1837) VI. 361, (K. 11. April 1845) IX. 24. — Beschränkung der Zahlungsleistung mittelst fremden Papiergeldes (G. 14. Mai 1855) XI. 116. — Anwendung dieses Gesetzes auf Kassenanweisungen von Sachsen-Weimar und Sachsen-Coburg-Gotha (B. 21. Dez. 1857) XI. 392. — Verbot der Zahlungsleistung mittelst ausländischer Banknoten und ähnlicher Werthzeichen (G. 25. Mai 1857) XI. 344. — Aufhebung dieses Gesetzes für die Hohenzollernschen Lande (B. 18. Mai 1864) XII. 446. — Gesetz über das Münzwesen, Münzvertrag der Zollvereinsstaaten mit Oesterreich und Liechtenstein (Ko. 24. Jan., G. 4. Mai 1857) XI. 319.

Wegfall der Goldkolonne im Besoldungsetat (K. 19. Juni, R. 6. Juli 1836) V. 418. — Erhebung des Goldantheils in natura

(R. 12. Nov. 1840) VII. 229. — Aufhebung der Goldantheile, Verpflichtung zur Annahme von Goldmünzen (K. 11. Aug. 1848) IX. 311. — vgl. Münzbehörden ff.

Musikalische Werke
Schutz der Komponisten gegen unbefugte Aufführung derselben (G. 20. Febr. 1854) XI. 11, (P. 4. Mai 1857) XI. 318.

Musiker
Anwendung des Hausirregulativs auf dieselben (R. 12. Juni 1840) VIII. 180.

Mütter s. Säuglinge.

Myriameter s. Meilen. — vgl. Distanztabellen.

Mystisches Testament s. Testament.

Nachahmung s. Fabrikzeichen.

Nachbarn s. Grenznachbarn.

Nachbarweg s. Wege.

Nachdruck und **Nachbildung**
Schutz des Eigenthums an Werken der Wissenschaft und Kunst gegen Nachdruck und Nachbildung, Anwendung des Gesetzes vom 11. Juni 1837 auf die in Sachsen-Weimar erschienenen Werke (R. 12. Febr 1839) VII. 19. — Verfahren bei Einholung der Gutachten der Sachverständigenvereine (R. 25. Febr. 1842) VIII. 19, (R. 12. März 1855) XI. 104, (R. 11. Sept. 1858) XII. 35. — Berichtigung der Gebühren für die Gutachten (R. 28. Nov. 1862) XII. 380, (R. 11. März 1864) XII. 441. — inwiefern die Beschlagnahme nachgedruckter Werke vor eingeleiteter Untersuchung zulässig ist (R. 31. Juli 1851) X. 376. — Abänderung des Gesetzes vom 11. Juni 1837 bezüglich der Malerei und Plastik, sowie der dramatischen und musikalischen Werke (G. 20. Febr. 1854) XI. 11. — Publikation des Bundesbeschlusses vom 6. November 1856 wegen Erweiterung des Schutzes der Autoren (P. 26. Jan. 1857) XI. 304. — Zusatzvertrag mit Großbritannien wegen gegenseitigen Schutzes der Autorenrechte gegen Nachdruck und unbefugte Nachbildung (Ko. 14. Juni 1855) XI. 119. — Bestrafung des unbefugten Abdruckens von amtlichen Formularen (G. 6. Juni 1835) V. 141. — vgl. Presse.

Nachlaß s. Erbschaft.

Nachtweide s. Weide.

Nachtzeit
deren Begriff bei der Grenzaufsicht (J. 6. Juli 1835) V. 159.

Namen
Wegfall der Taufnamen der Justizbeamten bei gerichtlichen Verhandlungen (R. 11. Juni 1834) IX. 84. — Genaue Angabe der Namen bei auswärtigen Requisitionen (R. 24. Mai 1817) I. 462, (R. 16. Sept. 1844) VIII. 348. — Verpflichtung der Juden zur Führung fester Familiennamen (G. 23. Juli 1847 §. 5) IX. 212. — Bestrafung des Gebrauchs fremder Jagdscheine (G. 7. März 1850 §. 16) X. 197. — vgl. Adel, Nationale, Titel.

Nassau
Unzulässigkeit der Arrestanlage auf nassausches Staatseigenthum (R. 5. Okt. 1819) I. 613. — Eheschließung der dortigen Militairpflichtigen im Auslande (R. 18. Dez. 1835) V. 290. — vgl. Deutsche Bundesstaaten, Rechtshülfe, Zollverein.

Nassausche Lehnssachen s. Ostrhein (Justizsenat).

Nassausche Verordnungen s. Ostrhein.

Nationale
dessen Beifügung zu Berichten wegen aberkannten Adels (R. 6. Aug. 1855) XI. 138, (R. 12. Dez. 1856) XI. 293.

Nationalität
deren Nachweis seitens britischer Unterthanen und amerikanischer Bürger (R. 31. Aug. 1856) X. 280. — dgl. seitens französischer Unterthanen (R. 2. April 1858) XII. 13. — Kompetenz der Regierung bei Zweifeln über die Nationalität ausgewiesener Landstreicher (K. 10. März 1839) VII. 31. — vgl. Ausland, Inland, Naturalisation.

Nationalkokarde
deren Einführung in der Rheinprovinz (K. 22. Febr. 1813, GRM. 17. April 1815) I. 205. — Aberkennung derselben (K. 30. Sept. 1813, 28. März 1816, R. 20. Aug. 1819) I. 587, (R. 23. Aug. 1827) III. 140, (R. 11. Juni 1830) III. 348, (R. 13. Jan. 1836) V. 310, (R. 16. Nov. 1836) V. 495, (R. 28. Febr. 1837) VI. 97, (K. 31. Mai 1838) VI. 531, (K. 31. März, R. 5. April 1839) VII. 36, (K. 27. April, R. 1. Juni 1844) VIII. 283. — vgl. Ehre, Militairstrafen, Rehabilitation.

Nationalmilitairabzeichen
dessen Verlustigung (R. 1. Nov. 1819, 10. Jan. 1821) II. 82, (R. 23. Febr. 1821) II. 92, (R. 2. Aug. 1824) II. 513, (K. 27. Dez. 1824, R. 17. Jan. 1825) II. 548, (R. 7. Febr. 1824, 17. Juli 1826) III. 57, (R. 23. Aug. 1827) III. 140, (R. 29. März 1836) V. 352. — vgl. Ehre, Militairstrafen, Rehabilitation.

Naturalisation
der Ausländer, Einfluß derselben bei Anstellungen (R. 13. Dez. 1847) IX. 254. — Verfahren bei Naturalisationsgesuchen (K. 10. Jan. 1848) IX. 260. — insbesondere rücksichtlich der Juden (G. 23. Juli 1847 §. 71) IX. 227. — Stempelfreiheit der Abschrift von Naturalisationsurkunden als Belag zu Civilstandsakten (R. 12. 18. April 1845) IX. 25. — vgl. Amt.

Naturalquartier
der Assisenpräsidenten ist abgeschafft (R. 11. Mai 1820) II. 32. — vgl. Reisekosten.

Nebenamt s. Amt, Kommissorien, Richter.

Nebenerkenntniß s. Erkenntnißstempel. — vgl. Definitivurtheil, Interlokut.

Nebenvormund
dessen Pflichten (J. 22. Dez. 1836 §. 10, 11) V. 531. — insbeson-

dere Zuziehung desselben bei Auszahlung von Aktivkapitalien, bei Hypothekenlöschungen und bei Inkurssetzung von Inhaberpapieren (K. 18. Dez. 1836) V. 522, (R. 16. Aug. 1838) VI. 572. — dgl. bei gerichtlichen Immobilarverkäufen (G. 18. April 1855 §. 41) XI. 91. — vgl. Familienrath, Ordnungsstrafen, Verwaltungsübersicht, Vormund ff.

Neffe s. Ehedispensation.

Neger
deren Ehe mit Weißen ist gestattet (R. 18. Okt. 1824) II. 528. — vgl. Sklaven.

Neutrales Gebiet s. Moresnet.

Neuvorpommern
Einführung kürzerer Verjährungsfristen (V. 6. Juli 1845) IX. 41. — Verfahren bei der Eidesleistung fürstlicher Personen in Prozessen und Untersuchungssachen (K. 5. Dez. 1845) IX. 60.

Neuwied s. Ostrhein (Hebdesdorf, Wied), Rheinzollgerichte.

New-York s. Amerika.

Nichtigkeit s. Domainen, Ehe, Verträge. — vgl. Autorisation, Prozeßlegitimation.

Nichtigkeitsbeschwerde s. Fiskalische Untersuchung, Ostrhein (Obertribunal, Revisionshof). — vgl. Kassation.

Niederlande
Retorsion bezüglich der dortigen Erbschafts- und Alienatsteuer (GV. 30. Dez. 1814) I. 82. — Anwendung der Konvention wegen des Abschosses und Abfahrtsgeldes auf Belgien (R. 25. Jan. 1835) V. 54. — Rechtsverhältnisse des in beiderseitigem Gebiete liegenden Gemeindevermögens (R. 28. Juli 1826) III. 62. — Verfahren bei Erbschaftsreklamationen betreffend die im niederländischen Seedienste Verstorbenen (R. 17. Juni 1842) VIII. 72. — Kündigung der Uebereinkunft vom 16. August 1828 wegen Verhütung der Forstfrevel in den Grenzwaldungen (B. 27. Nov. 1863) XII. 428. — vgl. Armenrecht, Auslieferung, Erkenntnisse, Exekutorische Klausel, Heirathskonsens, Insinuation, Luxemburg, Requisition, Schleichhandel.

Niederrhein, Nieder- und Mittelrhein s. Generalgouvernement.

Niederschlagung s. Begnadigung, Geldbußen, Kostenniederschlagung, Stempelstrafen.

Nießbrauch
Behandlung des Kostenpunktes bei Vormundschaften, wenn dem überlebenden Ehegatten der Nießbrauch zusteht (R. 4. Sept. 1835 §. 9) V. 207, (J. 10. Okt. 1835 §. 24) V. 241, (R. 9. Febr. 1836) V. 329, (R. 10. Okt. 1842 §. 7) VIII. 121. — Wirkung der Testamentsklausel, wodurch der Nießbraucher von der Inventarisation entbunden wird (R. 25. Nov. 1836) V. 507.

Nordamerika s. Amerika.

Normaltermin
gegen fiskalische Ansprüche aus der Zeit vor 1815 (G. 18. Dez. 1831) III. 418.

Norwegen
Ausfertigung und Einsendung der Todtenscheine der in Preußen verstorbenen norwegischen Unterthanen (R. 8. Febr. 1848) IX. 275.

Notabeln s. Kaufleute.

Notar
Notarien bedürfen keines Heirathskonsenses (B. 27. April, R. 11. Mai 1821) II. 110. — haben keinen Pensionsanspruch (R. 16. Nov. 1821) II. 191, (R. 16. Juni 1823) II. 384. — Berechnung der Dienstzeit bei Pensionirung der später als Beamte angestellten Notarien (K. 14. R. 20. Sept. 1836) V. 452. — Verbot des Gewerbebetriebs und der Bekleidung von Nebenämtern (R. 10. Juni 1822) II. 272, (B. 25. April 1822 §. 5) II. 245, (R. 26. Aug. 1822) II. 299, (R. 15. Nov. 1822) II. 318, (R. 6. Aug. 1824) II. 520, (R. 15. 27. März 1828) III. 225, (R. 24. Sept. 1836) V. 457. — dieselben sind nicht gewerbesteuerpflichtig wegen der Versteigerungen, dürfen Kommissionsgeschäfte nicht gewerbmäßig betreiben (R. 3. 10. Juni 1835) V. 144. — Unzulässigkeit der Amtsniederlegung zu Gunsten Dritter (R. 8. Jan. 1834) IV. 9. — Amtsniederlegung wegen dauernder Unfähigkeit (G. 21. Juli 1852 §. 77) X. 472. — Verpflichtung zum Halten der Gesetzsammlung (R. 11. Aug. 1823) II. 398, (R. 29. Jan. 1841) VII. 265, (K. 9. Mai 1854) XI. 31. — dgl. zur Anschaffung des Justizministerialblatts (R. 28. Dez. 1838) VI. 672. — Dienstsiegel derselben (R. 9. Nov. 1839) VII. 102. — Stempelansatz zum Protokoll über die Hinterlegung von Siegel und Unterschrift (R. 16. Sept., 5. Nov. 1841) VII. 355. — Veranlassung der Rückgabe erledigter Orden und Ehrenzeichen (B. 17. Aug. 1837) VI. 276. — Anheftung der Bekanntmachungen wegen des Verlustes der bürgerlichen Ehrenrechte (R. 31. März 1843) VIII. 155, (R. 8. Aug. 1851) X. 378. — Verweisung der Notarien auf früher geleistete Diensteide (R. 7. Juni 1859) XII. 96. — vgl. Amt, Dienstbehörde, Dienstvergehen, Gerichtsbarkeit (freiwillige), Justizbeamte, Kaution, Notariatsgebühren ff., Stempel ff., Substitution, Titel.

Notariatsgebühren
Taxordnung für die bergischen Notarien (GB. 28. März 1814) I. 46. — dgl. für die rheinischen Notarien (V. 25. April 1822) II. 245. 256. — Anwendung der letztern bei Mobilarverkäufen der Gerichtsschreiber und Gerichtsvollzieher (R. 27. Jan. 1823) II. 345, (R. 9. Juni 1836) V. 386, (G. 29. März 1851 §. 74) X. 275. — Erläuterung der Rubrik „Emonitur" (R. 21. Mai 1826) III. 30. — Festsetzung der vom Fiskus zu tragenden Gebühren (R. 1. Nov. 1836) V. 485, aufgehoben (durch R. 31. Juli 1854) XI. 42. — Bestreitung der Notariatsgebühren in Armen- und Vormundschaftssachen (R. 11. Sept. 1835) V. 216, (J. 10. Okt. 1835 §. 19) V. 239. — Allgemeine Grundsätze über die Anwendung der Notariatstaxe, insbesondere bei Theilungen (R. 4. Juli 1839, 4. Juli 1840) VII. 183, (R. 25 Aug. 1841) VII. 326, (R. 7. Febr. 1844) VIII. 238. — Neuere Gebührensätze für Theilungssachen und gerichtliche Immobilarverkäufe (V. 27. Juli 1855) XI. 129, (G. 3. Mai 1858) XI. 443, XII. 15.

Beschlagnahme des Diensteinkommens bei Civilexekutionen gegen Notarien (K. 23. Mai 1826) III. 31, (K. 11. Dez. 1831, R. 9. Jan. 1832) III. 425. — vgl. Aufgeld, Ausrufer, Notariatsurkunden.

Notariatskandidaten
deren Beschäftigung bis zur Anstellung (R. 25. Aug. 1841) VII. 325, (R. 5. Sept. 1841) VII. 332. — Berichterstattung über diese Beschäftigung (R. 7. Juni 1859) XII. 96. — Qualifikation der Notariatskandidaten zu Hypothekenbewahrerstellen (R. 24. März 1847) IX. 187. — dieselben brauchen die Gesetzsammlung nicht zu halten (R. 20. Juni 1855) XI. 127. — vgl. Prüfung.

Notariatsordnung
rheinische (vom 25. April 1822) II. 245. — Anwendung des §. 12 (R. 16. Sept., 5. Nov. 1841) VII. 352. — dgl. der §. 19, 39, 54, 60 (R. 17. Nov. 1836) V. 496, (R. 4. Juli 1839, 4. Juli 1840) VII. 183. — dgl. des §. 26 (R. 20. Sept. 1824) II. 523. — dgl. des §. 33 (R. 18. Aug. 1823) II. 401. — dgl. der §. 34, 35 (R. 17. Juni 1836) V. 404. — dgl. des §. 37 (R. 26. Aug. 1822) II. 300, (R. 24. Jan. 1823) II. 342. — dgl. des §. 41 (R. 20. Mai 1837) VI. 215. — dgl. des §. 43 (R. 4. Dez. 1838) VI. 650, (R. 31. Aug. 1841) VII. 328, (V. 27. Juli 1855 §. 3) XI. 131, (G. 3. Mai 1858 §. 3) XI. 443. — dgl. der §. 43, 44 (G. 23. April 1824) II. 481, (R. 22. Nov. 1824) II. 534. — dgl. des §. 45 (J. 16. Aug. 1834 §. 4, 5) IV. 135, (R. 17. Okt. 1834 §. 2) IV. 162. — dgl. des §. 52 (R. 30. März 1838) VI. 450, (G. 21. Juli 1852 §. 67) X. 470. — dgl. des §. 53 (R. 4. März 1848) IX. 287. — dgl. des §. 60 (B. 20. Febr. 1834) IV. 27. — vgl. Notar, Notariatsgebühren, Notariatsurkunden, Prüfung, Repertorien.

Notariatspraxis
Nachweis der Aktenzahl, Berücksichtigung derselben bei der Anstellung von Notarien (R. 7. Mai 1824) II. 491, (R. 7. Febr. 1825) II. 566, (R. 27. Nov. 1835) V. 275.

Notariatsprüfung s. Prüfung.

Notariatsrepertorien s. Repertorien.

Notariatsurkunden
deren Abgabe en brevet ist unstatthaft (R. 26. Aug. 1822) II. 300. — Rückgabe des Originals bei vidimirten Abschriften (R. 24. Jan. 1823) II. 342. — Hinterlegung des Kontestationsprotokolls in Theilungssachen (R. 21. Mai 1834) IV. 72, (G. 18. April 1855 §. 8) XI. 81, (V. 27. Juli 1855 §. 3) XI. 131, (G. 3 Mai 1858 §. 3) XI. 443. — Erbeslegitimation zur Erlangung einer Testamentsausfertigung (R. 20. Mai 1837) VI. 215. — Hinterlegung olographischer und mystischer Testamente (R. 31. Aug. 1843) VIII. 183, (V. 5. Nov. 1843) VIII. 190. — dgl. privilegirter militairischer Testamente (G. 8. Juni 1860 §. 11) XII. 191. — Form der Anerkennungsakte behufs Legitimation unehelicher Kinder (R. 23. Sept. 1839) VII. 87. — Vermerk der Anfangs- und Schlußstunden bei Notariatsakten (R. 2. Mai 1839) VII. 47, (R. 4. Juli 1839, 4. Juli 1840) VII. 184. — Kassirung und Vermerk des Stempels (R. 1. Aug. 1825) II. 601, (R. 19. Sept., 4. Nov. 1825) II. 617, (R.

26. Mai 1846) IX. 89. — insbesondere bei Theilungen und gerichtlichen Immobilarverkäufen (R. 24. Sept. 1855) XI. 148. — Verwendung von Stempelmarken (R. 30. Sept. 1862) XII. 376. — Revision der Notariatsurkunden (R. 20. Dez. 1822) II. 325, (R. 10. Jan. 1823) II. 333, (R. 15. Aug. 1825) II. 604, (R. 1. Mai 1829) III. 278, (R. 15. Jan. 1830) III. 318. — Erkenntnißstempel bei Klagen auf Ertheilung einer Abschrift von Notariatsurkunden (R. 14. März 1863) XII. 397.

(altländische) bedürfen nicht der exekutorischen Klausel in rheinischen Hypothekensachen (R. 18. 26. Dez. 1834) IV. 204. — vgl. Notar ff. — vgl. ferner Cession, Dolmetscher, Eheverträge, Exekution, Exekutorische Klausel, Hypotheken, Inventar, Kataster, Legalisation, Petersburg, Punktation, Sprache, Stempel ff., Theilung, Verpachtung, Versteigerung, Verträge, Vollmacht, Wechselprotest.

Noten s. Banknoten.

Notorietätsakte
deren Form bei Heirathsurkunden (GV. 15. April 1815) I. 84, (GK. 11. Aug. 1814) I. 280, (K. 22. Nov. 1828) III. 260, (R. 19. Jan. 1829) III. 270, (R. 3. Okt. 1844) VIII. 360. — Abgabe der Urschrift im Falle des Art. 155 CGB. (R. 16. Juni 1837) VI. 236. — Stempelansatz bei Notorietätsakten (R. 21. Nov. 1838) VI. 642. — Anwendung derselben zur Erbeslegitimation bei altländischen Gerichten (R. 14. Juli 1837) VI. 260. — dgl. bei der Depositenkasse in Cöln (G. 24. Juni 1861 §. 15) XII. 255. — Friedensgerichtsgebühren für Notorietätsakte (G. 23. Mai 1859 §. 1 Nr. 7, §. 9) XII. 86. — vgl. Heirathskonsens.

Obduktionen
Verfahren bei denselben (J. 4. Febr. 1818) I. 488, (R. 12. Nov. 1811, R. 20. Juni 1832) III. 476, (R. 15. März 1833) III. 594, (Reg. 21. Okt. 1844, R. 17. März 1845) IX. 16, (Reg. 15. Nov., R. 1. Dez. 1858, R. 10. Jan. 1859) XII. 47. — Persönliche Leitung durch Oberprokurator und Instruktionsrichter (R. 13. Nov. 1833) III. 691. — Mittheilung korrekter Abschriften der Obduktionsverhandlungen an die Regierung (R. 29. Okt. 1847) IX. 244. — Stempelpflichtigkeit derselben (R. 8. Febr. 1839) VII. 17. — Verfahren und Gebühren bei chemischen Analysen wegen Vergiftung (R. 28. Okt. 1837) XI. 383. — Kompetenz und Verfahren der Militairgerichte bei Obduktionen von gewaltsam umgekommenen Militairpersonen (R. 2. 20. 30. Mai 1825) II. 592. — vgl. Medizinaldeputation, Medizinalgebühren.

Oberbaudeputation
deren Zuziehung bei Neu- und Reparaturbauten der Dienstgebäude (K. 28. Aug. 1836) V. 446, (R. 24. Juni 1837) VI. 243, (R. 30. Mai 1845) IX. 31. — vgl. Dienstgebäude.

Oberbergamt s. Bergbehörden.

Oberpostdirektor s. Postbehörden.

Oberpräsident
übt die durch Art. 10 KrPO. bestimmten Rechte der Präfekten aus

(StMB. 20. Juli 1818 §. 31) I. 512. — konkurrirt bei Anschaffung und Veräußerung von Dienstgebäuden (R. 14. Aug. 1838) VI. 569, (R. 29. Okt. 1857) XI. 385. — Kompetenz desselben in Gemeindesachen (G. 15. Mai 1856 §. 2, 10, 82, 85) XI. 193, (G. 23. Juli 1845 §. 2, 4, 10, 33, 34, 56, 74, 110, 117, 119) XI. 407, (G. 15. Mai 1856 §. 4, 11) XI. 222.

Oberprokurator

Abwesenheit desselben während der Ferien ist dem Justizministerium anzuzeigen (R. 23. Okt. 1834) IV. 167. — Stellvertretung desselben (R. 6. Sept. 1838) VI. 588. — Anordnung des Dienstwechsels der Staatsprokuratoren (R. 23. Febr. 1838) VI. 427. — Prüfung der von letztern eingelegten Kassationsrekurse (R. 6. Juni 1834) IV. 82.

Mitwirkung desselben bei Pensionsgesuchen (R. 9. Nov. 1821) II. 190. — dgl. bei Führung der Konduitenlisten (R. 14. Mai 1824) II. 493, (vgl. R. 31. Juli 1848) IX. 310. — dgl. bei Vorschlägen zur Ordensverleihung (R. 11. Dez. 1834) IV. 194. — dgl. bei Dispensationsgesuchen der Justizbeamten wegen Gewerbebetriebs (R. 19. Juli, 7. Dez. 1821) II. 194. — dgl. bei Ernennung der Ergänzungsfriedensrichter (R. 15. Nov. 1822) II. 318. — dgl. bei Anstellung und Versetzung der Gerichtsvollzieher (J. 10. Juni 1833 §. 1) III. 637. — dgl. bei Verwaltung der Gerichtsvollzieherunterstützungskassen (R. 22. Okt. 1833 §. 3) III. 682. — dgl. bei Annahme von Hülfsgerichtsschreibern der Friedensgerichte (R. 12. Aug. 1839) VII. 83. — dgl. bei Beurlaubung der Friedensrichter (R. 14. Jan. 1835) V. 47, (R. 10. Juni 1839) VII. 71, (R. 20. März 1850) X. 217. — dgl. bei Kontrolirung der Justizbeamten rücksichtlich des Heirathskonsenses (R. 11. Juli 1836) V. 421. — und des Haltens der Gesetzsammlung (R. 3. Jan. 1854) XI. 6. — dgl. bei Erhebung der Büreaukosten (R. 11. Sept. 1835) V. 218. — dgl. bei der Kostenanweisung auf den Kriminalfonds (R. 14. April 1837) VI. 146. — dgl. bei Einrichtung, Reparaturen und Bauten der Gerichtslokale (R. 20. Sept. 1833) III. 670, (R. 5. März 1835) V. 86, (R. 24. Juni 1837) VI. 243. — Korrespondenz des Oberprokurators mit dem Justizministerium (R. 27. Juli 1832) III. 488. — Berichterstattung über Gesetzgebungsfragen (R. 26. Okt. 1838) VI. 620. — Korrespondenz mit dem Stempelfiskal (R. 25. März 1836) V. 348, (R. 21. Febr. 1837) VI. 94. — Anzeige des Ablebens von Landgerichtsmitgliedern (R. 27. Febr. 1837) VI. 96. — Meldung kommissarischer Friedensrichter (R. 4. Sept. 1860) XII. 200.

Derselbe schließt die Einregistrirungsbücher ab (R. 22. Nov. 1824) II. 534. — requirirt Militairwachen zur Assisensitzung (R. 29. Jan. 1834) IV. 30. — setzt Reisekosten der Friedensgerichtsbeamten in Vormundschaftssachen fest (R. 10. April 1835 §. 4) V. 101. — ertheilt Certifikate zur Eheschließung in Frankreich (R. 4. Aug. 1835) V. 176. — hat persönlich mitzuwirken bei Obduktionen (R. 13. Nov. 1833) III. 691. — dgl. bei Verfolgung der Geistlichen wegen Amtsvergehen (R. 16. Aug. 1854) XI. 46. — und der Beamten wegen Amtshandlungen (R. 12. Mai 1854) XI. 440, (R. 5. April 1855) XI. 442.

Kompetenz in Disziplinarsachen (G. 21. Juli 1852) X. 455,

(vgl. G. 7. Mai 1851) X. 292. — vgl. Staatsanwaltschaft. — vgl. ferner Auskultatoren und Referendarien, Auslieferung, Dienstbehörde, Dienstreglement, Dispensation, Disziplinarbehörde, Justizvisitation, Parketsekretair, Prüfungen, Requisitionen, Revision, Tabellen.

Oberrechnungskammer
Verfahren bei Reklamationen gegen deren Monita bezüglich der Diensteinkünfte (K. 12. April, R. 21. Juni 1835) V. 151. — Benachrichtigung derselben bei Kassendefekten (R. 30. Juni 1847) IX. 207.

Obersekretair s. Gerichtsschreiber.

Oberstaatsanwalt s. Obertribunal, Rang. — vgl. Generalprokurator.

Obertribunal
dessen Verfahren in Austrägalsachen (K. 19. R. 23. Aug. 1834) IV. 140, (R. 27. Juli, 6. Aug. 1836) V. 433. — wird mit dem rheinischen Revisions- und Kassationshofe vereinigt (G. 17. März 1852) X. 404, (R. 20. Dez. 1852) X. 529. — Entscheidung von Kompetenzstreitigkeiten zwischen rheinischen und altländischen Gerichten (G. 2. Mai 1853 §. 2) X. 567. — Ermächtigung zur Vorladung altländischer Parteien vor rheinische Gerichte (G. 2. Mai 1853 §. 3) X. 567. — Kompetenz und Verfahren in Disziplinarsachen gegen Richter (G. 26. März 1856 §. 2, 3) XI. 173. — Einführung eines Ehrenrathes für die Rechtsanwalte beim Obertribunal (G. 26. März 1856 §. 4) XI. 173. — Erhaltung der Einheit der Rechtsgrundsätze in den richterlichen Entscheidungen (G. 7. Mai 1856) XI. 189. — vgl. Fiskalische Untersuchung, Ostrhein, Prüfung, Rang.

Oblaten
deren Anwendung bei der Dienstkorrespondenz (R. 23. Mai 1839 §. 3) VII. 65.

Obligationen
Beibringung von Katasterauszügen zu denselben (V. 11. Juli 1835) V. 165. — vgl. Bankobligationen, Werthpapiere.

Octroi
Kompetenz der Gerichte über Streitigkeiten zwischen den Städten und den Empfängern der Octroigebühren (StMB. 20. Juli 1818 §. 20) I. 510. — vgl. Gemeindesteuer.

Oeffentliches Ministerium s. Staatsanwaltschaft.

Oeffentliche Ordnung s. Politische Verbrechen. — vgl. Auflauf.

Oeffentlichkeit
deren Beschränkung bei den Strafgerichten (GB. 28. Febr. 1814) I. 17. — insbesondere bei Unzuchtsverbrechen (V. 31. Jan. 1822) II. 209. — Erläuterung und Ausdehnung dieser Bestimmung, Verfahren bei Ausschließung der Oeffentlichkeit (K. 4. R. 8. Jan. 1836) V. 303, (R. 22. Aug. 1836) V. 439. — Anwendung auf Civilsachen (R. 2. Juli 1836) V. 416. — dgl. bei Münzverbrechen (K. 14. April 1830) III. 330. — Abfassung des betreffenden Beschlusses (R. 5. Nov. 1830) III. 360. — Publikation des Haupterkenntnisses

(R. 28. Sept. 1833) III. 675. — Antrag der Staatsanwaltschaft (R. 27. Febr. 1840) VII. 140. — Beschränkung der Oeffentlichkeit wegen Cholera (K. 1. R. 6. Okt. 1832) III. 516. — dgl. bei Verhandlungen über religiöse und kirchliche Angelegenheiten (K. 25. Febr., R. 10. März 1837) VI. 107. — Neuere Vorschriften über die Ausschließung der Oeffentlichkeit in Civil- und Strafsachen (V. 15. April 1848 §. 14) IX. 295, (G. 31. Jan. 1850 §. 93) X. 101. — dgl. in Disziplinarsachen (K. 21. Juli 1826 §. 6) III. 60, (R. 3. Jan. 1838) VI. 383, (K. 23. R. 26. Juli 1838) VI. 561, (G. 7. Mai 1851 §. 30) X. 298, (G. 21. Juli 1852 §. 35) X. 462. — Oeffentlichkeit der Sitzungen der Stadtverordneten (G. 15. Mai 1856 §. 42) XI. 206. — vgl. Presse, Zeitungen.

Oesterreich
Ungültigkeit der von österreichischen Militairpersonen ohne Erlaubniß, sowie von Kriegsgefangenen und Deserteurs außerhalb des Landes geschlossenen Ehen (R. 18. Dez. 1835) V. 288. — vgl. Abschoß, Auslieferung, Deutsche Bundesstaaten, Exekutorische Klausel, Münzwesen, Portofreiheit, Postverein, Reichshofrath, Universitäten, Zollvergehen.

Oesterreich-Bayerische Landesadministration s. Generalgouvernement.

Ofen
Freilassung eines eisernen Ofens bei Mobilarpfändungen (G. 11. Mai 1855 §. 8) XI. 113.

Offiziere
Verfahren bei Ehescheidungsprozessen derselben, Berücksichtigung der Wittwenkasse (R. 22. Febr. 1834) IV. 30. — Verhältnisse der mit Pension zur Disposition gestellten Offiziere (K. 4. Mai 1837) VI. 183. — Belassung von Pensionen der im Civildienst angestellten oder beschäftigten versorgungsberechtigten Offiziere (K. 5. Dez. 1857, R. 19. Febr. 1858) XII. 3. — Ressortveränderung in den Gehalts- und Pensionsangelegenheiten der Offiziere der Landgensdarmerie (K. 22. Sept., R. 5. 28. Dez. 1848) IX. 372. — Mittheilung der Klagen gegen aktive Offiziere an die Militairvorgesetzten (R. 12. Sept. 1857) XI. 377. — Zuziehung der Offiziere bei Akten der freiwilligen Gerichtsbarkeit und bei Testamenten von Militairpersonen (G. 8. Juni 1860 §. 1, 2, 6) XII. 188.

Mittheilung ehrengerichtlicher Erkenntnisse gegen die als Beamte angestellten verabschiedeten Offiziere an die Civildienstbehörde (K. 11. Juni, R. 14. Aug. 1846) IX. 104. — Allerhöchste Bestätigung der auf den Verlust des Offizierprädikats lautenden Straferkenntnisse (K. 15. R. 21. Mai 1836) V. 375, (R. 21. Dez. 1846) IX. 134. — vgl. Exekution, Kasernen, Landwehroffiziere, Militairbehörden, Militairgehalt, Militairpersonen, Militairstrafen, Militairuniform, Mobilmachung, Pension, Personalarrest, Vorladung, Zeugenvorladung.

Offizierspatent
dessen Abnahme und Einsendung in Folge strafrechtlicher Verurtheilung (R. 21. Dez. 1846) IX. 134.

Oldenburg
dortige Gesetzgebung bezüglich der Eheschließung im Auslande (R. 18. Dez. 1835) V. 290. — vgl. Auslieferung, Deutsche Bundesstaaten, Schleichhandel, Zollverein.

Olographisches Testament s. Testament.

Opposition
Behandlung der Einsprüche gegen die Kaufbedingungen im Subhastationsverfahren (R. 28. Sept. 1835) V. 224, (K. 9. R. 12. April 1836) V. 360. — Zulassung der Opposition gegen die wider Vormünder festgesetzten Ordnungsstrafen (R. 27. Mai 1837) VI. 218. — Ausschließung des Einspruchs in Disziplinarsachen (R. 5. Aug. 1840) VII. 196, (G. 7. Mai 1851 §. 35) X. 299, (G. 21. Juli 1852 §. 40) X. 463. — dgl. bei Expropriationen (G. 25. Mai 1857 §. 6) XI. 347. — dgl. gegen Präsidialordonnanzen wegen Ersetzung von Richterkommissarien und Gerichtsvollziehern (G. 11. Mai 1855 §. 5) XI. 112. — inwiefern bei Theilungen und gerichtlichen Immobilarverkäufen (G. 18. April 1855 §. 1, 5, 64, 72) XI. 78. — Zustellung der auf Opposition erlassenen, wiederholten Kontumazialurtheile des Zuchtpolizeigerichts (R. 17. Febr. 1857) XI. 307. — Verfahren bei Einsprüchen hinsichtlich der bei der Depositenkasse zu Cöln hinterlegten Gelder (G. 24. Juni 1861 §. 10 ff.) XII. 254. — vgl. Erkenntnißstempel, Kontumazialverfahren, Rechtsmittel, Rechtsweg.

Orden und Ehrenzeichen
Zu denselben gehört das Dienstauszeichnungskreuz (R. 16. Mai 1829) III. 280. — Zeitige Einreichung der Vorschläge zu Ordensverleihungen (R. 11. Dez. 1834) IV. 194. — Ablieferung der durch Tod erledigten Insignien an die Generalordenskommission (B. 17. Aug. 1837) VI. 276, (B. 20. R. 27. Mai 1840) VII. 176. — dgl. der Besitzzeugnisse im Falle der Aberkennung (R. 22. 25. Mai 1841) VII. 297, (R. 21. Sept. 1850) X. 246. — dgl. der aberkannten Landwehrauszeichnung (R. 18. Febr. 1842) VIII. 17. — Vorbehalt der Immediatentscheidung bei Offizieren (K. 9. Nov., R. 16. Dez. 1844) VIII. 383. — Aberkennung ausländischer Orden (K. 10. R. 18. März 1845) IX. 23. — Neuere Bestimmungen über das Verfahren in den Fällen, wo der Verlust von Orden und Ehrenzeichen die Folge eines Strafurtheils ist (R. 20. Nov. 1851) X. 390, (R. 22. Mai 1857 §. 4) XI. 343. — Anträge auf Wiederverleihung sind unstatthaft (R. 28. Mai, 7. Juni 1839) VII. 70. — Nachsuchung der landesherrlichen Erlaubniß zur Annahme ausländischer Orden (GRM. 2. Dez. 1814) I. 192, (K. 24. Juni, R. 7. Nov. 1846) IX. 122. — vgl. Ehre, Ehrenrechte, Militairstrafen, Rehabilitation.

Ordnung, öffentliche s. Politische Verbrechen, Polizei ff. — vgl. Auflauf, Aufruhr, Oeffentlichkeit.

Ordnungsstrafen
Kompetenz der Regierungen zur Festsetzung und Vollstreckung von solchen gegen Verwaltungsbeamte (StMB. 20. Juli 1818 §. 35) I. 513. — Ausschließung des Rechtsweges in diesen Fällen (R. 17. Febr. 1835) V. 72. — Verhängung von Ordnungsstrafen gegen säumige Vormünder (K. 5. April 1835) V. 99, (J. 10. Okt. 1835) V. 234,

(J. 22. Dez. 1836) V. 525. — nicht anwendbar auf die Legalinskription (R. 17. Febr. 1837) VI. 88. — Zulässigkeit der Opposition, Anwendung gegen Nebenvormünder (R. 27. Mai 1837) VI. 218. — Gebühren der Gerichtsschreiber und Gerichtsvollzieher bei Strafresoluten gegen Vormünder (R. 10. Juni 1837) VI. 231. — Festsetzung von Ordnungsstrafen gegen Civilstandsbeamte und Pfarrer wegen unterlassener Anzeige von Bevormundungsfällen (K. 4. Juli 1834 §. 1) IV. 130, (J. 10. Okt. 1835) V. 234. — Verfahren gegen Pfarrer (R. 8. Mai 1835) V. 124, (R. 12. Nov. 1855) XI. 156. — Charakter und Verrechnung der gegen Gerichtsvollzieher und sonstige Beamte verhängten Ordnungsstrafen wegen Stempelkontravention (R. 27. März 1862) XII. 361, (R. 19. Okt. 1864) XII. 453. — Kosten der Festsetzung von Ordnungsstrafen in Handelssachen (V. 27. Jan. 1862 §. 14 Nr. 4) XII. 355. — vgl. Disziplinarstrafen, Geldbußen.

Ordonnanz
deren Erwirkung bei Civilklagen am Polizei- oder Zuchtpolizeigericht (R. 3. Febr., 22. April 1820) II. 31. — dgl. beim Arrestschlag auf Militairgehalt (K. 24. Sept., R. 11. Okt. 1832) III. 517, (R. 16. Juni 1848) IX. 305. — dgl. behufs Substitution von Richterkommissarien und Notarien in Theilungssachen (G. 18. April 1855 §. 1) XI. 78. — dgl. behufs Substitution von Richterkommissarien und Gerichtsvollziehern in Civilsachen (K. 16. Mai 1845) IX. 27, (G. 11. Mai 1855 §. 5) XI. 112. — dgl. zum Zwecke der Aktenversendung in Civilsachen (G. 11. Mai 1855 §. 7) XI. 113. — dgl. zur Beitreibung defektirter Prozeßstempel (R. 25. März 1836) V. 347, (R. 21. Febr. 1837) VI. 92, (R. 19. Nov. 1839) VII. 112. — Stempelansatz zur Vollstreckungsordonnanz bei schiedsrichterlichen Urtheilen (R. 14. Febr., 30. April, 10. Mai 1838) VI. 480, (R. 19. Febr., 9. Aug. 1842) VIII. 101. — Auslieferung der auf Bittschrift erlassenen Präsidialordonnanzen (R. 4. Okt. 1847) VII. 348. — vgl. Strafresolut.

Ortsbesichtigung s. Lokaltermin.

Ortsentfernung s. Distanztabellen, Erscheinungsfrist, Meilen, Postattest, Reisekosten, Termin.

Ortsstatuten
deren Erlaß in Landgemeinden (G. 23. Juli 1845 §. 11) XI. 409, (G. 15. Mai 1856 §. 4) XI. 222. — dgl. in Städten (G. 15. Mai 1856 §. 10) XI. 198. — Anordnung gewerblicher Unterstützungskassen (V. 9. Febr. 1849 §. 56—59) X. 40, (G. 3. April 1854) XI. 17.

Ostrheinischer Theil des Regierungsbezirks Coblenz
Verordnungen und Verfügungen, welche lediglich diesen Landestheil betreffen:
(Abwesende) Erläuterung der nassauischen Verordnung vom 21. Mai 1781 das Verfahren gegen Abwesende bei Auslieferung ihres Vermögens betreffend (R. 15. März 1822) II. 232.
(Accessisten) Qualifikation derselben zu Richter- und Amtsschreiberstellen (R. 15. Juni 1821) II. 125. — werden nicht mehr angestellt (R. 18. Juli 1823) II. 390.
(Advokaten und Anwalte) Feststellung ihrer Deservitrechnungen (R.

8. Juli 1820) II. 49. — Form der beim Justizsenat eingehenden Prozeßschriften (R. 16. Febr. 1821) II. 91. — dgl. der beim Revisionshofe eingereichten Exhibita (R. 23. Jan. 1824) II. 453. — Beibringung von Vollmachten, Gebühren der Anwalte (R. 14. Mai 1838) VI. 488. — Fortsetzung der ohne Vorschuß übernommenen Prozesse (R. 23. Febr. 1821) II. 91. — Praxis der in Coblenz angestellten Advokat-Anwalte beim Justizsenat (R. 27. Juli 1821) II. 153. — dgl. beim Obergerichte zu Neuwied; eximirter Gerichtsstand der Advokaten (R. 11. Sept. 1826) III. 65. — Gerichtsstand der Wied'schen Advokaten (R. 1. Febr. 1833) III. 573. — vgl. Kammeranwalt, Prozeßvollmacht.

(Amtsdiener) deren Funktion in Rheinzollsachen (R. 1. März 1836) V. 339. — Anstellung durch den Justizsenat (R. 7. Okt. 1836) V. 468. — Ertheilung des Heirathskonsenses (R. 8. Dez. 1837) VI. 354. — Beitritt zur Wittwenkasse (R. 6. März 1838) VI. 436.

(Amtsschreiber) deren Qualifikation (R. 15. Juni 1821) II. 125, (R. 5. April 1824) II. 473, (R. 11. März 1833) III. 593.

(Antizipationsstrafen) s. Fornikationsstrafen.

(Appellationsgerichtshof zu Cöln) ist zweite Instanz in Sponsalien- und Ehesachen (J. 19. Nov. 1818 §. 44) I. 530, (R. 6. Dez. 1819) I. 623, (R. 4. April 1823) II. 362. — Eröffnung des ostrheinischen Senats (B. 30. Sept. 1819) I. 612. — Bestätigungs- und Milderungsrecht in Strafsachen (R. 11. Sept. 1819) I. 590. — inwiefern Verschärfungsrecht stattfindet (R. 6. Okt. 1820) II. 62, (R. 15. Juli 1822) II. 278. — Bestätigung aller Strafurtheile (R. 21. Juli 1823) II. 392. — Einsendung von Prozeßtabellen (R. 8. Jan. 1821) II. 73. — Aufhebung der ostrheinischen Jurisdiktion (K. 11. R. 18. Okt. 1831) III. 396. — vgl. Advokaten, Arnsberg, Tabellen.

(Appellationssumme) Feststellung derselben (K. 22. Juli, R. 4. Aug. 1832) III. 495.

(Arnsberg, Hofgericht zu) ist Oberinstanz für den Bezirk des Justizsenats (K. 11. R. 18. Okt. 1831) III. 396. — dgl. des Wied'schen Obergerichts (R. 24. Nov. 1831) III. 408, (R. 17. März 1832) III. 459. — verliert die Oberberufungsinstanz für Nichteximirte der Standesherrschaft Wied (K. 7. R. 10. Mai 1832) III. 468.

(Atzbach, Amt) s. Wetzlar.

(Auskultatoren und Referendarien) deren gleichzeitige Beschäftigung beim Landgericht zu Coblenz und dem Justizsenat (R. 9. Nov. 1832) III. 352. — Beschäftigung bei der Wied'schen Regierung (R. 1. Febr. 1833) III. 573. — Prüfung zum Referendar beim Justizsenat, Umfang derselben, Qualifikation (R. 18. Juli 1834) IV. 102. — vgl. Amtsschreiber.

(Auslieferung) Verfahren bei Requisitionen um solche gegenüber den Niederlanden und Belgien (R. 18. Nov. 1836) V. 499.

(Begnadigungsgesuche) deren direkte Einsendung (R. 12. Dez. 1837) VI. 356.

(Beil) der Strafe des Schwertes ist die des Beiles substituirt (R. 10. Aug. 1835) V. 175.

(Beleidigung) s. Landrecht.

(Bestätigung) s. Appellationsgerichtshof, Wied.

(Bettler) Verfahren gegen dieselben (R. 19. Juli 1836) V. 422.

(Braunfels) s. Solms.
(Büreaukostenfonds) Bewilligung von Aversionalsummen für die Büreaubedürfnisse der Justizämter (R. 23. Sept. 1837) VI. 306.
(Bürgermeister) deren Kompetenz bei Untersuchungen wegen Kriminalverbrechen und Feldfrevel (R. 13. Dez. 1817) I. 479. — Verhältniß derselben zu den Verwaltungs- und Justizbehörden (R. 7. Jan. 1822) II. 201.
(Co—Cri) s. K.
(Depositalwesen) die Beamten des Justizsenats beziehen keine Verwaltungsgebühr von Depositen (R. 10. Okt. 1823) II. 409. — Behandlung der Depositen (R. 29. Dez. 1827) III. 173.
(Deservitrechnungen) s. Advokaten.
(Diäten) s. Reisekosten.
(Dienstsiegel) s. Schöffengerichte.
(Dienstwohnung) s. Reparaturen.
(Ehe- und Sponsaliensachen) deren Instruktion und Entscheidung, Appellationsinstanz (J. 19. Nov. 1818 §. 44) I. 530, (R. 6. Dez. 1819) I. 623, (R. 4. April 1823) II. 362. — Ehedispensation der Evangelischen durch das rheinische Konsistorium (R. 6. Nov. 1828) III. 258. — Einreichung von Uebersichten über rechtskräftig getrennte Ehen (R. 11. Nov. 1838) VI. 630. — vgl. Heirath, Wetzlar.
(Eheverträge) s. Solms.
(Eid) Beibehaltung der bisherigen Eidesformel (R. 5. Dez. 1831) III. 414, (R. 29. Okt. 1832, 27. Sept. 1833) III. 674. — Eidesleistung fürstlicher Personen in Prozessen und Untersuchungssachen (K. 5. Dez. 1845) IX. 60. — vgl. Wied.
(Emolumentenregister) Führung derselben, tabellarische Nachweisung der Einnahme (R. 2. Jan. 1826) III. 5.
(Erkenntnisse) s. Urtheile.
(Erkenntnißstempel) s. Stempel.
(Feldfrevel) s. Bürgermeister.
(Feldgerichte) deren Wirksamkeit ist durch die Gemeindeordnung vom 23. Juli 1845 nicht verändert (G. 23. Juli 1845 §. 11) XI. 409. — vgl. Solms, Voluntargerichte.
(Fiskalische Untersuchung) Einführung der bezüglichen Vorschriften der Gerichtsordnung, Gebühren und Kosten (K. 8. R. 14. Sept. 1832, K. 19. Dez. 1830, R. 11. 22. Febr., 6. 9. Mai, 17. Okt., 12. Dez. 1831, R. 9. März 1832) III. 501, (K. 20. Sept., R. 11. Okt. 1839) VII. 92.
(Fiskus) dessen Sportelfreiheit in Prozessen (R. 16. Aug. 1831) III. 385. — Mandatargebühren in der Nichtigkeitsinstanz beim Unterliegen des Fiskus (R. 11. Febr. 1837) VI. 84.
(Fornikations- und Antizipationsstrafen) Aufhebung derselben (R. 4. März 1818) I. 493.
(Frankfurt, ehemaliges Großherzogthum und Fürstenthum Isenburg) Besitznahme durch die verbündeten Mächte (P. 6. Nov. 1813) III. 735. — Befugnisse des Generalgouverneurs, insbesondere rücksichtlich der Censur (V. 6. Nov. 1813) III. 736. — Aufhebung des Enregistrements (V. 9. Dez. 1813) III. 736. — dgl. des Stempels, Wiedereinführung der früheren Währschaftsgelder, Gerichtsgebühren und Sporteln (V. 29. Dez. 1813) III. 737. — Abschaffung der

französischen Gesetzgebung (V. 16. Jan. 1814) III. 739. — Berechnung der Volljährigkeit (V. 28. Febr. 1814) III. 741.
(Freusburg, Justizamt) s. Seelbach.
(Fristen) Folgen bei Versäumniß der Appellationsrechtfertigungsfrist (R. 19. Juni 1820) II. 40, (R. 19. Okt. 1819, 13. Juli 1829) III. 289. — Beachtung der Nothfristen überhaupt (R. 5. Sept. 1827) III. 146. — Restitutionsgesuche gegen versäumte Appellationsfrist (R. 7. Nov. 1828) III. 259. — Einhaltung der Fristen zur Einreichung gerichtlicher Verhandlungen (R. 7. Juli 1830) III. 354.
(Gebühren) der freiwilligen Gerichtsbarkeit, Schreib-, Ausfertigungs-, Konfirmationsgebühren, voluntargerichtliche Taxen (R. 21. Jan. 1825) II. 550. — Meilengelder der Unterschulzen in solventen Holzdiebstahlssachen (R. 2. Okt. 1827) III. 147. — Gebührenfreiheit der Eintragung in die Kontraktenbücher des Amtes Hohensolms (R. 18. Nov. 1828) III. 260. — Abschaffung der Konfirmations-, Manutenenz- und Währschaftsgelder (K. 13. Febr. 1830) III. 325. — Gebührentaxe für die Handlungen der freiwilligen Gerichtsbarkeit (R. 29. März, V. 17. Mai 1838) VI. 490. — vgl. Advokaten, Depositalwesen, Fiskalische Untersuchung, Fiskus, Frankfurt, Hypothekenwesen, Kontraktenwesen, Rheinzollsachen, Untergerichte, Vormundschaftswesen.
(Geldbuße) deren Umwandlung in Gefängnißstrafe, Maßstab für letztere (R. 28. Jan. 1825) II. 551. — vgl. Standesherren, Untergerichte, Wittwenkasse.
(Gemeindeforderungen und Gemeindeschulden) bei Versteigerung der wegen Gemeindeforderungen gepfändeten Mobilien ist die Zuziehung eines Justizbeamten nicht erforderlich (R. 8. Mai 1818) I. 498. — Gerichtliches Verfahren bei Schuldforderungen an Gemeinden (R. 1. Okt. 1821) II. 174.
(Generalpardon) für Deserteure und ausgewanderte Militairpflichtige (V. 7. Jan., GNM. 4. März 1816) I. 237.
(Gerichtslokale) s. Reparaturen.
(Gerichtsordnung) s. Fiskalische Untersuchung.
(Gerichtsstand) der zu Wetzlar verweilenden Herzogin von Würtemberg (K. 24. R. 27. Okt. 1832) II. 432. — der beim Appellationshofe immatrikulirten Advokaten (R. 11. Sept. 1826) III. 65. — der Wied'schen Advokaten (R. 1. Febr. 1833) III. 573. — der Fürstlich Wied'schen Räthe (R. 5. Nov. 1829) III. 305. — der vormals reichsständigen Familien in der Grafschaft Wied (R. 21. Jan. 1829) III. 272. — vgl. Standesherren.
(Gerichtsutensilien) Führung von Inventarien über dieselben (R. 17. Febr. 1826) V. 13. — vgl. Reparaturen.
(Großjährigkeit) Einfluß der Heirath bei Minderjährigen (R. 31. März 1821) II. 100.
(Grundsteuermutterrolle) Bezeichnung nach derselben bei Veräußerungs- und Theilungsakten über Immobilien (R. 10. Jan. 1834) IV. 10.
(Heddesdorf) Kompetenz des Rheinzollgerichts Neuwied in dem Bezirk des Justizamtes Heddesdorf (R. 28. Dez. 1834) IV. 208.
(Heirath und Heirathskonsens) Justizbeamte dürfen ohne beigebrachten Konsens nicht kirchlich getraut werden (R. 12. März 1821) II. 97. — Ertheilung desselben (R. 9. Nov. 1832) III. 531. — Einfluß

der Heirath auf die Großjährigkeit (R. 31. März 1821) II. 100. — Verfahren bei Trauungen der Juden (K. 29. März, R. 24. Juni 1836) V. 408, (R. 12. Jan., 4. April 1837) VI. 134. — Heirathskonsens für die Amtsdiener (R. 8. Dez. 1837) VI. 354, (R. 6. März 1838) VI. 436. — vgl. Pfarrer.
(Hohensolms, Amt) s. Kontraktenwesen.
(Holzdiebstahl) Meilengelder der Unterschulzen, wenn die Denunziaten vermögend sind (R. 17. Febr. 1823, 2. Okt. 1827) III. 147. — Bestrafung des Ginsterdiebstahls (R. 29. April 1831) III. 373.
(Hüttenzeit im Sayn-Altenkirchen'schen) deren Vertheilung in Erbschaftsfällen (R. 18. Jan., 4. Febr. 1825) II. 555.
(Hypothekenwesen) Behandlung desselben (R. 15. Jan. 1828) III. 181. — Feststellung gleichmäßiger Gebühren bei allen Eintragungen hypothekarischer Schuldforderungen (R. 23. Mai 1835) V. 137.
(Inquirenten) deren Mitwirkung bei Kriminalerkenntnissen (R. 4. Febr. 1827) III. 94. — konkurriren nicht bei solchen des Wied'schen Obergerichts (R. 30. März 1827) III. 110. — Befugniß des Inquirenten beim Justizsenate zu Aufträgen an alle, auch standesherrliche Untergerichte (R. 18. Okt. 1832) III. 523. — Verbot der einseitigen Züchtigung der Inquisiten (R. 5. Dez. 1831) III. 414. — vgl. Bürgermeister, Kriminalordnung.
(Inventar) s. Gerichtsutensilien.
(Irlich, Dorf) dessen Verwaltungsverhältnisse (R. 10. Okt. 1827) III. 148.
(Isenburg, Fürstenthum) s. Frankfurt.
(Juden) s. Heirath.
(Justizämter) erhalten die Amtsblätter unentgeltlich (R. 22. Dez. 1820) II. 66. — Verhältniß zu den Bürgermeistern (R. 7. Jan. 1822) II. 201. — Befugniß zur Festsetzung von Ordnungsstrafen gegen Gefangenwärter (R. 16. Mai, 20. Juni 1832) III. 474. — führen Disziplinaruntersuchungen auf Requisition geistlicher Behörden (R. 13. Juli 1832) III. 485. — Kompetenz in Strafsachen (R. 5. Dez. 1831) III. 414. — Qualifikation der Amtsschreiber (R. 5. April 1824) II. 473, (R. 11. März 1833) III. 593. — vgl. Büreaukostenfonds, Inquirenten, Rheinzollsachen, Tabellen, Untergerichte.
(Justizbeamte) Einsendung der Straferkenntnisse gegen solche an das Justizministerium (R. 15. Aug. 1832) II. 399. — vgl. Heirathskonsens, Untergerichte, Versteigerung.
(Justizsenat) übernimmt die zur Justizverwaltung gehörigen Funktionen der nassauschen Regierung (R. 22. Mai 1816) I. 410. — dgl. die nassauschen Lehnssachen (R. 7. Okt. 1817) I. 478. — soll mit der Kriminalkommission zu Coblenz in ein Gericht erster Instanz umgeformt werden (J. 19. Nov. 1818 §. 37) I. 529. — Abgabe der lehnshoheitlichen Akten an die Regierung zu Coblenz (R. 26. April 1819) I. 555. — die Beamten des Justizsenats beziehen keine Gebühr für Verwaltung von Depositen (R. 10. Okt. 1823) II. 409. — der Justizsenat tritt unter unmittelbare Oberaufsicht des Justizministers (K. 11. R. 18. Okt. 1831) III. 396. — wird Obergericht und Aufsichtsbehörde der standesherrlichen Gerichte (K. 7. R. 10. Mai 1832) III. 468. — Civiluniform der Mitglieder des Justizsenats (R. 27. Juni 1832) III. 480. — Geschäftsverwaltung bei demselben

(R. 14. Sept. 1832) III. 500. — Sekretariats-, Registratur- und Kanzleiordnung (R. 30. März 1833) III. 608. — Gleichzeitige Beschäftigung der Auskultatoren und Referendarien bei dem Landgericht zu Coblenz und dem Justizsenat (R. 9. Nov. 1832) III. 532. — Befugniß des letztern zur Vornahme der Referendariatsprüfung (R. 18. Juli 1834) IV. 102. — vgl. Advokaten, Prüfung, Requisition, Tabellen.

(Kammeranwalt) Prozeßführung durch einen solchen ist dem Fürsten zu Wied freigestellt (R. 5. Dez. 1835) V. 283.

(Kanzleiordnung) s. Justizsenat.

(Kataster) s. Grundsteuermutterrolle.

(Kirchliche Zeugnisse) s. Vormundschaftswesen.

(Kompetenzkonflikte) zwischen Gerichts- und Verwaltungsbehörden, Verfahren bei denselben (J. 1. Juli 1835) V. 155.

(Konfirmationsgelder) s. Gebühren.

(Konkurs) Behandlung des Konkursprozesses (R. 17. März 1828) III, 211.

(Konsistorium) dessen Kompetenz in Sponsalien- und Ehesachen (R. 6. Dez. 1819) I. 623. – sowie bei Ehedispensationen (B. 6. Nov. 1828) III. 258. — vgl. Wetzlar.

(Kontraktenwesen) Führung der Kontraktenbücher (R. 15. Jan. 1828) III. 186. — Kostenfreie Eintragung im Amte Hohensolms (R. 18. Nov. 1828) III 260. — vgl. Gebühren, Grundsteuermutterrolle, Voluntargerichte.

(Korrespondenz) s. Requisitionen.

(Kriminalfonds) Anweisung der Diäten und Reisekosten in Untersuchungssachen auf denselben (R. 8. Sept. 1832) III. 499.

(Kriminalordnung) deren Einführung (K. 11. R. 18. Okt. 1831) III. 396. — Anwendung derselben bei Widersetzlichkeiten gegen Militairpersonen und Gensdarmen (R. 5. April 1822, R. 16. April 1836) V. 364. — Entziehung der bessern Kost bei verstockten Inkulpaten (R. 4. Nov. 1837) VI. 322.

(Landgericht) s. Auskultatoren.

(Landrecht) dessen Anwendung bei Widersetzlichkeiten und Beleidigungen gegen Militairpersonen und Gensdarmen (R. 5. April 1822, R. 16. April 1836) V. 364. — Einführung des §. 654 Tit. 20 Th. II. (durch K. 20. Sept., R. 11. Okt. 1839) VII. 92. — dgl. der Vorschriften über die Trauung der Juden (K. 29. März, R. 24. Juni 1836) V. 408.

(Landstreicher) Verfahren gegen dieselben (R. 19. Juli 1836) V. 422.

(Legalisation) s. Prozeßvollmacht.

(Legitimationspunkt) dessen gehörige Berichtigung wird eingeschärft (R. 13. Jan. 1824) II. 448.

(Lehnssachen) s. Justizsenat.

(Maischeid, Kondominat) dessen Verwaltungsverhältnisse (K. 29. Nov. 1821, R. 10. Okt. 1827) III. 148. — Instanzenzug für den Königlichen Antheil (R. 6. April 1829) III. 277. — Titel des Kondominatgerichts (R. 21. März 1830) III. 328. — Delegation der Appellationsinstanz an das Wied'sche Obergericht (K. 29. April, R. 7. Mai 1830) III. 343. — Bestellung und Entlassung der Schöffen (R. 2. Juli 1830) III. 354.

(Mandatargebühren) s. Advokaten, Fiskus.
(Mandatsprozeß) dessen Behandlung (R. 19. Febr. 1828) III. 195.
(Manutenenzgeld) s. Gebühren.
(Medizinalbeamte) Diäten und Reisekosten derselben in Untersuchungssachen (R. 26. Nov 1827) III. 164, (R. 16. Nov. 1838) VI. 639.
(Militairpersonen) s. Untergerichte.
(Minderjährigkeit) s. Großjährigkeit, Vormundschaftswesen.
(Nassau) Besitznahme der nassau-oranischen Lande (P. 21. Juni, GNM. 8. Aug. 1815) I. 220.
(Nassausche Verordnungen) Verzeichniß derjenigen, welche in den an Preußen gekommenen Distrikten gelten I. 443. — Erläuterung der Verordnung vom 21. Mai 1781 betreffend Abwesende (R. 15. März 1822) II. 232.
(Neuwied) s. Heddesdorf, Wied.
(Nichtigkeitsbeschwerde) s. Obertribunal, Revisionshof.
(Obertribunal) dessen Kompetenz über Nichtigkeitsbeschwerden gegen das Verfahren ostrheinischer Gerichte (R. 5. Jan. 1835) V. 40.
(Ordnungsstrafen) s. Geldbuße, Untergerichte, Wittwenkasse.
(Pfarrer) dürfen Justizbeamte ohne Heirathskonsens nicht trauen (R. 12. März 1821) II. 97, (R. 27. April, 11. Mai 1821) II. 110.
(Portoersparniß) bei Einsendung der Insinuationsdokumente an den Revisionshof (R. 5. Nov. 1828) III. 257.
(Prozeßschriften) die für den Justizsenat bestimmten bedürfen der Unterschrift eines Anwalts (R. 16. Febr. 1821) II. 91. — dgl. die beim Revisionshofe einzureichenden Exhibita (R. 23. Jan. 1824) II. 453.
(Prozeßvollmachten) deren Legalisation und Stempelpflichtigkeit (R. 10. Jan. 1829) III. 265. — Beibringung derselben in der Appellationsinstanz (R. 14. Mai 1838) VI. 488.
(Prüfung) der Auskultatoren des Justizsenats im rheinischen Rechte (R. 9. Nov. 1832) III 532, (R. 18. Juli 1834) IV. 102.
(Referendarien) s. Auskultatoren.
(Registraturordnung) s. Justizsenat.
(Reisekosten und Diäten) der Unterbeamten bei Aufträgen des Justizsenats (R. 12. Sept 1822) II. 313. — Anwendung des Regulativs vom 22. Febr. 1816 (R. 29. Nov. 1824) II. 535, (R. 28. Okt. 1825) II. 616. — der Unterschulzen in Holzdiebstahlssachen (R. 17. Febr. 1823, 2. Okt. 1827) III. 147. — Liquidirung der Extrapostaxe seitens der Untersuchungsbeamten (R. 1. Sept. 1831, R. 27. Juli 1832) III. 487. — dgl. einer Lohnfuhre für den Aktuar zu Linz (R. 21. Sept. 1832) III. 513. — Zahlung aus dem Kriminalfonds und Wiedereinziehung (R. 8. Sept. 1832) III. 499. — Diäten und Reisekosten in zahlbaren Untersuchungssachen (R. 15. Juni 1838) VI. 535. — Liquidation der Trinkgelder bei Dienstreisen der zur Extrapost nicht berechtigten Beamten (R. 5. Okt. 1836, 8. Dez. 1837) VI. 348. — Diäten und Reisekosten bei Handlungen der freiwilligen Gerichtsbarkeit (R. 29. März, V. 17. Mai 1838) VI. 490, (R. 24. Nov. 1848) IX. 346. — Verhältniß der Diäten zur Arbeitszeit (R. 20. Nov. 1835) V. 267. — vgl. Medizinalbeamte.
(Rekurs) gegen Abweisung von Restitutionsgesuchen in Strafsachen, Kompetenz des Justizministers (R. 7. Jan. 1837) VI. 13.

(Relevanzbescheide) deren Zulässigkeit und Anwendung (R. 15. März 1832) III. 456.
(Reparaturen) Bestreitung und Anweisung der Kosten geringer Reparaturen an Gerichtslokalien (R. 15. Mai 1835) V. 131. — Verfahren bezüglich der Dienstwohnungen (R. 8. Jan. 1836) V. 307. — Anweisung von Reparaturkosten durch den Justizsenat (R. 28. März 1836) V. 352.
(Requisitionen) unmittelbare Korrespondenz des Justizsenats mit dem auswärtigen Ministerium (R. 10. Sept. 1830, 9. Febr. 1833) III. 576. — dgl. mit der Gesandtschaft in Brüssel (R. 31. Jan. 1834) IV. 14. — dgl. mit den Gerichtsbehörden in den Deutschen Bundesstaaten (R. 10. Dez. 1834) IV. 186. — vgl. Auslieferung.
(Ressortreglement) gilt nicht für den Bezirk des Justizsenats (R. 7. Jan. 1822) II. 201, (R. 11. Nov. 1822) II. 317.
(Restitution) s. Fristen, Rekurs.
(Revisionshof zu Berlin) dessen Kompetenz bei Nichtigkeitsbeschwerden (R. 11. Sept. 1819) I. 590. — dgl. gegenüber den Nichteximirten der Standesherrschaft Wied (K. 7. R. 10. Mai 1832) III. 468. — Verfahren bei Abfassung der Erkenntnisse (R. 25. Juni 1821) II. 126. — Unterzeichnung der eingereichten Exhibita durch einen Anwalt (R. 23 Jan. 1824) II. 453. — Portoersparniß bei Einsendung der Insinuationsdokumente (R. 5. Nov. 1828) III. 257. — vgl. Tabellen.
(Rheinzollsachen) Verfahren der Justizämter und Gebühren in solchen (R. 1. März 1836) V. 339. — vgl. Wied.
(Sayn-Altenkirchen) s. Hüttenzeit.
(Schöffengerichte) behalten ihre alten Dienstsiegel (R. 23. Dez. 1831) III. 420. — Qualifikation der Gerichtsschreiber (R. 5. April 1824) II. 473. — sind durch die Gemeindeordnung vom 23. Juli 1845 nicht beschränkt (G. 23. Juli 1845 §. 11) XI. 409. — vgl. Maischeid, Wittwenkasse.
(Schönstein) s. Seelbach, Wildenburg.
(Schwert) s. Beil.
(Seelbach) Uebertragung der Jurisdiktion des Justizamtes Freusburg an das standesherrliche Gericht zu Schönstein (R. 19. Juni 1834) IV. 88.
(Sekretariatsordnung) s. Justizsenat.
(Solms-Braunfels, Standesgebiet) Rezeß über die Organisation der Behörden vom 26. April, 3. Mai 1827, bestätigt am 9. Aug. 1827 III. 116. — Errichtung gerichtlicher Eheverträge wird nicht mehr erfordert (K. 28. März, V. 21. April 1830) III. 338. — Kompetenz der Feldgerichte in der Grafschaft Solms (R. 12. Mai 1838) VI. 481.
(Sponsaliensachen) s. Ehesachen.
(Sportelfreiheit) s. Fiskus, Gebühren, Vormundschaftswesen.
(Standesherren) deren eximirter Gerichtsstand (J. 19. Nov. 1818 §. 39) I. 529. — Verrechnung der Forststrafgelder in standesherrlichen Bezirken (R. 15. April 1823) II. 365. — dgl. der Geldbußen überhaupt (R. 23. 29. März 1833) III. 605. — Verfahren bei Anträgen auf Personalarrest gegen Mitglieder der mediatisirten Fürstenhäuser (K. 2. R. 18. Aug. 1826) III. 64, (R. 6. Mai 1836) V. 371. —

Pensionsberechtigung der standesherrlichen Beamten (R. 16. Okt. 1826) III. 69. — Anstellung der Unterjustizbeamten (R. 30. April 1829) III. 278, (R. 14. Jan. 1830) III. 317. — Urlaubsertheilung an standesherrliche Beamten (R. 27. März 1838) VI. 449. — Titel der standesherrlichen Gerichte (R. 15. März 1830) III. 328. — vgl. Eid, Maischeid, Seelbach, Solms, Wied, Wildenburg.
(Stempel) Verwendung desselben bei Prozeßvollmachten (R. 10. Jan. 1829) III. 265. — dgl. bei Erkenntnissen (R. 26. Nov., 16. 21. Dez. 1836) V. 523, (R. 10. Aug. 1837) VI. 274. — Anwendung der §. 30, 32 des Stempelgesetzes vom 7. März 1822 (R. 6. Febr. 1835) V. 65. — Stempelfreiheit kirchlicher Zeugnisse in Vormundschaftssachen (R. 22. April 1838) VI. 466, (R. 28. Mai 1838) VI. 522.
(Summarische Prozesse) deren Behandlung (R. 29. Febr. 1828) III. 197.
(Tabellen) Einsendung von Geschäftsübersichten seitens der Gerichte (R. 8. Jan. 1821) II. 73. — insbesondere von Kriminalprozeßtabellen (R. 2. Sept. 1822) II. 306, modifizirt (durch R. 30. Okt. 1824) II 531. — dgl. von Tabellen über Civil- und Vormundschaftssachen, Ordnungsstrafen und Geldbußen (R. 30. März 1833) III. 608. 625. — Form der Civil- und Kriminalprozeßtabellen (R. 4. Mai 1837) VI. 471. — Angabe der Ehescheidungssachen (R. 11. Nov. 1838) VI. 630.
(Trauung) s. Heirath.
(Uniform) der Justizsenatsmitglieder (R. 27. Juni 1832) III. 480. — der Wied'schen Regierungsräthe (K. 20. Juli 1837) VI. 268.
(Untergerichte) Bestellung eines Sachwalters für auswärtige Parteien, Erstattung der Vertretungsgebühren durch den Sukkumbenten (R. 12. Nov. 1835) V. 256. — Inkompetenz der Untergerichte bei Untersuchungen wegen Widersetzlichkeit gegen Militairpersonen (R. 16. April 1836) V. 364. — Verfahren derselben bei Einziehung der gegen Justizbeamte festgesetzten Ordnungsstrafen (R. 25. Aug. 1838) VI. 578. — vgl. Justizämter, Standesherren, Voluntargerichte.
(Unterschulzen) s. Holzdiebstahl.
(Untersuchung) s. Inquirenten.
(Untersuchungskosten) deren Einziehung von unvermögenden Inkulpaten (R. 21. Juli 1823) II. 391.
(Urlaub) s. Standesherren.
(Urtheile) sind mit Entscheidungsgründen abzufassen, Verfahren in der Revisionsinstanz (R. 25. Juni 1821) II. 126. — Einreichung der Strafurtheile gegen Justizbeamte (R. 15. Aug. 1823) II. 399. — Kontrole über den Vollzug rechtskräftiger Urtheile (R. 1. März 1828) III. 209. — vgl. Appellationsgerichtshof, Inquirenten.
(Verjährung) Einführung kürzerer Verjährungsfristen (V. 6. Juni 1845) IX. 41.
(Versteigerung) s. Gemeindeforderungen, Wildenburg.
(Vollstreckung) s. Urtheile.
(Voluntargerichte) müssen die Gesetzsammlung auf eigene Kosten halten (R. 14. Jan. 1822) II. 204. — empfangen die Amtsblätter unentgeltlich (R. 22. Dez. 1822) II. 66. — Konkurrenz derselben bei Erbtheilungen unter Großjährigen (R. 5. Dez. 1831) III. 415. — Bezeichnung der zu veräußernden Immobilien nach dem Kataster

(R. 10. Jan. 1834) IV. 10. — Voluntargerichtliche Taxen (R. 21. Jan. 1825) II. 550. — vgl. Feldgerichte, Gebühren, Schöffengerichte, Untergerichte.

(Vorflut) Bestimmungen über die Verschaffung derselben (G. 14. Juni 1859) XII. 97.

(Vormundschaftswesen) desselben Behandlung (R. 29. Dez. 1827) III. 174. — Stempel- und gebührenfreie Ausfertigung kirchlicher Zeugnisse (R. 22. April 1838) VI. 466, (R. 28. Mai 1838) VI. 522.

(Währschaftsgelder) s. Gebühren.

(Wetzlar, Stadt und Landgebiet) Geschäftsordnung in Polizei-, Zucht- und Kriminalsachen (V. 8. Jan. 1814) III. 738. — Konsistorium und Ehegericht (V. 6. April 1814) III. 741. — Appellationsinstanz gegen Erkenntnisse des Stadtgerichts (V. 23. April 1814, 10. Juli 1815) III. 742. — Besitznahme durch Preußen (V. 25. 27. Juli 1815) III. 743. — Strafgewalt der Behörden in Polizeisachen (R. 18. Aug. 1815) III. 744. — Provisorische Justizverfassung (R. 23. Nov. 1815) III. 745. — Rekurs gegen Strafresolute der Rentmeisterei (R. 26. Dez. 1815) III. 746. — Instanzenzug in Rechtssachen aus Wetzlar und Atzbach (R. 31. Okt. 1817) III. 746. — Uebergang der Jurisdiktion des Stadtamtes und Konsistoriums an das Stadtgericht (R. 9. 21. April 1818) III. 747. — Wetzlar und Atzbach sollen ein Gericht erster Instanz erhalten (J. 19. Nov. 1818 §. 38) I. 529. — Kompetenz des Stadtgerichts in Strafsachen (R. 25. März 1826) III. 18, (R. 5. Dez. 1831) III. 414.

(Widersetzlichkeit) s. Untergerichte.

(Wied, Standesherrschaft) Organisation eines Obergerichts (R. 29. Mai 1826) III. 33. — Rezeß über die Organisation der Behörden vom 29. Mai, bestätigt am 13. Nov. 1826 III. 37. — Praxis der Coblenzer Anwalte beim Obergerichte zu Neuwied (R. 11. Sept. 1826) III. 65. — Kompetenz der standesherrlichen Untergerichte in Strafsachen (R. 29. Jan. 1827) III. 92, (R. 11. Sept. 1829) III. 300. — Abfassung der Kriminalerkenntnisse beim Obergericht (R. 30. März 1827) III. 110. — Gerichtsbarkeit des letztern über Eximirte (R. 7. R. 21. Jan. 1828) III. 188. — Bezeichnung der Standesherrschaft als Grafschaft in der Korrespondenz (R. 21. Juli 1828) III. 242. — Anwendbarkeit der Wied'schen Verordnung vom 26. März 1805 über die Eidesleistung (R. 7. Sept. 1828) III. 249, (R. 6. 22. Okt. 1828) III. 251. — Modifikation derselben (R. 8. Okt. 1829) III. 301. — Reichsständige Familien stehen nicht unter dem Obergericht (R. 21. Jan. 1829) III. 272. — die von dem Fürsten zu Wied ernannten Unterjustizbeamten bedürfen keiner Bestätigung (R. 30. April 1829) III. 278. — Gerichtsstand der Wied'schen Räthe (R. 5. Nov. 1829) III. 305. — Oberinstanz des Wied'schen Obergerichts ist das Hofgericht zu Arnsberg (R. 24. Nov. 1831) III. 408, (R. 27. März 1832) III. 459. — der Justizsenat beaufsichtigt die standesherrlichen Ober- und Untergerichte, der Revisionshof ist Oberberufungsinstanz auch für die Nichteximirten der Standesherrschaft Wied (R. 7. R. 10. Mai 1832) III. 468. — Beschäftigung der Auskultatoren und Referendarien beim Obergerichte (R. 1. Febr. 1833) III. 573. — die standesherrlichen Untergerichte müssen Aufträge des Inquirenten beim Justizsenate erledigen (R. 18. Okt. 1832) III. 523. — Gerichtsstand der Wied'schen Advokaten (R. 1. Febr. 1833) III. 573. — Konstituirung und Siegel des Wied'schen Justizamtes Neuwied als Rheinzollgericht (R. 30. Jan. 1835) V. 59, (R. 10. Juni 1835) V. 145. — Befugniß des Fürsten zu Wied, seine Prozesse durch einen Kammeranwalt führen zu lassen (R. 5. Dez. 1835) V. 283. — Uniform der Wied'schen Regierungsräthe (K. 20. Juli 1837) VI. 268. — vgl. Irlich, Maischeid, Standesherren.

(Wildenburg-Schönstein, Standesherrschaft) Rechtszustand derselben (K. 9. R. 13. Juni 1821) III. 411. — Befugniß der Domainenbeamten öffentliche Verkäufe abzuhalten (R. 2. Dez. 1831) III. 410.

(Wittwenkasse) Abführung der gegen Schöffengerichte oder Mitglieder derselben festgesetzten Geldstrafen an die Justizoffiziantenwittwenkasse (R. 3. Nov. 1837) VI. 321. — Beitritt der Amtsdiener zu derselben (R. 8. Dez. 1837) VI. 354, (R. 6. März 1838) VI. 436.

(Würtemberg, Herzogin von) Gerichtsstand derselben während ihres Aufenthaltes in Wetzlar (K. 24. R. 27. Okt. 1823) II. 432.

(Züchtigung, körperliche) kann nur von Gerichtskollegien gegen Inquisiten dekretirt werden (R. 5. Dez. 1831) III. 414.

Pacht s. Erbpacht, Miethverträge, Verpachtung.

Pächter
deren Beitrag zu Kriegslasten (GB. 3. Febr. 1814) I. 13. — vgl. Fährpächter.

Packete
Gewicht der portofreien Packetsendungen (R. 9. Nov. 1857) XI. 389, (Reg. 3. Jan. 1860 §. 8) XII. 166. — vgl. Akten, Zeichnungen. — vgl. ferner Portofreiheit.

Papier
Anwendung des Briefpapiers bei auswärtigen Insinuationen und Requisitionen (R. 30. Dez. 1831, 21. 28. Febr., 6. April 1832) III. 149, (R. 20. März 1835) V. 96, (R. 16. Sept. 1844) VIII. 347. — Verbrauchtes Freipapier wird den Gerichtsvollziehern nicht vergütet (R. 25. Nov. 1837) VI. 340, (G. 29. März 1851 §. 76) X. 278. — Entschädigung der Gerichtsschreiber für Freipapier (K. 24. R. 28. Febr. 1839) VII. 22, (vgl. G. 23. Mai 1859 §. 16) XII. 91. — insbesondere bei Civilstandstabellen (K. 15. Sept., R. 8. Okt. 1845) IX. 54. — Gebrauch kleinerer Papierformate seitens der Gerichtsbehörden (R. 23. Mai 1839) VII. 65. — Format und Verpackung der beim Justizministerium einzureichenden Urkunden und Berichte (R. 10. Nov. 1841) VII. 362. — vgl. Schreibmaterialien.

Papiere auf Inhaber s. Kurs, Werthpapiere.

Papiergeld s. Münzverbrechen, Münzwesen, Staatspapiere, Werthpapiere.

Paraphe
Paraphirung der Einregistrirungsbücher (G. 23. April 1824 §. 3) II. 482. — Anwendung eines Paraphenstempels für Civilstands-

register (R. 4. Aug. 1832) III. 495. — dgl. zur Beglaubigung der Portofreiheitsvermerke (Reg. 3. Jan. 1860 §. 10) XII. 168, (R. 12. Juli 1861) XII. 257. — vgl. Repertorien, Stempel, Unterschrift.

Parket s. Assessoren, Dienstreglement, Gerichtsbibliotheken, Kanzleidiener, Staatsanwaltschaft.

Parketgehülfen
deren Annahme und Vereidung (R. 14. Mai 1824) II. 497, (R. 31. Dez. 1836) V. 535, (R. 18. Febr. 1840) VII. 138. — Stage der Gerichtsschreiber- und Gerichtsvollzieheraspiranten (R. 1. März 1833) III. 589. — vgl. Kanzlei.

Parketsekretaire
Beförderung derselben (R. 2. Juli 1821) II. 131. — Gebührenfreie Anfertigung der tabellarischen Bekanntmachungen wegen aberkannter Ehrenrechte (R. 22. Mai 1857) XI. 342. — vgl. Gerichtsschreiber, Parketgehülfen.

Parteien
Belehrung auswärtiger Parteien durch die Advokaten und die Friedensrichter (R. 25. Febr. 1838) VI. 430. — Festsetzung der Gebühren der Advokaten und Anwalte gegen den unterliegenden Klienten (GB. 6. Aug. 1814) I. 70. — Abnahme der Akten von suspendirten Gerichtsvollziehern (R. 7. März 1823) II. 351. — Erstattung von Reisekosten in Handelssachen (R. 16. Juli 1856) XI. 238.
altländische s. Armenrecht, Erkenntnisse, Exekutorische Klausel, Gerichtsstand, Heirathskonsens, Insinuationen, Requisitionen, Sühneversuch, Vorladung, Zeugengebühren, Zeugenvorladung. — vgl. überhaupt Adresse, Advokaten, Angeklagter, Armenrecht, Bescheidung, Beschuldigter, Beschwerde, Civilpartei, Fiskus, Mandatar, Mandatargebühren, Privatpersonen, Rechtsbeistand, Rechtsmittel, Sprache, Stempel ff., Vertretung, Vollmacht, Winkelkonsulenten.

Paßwesen s. Postfreipaß, Schleichhandel.

Patent
Unterschied der Patente und Bestallungen für Beamte (K. 17. Sept. 1836) V. 452. — Ordenspatente verbleiben den Erben des Besitzers (R. 22. 25. Mai 1841) VII. 297. — Abnahme des Offizierspatents im Wege der Strafvollstreckung (R. 21. Dez. 1846) IX. 134. — dgl. der Ordenspatente (R. 20. Nov. 1851) X. 390. — vgl. Juden, Schifffahrt.

Patentgebühren
deren Beibehaltung für nachgesuchte Titel (R. 3. April 1837) VI. 133.

Paternität s. Vaterschaft.

Patronat
dessen Ausübung durch Gutsherren (G. 8. Mai 1837) VI. 187. — vgl. Gutsherrliche Verhältnisse.

Pension
Regulirung der Pensionsansprüche der Beamten aus der Zeit der Fremdherrschaft (K. 1. Aug. 1817) I. 471, (R. 14. Mai, 16. Nov.

1821) II. 191. — Ausschließung des Rechtsweges (R. 4. Febr., 23. Juni 1828) III. 239. — Erweiterung des Rechtsweges in Beziehung auf Pensionsansprüche der Staatsbeamten (G. 24. Mai 1861 §. 1—8) XII. 247. — Advokaten, Anwalte, Notarien und Gerichtsvollzieher haben keinen Pensionsanspruch (R. 16. Nov. 1821) II. 191, (R. 16. Juni 1823) II. 384, (K. 1. Mai, R. 9. Juni 1823) II. 382. — Pensionsberechtigung der standesherrlichen Beamten (R. 16. Okt. 1826) III. 69. — Pensionsreglement für Civilbeamte (V. 30. April 1825, R. 11. Nov. 1832) III. 535. — Feststellung der Pensionen bei Stellen, deren Dienst in gemeinen Arbeiten oder mechanischen Verrichtungen besteht (K. 26. Jan. 1835) V. 55. — Abrundung der Pensionssummen auf Thaler (StMB. 21. R. 25. Nov. 1837) VI. 339. — Berechnung der Dienstzeit bei Beamten, die früher als Advokaten oder Notarien fungirten (K. 14. R. 20. Sept. 1836) V. 452. — dgl. bei Beamten, die im Militairdienst gestanden (StMB. 31. Mai 1842) VIII. 55, (R. 12. Nov. 1846) IX. 123. — Anrechnung des Feldzugs in Schleswig-Holstein (K. 20. Nov., R. 11. Dez. 1848) IX. 346. — dgl. des Kampfes im Großherzogthum Posen (K. 13. Febr., R. 8. März 1848) X. 50. — dgl. des Feldzugs in Schleswig und Jütland, sowie des Kampfes in der Pfalz und im Großherzogthum Baden (K. 6. R. 29. Nov. 1849) X. 71. — dgl. des Kampfes im Königreich Sachsen (K. 6. Mai, R. 26. Juni 1858) XII. 25. — dgl. des Feldzugs gegen Dänemark (K. 18. Dez. 1864) XII. 461. — Verhältnisse der mit Pension zur Disposition gestellten Offiziere (K. 4. Mai 1837) VI. 183. — Ressort der Pensionsangelegenheiten der Gensdarmerie (K. 22. Sept., R. 5. 28. Dez. 1848) IX. 372. — Pensionirung der bei Civilbehörden probeweise beschäftigten und vor definitiver Anstellung dienstunfähig gewordenen Militairpersonen (K. 9. Mai 1837) VI. 190. — Belassung von Pensionen der im Civildienst angestellten oder beschäftigten versorgungsberechtigten Offiziere und Militairbeamten (K. 5. Dez. 1857, R. 19. Febr. 1858) XII. 3. — Gnadengehalt für die Hinterbliebenen eines vor eingetretener Pensionirung verstorbenen Beamten (K. 30. März, R. 25. Mai 1842) VIII. 32.

Verlustigung der Pensionen zufolge Straferkenntniß (K. 21. Mai 1825) V. 12. — insbesondere bei Militairpensionen (Reg. 13. Juni 1825, R. 5. Jan. 1835) V. 41, (K. 12. Nov. 1836) V. 492. — Mittheilung der Straferkenntnisse, welche den Verlust von Pensionen oder Gnadengehalten zur Folge haben, an die Dienstbehörde der Kondemnaten (R. 8. Okt. 1853) X. 600, (R. 22. Mai 1857 §. 5) XI. 343.

Pensionirung der städtischen und Gemeindebeamten (G. 15. Mai 1856 §. 59) XI. 213, (G. 23. Juli 1845 §. 107) XI. 436, (G. 15. Mai 1856 §. 25) XI. 229. — vgl. Arrest, Civilversorgung, Diensteinkommen, Disposition, Eisenbahnbeamte, Lichtenberg, Militairgehalt, Militairinvaliden, Mobilmachung, Ruhestand, Unterstützungskassen, Wittwenkasse.

Pensionsabzüge

Behandlung derselben bei suspendirten Beamten (R. 8. Okt. 1855) XI. 153. — Berechnung des Zwölftelabzugs bei Anstellung von

Landwehroffizieren (R. 8. Jan. 1856) XI. 163. — vgl. Exekution (gegen Beamte, Militairpersonen), Quittungen.

Pensionsgesuche
Verfahren bei solchen (R. 9. Nov. 1821) II. 190. — Bescheinigung des Lebens- und Dienstalters bei Pensionsvorschlägen (R. 9. Jan. 1826) III. 9. — Attest des Kreisphysikus oder Distriktarztes (R. 7. Okt. 1836) V. 469.

Pensionsquittung s. Quittung.

Pensionsreglement
vom 30. April 1825 III. 536. — Erläuterung des §. 14 (K. 26. Jan. 1835) V. 55. — Abänderung des §. 12 (StMB. 21. Nov. 1837) VI. 340. — Publikation des §. 14 des Militairpensionsreglements vom 13. Juni 1825 (R. 5. Jan. 1835) V. 41.

Periodische Sitzungen s. Friedensgerichtssitzungen. — vgl. Assisen.

Personalakten
Kostenfreie Ausfertigung der bezüglichen Verhandlungen für die Staatsanwaltschaft (R. 25. Nov. 1836) V. 510. — Uebersendung der Personalakten bei Versetzungen der Auskultatoren und Referendarien (R. 18. Okt. 1838) VI. 610. — vgl. Akten.

Personalarrest
in Schuldsachen, Verfahren bei desfallsigen Anträgen gegen Mitglieder der reichsunmittelbaren, jetzt mediatisirten Fürstenhäuser (K. 2. R. 18. Aug. 1826) III. 64, (R. 6. Mai 1836) V. 371. — derselbe kann gegen aktive Beamte und Diätarien nicht vollstreckt werden (R. 30. Juli 1837) VI. 271. — auch nicht gegen aktive Offiziere (R. 19. Febr. 1846) IX. 70. — Unanwendbarkeit des Gesetzes vom 10. Dez. 1807 gegenüber Rheinhessen (B. 6. R. 24. Juli 1841) VII. 311. — Personalarrest in Handelssachen auf dem rechten Rheinufer (K. 17. April 1833) III. 627. — dgl. in Wechselsachen (V. 6. Jan. 1849) X. 3, (G. 15. Febr. 1850) X. 119, (G. 27. Mai 1863 §. 1 Nr. 2, §. 2) XII. 402. — Beschaffenheit der ärztlichen Atteste bei Ausstandsgesuchen (R. 20. Jan., 3. Febr. 1853) X. 543. — Bei Straferkenntnissen findet wegen Rückgabe und Schadensersatz persönliche Haft statt (G. 14. April 1851 §. 27) X. 634. — vgl. Exekution, Geldbußen, Strafgesetzbuch (rheinisches), Verhaftung.

Personen
fürstliche s. Fürsten.
juristische s. Korporationen. — vgl. Parteien, Privatpersonen.

Personenstand s. Civilstand.

Persönliche Freiheit s. Freiheit.

Petersburg
Legalisation der von einem Notar der dortigen Börse aufgenommenen Urkunden (R. 9. Juli 1841) VII. 306. — vgl. Rußland.

Pfalz s. Krieg.

Pfandbriefe s. Kurs, Münzverbrechen, Werthpapiere.

Pfandgelder
deren Erhebung neben den Holzdiebstahlsstrafen findet nicht mehr

statt (R. 21. April 1837) VI. 176, (R. 13. Nov., 25. Dez. 1838) VI. 632, (G. 2. Juni 1852 §. 51) X. 433. — Verfahren gegen Feldhüter, die ohne Denunziation Frevelgeld einziehen (V. 26. Mai 1837) VI. 217.

Pfandschaften
bergische, Regulirung derselben (V. 16. Jan. 1842) VIII. 6.

Pfändung s. Mobilarpfändung. — vgl. Beschlagnahme.

Pfändungsgebühren s. Gerichtsvollziehergebühren, Hütergebühren, Steuerexekutoren. — vgl. Pfandgelder.

Pfarren s. Kirchen, Reallasten.

Pfarrer s. Geistliche, Ostrhein.

Pfarrgemeinden
Aufbringung der Kosten für kirchliche Bedürfnisse derselben (G. 14. März 1845) IX. 14. — vgl. Kirchen.

Pferde s. Extrapost, Futterdiebstahl, Körordnung, Militairvorspann, Transportmittel, Weide.

Pläne s. Karten, Zeichnungen.

Platten
Bestrafung der unbefugten Anfertigung von Platten zu Papiergeld, Stempelpapier und öffentlichen Urkunden (G. 6. Juni 1835) V. 141. — Beschlagnahme und Vernichtung der Platten bei Preßvergehen (G. 12. Mai 1851 §. 29, 50) X. 314.

Pluspetition s. Erkenntnißstempel.

Polcher Dingtag
Aufgebot der Interessenten an den Besitzungen desselben (K. 9. Juli 1831) III. 379.

Polen s. Insinuation, Requisition, Mobilmachung.

Politische Verbrechen und **Vergehen**
Maßregeln gegen erklärte Anhänger Napoleon Bonaparte's (GMR. 24. März 1815) I. 195. — Befugniß der Polizeibehörde zur Ergreifung außerordentlicher Maßregeln gegen demagogische Umtriebe (K. 21. Aug., R. 12. Sept. 1819) I. 591, (R. 26. Jan. 1833) III. 565. 568. — Anwendung des Landrechts und der Kriminalordnung bei Verbrechen gegen den Staat und dessen Oberhaupt (K. 6. März 1821) II. 95, (K. 2. R. 29. Aug. 1834) IV. 149. — dgl. der Edikte vom 20. Okt. 1798 und 6. Januar 1816 betreffend geheime Verbindungen (K. 30. Dez. 1832, R. 17. Jan. 1833) III. 562. — Definition der Majestätsbeleidigung (R. 4. Dez. 1832) III. 553. — Einreichung der dieserhalb ergehenden Straferkenntnisse (R. 14. März 1835) V. 93, (R. 23. Juni 1837) VI. 242. — Bestrafung der gewaltsamen Unternehmungen gegen den Deutschen Bund an In- und Ausländern (K. 6. R. 10. April 1834) IV. 54. — Aufrechthaltung der öffentlichen Ordnung und der dem Gesetze schuldigen Achtung, Verhütung und Bestrafung der Tumulte (V. 17. Aug. 1835) V. 181. — Verfahren bei Untersuchungen wegen Aufruhrs oder Tumults (V. 30. Sept. 1836) V. 462. — Einwirkung der

Staatsanwaltschaft (R. 9. Juni 1838) VI. 534, (R. 26. Nov. 1838) VI. 642. — Bestrafung der Absicht, Mißvergnügen zu erregen resp. unehrerbietiger Aeußerungen gegen den Staat (R. 19. Aug. 1835) V. 189, (R. 18. Aug. 1838) VI. 573. — Ausschließliche Kompetenz des Kammergerichts bei Verbrechen gegen die Verfassung, öffentliche Ordnung und Ruhe des Staates resp. der Deutschen Bundesstaaten (K. 25. April 1835) V. 112. — Verfahren der Ministerialkommission (R. 9. Mai 1835) V. 126. — Verhalten der Gerichte bei desfallsigen Untersuchungen (R. 23. Mai 1835) V. 134. — Anzeige von Verbrechen gegen den Staat beim Justizministerium (R. 11. April 1832) III. 461. — Sorgfältige Führung der betreffenden Untersuchungen (R. 26. Jan. 1833) III. 565. — Bestreitung der Kosten (R. 14. Febr. 1825) II. 566. — insbesondere für Alimentation der zur Festungsstrafe Verurtheilten (R. 8. Dez. 1835) V. 285.

Prüfung der Universitätszeugnisse der Rechtskandidaten in Betreff des politischen Verhaltens (R. 12. März 1823) II. 352, (K. 16. Aug., R. 9. Okt. 1834) IV. 155. — Warnung vor der Theilnahme an Burschenschaften (R. 2. März 1834) IV. 37. — Bestrafung der Studentenverbindungen (G. 7. Jan. 1838) VI. 387. — Verbot des Besuches ausländischer Universitäten (K. 20. Mai 1823) V. 23, (K. 21. Nov. 1836) V. 504, (K. 13. Okt. 1838) VI. 607, (K. 3. Jan. 1842) VIII. 4.

Wiederherstellung des rheinischen Strafrechts in Bezug auf politische Verbrechen und Vergehen (V. 18. Febr. 1842) VIII. 14, (V. 6. April 1846) IX. 76, (V. 6. April 1848 §. 2) IX. 291, (V. 15. April 1848) IX. 293. — Zuständigkeit der Gerichte (G. 14. April 1851 §. 19) X. 632, (G. 6. März 1854) XI. 12. — Kompetenz des Kammergerichts zur Untersuchung und Entscheidung wegen Staatsverbrechen (G. 25. April 1853) X. 561. — vgl. Auflauf, Kriminalordnung, Staatspolizei, Vereinigungsrecht, Versammlungsrecht.

Polizeianwalt

Einrichtung der Staatsanwaltschaft bei den Polizeigerichten (R. 1. April 1823) II. 361, (R. 17. April 1851) X. 287, (G. 15. Mai 1856 §. 57) XI. 212, (R. 5. April 1859) XII. 76, (G. 23. Juli 1845 §. 108) XI. 436, (G. 15. Mai 1856 §. 26) XI. 229. — dgl. in Holzdiebstahlssachen (G. 2. Juni 1852 §. 26) X. 422, (R. 12. 20. Okt. 1854) XI. 66. — Deputirung von Referendarien zur Polizeianwaltschaft (R. 21. März 1835) V. 97, (K. 18. Jan. 1840) VII. 135. — Amtstracht der Polizeianwalte (R. 13. Juni 1843) VIII. 171.

Verfahren der Polizeianwalte bei Einlegung des Kassationsrekurses (R. 31. Jan. 1834) IV. 15, (R. 12. Juni 1837) VI. 232, (R. 13. Nov., 25. Dez. 1838) VI. 632, (R. 9. Febr. 1854) XI. 8. — dgl. bei Civileinreden in Wald-, Feld- und Jagdfrevelsachen (G. 31. Jan. 1845) IX. 8. — dgl. bei Verfolgung von Beamten, wegen Amtshandlungen (R. 5. April 1855) XI. 442. — Benachrichtigung der Zollbehörde von Verurtheilungen wegen Schleichhandels nach dem Regulativ vom 12. Januar 1839 (R. 16. Dez. 1839) VII.

118. — Kontrolirung der Gerichtsvollziehergebühren (R. 22. April 1820) II. 29. — dgl. der auf den Kriminalfonds anzuweisenden Gerichtsschreibergebühren (R. 14. April 1837) VI. 146. — Maßregeln gegen die Häufung polizeilicher Verfolgungen (R. 28. Juli, 8. Aug. 1859) XII. 112. — vgl. Polizeigerichte, Rheinzollgerichte. — vgl. ferner Gemeindebeamte, Polizeibeamte (gerichtliche), Polizeikontraventionsregister, Strafverfolgung, Trier.

Polizeiaufsicht

Anwendung derselben bei erkannter Detention bis zum Nachweis ehrlichen Erwerbes (K. 18. April 1810, GRM. 15. März 1816) I. 239, (R. 6. Juli 1818) I. 500. — Verfahren bei Entlassung der betreffenden Verbrecher (R. 4. April 1836) V. 357. — Insertion von Steckbriefen gegen die unter Polizeiaufsicht Stehenden (R. 25. Sept., 5. Okt. 1821) II. 179. — Fortdauer derselben bei Begnadigungen (R. 30. Aug., 12. Sept. 1823) II. 407, (R. 11. Sept. 1856) XI. 282. — Handhabung durch die Verwaltungsbehörde (R. 18. Febr. 1839) VII. 20. — Verfahren gegen bestrafte Schleichhändler (Reg. 12. Jan. 1839) VII. 6, (R. 16. Dez. 1839) VII. 117. — Gesetz über die Stellung unter Polizeiaufsicht vom 12. Februar 1850) X. 113.

Polizeibeamte

administrative s. Polizeibehörden. — vgl. Bürgermeister, Eisenbahnpolizeibeamte, Fabrikinspektoren, Gefangenaufseher, Gemeindebeamte, Gensdarmen, Grenzaufsichtsbeamte, Waffengebrauch.

gerichtliche

deren Kompetenz bei Auffindung von Leichen (R. 11. 14. 27. Nov. 1816) I. 423. — Attributionen der gerichtlichen Polizei (StMB. 20. Juli 1818 §. 27 ff.) I. 512. — Ausübung derselben durch Gemeindebeamte (G. 15. Mai 1856 §. 57) XI. 212, (G. 23. Juli 1845 §. 108) XI. 436, (G. 15. Mai 1856 §. 26) XI. 229. — die bei Haussuchungen assistirenden Kommunalbeamten fungiren nicht als gerichtliche Polizeibeamte (R. 26. Aug. 1838) VI. 579. — Dienst- und Disziplinarverhältniß der Beamten der gerichtlichen Polizei (StMB. 20. Juli 1818 §. 35) I. 513, (R. 19. Jan. 1824) II. 452, (R. 18. März 1836) V. 343, (R. 2. Juli 1836) V. 414, (R. 25. Nov. 1836) V. 505, (R. 23. Juni 1837) VI. 241, (R. 22. Dez. 1837) VI. 366, (K. 30. Juli, R. 4. Okt. 1842) VIII. 118, (G. 21. Juli 1852 §. 63) X. 469, (vgl. G. 7. Mai 1851 §. 78) X. 307. — Konfliktserhebung bei gerichtlicher Verfolgung derselben wegen Amtshandlungen (G. 13 Febr. 1854 §. 7) XI. 10. — Maßregeln gegen die Häufung polizeilicher Verfolgungen (R. 28. Juli, 8. Aug. 1859) XII. 112.

Anzeigepflicht bei gesetzwidrigen disziplinarischen Verhaftungen (R. 25. Juli, 21. Aug. 1820) III. 357. — Modifikation der Art. 483, 484 KPO. betreffend den Gerichtsstand der Beamten der gerichtlichen Polizei (K. 17. R. 27. Juli 1832) III. 489. — Verfahren derselben in Untersuchungssachen behufs Kostenersparniß (R. 3. Febr., 22. April 1820) II. 24. — insbesondere rücksichtlich der Lokaltermine (R. 20. Mai 1824) II. 500. — Formular zur Kostenliquidation über Lokaltermine (R. 14. April 1837) VI. 146. 161. — Reisekosten bei Aufträgen seitens der Staatsanwaltschaft oder des Untersuchungsrichters (R. 22. März 1831) III. 373. — dgl. bei selbständigem Einschreiten (R. 21. Sept. 1846) IX. 108. — vgl. Feldhüter, Forstbeamte, Gensdarmen, Jagdbeamte, Polizeianwalt, Protokolle, Trier, Verzicht, Zeugengebühren.

Polizeibehörden

Allgemeine Bestimmungen über die Kompetenz derselben (StMB. 20. Juli 1818 §. 26 ff.) I. 512. — Zulässigkeit des Rechtsweges gegen polizeiliche Verfügungen (G. 11. Mai 1842) VIII. 41, (R. 30. März 1843) VIII. 153. — Befugniß zum Erlaß allgemeiner Polizeiverordnungen (R. 25. Febr. 1845) IX. 11. — Gesetz über die Polizeiverwaltung vom 11. März 1850 X. 202. — Handhabung der Ortspolizei durch Gemeindebeamte (G. 15. Mai 1856 §. 57) XI. 212, (G. 23. Juli 1845 §. 108) XI. 436, (G. 15. Mai 1856 §. 26) XI. 229.

Deren Befugnisse bei Auffindung von Leichen (R. 11. 24. 27. Nov. 1816) I. 423. — dgl. gegen liederliche Weibspersonen (K. 25. Jan. 1825) II. 548, (R. 7. 25. April 1825) II. 587. — dgl. gegen Bettler (K. 31. Dez. 1828, R. 22. Jan. 1829) III. 272, (K. 6. R. 12. März, 23. April 1830) III. 338. — dgl. gegen verurtheilte Landstreicher, Bettler und Arbeitsscheue (R. 3. Okt. 1856) XI. 283, (R. 2. Juli 1857) XI. 354. — dgl. bezüglich der Schulversäumnisse (K. 20. Juni 1835) V. 150. — dgl. bei Wegräumung der auf Straßen vorfindlichen Hindernisse (R. 22. Juli 1836) V. 425. — dgl. in Deichangelegenheiten (G. 28. Jan. 1848) IX. 266, (K. 14. Nov. 1853) X. 603. — dgl. rücksichtlich der verbotenen Loose auswärtiger Lotterien (R. 19. Febr. 1853) X. 547.

Anzeige der gerichtlichen Verhaftung von Apothekern und Bezirkshebammen an die Polizeibehörde (R. 10. Mai 1822) II. 267. — Verfahren bei Vorladung von Militairpersonen (R. 24. Dez. 1835, 15. Febr. 1836) V. 331. — Mittheilungen des Polizeipräsidiums in Berlin zur Beförderung der Sicherheitspflege (R. 4. Juni 1852) X. 434. — Central-Polizei-Blatt (R. 13. März 1863) XII. 396. — vgl. Polizei, Polizeibeamte. — vgl. ferner Beschlagnahme, Exekution (administrative), Gesinde, Haussuchung, Politische Verbrechen, Polizeiaufsicht, Polizeiverordnungen, Rehabilitation, Steckbriefe, Strafresolute, Verhaftung, Vereinigungsrecht, Versammlungsrecht, Verwaltungsbehörden.

Polizeiblatt f. Centralpolizeiblatt.

Polizeigerichte

Allgemeine Bestimmungen über die Kompetenz derselben (StMB. 20. Juli 1818 §. 32, 33) I. 513, (R. 3. Aug. 1833) III. 494, (R. 19. Okt. 1836) V. 476, (R. 2. Jan. 1837) VI. 11, (StMB. 27. Mai, R. 23. Juni 1837) VI. 240, (B. 7. Juni 1821 §. 4 ff.) II. 116, (B. 11. Mai 1843 §. 8) VIII. 167, (G. 11. März 1850 §. 17) X. 205, (G. 14. April 1851 §. 14, 20) X. 631. — insbesondere in Holzdiebstahlssachen (G. 2. Juni 1852 §. 24) X. 427.

Beachtung der Polizeiverordnungen (StMB. 20. Juli 1818 §. 32) I. 512, (R. 13. Dez. 1834) IV. 196, (G. 11. März 1850 §. 17) X. 205. — Verfahren bei Vorladung von Militairpersonen (R.

24. Dez. 1835, 15. Febr. 1836) V. 331. — dgl. gegenüber Beschuldigten ohne bekannten inländischen Aufenthaltsort (G. 11. Mai 1855 §. 10 14) XI. 113. — Zustellung der Erkenntnisse, insbesondere der Kontumazialurtheile (R. 23. Nov. 1832) III. 550, (R. 22. Febr. 1833) III. 587, (R. 23. Febr. 1838) VI. 424. — Form und Frist der Appellation (K. 1. R. 11. April 1835) V. 107. — Verweisung der Polizeisachen vom Zuchtpolizeigericht an das Polizeigericht (R. 18. Juni 1836) V. 405. — Befugniß des Polizeirichters zu Anweisungen auf den Kriminalfonds (R. 3. Febr., 22. April 1820) II. 25. — vgl. Friedensgerichte, Polizeianwalt, Polizeikontraventionen ff. — vgl. ferner Civileinreden, Erkenntnißstempel, Holzdiebstahl, Kassationsgesuche, Kassationsverfahren, Protokolle, Straferkenntnisse, Verjährung, Vorladung, Zeugen ff., Zuchtpolizeigerichte.

Polizeikontraventionen
Verfahren bei strafgerichtlicher Verfolgung von Beamten wegen Amtshandlungen (R. 5. April 1855) XI. 442. — Kontrole der polizeilichen Verfolgungen (R. 28. Juli, 8. Aug. 1859) XII. 112. — vgl. Denunziation, Eßwaaren, Feldfrevel, Feuerpolizei, Fischerei, Früchte, Gewerbepolizei, Holzdiebstahl, Jagd, Polizeigerichte, Polizeistrafe, Polizeiverordnungen, Sanitätspolizei, Schleichhandel, Strompolizei, Wegepolizei.

Polizeikontraventionsregister
deren Führung betreffend Zustellung der Kontumazialerkenntnisse in Forst- und Polizeisachen (R. 23. Febr. 1838) VI. 424. — dgl. betreffend alle Polizeikontraventionen und deren Aburtheilung (R. 13. 29. Mai 1838) VI. 484.

Polizeiliche Verfügungen
inwiefern gegen solche der Rechtsweg zulässig ist (G. 11. Mai 1842) VIII. 41, (G. 11. März 1850 §. 20) X. 205. — vgl. Polizeibehörden.

Polizeipräsidium
zu Berlin, Mittheilungen desselben zur Beförderung der Sicherheitspflege (R. 4. Juni 1852) X. 434. — Central-Polizei-Blatt (R. 13. März 1863) XII. 396. — vgl. Polizeibehörden.

Polizeistrafe
für nicht besonders verpönte Uebertretungen (StMB. 20. Juli 1818 §. 33) I. 513, (R. 3. Aug. 1832) III. 494, (R. 19. Okt. 1836) V. 476, (R. 2. Jan. 1837) VI. 11, (StMB. 27. Mai, R. 23. Juni 1837) VI. 240. — Neuere Bestimmungen über die Verhängung polizeilicher Geldbußen und subsidiärer Gefängnißstrafen (G. 11. März 1850 §. 5, 11, 18) X. 203. — vgl. Polizeibehörden, Polizeigerichte, Polizeiverordnungen, Strafarbeit, Strafen, Strafvollstreckung.

Polizeistrafgelder
deren Einziehung zum Gemeindefonds (GB. 16. April 1814) I. 62, (GK. 30. Dez. 1815) I. 341. — Bildung eines Polizeistrafgelderkommunalfonds (K. 27. R. 31. Dez. 1822, R. 30. Sept., 22. Okt. 1839) VII. 96. — vgl. Geldbußen.

Polizeiverhandlungen s. Aktenverkauf. — vgl. Informatorische Vernehmung, Protokolle.

Polizeiverordnungen
Befugniß der Verwaltungsbehörden zum Erlaß derselben (StMB. 20. Juli 1818 §. 26, 32, 33) I. 511, (R. 3. Aug. 1822) III. 494, (R. 25. Febr. 1845) IX. 11, (G. 11. März 1850) X. 202. — insbesondere wegen Heilighaltung der Sonn- und Festtage (K. 7. Febr., R. 31. März 1837) VI. 127, (B. 24. Dez. 1838) VI. 668. — Form der Publikation von Lokalpolizeiverordnungen (R. 6. Dez. 1835) V. 284, (G. 10. März 1850 §. 5) X. 203, (vgl. GRM. 21. Aug. 1814) I. 166, (R. 2. 29. Dez. 1846) IX. 142.
Beachtung derselben seitens der Gerichte (StMB. 20. Juli 1818 §. 32, 33) I. 512, (R. 3. Aug. 1822) III. 494, (R. 13. Dez. 1834) IV. 196, (R. 12. Juni 1837) VI. 232, (G. 11. März 1850 §. 17) X. 205. — Beschränkung des Kassationsrekurses wegen Verletzung oder unrichtiger Anwendung derselben, Verfahren behufs anderweitiger Abhülfe (R. 9. Febr. 1854) XI. 8. — Erlaß von Polizeiverordnungen, Kontrole der polizeilichen Verfolgungen (R. 28. Juli, 8. Aug. 1859) XII. 112. — vgl. Polizeibehörden, Polizeigerichte, Polizeiliche Verfügung.

Polizeiverwaltung
Gesetz über dieselbe vom 11. März 1850 X. 202. — vgl. Polizeibehörden.

Poppelsdorf
Gerichtsbestand der auf der dortigen landwirthschaftlichen Lehranstalt studirenden Akademiker (K. 4. Febr. 1848) IX. 275. — vgl. Universität.

Porto
dessen Bestreitung bei Insinuationen an altländische Parteien (R. 15. Febr. 1817) I. 455. — dgl. bei Insinuationen an Ausländer (R. 25. Febr. 1827) III. 100, (R. 27. März, 19. Mai 1828, 19. Okt. 1832) III. 524. — dgl. bei Vollstreckung rheinischer Erkenntnisse gegen altländische Parteien (R. 23. Aug. 1834) IV. 143. — Maßregeln zur Verminderung der Portoauslagen bei ausländischen Insinuationen und Requisitionen (R. 31. Dez. 1830, 21. 28. Febr., 6. April 1832) III. 449, (R. 20. März 1836) V. 96, (R. 23. Mai 1839) VII. 65, (R. 16. Sept. 1844) VIII. 347. — Beitreibung des rückständigen Porto durch die Postbehörden (R. 16. Okt., 30. Nov. 1829) III. 309, (G. 5. Juni 1852 §. 30) X. 442. — insbesondere bei unfrankirten Vorstellungen an Gerichtsbehörden (K. 17. März 1839) VII. 32. — Berichtigung des ausländischen Porto für Dienstkorrespondenzen (R. 26. Febr., 5. Mai 1824) II. 489. Portopflichtigkeit der Einsendung von Prüfungsgebühren (R. 14. Aug. 1835) V. 181. — dgl. der Beförderung von Heirathsverkündigungsurkunden (R. 16. Nov. 1852) X. 521. — vgl. Ostrhein (Portoersparniß), Postwesen, Telegraphen.

Portofreiheit
der Pupillen- und Stiftungsgelder gegenüber der Bank (B. 19. Juli, R. 16. Okt. 1819) I. 615, (R. 20. Dez. 1819, 6. 28. Jan. 1820) II. 6. — der unvermögenden Untersuchungsjachen (R. 22. Juli 1831) III. 381. — der Armenprozeßsachen (R. 8. 20. Okt. 1856) XI. 286. — der Gerichtsvollzieherunterstützungsgelder (R. 26. Juni, 12. Juli 1834) IV. 100. — der Dienstkorrespondenz der Gerichtsvollzieher

(R. 19. April 1847) IX. 193, (R. 8. 22. Mai 1847) IX. 198. — der Einreichung von Todtenscheinen der Ausländer (R. 12. Dez. 1836) V. 520. — der Wittwenkasse (R. 8. Juli 1833, 11. Jan. 1837) VI. 15. — der Handelskammern (V. 11. Febr. 1848 §. 28) IX. 283. — der Provinzialfeuersozietät (Reg. K. 1. Sept. 1852 §. 3) X. 481, (K. 2. Juli 1863 §. 2) XII. 413.

der Dienstkorrespondenz erstreckt sich zunächst nur auf das inländische Porto (R. 26. Febr., 5. Mai 1824) II. 489. — Beförderung der Dienstkorrespondenz im deutsch-österreichischen Postverein (R. 2. Dez. 1856) XI. 290. — Gewicht der portofreien Packetsendungen (R. 8. 20. Okt. 1856 §. 1) XI. 287, (R. 9. Nov. 1857) XI. 389.

bei ausländischen Insinuationen und Requisitionen (R. 16. Sept. 1844) VIII. 346. — vgl. Insinuationen, Requisitionen.

Regulativ über die Portofreiheit in Justizsachen vom 3. Jan. 1860 (R. 24. Jan. 1860) XII. 161. — Anwendung desselben auf arme Vormundschaftssachen (R. 3. April 1860) XII. 175. — Taxirung der Fahr- und Briefpostsendungen, Bezeichnung der Fahrpostsendungen im Bereich des deutschen Postvereins (R. 29. Jan. 1861) XII. 228, (R. 11. Aug. 1862) XII. 369, (R. 23. Sept. 1863) XII. 421. — Beglaubigung der Portofreiheitsvermerke auf Dienstbriefen (R. 12. Juli 1861) XII. 257. — vgl. Porto. — vgl. ferner Kostenfreiheit.

Posen s. Erzbischöfe, Krieg.

Possessorienklagen
deren Unzulässigkeit bei exekutiven Maßregeln der Regierungen (StMB. 20. Juli 1818 §. 17) I. 508. — vgl. Civileinreden, Kompetenzkonflikt, Rechtsweg.

Postatteste
Anwendung derselben bei Reisekostenliquidationen (R. 20. Febr. 1824) II. 456.

Postbeamte, Postbehörden
Disziplinarstrafrecht des Generalpostamts, der Postinspektoren und der Postamtsvorsteher (K. 5. Juli 1828, R. 19. Jan. 1829) III. 271, (R. 25. Juli, 21. Aug. 1830) III. 357, (vgl. G. 21. Juli 1852 §. 19 ff.) X. 459. — Verfahren der Postbehörden behufs Einziehung des rückständigen Porto (R. 16. Okt., 30. Nov. 1829) III. 309, (K. 17. März 1839) VII. 32, (G. 5. Juni 1852 §. 30) X. 442. — Benachrichtigung der Oberpostdirektionen rücksichtlich der zum Halten der Gesetzsammlung verpflichteten Justizbeamten (R. 3. Jan. 1854) XI. 6, (R. 15. Jan. 1862) XII. 343. — Abtretung von Domanialeigenthum an die Postverwaltung (K. 30. Sept., R. 4. Nov. 1836) V. 489. — Vorladung des Fiskus in Postsachen (StMB. 30. Nov., R. 17. Dez. 1838) VI. 667. — Benachrichtigung der Oberpostdirektionen von gerichtlichen Klagen gegen Postkassenbeamte wegen Geldforderung (R. 12. Juni 1858) XII. 31. — vgl. Postkontraventionen, Postwesen.

Postfreipaß
dessen Ertheilung an unbemittelte Justizbeamte (R. 18. Mai 1844) VIII. 268.

Postinsinuation s. Insinuationsdokument.

Postkontraventionen
Untersuchungsverfahren bei Postfuhrzettelkontraventionen (K. 12. Jan. 1825) II. 547. — Befugniß des Generalpostmeisters zur Ermäßigung und Niederschlagung der wegen Postkontravention erkannten Geldstrafen (K. 3. Dez. 1828, 22. Jan. 1829) VI. 3. — Bestrafung der Postkontraventionen in der Provinz Kleve-Berg (V. 8. Juli 1816, 20. Okt. 1820, R. 19. Jan. 1837) VI. 23. — Neuere Strafbestimmungen (G. 5. Juni 1852 §. 32 ff.) X. 442, (G. 21. Mai 1860 §. 2) XII. 183. — Beitreibung der Kosten der administrativen Voruntersuchung gegen den im gerichtlichen Verfahren verurtheilten Kontravenienten (R. 25. März 1858) XII. 12. — vgl. Postwesen.

Postverein
deutsch-österreichischer, Beförderung der Dienstkorrespondenz in demselben (R. 2. Dez. 1856) XI. 290. — Taxirung und Bezeichnung der Fahr- und Briefpostsendungen im Bereich des deutschen Postvereins (R. 29. Jan. 1861) XII. 228, (R. 11. Aug. 1862) XII. 369, (R. 23. Sept. 1863) XII. 421.

Postvorschuß
dessen Anwendung bei altländischen Insinuationen (R. 15. Febr. 1817) I. 455. — dgl. bei Exekutionen wegen altländischer Gerichtskosten (R. 27. Sept. 1841) VII. 342. — vgl. Kostenvorschuß.

Postwesen
Gesetz über dasselbe vom 5. Juni 1852 X. 435.
Versendung von gerichtlichen Akten und Schriftstücken vermittelst der Post (G. 11. Mai 1855 §. 6, 7) XI. 113. — dgl. der beim Bankokomptoir in Cöln zu deponirenden Gelder (V. 19. April 1837) VI. 174. — dgl. der bei der Depositenkasse daselbst zu hinterlegenden Gelder (G. 24. Juni 1861 §. 7) XII. 253. — Abänderung mehrerer auf das Postwesen bezüglichen Vorschriften (G. 21. Mai 1860) XII. 183. — vgl. Adresse, Extrapost, Gesetzsammlung, Porto, Portofreiheit, Postatteste ff., Reisekosten.

Präfekten
Uebertragung der polizeigerichtlichen Funktionen derselben auf den Oberpräsidenten (StMB. 20. Juli 1818 §. 31) I. 512. — dgl. der Attributionen bezüglich der Geschworenenliste auf die Regierungspräsidenten (J. K. 19. Nov. 1818 §. 33) I. 523.

Präfekturräthe
deren Kompetenz wird den Regierungen und den Gerichten zugetheilt (StMB. 20. Juli 1818 §. 1 ff., §. 34) I. 505. — Verfahren beim Rekurs gegen Entscheidungen der vormaligen Präfektur- und Landesdirektorialräthe (R. 17. Mai 1816) I. 362, (R. 17. Juni 1817) I. 466. — vgl. Generalgouvernement.

Prämienscheine
Verbot des Verkehrs mit Promessen zu Prämienscheinen der Seehandlung oder zu ausländischen Staatsprämienanleihen (K. 27. Juni 1837) VI. 246, (R. 18. Nov. 1863) XII. 426. — vgl. Spielen, Staatspapiere, Werthpapiere.

Pranger s. Strafgesetzbuch (rheinisches).

Präsentation s. Anstellungsgesuche, Testamente.

Prediger, Predigtamtskandidaten s. Geistliche.

Presse
Gesetz über dieselbe vom 12. Mai 1851 X. 308. — Auslegung des §. 1 (R. 3. Sept. 1851) X. 382. — Aufhebung des §. 27 (G. 6. März 1854 §. 2) XI. 12. — Ausführung des §. 52 (R. 11. Aug. 1851) X. 379. — dgl. des §. 29 (R. 24. Dez. 1858) XII. 44. — Deklaration des §. 54 (G. 21. April 1860) XII. 178. — vgl. Beschlagnahme, Censur, Nachdruck, Zeitungen.

Preßverbrechen und **Preßvergehen**
Kompetenz und Verfahren bei Untersuchung derselben (V. 6. April 1848 §. 2) IX. 291, (V. 15. April 1848 §. 3 ff.) IX. 293, (G. 14. April 1851 §. 19) X. 632, (G. 6. März 1854) XI. 12.

Preußen s. Generalgouvernement, Inland, Schifffahrt (Rhein), Zollverein. — vgl. Auslieferung, Naturalisation, Rechtshülfe, Requisitionen, Staat ff.

Priester s. Geistliche.

Privatarmenanstalten s. Armenanstalten.

Privatausspielung s. Spielen.

Privateigenthum s. Eigenthum, Expropriation.

Privatfeldhüter s. Feldhüter.

Privatfeuerversicherung s. Feuerversicherung.

Privatflüsse s. Flüsse.

Privatforstbeamte s. Forstbeamte.

Privatpersonen
deren Befugniß zu Verpachtungen und Versteigerungen (GV. 31. Aug. 1814) I. 72, (R. 7. Juli 1826) III. 56. — bei Stempelkontraventionen derselben ist nur auf Geldstrafe anzutragen (R. 9. Mai 1834) IV. 66. — inwiefern solche bei den mit einer Behörde abgeschlossenen Verträgen für Stempelkontraventionen zu bestrafen sind (R. 23. Dez. 1842) VIII. 136. — vgl. Civilpersonen, Parteien.

Privatsekretaire
Verbot der Gebührentheilung mit solchen seitens der Gerichtsvollzieher (R. 21. Febr. 1834) IV. 28. — vgl. Mandatar, Winkelkonsulenten.

Privaturkunden
deren Abfassung gegen Entgelt ist den Gerichtsvollziehern untersagt (R. 22. Okt. 1833) III. 681. — Stempelpflichtigkeit der einfach ausgefertigten Akte unter Privatunterschrift über zweiseitige Verträge, insbesondere über ein Kaufgeschäft (R. 2. Mai 1840) VII. 164. — vgl. Einregistrirung, Exekutorischer Titel, Winkelkonsulenten.

Privatvermögensverzeichniß s. Vormundschaft.

Privatwaldung s. Waldungen.

Privilegium
Verzichtleistung des Verkäufers auf hypothekarische Eintragung desselben (R. 27. Febr. 1835) V. 81. — Konservirung des Privilegiums der Miterben im außergerichtlichen Theilungsverfahren (G. 18. April 1855 §. 21) XI. 85. — vgl. Hypotheken, Reichsstände, Versteigerung (Immobilar-).

Probedienst s. Amtseid, Civilversorgung, Pension.

Proberelation s. Auskultatoren und Referendarien, Prüfung.

Prokuratoren
haben keinen Pensionsanspruch (R. 16. Nov. 1821) II. 191. — vgl. Staatsprokuratoren.

Promessen s. Aktien, Anleihen, Prämienscheine, Spielen.

Protest s. Wechselprotest.

Protokolle
Förmlichkeiten derselben bei Zolldefraudationen (R. 23. April 1819) I. 555, (G. 23. Jan. 1838 §. 31, 32) VI. 411. — Beweiskraft derselben bei Wechselstempelkontraventionen (R. 3. Sept. 1821) II. 473. — Protokolle der Gensdarmen bedürfen nicht der Affirmation (R. 23. Jan. 1818) I. 485. — dgl. der Bergwerksbeamten (R. 15. Okt. 1824) II. 526. — Glaubwürdigkeit der Protokolle der Forstbeamten (GR. 30. April 1814) I. 125, (GK. 26. Juli 1814) I. 246, (GK. 30. Juli 1814 §. 164 ff.) I. 275. 278, (GK. 17. Nov. 1814) I. 304, (B. 7. Juni 1821 §. 19) II. 120, (G. 2. Juni 1852 §. 21, 31) X. 426. — insbesondere der Korpsjäger (K. 6. Okt. 1837) VI. 309, (K. 19. Febr. 1842) VIII. 17. — sowie der auf Forstversorgung dienenden Jäger (K. 21. Aug. 1855) XI. 146. — Beweiskraft der von Eisenbahnpolizeibeamten errichteten Protokolle (R. 3. Dez. 1858) XII. 43. — Prüfung der Protokolle vor der polizeigerichtlichen Verfolgung (R. 28. Juli, 8. Aug. 1859) XII. 112. — vgl. Akten, Amtseid, Assisenprotokoll, Audienzprotokoll, Forstfrevelregister, Informatorische Vernehmung, Kontestationen, Notariatsurkunden, Obduktion, Prüfung, Sühneversuch, Thatbestand, Urschrift, Verpachtung, Versteigerung, Zeugenaussagen, Zeugeneid.

Provinzialfeuerversicherung s. Feuerversicherung.

Provinzialsteuerbehörde s. Stempelbehörde, Steuerbehörde.

Provisorische Anstellung s. Amt, Amtseid, Civilversorgung.

Provokation s. Rechtsmittel, Rechtsweg, Strafresolute. — vgl. Ablösung, Theilung.

Prozentgelder s. Aufgeld, Garantie, Versteigerung, Vormundschaft.

Prozesse
Suspension der Prozesse wegen Zehntenablösung (GB. 18. Jan. 1814) I. 9. — dgl. wegen aufgehobener Dienste, Gefälle und Leistungen (GB. 28. Febr. 1814) I. 17. — dgl. wegen gutsherrlicher und bäuerlicher Verhältnisse (K. 5. Mai, GRM. 3. Juli 1815) I. 218. — dgl. wegen bergischer Landesschulden (R. 25. Okt., 16. Nov. 1818) I. 521. — Sistirung gewisser von Frankreich anzumeldenden Forderungsklagen (R. 27. Dez. 1819) I. 629. — Fortsetzung der Klagen des Fis-

kus aus französischen Holzwechseln (R. 8. März, 12. April 1820) II. 16. — Anzeige der Klagen von bergischen Fideikommißanwärtern beim Justizministerium (R. 5. Nov. 1831) III. 407. — Benachrichtigung des Fiskus bei Prozessen über gewerbliche Abgaben (R. 8. Juni 1846) IX. 94. — dgl. der Militairbehörde bei Klagen gegen aktive Offiziere (R. 12. Sept. 1857) XI. 377. — vgl. Klagen.

Prozeßlegitimation
der Gemeinden, Kirchen, Armen- und sonstiger Anstalten (StMB. 20. Juli 1818 §. 5) I. 506. — insbesondere zur Beitreibung von Zinsen und Gefällen (K. 10. R. 25. Jan. 1830) III. 319, vgl. rücksichtlich der Gemeinden (G. 15. Mai 1856 §. 46) XI. 207, (G. 23. Juli 1845 §. 97) XI. 433.

der Militairintendanturen (R. 4. Juli 1828) III. 241. — der Universitätsquästuren bezüglich der gestundeten Kollegiengelder (K. 26. Sept. 1845) IX. 52. — des Vormundes, Stempelpflichtigkeit der Ausfertigung des betreffenden Familienrathsbeschlusses (G. 23. Dez. 1846 §. 2) IX. 136, (R. 10. Nov. 1847) IX. 247. — des Fallimentssyndiks bei Theilungen und Immobilarversteigerungen (G. 18. April 1855 §. 29, 32) XI. 87. — vgl. Ostrhein (Legitimationspunkt), Vollmacht.

Prozeßstempel s. Erkenntnißstempel, Kaufstempel, Kollokation, Rathskammerbeschlüsse, Subhastation, Sühneversuch, Theilung, Vormundschaft. — vgl. Stempel ff.

Prozeßsucht
Bestrafung frivoler Armenparteien (V. 16. Febr. 1823 §. 8, 10) II. 348. — vgl. Mißbrauch, Querulanten.

Prozeßtabellen
Einreichung von Uebersichten der begangenen Verbrechen (R. 26. Sept. 1817) I. 477. — dgl. von Referententabellen und Geschäftsübersichten in Civil- und Strafsachen (R. 8. Jan. 1821) II. 73, (R. 9. April 1821) II. 102, (R. 15. März 1824) II. 470. — Einsendung von Kriminalprozeßtabellen (R. 2. Sept. 1822) II. 306. — Vereinfachung der bisherigen Vorschriften über Prozeßtabellen (R. 30. Dez. 1824) II. 531. — Uebersichten der Untersuchungen wegen gewisser Verbrechen (R. 24. Mai 1829, 10. Febr. 1830) III. 321. — Form der jährlichen Kriminal- und Civilprozeßtabellen (R. 29. Sept. 1837) VI. 307. — Berücksichtigung der Ehescheidungssachen in der Kassationsinstanz (R. 11. Nov. 1838) VI. 631. — welche Urtheile als definitive aufzuführen sind (R. 2. Sept. 1841) VII. 331. — Tabellarische Bekanntmachung der Straferkenntnisse auf Verlust der bürgerlichen Ehrenrechte (R. 31. März 1848) VIII. 155, (R. 8. Aug. 1851) X. 378. — Gebührenfreie Anfertigung der betreffenden Tabellen durch das Parketsekretariat (R. 22. Mai 1857) XI. 342.

Nachweisung der gerichtlichen Praxis der Anwalte durch die Gerichtssekretariate (R. 16. April 1820 §. 3) II. 22. — vgl. Assisentabellen, Ostrhein (Tabellen), Sühneversuch, Tabellen. — vgl. ferner Polizeikontraventionsregister, Strafregister.

Prozeßverjährung s. Reichsgerichte, Verjährung. — vgl. Erkenntnißstempel.

Prüfungen

gewerbliche s. Bauhandwerker, Gewerbebetrieb, Schifffahrt.

juristische

Regulativ über die praktischen Vorbereitungen und Prüfungen zum Justizdienst (R. 26. Aug. 1822, 12. Dez. 1825, 16. Febr. 1832) III. 431, (R. 31. März 1834) IV. 44. — Kenntniß des römischen Rechts (R. 13. Juni 1835) V. 146. — Angabe der interpretirten Stellen des corpus juris im Prüfungsprotokoll (R. 24. Febr. 1836) V. 335. — Verfahren bei nicht bestandener Prüfung (R. 5. Febr. 1836) V. 323. — Zusammenstellung der Vorschriften über die juristischen Prüfungen (K. 14. R. 22. Juni 1847) IX. 201, (Reg. K. 10. R. 12. Dez. 1849) X. 72. — Einfluß der Mobilmachung (StMB. 19. Juli, R. 25. Aug. 1850) X. 228. — vgl. Hypothekenbewahrer, Rechtskandidaten, Rechtsstudium.

Erste Prüfung

Beschaffenheit der Universitätszeugnisse (R. 12. März 1823) II. 352, (K. 16. Aug., R. 9. Okt. 1834) IV. 155. — Nachweis der Subsistenzmittel (R. 19. Okt. 1831) III. 402, (R. 4. Sept. 1863) XII. 417. — Zurückweisung der Kandidaten, welche das Gymnasialzeugniß Nr. 3 besitzen (R. 30. Dez. 1831) III. 420. — dgl. der im letzten Semester von der Universität konsiliirten oder relegirten Kandidaten (R. 22. 31. Mai 1844) VIII. 279. — Nachweis des Besuchs inländischer Universitäten (K. 30. Juni 1841) VII. 305. — dgl. der obligatorischen Vorlesungen (R. 5. Okt. 1839) VII. 91, (R. 16. Nov. 1839) VII. 111, (R. 16. Nov. 1844) VIII. 377, (R. 1. Juli 1846) IX. 99, (R. 11. Jan. 1848) IX. 261, (R. 28. Sept. 1850) X. 247, (vgl. R. 5. Dez. 1864) XII. 458. — Dispensation vom triennium academicum (R. 2. Juli 1851) X. 367, (R. 2. Febr. 1858) XII. 6. — Zulassung ausländischer Kandidaten (K. 1. R. 26. Okt. 1829) III. 302. — dgl. jüdischer (R. 10. Juli 1857) XI. 355, (R. 21. Mai 1861) XII. 246.

Verfahren bei der Auskultatorprüfung (Reg. 16. Febr. 1832) III. 431, (R. 31. März 1834) IV. 44, (R. 29. Nov. 1834) IV. 180, (R. 10. Dez. 1834) IV. 187, (R. 24. Febr. 1836) V. 335, (K. 14. R. 22. Juni 1847) IX. 201, (Reg. K. 10. R. 12. Dez. 1849) X. 72, (R. 19. Mai 1859) XII. 84, (K. 26. Nov., R. 5. Dez. 1864) XII. 458. — dgl. bei nicht bestandener Prüfung (R. 5. Febr. 1836) V. 323. — Entbindung der Doktoren der Rechte von der Auskultatorprüfung (R. 6. Jan. 1840) VII. 125. — vgl. Auskultatoren.

Zweite Prüfung

Allgemeine Bestimmungen über dieselbe (Reg. 16. Febr. 1832) III. 431, (R. 31. März 1834) IV. 44, (R. 10. Dez. 1834) IV. 187. — Beschleunigung der Einsendung der Prüfungsverhandlungen (R. 28. Juli 1833) III. 659, (R. 2. Juni 1840) VII. 177. — Anfertigung schriftlicher Relationen vor der Probearbeit (R. 2. April 1856) XI. 175. — Wiederholung der schriftlichen Probearbeit (R. 15. Mai 1857) XI. 341, (R. 30. Juni 1860) XII. 195, (R. 22. Okt. 1860) XII. 210. — vgl. Auskultatoren und Referendarien, Notariatsprüfung.

Dritte Prüfung

Allgemeine Bestimmungen (Reg. 16. Febr. 1832) III. 431, (R.

12. Aug., 23. Sept. 1833) III. 671, (K. 14. R. 22. Juni 1847) IX. 201, (K. 25. Aug., R. 1. Sept. 1848) IX. 326, (Reg. K. 10. R. 12. Dez. 1849) X. 72.

Niedersetzung einer Prüfungskommission zu Cöln (R. 1. März 1833) III. 592. — Aufhebung derselben, Verfahren vor der Immediatjustizexaminationskommission zu Berlin (K. 17. Dez. 1833, J. R. 8. Febr. 1834) IV. 19, (R. 31. März 1834) IV. 48. — Ferien derselben (R. 13. Juli 1851) X. 375. — Erklärung der Examinanden über die beabsichtigte Anstellung (R. 6. Dez. 1834) IV. 184. — Ernennung zur Advokatur ohne Verleihung der Anwaltschaft (R. 26. Jan. 1837) VI. 37. — Anzeige der Examinationskommission wegen Nichtablieferung der Proberelationen (R. 16. April 1832) III. 464. — Abstellung von Verzögerungen seitens der Examinanden (R. 9. April 1846) IX. 77. — Beurlaubung der Referendarien (R. 19. Febr. 1848) IX. 285, (R. 6. Jan. 1852) X. 401. — Einsendung der schriftlichen Vorträge der Referenten und der ergangenen Urtheile in den Probesachen (R. 5. März 1836) V. 340. — Anfertigung der Proberelation beim rheinischen Appellationsgerichtshofe (R. 15. Jan. 1835) V. 50. — dgl. beim Obertribunal (R. 19. Mai 1837) VI. 214. — Anfertigung einer dritten Proberelation (R. 28. Dez. 1859) XII. 157. — Mängel der Relationen (R. 12. Mai 1836) VI. 47, (R. 4. Febr. 1837) VI. 81. — Anfertigung schriftlicher Relationen vor der Probearbeit (R. 2. April 1856) XI. 175. — wann die Probeinstruktionen zu erlassen sind (R. 15. Sept. 1838) VI. 592. — Beibringung eines Qualifikationsattestes über die geführten Untersuchungen (K. 25. Aug., R. 1. Sept. 1848) IX. 326.

Nachträgliche Prüfung der altländischen Assessoren für rheinische Justizstellen (K. 14. R. 31. März 1840) VII. 157. — vgl. Assessoren.

Notariatsprüfung

Allgemeine Bestimmungen (V. 25. April 1822 §. 6 ff.) II. 246, (K. 7. R. 12. Jan. 1828) III. 181, (R. 26. Aug. 1822, 12. Dez. 1825, Reg. 16. Febr. 1832 §. 41) III. 445. — Einreichung der Prüfungsverhandlungen durch den Generalprokurator (R. 13. Jan. 1837) VI. 20. — Ernennung der Prüfungskommissarien (R. 9. März 1838) VI. 437. — Zulassung der Aspiranten vor vollendetem 25. Jahre (R. 11. Nov. 1840) VII. 228. — Erforderniß der vorher bestandenen Referendariatsprüfung (K. 27. Okt. 1852) X. 512. — Praktische Richtung der mündlichen Notariatsprüfung (R. 15. Nov. 1852) X. 520. — vgl. Notariatskandidaten.

Gerichtsschreiberprüfung

Allgemeine Bestimmungen (Reg. 16. Febr. 1832 §. 34 — 37) III. 443. — Stage der Aspiranten (R. 1. März 1833) III. 589. — Vorbereitung der versorgungsberechtigten Militairpersonen (R. 4. Sept. 1834) IV. 151, (R. 19. Dez. 1834) IV. 198, (R. 28. Sept. 1838) VI. 601. — vgl. Gerichtsschreiberkandidaten. — vgl. ferner Civilversorgung.

Gerichtsvollzieherprüfung

Allgemeine Bestimmungen (Reg. 16. Febr. 1832 §. 38 — 40) III. 444. — Vorbereitung der Aspiranten (R. 7. März 1833) III. 589, (R. 7. Juli 1836) V. 420. — insbesondere der versorgungsberechtigten Militairpersonen (R. 4. Sept. 1834) IV. 151, (R. 28. Sept. 1838) VI. 601. — Vorzug der erfüllten Militairpflicht bei der Admission zur Prüfung (R. 14. Aug. 1832) III 496, aufgehoben (durch R. 7. Juli 1836) V. 419. — vgl. Gerichtsvollzieherkandidaten. — vgl. ferner Civilversorgung, Gerichtsschreiberkandidaten.

Prüfungsgebühren
Entrichtung derselben bei der Referendariatsprüfung (R. 16. Juli 1834) IV. 101. — Portopflichtigkeit der Uebersendung (R. 14. Aug. 1835) V. 181. — Beitreibung gestundeter oder rückständiger Gebühren für die dritte Prüfung (R. 25. Aug. 1837) VI. 288, (R. 28. Okt. 1850) X. 248.

Prüfungskommission s. Prüfungen, Schifffahrt (Rhein).

Prüm s. Landgerichte.

Publikation s. Bekanntmachung, Civilstand (Heirathsverkündigung), Erkenntnisse, Gerichtsverhandlungen, Gesetze, Polizeiverordnungen.

Pulver s. Schießpulver.

Punktationen
deren Stempelpflichtigkeit (K. 19. Juni 1834) VI. 393. — vgl. Verträge.

Pupillengelder
deren Portofreiheit und Verzinsung bei der kgl. Bank (V. 19. Juli, R. 16. Okt. 1819) I. 615, (R. 20. Dez. 1819, 6. 28. Jan. 1820) II. 6. — Gebühren- und Stempelfreiheit der Depositalatteste und Quittungen (G. 23. Dez. 1846 §. 3) IX. 136. — Zuziehung des Nebenvormunds bei Auszahlung von Aktivkapitalien (K. 18. Dez. 1836) V. 522, (R. 16. Aug. 1838) VI. 572. — vgl. Vormundschaft.

Pyromanie
Unhaltbarkeit derselben (R. 30. Nov. 1851) X. 392. — vgl. Brandstifter.

Quäker
sind wie Mennoniten zu behandeln (K. 16. Mai 1830 §. 6) III. 346. — vgl. Mennoniten.

Quästur s. Universität.

Querulanten
deren Bestrafung (R. 9. Mai 1831) V. 18, (K. 25. Mai, R. 3. Juni 1836) V. 381. — vgl. Beschwerde, Prozeßsucht, Supplikanten.

Quinze jours s. Strafzeit.

Quittungen
Vermerk der Inventarisation bei Quittungen über angeschaffte Utensilien und Bücher (R. 27. Jan., 21. April 1826) III. 24, (R. 2. Okt. 1826) III. 66. — Empfangsbescheinigung bei Asservaten (J. R. 24. Dez. 1827) III. 167. — Quittung der Gerichtsvollzieher über eingezogene Abschlagszahlungen (R. 20. Aug. 1841) VII. 314, (R.

30. Aug. 1841) VII. 328. — Form der Quittungen bei der Depositenkasse in Cöln (G. 24. Juni 1861 §. 17, 19) XII. 255.
Stempelansatz zu gerichtlichen und notariellen Quittungen (R. 16. Okt. 1839) VII. 94. — dgl. zu Quittungen über Gehaltszahlung aus verschiedenen Kassen (R. 23. Mai 1835) V. 138. — dgl. zur Quittung über fixirte Diäten (R. 18. Okt. 1839) VII. 108. — dgl. zu Gehaltsquittungen in Bezug auf die Pensionsabzüge und zu Quittungen der Hinterbliebenen von Beamten und Pensionären (R. 29. Sept. 1841) VII. 345. — Verwendung von Stempelmarken zu Quittungen (R. 30. Sept. 1862 §. 2) XII. 374. — Stempelfreiheit der Quittung über die Cessionsvaluta (R. 19. Nov. 1829) III. 309. — dgl. der Privatquittungen für Vormünder und Kuratoren (G. 23. Dez. 1846 §. 3) IX. 136. — vgl. Lebensscheine, Vollmacht. — vgl. ferner Insinuationsdokument.

Quittungsbücher
Aufhebung der Bestimmungen über die Quittungsbücher der Werkmeister (G. 8. Juni 1860) XII. 193.

Rabbiner
deren Gebühren für Eidesabnahme (R. 15. März 1818) I. 496, (R. 28. Nov. 1840) VII. 243. — Zuziehung bei Eidesleistungen (K. 30. April 1837) VI. 182. — Wahl und Anstellung derselben (G. 23. Juli 1847) IX. 210, (R. 16. Febr. 1851) X. 261. — vgl. Synagogengemeinden.

Radfelgenbreite s. Wege.

Rang
der Assisenpräsidenten (R. 10. Juli 1820) II. 50, (R. 29. Dez. 1825) II. 627. — der rheinischen Justizbeamten (K. 6. Febr. 1824) II. 456. — der Landgerichtsräthe und Prokuratoren (K. 12. R. 19. Febr. 1832) III. 448, (R. 25. Juni 1832) III. 478. — der Landgerichtskammerpräsidenten (R. 3. Okt. 1835) V. 230. — der Advokaten, Anwalte und Notarien als Titularjustizräthe (K. 1. Nov. 1835) V. 251, (R. 1. Okt. 1836) V. 464. — der Vizepräsidenten des Obertribunals sowie des Generalstaatsanwalts und der Oberstaatsanwalte bei demselben (K. 7. Nov. 1853) X. 601. — Dienstprädikate der Justizbeamten bei veränderter Amtsstellung ohne Rangerhöhung (K. 7. Juli, R. 5. Aug. 1855) XI. 137. — Rangverhältniß der wiedergewählten Mitglieder der Handelsgerichte (K. 10. R. 18. Mai 1858) XII. 29. — vgl. Dienstalter, Titel, Uniform.

Rastatt
Gerichtsbarkeit über die dortige preußische Garnison (G. 8. Juni 1860 §. 13) XII. 191, (V. 1. Okt. 1860) XII. 207. — Form der Requisitionen in Civiljustizsachen der preußischen Besatzung (R. 31. Okt. 1860) XII. 211. — vgl. Deutsche Bundestruppen.

Rathskammerbeschlüsse
Zuziehung der Strafrathskammer bei Einholung von Obduktionsgutachten des Medizinalkollegiums (R. 15. März 1833) III. 598. — Ausfertigung der Civilrathskammerbeschlüsse bei Theilungen und gerichtlichen Immobilarverkäufen (V. 27. Juli 1855 §. 19) XI. 136,

(G. 3. Mai 1858 §. 19) XI. 445. — Stempelansatz zu denselben (R. 24. Sept. 1855 §. 3) XI. 149. — dgl. zu Beschlüssen wegen vakanter Erbschaften (R. 18. Dez. 1839) VII. 127. — Stempelpflichtigkeit der bezüglichen Bittschriften (R. 11. April 1863 Nr. 43) XII. 399. — Stempelfreiheit der Vollstreckbarkeitserklärung altländischer Urtheile (R. 11. April 1841) VIII. 95. — dgl. der Ernennung von Depositaren der Notariatsurkunden (R. 19. Febr. 1842) VIII. 99. — vgl. Armenrecht, Berathung, Beschlagnahme, Entscheidungsgründe, Exekutorische Klausel, Kriminalordnung, Landgerichte, Leibverhaftsbefehl, Steuerstrafen.

Raub
Anzeige bedeutender Raubthaten beim Justizminister (R. 11. April 1832) III. 461.

Raumersparniß
bei ausländischen Insinuationsurkunden (R. 31. Dez. 1830, 21. 28. Febr., 6. April 1832) III 449. — vgl. Papier.

Realanerbieten s. Depositalwesen, Erkenntnißstempel.

Reallasten
deren Ablösung (G. 2. März 1850) X. 123. — Sistirung der Verwandlung der den Kirchen, Pfarren, Küstereien und Schulen zustehenden Reallasten in Geldrenten (V. 13. Juni 1853) X. 583. — Ablösung der den geistlichen und Schulinstituten sowie den frommen und milden Stiftungen zustehenden Reallasten (G. 15. April 1857) XI. 312. — Errichtung von Rentenbanken (G. 2. März 1850) X. 161. — vgl. Abgaben, Deichwesen, Dienste, Erbpacht, Leistungen, Renten, Zehnten.

Realrechte
Regulirung der bergischen Realberechtigungen (G. 21. April 1825) II. 586 (Citat).

Realservituten s. Erkenntnißstempel.

Rechnungslage
der Notarien über die Schlaggelder bei Versteigerungen (V. 20. Febr. 1834) IV. 27, (R. 4. Juli 1839, 4. Juli 1840) VII. 185.
vormundschaftliche s. Verwaltungsübersicht, Vormundschaft. — vgl. Quittungen.

Rechnungsprozeß s. Erkenntnißstempel.

Rechtsanwalte
deren Verpflichtung zum Halten der Gesetzsammlung (K. 9. Mai 1854) XI. 31. — Anstellung und Funktionen der Rechtsanwalte beim Obertribunal (G. 17. März 1852 §. 7) X. 404. — Einführung eines Ehrenrathes für dieselben (G. 26. März 1856 §. 4) XI. 173. — vgl. Advokaten.

Rechtsbeistand
Bewilligung eines solchen für die Zoll- und Steuerbehörden zur Behandlung der Steuerprozesse (R. 13. 30. Jan. 1824) II. 453.
bei Gewerbegerichten ist Assistenz von Rechtsverständigen unzulässig (R. 25. April 1844) VIII. 263. — vgl. Advokaten, Mandatar, Vertretung, Winkelkonsulenten.

Rechtshülfe
Maßregeln gegen den Holzdiebstahl in den Großherzoglich hessischen Grenzwaldungen (R. 5. Febr. 1838) VI. 418. — Einziehung der Strafgelder wegen Forstfrevels in benachbarten fremdherrlichen Waldungen (R. 13. Okt. 1844) VIII. 368. — Uebereinkunft mit Luxemburg wegen Verhütung und Bestrafung der Forst-, Jagd- und Fischereifrevel (Ko. 9. Febr. 1849) X. 46. — dgl. mit Nassau rücksichtlich der Feld-, Forst-, Jagd- und Fischereifrevel (B. 12. März 1856) XI. 169. — dgl. mit Bayern (Erkl. 7. B. 13. Juli 1859) XII. 108. — dgl. mit dem Großherzogthum Hessen (Erkl. B. 7. Dez. 1861) XII. 267. — Kündigung der Uebereinkunft mit den Niederlanden wegen Verhütung der Forstfrevel vom 16. Aug. 1828 (B. 27. Nov. 1863) XII. 428. — Wechselseitige Vollstreckbarkeitserklärung der in Rheinhessen und im Appellationsgerichtsbezirk Cöln ergehenden Civilurtheile (R. 24. Juli 1841) VII. 307. — Vereinbarungen mit einzelnen Staaten wegen gegenseitiger Rechtshülfe (R. 16. Sept. 1844) VIII. 355. — insbesondere in Strafsachen (R. 25. Aug. 1859) XII. 114. — vgl. Auslieferung, Requisitionen, Schleichhandel, Zollvergehen.

Rechtskandidaten
Benachrichtigung der Universitäten von Anstellung derjenigen Kandidaten, welchen Kollegienhonorar gestundet worden (R. 20. Jan. 1837) VI. 29. — Abmahnung vom Rechtsstudium (R. 17. Nov. 1855) XI. 159, (R. 4. Sept. 1863) XII. 417. — vgl. Prüfung (erste). — vgl. ferner Universitäten.

Rechtskraft
der Urtheile erstreckt sich nicht auf die Festsetzung des Erkenntnißstempels (R. 21. März 1834) IV. 41, (R. 21. Febr. 1837) VI. 92. — der Straferkenntnisse bedingt die Strafvollstreckung (R. 22. Mai 1840) VII. 171. — Nachweis der Rechtskraft bei Ehescheidungsurtheilen (R. 25. Juni 1821) II. 129. — Ablauf der Appellationsfrist ist bei Untersuchungen nicht ex officio geltend zu machen (R. 11. Dez. 1835) V. 287. — Rückgabe polizeilich mit Beschlag belegter Drucksachen nach Aufhebung der Beschlagnahme durch den Staatsanwalt (R. 24. Dez. 1858) XII. 44. — vgl. Rückfall.

Rechtsmittel
Rekurs gegen Verfügungen der Regierung als Finanzbehörde (StMB. 20. Juli 1818 §. 15, 19) I. 507. — dgl. gegen Resolute wegen Defekts (B. 24. Jan. 1844 §. 16) VIII. 234. — Zurücknahme der Provokation auf richterliche Entscheidung bei Strafresoluten der Finanz- und Polizeibehörden (R. 23. Sept. 1846) IX. 109.

Verfahren, wenn behufs Erledigung eines Rechtsmittels die Einsicht von fremden Gerichtsakten erforderlich ist (G. 11. Mai 1855 §. 7) XI. 113. — vgl. Aktenversendung, Appellation, Einreden, Fiskalische Untersuchung, Kassation, Kriminalordnung, Opposition, Rechtskraft, Rechtsweg.

Rechtsstudium
Abmahnung von demselben (R. 17. Nov. 1855) XI. 159, (R. 4. Sept. 1863) XII. 417. — vgl. Prüfungen, Universitäten.

Rechtsverfassung s. Justizorganisation.

Rechtsweg
Unzulässigkeit der Arrestanlage auf fremdes Staatseigenthum (R. 5. Okt. 1819) I. 613. — Ausschließung des Rechtsweges bei Verwaltungsansprüchen an den Staat aus der Zeit der Fremdherrschaft (K. 4. Febr. 1823) II. 345, (R. 8. März 1824) II. 458. — dgl. bei Entschädigung der fremdherrlichen Beamten (R. 4. Febr., 23. Juni 1828) III. 239. — dgl. bei Ansprüchen wegen entzogener Diensteinkünfte (K. 7. Juli, R. 12. Nov. 1830) III. 362, (K. 12. April, R. 21. Juni 1835) V. 151, (K. 28. Okt., R. 2. Nov. 1836) V. 486. — inwiefern bei Pensionsansprüchen der Gemeindebeamten (G. 15. Mai 1856 §. 59) XI. 214, (G. 15. Mai 1856 §. 25) XI. 229. — Ausschließung des Rechtsweges bei Feststellung der Beamtenqualität (R. 30. Juli 1837) VI. 271. — dgl. bei Schutzbauten an Flüssen und Kanälen (R. 26. Dez. 1835) V. 295. — dgl. bei Wegräumung der auf Straßen vorfindlichen Hindernisse (R. 22. Juli 1836) V. 425. — dgl. bei Ausschreibung von Baukosten für Vizinalwege (R. 4. Aug. 1840) VII. 194. — dgl. bei Feststellung der Vizinalqualität der Wege (R. 29. Sept. 1840) VII. 208. — dgl. bei Streitigkeiten über die Erbreiterung derselben (R. 30. März 1843) VIII. 153. — inwiefern der Rechtsweg ausgeschlossen ist bei Verwaltung der Stiftungen (R. 28. Nov. 1842) VIII. 128. — dgl. bei Gesindestreitigkeiten (V. 19. Aug. 1844) VIII. 337. — dgl. bei Kultusangelegenheiten der Synagogengemeinden (G. 23. Juli 1847 §. 49, 53, 58) IX. 221. — dgl. bei Ansprüchen an die Provinzialfeuersozietät (Reg. K. 1. Sept. 1852 §. 105) X. 506. — dgl. bei Vorflutsangelegenheiten (G. 14. Juni 1859 §. 4—6) XII. 98. — dgl. bei Streitigkeiten über die Verpflichtung zur Armenpflege (V. 14. Jan. 1859 §. 13) XII. 104.

Erweiterung des Rechtsweges in Beziehung auf Ansprüche der Staatsbeamten wegen ihrer Diensteinkünfte, in Beziehung auf öffentliche Abgaben, in Beziehung auf die Stempelsteuer und in Beziehung auf Kirchen-, Pfarr- und Schulabgaben (G. 24. Mai 1861) XII. 247. — vgl. Exekution (administrative), Kassendefekte, Kompetenzkonflikt, Polizeibehörden, Rechtsmittel, Ressortreglement, Stempeldefekte, Stempelstrafresolute, Strafresolute.

Recidive s. Rückfall.

Réclusion
wird durch Zuchthaus übersetzt (R. 17. Mai 1822) II. 268. — vgl. Strafgesetzbuch (rheinisches).

Redakteur
dessen Obliegenheit bezüglich der Ankündigung verbotener Lotterien und Ausspielungen (GV. 21. Juni 1814) I. 67. — Allgemeine Verhältnisse desselben (G. 12. Mai 1851) X. 308. — vgl. Presse, Zeitungen.

Referendarien s. Auskultatoren und Referendarien.

Refereverfahren
dessen Anwendung beim Wiederverkauf von gerichtlich versteigerten Immobilien (G. 18. April 1855 §. 55) XI. 94.

Refraktaire s. Militairpflichtige.

Regentschaft s. Exekutorische Klausel.

Regierungen
Grenzen ihrer Amtsbefugnisse gegenüber den Gerichten (StMB. 20. Juli 1818) I. 504. — dieselben ertheilen Legitimationsscheine quoad delendam maculam (R. 1. Dez. 1820) II. 66. — Befugniß derselben zum Erlaß von Steckbriefen (R. 25. Sept., 5. Okt. 1821) II. 179. — dgl. zu Maßregeln gegen entsprungene Transportaten (R. 19. Jan. 1824) II. 452. — dgl. zur Anweisung der Alimente für unvermögende Festungssträflinge (R. 6. Dez. 1824) II. 536. — vgl. Behörden, Dienstbehörden, Disziplinarbehörden, Domainen, Finanzbehörden, Fiskus, Polizeibehörden, Stempelbehörden, Steuerbehörden, Verwaltungsbehörden. — vgl. ferner Ablösung, Aktiengesellschaften, Amtsblätter, Anstalten, Aerzte, Asservate, Auswanderung, Bauen, Begnadigungsgesuche, Büreaukostenfonds, Civilstandstabellen, Civilversorgung, Deichwesen, Deserteure, Diensteinkommen, Dienstvergehen, Disziplinarstrafen, Eigenthumsklagen, Erbschaft (vakante), Exekution (administrative), Expropriation, Forderungsklagen, Gefängnisse, Geistliche, Geldbußen, Gemeinde ff., Gemeinheitstheilung, Gerichtsbibliotheken, Gewerbebetrieb, Herrenloses Gut, Jagdzeit, Injurienklagen, Interdiktion, Justizfonds, Justizvisitation, Kirchen, Kompetenzkonflikt, Konfiskation, Kostenliquidation, Kriminalfonds, Landstreicher, Militairpflichtige, Münzen, Naturalisation, Obduktion, Polizeiverordnungen, Rechtsweg, Regreßklagen, Rehabilitation, Requisition, Ressortreglement, Schifffahrt, Schulen, Siegelung, Stempelstrafen, Steuerstrafen, Stiftungen, Strafarbeit, Straferkenntnisse, Strafresolute, Strafvollstreckung, Sukkumbenzgelder, Synagogengemeinden, Untersuchung, Urtheilsauszüge, Verbrecher (jugendliche), Versicherungsanstalten, Waldungen, Wege, Winkelkonsulenten, Wittwenkasse.

Regierungsbaubeamte s. Baubeamte.

Regierungsbevollmächtigter s. Universitätskurator.

Regierungskommissar
bei Gemeinheitstheilungen, Uebernahme dieser Funktion durch Justizbeamte erfordert Genehmigung des Justizministeriums (R. 28. Mai 1857) XI. 349. — vgl. Expropriation, Kommissorien.

Regierungspräsidenten
an dieselben erfolgt die Zustellung der Vorladungen und Akte in Fiskalsachen (StMB. 20. Juli 1818 §. 22) I. 511, (StMB. 30. Nov., R. 17. Dez. 1838) VI. 667. — Anfertigung der Geschworenenliste durch dieselben (J. 19. Nov. 1818 §. 33) I. 528. — Mitwirkung derselben bei Ernennung der Polizeianwalte (R. 17. April 1851) X. 287, (R. 12. 20. Okt. 1854) XI. 66.

Register s. Civilstandsregister, Emolumentenregister, Handelsregister, Polizeikontraventionsregister, Schiffsregister, Strafregister, Vormundschaftsregister. — vgl. Asservate, Formulare, Journal, Kollokation, Repertorien, Tabellen.

Regreßklagen
gegen Verwaltungsbeamte aus Veranlassung des Amtes sind der

Regierung anzuzeigen durch die Staatsanwaltschaft (StMB. 20. Juli 1818 §. 38) I. 513. — Benachrichtigung der letztern seitens der Friedensrichter (R. 19. Dez. 1841) VII. 374. — vgl. Amtshandlungen, Hypothekenbewahrer.

Rehabilitation

Verfahren bei Gesuchen um Wiederverleihung der Nationalkokarde (K. 23. Aug. 1821) II. 171, (K. 22. Okt. 1828) III. 251. — dgl. der Kriegsdenkmünze (R. 16. Jan. 1833) III. 561, (K. 3. April 1834) IV. 49. — Ressortverhältnisse und Verfahren bei Rehabilitationsgesuchen (R. 28. Mai, 7. Juni 1839) VII. 69, (K. 30. Dez. 1852, R. 18. Jan., 8. März 1853) X. 552, (R. 29. Jan. 1858) XII. 4. — Rehabilitirung hebt die Suspension des Bürger- und Gemeinderechts auf (G. 15. Mai 1856 §. 7) XI. 197, (G. 23. Juli 1845 §. 40) XI. 417, (G. 15. Mai 1856 §. 12) XI. 226.

Rehabilitation aktiver Militairpersonen (V. 18. Mai 1852 §. 8) X. 418, (K. 4. R. 27. Dez. 1856) XI. 291. — vgl. Begnadigung, Ehrenrechte, Orden.

Reichsdeputationsschluß

Anwendung des §. 66 desselben auf westfälische Stiftspensionen (R. 9. Dez. 1831) III. 417.

Reichsgerichte

Verjährung der bei denselben unerledigt gebliebenen Prozesse (K. 18. Mai 1839) VII. 62, (J. 27. Juli 1839) VII. 80. — vgl. Reichskammergericht.

Reichshofrath

Aufräumung der Akten desselben (R. 7. Dez. 1836) V. 515.

Reichskammergericht

Verfahren bei Avokation der Akten desselben (R. 3. Aug. 1821) II. 158. — vgl. Reichsgerichte.

Reichsstände

Verfahren bei Anträgen auf Personalarrest gegen die Häupter und Mitglieder der mediatisirten Fürstenhäuser (K. 2. R. 18. Aug. 1826) III. 64, (R. 6. Mai 1836) V. 371. — Eidesleistung derselben in Prozessen über Domainen, Lehn- und Patrimonialgerechtsame (K. 3. Jan. 1845) IX. 3, (K. 9. Okt. 1854) XI. 61. — Deklaration der Verfassungsurkunde in Bezug auf die Rechte der mittelbar gewordenen Deutschen Reichsfürsten und Grafen (G. 10. Juni 1854) XI. 39. — Fortdauernde Gültigkeit des §. 36 der Instruktion vom 30. Mai 1820 sowie der Verordnung vom 3. Januar 1845 wegen Vertretung und Eidesleistung in Prozessen (K. 9. Okt. 1854) XI. 61. — Verhältnisse der vormals unmittelbaren Deutschen Reichsstände bezüglich des Gemeindewesens (G. 15. Mai 1856 §. 94) XI. 221, (G. 23. Juli 1845 §. 5, 118) XI. 408, (G. 15. Mai 1856 §. 3) XI. 222. — Amtliche Bezeichnung derselben, Vermeidung des Ausdrucks „Standesherr" (R. 13. Juli, 7. Nov. 1842) VIII. 123. — vgl. Ostrhein (Standesherren). — vgl. ferner Landtag, Titel, Wittgenstein.

Reiseakte

deren Aufnahme bei den Handelsgerichten (R. 16. Juli 1856) XI. 238.

Reisekosten
der Assisenpräsidenten (R. 11. Mai 1820) II. 32, (R. 10. Juli 1820) II. 50, (R. 29. Dez. 1825) II. 627. — der Scharfrichter (R. 26. Aug. 1822) II. 296. 298, (R. 23. Dez. 1823) II. 440. — der Landgerichtspräsidenten und Oberprokuratoren bei Revisionsreisen (R. 14. Mai 1824) II. 499, (R. 5. Jan. 1835) V. 39, (R. 9. Juni 1835) V. 143. — der Friedensgerichtsbeamten bei kommissarischen Aufträgen in Civilsachen (K. 28. April, R. 3. Mai 1832) III. 466. — dgl. in Vormundschaftssachen (R. 30. Aug. 1824) II. 521, (R. 10. April 1835) V. 101, (J. 10. Okt. 1835 §. 25) V. 242. — Anweisung dieser Reisekosten auf den Kriminalfonds (R. 20. Nov. 1835) V. 258. — Wiedereinziehung oder Niederschlagung derselben (R. 18. März 1836) V. 344. — Meilengelder der Friedensgerichtsbeamten in Civilsachen (R. 11. Sept. 1837) VI. 301. — dgl. bei Expropriationen (G. 25. Mai 1857 §. 8) XI. 347. — Diäten und Reisekosten der Friedensgerichtsbeamten für auswärtige Dienstgeschäfte in Civilsachen (G. 23. Mai 1859 §. 12 ff.) XII. 90. — Anweisung der Reisekosten der Friedensgerichtsbeamten bei Versiegelung von Amtspapieren und bei sonstigen außergerichtlichen Geschäften (R. 22. Juni 1838) VI. 535. — dgl. bei Versiegelung von Notariatsurkunden (R. 4. März 1848) IX. 288. — dgl. in Vormundschaftssachen (G. 5. Juni 1863 §. 6 ff.) XII. 407.

Reisekosten der Justizbeamten in Untersuchungssachen (R. 3. Jan. 1825) II. 541, (R. 9. Mai 1825, 13. Jan. 1826) III. 9. — dgl. der gerichtlichen Polizeibeamten bei Aufträgen seitens der Staatsanwaltschaft oder des Untersuchungsrichters (R. 22. März 1831) III. 373. — dgl. wenn kein Auftrag ertheilt worden (R. 21. Sept. 1846) IX. 108. — Formular zur Kostenliquidation über Lokaltermine (R. 14. April 1837) VI. 146. — Diäten und Reisekosten der Forstschutzbeamten bei Wahrnehmung der Forstgerichtstage (R. 30. Jan. 1861) XII. 232.

Reisekosten der Justizbeamten bei kommissarischen Aufträgen seitens der Verwaltungsbehörde (R. 5. Juli 1835) V. 158. — Stationsgelder der zur Extrapost nicht berechtigten Beamten (R. 5. Okt. 1836) VI. 349, (R. 5. Juni 1839) VII. 68. — Meilengelder derselben (K. 30. Juli 1842) VIII. 84. — Berechnung der Meilengelder bei gemeinschaftlichen Dienstreisen mehrerer Beamten (R. 8. Dez. 1842) VIII. 130, (R. 14. Nov. 1843) VIII. 197. — Liquidation der Extrapostkosten bei eintägigen Dienstreisen (R. 21. Mai 1845) IX. 28. — Berechnung der Bruchtheile von Meilen (R. 2. Dez. 1839) VII. 117, (R. 28. Nov., 10. Dez. 1846) IX. 129. — Vergütung für Nebenausgaben bei der Extrapost (B. 27. Dez. 1836) VI. 4. — dgl. für Extrapost-, Estafetten- und Kourierpferde (K. 21. April, R. 15. Juni 1855) XI. 105. — Anwendung des Regulativs vom 28. Juni 1825 (R. 1. Aug. 1825) II. 603. — Verfahren bei Aufstellung der Liquidationen (R. 7. März 1839) VII. 29. — modifizirt bezüglich der Mitkommissarien (K. 31. März, R. 7. April 1840) VII. 161. — Anderweitige Gebührensätze für Dienstreisen der Staatsbeamten (K. 10. Juni 1848) IX. 301. — Nebenkosten für Zu- und Abgang bei Eisenbahnen und Dampfschiffen (R. 23. Febr., 15. März 1851) X. 264. — Reisekosten für

Beförderung vom Bahnhof bis zum Orte, wonach die Station benannt ist (R. 14. Nov. 1862) XII. 379.

Reisekosten der Anwalte bei auswärtigem Zeugenverhör (R. 6. Jan. 1838) VI. 385. — Erstattung von Reisekosten der Parteien in handelsgerichtlichen Prozessen (R. 16. Juli 1856) XI. 238.

Bei Verpflichtung und Eidesleistung der Justizbeamten werden Reisekosten nicht vergütet (R. 31. Mai 1844) VIII. 281, (R. 13. Febr. 1850) X. 118.

Bescheinigung der Ortsentfernungen (R. 20. Febr. 1824) II. 456. — Entrichtung des Chausseegeldes seitens der Beamten (R. 11. 14. Mai 1824) II. 493. — Erstattung desselben und ähnlicher Auslagen aus dem Kriminalfonds (R. 24. Mai 1829) III. 281. — vgl. Armenrecht, Diäten, Distanztabellen, Extrapost, Gerichtsvollziehergebühren, Kostenersparniß, Kriminalkostentarif, Lokaltermin, Medizinalgebühren, Meilen, Postattest, Postfreipaß, Requisitionen, Scharfrichter, Stellvertretung, Versetzung, Zeugengebühren.

Reitpferde s. Militairvorspann.

Rekognitionsattest

Anwendung des bezüglichen Stempelansatzes auf Beglaubigung von Unterschriften, insbesondere der Taxatoren (V. 31. Dez. 1834) V. 35. — vgl. Beglaubigung, Legalisation.

Rektifikation s. Berichtigung, Civilstandsregister, Erkenntnißstempel.

Rekurs s. Rechtsmittel. — vgl. Rechtsweg.

Rekusation

Unanwendbarkeit des Art. 378 CPO. auf Armenrechtsbeschlüsse (K. 25. Mai 1831 §. 4) III. 375. — Vertretung der an einem Prozesse betheiligten Friedensrichter (R. 4. Nov. 1840) VII. 226. — Rekusation des Disziplinarrathes der Advokaten und Anwalte (G. 21. Juli 1852 §. 70) X. 471. — Beschränkung der Rekusation von Sachverständigen in Expropriationssachen (G. 25. Mai 1857 §. 4) XI. 347. — dgl. in Prozessen wegen Gewährleistung für verborgene Mängel verkaufter oder vertauschter Hausthiere (G. 3. Mai 1859 §. 8) XII. 79.

Relevanzbescheide s. Ostrhein.

Religion s. Gemischte Ehe, Juden, Mennoniten, Religiöse Angelegenheiten.

Religionsgesellschaften

Anwendung des Gesetzes vom 11. März 1850 über Vereinigungs- und Versammlungsrecht auf die nicht mit Korporationsrechten versehenen Religionsgesellschaften (R. 1. Aug., 5. Sept. 1850) X. 241. — vgl. Juden, Kirchen, Synagogengemeinden.

Religionsunterricht

Bestrafung der Versäumniß desselben seitens schulpflichtiger Kinder (K. 20. Okt. 1835) V. 150. — vgl. Gemischte Ehe, Schulzucht.

Religiöse Angelegenheiten

Ausschließung der Oeffentlichkeit bei gerichtlichen Verhandlungen über solche (K. 25. Febr., R. 10. März 1837) VI. 107. — vgl. Festtage, Kirchen, Ministerien.

Remplaçants
deren Rechtsverhältnisse, Anspruch auf Einstandsgeld (V. 31. Jan. 1817) I. 453. — vgl. Militairpflichtige.

Remscheid s. Gewerbegerichte.

Renten
Beweis des feudalen oder gutsherrlichen Ursprungs von Grundrenten (K. 29. Okt. 1835). — Zuziehung des Nebenvormunds bei Auszahlung abgelöster Renten an Minderjährige (K. 18. Dez. 1836) V. 522, (R. 16. Aug. 1838) VI. 572. — vgl. Domainen, Leibrente, Reallasten, Zehnten, Zinsen.

Rentenbanken
deren Errichtung (G. 2. März 1850) X. 161. — Abänderung des §. 20 dieses Gesetzes (G. 27. Juni 1860) XII. 194.

Rentenbriefe s. Amortisation. — vgl. Werthpapiere.

Reparaturen s. Dächer, Dienstgebäude, Ostrhein. — vgl. Baubeamte, Bauhandwerker.

Repertorien
deren Fortführung seitens der Notarien, Gerichtsschreiber und Gerichtsvollzieher (GB. 27. Mai 1814) I. 65. — Revision der Gerichtsvollzieherrepertorien (GNM. 24. April 1815) I. 196. — Formular zu denselben und Vorschriften über die Führung (J. 10. Juni 1833 §. 2) III. 637, (R. 22. Okt. 1833) III. 678. 687. — Vermerk der Repertoriennummer auf den Gerichtsvollzieherurkunden (R. 9. Juni 1836) V. 386.

Repertorien der Gerichtsschreiber und Gerichtsvollzieher über freiwillige Mobilarversteigerungen (R. 6. März 1835) V. 87. — dgl. der Rheinzollgerichte (R. 20. Nov. 1835) V. 259.

Abschluß der Notariatsrepertorien durch die Friedensrichter (R. 20. Dez. 1822) II. 325, (R. 10. Jan. 1823) II. 333, (R. 15. Aug. 1825) II. 604, (R. 1. Mai 1829) III. 278, (R. 15. Jan. 1830) III. 318, (R. 26. Mai 1846) IX. 89. — Vermerk der Stempelkassirung (R. 1. Aug. 1825) II. 601. — Eintragung der Akte von Tag zu Tag (R. 4. Dez. 1838) VI. 650. — dgl. der Theilungsverhandlungen (G. 3. Mai 1858 §. 3) XI. 443. — Einreichung von Verzeichnissen über vormundschaftliche Inventarien (J. 16. Aug. 1834 §. 4, 5) IV. 135, (R. 17. Okt. 1834) IV. 162.

Führung der Wechselrepertorien seitens der Notarien und Gerichtsvollzieher (R. 31. Aug. 1841) VII. 328, (V. 6. Jan. 1849) X. 23, (G. 15. Febr. 1850 §. 3) X. 120. — Revision derselben (R. 15. März 1849) X. 53.

Kontrole der Stempelerhebung bei den Friedensgerichten (R. 6. Juni 1861) XII. 250. — vgl. Einregistrirung, Emolumentenregister, Polizeikontraventionsregister.

Requisitionen
Verfahren der rheinischen Gerichte bei Requisitionen in Civilsachen (G. 11. Mai 1855 §. 6) XI. 113. — dgl. in Civiljustizsachen der preußischen Besatzung der Bundesfestungen Mainz, Luxemburg und Rastatt (R. 31. Okt. 1860) XII. 211. — Beauftragung der Frie-

densrichter bei Armenrechtsgesuchen (R. 9. Dez. 1831) III. 417. — Gebühren der Friedensgerichtsbeamten für Erledigung von Requisitionen (G. 23. Mai 1859 §. 6, 9) XII. 88. — Form der Requisitionen in Civiljustizsachen der preußischen Besatzung zu Mainz, Luxemburg und Rastatt (R. 31. Okt. 1860) XII. 211. Erledigung von Requisitionen durch Auditeure (G. 8. Juni 1860 §. 1) XII. 188. — Verfahren bei Einholung von Gutachten des Sachverständigenvereins (R. 25. Febr. 1842) VIII. 19, (R. 12. März 1855) XI. 104, (R. 11. Sept. 1858) XII. 35. — dgl. der wissenschaftlichen Deputation für das Medizinalwesen (R. 13. Dez. 1852) X. 526.

Kostenfreie Erledigung der militairgerichtlichen Requisitionen in Strafsachen (R. 9. Juli 1833) III. 656, (R. 17. Jan. 1839) VII. 9. — dgl. der Requisitionen zwischen rheinischen und altländischen Gerichten in Strafsachen (K. 24. R. 29. Nov. 1839) VII. 116, (R. 24. Nov. 1840) VII. 242. — vgl. Exekution, Strafvollstreckung, Untersuchung, Zeugenvorladung.

administrative s. Geistliche Behörden, Gensdarmen, Kassendefekt, Landrath, Polizeibehörden, Stempelbehörden, Steuerbehörden, Verwaltungsbehörden, Vorladung, Wachen.

altländische

Korrespondenz der Gerichte mit der rheinischen Staatsanwaltschaft (R. 4. Juni 1824) II. 507, (R. 31. Okt. 1832) III. 551, (R. 13. Aug. 1850) X. 240. — Erledigung der Requisitionen in Schwängerungssachen (R. 24. Aug. 1836) V. 440, (R. 11. April, 17. Mai, 10. Juli 1851) X. 283. — Gebühren in Bagatellsachen (R. 13. 25. Febr., 13. März 1837) VI. 109. — Berücksichtigung des vom requirirenden Gerichte bewilligten Armenrechts (R. 14. März 1837) VI. 112. — Bestreitung der Kosten in Strafsachen (K. 24. R. 29. Nov. 1839) VII. 116, (R. 24. Nov. 1849) VII. 242.

Verfahren der Gerichte bei Auszahlung von Depositalgeldern an Interessenten im Bezirk des Appellationsgerichtshofes zu Cöln (R. 23. Juni 1859) XII. 106. — vgl. Erkenntnisse, Exekutorische Klausel, Gerichtskosten, Kompetenz, Manifestationseid.

ausländische

Zusammenstellung der Vorschriften über das Verfahren bei Requisitionen nach dem Auslande (R. 16. Sept. 1844) VIII. 346.

Korrespondenz der Staatsanwaltschaft mit dem auswärtigen Ministerium (R. 25. Okt. 1819) I. 620, (R. 16. Dez. 1825) II. 625, (R. 10. Sept. 1830, 9. Febr. 1833) III. 576. — dgl. mit der Gesandtschaft zu London (R. 19. Okt. 1832) III. 524. — zu Brüssel (R. 31. Jan. 1834) IV. 14, (R. 2. Mai 1848) IX. 298. — zu Paris und im Haag (R. 27. Sept. 1851) X. 388. — dgl. mit niederländischen Gerichtsbehörden (R. 3. Okt. 1842) VIII. 117. — dgl. mit den Gerichtsbehörden Deutscher Bundesstaaten (R. 10. Dez. 1834) IV. 186. — insbesondere Würtembergs (R. 20. Jan. 1838) VI. 399. — des Königreichs Sachsens (R. 6. Dez. 1851) X. 396, (R. 2. Juni 1857) XI. 350. — Hannovers (R. 23. Aug. 1856) XI. 279. — Oesterreichs (R. 9. Aug. 1856) XI. 241, (R. 13. Sept. 1858) XII. 37, (vgl. R. 17. Juni 1843) VIII. 173. — insbesondere rücksichtlich österreichischer Militairpersonen (R. 5. März 1857) XI. 309. —

Einschärfung des Reskripts vom 16. Sept. 1844 bezüglich der diplomatischen Vermittelung bei Requisitionen nach Frankreich, Belgien und den Niederlanden (R. 18. Mai 1852) X. 419, (R. 8. Juli 1852) X. 454, (R. 28. Mai 1856) XI. 236, (R. 31. Mai 1856) XI. 236. — dgl. nach Rußland (R. 27. Sept. 1854) XI. 60, (R. 11. Jan. 1864) XII. 434. — Form der Requisitionen an niederländische Behörden (R. 6. Juli 1861) XII. 257, (R. 20. Mai 1864) XII. 447. — dgl. an französische Gerichte um Eidesabnahme (R. 15. Juni 1854, 30. April 1862) XII. 365. — dgl. an Gerichtsbehörden im Königreich Italien behufs eidlicher Vernehmungen (R. 15. Okt. 1863) XII. 423. — Kostenfreie Erledigung der Requisitionen zwischen französischen und preußischen Gerichten (R. 13. Juni 1836) V. 396, (R. 2. Jan. 1837) VI. 12. — Bestreitung der Kosten bei Requisitionen nach Belgien (R. 2. Mai 1848) IX. 298. — Kostenfreiheit der durch gesandtschaftliche Verwendung nachgesuchten Civilstandsauszüge und ähnlicher Atteste (K. 5. Aug. 1836, R. 27. Jan. 1837) VI. 40.

Ablehnung der Requisitionen in Untersuchungssachen gegen Inländer (R. 12. Nov. 1827) III. 160, (R. 28. Febr. 1855) XI. 74. — insbesondere bezüglich des Großherzogthums Luxemburg (R. 4. Juni 1855) XI. 117. — vgl. Adresse, Auslieferung, Insinuation, Porto, Portofreiheit, Rechtshülfe, Uebersetzung.

militairische s. Militairbehörden, Militairgerichte.

Reserve s. Militairpersonen (beurlaubte). — vgl. Garnisonkompagnien.

Residenzpflicht s. Wohnort, Wohnsitz. — vgl. Urlaub.

Resignation s. Amt. — vgl. Verzicht.

Resolut s. Strafresolut. — vgl. Exekution (administrative), Kassendefekte.

Ressortreglement

vom 20. Juli 1818 (I. 504), Anwendung resp. Modifikation einzelner Bestimmungen desselben:

§. 2 (R. 12 Dez. 1840, 7. März 1841) VII. 269, (R. 29. Sept. 1840) VII. 208, (R. 30. März 1843) VIII. 153. — §. 6 (R. 28. Febr. 1847) IX. 180. — §. 8, 10 (R. 26. Dez. 1835) V. 295, (R. 4. Aug. 1840) VII. 194, (R. 12. Dez. 1840, 7. März 1841) VII. 269. — §. 10 (R. 12. Dez. 1838) VI. 655. — §. 14 (R. 11. Juni 1829) III. 281, (R. 27. Juli 1829) III. 295. — §. 15 (R. 26. Sept. 1823) II. 408, (R. 1. 29. April 1820, 30. April, 31. Mai 1838) VI. 526, (R. 28. Nov. 1842) VIII. 128. — §. 15—17 (R. 6. Febr. 1838) VI. 451, (R. 12. Dez. 1840, 7. März 1841) VII. 269. — §. 16 (R. 9. Febr., 13. März 1842) VIII. 25, (R. 30. Mai, R. 12. Sept. 1843) VIII. 185. — §. 16, 17 (R. 4. 24. Febr., 28. März 1827) III. 106. — §. 18, 19 (R. 17. Febr. 1835) V. 72. — §. 20 (R. 9. Febr., 13. März 1842) VIII. 25. — §. 22—24 (R. 12. Jan. 1827) III. 91, (R. 7. Okt. 1831) III. 393, (R. 28. Aug. 1835) V. 198, (R. 21. Sept. 1836) V. 453, (StMB. 30. Nov., R. 17. Dez. 1838) VI. 667. — §. 26 (R. 19. Okt. 1836) V. 476. — §. 27—29 (R. 26. Jan. 1833) III. 568. — §. 30 (R. 1. Dez. 1846) IX. 127. — §. 32 (R. 19. Okt. 1836) V.

476. — §. 33 (R. 3. Aug. 1832) III. 494, (R. 2. Jan. 1837) VI. 11, (StMB. 27. Mai, R. 23. Juli 1837) VI. 240. — §. 35 (R. 19. Jan. 1824) II. 452. — §. 35, 36 (R. 6. Juni 1833) III. 633. — §. 38 (R. 5. Mai 1828) III. 229, (B. 8. Dez. 1837) VI. 347, (R. 19. Dez. 1841) VII. 374, (R. 12. Juni 1858) XII. 31. — vgl. Kompetenzkonflikt, Ostrhein, Rechtsweg.

Restitution s. Fiskalische Untersuchung, Ostrhein (Fristen, Rekurs). — vgl. Ersatz, Schadensersatz, Staatsgut.

Retraktrecht
der Miterben bleibt in Kraft (G. 2. März 1850 §. 4) X. 129.

Rettungsversuche
Anstellung derselben bei aufgefundenen Leichen (R. 11. 14. 27. Nov. 1816) I. 423. — dgl. bei Erhängten (R. 24. Aug. 1830) III. 359.

Reuß s. Deutsche Bundesstaaten.

Reverse s. Stundung, Wittwenkasse. — vgl. Kredit, Minderjährige.

Revision
der Einregistrirungsbücher (R. 22. Nov. 1824) II. 534. — der Subhastationsakten (R. 18. Febr. 1827) III. 98. — der Asservatenregister (J. R. 24. Dez. 1827) III. 167. — der Kollokations- und Distributionsregister (R. 11. April 1834) IV. 57. — der Polizeikontraventionsregister (R. 23. Febr. 1838) VI. 424, (R. 13. 29. Mai 1838) VI. 484. — der Wechselrepertorien (R. 15. März 1849) X. 52. — der ärztlichen Protokolle und Gutachten bei Obduktionen und Untersuchung von Gemüthszuständen (R. 29. Okt. 1847) IX. 244. — der ärztlichen Atteste überhaupt (R. 20. Jan., 3. Febr. 1853) X. 543, (R. 11. 21. Febr. 1856) XI. 165. — der Bauten und Reparaturen an Dienstgebäuden (R. 6. April 1836) V. 358, (R. 9. März 1843) VIII. 150, (R. 21. Febr., 2. März 1858) XII. 9. — der Waagen und Gewichte (G. 24. Mai 1853 §. 9) X. 581. — der Dampfkessel (G. 7. Mai 1856 §. 4) XI. 191. — der gewerblichen Anstalten durch Fabrikinspektoren (G. 16. Mai 1853 §. 11) X. 576. — vgl. Civilstandsregister, Gefängnisse, Justizvisitation, Notariatsurkunden, Oberrechnungskammer, Repertorien, Stempelrevision, Verwaltungsübersicht, Vormundschaftsregister.

Revisionsbeschwerde s. Fiskalische Untersuchung. — vgl. Kassation.

Revisionshof s. Ostrhein. — vgl. Justizorganisation, Kassationshof, Obertribunal.

Revisionsvermerke
der Steuerbeamten sind öffentliche Urkunden (R. 11. April 1834) IV. 58.

Rhein, Rheinbrücke s. Schifffahrt.

Rheinhessen s. Hessen.

Rheinische Ritterschaft s. Ritterschaft.

Rheinisches Recht s. Prüfungen. — vgl. Fiskalische Untersuchung, Gerichtsordnung, Kriminalordnung, Landrecht, Politische Verbrechen.

Rheinschifffahrtsordnung s. Schifffahrt.
Rheinufer s. Freiufer, Leinpfad.

Rheinzoll
Ermäßigung der Rheinzölle (G. 26. Febr. 1861) XII. 233.

Rheinzollbeamte, Rheinzolldefraudationen s. Rheinzollgerichte.

Rheinzollgerichte
Einrichtung und Verfahren derselben (V. 30. Juni 1834) IV. 88. — Anwendung auf die Binnenschifffahrt am Rhein (V. 30. Juni 1834) IV. 98. — Jurisdiktionsbezirk des Rheinzollgerichts zu Rheinberg (R. 7. Nov. 1834) IV. 175. — Geschäftsordnung der Rheinschifffahrtscentralkommission als Appellationsinstanz (Reg. 13. Juli, R. 28. Aug. 1838) VI 581. — Abänderung des Verfahrens vor dem rheinischen Appellationsgerichtshofe (G. 24. April 1854) XI. 27. — Anwendung des forum deprehensionis (R. 25. Okt. 1847) IX. 242. — Verfahren bei Vorladungen und Insinuationen an Beschuldigte ohne bekannten Wohnort (G. 11. Mai 1855 §. 10—13) XI. 115.

Amtseid der Rheinzollgerichtsbeamten (R. 15. Aug. 1834) IV. 120, (R. 1. Juli 1836) V. 411. — Beaufsichtigung der Rheinzollgerichte, Führung besonderer Repertorien (R. 20. Nov. 1835) V. 259. — Anweisung von Diäten und Reisekosten für Stellvertretung der Rheinzollgerichtsbeamten (R. 28. April 1838) VI. 469. — dgl. der Gebühren für die vom Fiskal requirirten Gerichtsvollzieherakte und Urtheilsausfertigungen (R. 16. Sept. 1835) V. 219. — inwiefern Ausfertigungsgebühren der Gerichtsschreiber zu erheben sind (R. 27. März 1838) VI. 448, (R. 17. Aug. 1847) IX. 228, (J. 22. Aug. 1859 §. 5) XII. 122. — Einziehung der Geldbußen für Rheinzolldefraudationen auf gemeinschaftlichen Stromstrecken (R. 10. Okt. 1840) VII. 211.

Kompetenz der Rheinzollgerichte bei unbefugter Ausübung der Schifffahrt und des Lootsendienstes (V. 5. Aug. 1834) IV. 108. — dgl. der Dampfschifffahrt (V. 24. Mai 1844) VIII. 271. — Kompetenz bei Kontraventionen bezüglich des Gifttransports (Reg. K. 5. Jan. 1840) VII. 123. — Inkompetenz bei Zuwiderhandlungen gegen §. 68 der Rheinschifffahrtsordnung (R. 14. Juni 1836) V. 397. — vgl. Ostrhein (Heddesdorf, Wied, Rheinzollsachen).

Richter
deren Funktion als Rechtsbeistände von Steuerbehörden (R. 13. 30. Jan. 1824) II. 453. — Beschäftigung derselben bei Militairgerichten (R. 30. Dez. 1837) VI. 377. — Uebertragung anderer besoldeter Staatsämter an dieselben (G. 30. April 1856) XI. 188. — Unvereinbarkeit des Richteramtes mit Gemeindeämtern (G. 15. Mai 1856 §. 16, 29) XI. 200, (G. 15. Mai 1856 §. 14) XI. 226. — Verfahren bei Verfolgung der Richter wegen Amtshandlungen (G. 13. Febr. 1854 §. 7) XI. 10.

Residenzpflicht der Richter (R. 13. Juni 1831) III. 376. — dieselben können wegen der Theilnahme an Armenrechtsbeschlüssen nicht rekusirt werden (K. 25. Mai 1831 §. 4) III. 375. — vgl. Assessoren, Diensteinkommen, Dienstvergehen, Ergänzungsrichter, Justizbeamten, Richterkommissar f., Ruhestand, Stempelkontraventionen, Versetzung.

Richterkommissar
als solcher können die nicht etatsmäßigen Assessoren fungiren (R. 8. März 1834) IV. 40, (R. 4. April 1834) IV. 50, (R. 19. Jan. 1836) V. 313. — Ernennung von Substituten durch Präsidialordonnanz (K. 16. Mai 1845) IX. 27, (G. 18. April 1855 §. 1) XI. 78, (G. 11. Mai 1855 §. 5) XI. 112. — Berichterstattung in den zum Spruch vertagten Civilsachen (R. 24. Okt. 1823) II. 431. — dgl. bei Kontestationen im Theilungsprozesse (R. 4. Aug. 1857) XI. 374. — Ernennung eines Kommissars bei Verhandlungen wegen Nachdruck und Nachbildung (R. 25. Febr. 1842) VIII. 22. — vgl. Falliment, Friedensgerichtsgebühren, Handelsgerichte, Kollokation, Kommissorien, Requisitionen.

Richterzahl
Verfahren wenn dieselbe durch Vorladung der Gerichtsmitglieder als Entlastungszeugen beeinträchtigt wird (R. 2. Sept. 1847) IX. 239. — vgl. Appellationskammern, Assisen, Kriminalordnung.

Ritterschaft
rheinische, Wiederherstellung der autonomischen Erbfolge (K. 16. R. 22. Jan. 1836) V. 314. — Beitritt zur Stiftung (K. 29. Dez. 1835) V. 535. — Dispositionsbefugnisse und schiedsrichterliches Verfahren (V. 21. Jan. 1837) VI. 31, (R. 4. Febr. 1837) VI. 44. — Matrikel der Mitglieder (R. 4. Febr. 1837) VI. 46, (K. 26. März 1839, R. 25. März 1840) VII. 150. — Stiftung für die von der Immobilarsuccession ausgeschlossenen Descendenten (Stat. 28. Febr., P. 13. Mai 1857) VI. 192. — Bestätigung und Vereidung des Ritterhauptmanns (K. 13. R. 14. Mai 1837) VI. 212, (R. 13. Juli 1837) VI. 259. — Konstituirung des Ausschusses (R. 23. Nov. 1837) VI. 337. — Siegel desselben (K. 2. R. 4. Dez. 1837) VI. 344. — Verfahren bei Einziehung der Beiträge zu den Verwaltungskosten (V. 13. Juni 1837) VI. 233. — Stiftung von Präbenden für unverheirathete Töchter (Reg. 10. Okt. 1841, K. 3. Juni 1842) VIII. 56. — vgl. Adel.

Roerdepartement
Geltung des Dekrets vom 6. Nov. 1813 in demselben (R. 8. April 1839) VII. 39. — vgl. Generalgouvernement.

Rohr s. Dächer.

Rolle
Anzeige der zur Prozeßrolle aufgebrachten Regreß- und Injurienklagen gegen Beamte, sowie der Forderungsklagen gegen Kassenbeamte (StMB. 20. Juli 1818 §. 38) I. 513, (R. 5. Mai 1828) III. 229. — dgl. bei den Friedensgerichten (V. 8. Dez. 1837) VI. 347, (R. 19. Dez. 1841) VII. 374. — Nachweisung der Anwaltspraxis (R. 16. April 1820 §. 3) II. 22. — Erstattung der Rollegebühren bei Kompenzkonflikten (R. 19. Aug. 1848) IX. 325. — vgl. Gerichtsschreibergebühren, Gerichtsvollziehergebühren, Kopialien.

Römisches Recht
dessen Studium seitens der Referendarien (R. 13. Juni 1835) V. 146. — vgl. Prüfung.

Rückfall
Konstatirung desselben bei Untersuchungen (R. 11. März 1832) III. 354. — Kompetenz des Assisenhofes (G. 14. April 1851 §. 26) X. 634. — Einfluß des Rückfalls bei Gewerbesteuerdefraudationen (R. 20. Nov. 1839) VII. 114. — dgl. bei Holzdiebstählen (G. 2. Juni 1852 §. 7, 8, 16, 46) X. 423. — dgl. in Militairstrafsachen (G. 15. April 1852 §. 9, 12) X. 407. — Strafverfahren wegen einfachen Diebstahls und einfacher Hehlerei im wiederholten Rückfalle (G. 4. Mai 1853) X. 568. — Angabe der den Rückfall betreffenden Thatsachen in den Anklagen und Feststellung dieser Thatsachen in den Straferkenntnissen (R. 14. Nov. 1859) XII. 119. — vgl. Strafgesetzbuch (rheinisches).

Rückgabe
Verurtheilung zu derselben in Strafsachen (G. 14. April 1851 §. 27) X. 634. — vgl. Akten, Asservate, Restitution, Schadensersatz.

Rügen s. Neuvorpommern.

Ruhe s. Politische Verbrechen. — vgl. Auflauf, Aufruhr.

Ruhestand
Unfreiwillige Versetzung der Richter in denselben (G. 7. Mai 1851 §. 56 ff.) X. 303. — Einstweilige und gänzliche Versetzung der nicht richterlichen Beamten in den Ruhestand (G. 21. Juli 1852 §. 87 ff.) X. 474. — vgl. Dienstentlassung, Disposition, Pension.

Rußland
Uebereinkunft wegen Mitwirkung der Konsularbeamten bei Sicherstellung und Regulirung von Erbschaften (Ko. 27. Dez. 1856, B. 26. Febr. 1857) XI. 294. — Verfahren bei der Untersuchung und Feststellung des Gemüthszustandes russischer Unterthanen (R. 11. Dez. 1860) XII. 219. — vgl. Armenrecht, Auslieferung, Insinuation, Legalisation, Requisition.

Saar s. Schifffahrt.

Saarbrücken
Verhütung des unerlaubten Handels mit Gemeindebedarfskohlen im dortigen Bezirk (R. 14. Juli, R. 3. Aug. 1835) V. 174. — Vollstreckung kurzer zuchtpolizeilicher Gefängnißstrafen in dem dortigen Justizarresthause und den Kantonalgefängnissen (R. 27. Sept., 5. Okt. 1838) VI. 603. — vgl. Generalgouvernement, Handelskammern, Landgerichte, Stempelrevision, Wendel (St.).

Säbeltroddel s. Uniform.

Sachsen, Königreich s. Deutsche Bundesstaaten, Krieg.

Sachsen-Coburg, Herzogthum s. Deutsche Bundesstaaten, Lichtenberg, Münzwesen.

Sachsen-Weimar, Großherzogthum s. Deutsche Bundesstaaten, Münzwesen, Nachdruck.

Sachverständige
Zuziehung derselben bei Theilungen und gerichtlichen Immobilarverkäufen (G. 18. April 1855 §. 2, 3, 18, 27, 33, 34) XI. 78. —

Gebühren (B. 27. Juli 1855 §. 16) XI. 136, (G. 3. Mai 1858 §. 16) XI. 447, XII. 23. — Zuziehung bei Feststellung der Gewährsmängel von Hausthieren (G. 3. Mai 1858 §. 3—8) XII. 78. — Anwendung der Expertengebühr auf Rabbiner (R. 15. März 1818) I. 496, (R. 28. Nov. 1840) VII. 243. — Vernehmung in verschiedenen Untersuchungssachen an demselben Gerichtstage begründet nur einmalige Gebühr (R. 4. Aug. 1823) II. 395. — vgl. Aerzte, Chemiker, Friedensgerichtsgebühren, Gutachten, Obduktion, Rabbiner, Taxatoren.

Sachverständigenverein
Verfahren bei Einholung von Gutachten desselben über Nachdruck und Nachbildung (R. 25. Febr. 1842) VIII. 22, (R. 12. März 1855) XI. 104, (R. 11. Sept. 1858) XII. 35. — Berichtigung der Gebühren für die Gutachten (R. 28. Nov. 1862) XII. 380, (R. 11. März 1864) XII. 441.

Sachwalter s. Advokaten, Mandatar, Rechtsbeistand. — vgl. Kommissionäre, Winkelkonsulenten.

Säkularisation s. Kirchen, Staatsgut, Stifter, Stiftungen.

Salarienkassen s. Gerichte (altländische), Gerichtskosten.

Salinenarbeiter s. Bergwerksarbeiter.

Salm
Entbindung des Fürsten zu Salm-Reifferscheid-Dyk vom Geschworenenamte (R 17. R. 25. April 1832) III. 465.

Salz
Strafe der Einfuhr fremden Salzes (R. 8. Febr. 1817) I. 454. — Abfassung der Erkenntnisse über Salzkontraventionen (R. 30. Nov. 1821) II. 193. — Gewichtsbestimmung beim Salzverkauf (G. 17. Mai 1856 §. 9) XI. 233.

Sardinien s. Armenrecht.

Säuglinge
Aussetzung der Strafvollstreckung gegen deren Mütter (R. 28. Nov. 1835) V. 276, (R. 11. März 1843) VIII. 152. — vgl. Findelkinder.

Sayn-Altenkirchen s. Ostrhein (Hüttenzeit).

Schaden
dessen Feststellung bei Brandstiftungen (R. 23. Aug. 1822) II. 295. — vgl. Werth.

Schadensersatz
wird geleistet für verdorbene Stempelmaterialien (R. 23. 29. Febr. 1840) VII. 141. — inwiefern für verdorbene Asservate? (R. 7. Sept. 1838) VI 589. — inwiefern bei polizeilichen Verfügungen ein Schadensanspruch im Rechtswege zu verfolgen ist (G. 11. Mai 1842 §. 4 ff.) VIII. 41. — bei Substitution der Gefängnißstrafe für Geldbußen kommt der erkannte Schadensersatz nicht in Anschlag (R. 3. Jan. 1838) VI. 381. — wegen des Schadensersatzes für strafbare Handlungen findet solidarische Verurtheilung und persönliche Haft statt (G. 14. April 1851 §. 27) X. 634. — Schadens-

ersatz in Holzdiebstahlssachen (G. 2. Juni 1852 §. 18) X. 426. — Verurtheilung zu demselben bei Entwendung gefällten Holzes aus Staatswaldungen (K. 26. Sept. 1845) IX. 53.

Erkenntnißstempel bei Klagen auf Schadensersatz (R. 11. April 1860 Nr. 17) XII. 399. — dgl. bei Schadensliquidationen (R. 30. Sept. 1859 Nr. 42) XII. 118. — vgl. Entschädigung, Haftbarkeit, Kassendefekte, Restitution, Werth, Wildschaden.

Schandpfahl s. Deserteur.

Scharfrichter
Anstellung und Gebühren desselben (R. 26. Aug. 1822) II. 296, (R. 23. Dez. 1823) II. 440. — vgl. Todesstrafe.

Scheidemünze
Verpflichtung zur Annahme derselben (G. 4. Mai 1857 §. 7) XI. 321. — vgl. Münzwesen.

Schenkungen
Autorisation der Gemeinden, Kirchen und Wohlthätigkeitsanstalten zur Annahme derselben (K. 29. Sept. 1814. 27. Aug. 1819, B. 9. Juli, R. 28. Juli 1820) II. 55. — Genehmigung der von Gemeinden ausgehenden Schenkungen (G. 15. Mai 1856 §. 46) XI. 207, (G. 23. Juli 1845 §. 97) XI. 433. — vgl. Vermächtnisse.

Schiedsgericht s. Ritterschaft.

Schiedsrichter
Stempelansatz bei Exekutorischerklärung schiedsrichterlicher Urtheile (R. 14. Febr., 30. April, 10. Mai 1838) VI. 474. — vgl. Erkenntnißstempel.

Schießbaumwolle s. Schießpulver.

Schießen s. Festlichkeiten (Gebehochzeit).

Schießgewehr
Bekanntmachung der Straferkenntnisse wegen fahrlässiger Verletzung durch Schießgewehr (R. 13. Juni 1845) IX. 34. — vgl. Jagdgeräthschaften, Waffen, Waffengebrauch.

Schießpulver
Aufbewahrung desselben in Privatwohnungen, Strafbestimmungen (R. 5. Juni 1836) V. 384, (R. 2. Jan. 1837) VI. 11. — Anwendung der polizeilichen Vorschriften auf Schießbaumwolle und ähnliche Präparate (K. 6. Nov. 1846) IX. 122. — vgl. Schifffahrt.

Schiffer s. Schiffseigenthümer, Schiffsknechte, Seeleute, Seereise.

Schifffahrt
Ausübung derselben und Lootsendienst auf dem Rhein (Reg. 5. Aug. 1834) IV. 108. — Aufhebung des Lootsenzwanges und Einrichtung des Lootsendienstes (Reg. 24. Juni 1844) VIII. 292. — Verlegung des Prüfungstermins für die Schiffer (K. 20. April 1857) XI. 317. — Form der Schifffahrtspatente (R. 6. Nov. 1838) VI. 622. — Vorbeifahren der Dampf- und Segelschiffe (Reg. 16. Jan. 1841) VII. 249. — Betrieb der Dampfschifffahrt (V. 24. Mai 1844) VIII. 271, (V. 4. Sept. 1854) XI. 57. — Kautionsleistung der Schiffs-

führer und Maschinisten (K. 15. Sept. 1845) IX. 51. — Haftbarkeit der Schiffseigenthümer bei Strompolizeikontraventionen (V. 14. Aug. 1846) IX. 105. — Breite des Freiufers und Leinpfades (K. 6. Sept. 1840) VII. 203. — Vorsichtsmaßregeln bei Verladung und Verschiffung von Giftstoffen (Reg. K. 5. Jan. 1840) VII. 123.

Rheinschifffahrtsakte vom 31. März 1831
Anwendung derselben auf die Binnenschifffahrt am Rhein (V. 30. Juni 1834) IV. 98. — Bestrafung der Kontraventionen gegen §. 68, betreffend Bespannung des Stichseils (R. 4. Aug. 1834) IV. 107, (V. 5. Sept. 1834) V. 27, (R. 14. Juni 1836) V. 397. — Genehmigung des Zusatzes zum §. 35 resp. der Supplementarartikel 5—9 (K. 4. Okt. 1837, 26. Jan. 1839) VII. 10. — dgl. der Supplementarartikel 10—13 wegen Ueberladung der Schiffe, Eichung derselben, Verbot der Oberlast, Transport entzündlicher oder ätzender Stoffe (K. 5. Jan., R. 11. 26. Mai 1840) VII. 172, (K. 6. Sept. 1838) VII. 291, (K. 17. Sept. 1840) VII. 206, (K. 25. Okt. 1840, V. 18. Mai 1841) VII. 294. — dgl. der Supplementarartikel 14, 15, betreffend Bildung und Kompetenz der Centralkommission (K. 8. Okt. 1841, V. 25. Mai 1842) VIII. 8. — dgl. des Supplementarartikels 18, betreffend Dampfschifffahrtsbetrieb (K. 30. April 1846) IX. 79. — dgl. des Supplementarartikels 19, betreffend Schifffahrtspatente (K. 10. Sept. 1849) X. 69. — dgl. des Supplementarartikels 20, betreffend Lootsenzwang (K. 17. Nov. 1851) X. 389. — Auslegung der §. 71, 81, 83 (R. 25. Okt. 1847) IX. 242. — dgl. des §. 84 (R. 17. Aug. 1847) IX. 228. — Ermäßigung der Rheinzölle (G. 26. Febr. 1861) XII. 233. — Uebereinkunft unter den Rheinuferstaaten betreffend den Bau der stehenden Rheinbrücke zu Cöln (Ko. 7. Mai 1858) XII. 25. — vgl. Rheinzollgerichte.

Ausweichen der Schiffe auf der Mosel (R. 18. Febr. 1836) V. 232. — dgl. der Dampfschiffe (Reg. 7. April 1841) VII. 273. — Kompetenz der Polizeigerichte bei desfallsigen Kontraventionen (R. 28. Okt. 1846) V. 481, (Reg. 7. April 1841 §. 25) VII. 280. — Betrieb der Dampfschifffahrt (V. 24. Mai 1844) VIII. 271, (V. 4. Sept. 1854) XI. 57. — Kautionsleistung der Schiffsführer und Maschinisten (K. 15. Sept. 1845) IX. 51. — Einstellung der Erhebung der Schifffahrtsabgaben auf der Mosel (G. 16. Sept. 1862) XII. 371.

Ausweichen der Schiffe auf der Saar (Reg. 28. Juni 1837) VI. 250. — Kompetenz der Polizeigerichte bei Kontraventionen (R. 25. Nov. 1837) VI. 338.

Schiffseigenthümer
deren Haftung für die gegen Führer und Maschinenwärter von Dampfschiffen erkannten Geldbußen (K. 15. Sept. 1845) IX. 51. — dgl. rücksichtlich der rheinischen Strompolizei (V. 14. Aug. 1846) IX. 105. — vgl. Schifffahrt.

Schiffsknechte
Bestrafung derselben wegen Verletzung der Dienstpflichten (G. 24. April 1854 §. 2) XI. 30. — vgl. Seeleute.

Schiffslast
wird zu vierzig Zentnern gerechnet (G. 17. Mai 1856 §. 2) XI. 232.

Schiffsregister
Führung desselben (J. 12. Dez. 1861 Th. 2) XII. 316.

Schleichhandel
Paßpolizeiliche Maßregeln zur Verhütung desselben (R. 12. Jan. 1835, 18. Mai 1836, 29. Aug. 1837) VI. 289, (Reg. 12. Jan. 1839) VII. 6, (R. 16. Dez. 1839) VII. 117. — Verfahren bei Widersetzlichkeiten gegen Steuer- und Polizeibeamte (R. 18. Mai, 7. 15. Juni 1844) VIII. 289. — Uebereinkunft mit Hannover, Oldenburg und Braunschweig wegen Unterdrückung des Schleichhandels (R. 28. Dez. 1837) VI. 376. — dgl. mit den Niederlanden (Ko. 11. Juli 1851) X. 368.

Schleswig s. Krieg.

Schleusengeld s. Kommunikationsabgaben.

Schmausereien s. Festlichkeiten (Gebehochzeit).

Schöffen s. Gemeindebeamte, Haussuchung.

Schöffengerichte s. Ostrhein.

Schönstein s. Ostrhein (Seelbach).

Schonzeit s. Jagdzeit.

Schöppenstuhl s. Aktenversendung.

Schreiber s. Privatsekretair. — vgl. Parketgehülfen.

Schreibmaterialien
Entschädigung der Beamten der Justizkollegien für Anschaffung derselben (R. 25. März 1825) II. 582. — dgl. der Gerichtsschreiber bei den Landgerichten und Untersuchungsämtern (R. 21. Mai 1827) III. 134. — Maßregeln zur Verminderung der Ausgaben für Schreibmaterialien der Gerichte (R. 23. Mai 1839) VII. 65. — Vergütigung für Schreibmaterialien und Naturallieferung an Beamte (StMB. 11. Mai, R. 5. Sept. 1863) XII. 419. — vgl. Papier.

Schrift
Anwendung lateinischer Buchstaben bei Requisitionen nach den Niederlanden (R. 6. Juli 1861) XII. 257, (R. 20. Mai 1864) XII. 447.

Schulabgaben
deren Beitreibung durch administrative Exekution (K. 18. R. 31. Juli 1835) V. 171, (R. 15. Okt. 1835) V. 243. — Zulassung des Rechtsweges (G. 24. Mai 1861 §. 15, 16) XII. 250.

Schuldarrest s. Personalarrest.

Schulden s. Gemeindeschulden, Staatsschulden. — vgl. Exekution, Falliment.

Schuldverschreibung s. Obligation. — vgl. Kredit, Staatspapiere.

Schulen
Restitution der verheimlichten Schulgüter (K. 23. Mai 1818) I. 499. — Ablösung der den Schulen zustehenden Reallasten (V. 13. Juni 1853) X. 583, (G. 15. April 1857) XI. 312. — vgl. Anstalten, Enregistrement, Lieferung, Stiftungen, Universität.

Schulgeld
Einziehung desselben durch administrative Exekution (K. 18. R. 31. Juli 1835) V. 171, (R. 15. Okt. 1835) V. 243.

Schullehrer
bedürfen keines Heirathskonsenses (R. 24. Juli, 10. Okt. 1831) III. 382. — sind Beamte (R. 4. März 1834) IV. 39, (R. 13. Okt. 1834) IV. 156, (vgl. G. 21. Juli 1852 §. 1, 78, 94—96) X. 455. — Verfahren bei Entlassung der zugleich im Schulamte angestellten Glöckner, Organisten und Küster (K. 8. Nov. 1835) V. 254. — vgl. Schulzucht.

Schulzucht
deren Handhabung, Verfahren bei Excessen der Schullehrer (R. 6. April 1822) II. 238, (K. 14. Mai 1825) II. 590, (R. 4. März 1834) IV. 39, (R. 22. Aug. 1837) VI. 284. — Bestrafung der Schulversäumnisse auf administrativem Wege (K. 20. Juni 1835) V. 150. — Schulpflicht der Juden (G. 23. Juli 1847 §. 60 ff.) IX. 224.

Schußwaffe s. Schießgewehr, Waffengebrauch.

Schutzbauten s. Deichwesen, Flüsse, Kanäle.

Schutzzeugen s. Entlastungszeugen.

Schwägerschaft s. Verschwägerte.

Schwangerschaft
deren Einfluß auf die Wiederverheirathung (GNM. 14. Okt. 1814) I. 184. — Verfahren bei geheimen Entbindungen in der Gebäranstalt zu Cöln (R. 25. Juli 1825) II. 599. — Bestreitung der Kurkosten für die wegen Schwangerschaft aus der Haft entlassenen Untersuchungsgefangenen (R. 15. März 1848) IX. 289.

Schwängerung
Erledigung der Requisitionen altländischer Gerichte in Schwängerungssachen (R. 24. Aug. 1836) V. 440, (R. 11. April, 17. Mai, 10. Juli 1851) X. 283. — vgl. Vaterschaft.

Schweden
Ausfertigung und Einsendung der Todtenscheine der in Preußen verstorbenen schwedischen Unterthanen (R. 8. Febr. 1848) IX. 275. — vgl. Insinuationen, Requisitionen.

Schweiz s. Armenrecht, Gallen (St.), Graubünden, Insinuationen.

Schwert s. Ostrhein (Beil).

Schwurgericht s. Assisen.

Schwurzeugen
jüdische, Gebühren derselben (R. 15. März 1818) I. 496, (R. 28. Nov. 1840) VII. 243.

Seehandlung s. Prämienscheine.

Seelbach s. Ostrhein.

Seeleute
Förmlichkeiten bei Reklamation der Verlassenschaft eines im nieder-

ländischen Seedienste verstorbenen Individuums (R. 17. Juni 1842) VIII. 72. — Uebereinkunft mit Oldenburg wegen Verhaftung und Auslieferung der vom Schiffe desertirten Matrosen (V. 25. Nov. 1845) IX. 59. — Bestrafung der Seeleute preußischer Handelsschiffe, welche sich dem übernommenen Dienste entziehen (G. 20. März 1854) XI. 16. — vgl. Schiffsknechte, Seereise.

Seelsorger s. Geistliche, Todesstrafe.

Seereise
Mittheilung der Straferkenntnisse gegen Schiffer, welche sich auf einer Seereise befinden, an die Ersatz- und Landwehrbehörden (R. 22. Dez. 1822) III. 557.

Sekretair s. Gerichtsschreiber, Privatsekretair.

Sekretariat s. Gerichtsschreiberei, Kanzlei.

Selbstmord
von Militairpersonen, Kompetenz und Verfahren der Militairgerichte (R. 2. 20. 30. Mai 1825) II. 592. — vgl. Leichen, Rettungsversuche, Unglücksfälle.

Senatspräsident
Einsendung der Unterschrift desselben an den Justizminister (R. 19. Okt. 1820) II. 63. — vgl. Appellationsgerichtspräsident.

Separatvotum s. Kriminalordnung.

Sequester
Befugniß der Regierungen zur Sequestration verpachteter Grundstücke und Gerechtsame (StMB. 20. Juli 1818 §. 16) I. 508. — vgl. Berg, Domainen, Frankreich, Hütergebühren.

Servituten s. Ablösung, Gemeinheitstheilung, Realrechte. — vgl. Erkenntnißstempel.

Sicherheitspflege
Mittheilungen des Polizeipräsidiums in Berlin zur Beförderung derselben, Anschaffung dieser Zeitschrift für die Justizbehörden (R. 4. Juni 1852) X. 434.

Siebenbürgen s. Insinuationen, Requisitionen.

Siegburg s. Friedensgerichtsbezirke, Irrenanstalten.

Siegel
Form der Dienstsiegel (GNM. 15. April 1815) I. 197. — insbesondere der Landgerichte (K. 23. R. 27. Juli 1832) III. 493. — dgl. der Rheinzollgerichte (V. 30. Juni 1834 §. 9) IV. 90, (R. 10. Juni 1835) V. 145. — dgl. der rheinischen Ritterschaft (V. 21. Jan. 1837) VI. 31, (K. 2. R. 4. Dez. 1837) VI. 344. — dgl. der Gerichts- und Notariatssiegel (R. 9. Nov. 1839) VII. 102. — dgl. der Friedensrichter für Versiegelungen (R. 9. März 1844) VIII. 244. — dgl. der Handelskammern (V. 11. Febr. 1848) IX. 278. — dgl. der Gerichtsvollzieher für Wechselproteste (R. 20. Jan. 1849) X. 26, (vgl. R. 24. Sept. 1831) III. 390, (R. 19. April 1847) IX. 193.

Anwendung des Dienstsiegels bei Einregistrirung von Privaturkunden (G. 23. April 1823) II. 481. — dgl. bei Beglaubigung von Lebens- und Aufenthaltsattesten zu Pensionsquittungen (R. 20. Juni 1854) XI. 40. — dgl. bei auswärtigen Requisitionen (R. 10. Sept. 1830) III. 578, (R. 16. Sept. 1844) VIII. 347. — dgl. bei telegraphischen Depeschen (StMB. 20. Febr., R. 2. März 1849) X. 51, (R. 12. April, 21. Mai 1849) X. 59. — Verfahren beim Verschluß der Dienstkorrespondenz (R. 23. Mai 1839 §. 3) VII. 65. — Bestrafung der unbefugten Anfertigung öffentlicher Siegel (G. 6. Juni 1835) V. 141. — vgl. Ostrhein (Schöffengerichte), Portofreiheit.

Siegelung
der Handelsbücher wegen Steuerdefraudation (R. 17. 29. Jan. 1820) II. 8, (R. 12. 25. Febr. 1820) II. 12, (R. 11. März 1820) II. 14, (R. 23. Juli 1833) III. 657, (R. 4. Sept. 1849) X. 66. — der Nachlassenschaften ist zu beschleunigen (R. 25. Nov. 1836) V. 509. — Amtssiegel der Friedensrichter (R. 9. März 1844) VIII. 244. Benachrichtigung und Mitwirkung der Regierungen bei Versiegelung des Vermögens von Mitgliedern derselben oder von Verwaltungsbeamten (StMB. 20. Juli 1818 §. 39) I. 514, (B. 8. Dez. 1837) VI. 348. — Versiegelung der Akten und öffentlicher Gelder von verstorbenen Beamten durch die Dienstbehörde (K. 14. Juli 1843) VIII. 180. — Unanwendbarkeit dieser Bestimmung auf Agenten der Privatfeuerversicherungsanstalten (R. 23. Febr., 11. März 1847) IX. 185. — Gegenseitige Benachrichtigung zwischen den Friedensgerichten und den Verwaltungsbehörden (R. 2. Aug. 1845) IX. 50. — Obliegenheiten der Friedensrichter beim Absterben eines Pfarrers (R. 8. April 1839) VII. 39. — Verfahren bei Präsentation von Testamenten (R. 29. Juli 1840) VII. 190, (R. 24. Aug. 1841) VII. 324. — Versiegelung der Amtspapiere von Notarien (R. 4. März 1848) IX. 287. — vgl. Inventar, Vormundschaft.

Siegelungsgebühren s. Friedensgerichtsgebühren, Hütergebühren.

Siegen
Expropriationsverfahren zu bergbaulichen Zwecken im dortigen Bezirke (K. 14. Nov. 1838) VI. 638.

Signaturen s. Unterschrift.

Simmern s. Landgerichte.

Sittlichkeit s. Oeffentlichkeit. — vgl. Unzucht.

Sklaven
werden in Preußen frei (G. 9. März 1857) XI. 310. — vgl. Neger.

Soldatenstand
Begnadigungsgesuche der aus demselben ausgestoßenen, zur Festungsbaugefangenschaft verurtheilten Individuen gehören zum Ressort des Justizministeriums (R. 4. April 1836) V. 357. — Neuere Bestimmungen über Ausstoßung und Entlassung aus dem Soldatenstande, sowie über Versetzung in die zweite Klasse desselben (G. 15. April 1852 §. 3 ff.) X. 407, (B. 18. Mai 1852) X. 417, (K. 4. Dez. 1856) XI. 291. — vgl. Militairstrafen. — vgl. ferner Ehre, Ehrenrechte, Militairpersonen, Rehabilitation.

Solidarverbindlichkeit
Verfahren bei Hypotheneintragungen gegen Solidarschuldner (R. 30. Sept., 15. Okt. 1846) IX 116. — Vermögende Pupillen, welche mit armen konkurriren, haften nicht solidarisch für die gemeinschaftlichen Kosten (R. 27. Mai 1837) VI. 219. — Solidarische Verurtheilung in Strafsachen bezüglich der Kosten, Rückgabe und des Schadensersatzes (G. 14. April 1851 §. 27) X. 634. — vgl. Haftbarkeit, Theilnahme.

Solingen s. Gewerbegerichte.

Solms s. Ostrhein.

Sonntage s. Festtage.

Spanien
Aufhebung der V. 19. Jan. 1836 betreffend den Verkehr mit spanischen Staatspapieren (G. 1. Juni 1860) XII. 187. — vgl. Armenrecht.

Spielen
Verbotene Lotterien und Ausspielungen dürfen nicht in Zeitungen angekündigt werden (GV. 21. Juni 1814) I. 67. — Beamte sollen sich mit Lotteriekollekten nicht befassen (GV. 6. April 1815) I. 84. — Untersagung des Spielens in auswärtigen Lotterien (GV. 17. Juli 1815) I. 85. — Einschärfung der Strafverbote gegen Ausspielungen und ausländische Lotterien (V. 7. Dez. 1816, K. 26. März 1825, 20. März 1827, 6. Juni 1829, R. 26. Aug. 1834) IV. 144. — Verbot des Verkehrs mit Promessen zu Prämienscheinen der Seehandlung oder ausländischer Staatsanleihen (K. 27. Juli 1837) VI. 246. — Bestrafung des Spielens an der Spielbank zu Cöthen (V. 22. Dez. 1843) VIII. 222. — dgl. des Spielens in auswärtigen Lotterien sowie der Unternehmung von Lotterien und Ausspielungen (V. 5. Juli 1847) IX. 208. — inwiefern die Betheiligung an Prämienanleihen fremder Staaten als verbotenes Spiel anzusehen ist (R. 18. Nov. 1863) XII. 427. — Polizeiliche Beschlagnahme und Vernichtung der verbotenen Loose auswärtiger Lotterien (R. 19. Febr. 1853) X. 547. — Ausspielung von Eßwaaren u. s. w. mittelst Drehbretts oder Würfel (R. 31. Juli, 26. Okt. 1857) XI. 382.

Spione s. Festungen.

Sponsalien s. Ostrhein (Ehesachen).

Sportelfreiheit s. Kostenfreiheit.

Sporteln s. Gerichtskosten, Kosten, Untersuchungskosten.

Sprache
Anwendung der deutschen Sprache im Geschäftsverkehr und Schulunterricht der Juden (G. 23. Juli 1847 §. 6, 67) IX. 212. 226.

Uebersetzung der in fremder Sprache abgefaßten Urkunden für das Hypothekenamt (R. 18. 26. Dez. 1834) IV. 204. — Verfahren bei Notariatsurkunden, die zugleich in einer fremden Sprache aufgenommen werden sollen (R. 17. Juni 1836) V. 404.

Abschaffung des Gebrauchs der französischen Sprache bei Titulaturen (GB. 3. Dez. 1813) I. 7, (GM. 25. Febr. 1814) I. 92, (GR. 11. März 1814) I. 112. — dgl. bei Civilstandsregistern (GRM. 24. Dez 1814) I. 193. — Berücksichtigung derselben bei Notariatsstellen und bei Notariatsprüfungen (R. 18. Aug. 1823) II. 401, (R. 10. Okt. 1836) V. 473. — dgl. bei Hypothekenbewahrerstellen (B. 14. Aug. 1845) IX. 45. — Anwendung der französischen Sprache beim Friedensgericht Malmedy (R. 7. Aug. 1833) III. 663. — Gebrauch der lateinischen Schrift bei Requisitionen nach den Niederlanden (R. 6. Juli 1861) XII. 257, (R. 20. Mai 1864) XII. 447. — vgl. Uebersetzung.

Staat f. Fiskus, Politische Verbrechen, Staatsanwaltschaft ff. — vgl. Ausland, Inland.

Staatsanleihen f. Staatspapiere.

Staatsanwaltschaft

Dienstwechsel der Prokuratoren bei den Landgerichten (R. 23. Febr. 1838) VI. 427. — Richterliche Qualität der bei der Staatsanwaltschaft beschäftigten Assessoren (R. 18. Dez. 1836) V. 521. — Beschäftigung altländischer Assessoren bei derselben (R. 17. Okt. 1846) IX. 118, (R. 2. Sept. 1847) IX. 238. — Konklusionsbefugniß der Referendarien (R. 16. Dez. 1837) VI. 364.

Funktionen der Staatsanwaltschaft in fiskalischen Civilsachen auf Denkschrift (R. 17. Juli, 1. Aug. 1823) II. 393, (R. 24. Okt. 1823) II. 428. — Aufhebung der Verpflichtung den Fiskus in Civilprozessen zu vertreten (K. 26. Sept. 1845) IX. 53. — Benachrichtigung der Regierung von Forderungsklagen gegen Kassenbeamte und von Regreß- oder Injurienklagen gegen Beamte (B. 8. Dez. 1837) VI. 347, (R. 19. Dez. 1841) VII. 374. — sowie von Prozessen wegen gewerblicher Abgaben (R. 8. Juni 1846) IX. 94. — Benachrichtigung der Militairintendanturen von Forderungsklagen gegen Militairkassenbeamte (R. 5. Mai 1828) III. 229. — dgl. der Militairbehörden von Klagen gegen aktive Offiziere (R. 12. Sept. 1857) XI. 377. — dgl. der Oberpostdirektionen von Forderungsklagen gegen Postkassenbeamte (R. 12. Juni 1858) XII. 31. — Mitwirkung zur Eröffnung mystischer Testamente (B. 5. Nov. 1843 §. 1, 2) VIII. 190. — Verfahren bei Theilungen und gerichtlichen Immobilarverkäufen (G. 18. April 1855) XI. 78, (B. 27. Juli 1855) XI. 129, (G. 3. Mai 1858) XI. 443. — dgl. bei Expropriationen (R. 29. Dez. 1857) XI. 400. — Kontrolirung ärztlicher Atteste und Gutachten (R. 3. Febr. 1853) X. 543, (R. 11. 21. Febr. 1856) XI. 165.

Kostenfreiheit der im Interesse des Gesetzes erforderten Abschriften und Ausfertigungen (R. 25. Nov. 1836) V. 510, (R. 16. Dez. 1836) V. 520, (R. 28. Febr. 1839) VII. 22, (R. 10. März 1851) X. 263, (J. 22. Aug. 1859 §. 2) XII. 122. — Antrag auf Kostendistraktion in Armensachen (R. 30. Nov. 1827) IV. 199. 200. — Korrespondenz mit dem Stempelfiskal (R. 25. März 1836) V. 348, (R. 21. Febr. 1837) VI. 94. — Belehrung auswärtiger Parteien (R. 25. Febr. 1838) VI. 430. — vgl. Generalprokurator, Generalstaatsanwalt, Oberprokurator, Oberstaatsanwalt, Polizeianwalt, Rheinzollgerichte, Staatsprokuratoren. — vgl. ferner Abwesende, Anklageakt, Anmeldestube, Anstellung, Appellation, Armenrecht, Asservate, Assisen, Assisenbericht, Auskultatoren und Referendarien, Auslieferung, Begnadigungsanträge, Begnadigungsgesuche, Beschwerden, Civileinreden, Civilstand, Dienstbehörden, Dienstgebäude, Dienstvergehen, Dispensation, Disziplinarbehörden, Ediktalladung, Erbschaft (vakante), Erkenntnisse, Exekution, Exekutorische Klausel, Fiskalische Untersuchung, Gefangene, Gefängnisse, Geisteskranke, Gerichtsferien, Gerichtskosten, Heirathskonsens, Immediatgesuche, Insinuation, Interdiktion, Justizbeamte, Justizfonds, Justizminister, Justizvisitation, Kassation, Kaution, Kompetenzkonflikt, Konfiskation, Kostenliquidation, Kriminalfonds, Kriminalordnung, Orden, Pensionsgesuche, Prüfungen, Rehabilitation, Reisekosten, Requisitionen, Revision, Staatsverträge, Steckbriefe, Stempelkontraventionen, Strafantrag, Straferkenntnisse, Strafverfolgung, Strafvollstreckung, Tabellen, Unschuld, Untersuchung, Urlaub, Urtheilsauszüge, Verhaftung, Vorladung, Vormundschaft, Winkelkonsulenten, Wittwenkasse, Zeugenvorladung.

Staatsanzeiger
dessen Benutzung zur Publikation der Eintragungen in das Handelsregister (R. 9. Okt. 1863) XII. 423. — Verfahren bei amtlichen Insertionen in den Staatsanzeiger (R. 28. Dez. 1864) XII. 462.

Staatsbauten s. Bauholz, Dienstgebäude.

Staatsbeamte s. Beamte.

Staatsbürgerliche Rechte s. Ehre, Ehrenrechte.

Staatsdienst s. Amt, Anstellung.

Staatsforderungen
Festsetzung des Normaljahrs 1815 gegen Ansprüche des Fiskus (G. 18. Dez. 1831) III. 418. — vgl. Staatsgut.

Staatsgläubiger
deren Legitimationsurkunden sind stempelpflichtig (R. 30. Dez. 1824, 11. Jan. 1825) II. 545. — vgl. Staatsgut, Staatsschulden.

Staatsgut
Ueberweisung des verheimlichten Staatsgutes an die Ortskirchen (K. 23. Mai 1818) I. 499, (G. 18. Dez. 1831 §. 5) III. 419. — Unzulässigkeit der Arrestanlage auf fremdes Staatseigenthum (R. 5. Okt. 1819) I. 613. — dgl. der Hypothekeneintragung gegen den Staat (R. 23. Nov. 1825) II. 623. — Ueberlassung herrenloser Katasterparzellen an die Ortsgemeinden (K. 14. März 1825, B. 13. Aug. 1835) V. 180. — Verfahren bei Versteigerung von Mobilien des Staates (R. 24. März 1838) VI. 447. — dgl. bei Verpachtung von Grundstücken (R. 9. Febr., 13. März 1842) VIII. 25. — vgl. Domainen, Fiskus, Frankreich, Staatsforderungen, Staatsschulden.

Staatsminister s. Ministerien.

Staatspapiere
Erhebung der Zinskoupons von deponirten und der Kapitalbeträge von verloosten Staatsschuldscheinen (R. 12. Febr. 1827) III. 94. — Verbot des Verkehrs mit Promessen zu Prämienscheinen der See-

handlung oder ausländischer Anleihen (K. 27. Juni 1837) VI. 246. — Verkehr mit ausländischen Staatspapieren (V. 24. Mai 1844) VIII. 269, aufgehoben (durch G. 1. Juni 1860) XII. 187. — Verfahren bei Rückzahlung der in Effekten bestellten Amtskautionen (R. 30. Nov., 13. Dez. 1848) IX. 369. — Bestellung der Amts- und Zeitungskautionen in Staatspapieren (G. 21. Mai 1860 §. 1—3) XII. 184, (V. 21. Mai 1860) XII. 186, (R. 3. Aug. 1860) XII. 195, (R. 27. Nov. 1861, 22. Jan. 1862) XII. 346. — Aufhebung verschiedener Bestimmungen über den Verkehr mit Staatspapieren (G. 1. Juni 1860) XII. 187. — vgl. Amortisation, Kurs, Münzbehörden, Münzverbrechen, Münzwesen, Staatsschulden.

Staatspolizei
Uebertragung der den Präfekten eingeräumten Befugnisse auf die Oberpräsidenten (StMB. 20. Juli 1818 §. 31) I. 512. — Kompetenz der Verwaltungsbehörden zu außerordentlichen Maßregeln, insbesondere zu Verhaftungen (K. 21. Aug., R. 12. Sept. 1819) I. 591, (R. 26. Jan. 1833) III. 565. 568. — vgl. Politische Verbrechen.

Staatsprokuratoren
Jährlicher Dienstwechsel derselben bei den Landgerichten (R. 23. Febr. 1838) VI. 427. — Vertretung des Oberprokurators durch den mit der Poursuite befaßten Staatsprokurator (R. 6. Sept. 1838) VI. 588. — Prüfung der von Staatsprokuratoren eingelegten Kassationsrekurse (R. 6. Juni 1834) IV. 82. — Verfahren der an auswärtigen Untersuchungsämtern fungirenden Staatsprokuratoren bei Untersuchungen gegen Geistliche (R. 16. Aug. 1854) XI. 46. — dgl. bei Untersuchungen gegen Beamte wegen Amtshandlungen (R. 12. Mai 1854) XI. 440. — vgl. Rang, Uniform. — vgl. ferner Staatsanwaltschaft und Oberprokurator.

Staatsrecht
inneres, die Grundsätze desselben sollen für alle Theile der Monarchie gleich sein (R. 14. Juni 1836) V. 401. — vgl. Verfassung.

Staatsschulden
Regulirung der bergischen Landesschulden (GB. 25. Jan. 1814) I. 10. — Aufgebot der Gläubiger (K. 19. Juli 1823) II. 390. — Sistirung der bezüglichen Prozesse (R. 25. Okt., 16. Nov. 1818) I. 521. — Ausschließung des Rechtsweges bei Verwaltungsansprüchen aus der Zeit der Fremdherrschaft (K. 4. Febr. 1823) II. 345, (R. 8. März 1824) II. 458. — Unzulässigkeit der Hypothekeneintragung (R. 23. Nov. 1823) II. 623. Aufgebot der Interessenten des Polcher Dingtags (K. 9. Juli 1831) III. 379. — vgl. Domainen, Frankreich, Staatsgläubiger.

Staatsschuldscheine s. Staatspapiere.

Staatsstraßen s. Wege.

Staatsverbrechen s. Politische Verbrechen.

Staatsverträge
Verfahren bei streitig gewordener Auslegung derselben (V. 25. Jan. 1823) II 343, (R. 20. Juni 1823) II. 386, (R. 22. Nov. 1826) III. 76, (J. 6. Dez. 1833, R. 24. Mai 1834) IV. 73, (V. 24. Nov. 1843) VIII. 198. — vgl. Rechtshülfe, Zollverein, Zollvergehen.

Staatswaldungen s. Waldungen.

Städte s. Gemeinden, Landtag.

Städteordnung
für die Rheinprovinz (G. 15. Mai 1856) XI. 193. — Wahrnehmung der Polizeianwaltschaft in den nach der rheinischen Städteordnung verwalteten Städten (R. 5. April 1859) XII. 76. — Städtisches Einzugs-, Bürgerrechts- und Einkaufsgeld (G. 14. Mai 1860) XII. 182 (Citat). — vgl. Gemeindeordnung.

Stage s. Auskultatoren und Referendarien, Prüfung.

Stahlwaaren s. Fabrikzeichen, Waarenbezeichnung.

Stammholz s. Versteigerung.

Standesherren s. Ostrhein, Reichsstände.

Standessachen
deren Bearbeitung im Ministerium des königlichen Hauses (K. 16. Aug. 1854) XI. 45. — durch das Heroldsamt (R. 13. Juni 1855) XI. 118. — vgl. Adel, Legitimation.

Standschaft
Ausübung der auf dieselbe bezüglichen Rechte durch Gutsherren (G. 8. Mai 1837) VI. 187. — vgl. Gutsherrliche Verhältnisse.

Stationsgelder s. Reisekosten.

Statutarrecht
der nach jülich-bergischem Landrecht verheirathete überlebende Ehegatte muß bei Inventarisirung des Vermögens seiner Kinder auch die Mobilien ins Inventar aufnehmen (R. 17. Okt. 1834) IV. 164, (J. 10. Okt. 1835) V. 236, (R. 4. Dez. 1835) V. 277.

Steckbriefe
deren Erlaß, Kontrolirung und Zurücknahme (GNM. 8. Juni 1815) I. 209, (StMB. 20. Juli 1818 §. 30) I. 512. — Kompetenz der Verwaltungsbehörden (R. 25. Sept., 5. Okt. 1821) II. 179, (R. 19. Jan. 1824) II. 452. — dgl. des Untersuchungsrichters (R. 1. Dez. 1846) IX. 127. — Anwendung gegen politische Verbrecher (R. 26. Jan. 1833) III. 565. — Kostenfreie Einrückung der Steckbriefe in die Amtsblätter (K. 3. Febr., R. 6. März 1843) VIII. 149, (R. 7. Aug. 1848) IX. 310. — dgl. in den Staatsanzeiger (R. 28. Dez. 1864) XII. 462. — Mittheilungen des Polizeipräsidiums in Berlin zur Beförderung der Sicherheitspflege (R. 4. Juni 1852) X. 434. — Central-Polizei-Blatt (R. 15. Nov. 1858) XII. 42, (R. 13. März 1863) XII. 396. — Prüfung der Zweckmäßigkeit bei Erlaß und Bekanntmachung von Steckbriefen (R. 22. Febr. 1864) XII. 439. — vgl. Telegraphen.

Steinfeld s. Detentionsanstalt.

Steinkohlen s. Kohlen.

Stellvertreter s. Remplaçants.

Stellvertretung
Einsendung der Unterschriften der stellvertretenden Gerichtspräsidenten (R. 24. Dez. 1816) I. 438, (R. 19. Okt. 1820) II. 63, (R. 19.

31. März 1821) II. 99, (R. 24. Sept. 1821) II. 188. — Vertretung des Generalprokurators am Kassationshofe (R. 12. Juli 1837) VI. 258. — dgl. des Generalstaatsanwalts (G. 17. März 1852 §. 6) X. 405. — dgl. der Oberprokuratoren (R. 6. Sept. 1835) V. 154. — dgl. der Friedensrichter aus benachbarten Bezirken (R. 15. Nov. 1822 §. 6) II. 319. — Anordnung solcher Stellvertretung für den Landgerichtsbezirk Elberfeld (R. 7. März 1835) V. 89. — dgl. für Saarbrücken (R. 21. Nov. 1835) V. 268. — dgl. für Trier (R. 4. Dez. 1835) V. 279. — dgl. für Aachen (R. 3. Febr. 1837) VI. 43. — dgl. für die Friedensgerichte St. Goar und Bacharach (R. 16. April 1838) VI. 458. — Temporaire Stellvertretung der Friedensrichter (R. 15. Juni 1836) V. 402. — insbesondere der aus Gesundheitsrücksichten Beurlaubten (R. 29. Juli 1861) XII. 261. — Vertretung der Friedensrichter durch Referendarien (R. 4. Nov. 1840) VII. 226. — Stellvertretung der Hypothekenbewahrer (R. 30. Juni 1835) V. 154.

Die Kosten der kommissarischen Stellvertretung werden durch das Justizministerium bestimmt (R. 16. Juli 1821) II. 134, (R. 15. Nov. 1822) II. 318. — Diäten und Reisekosten für Vertretung der Rheinzollrichter (R. 28. April 1838) VI. 469. — Bestreitung der Vertretungskosten bei beurlaubten Beamten (R. 15. April 1843) VIII. 158, (R. 4. Aug. 1863) XII. 414, (vgl. R. 29. Juli 1861) XII. 261. — dgl. bei suspendirten Beamten (R. 18. Mai 1850) X. 222, (G. 7. Mai 1851 § 48 ff.) X. 301, (G. 21. Juli 1852 §. 51 ff.) X. 466, (R. 9. Aug. 1853) X. 586, (R. 24. März 1855) XI. 75, (R. 8. Okt. 1855) XI. 153, (R. 13. Okt. 1856) XI. 284. — bei den als Abgeordnete zum Landtage einberufenen Beamten (StMB. 22. Sept., R. 5. Okt. 1863) XII. 421. — Gebühren der die Stelle eines gerichtlichen Arztes vertretenden praktischen Aerzte und Wundärzte (R. 16. Juli 1864) XII. 450.

Anspruch der Hinterbliebenen eines gegen Abzug vertretenen Beamten auf Sterbe- und Gnadenmonate (R. 5. Aug. 1843) VIII. 181. — vgl. Ergänzungsrichter, Kommissorien, Substitution, Urlaub.

Stempel

Bestrafung der unbefugten Anfertigung öffentlicher Stempel (G. 6. Juni 1835) V. 141. — Kassirungsstempel behufs Anrechnung der zu Gerichtsvollzieherakten verwendeten Prozeßstempel (R. 12. Jan. 1847) IX. 149. — vgl. Eichung, Paraphe.

Stempel

Verwendung desselben zu Legitimationsurkunden der Staatsgläubiger (R. 30. Dez. 1824, 11. Jan. 1825) II. 545. — dgl. in Fallitsachen (R. 6. März 1830) III. 327. — dgl. zu Vereidungsprotokollen (R. 10. Mai, 22. Juni 1838) VI. 536, (R. 21. Juli 1857) XI. 357, (R. 6. Dez. 1838) VI. 652. — dgl. zu Obduktionsverhandlungen (R. 8. Febr. 1839) VII. 17. — dgl. zu Protokollen über Testamentseröffnung, Hinterlegung von Kaufakten und Eheverträgen (R. 18. Dez. 1839) VII. 128, (R. 16. Sept. 1841) VII. 353. — dgl. zu Protokollen über Hinterlegung von Siegel und Unterschrift der Notarien (R. 16. Sept. 1841) VII. 355. — Stempelpflichtigkeit der einfach ausgefertigten Privatakte über zweiseitige Verträge (R. 2. Mai 1840) VII. 164.

Erweiterung des Rechtsweges in Beziehung auf die Stempelsteuer (G. 24. Mai 1861 §. 11—14) XII. 249. — vgl. Stempelbehörden ff. — vgl. ferner Beglaubigung, Cession, Civilstandsregister, Emanzipation, Erbschaftsstempel, Erkenntnißstempel, Gerichtsvollzieherurkunden, Handelsregister, Inventar, Kaufstempel, Kollokation, Legalisation, Notariatsurkunden, Notorietätsakte, Ostrhein, Punktationen, Quittungen, Rathskammerbeschlüsse, Subhastation, Sühneversuch, Theilung, Vollmacht, Vormundschaft, Zahlung.

Stempelabrechnung s. Erkenntnißstempel, Stempelpapier.

Stempelbehörden

Beweiskraft der Protokolle derselben bei Wechselstempelkontraventionen (R. 3. Sept. 1821) II. 173. — sind nicht befugt zur direkten Einziehung eines nicht gerichtlich festgesetzten Prozeßstempels (R. 19. Nov. 1839) VII. 112. — Verfahren derselben behufs Werthermittelung (R. 16. Jan. 1841) VII. 262.

Requisitionen der Stempelfiskale an die Friedensrichter (J. R. 23. Juni 1828) III. 232, (R. 5. Mai 1840) VII. 165. — Verfahren derselben bei Monitis gegenüber den Gerichten (R. 25. März 1836) V. 347, (R. 21. Febr. 1837) VI. 92, (R. 5. Mai 1840) VII. 165, (R. 19. Febr., 9. Aug. 1842) VIII. 101, (R. 2. Dez. 1831, 18. Mai 1832, 18. Mai 1846) IX. 87, (vgl. R. 10. Sept. 1844) VIII. 345. — dgl. gegenüber Aktiengesellschaften (G. 25. Mai 1857) XI. 348. — Berücksichtigung der Verjährung der Stempelrückstände (R. 8. Okt. 1860) XII. 209. — vgl. Stempeldefekte, Stempelkontroversen, Stempelrevision, Stempelrückstände, Stempelstrafen, Stempelstrafresolute, Stempelstundung, Stempeltantieme.

Stempeldefekte

Verfahren behufs Feststellung und Einziehung derselben (R. 21. März 1834) IV. 41, (R. 25. März 1836) V. 347, (R. 21. Febr. 1837) VI. 92, (R. 19. Nov. 1839) VII. 112, (R. 5. Mai 1840) VII. 165, (R. 16. Jan. 1841) VII. 262. — Festsetzung des Stempels durch die Provinzialsteuerbehörde (R. 10. Sept. 1844) VIII. 345. — inwiefern der Rechtsweg zuläßig ist (R. 30. Okt. 1835) V. 248, (R. 17. März 1841) VII. 270. — Erweiterung des Rechtsweges (G. 24. Mai 1861 §. 11—14) XII. 249. — Verhütung von Stempeldefekten, Einschärfung der Instruktion für die Gerichtsschreiber vom 17. Januar 1840 (R. 27. Sept. 1859) XII. 116. — vgl. Stempelkontraventionen, Stempelrevision, Stempelrückstände, Stempeltantieme.

Stempelfreiheit

der Gerichtsvollzieherurkunden bei stempelfreiem Objekt (R. 21. Mai 1823) II. 379. — der Vereidungsprotokolle der Forstbeamten (R. 10. Mai, 22. Juni 1838) VI. 536, (R. 21. Juli 1847) XI. 357. — der Aufnahmebescheinigung zur Wittwenkasse (R. 28. Febr., 23. März 1842) VIII. 30. — der Kautionsverschreibungen (R. 27. Nov. 1861 §. 3) XII. 348. — der Katasterauszüge (J. R. 20. April 1838) VI. 460, (R. 10. Mai 1838) VI. 472, (R. 23. Febr., R. 27. März 1839) VII. 35. — der Vollmachtssubstitutionen (R.

29. Sept., 20. Nov. 1848) IX. 344. — der protokollarischen Erklärungen der Drittarrestaten (R. 11. Jan., 7. 18. März 1861) XII. 241. — der Kostenexekutorien der Anwalte (R. 20. März 1826) III. 18, (R. 17. Okt. 1834) IV. 166. — der exekutorischen Zahlungsbefehle der Verwaltungsbehörde (R. 19. Febr., 9. Aug. 1842) VIII. 99. — der beglaubigten Abschriften zur Reklamation gegen Stempelstrafresolute (J. R. 23. Juni 1828) III. 232, (R. 1. Okt. 1829) III. 300. — der Einregistrirungsbücher (R. 17. Dez. 1824, 6. Jan. 1825) II. 541. — inwiefern solche bei auswärtigen Insinuationen und Requisitionen stattfindet (R. 16. Sept. 1844) VIII. 346. — vgl. Requisitionen.

in Austrägal- und Kompromißsachen (R. 27. Juli, 6. Aug. 1836) V. 433. — bei Eisenbahnunternehmungen (R. 21. April, 2. Mai 1839) VII. 46, (R. 7. Nov. 1843) VIII. 192, (R. 13. Juli 1845) IX. 44, (R. 7. Mai 1860) XII. 180, (R. 9. Sept. 1860) XII. 204. — bei Expropriationen (R. 7. Mai 1860) XII. 180, (R. 9. Sept. 1860) XII. 204. — bei Angelegenheiten der Mitglieder der Fürstlich Hohenzollernschen Häuser (R. 28. Febr. 1853) X. 550. — Privatarmenanstalten steht dieselbe nicht zu (R. 9. Jan. 1835) V. 42.

Maßregeln gegen Mißbrauch der Stempelfreiheit (R. 19. Okt. 1839) VII. 95. — vgl. Civilstandsregister, Erkenntnißstempel, Kostenfreiheit, Quittung, Rathskammerbeschlüsse, Stempelstundung, Subhastation, Sühneversuch, Theilung, Todeserklärung, Vormundschaft.

Stempelgesetz

vom 7. März 1822, Anwendung resp. Abänderung einzelner Bestimmungen:

§. 3 c. (R. 9. Mai 1823) II. 370, (J. 16. Aug. 1834 §. 15) IV. 137, (R. 10. Juni 1836) V. 389, (R. 22. April 1838) VI. 466, (R. 12. Jan. 1841) VII. 248, (G. 23. Dez. 1846) IX. 135. — §. 3 d. (R. 30. Dez. 1824, 11. Jan. 1825) II. 545. — §. 4 f. (R. 16. Jan. 1841) VII. 262. — §. 4, 11, 19 (R. 1. Mai 1841) VII. 286. — §. 10 (K. 24. Dez. 1834) V. 34, (R. 6. Okt. 1835, 11. Mai, 20. Okt. 1836) V. 470. — §. 12, 21, 22 (K. 19. Juni 1834, R. 7. Jan. 1838) VI. 390. — §. 19 (R. 19. Nov. 1839) VII. 112, (R. 16. Sept., 5. Nov. 1847) VII. 352. — §. 21, 22, 30 (R. 19. Okt. 1839) VII. 95. — §. 22 (K. 28. Okt. 1836) V. 480, (K. 23. Dez. 1842) VIII. 136. — §. 23, 30, 31 (K. 13. April 1833, R. 27. Okt. 1837) VI. 31. — §. 30 (R. 1. Sept. 1823) II. 406, (J. R. 23. Juni 1828) III. 232, (R. 1. Okt. 1829) III. 300, (R. 28. Febr. 1834) IV. 36, (R. 8. Mai 1834) IV. 66, (R. 3. Okt. 1834) IV. 154, (R. 28. April 1835) V. 113, (R. 12. April 1837) VI. 144, (R. 23. März 1839) VII. 34, (R. 19. Okt. 1839) VII. 95, (R. 10. Sept. 1844) VIII. 345. — §. 34 (R. 21. März 1834) IV. 41, (R. 25. März 1836) V. 347, (R. 21. Febr. 1837) VI. 92, (R. 5. Mai 1840) VII. 165.

Definition der Tarifposition „Legalisation" (R. 16. Juli 1828) III. 242. — vgl. Enregistrement, Generalgouvernement, Stempelkontroversen.

Stempelkontraventionen

Verfahren bei Wechselstempelkontraventionen (R. 3. Sept. 1821) II.

173. — Mandatarien haften nicht für Kontraventionen der Mandanten (R. 30. April, 11. Juni 1830) III. 350. — Haftbarkeit der Mäkler bei Kauf- und Lieferungsverträgen im kaufmännischen Verkehr (K. 30. April 1847) IX. 195. — Verfahren bei Stempelkontraventionen der Beamten (R. 3. Okt. 1834) IV. 154, (R. 28. April 1835) V. 113, (K. 28. Okt. 1836) V. 480, (K. 13. April 1833, R. 27. Okt. 1837) VI. 316, (K. 23. Dez. 1842) VIII. 136. — insbesondere der Notarien (R. 28. Febr. 1834) IV. 37, (R. 9. Mai 1834) IV. 67, (K. 13. April 1833, R. 27. Okt. 1837) VI. 316, (K. 19. Juni 1834, R. 7. Jan. 1838) VI. 390, (R. 3. Juli 1839) VII. 79. — und der Gerichtsvollzieher (K. 17. Juli 1846 §. 4) IX. 101, (vgl. R. 20. Juli 1853) X. 585. — Charakter und Verrechnung der bei Stempelkontraventionen der Gerichtsvollzieher und sonstiger Beamten verhängten Ordnungsstrafen (R. 27. März 1862) XII. 361, (R. 19. Okt. 1864) XII. 453. — Verpflichtung der Notarien zur Anzeige von Stempelkontraventionen (R. 1. Sept. 1823) II. 406. — dgl. der Gerichte insbesondere der Friedensrichter zur Stempelkontrole (J. R. 23. Juni 1828) III. 232, (R. 12. April 1837) VI. 144, (R. 5. Mai 1840) VII. 167, (R. 6. Juni 1861) XII. 250. — inwiefern Privatpersonen für Stempel und Strafe haften, wenn Beamte resp. Staatsbehörden bei Amtshandlungen oder Verträgen den tarifmäßigen Stempel nicht verwendet haben (K. 28. Okt. 1836) V. 480, (K. 23. Dez. 1842) VIII. 136. — dgl. wenn dies seitens der Vorstände und Beauftragten von Aktiengesellschaften geschehen ist (G. 25. Mai 1857 §. 2) XI. 348. — Bestrafung der durch letztere begangenen Stempelkontraventionen ibid. — vgl. Stempeldefekte, Stempelrevision, Stempelstrafresolute.

Stempelkontroversen
Kommunikation der Gerichts- und Steuerbehörden bei zweifelhaften Stempelfällen (R. 28. Febr. 1823) II. 350. — insbesondere bei Bestrafung von Stempelkontraventionen (R. 10. Sept. 1844) VIII. 345. — Verfahren der Gerichte und Notarien bei Differenzen über die Auslegung des Stempelgesetzes (R. 2. Dez. 1831, 18. Mai 1832, 18. Mai 1846) IX. 87. — Kosten der Abschriften von Urkunden für die Steuerbehörde (R. 13. 25. Jan. 1859) XII. 57.

Stempelmarken
deren Verwendung zu stempelpflichtigen Schriftstücken (R. 30. Sept., 21. Okt. 1862) XII. 373. — nicht anwendbar auf Gerichtsvollzieherurkunden (R. 2. März 1863) XII. 395.

Stempelpapier
Verfahren der Gerichtsschreiber bei Kassirung desselben (R. 15. Juli, 6. Aug 1823) II. 396, (R. 17. Jan. 1840) VII. 133, (R. 4. Juli 1855) XI. 128. — Aufräumung des verbrauchten Stempelpapiers (R. 30. März 1843) VIII. 156. — Stempelkassirung zu Notariatsurkunden (R. 1. Aug 1825) II. 601, (R. 19. Sept., 4. Nov. 1825) II. 617, (K. 19. Juni 1834) VI. 393, (R. 26. Mai 1846) IX. 89. — dgl. zu Gerichtsvollzieherurkunden (K. 17. Juli 1846) IX. 100, (R. 12. Jan. 1847) IX. 149, (R. 20. Juli 1853) X. 585, (R. 2. März 1863) XII. 395. — insbesondere zu auswärtigen Insinuationen (R. 31. Dez. 1830, 21. 28. Febr., 6. April 1832) III.

449, (R. 16. Sept. 1844) VIII. 346. — Anwendung beschnittenen Stempelpapiers (R. 13 24. April 1835) V. 108. — Ersatzleistung für verdorbenes Stempelpapier (R. 23. 29. Febr. 1840) VII. 141. — Formular zur Berechnung der gerichtlichen Stempelvertheiler (R. 14. 28. Juni 1846) IX. 97. — vgl. Stempelmarken, Stempeltantieme.

Stempelrevision

Obliegenheiten der Friedensrichter beim Abschluß der Notariatsrepertorien (R. 1. Mai 1829) III. 278, (R. 15. Jan. 1830) III. 318, (R. 26. Mai 1846) IX. 89. — dgl. bei Einregistrirung von Privaturkunden (R. 7. März 1831) III. 371, (R. 12. April 1837) VI. 144, (R. 5. Mai 1840) VII. 165. — Allgemeine Verpflichtung derselben zur Kontrole des Stempelverbrauchs (R. 12. April 1837) VI. 144. — Kontrole der Stempelerhebung der Friedensgerichtsschreiber (R. 6. Juni 1861) XII. 250. — Revision der Verkaufsregister der Gerichtsschreiber und Gerichtsvollzieher (R. 6. März 1835) V. 87. — Ueberwachung der Gerichtsvollzieher rücksichtlich der Stempelverwendung (R. 20. Juli 1853) X. 585. — Zulässigkeit der Stempelrevision nach eingetretener Rechtskraft des Urtheils (R. 21. März 1834) IV. 41. — Verfahren gegenüber den Gerichten (R. 25. März 1836) V. 347, (R. 21. Febr. 1837) VI. 92, (R. 5. Mai 1840) VII. 165, (R. 19. Febr., 9. Aug. 1842) VIII. 101, (R. 10. Sept. 1844) VIII. 345, (R. 31. Dez. 1831, R. 18. Mai 1846) IX. 87, (R. 8. Okt. 1860) XII. 209. — dgl. gegenüber den Notarien (R. 18. Mai 1832, 18. Mai 1846) IX. 87. — Revision der Aktiengesellschaften im Stempelinteresse (G. 25. Mai 1857) XI. 348. — Kosten der Abschriften von Urkunden für die Steuerbehörde (R. 13. 25. Jan. 1859) XII. 57. — Berücksichtigung der Verjährung der Stempelrückstände (R. 8. Okt. 1860) XII. 209. — Abhaltung der Stempelrevision beim Landgericht zu Aachen (R. 11. März 1843) VIII. 151, (R. 26. April 1853) X. 564, (R. 23. März 1859) XII. 73, (R. 11. Dez. 1860) XII. 219, (R. 11. April 1863) XII. 398. — dgl. beim Friedensgericht zu Castellaun (R. 23. Juni 1857) XI. 352. — dgl. beim Landgericht zu Coblenz (R. 19. April, 24. Mai, 6. Juni 1837) VI. 226, (R. 2. Nov. 1844) VIII. 370, (R. 27. Dez. 1849) X. 82, (R. 18. Aug. 1855) XI. 139, (R. 28. Sept. 1855) XI. 149, (R. 9. Sept. 1860) XII. 201, (R. 18. Jan. 1862) XII. 344, (R. 22. März 1862) XII. 360, (R. 22. April 1864) XII. 444. — dgl. beim Appellationsgerichtshof zu Cöln (R. 19. Mai 1854) XI. 83. — dgl. beim Landgericht zu Cöln (R. 14. Febr., 30. April, 10. Mai 1838) VI. 474, (R. 16. Jan. 1841) VII. 262, (R. 14. Dez. 1844) VIII. 381, (R. 9. Sept. 1850) X. 245, (R. 19. Juli 1859) XII. 111. — dgl. beim Handelsgericht zu Cöln (R. 23. Juli 1857) XI. 358. — dgl. beim Landgericht zu Düsseldorf (R. 30. Sept. 1859) XII. 117. — dgl. beim Landgericht zu Elberfeld (R. 26. Juli 1850) X. 233. — dgl. beim Handelsgericht zu Elberfeld (R. 28. Nov. 1844) VIII. 379. — dgl. beim Landgericht zu Saarbrücken (R. 10. Dez. 1838, 20. April, 26. Mai, 6. Juni 1839) VII. 257, (R. 11. April 1841, 6. Aug. 1842) VIII. 88, (R. 29. Jan. 1848) IX. 272, (R. 26. Okt. 1863) XII. 425. — dgl. beim Landgericht zu Trier (R 18. Dez. 1839, 5. 14. Jan. 1840) VII. 127, (R. 16. Sept.,

5. Nov. 1841) VII. 352, (R. 19. Febr., 9. Aug. 1842) VIII. 97, (R. 16. Sept. 1848) IX. 328, (R. 18. März 1863) XII. 397. — vgl. Stempelbehörden, Stempeldefekte, Stempelkontroversen.

Stempelrückstände
Aufstellung der Stempelrestverzeichnisse durch die Gerichtsschreiber (R. 20. Okt. 1838) VI. 610, (R. 17. Jan. 1840) VII. 133, (R. 8. Juni 1846 §. 3) IX. 93, (R. 4. Juli 1855) XI. 128. — Verfahren bezüglich der in debet notirten Stempel (R. 25. Aug. 1841) VII. 325, (R. 31. Jan., 12. März 1842) VIII. 23, (R. 30. März 1848) IX. 290. Verjährung der Stempelrückstände (R. 5. Juni, 2. Juli 1842) VIII. 73, (R. 8. Okt. 1860) XII. 209. — vgl. Stempeldefekte, Stempelstundung.

Stempelstrafen
Niederschlagung der von Justizbeamten in Ausübung des Amtes verwirkten Stempelstrafen durch das Justizministerium (J. 23. Juni 1828 §. 10) III. 235. — Umwandlung der Geldbußen in Freiheitsstrafen (R. 28. Febr. 1834) IV. 36, (R. 9. Mai 1834) IV. 66, (K. 24. Mai 1844) VIII. 271. — Charakter und Verrechnung der wegen Stempelkontravention verhängten Ordnungsstrafen (R. 27. März 1862) XII. 361, (R. 19. Okt. 1864) XII. 453. — vgl. Stempelkontraventionen.

Stempelstraflisten
deren Führung bei den Gerichten (J. 23. Juni 1828 §. 11) III. 235.

Stempelstrafresolute
deren Abfassung durch die Gerichte (J. R. 23. Juni 1828) III. 232 — Rekurs gegen solche (R. 1. Okt. 1829) III. 300.

Festsetzung der Strafe gegen Beamte (R. 3. Okt. 1834) IV. 154, (R. 28. April 1835) V. 113, (K. 28. Okt. 1836) V. 480, (K. 13. April 1833, R. 27. Okt. 1837) VI. 316, (K. 23. Dez. 1842) VIII. 136. — insbesondere gegen Notarien (R. 28. Febr. 1834) IV. 37, (R. 9. Mai 1834) IV. 67, (K. 13. April 1833, R. 27. Okt. 1837) VI. 316, (K. 19. Juni 1834, R. 7. Jan. 1838) VI. 390, (R. 3. Juli 1839) VII. 79. — dgl. gegen Gerichtsvollzieher (K. 17. Juli 1846 §. 4) IX. 101, (vgl. R. 20. Juli 1853) X. 585. — Abgabe der Straffestsetzung an die Provinzialsteuerbehörde (R. 10. Sept. 1844) VIII. 345. — Strafresolut der Regierung gegen Aktiengesellschaften (G. 25. Mai 1857 §. 3) XI. 349.

Zulassung des Rechtsweges über die Verpflichtung zur Zahlung der Stempelsteuer (G. 24. Mai 1861 §. 14) XI. 249. — vgl. Stempelkontraventionen, Stempelstrafen, Strafresolute.

Stempelstundung
in Armensachen (V. 16. Febr. 1823 §. 6) II. 348. — findet nicht statt bei kontradiktorischer Verurtheilung eines solventen Beklagten (R. 16. Jan. 1841) VII. 263. — Gerichtsschreibergebühren für Ertheilung der Exekutorien (R. 31. Mai, 18. Juni 1845) IX. 34. — vgl. Enregistrement, Stempelrückstände, Vormundschaft.

Stempeltantieme
der Friedensgerichtsschreiber in Vormundschaftssachen (R. 9. Mai 1823) II. 370. — der Appellations-, Land- und Handelsgerichts-

sekretaire (R. 17. Jan. 1840) VII. 133. — ausgedehnt auf die Friedensgerichtsschreiber (R. 4. Juli 1855) XI. 128. — Einschärfung der Instruktion vom 17. Jan. 1840 (R. 27. Sept. 1859) XII. 116. — Tantieme der gerichtlichen Stempelvertheiler (R. 14. 28. Juni 1846) IX. 97.

Stempelung s. Eichung. — vgl. Paraphe, Stempel.

Stempelunterschlagung
deren Ahndung an Gerichtsvollziehern (R. 20. Juli 1853) X. 585. — vgl. Stempelkontraventionen.

Sterbefall s. Civilstand, Todesanzeige. — vgl. Beerdigung.

Sterbegehalt, Sterbemonat, Sterbequartal s. Diensteinkommen.

Sterbeurkunden s. Civilstand.

Steuer
Entrichtung der Grundsteuer durch die Erbpächter (GB. 10. Aug. 1814) I. 71. — beneficium competentiae bei exekutiver Einziehung von Steuern (R. 27. Dez. 1825) II. 627. — Anwendung des Landesgewichts bei Erhebung derselben (G. 17. Mai 1856 §. 8, 9) XII. 233. — Entscheidung der Regierungen über Rechnungszweifel zwischen Steuerpflichtigen und Steuereinnehmern, sowie über die Veranlagung der Steuern (StMB. 20. Juli 1818 §. 2, 8—11) I. 505. — Kompetenz der Gerichte bei Klagen gegen Privatpersonen wegen vorbezahlter Steuern (ibid. §. 20) I. 510. — inwiefern gegen Beitreibung von Steuern der Rechtsweg zugelassen wird (R. 12. Dez. 1840, 17. März 1841) VII. 269. — vgl. Abgaben, Bergwerkssteuer, Exekution, Fiskus, Gemeindesteuer, Gewerbesteuer, Stempel, Steuerbeamte ff.

Steuerbeamte
Zuziehung der Friedensrichter bei summarischen Untersuchungen gegen solche (R. 21. Jan. 1825) II. 551. — Revisionsvermerke der Steuerbeamten sind öffentliche Urkunden (R. 11. April 1834) IV. 58. — Stellvertretung der Hypothekenbewahrer durch Steuersupernumerarien (R. 30. Juni 1835) V. 154. — Gerichtsstand der im Auslande stationirten Steuerbeamten (B. 26. April 1844) VIII. 265. — vgl. Grenzaufsichtsbeamte, Steuereinnehmer, Steuerexekutoren.

Steuerbehörden
deren Verfahren bei Beschlagnahme von Handelsbüchern wegen Verdachts einer Defraudation (R. 17. 29. Jan. 1820) II. 8, (R. 12. 25. Febr. 1820) II. 12, (R. 11. März 1820) II. 14, (R. 23. Juli 1833) III. 657, (R. 4. Sept. 1849) X. 66. — Unterstützung derselben durch Rechtsbeistände in Steuerprozessen (R. 13. 30. Jan. 1824) II. 453. — Abgabe der Defraudationssachen zur gerichtlichen Untersuchung (R. 12. April 1832) III. 232, (vgl. G. 23. Jan. 1838 §. 33) VI. 411. — Zuziehung und Befugnisse der Steuerbehörden bei gerichtlichen Untersuchungen wegen Steuerdefraudation (R. 27. Juni, 10. Juli 1820) II. 50, (R. 28. Febr. 1823) II. 350, (R. 14. April 1823) II. 364. — Mittheilung der Untersuchungsakten (R. 12. Juni 1826) III. 55, (R. 27. Nov. 1827) III. 164. — Einlegung von Rechtsmitteln (G. 22. Mai 1852 §. 6) X. 636. — Ver-

fahren behufs Einziehung rückständiger Gefälle von den zur gerichtlichen Untersuchung gezogenen Defraudanten (R. 12. Juli 1844) VIII. 303. — Verfahren der Steuerbehörde bei Begnadigungsgesuchen wegen Steuerstrafen (R. 4. 17. Juni 1836) V. 403. — Benachrichtigung derselben bei ablehnendem Bescheid auf remittirte Gnadengesuche (R. 3. Okt. 1848) IX. 333. — Befugniß derselben eine terminweise Abzahlung und Verbüßung der Steuerstrafen zu gestatten (R. 19 Aug. 1837) VI. 278. — dgl. die Strafvollstreckung überhaupt zu sistiren (R. 7. Febr. 1845) IX. 10, (R. 10. Sept. 1857) XI. 376.

Vorladung des Fiskus in Steuersachen (StMB. 30. Nov., R. 17. Dez. 1838) VI. 667. — vgl. Disziplinarbehörden, Stempelbehörden ff, Steuer, Steuerbeamte, Steuerdefraudation, Steuerstrafen, Zollbehörden.

Steuerdefraudation

Beibehaltung der Stempel- und Enregistrementsabgaben bei Untersuchungen wegen Steuervergehen (R. 23. April 1819) I. 555. — Vollstreckung der wegen Zoll- und Verbrauchssteuerdefraudation erlassenen Strafresolute (R. 4. Juni 1819) I. 558. — Vorladung ausländischer Kontravenienten (R. 23. Juni 1821, 27. Aug., 4. Sept. 1825) II. 608. — dgl. der Militairpersonen (R. 27. März 1836) V. 351. — Anweisung der Kosten auf den Kriminalfonds (R. 27. Okt. 1826) III. 72, (R. 14. Mai 1827) III 130. — Neben der Strafe ist nicht auf Zahlung der Steuer zu erkennen (R. 12. Mai 1853) X. 573. — vgl. Gewerbesteuer, Hausirregulativ, Stempelkontraventionen, Steuerbehörden, Steuerstrafen, Zolldefraudation.

Steuereinnehmer

Kompetenz der Regierung bei Rechnungszweifeln zwischen denselben und den Steuerpflichtigen (StMB. 20. Juli 1818 §. 2) I. 505. — vgl. Domainenempfänger, Gemeindeeinnehmer, Kassenbeamte, Kassendefekte, Steuerbeamte.

Steuerexekutoren

Berichtigung der Gebühren derselben für Einziehung von Geldbußen und Untersuchungskosten (R. 25. Juni 1832) III. 479. — vgl. Steuerbeamte.

Steuerkontravention s. Steuerdefraudation.

Steuerordnung

vom 8. Febr. 1819, Verfahren bei Kontraventionen gegen §. 88 (R. 30. Okt. 1835) V. 250. — Modifikation der Strafen (K. 23. Jan. 1838) VI. 417. — Abänderung des §. 83 und der Deklaration vom 6. Okt. 1821 (G. 21. Sept. 1860) XII. 207 (Citat). — vgl. Zollordnung.

Steuerstrafen

deren Vollstreckung an insolventen Kontravenienten (R. 7. 15. 28. Juni 1819) I. 575. — Beweis der Zahlungsunfähigkeit, Umwandlung der Geldbuße in Gefängnißstrafe (R. 24. Mai, 17. Juni 1824) II. 274. — Erledigung der subsidiären Gefängnißstrafe durch nachträgliche Zahlung (R. 8. Juli 1836) V. 420. — Strafumwandlung bei Zollvergehen (G. 23. Jan. 1838 §. 3) VI. 402. — dgl. bei Defraudation der innern Steuern (K. 23. Jan. 1838) VI. 417. — Verfahren bei Umwandlung von Zoll- und Steuerstrafen (R. 27. Juli, 2. Aug. 1838) VI. 566. — Kompetenz der Gerichte bei dieser Strafumwandlung (K. 11. April 1839) VII. 42, (R. 13. April 1860) XII. 176. — Niederschlagungs- und Milderungsbefugniß des Finanzministeriums bei Vergehen gegen die indirekten Steuergesetze (R. 15. April, 18. 27. Juni 1834, 6. Dez. 1837) VI. 345. — vgl. Geldbußen, Gewerbesteuer, Hausirregulativ, Stempelstrafen, Steuerbehörden, Steuerdefraudation.

Stiche s. Formen, Platten, Stempel. — vgl. Nachdruck.

Stichseil s. Schifffahrt (Rhein).

Stiefkinder s. Ehedispensation.

Stier s. Körordnung.

Stifter
Befreiung der westfälischen Stiftspensionen vom Arrestschlag (R. 9. Dez. 1831) III. 417. — vgl. Landtag.

Stiftungen
deren Ermächtigung zum Verzicht auf Hypotheken (StMB. 20. Juli 1818 §. 6) I. 506. — Oberaufsicht der Regierungen und Konsistorien über Familienstipendien (R. 8. Aug. 1823) II. 398. — inwiefern bei Stiftungen der Rechtsweg stattfindet (R. 28. Nov. 1842) VIII. 128. — Ablösung der den frommen und milden Stiftungen zustehenden Reallasten (G. 15. April 1857) XI. 312.

Ueberweisung der verheimlichten Stiftungsgüter an die Ortskirchen (K. 23. Mai 1818) I. 499. — vgl. Anstalten, Fideikommisse, Ritterschaft.

Stiftungsgelder
deren Portofreiheit gegenüber der Bank (B. 19. Juli, R. 16. Okt. 1819) I. 615.

Stimmrecht s. Appellationskammern, Assessoren, Assisen, Kriminalordnung, Richterzahl.

Strafantrag
Subsidiarantrag der Staatsanwaltschaft auf Verweisung einer am Zuchtpolizeigericht verhandelten Sache vor das Polizeigericht (R. 18. Juni 1836) V. 405. — Antrag auf Verurtheilung zum Werthersatz bei Entwendung gefällten Holzes aus Staatswaldungen (K. 26. Sept. 1845) IX. 53. — vgl. Strafmaß, Strafverfolgung.

Strafantritt
Aufforderung zu demselben mit kurzer Frist (R. 11. Juli 1823) II. 390. — Sofortige Abführung der verhafteten Kondemnaten zur Strafanstalt (R. 14. Juni 1834) IV. 86. — Vermerk des Anfangs der Strafzeit bei der Ablieferung zur Strafanstalt (R. 4. Nov. 1840) VII. 225. — Zulassung des vorläufigen Strafantritts vor der Rechtskraft des Erkenntnisses (R. 7. Juni 1833) III. 635, (R. 14. Juni 1834) IV. 86, aufgehoben (durch R. 4. März 1839) VII. 24, (R. 22. Mai 1840) VII. 171. — Verfahren bei Ablieferung von Verbrechern in die Strafanstalt zu Werden (R. 28. Juni 1837) VI. 254. — vgl. Strafvollstreckung, Strafzeit.

Strafarbeit
Verwandlung der Gefängnißstrafe in Arbeiten bei Holzdiebstahlssachen (R. 12. April 1822) II. 240, (K. 6. März 1827) III. 102, (K. 28. April 1834) IV. 63, (R. 17. Jan. 1835) V. 72, (R. 9. Mai 1835) V. 125, (R. 13. Okt. 1836) V. 474, (R. 30. Nov., 14. Dez. 1838) VI. 658, (R. 27. Aug. 1841) VII. 327, (G. 2. Juni 1852 §. 13, 14, 42) X. 425.

Beschäftigung der Strafgefangenen und der polizeigerichtlichen Kondemnaten außerhalb der Gefangenanstalt (G. 11. April 1854) XI. 25. — vgl. Gefangene, Waldeigenthümer.

Strafbefehl s. Strafresolut.

Strafen
Allgemeine Grundsätze über die Kumulation derselben (R. 9. April 1827) III. 111, (R. 27. Juli 1839) III. 490, (R. 7. Nov. 1839) VII. 100, (R. 9. März 1844) VIII. 242. — vgl. Freiheitsstrafen, Geldbußen, Strafantrag ff., Sukkumbenzgelder, Todesstrafe.

Straferkenntnisse
Einreichung der Urtheile auf Todesstrafe, Brandmarkung, Pranger oder lebenswierige Bauarbeit (GNM. 11. Nov. 1815) I. 231. — dgl. auf Todesstrafe und lebenslängliche Freiheitsstrafe (R. 8. Febr. 1820) II. 11. — Natur und Wirkung der kgl. Bestätigung (R. 14. Juni 1836) V. 400. — Berichterstattung in solchen Fällen (R. 30. Juli 1819) I. 584, (R. 4. Nov. 1831) III. 405, (R. 27. Dez. 1838) VI. 669, (R. 24. Febr. 1853) X. 549. — Benachrichtigung des Kondemnaten von der Verwerfung des Kassationsrekurses bei Todesurtheilen (R. 18. Juni 1864) XII. 450.

Anzeige von interessanten Erkenntnissen beim Justizministerium (R. 5. Juni 1832) III. 474. — Bekanntmachung der Erkenntnisse wegen fahrlässiger Verletzung durch Schießgewehr (R. 13. Juni 1845) IX. 34. — Erhaltung der Einheit der Rechtsgrundsätze in den richterlichen Entscheidungen des Obertribunals (G. 7. Mai 1856) XI. 189. — vgl. Adel, Appellation, Arbeitsscheu, Bettler, Deserteure, Ehrenrechte, Erkenntnißstempel, Geistliche, Kassation, Kontumazialerkenntnisse, Kostenliquidation, Landstreicher, Münzverbrechen, Opposition, Orden, Ordnungsstrafen, Polizeigerichte, Prozeßtabellen, Rehabilitation, Richterzahl, Rückfall, Strafresolute, Strafvollstreckung, Untersuchungsakten, Urtheilsauszüge, Verbrecher (jugendliche), Zeitungen, Zollbehörden, Zweikampf.

altländische
Einziehung der Kriminalkosten und Geldbußen von Kondemnaten im Appellationsgerichtsbezirk Cöln (R. 18. Juni 1853) X. 584. — vgl. Gerichtskosten, Requisitionen, Zeugenvorladung.

ausländische
gegen Inländer sollen nicht vollstreckt noch insinuirt werden (R. 12. Nov. 1827) III. 160, (R. 28. Febr. 1855) XI. 74. — Anwendung dieser Vorschrift auf Luxemburg (R. 4. Juni 1855) XI. 117. — vgl. Requisitionen.

gegen Beamte
Mittheilung der Straferkenntnisse gegen Justizbeamte an das Justizministerium (R. 15. Aug. 1823) II. 399, (R. 2. Jan. 1834) IV.

3, (R. 15. Nov. 1832, 8. Jan. 1834) IV. 3, (R. 3. Juni 1836) V. 382. — dgl. der Erkenntnisse gegen Verwaltungsbeamte an die Regierungen (R. 12. Dez. 1843) VIII. 199, (R. 17. Jan. 1844) VIII. 230. — dgl. der Erkenntnisse gegen Beamte überhaupt an die vorgesetzte Dienstbehörde derselben (R. 29. Juni 1851 §. 5, R. 8. Okt. 1853) X. 600, (R. 22. Mai 1857 §. 5) XI. 343. — Anwendung dieser Vorschriften auf Eisenbahnpolizeibeamte (R. 12. Juli 1852) X. 454, (R. 18. Aug. 1852) X. 478. — dgl. auf alle Angestellten der Eisenbahnverwaltungen (R. 27. Nov. 1860) XII. 214. — vgl. Disziplinarerkenntnisse, Geistliche, Strafvollstreckung.

gegen Militairinvaliden

Benachrichtigung der Regierungen wegen Einziehung der Gnadengehälter und Pensionen (K. 24. Okt. 1838) VI. 619, (R. 17. Dez. 1846) IX. 132, (R. 1. Febr. 1853, 8. Aug. 1854) XI. 43.

gegen Militairpflichtige

Benachrichtigung des Landrathes resp. der Aushebungsbehörde (R. 17. Sept. 1819, 12. Aug. 1825) II. 603, (R. 22. Dez. 1832) III. 557, (R. 29. Juni 1851 §. 3, 24. Aug. 1852) X. 479, (R. 22. Mai 1857 §. 6) XI. 344.

gegen beurlaubte Militairpersonen

Benachrichtigung der Militairbehörden (GRM. 29. Febr. 1816) I. 237, (R. 12. Juli 1822) II. 277, (R. 11. Nov. 1822) II. 317, (K. 22. Febr. 1823) II. 354, (R. 2. Aug. 1824 §. 19) II. 519, (R. 6. Mai 1817) V. 4, (R. 29. Juni 1851 §. 3, 24. Aug. 1854) X. 479, (R. 22. Mai 1857 §. 6) XI. 344. — vgl. Landwehroffiziere, Militairstrafen.

Strafermäßigung s. Begnadigung, Ostrhein (Appellationsgerichtshof, Justizsenat). — vgl. Strafmaß.

Strafgefangene s. Gefangene.

Strafgelder s. Geldbußen, Forststrafgelder, Polizeistrafgelder, Sukkumbenzgelder.

Strafgerichte s. Assisen, Polizeigerichte, Zuchtpolizeigerichte. — vgl. Gerichtssitzungen.

Strafgesetzbuch für das preußische Heer s. Militairstrafgesetzbuch.

Strafgesetzbuch für die preußischen Staaten

dessen Einführung (G. 14. April 1851) X. 627, ergänzt (durch G. 22. Mai 1852) X. 634, (G. 6. März 1854) XI. 12. — Publikation einer neuen amtlichen Ausgabe (K. 21. April 1856) XI. 187. — dasselbe gilt nicht in dem an den Regierungsbezirk Aachen grenzenden neutralen Gebiete (R. 31. April 1852) XI. 532.

Anwendung resp. Abänderung einzelner Artikel:

§. 11, 12, 22 (R. 20. Nov. 1851) X. 390. — §. 12, 22, 23 und Tit. 28 (R. 22. Mai 1857) XI. 342. — §. 17, 335 (R. 2. Jan. 1854) XI. 3. — §. 21, 30 (R. 8. Aug 1851) X. 378. — §. 35, 243, 316, 349 (G. 30. Mai 1859) XII. 93. — §. 56, 219, 240, 250 (G. 9. März 1853) X. 637. — §. 58–60 (R. 14. Nov. 1859) XII. 119. — §. 96, 334 (G. 11. April 1854) XI. 25. — §. 102, 103 (R. 23. Juni 1851) X. 364. — §. 110 (R. 29. April 1853) X. 565, (G. 10. März 1856) XI. 166, (R. 18. Febr. 1859) XII.

71. — §. 113, 120, 193, 195, 196, 217, 218, 232, 233, 237, 238, 243, 251, 254—256, 272, 347, 349 (G. 14. April 1852) XI. 177, (G. 30. Mai 1859) XII. 93. — §. 117—120 (R. 3. Okt. 1856) XI. 283, (R. 2. Juli 1857) XI. 354. — §. 192a (R. 12. Jan. 1853) X. 535. — §. 219, 240 (G. 9. März 1853) X. 637, (G. 4. Mai 1853) X. 568. — §. 266—268, 340 (R. 31. Juli, 26. Okt. 1857) XI. 382. — §. 277 (R. 6. Juli 1854) XI. 41, (R. 28. Nov. 1860) XII. 215. — §. 345 (R. 22. Dez. 1852) X. 530, (R. 29. Juli 1857) XI. 359. — §. 348 (G. 24. Mai 1853 §. 10) X. 580. — §. 349 (R. 8. Sept. 1856) XI. 281.

Art. XXVII. §. 3 des Einführungsgesetzes (R. 23. Jan. 1859) XII. 66. — Art. VI. XXVI. ibidem (R. 14. Nov. 1859) XII. 119.

Strafgesetzbuch, rheinisches

Abänderung desselben bezüglich der Brandmarkung, Pranger, Kindsmord, Falschmünzerei, Haus- und Erndtediebstähle (GB. 16. Febr. 1814) I. 15. — dgl. bezüglich Brandmarkung, Pranger, Haus- und Erndtediebstahl, Vermögenskonfiskation (GM. 31. Mai 1814) I. 110, (R. 29. Okt. 1836) V. 482. — dgl. bezüglich Haus- und Erntediebstahl (GR. 4. Juni 1814) I. 140, (GRM. 13. Okt. 1814) I. 183, (R. 8. April 1825) II. 586. — dgl. bezüglich Brandmarkung und Pranger (GR. 15. Juni 1814) I. 144. — dgl. bezüglich der Diebstähle und Betrügereien in Militairlazarethen (GRM. 25. Juni 1815) I. 211, (GRM. 4. Aug. 1815) I. 219. — Verfahren gegen Bettler, Landstreicher, Vagabunden (GB. 14. Nov. 1814) I. 80, (GB. 9. Febr. 1815) I. 83, (R. 26. B. 27. Juni 1816) I. 410, (StMB. 1. Dez 1819) I. 622, (R. 30. Okt. 1821, 24. Jan. 1822) II. 206, (K. 31. Dez. 1828, R. 22. Jan. 1829) III. 272, (K. 20. Juli 1837) VI. 268, (K. 6. R. 12. März, 23. April 1830) III. 338. — dgl. gegen ausgewiesene fremde Landstreicher (K. 28. Febr. 1817) V. 3, (R. 17. Mai 1817, 6. Dez. 1822) V. 7, (R. 26. Juni 1835) V. 153, (K. 10. März 1839) VII. 31. — Bestrafung der schriftlichen Beleidigungen (B. 5. Juli 1819) I. 582, (R. 16. Juni 1843) VIII. 172. — dgl. der Beleidigungen zwischen Civil- und Militairpersonen (K. 1. März 1844) VIII. 241. — dgl. der Verbrechen der Ausländer und der Inländer im Auslande (B. 30. Juni 1820) II. 42, (R. 28. Juli 1820) II. 54. — Bekanntmachung des Verlustes der staatsbürgerlichen Rechte (R. 31. März 1842) VIII. 155. — Abänderung der Art. 52 ff., 467 betreffend Körperhaft wegen Geldstrafen und Kosten (K. 10. März, R. 7. Juni 1821) II. 124, (R. 24. Mai, 17. Juni 1821) II. 274, (R. 15. Aug. 1823) II. 399, (R. 28. Mai, 8. Juni, 18. Aug. 1823) II. 403, (K. 18. R. 30. Sept. 1824) II. 526, (K. 20. Okt, R. 19. Nov. 1825) II. 621, (R. 2. Febr. 1827) III. 93, (R. 13. Juni 1834) IV. 85, (R. 3. Jan. 1838) VI. 381, (K. 5. R. 8. April 1831) V. 16, (R. 27. Nov. 1835) V. 276. — dgl. des Art. 66 betreffend jugendliche Verbrecher (K. 22. Juni 1839) VII. 76. — Anwendung des Art. 174 auf Fährpächter (R. 13. Dez. 1833) III. 700. — dgl. der Art. 196, 197, 258, 259 auf Anmaßung geistlicher Funktionen und Amtstrachten (K. 23. April 1833) III. 629. — dgl. des Art. 245 betreffend Strafenkumulation (R. 7. Nov. 1839) VII. 100. — dgl. des Art. 311 bei Verletzungen durch Messer (R. 15. Nov. 1837) VI. 329. — dgl. des Art. 401 auf Verfälschung von Geldpacketen (K. 9. Dez. 1826) III. 82. — dgl. des Art. 408 auf Theilnehmer an militairischem Futterdiebstahl (R. 25. Febr. 1837) VI. 95. — dgl. des Art. 463 betreffend Strafmilderung (R. 11. Mai 1838) VI. 481. — Suspension des Art. 466 (K. 27. Dez. 1822) VII. 98. — Anwendung des Ausdrucks Zuchthaus für réclusion (R. 17. Mai 1822) II. 268. — Bestrafung des Vereitelns von Mobilarbeschlagnahmen (K. 11. Dez. 1833) III. 697. — dgl. der unbefugten Anfertigung von öffentlichen Siegeln, Stempeln, Formen, Stichen, Platten oder des unbefugten Abdrucks (G. 6. Juni 1835) V. 141.

Befugniß des Justizministeriums zur Strafermäßigung (K. 17. Nov. 1825) II. 619, (R. 6. Nov. 1835) V. 253, (vgl. R. 8. Febr. 1835) V. 67, (R. 15. Nov. 1837) VI. 329, (R. 27. Dez. 1838) VI. 670.

Aufhebung des rheinischen Strafgesetzbuchs (G. 14. April 1851 §. 2) X. 627. — Verfahren bei Rehabilitationsgesuchen der unter demselben Verurtheilten (K. 30. Dez. 1852, R. 18. Jan., 8. März 1853) X. 552. — Fortdauernde Geltung desselben im neutralen Gebiete von Moresnet (R. 31. Dez. 1852) X. 532. — vgl. Landrecht. — vgl. ferner Ehre, Ehrenrechte, Polizeiaufsicht, Rückfall, Theilnahme.

Sträflinge f. Gefangene.

Strafmandate
Verfahren bei ausländischen Requisitionen wegen Insinuation von Strafmandaten an Inländer (R. 8. Febr. 1855) XI. 74. — vgl. Straferkenntnisse, Strafresolute.

Strafmaß
Beschränkung des Strafantrags auf Geldbuße bei Stempelkontraventionen (R. 9. Mai 1834) IV. 66. — Strafschärfung bei Verwundungen durch Messer (R. 8. Febr. 1835) V. 67, (R. 15. Nov. 1837) VI. 329. — das Strafmaß für Theilnehmer am Diebstahl ist nicht durch Theilung des Werthbetrages zu finden (R. 27. Jan. 1837) VI. 41. — Abmessung der Geldstrafen gegen ausgetretene Militairpflichtige (R. 29. April 1853) X. 565, (vgl. R. 18. Febr. 1859) XII. 71. — Strafmaß bei Umwandlung der von Steuerbehörden festgesetzten Geldbußen in Gefängnißstrafen (R. 13. April 1860) XII. 176. — vgl. Erschwerende Umstände, Kriminalordnung, Mildernde Umstände, Rückfall, Strafgesetzbuch (rheinisches).

Strafmilderung f. Ostrhein (Appellationsgerichtshof, Justizsenat). — vgl. Begnadigung, Mildernde Umstände, Strafmaß.

Straforduung f. Gefängnisse.

Strafprozeß f. Kriminalordnung, Kriminalprozeßordnung.

Strafregister
Liquidation der Gebühren für die nach Art. 601 KPO. gefertigten Auszüge (R. 22. Mai 1857 §. 2) XI. 343. — vgl. Polizeikontraventionsregister, Prozeßtabellen.

Strafresolute
der Regierungen im administrativen Exekutionsverfahren (StMB.

20. Juli 1818 §. 18) I. 509. — der Polizeibehörden gegen liederliche Weibspersonen (K. 15. Jan. 1825) II. 548, (R. 7. 25. April 1825) II. 587. — der Finanz- und Polizeibehörden, Verzicht auf richterliche Entscheidung (R. 23. Sept. 1846) IX. 109. Stempelansatz zu solchen Resoluten (R. 21. Febr. 1850) X. 122. — vgl. Erkenntnißstempel, Exekution (administrative), Ordnungsstrafen, Postkontraventionen, Stempelstrafresolute, Straferkenntnisse, Zeugenvorladung.

Strafschärfung s. Ostrhein (Appellationsgerichtshof, Justizsenat). — vgl. Erschwerende Umstände, Strafmaß.

Strafsektion s. Militairstrafen. — vgl. Festungsstrafe.

Strafumwandlung s. Begnadigung, Geldbußen, Militairstrafen, Ostrhein (Appellationsgerichtshof, Justizsenat), Steuerstrafen.

Strafurtheil s. Straferkenntniß, Strafmandat, Urtheilsauszug.

Strafverfolgung

Allgemeine Grundsätze über dieselbe, Behandlung der kriminellen Umstände, Verweisung auf den Civilweg (R. 31. Dez. 1825) II. 628. — insbesondere bei Ehrverletzungen (R. 21. Okt. 1837) VI. 314. — Einschreiten der Staatsanwaltschaft wegen Ehrverletzung oder leichter Mißhandlung (G. 14. April 1851 §. 16, 17) X. 631. — Verfahren bei verletzenden Ausdrücken in Immediatgesuchen (R. 26. Aug. 1831) III. 387, (R. 9. Mai 1831) V. 18, (R. 14. Juli 1838) VI. 553, (R. 20. März 1839) VII. 32, (R. 6. Mai 1839) VII. 51, (K. 20. Aug. 1831, 18. Dez. 1841, R. 9. Febr. 1842) VIII. 10. — dgl. bei Beleidigung des Staatsministeriums oder einzelner Minister (R. 14. Aug. 1849) X. 64, (R. 23. Juni 1851) X. 364. — dgl. bei Anzeigen wegen Nachdrucks (R. 31. Juli 1851) X. 376.

Anzeige grober Verbrechen beim Justizministerium (R. 21. Nov. 1821) II. 192, (R. 11. April 1832) III. 461. — Anwendung des Kontumazialverfahrens in Assisensachen (R. 19. Mai 1826) III. 28. — Aussetzung der Strafverfolgung bei Civileinreden in Wald-, Feld- und Jagdfrevelsachen (G. 31. Jan. 1845) IX. 8. — dgl. bei Konkurrenz von schweren und leichteren Straffällen (G. 14. April 1851 §. 23) X. 633. — Ablauf der Appellationsfrist ist nicht ex officio geltend zu machen (R. 11. Dez. 1835) V. 287. — Rückgabe polizeilich mit Beschlag belegter Drucksachen nach Aufhebung der Beschlagnahme durch den Staatsanwalt (R. 24. Dez. 1858) XII. 44. — vgl. Amtshandlungen, Eisenbahnen, Fahrlässigkeit, Geistliche, Konnexität, Kontumazialverfahren, Polizeiverordnungen, Querulanten, Rechtshülfe, Requisitionen, Strafantrag, Unschuld, Untersuchung, Verjährung, Verzicht.

Strafvollstreckung

administrative

Verfahren bei Vollstreckung der von Verwaltungsbehörden festgesetzten Disziplinargefängnißstrafen (R. 25. Juli, 21. Aug. 1830) III. 357, (vgl. G. 21. Juli 1852 §. 15) X. 455. — dgl. der gegen beurlaubte Militairpersonen wegen unterlassener Meldung verhängten Disziplinarstrafen (K. 29. Mai 1852) X. 421. — vgl. Exekution (administrative).

gerichtliche

Aussetzung der Strafvollstreckung bei Erkenntnissen auf Todesstrafe, Pranger, Brandmarkung und lebenswierige Bauarbeit (GMR. 11. Nov. 1815) I. 231. — dgl. wegen eingereichter Begnadigungsgesuche (R. 29. Juni 1822) II. 276, (R. 31. Dez. 1835) V. 299, (R. 4. 17. Juni 1836) V. 403, (R. 19. Aug. 1837) VI. 278, (R. 26. Sept. 1839) VII. 88, (R. 7. Febr. 1845) IX. 10, (R. 14. Dez. 1849) X. 81, (R. 26. Aug. 1854) XI. 56, (R. 10. Sept. 1857) XI. 376. — dgl. während der Untersuchungshaft (R. 7. Nov. 1839) VII. 100, (R. 22. Mai 1840) VII. 171. — Beschleunigung der Strafvollstreckung (R. 11. Juli 1823) II. 390, (R. 26. Sept. 1839) VII. 88. — Untersuchung des Gesundheitszustandes der Kondemnaten (R. 31. Juli 1838) VI. 565, (R. 30. Nov. 1846) IX. 127, (R. 20. Jan., 3. Febr. 1853) X. 543. — Verfahren gegenüber Geisteskranken (R. 2. Jan. 1824, R. 7. Aug., 3. Okt. 1825) II. 613. — dgl. gegenüber jugendlichen Verbrechern (R. 10. 14. Febr. 1832) III. 429, (K. 19. Sept. 1857) XI. 380, (R. 10. Nov. 1857) XI. 389, (R. 11. März 1858) XII. 10. — dgl. gegenüber den Häuslingen der Arbeitsanstalt zu Brauweiler (K. 14. Juni, R. 8. Juli 1859) XII. 107. — dgl. gegenüber den Müttern von Säuglingen (R. 28. Nov. 1835) V. 276, (R. 11. März 1843) VIII. 152. — Anrechnung der Abschlagszahlungen auf Strafe und Kosten (R. 15. Juli 1823) II. 397, (R. 23. Jan., 7. Febr. 1859) XII. 66. — Vollstreckung der Strafverfügungen gegen ungehorsame Zeugen (R. 30. Sept. 1855) XI. 152. — dgl. der von ausländischen Universitäten erkannten Disziplinarstrafen (R. 23. März 1825) II. 581. — Ablehnung der Strafvollstreckung auf Requisition ausländischer Gerichte (R. 12. Nov. 1827) III. 160, (R. 28. Febr. 1855) XI. 74. — insbesondere gegenüber den Niederlanden (R. 19. Juni 1828) III. 232, (R. 6. Okt. 1828) III. 249. — und Luxemburg (R. 4. Juni 1855) XI. 117. — vgl. Freiheitsstrafen, Gefangene, Geldbußen, Konfiskation, Strafantritt, Strafarbeit, Straferkenntnisse, Todesstrafe, Untersuchungskosten, Urtheilsauszüge. — vgl. ferner Ehrenrechte, Kaution, Orden, Polizeiaufsicht, Steckbriefe.

gegen Beamte

Einziehung der wider solche verhängten Geldbußen (R. 5. Mai 1837) VI. 186. — Sistirung der Gehaltszahlung an kassirte Beamte (R. 23. Aug. 1838) VI. 575, (vgl. R. 8. Okt. 1853) X. 600, (R. 22. Mai 1857 §. 5) XI. 343. — vgl. Dienstvergehen, Disziplinarstrafen.

gegen Militairinvaliden

Benachrichtigung der Regierung wegen Sistirung des Gnadengehalts (R. 29. Dez. 1851) X. 397.

gegen Militairpersonen

Verfahren der Civilgerichte behufs Vollstreckung ihrer Straferkenntnisse an Militairpersonen (R. 27. März 1830) III. 329, (K. 1. Juni, R. 1. Juli 1831) III. 377, (K. 20. Aug. 1836) V. 437, (R. 22. Mai 1856) XI. 235. — vgl. Landwehroffiziere, Militairgerichte, Militairstrafen, Offiziere.

Strafzeit

Achttägiger Arrest ist eine Woche (R. 20. Aug. 1827) III. 138. — Quinze jours sind zwei Wochen (R. 8. Sept. 1832) III. 499. —

Berechnung der Strafzeit bei eingelegter Kassation (R. 7. Juni 1833) III. 635, (R. 14. Juli 1834) IV. 86, (R. 30. Juni 1837) VI. 257. — dgl. wenn kein Rekurs ergriffen ist (R. 12. Sept. 1838) VI. 591, (R. 4. März 1839) VII. 24, (R. 22. Mai 1840) VII. 171. — Bestimmung des Anfangs der Strafzeit bei Ablieferung der Kondemnaten zur Strafanstalt (R. 4. Nov. 1840) VII. 225. — Anrechnung der Untersuchungshaft, wenn instruirte Sachen wegen Mangel an Zeit zur nächsten Assise gelangen (R. 19. Nov. 1836) V. 503. — Anrechnung eines neuen Untersuchungsarrestes auf die begonnene Strafverbüßung (R. 19. April 1831, 17. Febr. 1837) VI. 90. — Berechnung der Strafzeit bei aberkanntem Adel (R. 12. Dez. 1856) XI. 293. — vgl. Strafantritt, Strafvollstreckung.

Straßen, Straßenbau s. Wege.

Strohdächer s. Dächer.

Strompolizei

Strafgewalt der Regierungen in Kontraventionssachen (StMB. 20. Juli 1818 §. 20) I. 511. — vgl. Schifffahrt, Wasserbauten.

Studienzeugniß, Studirende s. Arrest, Prüfung, Universität. — vgl. Rechtsstudium.

Stundung

Benachrichtigung der Universitätsbehörden bei Anstellung von Rechtskandidaten, welchen Kollegienhonorare gestundet worden (R. 20. Jan. 1837) VI. 29. — Ausschließliche Legitimation der Universitätsquästur in Berlin zur Beitreibung gestundeter Kollegiengelder (R. 5. Febr. 1844) VIII. 238. — Anwendung dieser Vorschrift auf die Quästuren der übrigen Universitäten (R. 26. Sept. 1845) IX. 52.

Beitreibung gestundeter Examinationsgebühren (R. 25. Aug. 1837) VI. 288. — vgl. Armenrecht, Enregistrement, Gerichtsschreibergebühren, Stempelstundung, Vormundschaft.

Subalterndienst s. Anstellungsgesuche, Civilversorgung, Titel. — vgl. Kanzleidiener, Kastellan.

Subhastation

deren Anwendung bei administrativen Exekutionen (StMB. 20. Juli 1818 §. 16) I. 509.

Gerichtsvollzieher sollen dieselbe nicht betreiben (R. 22. Okt. 1833) III. 681. — Versendung der Subhastationsakten bei eingelegten Rechtsmitteln (G. 11. Mai 1855 §. 7) XI. 113.

Stempelansatz in Subhastationsprozessen (R. 5. Juni 1846) IX. 92, (R. 26. April 1853) X. 564, (R. 19. Mai 1854) XI. 34, (R. 18. Aug. 1855) XI. 140, (R. 23. Juni 1857) XI. 353, (R. 23. März 1859 Nr. 12, 13) XII. 75, (R. 30. Sept. 1859 Nr. 21) XII. 117. — vgl. Erkenntnißstempel.

Subhastationsgebühren

Taxe derselben (V. 1. Aug. 1822 §. 40) II. 290. 291, (G. 23. Mai 1859 §. 3, 9, 21) XII. 87. — Kontrolirung und Feststellung der dem Ansteigerer zur Last fallenden Kosten (R. 18. Febr. 1827) III. 98. — Kostenersparniß bei Ausfertigung der Beschlagnahmeverfügung (R. 10. Okt. 1842 §. 12) VIII. 121. — Festsetzung der Mandatargebühren (G. 8. April 1857) XI. 311.

Anwendung der Taxe vom 1. Aug. 1822 bei Versteigerungen in Folge Uebergebots der Hypothekargläubiger (V. 27. Juli 1855 §. 15) XI. 135, (G. 3. Mai 1858 §. 15) XI. 447, XII. 22, (vgl. G. 23. Mai 1859 §. 3, 9) XII. 87. — vgl. Friedensgerichtsgebühren, Subhastationspatent.

Subhastationsordnung

vom 1. August 1822 II. 280. — Modifikation des §. 4 Nr. 5 betreffend Feststellung der Kaufbedingungen, insbesondere der Zahlungstermine (R. 28. Sept. 1835) V. 224, (K. 9. R. 12. April 1836) V. 360, (K. 11. Dez. 1841) VII. 373. — Auslegung des §. 5 betreffend Zustellung der Beschlagnahme (R. 10. Okt. 1842 §. 12) VIII. 121. — dgl. des §. 18, Abhaltung der Subhastationen am Hauptsitze des Friedensgerichts (R. 25. Febr. 1836) V. 336. — Beachtung der §. 21, 33 bei Stundung von Insertionskosten (R. 15. 26. Juli, 16. Aug. 1836) V. 426, (vgl. R. 18. Mai 1839) VII. 61.

Anwendung der Subhastationsordnung bei Versteigerungen in Folge Uebergebots der Hypothekargläubiger (K. 11. R. 17. März 1837) VI. 114, (G. 18. April 1855 §. 69 ff.) XI. 98. — Aufhebung der Gebührentaxe zur Subhastationsordnung (G. 23. Mai 1859 §. 21) XII. 92.

Subhastationspatent

Kostenersparniß durch summarische Abfassung desselben (R. 9. Mai 1823) II. 372, (R. 24. April 1824) II. 486. — Stundung der Insertionskosten im Armenrecht (R. 15. 26. Juli, 16. Aug. 1836) V. 426, aufgehoben (durch R. 18. Mai 1839) VII. 61.

Bekanntmachung desselben durch Aushang, Untersagung des Anschlags an die Kirchthüren (R. 2. 29. Dez. 1846) IX. 143.

Subsidiarische Gefängnißstrafe s. Geldbußen.

Subsidiarische Verpflichtung s. Haftbarkeit.

Subsistenzmittel s. Vermögen.

Substitution

Stempelfreiheit der Vollmachtssubstitutionen (R. 29. Sept., 20. Nov. 1848) IX. 344.

Ersetzung der Richterkommissarien und Notarien im gerichtlichen Theilungsverfahren (G. 18. April 1855 §. 1) XI. 78. — dgl. der Richterkommissarien und der kommittirten Gerichtsvollzieher in Civilsachen (G. 11. Mai 1855 §. 5) XI. 112. — vgl. Vollmacht. — vgl. ferner Fideikommiß.

Sühneversuch

Einreichung von Tabellen über die bezüglichen friedensgerichtlichen Verhandlungen (R. 15. Juni 1817) I. 466. — Aufnahme dieser Nachweise in die Prozeßtabellen (R. 29. Sept. 1837) VI. 307.

Verwendung und Anrechnung des Protokollstempels (R. 21. Febr., 5. März 1832) III. 453. — Stempelfreiheit der Verhandlungen über abgeschlossene Vergleiche (V. 17. Aug. 1835) V. 189. — Stempelpflichtigkeit der Nichtvergleichsakte (R. 6. Nov. 1835) V. 251. — Ausfertigungsgebühren für letztere (R. 10. Okt. 1842 §. 10) VIII. 121.

Wegfall des Sühneversuchs, wenn der Belangte im Appellationsgerichtsbezirk Cöln keinen wirklichen Wohnsitz hat (G. 11. Mai 1855 §. 1) XI. 111.

Sukkumbenzgelder
deren Hinterlegung (GMM. 22. Juni 1814) I. 147, (R. 10. Jan. 1820) II. 4. — Kontrolvorschriften (R. 5. Nov. 1836) V. 490. — Erstattung derselben bei Kompetenzkonflikten (R. 19. Aug. 1848 §. 3) IX. 325. — Fiskus soll zur Zahlung derselben nicht verurtheilt werden (R. 29. Dez. 1824, 7. Jan. 1825) II. 542.

Summarische Prozesse s. Ostrhein.

Summarische Sachen
Anwendung der für solche geltenden Kostentaxe auf Handelssachen (R. 4. Juni 1824) II. 508, (K. 14. R. 18. Nov. 1825) II. 619. — Richterliche Festsetzung der von den Anwälten eingereichten Kostenrechnungen in summarischen Sachen (R. 11. März 1841) VII. 267.

Superfizies
Stempelansatz bei Kaufverträgen über dieselbe (R. 14. Febr., 30. April, 10. Mai 1838) VI. 474.

Supernumerarien
Vertretung der Hypothekenbewahrer durch Supernumerarien der Steuerverwaltung (R. 30. Juni 1835) V. 154. — Qualifikation der letztern zu Hypothekenbewahrerstellen (R. 14. 22. Juli, B. 14. Aug. 1845) IX. 45. — Annahme von Supernumerarien in der altländischen Justizverwaltung (K. 28. Nov., R. 10. Dez. 1838) VI. 654. — vgl. Anstellungsgesuche, Civilversorgung.

Supplikanten
deren Vernehmung durch Auskultatoren und Referendarien (R. 16. Dez. 1837) VI. 364. — vgl. Armenrecht, Immediatgesuche, Querulanten.

Suspension
der Gerichtsvollzieher wegen unterlassener Kostenspezifikation (R. 30. März 1824) II. 471. — Abnahme der Akten von suspendirten Gerichtsvollziehern (R. 7. März 1823) II. 351. — Suspension der Beamten während einer gegen sie anhängigen Untersuchung oder Disziplinaruntersuchung (R. 25. April 1838) VI. 467, (vgl. G. 7. Mai 1851 §. 46) X. 301, (G. 21. Juli 1852 §. 50) X. 466. — Bestimmungen über die Amtssuspension der Richter (G. 7. Mai 1851 §. 44 ff.) X. 300. — dgl. über die vorläufige Dienstenthebung der nicht richterlichen Beamten (G. 21. Juli 1852 §. 48 ff.) X. 465. — insbesondere der Advokaten (V. 7. Juni 1844 §. 11) VIII. 287, (G. 21. Juli 1852 §. 68 ff.) X. 470. — der Notarien (R. 30. März 1838) VI. 450, (G. 21. Juli 1852 §. 67) X. 470. — der Gerichtsschreiber und Gerichtsvollzieher (G. 21. Juli 1852 §. 65) X. 470. — Bekanntmachung der Suspensionserkenntnisse gegen Notarien, Gerichtsschreiber und Gerichtsvollzieher (R. 16. Mai 1839) VII. 55, (R. 13. Juni 1839) VII. 73.

Disposition über die Diensteinkünfte suspendirter Beamten (K. 20. April, R. 31. Okt. 1831) III. 404, (R. 18. April 1850) X. 222,

(G. 7. Mai 1851 §. 48—50) X. 292, (G. 21. Juli 1852 §. 51—53) X. 455, (R. 9. Aug. 1853) X. 586, (R 24. März 1855) XI. 75, (StMB. 9. Aug., R. 8. Okt. 1855) XI. 153, (StMB. 30. Sept., R. 13. Okt. 1856) XI. 284.

Anwendung der Suspension als Zwangsmittel zur Ergänzung absorbirter Amtskautionen (R. 14. Juni 1842) VIII. 70. — vgl. Dienstvergehen, Prozesse.

Synagoge
deren Gebrauch bei Eidesleistungen nach jüdischem Ritus (K. 30. April 1837) VI. 182. — vgl. Judeneid, Ostrhein (Heirath).

Synagogengemeinden
Konstituirung und Rechtsverhältniß derselben (G. 23. Juli 1847 §. 35 f.) IX. 218. — Annahme ausländischer Juden als Synagogenbeamte (R. 16. Febr. 1851) X. 261. — vgl. Rabbiner.

Syndik
dessen Verfahren bei Vollstreckung des Fallimentsurtheils, insbesondere rücksichtlich der Verhaftsordonnanz (R. 10. Mai 1844) VIII. 266. — dgl. bei Theilungen und gerichtlichen Immobilarverkäufen (G. 18. April 1855) XI. 78. — Ernennung, Entlassung, Rechte und Pflichten desselben bei Fallimenten (G. 9. Mai 1859 §. 480, 497, 498, 527) XII. 82. — Uebernahme von Syndikaten durch Referendarien (R. 24. Febr. 1863) XII. 394. — vgl. Falliment.

Tabellen s. Assisen-, Civilstands-, Distanz-, Emolumenten-, Prozeß-, Vormundschaftstabellen. — vgl. Civilversorgung, Formulare, Matrikel, Notariatspraxis, Ostrhein (Tabellen), Rolle, Register, Todesanzeigen.

Tagebücher s. Journal, Mäkler.

Tagegelder s. Diäten, Reisekosten.

Tagelöhner s. Dienstleute.

Tante s. Ehedispensation.

Tantieme s. Stempeltantieme. — vgl. Denunziantenantheil, Empfangsgebühren.

Taufe
dieselbe darf vor Aufnahme der Geburtsurkunde erfolgen (GB. 23. März 1814) I. 45. — vgl. Festlichkeiten (Gebehochzeit).

Taufnamen s. Namen.

Taufscheine s. Civilstand, Civilstandsregister, Geistliche, Notorietätsakte, Ostrhein (Vormundschaftswesen).

Tausch
dessen Zulässigkeit bei außergerichtlichen Theilungen (G. 18. April 1855 §. 15) XI. 83. — Stempelfreiheit desselben (R. 24. Sept. 1855 §. 2) XI. 149. — Gewährleistung wegen verborgener Mängel beim Tausch von Hausthieren (G. 3. Mai 1859) XII. 77. — vgl. Kaufstempel.

Taxatoren
Anordnung ständiger Taxatoren für Vormundschaftssachen (R. 5. Febr.,

8. März 1836) V. 325. — Stempelpflichtigkeit der Vereidungsprotokolle (R. 6. Dez. 1838) VI. 652. — die Friedensrichter beziehen dabei keine Gebühren (R. 26. Jan. 1837) VI. 38. — ebensowenig für Vereidung des Taxators bei Inventarisationen (R. 10. Okt. 1842 §. 12) VIII. 120. — Funktionen und Vereidung der Taxatoren bei Expropriationen (R. 17. März, 10. Mai 1855) XI. 107, (G. 25. Mai 1857) XI. 345. — dgl. bei Theilungen und gerichtlichen Immobilarverkäufen (G. 18. April 1855 §. 3, 27, 34) XI. 79, (V. 27. Juli 1855 §. 16 ff.) XI. 136, (G. 3. Mai 1858 §. 16 ff.) XI. 447, XII. 23.

Stempelpflichtigkeit der Beglaubigung von Unterschriften derselben (V. 31. Dez. 1834) V. 35. — vgl. Sachverständige, Theilung, Vormundschaft.

Taxe s. Kosten ff., Versteigerung, Werth.

Telegraphen
deren Benutzung seitens der Behörden, Verfahren (StMB. 20. Febr., R. 2. März 1849) X. 51, (R. 12. April, 21. Mai 1849) X. 59, (R. 3. Sept. 1853) X. 598, (R. 10. Juli 1851, 14. Sept. 1854) XI. 58, (R. 15. Nov. 1855) XI. 157, (R. 24. Okt., 17. Nov. 1856) XI. 288, (R. 4. Sept. 1858) XII. 32, (R. 10. Dez. 1863) XII. 429.

Telegraphenbeamte
Verhältnisse des Telegraphenkorps (K. 28. Okt., R. 8. Dez. 1837) VI. 350. — Civilversorgungsansprüche der Telegraphenbeamten (R. 13. Jan. 1847) IX. 150.

Termin
dessen geräumige Ansetzung bei auswärtigen Requisitionen (R. 16. Sept. 1844) VIII. 348. — insbesondere nach Rußland (R. 27. Sept. 1854) XI. 60. — vgl. Gerichtslokal, Gerichtssitz, Gerichtstag, Lokaltermin, Monitorien, Normaltermin, Vorladung, Zahlungstermin.

Testamente
Gültigkeit der in Feldkriegskassen deponirten Testamente von Militairpersonen (K. 11. Juli 1833) III. 656. — Förmlichkeiten der militairischen Testamente (G. 8. Juni 1860) XII. 188. — Testamentarische Entbindung des Nießbrauchers von der Inventarisationspflicht (R. 25. Nov. 1836) V. 507. — Erbeslegitimation zur Extrahirung einer Testamentsausfertigung (R. 20. Mai 1837) VI. 215. — Verfahren bei Präsentation von Testamenten durch Friedensrichter (R. 29. Juli 1840) VII. 190. — Behandlung der bei Siegelungen vorgefundenen oder übergebenen Testamente (R. 24. Aug. 1841) VII. 324. — Gebühren der Friedensrichter für Ueberreichung und Aufnahme von Testamenten (G. 23. Mai 1859 §. 1 Nr. 3, 8) XII. 85. — Hinterlegung olographischer und mystischer Testamente bei Notarien (R. 31. Aug. 1843) VIII. 183. — Sicherung der Eröffnung der bei Notarien deponirten mystischen Testamente (V. 5. Nov. 1843) VIII. 190.

Stempelansatz bei Präsentation der Testamente (R. 18. Dez. 1839) VII. 128, (R. 16. Sept. 1841) VII. 354. — vgl. Vermächtnisse.

Testamentsexekutoren
deren Bestallung durch den Court of the prerogative in Canterbury (R. 10. 13. Juni 1837) VI. 234.

Thatbestand
Prüfung und Ergänzung desselben durch den Anklagesenat (R. 20. Sept. 1833) III. 667. — Abschriftliche Mittheilung der auf den Thatbestand bezüglichen Protokolle an den Angeklagten (R. 22. Mai 1857 §. 1) XI. 342. — vgl. Amtshandlungen, Beschlagnahme, Beweis, Gutachten, Haussuchung, Lokaltermin, Obduktion, Protokolle, Rückfall, Unschuld, Untersuchung, Waffengebrauch, Zeugen.

Thatsachen
Berichtigung der in Zeitschriften und Zeitungen erwähnten (G. 12. Mai 1851 §. 26) X. 313.

Theer
Anlage von Theerbrennereien bei Waldungen (GK. 21. Jan. 1815) I. 313.

Theilnahme
Verfahren gegen Complicen bei Dienstvergehen der Beamten (R. 7. Aug. 1821) II. 167, (K. 14. R. 22. Okt. 1821) II. 185. — Geldbußen und Strafarbeiten aller Theilnehmer am Holzdiebstahl kommen dem Waldeigenthümer zu gut (K. 6. März 1827) III. 102. — Feststellung der Complicität bei Holzdiebstahlssachen (R. 17. Mai 1833) III. 632, (vgl. G. 2. Juni 1852 §. 5) X. 423. — das Strafmaß für Theilnehmer am Diebstahl ist nicht durch Theilung des Werthes zu finden (R. 27. Jan. 1837) VI. 41. — Solidarische Verurtheilung der Theilnehmer an strafbaren Handlungen in Bezug auf Kosten und Stempel (R. 23. Jan. 1836) V. 321, (R. 4. Juli 1840) VII. 181, (vgl. G. 14. April 1851 §. 27) X. 634. — Eventualfrage wegen Theilnahme bei Assisensachen (G. 14. April 1851 §. 25) X. 633.

Begriff und Folgen der Theilnahme an Defekten der Beamten (V. 24. Jan. 1844 §. 10, 11) VIII. 233. — vgl. Futterdiebstahl, Haftbarkeit, Konnexität, Strafgesetzbuch (§. 35).

Theilung
Verfahren bei gerichtlichen und außergerichtlichen Theilungen (G. 18. April 1855) XI. 78. — Kosten desselben (V. 27. Juli 1855) XI. 129, (G. 3. Mai 1858) XI. 443, XII. 15, (G. 23. Mai 1859 §. 4, 9) XII. 87, (G. 5. Juni 1863 §. 20) XII. 410. — Stempelansatz (R. 24. Sept. 1855) XI. 148. — Stempelfreiheit der Expertise (R. 19. April 1837) VI. 229. — Einsendung der Urschrift des Kontestationsprotokolls an das Landgerichtssekretariat (R. 21. Mai 1834) IV. 72. — Berichterstattung über die Kontestationspunkte (R. 4. Aug. 1857) XI. 374. — vgl. Erbschaft f., Erkenntnißstempel, Gemeinheitstheilung, Kataster, Kostentheilung, Ostrhein (Hüttenzeit), Versteigerung.

Theologen s. Geistliche.

Thierärzte
Verfahren bei Einholung veterinärärztlicher Gutachten (R. 13. Dez.

1852) X. 526. — Diäten und Reisekosten der Thierärzte (R. 12. Juni 1851, 11. 31. März 1853) X. 558. — vgl. Aerzte.

Thiere s. Hausthiere, Körordnung, Pferde, Transportmittel, Weide.

Titel

Abschaffung der französischen Titulaturen (GB. 3. Dez. 1813) I. 7, (GM. 25. Febr. 1814) I. 92, (GR. 11. März 1814) I. 112. — Verleihung des Titels Justizrath an Advokaten und Notarien (K. 1. Nov. 1835) V. 251. — dgl. der Rathstitel an Subalternbeamte (K. 19. Nov 1836) V. 502. — die Gerichtsschreiber der Landgerichte erhalten den Charakter als Sekretair resp. Obersekretair (R. 17. Dez. 1835) V. 288. — Unterschied der Bestallungen und Patente (K. 17. Sept. 1836) V. 452. — Wegfall der Bestallungs- und Beibehaltung der Patentgebühren (R 3. April 1837) VI. 133. — Verlust des Titels oder sonstigen Dienstprädikats verabschiedeter Militairpersonen oder Civilbeamten im Falle eines begangenen Vergehens (K. 21. Nov. 1829) VIII. 37. — Dienstprädikate der Justizbeamten bei veränderter Amtsstellung (K. 7. Juli, R. 5. Aug. 1855) XI. 137. — Anwendung der Kurialien in der Dienstkorrespondenz (StMB. 14. R. 28. Jan. 1849) X. 25, (R. 10. Juni 1856) XI. 237, (vgl. R. 3. Sept. 1853) X. 598.

Titel des Großherzogs von Hessen und der Mitglieder des Großherzoglichen Hauses (R. 19. 22. März 1836) V. 345. – Amtliche Bezeichnung der vormals unmittelbaren deutschen Reichsstände (R. 13. Juli, 7. Nov. 1842) VIII. 123. — Beilegung des Prädikats „Hoheit" an die Herren Fürsten von Hohenzollern-Hechingen und Hohenzollern-Sigmaringen (K. 20. März, R. 26. April 1850) X. 217. — Bezeichnung der Fürstenthümer als „Hohenzollernsche Lande" (K. 30. April, R. 30. Juni 1851) X. 291. — Anwendung der Prädikate „Durchlaucht" und „Fürstliche Gnaden" (R. 2. Nov. 1857) XI. 388. — Verleihung des Prädikats „Erzbischöfliche Gnaden" an die Erzbischöfe von Köln sowie von Gnesen und Posen (K. 9. Jan., R. 10. Febr. 1846) IX. 67. — vgl. Adel, Rang, Uniform.

Titel, exekutorischer s. Exekution, Exekutorische Klausel, Verpachtung.

Tod, bürgerlicher s. Strafgesetzbuch, rheinisches.

Todesanzeige

Einreichung der Todtenscheine von Ausländern, welche in Lazarethen, Gefängnissen und andern Anstalten oder ohne örtliche Bekannte versterben, ans auswärtige Ministerium (R. 12. Dez. 1836) V. 520, (R. 28. Febr., 6. März 1837) VI. 104. — Ausfertigung und Einsendung der Todtenscheine der in Preußen verstorbenen schwedischen, norwegischen und dänischen Unterthanen (R. 8. Febr. 1848) IX. 275. — Erwähnung der Gehaltsansprüche von Angehörigen wegen Sterbemonat und Gnadenquartal bei Todesanzeigen von Beamten (R. 15. Nov. 1836) V. 495, (K. 30. März, R. 25. Mai 1842) VIII. 32. — Anzeige des Ablebens von Mitgliedern der Landgerichte (R. 27. Febr. 1837) VI. 96.

Anzeigepflicht der Notarien rücksichtlich der bei denselben deponirten Testamente (V. 5. Nov. 1843 §. 1) VIII. 191.

in Vormundschaftssachen, Obliegenheiten der Civilstandsbeamten gegenüber den Friedensgerichten (R. 12. Nov. 1818) I. 521, (R. 15. Jan. 1824) II. 449. — dgl. sowie der Ortspfarrer und der nächsten Verwandten (K. 4. Juli 1834 § 1,2) IV. 130, (J. 16. Aug. 1834 §. 1) IV. 134. — Stempelfreiheit der Anzeigen der Civilstandsbeamten (R. 29. Mai 1838) VI. 526. — Formular zum Anzeigeregister der Friedensrichter (R. 4. Sept. 1835 §. 1) V. 205. 210. — Verfahren der letzteren (J. 10. Okt. 1835 §. 1—3) V. 234, (R. 10. Juni 1836) V. 390. — Angabe des Namens und Geburtstages der hinterbliebenen Minderjährigen (R. 27. Mai 1837) VI. 219. — Todesanzeige rücksichtlich der Dativ- und Nebenvormünder (R. 15. Okt. 1836 §. 1) V. 475, nicht anwendbar auf die Pfarrer (R. 11. Nov. 1837) VI. 327. — Verfahren gegen Pfarrer wegen unterlassener Todesanzeige (R. 8. Mai 1835) V. 124, (R. 12. Nov. 1855) XI. 156, (vgl. R. 16. 29. Juni 1838) VI. 538. — vgl. Beerdigung, Civilstand (Sterbeurkunden), Orden, Wittwenkasse.

Todeserklärung
der aus den Kriegen von 1806—1815 nicht zurückgekehrten Militairpersonen, Verfahren, Glaubwürdigkeit der Meyer'schen Listen (G. 22. Mai, R. 19. Aug. 1822) II. 292, (G. 2. Aug. 1828) III. 243, (R 31. Okt. 1829) III. 303. — Kostenfreiheit der bezüglichen Verhandlungen (R. 5. Nov. 1829) III. 305, (R. 24. Aug. 1835) V. 191, (J. 22. Aug. 1859 §. 3) XII. 122. — inwiefern von der Stempelpflichtigkeit der erforderlichen Atteste abzusehen ist (R. 25. Aug., 22. Sept. 1836) V. 454. — vgl. Abwesende.

Todesstrafe
deren Vollstreckung durch die Guillotine (K. 17. Aug. 1818) I. 520. — Verfahren bei Hinrichtungen (R. 28. April 1824) II. 487. — Beiwohnung der Staatsanwaltschaft (R. 26. April 1824) II. 487. — Begleitung der Deliquenten durch einen Geistlichen (R. 9. März 1829) III. 276, (R. 4. Febr. 1839) VII. 16, (K. 19. R. 29. Dez. 1842) VIII. 137, (K. 23. März, R. 9. April 1843) VIII. 157. — Ablieferung der Leichen an die Anatomie zu Bonn (J. 9. Dez. 1819, R. 23. April 1824) II. 483. — vgl. Ostrhein (Beil), Scharfrichter, Straferkenntnisse.

Todtenscheine s. Civilstand, Civilstandsregister, Geistliche, Legalisation, Notorietätsakt, Ostrhein (Vormundschaftswesen), Todesanzeige, Todeserklärung.

Tödtung s. Fahrlässigkeit, Mord, Obduktion, Selbstmord, Unglücksfälle, Zweikampf.

Toskana s. Armenrecht.

Trainsoldaten s. Militairpersonen (beurlaubte).

Translokation s. Gefangene, Gefängnisse.

Transport
Verfahren behufs Ergreifung der auf dem Transport entsprungenen Verbrecher (R. 19. Jan. 1824) II. 452. — Abführung der verhafteten Kondemnaten zur Strafanstalt (R. 14. Juni 1834) IV. 86. — Berücksichtigung der Sonn- und Festtage beim Transport von Gefangenen (R. 25. Juni 1846) IX. 96, (R. 14. Okt. 1856) XI.

286. — Kostenbestreitung für den von Gemeinden bewirkten Transport der Civilgefangenen (R. 24. Aug. 1846) IX. 107. — Untersuchung des Gesundheitszustandes der nach Festungen zu transportirenden Kondemnaten (R. 30. Nov. 1846) IX. 127. — Gebührenliquidation der Medizinalbeamten für Untersuchung und Bescheinigung der Marschfähigkeit von transportirten Untersuchungsgefangenen (R. 17. Mai 1854) XI. 32. — vgl. Asservate, Auslieferung, Leichen.

Transportmittel
sind bei Hausirkontraventionen nicht zu konfisziren (R. 21. Juni, 21. Juli 1826) III 61. — Beschlagnahme und Konfiskation derselben beim Holzdiebstahl (G. 2. Juni 1852 §. 17, 22) X. 426. — vgl. Pferde, Schifffahrt.

Transskription s. Hypotheken ff.

Trauscheine s. Civilstand, Civilstandsregister, Ostrhein (Vormundschaftswesen).

Trauung s. Civilstand, Ehe, Geistliche, Juden, Militairgeistliche, Ostrhein (Heirath), Wittwen.

Triennium academicum s. Dispensation, Prüfung.

Trier
Entbindung des dortigen Bürgermeisters von den Geschäften der gerichtlichen Polizei und der Polizeianwaltschaft (R. 13. Jan. 1837) VI. 19. — vgl. Arbeitsanstalt, Detentionsanstalt, Generalgouvernement, Handelsgerichte, Justizorganisation, Landgerichte, Stempelrevision

Trinkgelder s. Ostrhein (Reisekosten), Reisekosten. — vgl. Extrapost.

Trunkenheit
Disziplinarverfahren gegen Justizbeamte wegen derselben (R. 28. Juni 1839) VII. 77. — Ausschließung der Berauschten vom Bieten bei Versteigerungen (R. 16. April 1817) I. 459, (R. 17. Mai 1819) I. 556. — vgl. Getränke.

Truppen s. Deutsche Bundestruppen, Militairabzeichen ff.

Tumult s. Auflauf, Aufruhr, Politische Verbrechen.

Ueberführungsstücke s. Asservate.

Uebernachten s. Festungen.

Uebersetzung
deren Beifügung bei Vorlage ausländischer Urkunden am Hypothekenamte (R. 18. 26. Dez. 1834) IV. 206. — dgl. bei Requisitionen wegen Eidesabnahme in Ländern des französischen Rechts (R. 7. März 1835) V. 88, (R. 16. Sept. 1844) VIII. 350, (R. 15. Juni 1854, 30. April 1862) XII. 365. — dgl. bei Requisitionen an niederländische Behörden (R. 6. Juli 1861) XII. 257. — vgl. Dolmetscher, Nachdruck, Prüfung, Römisches Recht, Sprache.

Uebertragsvertrag
Erkenntnißstempel bei Klagen auf Auflösung eines solchen (R. 11. Dez. 1860 Nr. 9) XII. 222.

Uebertretungen s. Polizeikontraventionen, Rechtshülfe.

Uebungszeit s. Landwehrübung.

Ufer s. Freiufer. — vgl. Flüsse, Schifffahrt.

Umstände s. Erschwerende Umstände, Mildernde Umstände.

Umtriebe, demagogische s. Politische Verbrechen.

Umzugskosten s. Versetzung. — vgl. Disposition.

Uneheliche Kinder s. Kinder. — vgl. Adel, Anerkennung, Legitimation, Schwängerung.

Ungarn s. Requisitionen.

Unglücksfälle s. Eisenbahnen, Erhängte, Fahrlässigkeit, Rettungsversuche, Schießgewehr, Selbstmord, Warnung.

Uniform

der rheinischen Justizbeamten (K. 6. Febr. 1824) II. 456. — insbesondere der Landgerichtsräthe und Prokuratoren (K. 12. R. 19. Febr. 1832) III. 448. — dgl. und der übrigen Justizbeamten (R. 12. April 1832) VI. 264. — der Advokaten als Titularjustizräthe (R. 1. Okt. 1836) V. 464. — Tragen der durch K. 17. März 1809 verliehenen Säbeltroddel bei der Civiluniform (K. 14. Febr. 1836) V. 330. — inwiefern die aus ihrem Dienstverhältniß entlassenen Civilbeamten zum Tragen der Uniform befugt sind (R. 8. Sept. 1859) XII. 115. — vgl. Amtskleidung, Rang, Ostrhein.

Uniformstücke s. Militaireffekten, Militairuniform.

Universitäten

Akademische Gerichtsbarkeit der Universität Bonn (Reg. 1 Febr., R. 29. März 1819) I. 538, (K. 31. Dez. 1836) VI. 18. — Wirkung der Strafe der Relegation und des Konsils (R. 22. 31. Mai 1844) VIII. 279. — Warnung vor der Theilnahme an burschenschaftlichen Verbindungen (B. R. 2. März 1834) IV. 37. — Bestrafung von Studentenverbindungen (G. 7. Jan. 1838) VI. 387, (vgl. R. 22. 31. Mai 1844) VIII. 279. — Anwendung der Kriminalordnung und des Landrechts auf die Studirenden der Universität Bonn (K. 31. Dez. 1836, R. 13. Jan. 1837) VI. 16. — Wiederherstellung der rheinischen Kriminalprozeßordnung (K. 4. Okt. 1847) IX. 241. — dgl. des rheinischen Strafgesetzbuchs (B. 15. April 1848) IX. 293. — Verfahren bei Jurisdiktionskonflikten zwischen dem Universitätsrichter und dem Untersuchungsamte (R. 23. Nov. 1834) IV. 178. — Kompetenz des Universitätsgerichts in Arrestsachen gegen Studirende (R. 22. Sept. 1838) VI. 596, (R. 24. Okt., 10. Nov. 1838) VI. 629. — Unzulässigkeit des Arrestschlags auf Abgangszeugnisse (R. 5. Juli 1824) II. 510. — Befugniß des Universitätsrichters zu Zwangsmitteln gegen ungehorsame Zeugen (R. 23. Aug., 12. Sept. 1851) X. 385. — Sportelfreiheit der Universität Bonn (R. 21. Sept. 1838) VI. 595. — Kompetenz der Juristenfakultät bei Aktenversendungen nach Arkt. XII der Deutschen Bundesakte (B. 31. März 1835) V. 97. — Ablieferung von Leichen an die Anatomie zu Bonn (J. 9. Dez. 1819, R. 23. April 1824) II. 483.

Benachrichtigung der Universitäten von Anstellungen wegen gestundeter Kollegienhonorars (R. 20. Jan. 1837) VI. 29. — Ausschließliche Legitimation der Universitätsquästur in Berlin zur Beitreibung gestundeter Honorarien (K. 5. Febr. 1844) VIII. 238. — Anwendung dieser Bestimmung auf die Quästuren der übrigen Universitäten (K. 26. Sept. 1845) IX. 52.

Immatrikulation und Gerichtsstand der auf der höheren landwirthschaftlichen Lehranstalt zu Poppelsdorf studirenden Akademiker (K. 4. Febr. 1848) IX. 275.

(ausländische) Vollstreckung der von ausländischen Universitäten erkannten Disziplinarstrafen (R. 23. März 1825) II. 581. — Verbot des Besuches ausländischer Universitäten (K. 20. Mai 1833) V. 23, (K. 21. Nov. 1836) V. 504, (K. 3. Jan. 1842) VIII. 4. — Aufhebung dieses Verbots in Betreff der Deutschen Bundesstaaten (K. 13. Okt. 1838) VI. 607. — Verpflichtung der Inländer zum zeitweisen Besuch der Landesuniversitäten (K. 30. Juni 1841) VII. 305. — Besuch österreichischer Universitäten (R. 19. März 1861) XII. 243. — vgl. Doktoren, Politische Verbrechen, Prüfung (erste), Rechtsstudium.

Universitätskurator
Zustellung von Vorladungen der Universität Bonn an denselben (R. 7. Okt. 1831) III. 393, (vgl. StMB. 30. Nov., R. 17. Dez. 1838) VI. 667.

Universitätslehrer
deren dienstliche Stellung (G. 21. Juli 1852 §. 96) X. 477.

Universitätsrichter s. Universitäten.

Unmündige s. Minderjährige. — vgl. Arbeiter, Verbrecher (jugendliche).

Unschuld
deren Berücksichtigung seitens der Staatsanwaltschaft (R. 27. Juni 1833) III. 654, (R. 1. Sept. 1835) V. 200, (R. 11. Dez. 1835) V. 287, (R. 20. Jan. 1838) VI. 400. — vgl. Beweis, Entlastungszeugen, Erwerb, Fund.

Unterhaltungskosten s. Dienstgebäude.

Unteroffiziere s. Civilversorgung, Militairinvaliden, Militairpersonen. — vgl. Amtseid.

Unterscheidungsvermögen s. Unzurechnungsfähigkeit, Verbrecher (jugendliche).

Unterschlagung
Ueberwachung der Gerichtsvollzieher rücksichtlich des Stempelverbrauchs (R. 20. Juli 1853) X. 585. — vgl. Fund, Futterdiebstahl.

Unterschrift
Einsendung der Signaturen der Gerichtspräsidenten und ihrer Stellvertreter an das Justizministerium (R. 24. Dez. 1816) I. 438, (R. 19. Okt. 1820) II. 63, (R. 19. 31. März 1821) II. 99, (R. 24. Okt. 1821) II. 188, (R. 26. Okt. 1830) III. 360.

Hinterlegung der Unterschrift seitens der Notarien (V. 25. April 1822 §. 12) II. 246. — dgl. seitens der Gerichtsvollzieher rücksichtlich der portofreien Dienstkorrespondenz (R. 8. 22. Mai 1847) IX. 198. — vgl. Beglaubigung, Legalisation, Paraphe.

Unterstützungskassen

gewerbliche, Bildung und Verhältnisse derselben (G. 3. April 1854) XI 17. — vgl. Bergwerksarbeiter, Eisenbahnbeamte, Gerichtsvollzieherunterstützungsverein, Wittwenkasse.

Untersuchung

administrative

Zuziehung der Friedensrichter bei summarischen Untersuchungen gegen Steuerbeamte (R. 21. Jan. 1825) II. 551. — Befugniß der Regierungen zu Aufträgen an Gerichtsbehörden (R. 28. Dez. 1829) III. 311, (R. 23. Juli 1830) III. 356, (R. 17. 30. Mai 1843) VIII. 168. — Form der Requisition (R. 22. Okt. 1849, 2. April 1850) X. 219. — Anwendung von Zwangsmaßregeln (R. 14. Mai 1834) IV. 68. — Vorladung von Militairpersonen (R. 27. März 1836) V. 351. — vgl. Amtshandlungen, Dienstvergehen, Exekution (administrative), Postkontraventionen, Steuerdefraudationen, Verwaltungsbehörden.

ärztliche s. Aerzte, Geisteskranke, Gesundheit, Gift, Obduktion.

disziplinarische s. Dienstvergehen.

fiskalische s. Fiskalische Untersuchung.

gerichtliche

im Allgemeinen s. Untersuchungsakten ff. — s. ferner Adel, Beleidigung, Betrug, Bettler, Brandstiftung, Diebstahl, Eisenbahnen, Fahrlässigkeit, Feldfrevel, Gefangene, Gift, Hehlerei, Holzdiebstahl, Jagdfrevel, Kontumazialverfahren, Kriminalordnung, Landstreicher, Mißhandlung, Münzverbrechen, Nachdruck, Ostrhein (Inquirenten), Politische Verbrechen, Polizeikontraventionen, Postkontraventionen, Preßverbrechen, Requisitionen, Rheinzollgerichte, Rückfall, Spielen, Staatsanwaltschaft, Standessachen, Stempelkontraventionen, Steuerdefraudationen, Straferkenntnisse, Strafgesetzbuch, Strafverfolgung, Theilnahme, Unglücksfälle, Universitäten, Unterschlagung, Verbrecher (jugendliche), Verjährung, Weidefrevel, Werth, Zollvergehen.

gegen Beamte

Anzeige von Untersuchungen gegen Hofstaatsbeamte (R. 12. Nov. 1832) III. 546. — dgl. gegen Justizbeamte (R. 2. Jan. 1834) IV. 3, (R. 8. Jan. 1834) IV. 8. — dgl. gegen Beamte überhaupt (R. 29. Juni 1851, 8. Okt. 1853) X. 600, (R. 6. Febr. 1857) XI. 305. — dgl. gegen Eisenbahnpolizeibeamte (R. 12. Juli 1852) X. 454, (R. 18. Aug. 1852) X. 478. — dgl. gegen alle Angestellten der Eisenbahnverwaltungen (R. 27. Nov. 1860) XII. 214. — vgl. Aerzte, Amtshandlungen, Dienstvergehen, Geistliche, Schullehrer, Straferkenntnisse, Strafverfolgung, Verhaftung, Waffengebrauch.

gegen Militairinvaliden

Feststellung der Ansprüche auf Gnadengehalt oder Pension (R. 24. Okt 1838) VI. 619, (vgl. R. 1. Febr. 1853, 8. Aug. 1854) XI. 43.

gegen aktive Militairpersonen

Kompetenz der Civilgerichte bei Jagdkontraventionen derselben (R. 14. März 1824) II. 464, (R. 16. Aug. 1838) VI. 573. — vgl. Militairgerichtsstand, Militairstrafen, Offiziere, Straferkenntnisse.

gegen beurlaubte Militairpersonen
Anzeige der eingeleiteten Untersuchung bei der Militairbehörde (GRM. 29. Febr. 1816) I. 237, (R. 29. Juni 1851 §. 3, R. 24. Aug. 1852) X. 479. — vgl. Landwehroffiziere, Militairstrafen, Straferkenntnisse.

gegen Militairpflichtige
Anzeige von der Einleitung der Untersuchung an die Aushebungsbehörde resp. den Landrath (R. 29. Juni 1851 §. 3, 24. Aug. 1852) X. 479, (R. 8. Okt. 1860) XII. 208.

Untersuchungsakten s. Akten ff., Begnadigungsgesuche, Dienstvergehen, Fiskalische Untersuchung, Kassationsverfahren, Kriminalordnung, Ministerien, Münzverbrechen, Preßverbrechen, Steuerbehörden, Straferkenntnisse, Strafverfolgung.

Untersuchungsämter
Besetzung der auswärtigen durch das Justizministerium (R. 13. Mai 1822) II. 268. — Verfahren bei Jurisdiktionskonflikten zwischen dem Untersuchungsamt und dem Universitätsgericht zu Bonn (R. 23. Nov. 1834) IV. 178. — Dienstleistung der Gensdarmen bei den Untersuchungsämtern (R. 30. Nov. 1837) VI. 342. — Formular zur Kostenliquidation über Lokaltermine (R. 14. April 1837) VI. 146. — vgl. Asservate, Auskultatoren und Referendarien, Gerichtsschreiberei, Landgerichte, Prozeßtabellen, Prüfungen, Reisekosten, Schreibmaterialien.

Untersuchungsgefangene
Anwendung von Straf- und Züchtigungsmitteln gegen dieselben (R. 14. Juli 1824) II. 512. — Fesselung (R. 18. 30. Jan. 1832) III. 428, (R. 8. Sept. 1858) XII. 33. — Einsame Einsperrung und abgesonderte Detention (R. 25. Aug. 1835) V. 193, (R. 8. April 1836) V. 359. — Gestattung des Besuchens (R. 3. Okt. 1839) VII. 90. — Bestrafung der disziplinarischen und sonstigen Vergehen (R. 14. März 1840) VII. 147. — Behandlung der Strafgefangenen, welche während der Strafzeit von Neuem zur Untersuchung gezogen werden (R. 8. Sept. 1858) XII. 33. — Verfahren bezüglich der entwichenen Untersuchungsgefangenen abgenommenen Geldsummen (R. 23. Sept. 1841) VII. 341. — Verwendung des Arbeitsverdienstes (R. 24. Nov., 10. Dez. 1847) IX. 249. — Bestreitung der Kurkosten für die wegen Krankheit oder Schwangerschaft entlassenen Untersuchungsgefangenen (R. 15. März 1848) IX. 289. — Behandlung der politischen Untersuchungsgefangenen (R. 26. Jan. 1833) III. 565. — vgl. Gefangene, Ostrhein (Inquirenten), Untersuchungshaft.

Untersuchungshaft
Anrechnung derselben auf die begonnene Strafverbüßung (R. 19. April 1831, R. 17. Febr. 1837) VI. 90, (R. 7. Nov. 1839) VII. 100. — Verbüßung von Gefängnißstrafen während derselben (R. 7. Nov. 1839) VII. 100. — Anwendung derselben bei Verwundungen durch Messer (R. 15. Nov. 1837) VI. 329. — dgl. als Zwangsmittel zur Zahlung defraudirter Steuergefälle (R. 12. Juli 1844) VIII. 303. — Gebrauch der Rubrik „Verhaftet" bei Haftsachen (R. 30. Okt. 1835) V. 247. — vgl. Untersuchungsgefangene.

Untersuchungskommission s. judicium mixtum.

Untersuchungskosten

deren Verjährung (R. 20. Dez. 1824) II. 536. — wegen derselben findet kein Personalarrest statt (K. 20. Okt., R. 19. Nov. 1825) II. 621, (vgl. G. 14. April 1851 §. 27) X. 634. — wann solche in appellatorio dem Beschuldigten aufzulegen sind (R. 25. Aug. 1836) V. 444. — Einfluß der Verzichtleistung bei Injuriensachen auf den Kostenpunkt (K. 21. R. 31. Okt. 1837) VI. 319. — Berichtigung der Untersuchungskosten aus dem Diensteinkommen von Beamten (K. 11. Juni, R. 12. Nov. 1829) III. 308. — dgl. aus dem Nachlaß verstorbener Personen (R. 30. Dez. 1835) V. 296. — dgl. seitens beurlaubter Militairpersonen (K. 16. R. 19. April 1834) IV. 60, (R. 23. Jan. 1836) V. 321. — dgl. aus dem Kriminalfonds bei Untersuchungen gegen unvermögende Frauen und Kinder der Mitglieder von Invalidenkompagnien (R. 8. Jan. 1844) VIII. 230. — Liquidation der Untersuchungskosten im administrativen Verfahren (R. 23. Juli 1830) III. 356, (R. 17. 30. Mai 1843) VIII. 168. — dgl. im fiskalischen Verfahren (K. 19. R. 23. Dez. 1830) III. 365. — Beitreibung der Kosten der administrativen Untersuchung wegen Postkontravention (R. 25. März 1858) XII. 12. — Festsetzung der durch die Ermittelung von Defekten entstandenen Kosten (StMB. 31. Aug., R. 18. Sept. 1863) XII. 415. — Kostenansatz bei der Verhängung von Ordnungsstrafen in Handelssachen (V. 27. Jan. 1862 §. 14 Nr. 4) XII. 355. — Bestreitung der Gebühren der Steuerexekutoren für Einziehung der Kosten (R. 25. Juni 1832) III. 479. — inwiefern die Kosten amtlicher Bekanntmachungen als Untersuchungskosten zu behandeln sind (R. 10. Sept. 1838, 16. Mai 1839) VII. 55, (R. 13. Juni 1839) VII. 73. — Sicherstellung der Kosten durch Beschlagnahme des Vermögens von Deserteuren und ausgetretenen Militairpflichtigen (G. 11. März 1850 §. 1) X. 206. — Bestreitung der Untersuchungskosten bei Requisitionen zwischen Civil- und Militairgerichten (R 9. Juli 1833) III. 656. — vgl. Gerichtskosten (altländische), Kosten ff. — vgl. ferner Haftbarkeit, Kaution, Kriminalfonds, Zahlung.

Untersuchungsrichter s. Untersuchung ff. — s. ferner Amtsblätter, Beschlagnahme, Beschuldigter, Beweis, Dienstvergehen, Fiskalische Untersuchung, Friedensrichter, Gefangene, Gefängnisse, Gutachten, Haussuchung, Informatorische Vernehmung, Kriminalordnung, Kriminalprozeßordnung, Lokaltermin, Obduktion, Ostrhein (Inquirenten), Polizeibeamte (gerichtliche), Reisekosten, Requisitionen, Steckbriefe, Thatbestand, Universitäten, Verhaftung, Verhafts-, Verwahrungs-, Vorführungsbefehl, Zeugen ff.

Unvermögen s. Zahlungsunfähigkeit. — vgl. Vermögen.

Unzucht

Polizeiliche Bestrafung der öffentlicher Unzucht nachgehenden Weibspersonen (K. 15. Jan. 1825) II. 548, (R. 7. 25. April 1825) II. 587.

Unzurechnungsfähigkeit

deren Feststellung bei jugendlichen Brandstiftern (R. 30. Nov. 1851) X. 392. — vgl. Geisteskranke, Trunkenheit.

Urkunden
Erkenntnißstempel bei Klagen auf Herausgabe von Urkunden (R. 11. April 1863 Nr. 17) XII. 399. — vgl. Einregistrirung, Exekutorische Klausel, Gerichtsvollzieherurkunden, Insinuation, Legalisation, Notariatsurkunden, Privaturkunden, Revisionsvermerke.

Urkundenfälschung
Revisionsvermerke der Steuerbeamten sind öffentliche Urkunden (R. 11. April 1834) IV. 58.

Urlaub
dessen Ertheilung an Justizbeamte zur Reise ins Ausland (R. 27. Febr. 1824) II. 457, (R. 30. Okt. 1824) II. 532, (R. 5. Mai 1837) VI. 183. — Gehaltsabzug bei Beurlaubungen (K. 18. Nov., R. 6. Dez. 1819) I. 624, (R. 20. Sept. 1825) II. 612, (R. 12. Nov. 1832) III. 545, (R. 21. Dez. 1832) III. 557, (R. 2. Juni 1839) VII. 67, (K. 7. Dez. 1799, 28. März 1808, 27. Juli 1810, 23. Febr. 1833, 16. Jan. 1843, StMB. 15. März, R. 15. April 1843) VIII. 158, (R. 4. Aug. 1863) XII. 414, (vgl. R. 26. Aug. 1862) XII. 371.

Urlaubsertheilung an Friedensrichter (R. 14. Jan. 1835) V. 47, (R. 10. Juni 1839) VII. 71, (R. 20. März 1850) X. 217. — dgl. an Mitglieder der Landgerichte während der Ferien (R. 31. Aug. 1838) VI. 586. — Abwesenheit der Oberprokuratoren während der Ferien (R. 23. Okt. 1834) IV. 167. — Beurlaubung der Landgerichtssekretaire (R. 2. Juli 1836) V. 418. — insbesondere zu Reisen ins Ausland (R. 21. Mai 1841) VII. 296. — Ertheilung des Urlaubs an Friedensgerichtsschreiber (R. 9. Nov. 1858) XII. 42.

Residenzpflicht der Anwalte (R. 16. April 1820 §. 11) II. 24. — dgl. der Notarien (B. 25. April 1822 §. 3) II. 245. — dgl. der Richter (R. 13. Juni 1831) III. 376. — dgl. der Gerichtsvollzieher (K. 9. J. 10. Juni 1831 §. 1) III. 637. — vgl. Assessoren, Auskultatoren und Referendarien, Kommissorien, Landtag, Ostrhein, Prüfung, Stellvertretung.

Urschrift
Abgabe derselben bei den durch Gerichtsschreiber und Gerichtsvollzieher abgehaltenen Versteigerungen (R. 22. Febr. 1833) III. 585. — dgl. bei Präsidialordonnanzen, welche auf Bittschrift erlassen sind (R. 4. Okt. 1847) VII. 348. — Einreichung der Urschrift des Kontestationsprotokolls in Theilungssachen (R. 21. Mai 1834) IV. 72. — Versendung der Urschrift von gerichtlichen Verhandlungen bei Kommissorien und Requisitionen in Civilsachen (G. 11. Mai 1855 §. 6, 7) XI. 113.

Vorlegung der Urschrift des Urtheils a quo bei der korrektionellen Appellationskammer (R. 22. Febr. 1833 §. 3) III. 587. — vgl. Ausfertigung, Notariatsurkunden, Notorietätsakte.

Urtheil s. Erkenntniß, Straferkenntniß. — vgl. Ostrhein.

Urtheilsauszüge
in Strafsachen, Verfahren bei Mittheilung derselben an die Regierung (R. 25. Febr. 1818) I. 492, (R. 24. Mai 1822) II. 269, (R. 21. Juni 1825) II. 594, (R. 28. Okt., 11. Nov. 1837) VI. 325, (R. 13. Mai 1840) VII. 167, (K. 9. R. 13. Dez. 1842) VIII. 134. — Ertheilung derselben in Polizeisachen (R. 23. Nov. 1832) III.

550, (R. 22. Febr. 1833) III. 587. — dgl. in Holzdiebstahlssachen (R. 7. April 1837) VI. 141, (R. 14. Okt. 1841) VII. 350, (G. 2. Juni 1852 §. 41) X. 431. — dgl. in Strafsachen überhaupt, Kostenansatz des Landgerichtssekretariats (R. 22. Mai 1857) XI. 342. Angabe der Erkenntnißstempel in denselben (R. 15. Juli, 6. Aug. 1823) II. 396. — Ertheilung von Auszügen behufs Einziehung rückständiger Erkenntnißstempel (R. 16. Dez. 1836) V. 520, (R. 20 Okt. 1838) VI. 611. — dgl. zur Beitreibung der gegen Justizbeamte verhängten Geldbußen (R. 5. Mai 1837) VI. 184, (K. 24. R. 28. Juni 1837) VI. 255. — und der gegen Vormünder festgesetzten Ordnungsstrafen (R. 10. Juni 1837) VI. 231. — dgl. bei der Beschlagnahme des Vermögens ausgetretener Militairpflichtiger und ausgewanderter Landwehrmänner (R. 18. Febr. 1859) XII. 71. — Konstatirung des Rückfalls durch Urtheilsauszüge (R. 11. März 1832) III. 454. — Bei Bekanntmachung derselben wird die Strafermäßigung nicht mitpublizirt (R. 6. Nov. 1835) V. 253. — vgl. Appellationskammern, Kostenliquidation, Straferkenntnisse, Urschrift.

Utensilien s. Dienstgebäude, Ostrhein (Gerichtsutensilien). — vgl. Beleuchtung, Gerichtsbibliotheken, Heizung, Schreibmaterialien, Siegel.

Vagabunden s. Landstreicher.

Vakante Aemter s. Amt, Anstellung, Ascension, Stellvertretung, Todesanzeige.

Vakante Erbschaft s. Erbschaft.

Vakantes Gehalt s. Diensteinkommen, Stellvertretung.

Vakantes Gut s. Herrenloses Gut.

Väterliche Gewalt s. Emanzipation. — vgl. Gemischte Ehe, Haftbarkeit, Minderjährige.

Vaterschaft
Ueber das Paternitätswesen im Kanton St. Gallen (R. 4. Okt. 1836) V. 465. — vgl. Kinder, Schwängerung.

Vendémiaire
Suspension des Gesetzes vom 10. Vendémiaire IV. (K. 7. Dez. 1824) II. 536. — vgl. Auflauf, Gemeinde, Haftbarkeit.

Veräußerungen
Katastermäßige Bezeichnung der Grundstücke (R. 29. Mai 1820) II. 33, (B. 24. Okt. 1834) V. 27, (B. 11. Juli 1835) V. 165. — vgl. Anstalten, Dienstgebäude, Domainen, Gemeindegüter, Kirchen, Verkauf, Versteigerung.

Verbalprozeß s. Protokoll.

Verbindungswesen s. Politische Verbrechen, Universitäten.

Verbrechen
grobe und auffallende sind dem Justizministerium anzuzeigen (R. 21. Nov. 1821) II. 192, (R. 11. April 1832) III. 461. — Vorläufige Sistirung des Kontumazialverfahrens bei Verbrechen (R. 19. Mai 1826) III. 28, (R. 29. April 1859) XII. 77. — vgl. Af-

sisen, judicium mixtum, Konnexität, Kriminalordnung, Landrecht, Prozeßtabellen, Rechtshülfe, Strafgesetzbuch, Thatbestand, Untersuchung.

Verbrecher
im Allgemeinen s. Auslieferung, Gefangene, Polizeiaufsicht, Steckbriefe, Transport.

jugendliche

Benachrichtigung der Regierung von Untersuchungen und Straferkenntnissen gegen unmündige Verbrecher (R. 6. März 1826) III. 17. — Vollstreckung der Freiheitsstrafen in besonderen Anstalten (R. 10. 14. Febr. 1832) III. 429, (vgl. K. 22. Juni 1839) VII. 76. — Vollstreckung geringer Gefängnißstrafen gegen die in Detentionsanstalten befindlichen jugendlichen Verbrecher, namentlich zu Steinfeld und Brauweiler (K. 19. Sept. 1857) XI. 380, (R. 10. Nov. 1857) XI. 389. — dgl. zu St. Martin bei Boppard und im Landarmenhause zu Trier (R. 11. März 1858) XII. 10.

Verderben
Ersatzleistung für verdorbenes Stempelpapier (R. 23. 29. Febr. 1840) VII. 141. — Ueberführungsstücke sind vor dem Verderben zu schützen (R. 7. Sept. 1838) VI. 589.

Vereidigung s. Amtseid, Eid.

Vereinigungsrecht
Ausübung desselben, Verhütung des Mißbrauchs (G. 11. März 1850) X. 207. — Anwendung auf die nicht mit Korporationsrechten versehenen Religionsgesellschaften (R. 1. Aug., 5. Sept. 1850) X. 241.

Verfassung
des preußischen Staats, Grundlagen derselben (V. 6. April 1848) IX. 291. — Verfassungsurkunde (V. 5. Dez. 1848) IX. 349, (G. 31. Jan. 1850) X. 88. — Vereidung der Beamten auf die Verfassung (StMB. 12. R. 13. Febr. 1850) X. 116. — dgl. der probeweise im Justizdienst angenommenen Unteroffiziere (R. 14. Juni 1850) X. 223. — dgl. der zugleich im Militairdienstverhältniß stehenden Justizbeamten (R. 30. März 1850) X. 218.

Deklaration der Verfassungsurkunde vom 31. Januar 1850 in Bezug auf die Rechte der mittelbar gewordenen Deutschen Reichsfürsten und Grafen (G. 10. Juni 1854) XI. 39. — Fortdauernde Gültigkeit des §. 36 der Instruktion vom 30. Mai 1820 und der Verordnung vom 3. Januar 1845 (Vertretung und Eidesleistung in Prozessen) (K. 9. Okt. 1854) XI. 61.

Ausführung des §. 9 der Verfassungsurkunde vom 31. Januar 1850 (R. 17. März, 10. Mai 1855) XI. 107, (G. 25. Mai 1857) XI. 345. — Abänderung des §. 69 und Ergänzung der §. 66, 115 (G. 30. April 1851) X. 291. — Abänderung des §. 94, 95 (G. 21. Mai 1852) X. 420. — dgl. des §. 80 (G. 30. Mai 1855) XI. 117. — dgl. des §. 42 (G. 14. April 1856) XI. 186. — dgl. des §. 76 (G. 18. Mai 1857) XI. 341.

Aufhebung der §. 65—68 (G. 7. Mai 1853) X. 569, (V. 12. Okt. 1854) XI. 62. — dgl. des §. 105 (K. 24. Mai 1853) X. 579. — dgl. des §. 114 (G. 14. April 1856) XI. 186. — dgl. des §. 88

(G. 30. April 1856) XI. 188. — vgl. Belagerungszustand, Politische Verbrechen, Staatsrecht.

Vergehen s. Konnexität, Rechtshülfe, Verbrechen. — vgl. Dienstvergehen.

Vergiftung s. Gift.

Vergleiche
deren Zulässigkeit im außergerichtlichen Theilungsverfahren (G. 18. April 1855 §. 15) XI. 83. — Stempelansatz (R. 24. Sept. 1855 §. 2) XI. 148.
Vollstreckung der vor altländischen Gerichten abgeschlossenen Vergleiche (R. 25. Juli 1831) III. 383, (R. 23. Aug. 1834) IV. 141. — vgl. Erkenntnißstempel, Verzicht.

Vergleichsversuch s. Sühneversuch.

Verhaftet s. Haftsachen.

Verhaftsbefehl
wann solcher vom Untersuchungsrichter zu erlassen ist (R. 14. Juni 1823) II. 383, (R. 10. Okt. 1823) II. 410. — vgl. Leibverhaftsbefehl, Steckbrief. — vgl. ferner Auslieferung.

Verhaftung
ausländischer Forstfrevler bis zur Kautionsleistung (GNM. 18. Aug. 1815) I. 226. — Verhaftungsbefugniß der Polizeibeamten (StMB. 20. Juli 1818 §. 29) I. 512, (R. 26. Jan. 1833) III. 568, (G. 12. Febr. 1850 §. 3 ff.) X. 110. — dgl. der Militairpersonen und Militairwachen (R. 9. Dez. 1836) V. 517, (J. 14. Jan., K. 3. Febr., R. 19. April 1844) VIII. 256, (G. 12. Febr. 1850 §. 3 ff.) X. 110, (J. 27. Juli, K. 28. Aug., R. 24. Sept. 1850) X. 234. — Waffengebrauch derselben gegen Arrestaten (G. 20. März 1837) VI. 120, (R. 16. April 1837) VI. 168, (J. 14. Jan., K. 3. Febr., R. 19. April 1844) VIII. 256, (G. 12. Febr. 1850) X. 110, (J. 27. Juli, K. 28. Aug., R. 24. Sept. 1850) X. 234. — Befugniß der Militairbehörden und Militairgerichte zu Verhaftungen durch Requisition der Civilbehörden (R. 28. April 1835) V. 115. — Verfahren bei Verhaftung von Regierungsoffizianten (StMB. 20. Juli 1818 §. 37) I. 513. — Vorläufige Verhaftung der Verwaltungsbeamten bei Dienstvergehen (R. 28. Nov. 1825) II. 623. — Vollstreckung der Disziplinargefängnißstrafen, Anzeige gesetzwidriger Verhaftungen (R. 25. Juli, 21. Aug. 1830) III. 357. — Mittheilung der Beschlüsse wegen Verhaftung und Freilassung von Beamten an die Dienstbehörde (R. 6. Febr. 1857) XI. 305. — Anwendung dieser Vorschrift auf die Angestellten der Eisenbahnverwaltungen (R. 27. Nov. 1860) XII. 214. — Anzeige der Verhaftung von Apothekern und Bezirkshebammen bei der Ortspolizeibehörde (R. 10. Mai 1822) II. 267. — Kompetenz der Verwaltungs- und Justizbehörden zu Maßregeln gegen entsprungene Transportaten und Verbrecher (R. 19. Jan. 1824) II. 452. — Verfahren mit dem entwichenen Untersuchungsgefangenen abgenommenen Gelde (R 23. Sept. 1841) VII. 341. — Verhaftung der Falliten (R. 10. Mai 1844) VIII. 266, (R. 23. Juni 1852) X. 448. — Suspension des Bürger- und Gemeinderechts während

der gerichtlichen Haft (G. 15. Mai 1856 §. 7) XI. 197, (G. 23. Juli 1845 §. 40) XI. 417, (G. 15. Mai 1856 §. 12) XI. 225. — vgl. Freiheit, Freilassung, Gensdarmen, Haftsachen, Personalarrest, Staatspolizei, Steckbriefe, Transport, Untersuchungshaft, Verhaftsbefehl.

Verhaftungsgebühren
der Gensdarmen bei gerichtlichen Requisitionen (R. 24. Mai 1824) II. 504. — der Gerichtsvollzieher bei Vollstreckung von Fallimentsurtheilen (R. 9. Juni 1836) V. 386, (R. 10 Mai 1844) VIII. 266. — dgl. bei Schuldsachen (R. 12. Sept. 1841) VII. 339, (G. 29. März 1851 §. 42) X. 273. — vgl. Friedensgerichtsgebühren.

Verhandlungen s. Akten ff., Gerichtsverhandlungen, Protokolle, Urkunden.

Verheimlichtes Staatsgut s. Staatsgut.

Verjährung
der urtheilsmäßigen Untersuchungskosten (R. 20. Dez. 1824) II. 536. — der auf den Kriminalfonds anzuweisenden Gebühren und Auslagen (R. 18. Febr. 1837) VI. 91. — der Forststrafen (R. 4. 24. Febr., 28. März 1827) III. 106, (R. 17. Febr. 1846) IX. 70. — der Holzdiebstähle (K. 20. Juni 1835) V. 150, (G. 2. Juni 1852 §. 20) X. 426. — der Wald-, Feld- und Jagdfrevel, wenn Civileinreden zu entscheiden sind (G. 31. Jan. 1845) IX. 8, (R. 23. Nov. 1857) XI. 390. — der Jagdpolizeikontraventionen (G. 7. März 1850 §. 20) X. 198. — der Entweichung aus dem Seedienste bei Handelsschiffen (G. 20. März 1854 §. 2) XI. 16. — der Civilklagen aus strafbaren Handlungen (G. 14. April 1851 §. 12) X. 629. — der Untersuchungen gegen flüchtige Verbrecher nach Art. 637 KrPO. (R. 4. Mai 1860) XII. 179.
der Steuern, Zulassung des Rechtsweges (R. 12. Dez. 1840, 17. März 1841) VII. 269. — der Stempelrückstände (R. 5. Juni, 2. Juli 1842) VIII. 73, (R. 8. Okt. 1860) XII. 209. — der bei den vormaligen Reichsgerichten nicht erledigten Prozesse (K. 18. Mai 1839) VII. 62, (J. 27. Juli 1839) VII. 80. — Bei Armenrechtsgesuchen ist die Verjährungseinrede nicht zu suppliren (R. 20. Febr. 1835) V. 73. — vgl. Erkenntnißstempel (Peremtion), Landrecht, Neuvorpommern, Ostrhein.

Verkauf s. Aktenverkauf, Arznei, Asservate, Geheimmittel, Gift, Handel, Holzverkauf, Kauf ff., Kohlen, Schießpulver, Veräußerung, Versteigerung, Waffen.

Verleumdung s. Beleidigung, Berichtigung.

Verlorene Sachen s. Amortisation, Fund, Herrenloses Gut.

Vermächtnisse
Autorisation der Gemeinden, Kirchen und Wohlthätigkeitsanstalten zur Annahme von Vermächtnissen (K. 29. Sept. 1814, 27. Aug. 1819, B. 9. R. 28. Juli 1820) II. 55. — Auszahlung von Vermächtnissen an Minderjährige, Zuziehung des Nebenvormunds (K. 18. Dez. 1836) V. 522, (R. 16. Aug. 1838) VI. 572. — vgl. Testamente.

Vermessung s. Feldmesser.

Vermiethung s. Dienstvertrag, Miethvertrag, Verpachtung.

Vermögen
dessen Berücksichtigung beim Kontumazialverfahren in Assisensachen (R. 19. Mai 1826) III. 28. — dgl. bei der Strafabmessung gegen ausgetretene Militairpflichtige (R. 29. April 1853) X. 565. — Nachweis von Subsistenzmitteln seitens der Rechtskandidaten (R. 19. Okt. 1831) III. 402, (R. 16. Febr. 1832 §. 6) III. 431, (R. 4 Sept. 1863) XII. 417. — Werthschätzung des Vermögens zum Zwecke der Gebührenberechnung in Vormundschaftssachen (G. 5. Juni 1863 §. 1 ff.) XII. 406. — vgl. Armenrecht, Armuth, Beschlagnahme, Erbschaft, Handelsvermögen, Theilung, Zahlungsunfähigkeit.

Vermögenskonfiskation s. Konfiskation.

Vermögensverzeichniß s. Inventar.

Vernichtung
der konfiszirten verbotenen Waffen und der vom Handelsverkehr ausgeschlossenen Ueberführungsstücke (R. 15. März 1837) VI. 113, (R. 22. Dez. 1852) X. 530. — vgl. Amortisation, Asservate, Verderben.

Verpachtung
öffentliche, ist den Privatpersonen, Gemeinden und Wohlthätigkeitsanstalten gestattet (GB. 31. Aug. 1814) I. 72. — Verpachtungsprotokolle der Verwaltungsbehörde über Gemeinde- und Kirchengrundstücke bilden keinen exekutorischen Titel (R. 9. Febr., 13. März 1842) VIII. 25. — Gerichtsvollzieher und Gerichtsschreiber dürfen keine Verpachtungen abhalten (R. 22. Okt. 1833) III. 681, (B. 18. Juni 1835) V. 148. — vgl. Domainen, Erbpacht, Exmission, Fährpächter, Jagd, Miethvertrag, Pächter, Sequester.

Verpackung s. Akten, Packete, Zeichnungen.

Verpflegung s. Alimente, Kurkosten.

Verpflichtung s. Amtseid.

Versammlungsrecht
dessen Ausübung, Verhütung des Mißbrauchs (G. 11. März 1850) X. 207. — Anwendung auf die nicht mit Korporationsrechten versehenen Religionsgesellschaften (R. 1. Aug., 5. Sept. 1850) X. 241.

Versäumnißkosten s. Zeugengebühren.

Verschollene
Verfahren bei Nachforschungen über die bei der französischen Armee verschollenen Personen (R. 10. Sept. 1822) II. 314. — Kostenbefreitung bei Bekanntmachungen wegen verschwundener Personen (R. 16. Mai 1839 §. 2) VII. 56. — vgl. Abwesende, Todeserklärung.

Verschwägerte
Unzuläßigkeit der Verheirathung des Friedensgerichtsschreibers mit der Tochter des vorgesetzten Friedensrichters (R. 25. März 1837) VI. 126. — Versetzung der Richter in Folge eingetretener Verschwägerung (G. 7. Mai 1851 §. 52) X. 302. — vgl. Ehedispensation, Kinder (uneheliche).

Versetzung
altländischer Beamten in die Rheinprovinz, Verfahren bezüglich der Exekution durch Gehaltsabzüge (R. 30. März, 20. Mai 1827) III. 130. — Verweisung der versetzten Beamten auf den früher geleisteten Diensteid (R. 4. April 1835) V. 98. — insbesondere der Notarien (R. 7. Juni 1859) XII. 96. — Schriftliche Verpflichtungserklärung (R. 31. Mai 1844) VIII. 281. — Stempelansatz zu Gehaltsquittungen bei verschiedenen Kassen (R. 23. Mai 1835) V. 138. — Versetzung der Gerichtsvollzieher (J. 10. Juni 1833 §. 1) III. 637. — Verpflichtung der Unterstützungsvereine in diesem Falle (R. 13. März 1835) V. 91. — Verfahren bei Versetzungsgesuchen der Auskultatoren und Referendarien (R. 18. Okt. 1838) VI. 609, (R. 26. Jan. 1843) VIII. 145, (R. 19. Sept. 1861) XII. 263. — Versetzung der Referendarien an auswärtige Friedensgerichte zur Stage (R. 17. Aug. 1841) VII. 312. — Versetzung der Richter im Interesse der Rechtspflege (G. 7. Mai 1851 §. 51—55) X. 302. — dgl. als Disziplinarstrafe (G. 26. März 1856 §. 1) XI. 172. — Versetzung der nicht richterlichen Beamten im Wege des Disziplinarverfahrens und im Interesse des Dienstes (G. 21. Juli 1852 §. 16, 87) X. 458.
Entschädigung der versetzten Beamten für Umzugs- und Reisekosten (K. 8. März 1826, R. 3. Sept. 1835) V. 202, (R. 11. März 1838) VI. 439, (R. 20. April 1838) VI. 459, (K. 10. Juni 1848) IX. 301, (K. 26. März 1855) XI. 76. — vgl. Disposition, Kommissorien, Ruhestand, Titel.

Versicherungsanstalten
deren Geschäftsverkehr (G. 17. Mai 1853) X. 577. — vgl. Feuerversicherung.

Versiegelung s. Siegelung.

Versorgung s. Civilversorgung. — vgl. Alimente, Anstellung, Pension, Unterstützungskassen, Wittwenkasse.

Versteigerungen
allgemeine Vorschriften
Verabreichung geistiger Getränke ist zu beschränken (R. 16. April 1817) I. 459, (R. 17. Mai 1819) I. 556. — Verantwortlichkeit der versteigernden Beamten für das Verhalten der Ausrufer (R. 10. Okt. 1853) X. 601. — Gewerbesteuerfreiheit der zu Versteigerungen berechtigten Beamten (R. 3. 10. Juni 1835) V. 144. — Unzulässigkeit der Prozentgelder für Garantie des Erlöses (R. 4. Juli 1839, 4. Juli 1840) VII. 185. 188. — Gebühren für Abschrift und Druck der Bekanntmachungen (R. 7. Febr. 1844) VIII. 238, (vgl. V. 27. Juli 1855 § 13) XI. 134, (G. 3. Mai 1858 §. 13) XI. 445.
Immobilarversteigerungen
Abhaltung solcher durch Privatpersonen (GB. 31. Aug. 1814) I. 72. — Ausschließliche Versteigerungsbefugniß der Notarien (GK. 21. Febr. 1815) I. 316, (GK. 22. April 1815) I. 319, (K. 27. Jan. 1823) II. 345. — Vereinfachung der Versteigerungen im Theilungs-, Falliments- und Güterabtretungsverfahren, bei Benefiziarmassen und vakanten Erbschaften (K. 29. Sept., R. 6. Okt. 1835) V. 231. —

Anwendung der Subhastationsordnung im Purgationsverfahren (K. 11. R. 17. März 1837) VI. 114. — Neuere Bestimmungen über das Verfahren bei gerichtlichen Immobilarverkäufen (G. 18. April 1855) XI. 78. — Gebühren und Kosten (V. 27. Juli 1855) XI. 129, (G. 3. Mai 1858) XI. 443, XII. 15, (G. 23. Mai 1859 §. 3, 9) XII. 87, (G. 5. Juni 1863 §. 20) XII. 410. — Stempelansatz (R. 24. Sept. 1855) XI. 148.

Mobilarversteigerungen

deren Abhaltung durch Privatpersonen (GV. 31. Aug. 1814) I. 72, aufgehoben (durch R. 7. Juli 1826) III. 56. — Ausschließliche Befugniß der Notarien, Gerichtsschreiber und Gerichtsvollzieher (GK. 21. Febr. 1815) I. 316, (GK. 22. April 1815) I. 319, (K. 27 Jan. 1823) II. 345, (R. 7. Juli 1826) III. 56. — Befreiung dieser Beamten von der Gewerbesteuer (R. 27. Okt., 4. Nov. 1836) V. 487. — inwiefern Gerichtsvollzieher den Auftrag ablehnen können (R. 12. Febr. 1862) XII. 356. — Gerichtsschreiber dürfen über solchen Nebengeschäften nicht den Dienst vernachlässigen (R. 9. Dez. 1831) III. 416. — Gerichtsschreiber und Gerichtsvollzieher sollen nicht Holz auf dem Stamm oder Früchte auf dem Halm verkaufen (R. 22. Okt. 1833) III. 681, (B. 18. Juni 1835) V. 148, (R. 23. Okt. 1835) V. 244, aufgehoben (durch R. 29. Dez. 1838) VI. 377. — dieselben führen besondere Repertorien über freiwillige Mobilarversteigerungen (R. 6. März 1835) V. 87. — Gebühren der Gerichtsschreiber (R. 27. Jan. 1823) II. 345, (G. 23. Mai 1859 §. 17) XII. 91. — dgl. der Gerichtsvollzieher (R. 9. Juni 1836) V. 386, (G. 29. März 1851 §. 74) X. 277. — Kontrolirung des Gewerbscheins bei Waarenversteigerungen im Umherziehen (R. 31. Mai 1837) VI. 222. — inwiefern Versteigerung von neuen Handwerkerwaaren zulässig ist (V. 9. Febr. 1849 §. 69) X. 43. — Befugniß der Mäkler zur Waarenversteigerung an der Börse (K. 6. Dez. 1837) VI. 345, (R. 11. 24. Juli 1838) VI. 560. — Gewerbegerichtssekretaire sind nicht berechtigt, Versteigerungen abzuhalten (R. 19. Febr. 1848) IX. 286.

Versteigerungsbefugniß der Domainenbeamten der Standesherrschaft Wildenburg-Schönstein (K. 9. Juni 1821, R. 13. Juni 1821, R. 2. Dez. 1831) III. 410. — Versteigerung der Mobilien des Staates, der Domainen und Kommunen durch deren Beamte (R. 24. März 1838) VI. 447. — vgl. Ablösung, Aufgeld, Ausrufer, Empfangsgebühren, Exekution, Gemeinheitstheilung, Kataster, Kauf ff., Mobilarpfändung, Ostrhein (Gemeindeforderungen), Subhastation, Veräußerung, Verkauf, Vormundschaft.

Versteigerungsprotokolle

sind von Gerichtsschreibern und Gerichtsvollziehern in Urschrift abzugeben (R. 22. Febr. 1833) III. 585. — Stempelpflichtigkeit der notariellen Lizitationsprotokolle (R. 13. Nov. 1830) III. 365. — Behandlung der Versteigerungsprotokolle, wenn der instrumentirende Notar später Cessionar des Kaufpreises wird (R. 17. Nov. 1836) V. 496, (R. 4. Juli 1840) VII. 188.

Versuch

Eventualfrage wegen desselben bei Assisensachen (G. 14. April 1851 §. 25) X. 633. — vgl. Probedienst.

Vertagung
in Civilsachen, Gebühren der Anwalte sollen nur einmal bewilligt werden (GV. 28. Febr. 1814) I. 17. — Beschränkung des Aussetzens zum Spruch (R. 24. Okt. 1823) II. 429.
in Polizei- und Zuchtpolizeisachen, Publikation der Vertagungsbeschlüsse auf Ediktalladungen (G. 11. Mai 1855 §. 11) XI. 114. — vgl. Assisen, Berathung, Strafzeit.

Vertheidigung s. Advokaten, Assisen, Entlastungszeugen, Kriminalordnung, Rechtsbeistand, Unschuld, Vertretung.

Verträge
Ungültigkeit der Versprechungen über die religiöse Erziehung der Kinder aus gemischten Ehen (K. 21. Nov. 1803, 17. Nov. 1825) II. 606. — vgl. Behörden, Cession, Dienstverträge, Eheverträge, Gerichtsstand, Kaufstempel, Kredit, Ostrhein (Kontraktenwesen), Privatpersonen, Punktationen, Staatsverträge, Stempelkontraventionen, Superfizies, Verkauf, Verpachtung, Vorkaufsrecht.

Vertretung
der vormals reichsunmittelbaren Fürsten und Grafen in Prozessen (K. 9. Okt. 1854) XI. 61. — des Beschuldigten beim Verfahren gegen ausgewanderte Militairpflichtige und Landwehrmänner (G. 10. März 1856 §. 7) XI. 168. — vgl. Advokaten, Eid, Kontumazialverfahren, Mandatar, Rechtsbeistand, Reichsstände, Vollmacht, Winkelkonsulenten. — vgl. ferner Stellvertretung.

Vertretungskosten s. Advokaten, Mandatargebühren, Stellvertretung.

Verwahrungsbefehl
wann solcher vom Untersuchungsrichter zu erlassen ist (R. 14. Juni 1823) II. 383. — dgl. und Gebührenansatz der Gerichtsvollzieher (R. 10. Okt. 1823) II. 410. — vgl. Untersuchungshaft, Verhaftsbefehl.

Verwaltungsansprüche s. Diensteinkommen, Fiskus, Normaltermin, Staatsschulden.

Verwaltungsbeamte s. Beamte (insbesondere Dienstvergehen, Forderungsklagen, Geistliche, Injurienklagen, Kommissorien, Regreßklagen, Schullehrer, Siegelung).

Verwaltungsbehörden
haben für Erneuerung der fiskalischen Hypothekarinskriptionen zu sorgen (R. 2. Aug. 1820) II. 58. — Beschäftigung der Gerichtsassessoren bei denselben (R. 16. März 1831) III. 371. — insbesondere im Hypothekenverwaltungsdienst (R. 24. März 1847) IX. 187.
Kommissorien der Justizbeamten bei Gemeinheitstheilungen, Ablösungen und sonstigen Verwaltungsangelegenheiten (R. 28. Mai 1857) XI. 349. — Zuziehung der Verwaltungsbehörde bei Untersuchungen wegen Waffenmißbrauchs der Forstbeamten (R. 21. Nov. 1837) VI. 333. — dgl. bei Zweifeln, ob ein ausgewiesener Landstreicher als Inländer zu betrachten sei (K. 10. März 1839) VII. 31. — Kommunikation mit den Verwaltungsbehörden bei Verurtheilungen nach §. 117—119 StrGB. (R. 3. Okt. 1856) XI. 283, (R. 2. Juli 1857) XI. 354. — Verpachtungsprotokolle derselben

über Gemeinde- und Kirchengrundstücke bilden keinen exekutorischen Titel (R. 9. Febr., 13. März 1842) VIII. 25. — Befugniß der Verwaltungsbehörden zur Versiegelung der Akten und öffentlichen Gelder von verstorbenen Beamten (K. 14. Juli 1843) VIII. 180, (R. 2. Aug. 1845) IX. 50. — Befugnisse und Verfahren derselben bei Defekten (V. 24. Jan. 1844) VIII. 231. — vgl. Behörden, Bergbehörden, Dienstbehörde, Exekution (administrative), Finanzbehörden, Gefängnisse, Landrath, Ministerien, Oberpräsident, Polizeibehörden, Postbehörden, Regierungen ff., Requisitionen (administrative), Steuerbehörden, Strafvollstreckung, Untersuchung (administrative) Verwaltungsbeamte, Verwaltungsorganisation.

Verwaltungsdienst s. Verwaltungsbehörden. — vgl. Beamte, Civilversorgung, Kommissorien.

Verwaltungsorganisation s. Generalgouvernement, Lichtenberg. — vgl. Ressortreglement, Verwaltungsbehörden.

Verwaltungsübersicht
der Vormünder, Ausführung des Art. 470 CGB. (R. 15. Jan. 1824) II. 449, (J. 16. Aug. 1834 §. 8—13) IV. 135, (R. 17. Okt. 1834) IV. 163, (R. 10. April 1835) V. 100, (J. 10. Okt. 1835 §. 12, 13) V. 237. — Friedensgerichtsgebühren für Vorlegung und Revision der Uebersichten (R. 6. Febr. 1835) V. 62. — Assistenz des Gerichtsschreibers ist nur bei versammeltem Familienrath erforderlich (R. 4. Sept. 1835 §. 5) V. 206. — Kopialgebühren desselben für Mittheilungen an den Nebenvormund (R. 15. Okt. 1836 §. 8) V. 476. — Stempelfreiheit der beigebrachten Privatquittungen (G. 23. Dez. 1846 §. 3) IX. 136.
Eltern sind nicht verbunden sich Verwaltungsnormen vorschreiben zu lassen noch Uebersichten einzureichen (R. 8. Sept. 1835) V. 212. — vgl. Vormundschaft.

Verwaltungsvorstand s. Aktiengesellschaften.

Verwundung s. Mißhandlung. — vgl. Arbeitsunfähigkeit, Eisenbahnen, Fahrlässigkeit, Obduktion.

Verzicht
auf Bestrafung in Injuriensachen seitens des Beleidigten hebt das Strafverfahren auf; derartige Verzichtleistung der Beamten und Militairpersonen wegen Amtsbeleidigung erfordert Genehmigung der Dienstbehörde (K. 20. Dez. 1834) IV. 204, (vgl. K. 28. Aug. 1833, R. 31. Okt. 1834) IV. 172. — Interpretation und Anwendung dieser Vorschrift (R. 20. Febr. 1835) V. 75, (R. 7. Febr. 1836) V. 328, (B. 27. Juli 1837) VI. 269, (R. 21. Okt. 1837) VI. 314, (R. 24. Febr. 1838) VI. 428, (R. 12. April 1838) VI. 457. — insbesondere bei Realinjurien von Kindern gegen Eltern (R. 15. Sept. 1837) VI. 303, (R. 6. Mai 1841) VII. 288. — Unanwendbarkeit derselben bei Widersetzlichkeiten gegen Abgeordnete der Obrigkeit (R. 9. Okt. 1835) V. 233. — Anwendung derselben auf gerichtliche Polizeibeamte (R. 18. März 1836) V. 343, (R. 25. Nov. 1836) V. 505, (R. 23. Juni 1837) VI. 241. — dgl. auf Gensdarmen (R. 19. Juli, 16. Aug. 1836) V. 436. — dgl. auf Notarien (R. 28. Juli 1840) VII. 190. — dgl. auf Justizbeamte,

insbesondere auf Mitglieder der Gerichte und der Staatsanwaltschaft (R. 29. April 1841) VII. 284. — Form des Verfahrens bei der Verzichtleistung (R. 15. Mai 1835) V. 127, (R. 28. Aug. 1835) V. 197, (R. 17. Nov. 1838) VI. 640, (R. 6. Mai 1841) VIII. 288. — Regulirung des Kostenpunktes (R. 20. Febr. 1835) V. 75, (R. 15. Mai 1835) V. 127, (K. 21. R. 31. Okt. 1837) VI. 319.

Neuere Bestimmungen über den Einfluß der Verzichtleistung bei Anklagen der Staatsanwaltschaft wegen Ehrverletzung oder leichter Mißhandlung (G. 14. April 1851 §. 17) X. 632.

Zurücknahme der Provokation auf richterliche Entscheidung bei administrativen Strafresoluten (R. 23. Sept. 1846) IX. 109. — vgl. Amt, Hypotheken, Privilegium, Strafverfolgung, Vergleich, Vorbehalt.

Verzugszinsen s. Zinsen.

Vidimation
Beweiskraft der vidimirten Abschrift bei Wechselstempelkontraventionen (R. 3. Sept. 1821) II. 173. — vgl. Beglaubigung, Legalisation, Notariatsurkunden.

Vieh
Freilassung eines Stückes Milchvieh bei Exekution wegen öffentlicher Abgaben und Kosten (R. 27. Dez. 1825) II. 627. — vgl. Hausthiere, Körordnung, Pferde, Transportmittel, Weide.

Vindikation s. Eigenthumsklagen. — vgl. Staatsgut.

Visa
findet nicht statt bei Insinuationen an altländische Parteien (R. 9. Mai 1823, 30. Aug. 1827) III. 142, (R. 19. Okt. 1827) III. 154, (R. 3. Nov. 1827) III. 157. — vgl. Vorladung.

Vizepräsident s. Obertribunal, Rang.

Vizinalweg s. Wege.

Vollmacht
Form derselben behufs Erhebung von Geldern und Sachen bei altländischen Gerichten (R. 18. April 1823) II. 365. — Zulässigkeit der notariellen Blankovollmachten (R. 20. Sept. 1824) II. 523. — Verwendung von Stempelmarken zu Vollmachten (R. 30. Sept. 1862 § 2 N. 6) XII 374. — Stempelfreiheit der Substitutionen (R. 29. Sept., 20. Nov. 1848) IX. 344. — Abfassung eines Formulars bei ausländischen Requisitionen (R. 16. Sept. 1844) VIII. 348. — Vollmacht und Kommandserklärung bei gerichtlichen Immobilarverkäufen (G. 18. April 1855 §. 48) XI. 92. vgl. Beglaubigung, Legalisation, Mandatar, Notariatsurkunden, Ostrhein (Prozeßvollmacht), Prozeßlegitimation, Vertretung.

Vollstreckung s. Exekution, Exekutorische Klausel, Strafvollstreckung.

Voluntargerichte s. Ostrhein.

Vorbehalt
Bedingte Amtsniederlegung ist unzulässig (R. 8. Jan. 1834) IV. 9. — vgl. Vorbehalt des Wiedereintretens in den Justizdienst (R. 20. Mai 1854) XI. 35.

Vorflut s. Flüsse, Ostrhein, Wasserleitung.

Vorführung s. Untersuchungsgefangene. — vgl. Transport.

Vorführungsbefehl
wann solcher vom Untersuchungsrichter zu erlassen ist (R. 30. Dez. 1822) II. 329. — vgl. Verhaftsbefehl.

Vorgesetzte s. Dienstbehörde.

Vorkaufsrecht
an Grundstücken, insbesondere nach stattgehabter Expropriation (G. 2. März 1850 §. 4) X. 129.

Vorladung
des Fiskus in Civilsachen (StMB. 20. Juli 1818 §. 22—25) I. 511, (R. 28. Aug 1835) V. 198, (StMB. 30. Nov., R. 17. Dez. 1838) VI. 677. — Anwendung dieser Vorschriften auf die Regierungen als Verwalter des Bezirksstraßenbaufonds (R. 21. Sept. 1836) V. 198. — dgl. auf die Militairintendanturen (R. 12. Jan. 1827) III. 91. — dgl. auf die Universität Bonn (R. 7. Okt. 1831) III. 393.

Vorladung der Militairpersonen zum Civilgericht in Civilsachen (R. 22. März 1827) III. 103. — dgl. in Untersuchungssachen (R. 24. Dez. 1835, 15. Febr. 1836) V. 331, (R. 27. März 1836) V. 351.

Vorladung altländischer Parteien vor rheinische Civilgerichte (GNM. 14. März 1816) I. 239, (R. 15. Febr. 1817) I. 455, (R. 30. Aug. 1827) III. 142, (R. 19. Okt. 1827) III. 154, (R. 3. Nov. 1827) III. 157. — dgl. der rheinischen Parteien vor altländische Gerichte durch Vermittelung der Post (R. 9. Aug. 1842) VIII. 96, (vgl. G. 2. Mai 1853) X. 567. — dgl. vor ausländische Gerichte in Strafsachen (R. 28. Febr. 1855) XI. 74. — Anwendung dieser Vorschrift gegenüber Luxemburg (R. 4. Juni 1855) XI. 117.

Vorladung der Ausländer in Civilsachen (R. 25. Febr. 1827) III. 100. — Erscheinungsfrist (G. 11. Mai 1855 §. 2) XI. 111.

Verfahren bei Vorladungen zum Gewerbegericht (V. 7. Aug. 1846 §. 4) IX. 103. — Abkürzung der Erscheinungsfrist in Theilungsprozessen (G. 18. April 1855 §. 10) XI. 81. — Abänderung der Art. 69, 73, 1033 CPO. betreffend Zustellung, Erscheinungs- und Zuf..tzfristen (G. 11. Mai 1855 §. 2—4, 10—14) XI. 111. — vgl. Aufgebot, Ediktalladung, Gerichtsstand, Gerichtsvollzieher, Insinuation, Kontumazialverfahren, Requisitionen, Sühneversuch, Termin, Untersuchung (administrative), Zeugenvorladung.

Vorlesungen s. Prüfung (erste), Stundung, Universität.

Vormund
Verwaltungsinstruktion für die Vormünder (J. 22. Dez. 1835) V. 525. — Einhändigung derselben und des Formulars zu Inventarien an die Vormünder (R. 27. Mai 1837) VI. 218. — Bevormundung der in Hospitälern aufgenommenen Kinder (R. 29. März 1817) I. 459. — Zulassung der Ausländer zur Uebernahme von Vormundschaften (R. 2. 18. Aug. 1837) VI. 277. — Vernehmung des Vormundes eines Deserteurs durch die Civilgerichte (R. 6. Febr. 1846) IX. 68. — Stempelfreiheit der Privatquittungen behufs Rechnungs-

lage (G. 23. Dez. 1846 §. 3) IX. 136. — vgl. Erziehungsbericht, Familienrath, Haftbarkeit, Hypotheken, Kurator, Nebenvormund, Ordnungsstrafen, Todesanzeige, Verwaltungsübersicht, Vormundschaft.

Vormundschaft

Einleitung derselben und weiteres Verfahren (K. 4. Juli, J. R. 16. Aug. 1834) IV. 129, erläutert (durch R. 17. Okt. 1834) IV. 162, (R. 28. Okt. 1834) IV. 169, (R. 10. Juni 1836) V. 389, (R. 15. Okt. 1836) V. 475, (vgl J. 10. Okt. 1835) V. 234, (R. 6. Nov. 1835) V. 252, (R. 9. Febr. 1836) V. 329.

Bevormundung der in Hospitälern aufgenommenen Kinder (R. 29. März 1817) I. 459. — Zulassung der Ausländer zur Vormundschaft (R. 2. 18. Aug. 1837) VI. 277.

Anzeige der Sterbefälle, welche eine Vormundschaft veranlassen, durch die Civilstandsbeamten (R. 12. Nov. 1818) I. 521, (R. 15. Jan. 1824) II. 449, (K. 4. Juli, J. 16. Aug. 1834) IV. 130, (R. 10. Juni 1836) V. 389, (R. 15. Okt. 1836) V. 475, (J. 10. Okt. 1835) V. 234, (R. 27. Mai 1837) VI. 219, (R. 22. April 1838) VI. 467, (R. 18. Mai 1838) VI. 518, (R. 29. Mai 1838) VI. 525. — dgl. durch die Pfarrer (K. 4. Juli, J. 16. Aug. 1834) IV. 130, (J. 10. Okt. 1835) V. 234, (R. 8. Mai 1835) V. 124, (R. 11. Nov. 1837) VI. 327, (R. 16. 29. Juni 1838) VI. 538, (R. 12. Nov. 1855) XI. 156.

Einreichung des Inventars oder Vermögensverzeichnisses (K. 4. Juli, J. 16. Aug. 1834) IV. 130, (R. 17. Okt. 1834) IV. 162, (R. 28. Okt. 1834) IV. 169, (R. 10. April 1835) V. 99, (J. 10. Okt. 1835) V. 234. — Form desselben (R. 3. Juli 1835) V. 157. — Schema zum Register der Notarien über vormundschaftliche Inventarisationen (R. 4. Sept. 1835) V. 204. — Bezeichnung des inventarisirenden Notars durch den Familienrath (R. 15 Juli 1837) VI. 262. — Prüfung des Inventars (R. 2. Okt. 1835) V. 226, (R. 6. Nov. 1835) V. 252. — Inventarisation des Mobilars bei statutarischer Gütergemeinschaft (R. 4. Dez. 1835) V. 277. — dgl. einer Handlung (R 24. Sept 1836) V. 458. — Verfahren bei Einforderung der Inventarien (R. 15. Okt. 1836) V. 475. — Aufnahme eines Inventars bei entgegenstehender testamentarischer Verfügung (R. 25. Nov. 1836) V. 507. — Anordnung ständiger Taxatoren (R. 5. Febr., 8. März 1836) V. 325. — Eintragung der vormundschaftlichen Legalhypothek (R. 13. Mai 1836) V. 372, (R. 15. Okt. 1836) V. 475, (R. 17. Febr. 1837) VI. 88. — Zuziehung des Nebenvormunds bei Kapitalablagen, Hypothekenlöschungen und Inkurssetzung von Inhaberpapieren (K. 18. Dez. 1836) V. 522. — erläutert bezüglich des Großvaters (R. 16. Aug. 1838) VI 572. — Verhängung von Ordnungsstrafen gegen Vormünder (K. 5. April 1835) V. 102, (J. 10. Okt. 1835) V. 234. — dgl. gegen den Nebenvormund (R. 27. Mai 1837) VI. 219. — Rechtsmittel der Opposition ibid. — Verwaltungsinstruktion für die Vormünder (J. 22. Dez. 1836) V. 525. — Behändigung eines Abdrucks derselben und des Formulars zum Inventar (R. 27. Mai 1837) VI. 218.

Erledigung von Vormundschaftssachen bei den periodischen Friedensgerichtssitzungen (R. 10. Juni 1836) V. 390. — Allgemeine

Kompetenz der Landgerichte in vormundschaftlichen Angelegenheiten (R. 6. Febr. 1835) V. 64.

Verfahren bei Veräußerung von Mündelgütern (K. 4. Juli 1834) IV. 131, (R. 18. Nov. 1834) IV. 177, (R. 17. Okt. 1834) IV. 164, (K. 21. R. 26. Jan. 1835) V. 56, (R. 29. Juli 1840) VII. 191. — dgl. und bei Theilungen (G. 18. April 1855) XI. 78.

(Gebühren und Stempel) Sicherstellung der Stempelgebühren (R. 9. Mai 1823) II. 370. — Wechselbeziehung zwischen Stempel- und Kostenfreiheit (R. 15. Jan. 1824) II. 449, (R. 9. Febr. 1835) V. 329. — Anwendung der altländischen Vorschriften über die Sportel- und Stempelpflichtigkeit in Vormundschaftssachen (K. 4. Juli 1834 §. 4) IV. 131, (J. 16. Aug. 1834 §. 15) IV. 136, (R. 4. Sept. 1835 §. 7—11) V. 206, (R. 11. Sept. 1835) V. 215, (J. 10. Okt. 1835 §. 20—28) V. 240. — Gebühren der Taxatoren (R. 5. Febr., 8. März 1835) V. 325. — Stempelpflichtigkeit der Vormundschaftsverhandlungen beim Vorhandensein eines überlebenden Ehegatten (R. 9. Febr. 1836) V. 329, (R. 10. Juni 1836) V. 389. — Erhebung der Friedensgerichtsgebühren in diesem Falle (R. 10. Okt. 1842 §. 7) VIII. 121. — Anwendung des Civilkostentarifs auf die Revision der Verwaltungsübersichten (R. 6. Febr. 1835) V. 62. — Reisekosten der Friedensgerichtsbeamten (R. 10. April 1835 §. 4) V. 101, (J. 10. Okt. 1835 §. 25) V. 242. — Anweisung derselben auf den Kriminalfonds (R. 30. Aug. 1824) II. 521, (R. 20. Nov. 1835) V. 258. — Wiedereinziehung solcher Vorschüsse resp. Niederschlagung der Kosten (R. 18. März 1836) V. 344. — Unentgeltliche Besorgung der Legalinskription durch die Friedensgerichtsbeamten (R. 13. Mai 1836) V. 372. — inwiefern die Kosten der Inskription zu stunden sind (R. 17. Febr. 1837) VI. 88. — Gebühren werden erst nach Einreichung des Inventars berechnet (R. 15. Okt. 1836 §. 7) V. 476. — Kopialgebühren der Gerichtsschreiber (ibid. §. 8, 9) V. 476, (vgl. G. 23. Dez. 1846 §. 4) IX. 136, (V. 27. Juli 1855 §. 20) XI. 137, (G. 3. Mai 1858 §. 20) XI. 448. — Vormundschaftsrichter trägt keine Kosten, Ersatz der Auslagen (R. 24. Dez. 1836) V. 533. — derselbe bezieht keine Gebühren für Einreichung des Inventars und für Vereidung der Taxatoren (R. 26. Jan. 1837) VI. 38. — Theilung der Kosten bei Konkurrenz armer und vermögender Pupillen (R. 27. Mai 1837) VI. 218. — Gebühren der Gerichtsschreiber und Gerichtsvollzieher bei Strafresoluten gegen Vormünder (R. 10. Juni 1837) VI. 231. — Festsetzung der Stempel- und Gebührenpflichtigkeit nach dem Ergebniß der Jahresrechnung (R. 18. Nov. 1837) VI. 330, (V. 31. Jan. 1840 §. 2) VII. 137. — Anwendung dieser Vorschrift auf landgerichtliche Verhandlungen (R. 17. März 1838) VI. 443. — Stundung und Einziehung der Stempel und Gebühren für Civilstandsauszüge (R. 22. April 1838) VI. 466. — Erkenntnißstempel bei Reduktion der vormundschaftlichen Hypothek (R. 14. Febr. 1838) VI. 476. — Stempelpflichtigkeit der Vereidungsprotokolle ständiger Taxatoren (R. 6. Dez. 1838) VI. 652. — dgl. der Privatinventarien (R. 23. März 1839) VII. 33. — dgl. der Immobilarveräußerungen und aller Verhandlungen, welche nicht durch die Vormundschaft als solche bedingt sind (R. 12. Jan. 1841) VII. 248. — Erhebung von Friedensgerichtsgebühren bei Familienrathsbeschlüssen (R. 10. Okt. 1842 §. 8, 9) VIII. 121. — Erweiterung der Kosten- und Stempelfreiheit in Vormundschaftssachen (G. 23. Dez. 1846) IX. 135. — Stempelfreiheit der Familienrathsbeschlüsse wegen Ernennung der Vormünder (R. 10. Nov. 1847) IX. 247. — Gebühren und Kosten des Verfahrens bei Theilungen und gerichtlichen Immobilarverkäufen (V. 27. Juli 1855) XI. 129, (G. 3. Mai 1858) XI. 443, XII. 24. — Stempelansatz bei denselben (R. 24. Sept. 1855) XI. 148.

Portofreiheit in armen Vormundschaftssachen (Reg. 3. Jan. 1860 §. 7) XII. 165, (R. 3. April 1860) XII. 175. — Gebührenpflichtigkeit der Vormundschaftssachen (G. 5. Juni 1863) XII. 405. — Gebühren der Friedensgerichtsbeamten (G. 23. Mai 1859 §. 1 Nr. 5, 6, §. 2 Nr. 1—3, §. 9, 10 Nr. 7, §. 15, 17) XII. 85.

Kompetenz der Gouvernementsgerichte zu Luxemburg und Mainz in Vormundschaftsangelegenheiten (R. 26. Juni, 25. Sept. 1816, 30. Okt. 1820) II. 63, (K. 19. Juli 1834) IV. 102.

Uebereinkunft mit Oesterreich wegen kostenfreier Erledigung der Requisitionen in armen Vormundschaftssachen (B. 27. Sept. 1844) VIII. 358. — vgl. Lichtenberg, Ostrhein. — vgl. ferner Emanzipation, Erziehungsbericht, Familienrath, Kurator, Nebenvormund, Pupillengelder, Taxatoren, Todesanzeige, Verwaltungsübersicht, Vormund, Vormundschaftsakten ff., Wittwen.

Vormundschaftsakten
deren Anlegung und Fortführung durch die Friedensgerichtsschreiber (R. 4. Sept. 1835 §. 4) V. 206, (J. 10. Okt. 1835 §. 17, 29) V. 239. 243. — inwiefern bei unbedeutenden Vormundschaften (R. 15. Okt. 1836 §. 2) V. 475. — Adhibirung eines protokollarischen Auszugs oder einer Abschrift des notariellen Inventars (ibid. §. 3) V. 475. — dgl. der Geburtsurkunden der Pupillen (R. 18. Mai 1838) VI. 518. — dgl. der Aufforderungen an die Vormünder (R. 15. Okt. 1836 §. 9) V. 476. — Kopialgebühren der Gerichtsschreiber (ibid. §. 8, 9) V. 476.

Aufbewahrung derselben im Friedensgerichtslokal bis zur Beendigung der Vormundschaft (R. 10. Juni 1836) V. 390. — Revision derselben durch die Oberprokuratoren (R. 24. Sept. 1836) V. 458, (R. 10. Juli 1848) IX. 308.

Vormundschaftsgelder s. Pupillengelder.

Vormundschaftsprozesse
in solchen trägt der Vormundschaftsrichter keine Kosten, Auslagen werden aus dem Kriminalfonds erstattet (R. 24. Sept. 1836) V. 533. — vgl. Familienrath.

Vormundschaftsregister
Führung eines Registers über die den Friedensrichtern angezeigten oder bekannt gewordenen Sterbefälle, wodurch Bevormundung nothwendig wird (J. 16. Aug. 1834 §. 1) IV. 134, (J. 10. Okt. 1835 §. 3) V. 235. — Schema zu diesem Register und zum Vormundschaftsregister (R. 4. Sept. 1835 §. 1) V. 205. 210, (J. 10. Okt. 1835 §. 16) V. 238. — Beihülfe der Gerichtsschreiber bei den Eintragungen in die Register (R. 4. Sept. 1835 §. 4) V. 206, (J. 10. Okt. 1835 §. 17) V. 239. — Anfertigung eines Namensverzeichnisses zu

jedem Register (R. 6. Nov. 1835) V. 252. — Angabe des Vermögensbestandes (R. 24. Sept. 1836) V. 458. — Vermerk bezüglich der Legalinskription gegen den Vormund (R. 15. Okt. 1836 §. 6) V. 475. — Revision der Vormundschaftsregister durch die Oberprokuratoren (R. 24. Sept. 1836) V. 458, (R. 16. Nov. 1846) IX. 124, (R. 10. Juli 1848) IX. 308, (vgl. R. 6. Nov. 1835) V. 252. Verbindung des Registers über legale Vormundschaften mit dem Anzeigeregister (R 16. Nov. 1846) IX. 124, (R. 10. Dez. 1846) IX. 132. — vgl. Todesanzeigen.

Vormundschaftstabellen
Form und Einreichung derselben (R. 15. Jan. 1824) II. 449. — vgl. Prozeßtabellen.

Vorschuß s. Kostenvorschuß, Postvorschuß. — vgl. Auslagen.

Vorspann s. Militairvorspann.

Vorstand s. Aktiengesellschaften.

Votum s. Appellationskammern, Assessoren, Assisen, Richterzahl. — vgl. Kriminalordnung.

Waagen s. Eichung, Gewicht.

Waarenbezeichnung
Schutz derselben (G. 4. Juli 1840) VIII. 53. — vgl. Fabrikzeichen.

Waarenversteigerung s. Versteigerung (Mobilar-). — vgl. Gewerbesteuer, Hausirregulativ, Mäkler.

Wachen
deren Gestellung zu Assisensitzungen (R. 29. Jan., 21. Febr. 1834) IV. 29. — Befugniß derselben zu Verhaftungen (R. 9. Dez. 1836) V. 517, (J. 14. Jan., K. 3. Febr., R. 19. April 1844) VIII. 256, (G. 12. Febr. 1850) X. 110, (J. 27. Juli, K. 8. Aug., R. 24. Sept. 1850) X. 234. — vgl. Bewachung, Gensdarmen, Landrecht, Militairpersonen, Verhaftung, Waffengebrauch.

Waffen
Tragen derselben in Gerichtssitzungen (R. 15. Dez. 1823) II. 437. — dgl. in Versammlungen (G. 11. März 1850 §. 7, 18, 19) X. 208. — Vernichtung der konfiszirten verbotenen Waffen (R. 15. März 1837) VI. 113, (R. 22. Dez. 1852) X. 530. — vgl. Gewehr, Jagdgeräthschaften, Militaireffekten.

Waffengebrauch
Befugniß zu demselben seitens der Grenzaufsichtsbeamten (J. 6. Juli 1835) V. 159. — dgl. der Forst- und Jagdbeamten (G. 31. März 1837) VI. 130, (J. R. 17. April 1837) VI. 168, (R. 21. Nov. 1837) VI. 333. — dgl. der Kommunal- und Privatforst- und Jagdoffizianten (J. 21. Nov. 1837) VI. 334. — dgl. der Korpsjäger (K. 6. Okt. 1837) VI. 309, (K. 19. Febr. 1842) VIII. 17. — dgl. der auf Forstversorgung dienenden Jäger (K. 21. Aug. 1855) XI. 146. — dgl. der Gefangenaufseher bei Strafarbeiten außerhalb der Anstalt (G. 11. April 1854 §. 6) XI. 26. — dgl. des Militairs (G. 20. März 1837) VI 120. — insbesondere gegen Arrestaten (R.

16. April 1837) VI. 168, (J. 14. Jan., K. 3. Febr., R. 19. April 1844) VIII. 256, (J. 27. Juli, K. 8. Aug., R. 24. Sept. 1850) X. 234.

Zuziehung der Verwaltungsbehörde bei Untersuchungen wegen Waffenmißbrauchs der Forst- und Jagdbeamten (R. 21. Nov. 1837) VI. 333.

Anwendung der Schußwaffe gegen Holzfrevler in den hessischen Grenzwaldungen (R. 5. Febr. 1838) VI. 418.

Währschaftsgelder s. Ostrhein (Frankfurt, Gebühren).

Waisen

Bevormundung der in Hospitäler aufgenommenen Kinder (R. 29. März 1817) I. 459.

Waldeck

Ungültigkeit der ohne Erlaubniß im Auslande oder durch auswärtige Geistliche im Inlande geschlossenen Ehen (R. 18. Dez. 1835) V. 290. — vgl. Deutsche Bundesstaaten.

Waldeigenthümer

denselben kommen die von sämmtlichen Theilnehmern am Holzdiebstahl verwirkten Geldbußen und Strafarbeiten zu Gut (V. 6. März 1827) III. 102, (R. 19. Nov. 1838) VI. 641, (vgl. G. 2. Juni 1852 §. 42) X. 432. — vgl. Forststrafgelder, Holzdiebstahl, Strafarbeit, Waldungen.

Waldhüter s. Forstbeamte, Jagdbeamte.

Waldprodukte

Anwendung des Holzdiebstahlsgesetzes vom 7. Juni 1821 auf die Entwendungen von Ginster (R. 27. März, 29. April 1831) III. 373. dgl. von Gras, Kräutern, Heide, Moos, Laub, Streuwerk und sonstigen Waldprodukten (K. 5. Aug. 1838) VI. 567, (R. 8. Sept. 1838) VI. 589, (R. 19. Nov. 1838) VI. 641. — Ausdehnung dieser Ordre auf die ganze Monarchie (K. 4. Mai 1839) VII. 50, (R. 22. Mai 1839) VII. 63. — Strafe des zum dritten Mal wiederholten unbefugten Laubsammelns (R. 2. April 1836) V. 356. — Neuere Bestimmungen über den Diebstahl an Waldprodukten (G. 2. Juni 1852) X. 422. — vgl. Holzdiebstahl.

Exekutionsbefugniß der Regierungen bezüglich rückständiger Kaufgelder für Waldprodukte (K. 30. Mai, R. 12. Sept. 1843) VIII. 185.

Waldungen

Beschränkung des Bauens und der Anlage von Harzöfen oder Theerbrennereien in der Nähe von Waldungen (GK. 21. Jan. 1815) I. 313. — Verwaltung der öffentlichen Anstalten gehörenden Forsten (V. 24. Dez. 1816) I. 439. — Abgrenzung der Staats- und Privatwaldungen (K. 6. Febr., R. 3. März 1826) III. 16. — vgl. Baumpflanzungen, Gemeinheitstheilung, Holzdiebstahl, Markenwaldungen, Waldprodukte.

Staatswaldungen

Kompetenz der Polizeigerichte über die in solchen verübten Forst-, Jagd- und Fischereifrevel (GV. 19. Sept. 1814) I. 74, (GV. 19. Febr. 1815) I. 83. — Verurtheilung zum Werthersatz bei Entwendung gefällten Holzes aus denselben (K. 26. Sept. 1845) IX. 53. — Strafermäßigung bei Weidefreveln gegen die Forstordnung von 1669 (R. 18. April 1857) XI. 316. — Unterhaltung der durch dieselben führenden Wege (Reg. 17. Nov. 1841) VII. 364, (G. 15. Mai 1856 §. 4) XI. 194, (G. 23. Juli 1845 §. 31) XI. 413. — Wegfall des freien Bauholzes für Staatsbauten (R. 5. Nov. 1846) IX. 121, (R. 6. Sept. 1848) IX. 327. — vgl. Forststrafgelder. — vgl. ferner Domainen.

Gemeindewaldungen

Beaufsichtigung der Gemeinderottheden (GK. 15. Dez. 1815) I. 309. — Vorschriften über die Administration der Gemeindewaldungen (V. 24 Dez. 1816) I. 439, (vgl. G. 15. Mai 1856 §. 4, 51) XI. 194, (G. 23. Juli 1845 §. 31, 99) XI. 413. — inwiefern der Verkauf des einzelnen Gemeindegliedern angewiesenen Brandholzes verpönt ist (GK. 20. April 1816 §. 4) I. 346, (R. 10. Sept., 24. Nov. 1835) V. 270, (R. 12. 29. Mai 1837) VI. 220. — Strafermäßigung bei Weidefreveln gegen die Forstordnung von 1669 (R. 5. Sept. 1836) V. 449, (R. 18. April 1857) XI. 316. — vgl. Forststrafgelder, Waldeigenthümer. — vgl. ferner Gemeindegüter.

Privatwaldungen

Beaufsichtigung derselben durch die Staatsbehörden (GK. 15. Dez. 1814) I. 309. — Strafermäßigung bei Weidefreveln gegen die Forstordnung von 1669 (R. 18. April 1857) XI. 316. — vgl. Forststrafgelder, Waldeigenthümer.

Wappen

Wiederherstellung derselben für den Adel (K. 18. Jan. 1826) III. 12. — vgl. Adel, Standessachen.

Warnung

Bekanntmachung der Straferkenntnisse wegen fahrlässiger Verletzung durch Schießgewehr (R. 13. Juni 1845) IX. 34. — vgl. Disziplinarstrafen.

Wartegeld f. Civilversorgung, Diensteinkommen, Disposition, Militairinvaliden, Mobilmachung.

Wasserbauten

Uebereinkunft mit dem Großherzogthum Hessen wegen Verhütung der an Wasserbauanlagen vorkommenden Frevel und Polizeiübertretungen (Erkl. V. 7. Dez. 1861) XII. 267. — vgl. Deichwesen, Flüsse, Kanäle, Meliorationen, Wiesen.

Wasserleitung

Angelegenheiten der Wasserstau und Vorflut gehören zur Kompetenz der Regierungen (StMB. 20. Juli 1818 §. 2) I. 505. — Bildung von Genossenschaften zu Be- und Entwässerungsanlagen, Anwendung der Vorflutsgesetze auf unterirdische Wasserableitungen (G. 11. Mai 1853) X. 572. — Bestimmungen über die Verschaffung der Vorflut (G. 14. Juni 1859) XII. 97. — Anwendung des Gesetzes vom 23. Januar 1846 über das Aufgebots- und Präklusionsverfahren für Entwässerungsanlagen (G. 14. Juni 1859 §. 9) XII. 100. — vgl. Flüsse, Ostrhein (Vorflut).

Wasserstand

dessen Höhe bestimmen die Regierungen (StMB. 20. Juli 1818) I.

505. — Pegelhöhe für die Breite des Leinpfades am Rhein (K. 6. Sept. 1840) VII. 203.

Wasserstau s. Wasserleitung.

Wechsel s. Amortisation, Wechselordnung, Wechselstempel.

Wechselagenten s. Kautionen, Mäkler.

Wechselarrest s. Personalarrest, Wechselordnung.

Wechselklagen s. Handelsgerichte.

Wechselordnung
allgemeine deutsche, Einführung derselben (G. 6. Jan. 1849) X. 3, (G. 15. Febr. 1850) X. 119. — Auslegung der Art. 87—90 (R. 15. März 1849) X. 52. — Ergänzung und Erläuterung der Wechselordnung (G. 27. Mai 1863) XII. 401.

Wechselproteste
deren Aufnahme s. Wechselordnung, (V. 6. Jan. 1849 §. 3, 4) X. 4, (G. 15. Febr. 1850 §. 3, 4) X. 120, (G. 27. Mai 1863 §. 1 Nr. 5, 8) XII 402. — dem Protestaten wird keine Abschrift zurückgelassen (R. 15. März 1849) X. 52. — Dienstsiegel der Gerichtsvollzieher (R. 20. Jan. 1849) X. 26. — Gebühren derselben (R. 4. Nov. 1833) III. 690, (R. 14. Sept. 1836) V. 450, (R. 3. Juni 1837) VI. 224, (R. 13. April 1842) VIII. 36, (G. 29. März 1851 §. 60) X. 275.

Wechselrepertorium s. Repertorien.

Wechselstempel
Verfahren bei Wechselstempelkontraventionen (R. 3. Sept. 1821) II. 173. — Verwendung von Stempelmarken zu Wechseln (R. 30. Sept. 1862 §. 2 Nr. 1, §. 4) XII. 374. — vgl. Stempelkontraventionen.

Wege
Wiederherstellung der bergischen Wegegesetze (GV. 1. April 1814) I. 55. — modifizirt bezüglich des Denunziantenantheils (K. 21 Febr. 1835) V. 77. — Einschärfung der französischen Verordnung vom 10. Febr. 1808 über die Polizei des Straßenfuhrwesens (GK. 29. Juli 1814) I. 246. — Kompetenz der Regierungen rücksichtlich der Gemeinde- und Nachbarwege (StMV. 20. Juli 1818 §. 2) I. 505. — dgl. bei Wegräumung der auf Straßen vorfindlichen Hindernisse (R. 22. Juli 1836) V. 425, (R. 30. März 1843) VIII. 153. — Ausschließung des Rechtsweges bei Oppositionen gegen die auf den Steuerfuß ausgeschriebenen Beiträge zum Vizinalwegebau (R. 4. Aug. 1840) VII. 194. — dgl. in Bezug auf die Vizinalqualität und die Erweiterung der Wege (R. 29. Sept. 1840) VII. 208, (R. 30. März 1843) VIII. 153. — Vorladung der Regierungen als Verwalter des Bezirksstraßenbaufonds (R. 21. Sept. 1836) V. 453, (vgl. StMV. 30. Nov., R. 17. Dez. 1838) VI. 667. — Kompetenz der Gerichte in Wegepolizeisachen (StMV. 20. Juli 1818 §. 20) I. 511. — Verfahren bei Kontraventionen gegen das Gesetz vom 23. Juni 1806 betreffend Landfuhrwesen (R. 7. Mai 1821) II. 109. — dgl. bei Chausseekontraventionen (R. 17. April, 6. Mai, 5. Juni 1826) III. 51. — dgl. bei Kontraventionen gegen §. 16 der Verordnung vom 17. März 1839 über den Verkehr auf Kunststraßen (R. 31. Dez.

1840, 5. Jan. 1841) VII. 247. Auslegung der Vorschriften über die Radfelgenbreite (R. 25. Febr. 1842) VIII. 18. — Anwendung der für Kunststraßen erforderten Radfelgenbreite auf andere Straßen und Wege (G. 12. März 1853) X. 557. — Gebrauch des Landesgewichtes (G. 17. Mai 1856 §. 10) XI. 233. — Expropriationsverfahren zur Erbreiterung der Staatsstraßen (R. 12. Okt., 3. 13. Nov. 1827) III. 161, (K. 5. April 1836) V. 424. — Beschränkung des Bauens an Staats- und Bezirksstraßen (R. 4. März 1829) III. 275. — Unterhaltung der Wege in Staatswaldungen (Reg. 17. Nov. 1841) VII. 364, (G. 15. Mai 1856 §. 4) XI. 194, (G. 23. Juli 1845 §. 31) XI. 413.

Uebereinkunft mit dem Großherzogthum Hessen wegen Verhütung der an Staatsstraßen und Vicinalwegen vorkommenden Frevel und Polizeiübertretungen (Erkl. B. 7. Dez. 1861) XII. 267.

Wegegeld s. Kommunikationsabgaben.

Weibspersonen
Polizeiliches Strafverfahren gegen dieselben wegen öffentlicher Unzucht (K. 15. Jan. 1825) II. 548, (R. 7. 25. April 1825) II. 587. — Aussetzung der Strafvollstreckung gegen die Mütter von Säuglingen (R. 28. Nov. 1835) V. 276, (R. 11. März 1843) VIII. 152.

Weide
Beschränkung der Nachtweide und Einzelnhüten des Viehes (G. 5 Juli 1844) VIII. 300.

Weidefrevel s. Begnadigung, Waldungen.

Weidenpflanzungen
Uebereinkunft mit dem Großherzogthum Hessen wegen Verhütung der an Weidenpflanzungen vorkommenden Frevel und Polizeiübertretungen (Erkl. B. 7. Dez. 1861) XII. 267.

Weinberge
Verfahren gegen Militairpersonen wegen Beschädigung derselben (GNM. 4. Sept. 1815) I. 226, (vgl. R. 14. März 1824) II. 464.

Wendel, St.
Verhütung des Handels mit Gemeindebedarfskohlen im Kreise St. Wendel (K. 6. R. 13 März 1841) VII. 268. — vgl. Lichtenberg.

Werden
Verfahren bei Ablieferung von Verbrechern in die dortige Strafanstalt (R. 28. Juni 1837) VI. 254.

Werkmeister
Aufhebung der Bestimmungen über die Quittungsbücher derselben (G. 8. Juni 1860) XII. 193.

Werkstätten
Kompetenz der Regierung bei Einsprüchen gegen Anlegung derselben (StMB. 20. Juli 1818 §. 2) I. 505. — vgl. Gewerbebetrieb.

Werkzeuge s. Beschlagnahme, Konfiskation, Mißhandlung, Transportmittel.

Werth
dessen Feststellung bei Diebstählen (R. 16. Febr. 1827) III. 98, (R.

5. Aug. 1828) III. 247. — dgl. beim Holzdiebstahl (G. 2. Juni 1852 §. 19) X. 426. — das Strafmaß für Theilnahme am Diebstahl ist nicht durch Theilung des Werthes zu finden (R. 27. Jan. 1837) VI. 41.

Werthermittelung behufs Stempelberechnung bei Erkenntnissen (R. 18. Dez. 1839) VII. 131, (R. 16. Jan. 1841) VII. 262, (R. 1. Mai 1841) VII. 286. — dgl. bei unbeendigten Subhastationen (R. 23. Juni 1857) XI. 352. — Werthschätzung zum Zwecke der Gebührenberechnung in Vormundssachen (G. 5. Juni 1863 §. 1 ff.) XII. 406. — vgl. Schaden, Schadensersatz, Taxatoren.

Werthpapiere
Verfahren bei Rückzahlung der in Effekten bestellten Amtskautionen (R. 13. Dez. 1848) IX. 369. — vgl. Aktien, Kurs, Mäkler, Papiergeld, Spielen, Staatspapiere.

Wesel
Regulirung des Schuldenwesens der Stadt Wesel (G. 7. März 1822) II. 224. — Gerichtsbarkeit des Kreisgerichts zu Wesel über die preußische Garnison der Bundesfestung Rastatt (V. 1. Okt. 1860 §. 2) XII. 207, (R. 31. Okt. 1860) XII. 211. — vgl. Festungen.

Westfalen
Aufgebot der Verwaltungsgläubiger des Königreichs Westfalen (K. 19. Juli 1823) II. 390. — Behandlung der Verwaltungsansprüche aus der Zeit der westfälischen Regierung (K. 30. Juli 1822, R. 14. Febr., 8. März 1824) II. 458. — Befreiung der westfälischen Stiftspensionen vom Arrestschlag (R. 9. Dez. 1831) III. 417.

Wetzlar s. Ostrhein, Reichskammergericht.

Widersetzlichkeit
gegen Militairpersonen, Feststellung des dienstlichen Berufes (R. 20. Aug. 1843) VIII. 182. — vgl. Waffengebrauch.

gegen Beamte bei Verhinderung des Schleichhandels, Kompetenz der Gerichte (R. 18. Mai, 7. 15. Juni 1844) VIII. 289. — vgl. Amtshandlungen, Aufruhr, Fiskalische Untersuchung, Kriminalordnung, Landrecht, Waffengebrauch.

Wied s. Ostrhein.

Wieder in Kurs setzen s. Kurs.

Wien s. Reichshofrath.

Wiesen
Verbände von Wiesenbesitzern behufs Verbesserung der Grundstücke, Citat der Statuten X. 520, XI. 3. 8. 42. 45. 61. 69. 70. 106. 189. 192. 309. 388. — vgl. Flüsse, Weide.

Wildenburg s. Ostrhein.

Wildschaden
dessen Verhütung bei Ausübung des Jagdrechtes (G. 7 März 1850 §. 21 ff.) X. 198. — vgl. Jagdzeit.

Willkürliche Strafen s. Fiskalische Untersuchung.

Winkelkonsulenten
Verfahren gegen solche (R. 15. März 1833) III. 593, (R. 7. Aug.

1833) III. 663, (R. 26. Dez. 1844) VIII. 385. — Anwendung des §. 49 der Gewerbeordnung (R. 24. Nov., 10. Dez. 1846) IX. 130. — dgl. der §. 71, 177 (R. 14. Dez. 1852) X. 527, (R. 26. April 1858) XII. 15. — Gerichtsvollzieher dürfen sich nicht mit Konsuliren oder Vertretung von Parteien abgeben, keine Subhastationen betreiben noch Privatakte gegen Entgelt abfassen (R. 22. Okt. 1833) III. 681. — Anordnung ständiger Taxatoren für Vormundschaftssachen (R. 8. März 1836) V. 327. — Unzulässigkeit polizeilicher Taxen für die Vertreter der Parteien bei den Friedensgerichten (R. 26. April 1858) XII. 15. — vgl. Querulanten. — vgl. ferner Mandatar.

Wittgenstein-Berleburg (Fürst)
dessen Verzicht auf die Ausübung der Justiz in der Herrschaft Homburg an der Mark (Ko. 16. Juli, R. 24. Sept., 5. Okt. 1821) II. 177. — vgl. Reichsstände.

Wittwen
deren Wiederverheirathung beim Vorhandensein minderjähriger Kinder ist durch die Pfarrer dem Vormundschaftsgerichte anzuzeigen (R. 16. 29. Juni 1838) VI. 538. — vgl. Ehedispensation.

Wittwenkasse
allgemeine, Beitritt der Justizbeamten zu derselben (K. 18. Okt. 1800, K. 17. Juli, 7. Dez. 1816) I. 433. — dgl. und Einziehung der Beiträge (R. 9. Aug. 1819, 12. März 1821) II. 97, (B. 27. April, R. 11. Mai 1821) II. 110, (B. 12. Nov. 1824) II. 533, (R. 26. Okt. 1827) III. 155. — Zwangsweise Beschlagnahme des Gehalts (R. 30. Jan. 1830) III. 320, (R. 2. Dez. 1832) III. 553. — Berechnung der Beiträge gegenüber suspendirten Beamten (StMB. 9. Aug., R. 8. Okt. 1855) XI. 153. — Weitere Bestimmungen über die Aufnahme zur Wittwenkasse (B. 18. Mai 1835) V. 132, (B. 24. Nov. 1836) V. 504. — Beitritt von nicht dazu verpflichteten Beamten (R. 15. Juli 1838) VI. 556, (R. 10. Sept. 1838) VI. 590. — Verhältniß der zu derselben berechtigten Beamten bei ausbrechendem Kriege (G. 29. März 1851) X. 281. — Einsendung der Aktenverkaufsgelder an die Justizoffiziantenwittwenkasse (R. 8. Juli 1833, 11. Jan. 1837) VI. 14, (R. 7. Juni 1842) VIII. 69. — Ueberweisung der gegen Justizbeamte verhängten Geldbußen an dieselbe (K. 24. R. 28. Juni 1837) VI. 255, (R. 20. Juli 1838) VI. 559, (R. 26. Aug. 1862) XII. 371, (vgl. R. 19. Okt. 1864) XII. 453. — Portofreiheit der Wittwenkasse (R 8. Juli 1833, 11. Jan. 1837) VI. 14, (Reg. 3. Jan. 1860 §. 2) XII. 163.

Zusammenstellung der Vorschriften über die Aufnahme in die Kgl. Allgemeine Wittwen-Verpflegungsanstalt (B. 29. Jan., R. 7. Febr. 1859) XII. 59. — Bescheinigungen, welche beim Ableben eines derselben beigetretenen Justizbeamten oder dessen Ehefrau an die Generaldirektion einzusenden sind (R. 17. Aug. 1861) XII. 262. — Einziehung der Wittwenkassenbeiträge (R. 20. Okt. 1862) XII. 372. — Empfehlung eines Kommentars über das Reglement vom 28. Dez. 1775 (B. 5. R. 22. März 1862) XII. 359.

Errichtung der Berliner (Graf v. d. Schulenburgschen) allgemeinen Wittwen-, Pensions- und Unterstützungskasse (K. 3. Dez.

1836) VI. 4. — Beitritt der Beamten zu derselben (R. 28. Febr., 23. März 1842) VIII. 30. — vgl. Bergwerksarbeiter, Gerichtsvollzieherunterstützungsvereine, Lichtenberg, Militairwittwenkasse, Unterstützungskassen.

Wittwenunterstützungsgelder
sind dem Arrestschlag nicht unterworfen (R. 29. Dez. 1831, 9. Jan. 1832) III. 426. — vgl. Pension.

Wohlthätigkeitsanstalten s. Armenanstalten, Stiftungen.

Wohnort, Wohnsitz
Genaue Bezeichnung desselben bei auswärtigen Requisitionen (R. 24. Mai 1817) I. 462, (R. 16. Sept. 1844) VIII. 348. — Zeugenvernehmung im Domizil bei Untersuchungen (R. 20. Mai 1824) II. 500. — Einfluß des Domizilwechsels auf die Direktion der Vormundschaft (J. 10. Okt. 1835 §. 15) V. 238. — Wegfall des Sühneversuchs bei Beklagten, welche im Appellationsgerichtsbezirk Cöln keinen wirklichen Wohnsitz haben (G. 11. Mai 1855 §. 1) XI. 111.
Residenzpflicht der Anwalte (R. 16. April 1820 §. 11) II. 24. — dgl. der Notarien (V. 25. April 1822 §. 3) II. 245. — dgl. der Richter (R. 13. Juni 1831) III. 376. — dgl. der Gerichtsvollzieher (J. 10. Juni 1833 §. 1) III. 637. — vgl. Aufenthalt, Ehedomizil, Vorladung.

Wohnung
deren Angabe bei auswärtigen Requisitionen und Insinuationen (R. 24. Mai 1817) I. 462. — vgl. Dienstgebäude, Haussuchung, Schießpulver, Wohnort.

Wucher s. Zinsen.

Wundarzt s. Aerzte, Medizinalgebühren.

Würfel s. Spielen.

Würtemberg
Ungültigkeit der ohne Erlaubniß im Auslande geschlossenen Ehen (R. 18. Dez. 1835) V. 289. vgl. Deutsche Bundesstaaten, Ostrhein.

Zahlung
Anrechnung der Abschlagszahlungen in Untersuchungssachen (R. 15. Juli, 6. Aug. 1823) II. 396, (R. 21. Juni 1825 §. 7) II. 596, (vgl. G. 14. April 1851 §. 27) X. 634, (R. 23. Jan., 7. Febr. 1859) XII. 66. — Wirkung der Zahlung durch Dritte (R. 13. April 1832) III. 463. — Zahlung beendigt die subsidiäre Gefängnißstrafe (R. 12. Jan. 1827) III. 92. — Quittung der Gerichtsvollzieher über eingezogene Abschlagszahlungen (R. 20. Aug. 1841) VII. 314, (R. 30. Aug. 1841) VII. 328. — Zulassung von Terminzahlungen bei Steuerstrafen (R. 19. Aug. 1837) VI. 278. — Verfahren bei Zahlungseinreden gegen Steuerexekution (R. 12. Dez. 1840, 17. März 1841) VII. 269. — Gerichtsstand der Zahlung für altländische Unterthanen (G. 2. Mai 1853 §. 4) X. 568. — vgl. Büreaukostenfonds, Diensteinkommen, Geldbußen, Kaution, Kosten ff., Kriminalfonds, Kurs, Münzwesen, Pension, Wittwenkasse.

Zahlungsanerbieten s. Depositalwesen.

Zahlungsausstand
Interpretation des Art. 1244 CGB. (GR. 18. Mai 1814) I. 132. — Bewilligung transitorischer Moratorien (GR. 1. Aug. 1815) I. 324. — vgl. Zahlung, Zahlungstermin.

Zahlungsbefehl s. Erkenntnißstempel, Exekution, Exekutorische Klausel, Gerichtsvollzieherurkunden, Opposition, Stempelfreiheit.

Zahlungseinstellung s. Falliment, Zahlungsunfähigkeit.

Zahlungstermine
deren Festsetzung im Subhastationsverfahren (K. 11. Dez. 1841) VII. 373. — Erkenntnißstempel bei Klagen wegen einer in Terminen erfallenden Forderung (R. 18. Jan. 1862 Nr. 1) XII. 344. — Zahlungszeit bei Wechseln (G. 27. Mai 1863 §. 1 Nr. 3, 7) XII. 402. — vgl. Zahlung, Zahlungsausstand.

Zahlungsunfähigkeit
deren Berücksichtigung beim Kontumazialverfahren in Assisensachen (R. 19. Mai 1826) III. 28. — Niederschlagung der Geldbußen und Untersuchungskosten (R. 19. Jan., 16. Febr. 1827) III. 96. — Ermittelung der Solvenz bei altländischen Requisitionen wegen Gerichtskosten (R. 7. Febr. 1835) V. 66, (R. 27. Sept. 1841) VII. 342. — dgl. wegen Kriminalkosten und Geldbußen (R. 18. Juni 1853) X. 584. — vgl. Alimente, Armenrecht, Falliment, Geldbußen, Kostenstundung, Postfreipaß, Stempelstundung, Vermögen.

Zehnten
Suspension des dieselben betreffenden Dekrets vom 19. März 1813 (GB. 18. Jan. 1813) I. 9. — vgl. Ablösung, Domainen, Reallasten.

Zeichnungen
Versendung derselben in Civilsachen bei eingelegten Rechtsmitteln (G. 11. Mai 1855 §. 7) XI. 113. — Verpackung (R. 21. Jan. 1856) XI. 164. — vgl. Karten, Nachdruck. — vgl. ferner Aktien.

Zeitungen und **Zeitschriften**
Verbot der Ankündigung unerlaubter Lotterien und Ausspielungen (GB. 21. Juni 1814) I. 67. — Abdruck der Steckbriefe (GRM. 8. Juni 1815) I. 209. — dgl. der amtlichen Bekanntmachungen überhaupt (R. 16. Mai 1839) VII. 55, (G. 12. Mai 1851 §. 25, 26) X. 313. — Veröffentlichung von Gerichtsverhandlungen (R. 4. Dez. 1835) V. 279, (R. 12. 24. Mai 1836) V. 377, (G. 12. Mai 1851 §. 48) X. 318. — Bestimmungen über Herausgabe, Kautionspflicht, Beschlagnahme u. s. w. (G. 12. Mai 1851) X. 308. — Anderweitige Einrichtung des Zeitungskautionswesens (G. 21. Mai 1860) XII. 184, (V. 21. Mai 1860) XII. 186. — Anwendung des Postzwanges auf Zeitungen (G. 21. Mai 1860 §. 3) XII. 183. — Einsendung der Untersuchungsakten bei erkannter Vernichtung ausländischer Zeitungen oder Zeitschriften (R. 11. Aug. 1851) X. 379. — vgl. Bekanntmachung, Presse, Versteigerung, (Immobilar-).

Zeugen
Glaubwürdigkeit jüdischer Zeugen (G. 23. Juli 1847 §. 7) IX. 212. — Zuziehung von Zeugen bei privilegirten militairischen Testamen-

ten (G. 8. Juni 1860 §. 6, 7) XII. 190. — vgl. Entlastungszeugen, Schwurzeugen, Zeugenaussagen ff. — vgl. ferner Beweis, Geständniß, Protokolle.

Zeugenaussagen
deren Verlesung vor Strafgerichten (GB. 10. Mai 1814) I. 64, (GRM. 14. Okt. 1814) I. 184, (R. 15. März 1822) II. 232. — insbesondere rücksichtlich der Zeugen aus dem Offizierstande (R. 2 Aug. 1822) II. 291. — Mittheilung der in der Voruntersuchung deponirten Aussagen an den Beschuldigten (GRM. 14. Okt. 1814) I. 184. — Abschriftliche Mittheilung derselben an den Angeklagten (R. 22. Mai 1857 §. 1) XI. 342, (R. 21. Aug. 1857) XI. 375. — Konstatirung abweichender und neuer Aussagen in Assisensachen (R. 15. Febr. 1833) III. 579. — vgl. Assisenprotokoll, Audienzprotokoll, Zeugenvernehmung.

Zeugeneid
Form und Ableistung desselben (R. 22. Dez. 1817) I. 480. — insbesondere vor dem Untersuchungsrichter (R. 15. März 1818) I. 496. — dgl. in altländischen Requisitionssachen (R. 26. Juli 1833) III. 658. — Zeugeneid der Beamten (R. 23. Juli 1821) II. 136, (R. 8. 22. Okt. 1821) II. 186, (R. 26 Jan., 11. Febr. 1821) II. 209. — Verminderte Anwendung desselben (R. 20. Jan. 1859) XII. 56. — vgl. Eid, Judeneid, Mennoniten, Zeugenvernehmung.

Zeugengebühren
Berechnung derselben in Strafsachen (GB. 10. Mai 1814) I 64, (R. 5. Juni 1836) V. 380. — Kostenersparniß bezüglich derselben (R. 22. April 1820) II. 24, (R. 20. Mai 1854) II. 500, (R. 31. Dez. 1825) II. 628. — Mehrfache Vernehmung an einem Gerichtstage begründet nur einmalige Gebühr (R. 4. Aug. 1823) II. 395. — Berechnung der Reisekosten (R. 18. Aug. 1823) II. 404, (R. 3. Juni 1836) V. 380, (R. 30. Jan. 1837) VI. 41. — Arrondissement gilt als Landgerichtsbezirk (R. 6. Febr. 1824) II. 455, (R. 13. Dez. 1842) VIII. 135. — Entschädigung für außergewöhnliche Unkosten (R. 5. Dez. 1838) VI. 651.

Zeugengebühren der Beamten (R. 12. April, 2. Mai 1821) II. 105, (R. 18. März 1822) II. 236. — Gebühren der im öffentlichen Dienste besoldeten Zeugen, insbesondere der Forst- und Feldhüter, Gensdarmen (R. 4. Aug. 1823) II. 395, (R. 28. Sept. 1836) V. 459, (R. 30. Jan. 1837) VI. 41, (R. 9. Sept. 1840) VII. 204. — dgl. der Forstschutzbeamten bei Wahrnehmung der Forstgerichtstage (R. 30. Jan. 1861) XII. 232. — dgl. der Militairpersonen (R. 15. Nov. 1822) II. 320, (R. 30. Juli 1840) VII. 192. — dgl. der altländischen Zeugen (R. 21. Sept. 1832) III. 511, (R. 29. April 1845) IX. 26, (R. 30. Sept. 1855) XI. 153.

Anwendung des Civilkostentarifs auf die Zeugengebühren in Armensachen (R. 30. Jan. 1837) VI. 43. — Entschädigung der vom Gerichtsvollzieher adhibirten Zeugen bei freiwilligen Mobilarverkäufen (R. 9. Juni 1836 §. 3) V. 386, (G. 29. März 1851 §. 74) X. 277. — dgl. bei Verhaftungen in Schuldsachen (R. 12. Sept. 1841) VII. 339, (G. 29. März 1851 §. 42) X. 273. — vgl. Kostenliquidation, Rabbiner, Requisitionen, Schwurzeugen, Zeugenprotokoll.

Zeugenliste
deren Anfertigung durch die in der Strafgerichtssitzung fungirenden Beamten der Staatsanwaltschaft (R. 31. Dez. 1825) II. 630. — vgl. Zeugenvorladung.

Zeugenprotokoll
Vermerk der angewiesenen Zeugentaxe in demselben (R. 3. Febr., 22. April 1820) II. 28. — vgl. Zeugenaussagen. — vgl. ferner Protokolle.

Zeugenvorladung, Zeugenvernehmung
Beschränkung derselben in Strafsachen (GB. 10. Mai 1814) I. 64, (GRM. 14. Okt. 1814) I. 184, (R. 22. April 1822) II. 24, (R. 17. Nov. 1823) II. 434, (R. 31. Dez. 1825) II. 628. — Verfahren in administrativen Untersuchungen (R. 28. Dez. 1829) III. 311, (R. 23. Juli 1830) III. 356, (R. 14. Mai 1834) IV. 68, (R. 30. Sept. 1836) V. 460. — dgl. in Disziplinarsachen gegen Advokaten und Anwalte (V. 7. Juni 1844 §. 9) VIII. 286. — sowie gegen Richter (G. 7. Mai 1851 §. 27, 31) X. 297. — und gegen nicht richterliche Beamte (G. 21. Juli 1852 §. 32, 36) X. 462. — Zeugenvernehmung auf Requisition geistlicher Behörden (R. 20. Jan. 1834) IV. 13, (R. 21. März 1834) IV. 25. — dgl. auf Requisition der Militairbehörden (R. 6. Febr. 1846) IX. 68, (R. 23 Febr. 1853) X. 548. — Befugniß des Universitätsrichters gegenüber ungehorsamen Zeugen (R. 23. Aug., 12. Sept. 1851) X. 385. — Gebühren der Anwalte für Assistenz bei auswärtigem Zeugenverhör (R. 6. Jan. 1838) VI. 385. — Gebühren der Friedensgerichtsbeamten für Zeugenvernehmung (G. 23. Mai 1859 §. 1 Nr. 11, §. 6 Nr. 3, §. 9) XII. 85.

Verfahren bei Vorladung und Vernehmung von Beamten (R. 23. Juli 1821) II. 136, (R. 22. Aug. 1821) II. 170, (R. 8. 22. Okt. 1821) II. 186, (R. 26. Jan., 11. Febr. 1822) II. 209, (R. 14. Febr. 1842) VIII. 13, (R. 20. Jan. 1859) XII. 56. — dgl. von Offizieren und Soldaten (K. 2. Aug. 1822) II. 291. — dgl. von Gensdarmen (R. 21. Dez. 1850) X. 258. — Vorladung der Unteroffiziere und Soldaten in Civilsachen (K. 22. März 1827) III. 103. — Vorladung und Vernehmung altländischer Zeugen (R. 2. Mai 1823) II. 369, (R. 21. Sept. 1832) III. 511, (R. 29. April 1845) IX. 26, (R. 30. Sept. 1855) XI. 152. — dgl. ausländischer Zeugen (R. 4. April 1821) II. 101. — vgl. Zeugen ff. — vgl. ferner Assisen, Generalfragen, Informatorische Vernehmung, Lokaltermin, Rechtshülfe, Rekusation, Requisitionen, Termin, Vorladung.

Zeugniß s. Abgangszeugniß, Dienstzeugniß, Gewerbegerichte, Prüfungen. — vgl. Attest, Zeugenvernehmung.

Zinsen
Zinsfuß der königlichen Bank (V. 19. Juli, R. 16. Okt. 1819) I. 615. — dgl. der Depositenkasse zu Cöln (G. 24. Juni 1861 §. 3, 4, 6, 7) XII. 252, (V. 28. Okt. 1861) XII. 265. — Prozeßlegitimation der öffentlichen Anstalten zur Beitreibung von Zinsen (K. 10. R. 25. Jan. 1830) III. 319. — Verpflichtung des Fiskus zu Verzugszinsen (G. 7. März 1845) IX. 13. — Transitorische Suspension der Beschränkungen des vertragsmäßigen Zinssatzes (V. 27. Nov. 1857) XI. 391. — Zinsversprechen in Wechseln gilt als

nicht geschrieben (G. 27. Mai 1863 §. 1 Nr. 4) XII. 402. — vgl. Domainen, Renten.

Zinskoupons s. Staatspapiere. — vgl. Kurs.

Zoll s. Rheinzoll, Schifffahrt.

Zollbeamte s. Grenzaufsichtsbeamte, Steuerbeamte. — vgl. Rheinzollgerichte.

Zollbehörden
deren Befugnisse bei Untersuchung und Bestrafung der Zollvergehen (G. 23. Jan. 1838) VI. 402. — dgl. in Bezug auf Schleichhandel der Grenzbewohner (Reg. 12. Jan. 1839) VII. 6. — Benachrichtigung derselben von den betreffenden Straferkenntnissen (R. 16. Dez. 1839) VII. 118. — vgl. Steuerbehörden, Zollvergehen.

Zolldefraudation s. Steuerdefraudation, Zollvergehen. — vgl. Rheinzollgerichte.

Zollgewicht
Aufhebung der Verordnung vom 31. Okt. 1839 über die Einführung desselben (G. 17. Mai 1856 §. 11) XI. 234. — vgl. Gewicht.

Zollkartel s. Zollverein.

Zollordnung
vom 26. Mai 1818, Deklaration des §. 151 (R. 27. Mai 1819) I. 557. — dgl. des §. 159 (R. 23. April 1819) I. 555. — dgl. des §. 157 (R. 4. Juni 1819) I. 558. — dgl. der §§. 110 ff. (R. 7. 15. 28. Juni 1819) I. 575. — dgl. der §§. 109—150 (R. 19. Juli 1819) I. 583. — Aufhebung der Zollordnung vom 26. Mai 1818 (G. 23. Jan. 1838 §. 63) VI. 417. — vgl. Steuerordnung.

Zollstrafen s. Steuerstrafen.

Zolltarif
vom 10. Sept. 1808 wird aufgehoben (GB. 1. Jan. 1814) I. 8.

Zollverein
Beitritt Badens zum Zollkartel vom 11. Mai 1833 (R. 20. Aug. 1835) V. 190. — dgl. von Nassau und Frankfurt (R. 30. Juni 1836) V. 411. — Uebereinkunft mit Hannover, Oldenburg und Braunschweig wegen Unterdrückung des Schleichhandels (R. 28. Dez. 1837) VI. 376. — Münzkartel vom 21. Oktober 1845 (K. 26. Sept. 1846) IX. 111, (K. 9. Aug., B. 21. Sept. 1847) IX. 240. — Münzvertrag mit Oesterreich (Ko. 24. Jan. 1857) XI. 326.
Vernehmung von Defensionalzeugen in Zolldefraudationssachen aus nicht zollvereinten Staaten (R. 1. Mai 1839) VII. 45. — Gerichtsstand der im Auslande stationirten Steuerbeamten (B. 26. April 1844) VIII. 265. — vgl. Auslieferung.

Zollvergehen
deren Untersuchung und Bestrafung (G. 23. Jan 1838) VI. 402. — dgl. gegenüber fremden Staaten zufolge der durch Handelsverträge verbürgten Gegenseitigkeit (G. 22. Aug. 1853) X. 595. — Anwendung dieses Gesetzes auf Oesterreich (B. 22. Aug 1853) X. 597. — Vernehmung von Defensionalzeugen auf Requisition der Gerichte eines nicht zollvereinten Staates (R. 1. Mai 1839) VII. 45. — vgl. Rheinzollgerichte, Zollbehörden ff.

Zuchthausstrafe s. Ehre, Freiheitsstrafen, Gefangene, Landrecht, Militairstrafen, Polizeiaufsicht, Strafantritt, Straferkenntnisse, Strafgesetzbuch (rheinisches), Strafvollstreckung, Strafzeit, Zollordnung.

Züchtigung
körperliche, statt derselben wird keine Strafe mehr erkannt gegen Personen des Soldatenstandes (G. 15. April 1852 §. 10) X. 408. — vgl. Freiheitsstrafen, Gefangene, Landrecht, Militairstrafen, Ostrhein, Schulzucht.

Zuchtpolizeigerichte
deren Kompetenz bei Zollvergehen gegen das Gesetz vom 26. Mai 1818 (R. 19. Juli 1819) I. 583. — dgl. bei Erschleichung des Armenrechts (V. 16. Febr. 1827 §. 10) II. 348. — dgl. bei unerlaubtem Handel mit Gemeindebedarfskohlen (K. 14. Juli, R. 3. Aug. 1835) V. 174. — dgl. beim Holzdiebstahl im dritten oder fernern Rückfall (G. 2. Juni 1852 §. 24) X. 427. — dgl. bei Diebstahl und Hehlerei im wiederholten Rückfall (G. 4. Mai 1853) X. 568. — dgl. bei Vergehen überhaupt (G. 14. April 1851 §. 14, 15, 20) X. 631. — dgl. bei Verbrechen und Vergehen von Personen unter 16 Jahren (G. 22. Mai 1852 §. 4) X. 636.
Subsidiarantrag auf Verweisung ans Polizeigericht (R. 18. Juni 1836) V. 405. — Berücksichtigung der Polizeiverordnungen (R. 12. Juni 1837) VI. 232. — Gebühren in korrektionellen Holzdiebstahlssachen (R. 18. Sept. 1837) VI. 305. — Verurtheilung zum Werthersatz bei Entwendung gefällten Holzes aus Staatswaldungen (K. 26. Sept. 1845) IX. 53. — vgl. Appellation, Appellationskammern, Beweis, Ehrenrechte, Gerichtssitzungen, Kontumazialerkenntnisse, Landgerichte, Straferkenntnisse, Vorladung, Zeugen ff.

Zuchtpolizeistrafen
Vollziehung kürzerer korrektioneller Gefängnißstrafen im Justizarresthaus zu Saarbrücken und in den Kantonalgefängnissen (R. 27. Sept., 5. Okt. 1838) VI. 603. — vgl. Freiheitsstrafen, Geldbußen, Polizeistrafgelder, Strafvollstreckung.

Zuchtstier s. Körordnung.

Zusatzfrist s. Erscheinungsfrist.

Zwangsarbeit s. Strafgesetzbuch (rheinisches). — vgl. Strafarbeit, Zuchthausstrafe.

Zwangskurs s. Münzwesen. — vgl. Scheidemünze.

Zwangsmittel s. Exekution (administrative), Schulzucht, Strafarbeit, Verhaftung, Zeugenvernehmung.

Zwangsverkauf s. Subhastation, Versteigerung. — vgl. Exekution.

Zweikampf
Anzeige von Entleibungen im Duell an den Justizminister (R. 21. Nov. 1821) II. 192. — Einreichung der Straferkenntnisse wegen Zweikampfs (R. 12. Dez. 1838) VI. 657.

Zwölftelabzug s. Civilversorgung, Pensionsabzüge, Quittungen.

Kolibri 360 GmbH
Ferdinand-Jühlke-Straße 7
99095 Erfurt, Deutschland
produktsicherheit@kolibri360.de